兰溪年鉴

2021

兰溪市地方志编纂室 编

·北京·

图书在版编目（CIP）数据

兰溪年鉴.2021 / 兰溪市地方志编纂室编. -- 北京：中国市场出版社有限公司，2021.12
ISBN 978-7-5092-2157-0

Ⅰ.①兰… Ⅱ.①兰… Ⅲ.①兰溪—2021—年鉴 Ⅳ.①Z525.54

中国版本图书馆CIP数据核字(2021)第220304号

兰溪年鉴（2021）
LANXI NIANJIAN（2021）

编　　者：	兰溪市地方志编纂室
责任编辑：	张再青（632096378@qq.com）
出版发行：	中国市场出版社
社　　址：	北京市西城区月坛北小街2号院3号楼（100837）
电　　话：	（010）68024335/68021338/68022950/68020336
经　　销：	新华书店
印　　刷：	金华市曙光印务有限公司
规　　格：	210mm×285mm　　16开本
印　　张：	35.25　　　　　　字　　数：870千字
版　　次：	2021年12月第1版　　印　　次：2021年12月第1次印刷
书　　号：	ISBN 978-7-5092-2157-0
定　　价：	230.00元

版权所有　侵权必究　　印装差错　负责调换

编辑说明

一、《兰溪年鉴（2021）》是由中国共产党兰溪市委员会、兰溪市人民政府主办，兰溪市地方志编纂室承编的地方信息资料性文献。《兰溪年鉴》于2013年创刊，每年编辑一卷。《兰溪年鉴（2021）》为第9卷。

二、《兰溪年鉴（2021）》以习近平新时代中国特色社会主义思想为指导，全面、系统记述2019年兰溪市自然、政治、经济、文化、社会等方面基本情况，为社会各界了解和研究兰溪提供基本信息资料。

三、《兰溪年鉴（2021）》按年度编纂，收录时限为2020年1月1日至12月31日；特载中提前收录2021年初市政府、市人大、市政协的3个工作报告。作为背景资料，有些条目内容和数据酌情上溯或下延；收录范围以兰溪现有行政区域为界。

四、本年鉴采用分类编辑法，分类目、分目、条目三个层次，以条目为主要载体。不同层次的标题用不同字号、字体和辅助标志区别；条目标题采用【 】表示。全书设33个类目、289分目和1598个条目；表格30个，图照430幅；共87万字。为便于检索，目录载于书首，书后设主题索引和表格索引。

五、本年鉴文字、称谓、数字、计量（尊重一些单位在工作中沿用"亩"的习惯，予以保留）、纪年、表格、图照、标点符号等的使用均按国家有关出版物书写规定。

六、本年鉴中的"省""市"分别指"浙江省"和"兰溪市"，其他省、市则冠以地名。内文中除"民主党派"外，未标明党派的"市委"，均为"中共兰溪市委"；未标明党派的"党员"，均为"中共党员"；局、委、办等机构均为兰溪市机构。

七、本年鉴所载信息资料，由全市级各机关、单位和各乡镇（街道）提供，经地方志编纂室整理编辑，各供稿机关、单位和市委办、市政府办、市人大办、市政协办审核。主要组织机构及主要负责人名单由市委组织部提供。

八、本年鉴编辑出版工作得到了全市各机关、单位和年鉴撰稿人员的大力支持，在此谨表谢意。由于编辑水平和能力所限，书中多有疏漏和不足之处，敬请广大读者批评指正。

兰溪市地方志编纂室

芥子园（王恩贶 摄）

《兰溪年鉴（2021）》编委会

主　　　编：朱吉鑫、曹永清
副　主　编：金树华
顾　　　问：胡汝明
执 行 主 编：严　兰
编　　　辑：余　静
图 片 编 辑：王恩贶
编　　　务：童亚君
封 面 题 字：包啸虎
封 面 摄 影：张　进
校　　　阅：王德文、蒋荣治

彩页栏目

- ▲ 地图
- ▲ 大美兰溪
- ▲ 领导关怀
- ▲ 兰溪骄傲
- ▲ 防疫抗疫
- ▲ 兰溪发展大会
- ▲ 要事掠影
- ● 政治
- ● 经济
- ● 文化
- ● 社会

欢迎抗疫英雄凯旋（王萍 摄）

兰溪市行

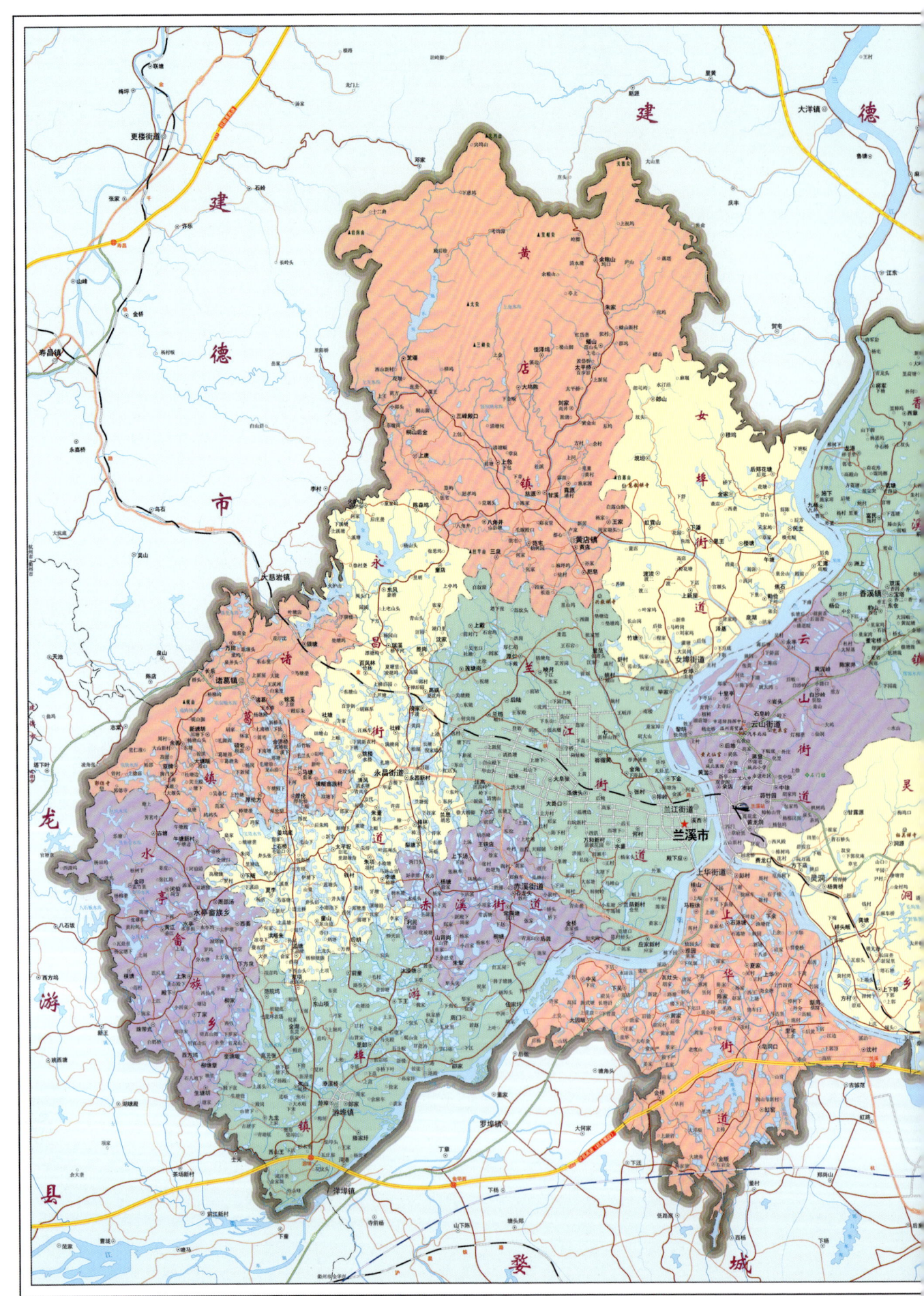

政区划图

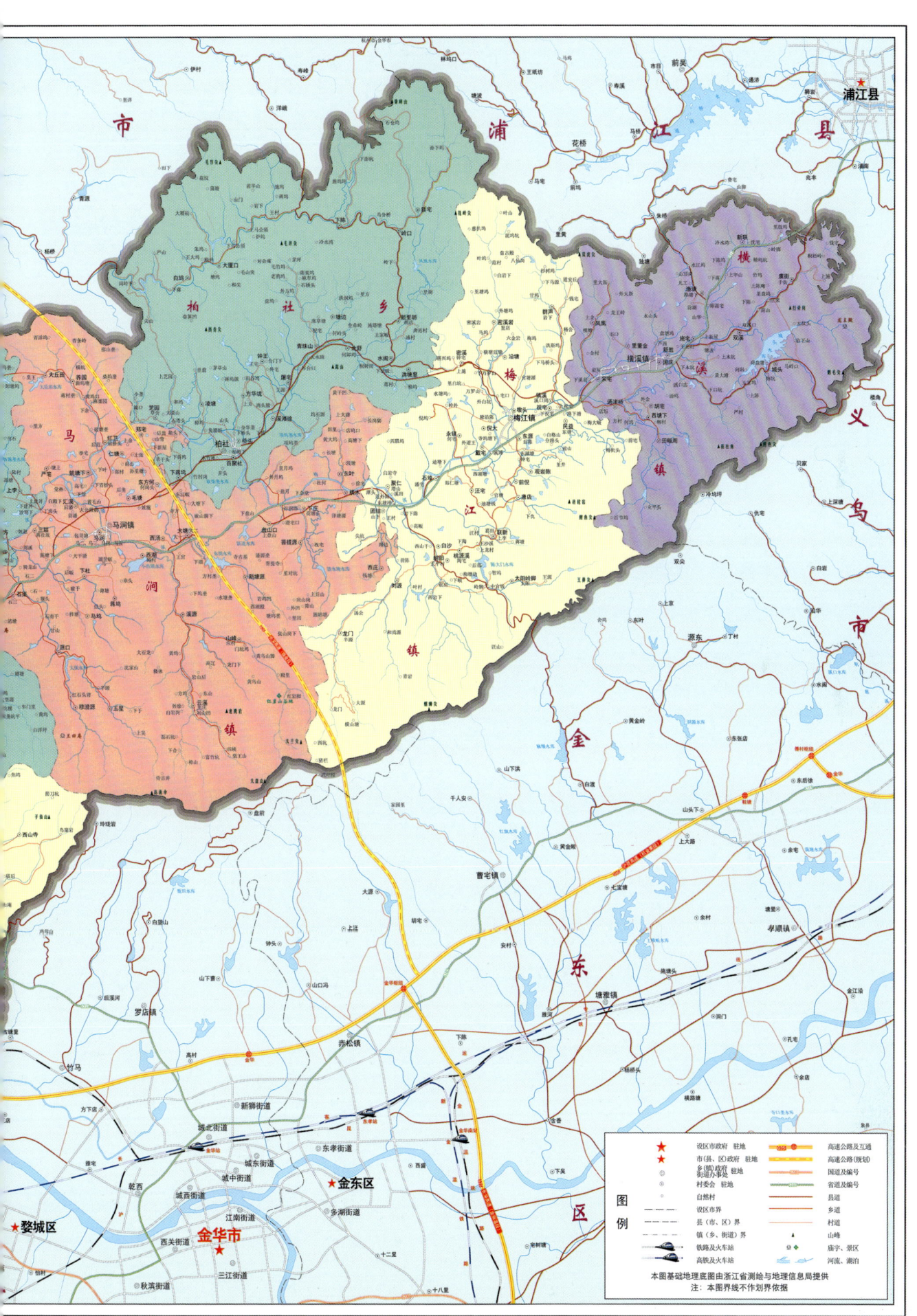

兰 溪

区 图

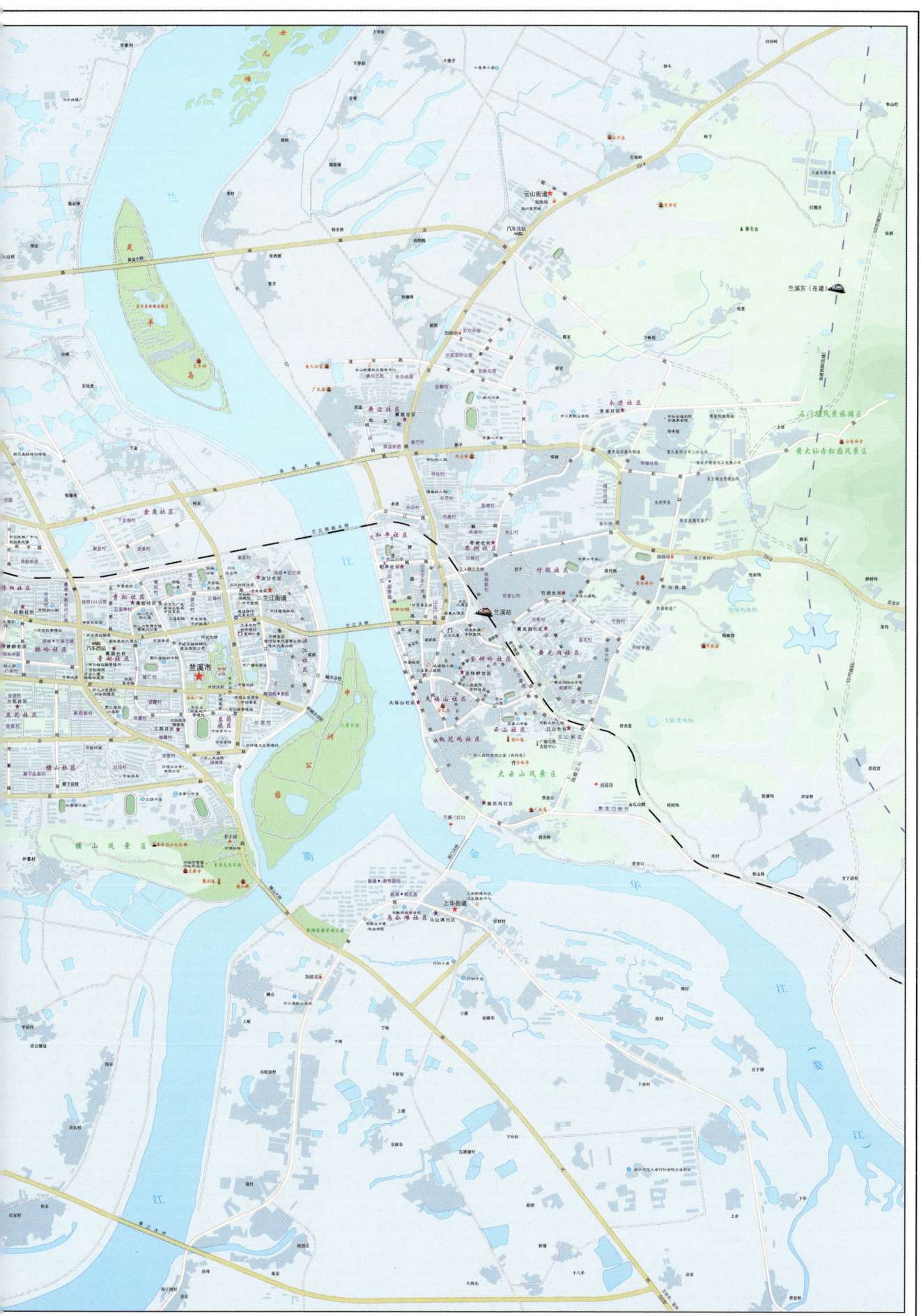

兰溪市民政局 浙江煤炭测绘院 联合编制 地图审核号：浙S[2017]332号 二〇一七年十二月

●大美兰溪

7月，云山街道以"致敬英雄"为主题，在该街道万亩粮食功能区，指导农户以稻田为"画布"、彩色水稻为"颜料"，绘制出钟南山、李兰娟、陈薇三个人物的形象来向"英雄致敬"（张进 摄）

六桥飞架（王健敏 摄）

兰江灯光秀（王恩贶 摄）

李渔堤新姿（王恩贶 摄）

日出东方（张进 摄）

兰湖水杉红（傅永福 摄）

越龙山旅游度假区（王健敏 摄）

范山头村春色（张进 摄）

金兰创新城绿道（王恩贶 摄）

白鹭起舞（胡连江 摄）

9月28日,全国人大常委、民盟中央副主席龙庄伟(左六),副省长、民盟省委会主委成岳冲(左七)等领导在游埠镇范院坞村为民盟助力乡村振兴实践基地揭牌(王萍 摄)

7月10日,全国政协常委、省政协副主席、民革省委会主委吴晶(右)到兰溪调研专项民主监督工作时,到市法院看望抗疫先锋凌煊(王萍 摄)

1月2日,省委常委、省纪委书记许罗德(前排左二)到兰溪开展"深化'三服务'、助推开门红"活动,深入女埠街道及企业调研(王萍 摄)

2月26日,省委常委、统战部部长熊建平(左二)到兰溪,在浙江天一堂药业有限公司生产一线开展"三服务"(王萍 摄)

4月23日,省委常委、组织部部长黄建发(左二)到兰溪开展"三服务"活动,在浙江盘毂动力科技有限公司调研(王萍 摄)

6月10日,副省长彭佳学(中)到兰溪检查指导水旱灾害重大风险防范、农业防灾减灾、地质灾害防治等工作,在洞源村边坡地质灾害监测点调研(王萍 摄)

4月29日，省政协副主席陈铁雄（左）到兰溪，在水亭畲族乡西方坞村调研少数民族村发展情况（王萍 摄）

6月26日，省政协副主席蔡秀军到兰溪参加陈军捐画仪式（王萍摄）

10月1日,省政协副主席郑继伟出席兰溪发展大会并讲话(王萍 摄)

12月15日,金华市委书记陈龙(中)到兰溪调研,在欣旺达浙江锂威锂离子电池项目现场,详细了解重点项目建设进展情况(王萍 摄)

11月5日,金华市委副书记、代市长邢志宏(左三)到兰溪调研时,考察红狮控股集团(王萍 摄)

11月10日,金华市人大常委会主任陈玲玲(左三)到兰溪,专题调研高质量建设养老服务体系工作,征求对金华市人大常委会2021年工作建议(市人大 提供)

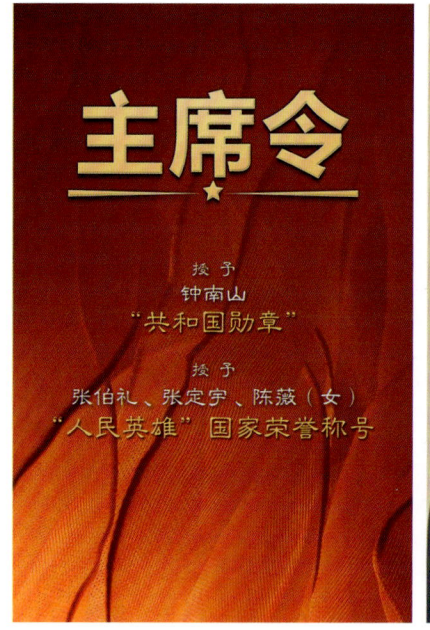

中国人民共和国主席令

陈薇，兰溪人，中国工程院院士、军事科学院军事医学研究院研究员、少将，长期从事生物危害防控研究。新冠疫情暴发后，闻令即动，在基础研究、疫苗、防护药物研发方面取得重大成果，为疫情防控做出重大贡献。9月8日，在全国抗击新冠肺炎疫情表彰大会上，中共中央总书记、国家主席、中央军委主席习近平向"人民英雄"国家荣誉称号获得者陈薇颁授奖章（新华社记者 谢环驰 摄）

3月18日，受全国妇联委托，省妇联党组书记、主席王文娟，省妇联党组副书记、副主席林丹军到兰溪，和市委书记陈峰齐一起看望慰问在战"疫"一线工作的陈薇父母，为他们送去党和政府的关心和感谢（王萍 摄）

胡芳，金华市人大代表、国网兰溪市供电公司职工、兰溪市心舞工作室理事长。疫情防控期间，胡芳带领心舞工作室团队帮助28个基金会和多个地方政府对接价值上亿元的急缺防疫物资。通过捐赠和对接，先后为18个省的133批援鄂医疗队送去21个种类价值600多万元的物资，同时，海外支援19国战"疫"。9月8日，在全国抗击新冠肺炎疫情表彰大会上，胡芳荣获"全国抗击新冠肺炎疫情先进个人"荣誉称号（胡芳 提供）

3月6日，胡芳在一家口罩生产企业对接防疫物资（胡芳 提供）

9月6日，省委书记袁家军接见将参加全国表彰会的浙江省全国抗击新冠肺炎疫情先进个人时，与胡芳握手。（胡芳 提供）

2月9日,兰溪召开疫情防控工作会议(王萍 摄)

高速兰溪出口处防疫检查,严防疫情传播(张进 摄)

各社区设立卡点,联防联控(张进 摄)

人员进出小区要登记(张进 摄)

2月6日,市委书记陈峰齐到横溪镇检查疫情防控工作(王萍 摄)

防疫抗疫,人人有责,少外出,不添乱,兰城变空城(张进 摄)

2月8日，兰溪召开企业复工复产工作会商会（王萍 摄）

2月20日晚，300多名贵州籍员工乘坐复工专列抵兰，市长王新锋等领导在浙江百利得摩配有限公司，欢迎员工"回家"，为他们送上"返岗礼包"（朱彦轩 摄）

4月1日，市政府10万只口罩支援葡萄牙（姜一峰 摄）

市技工学校、职业中专组织300多名实习经验丰富的职校生，入企顶岗实习，助力企业复工复产（朱彦轩 摄）

兰溪向全市1.36万低收入农户无偿发放7万只口罩（徐桢瑾 摄）

4月26日，全市中小学复学。这是实验小学学生返校复课（王恩贶 摄）

兰溪市援鄂医疗队员（本页照片均由市卫健局提供）

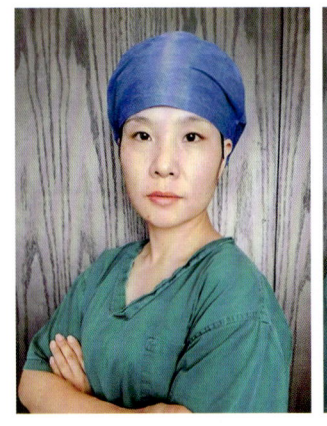
兰溪市人民医院感染科主管护师张林仙

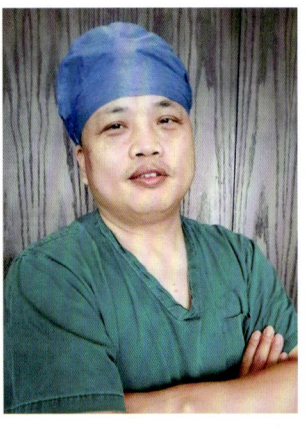
兰溪市人民医院呼吸与危重症医学科副主任医师鲍绪新

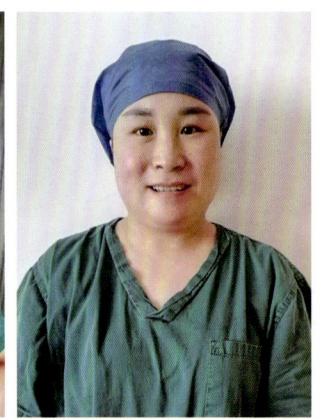
兰溪市人民医院呼吸与危重症医学科主管护师杨巧儿

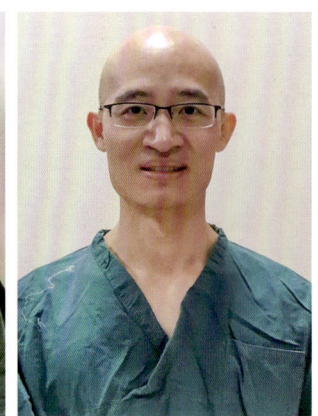
兰溪市人民医院心内科医生夏鹏飞

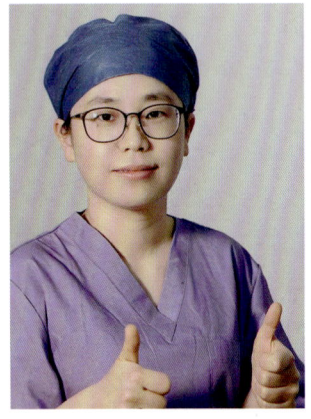
兰溪市人民医院重症医学科主管护师杨飞

兰溪市中医院护理部护师宋丽霞

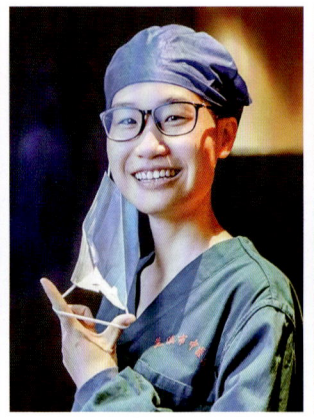
兰溪市中医院重症医学科护士郑虹

兰溪市中医院重症医学科主治中医师李修平

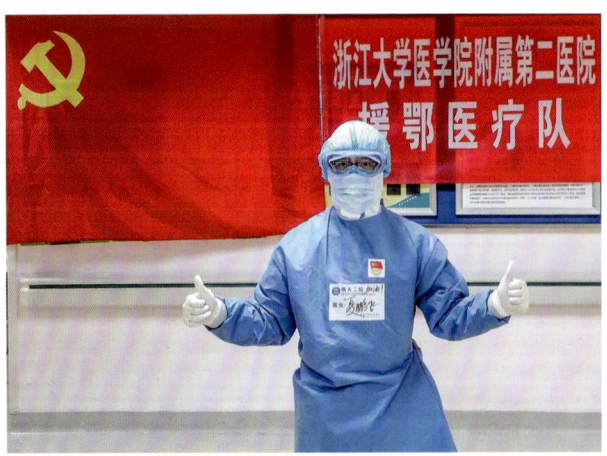
援鄂医生夏鹏飞在完成首例紧急超声引导下胸穿刺置管成功抢救了一名85岁的新冠肺炎患者后，摆出了胜利的手势

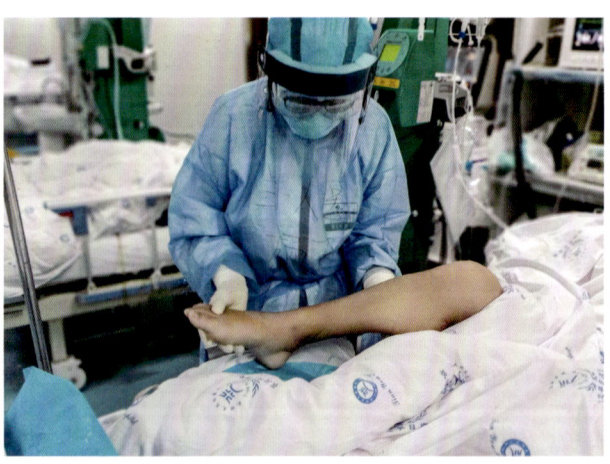
援鄂护士杨飞在武汉天佑医院重症监护病房护理新冠肺炎病人

● 防疫抗疫

群众列队欢迎英雄归来（王萍 摄）

市委书记陈峰齐向援鄂医疗队员致谢（王萍 摄）

胜利重逢，热泪盈眶（王萍 摄）

留住这激动人心的场面（王萍 摄）

4月12日，市区府前广场举行欢迎仪式，以高规格礼遇欢迎援鄂医疗队员凯旋（王萍 摄）

10月1日，兰溪发展大会在兰湖之畔举行，市长王新锋主持大会

"人民英雄"国家荣誉称号获得者、中国工程院院士、军事科学院军事医学研究院研究员陈薇少将发来祝福视频

兰溪发展大会会场

兰溪发展大会

10月1日,以"共聚兰溪、共谋发展、共创辉煌"为主题的首届兰溪发展大会隆重举行。300余位来自全国各地的兰溪籍党政领导、业界精英、知名人士、新兰溪人代表和嘉宾齐聚一堂,共叙乡情友谊,共谋家乡发展。

全国政协副主席、致公党中央主席、中国科学技术协会主席万钢发来贺信;"人民英雄"国家荣誉称号获得者、中国工程院院士、军事科学院军事医学研究院研究员陈薇少将发来祝福视频;浙江省政协副主席郑继伟出席大会并讲话;中国工程院院士、德国工程科学院院士、瑞典皇家工程科学院院士、同济大学副校长吴志强,中国工程院院士、浙江大学教授、浙江大学滨海和城市岩土工程研究中心主任龚晓南,中国工程院院士、生态环境部环境规划院院长王金南出席会议;金华市委书记陈龙专门作出批示。

兰溪市委书记陈峰齐在会上致辞。

会上成立了兰溪市乡贤人才基金,目前已募集4.8亿元,将重点支持教育、卫健等领域发展,还举行了招商项目签约仪式,共签约项目71个,总投资超500亿元。

随后举行的兰溪发展论坛上,现场推介了金兰创新城,诚邀广大企业家和各界朋友来兰共享发展机遇共创美好未来。吴志强院士以"兰溪发展思考"为主题、王金南院士以"创建美丽浙江新样板 打造绿色低碳无废金兰创新城"为主题分别作主旨演讲。大会还举行了以"加快融入长三角 推进金兰同城化 建设金兰创新城"为主题的圆桌论坛。

(本专题摄影除署名外均为王萍)

郑继伟讲话

陈峰齐致辞

兰商总会会长、红狮控股集团有限公司董事长章小华发言

上海盘毂动力科技股份有限公司董事长李平发言

兰溪市乡贤人才基金成立

王金南院士在圆桌论坛（朱彦轩 摄）　　龚晓南院士在圆桌论坛（朱彦轩 摄）　　吴志强院士在圆桌论坛（朱彦轩 摄）

上海东方卫视主持人何婕主持了以"加快融入长三角 推进金兰同城化 建设金兰创新城"为主题的圆桌论坛（朱彦轩 摄）

71个招商项目签约

1月3日,兰溪市委十四届八次全体(扩大)会议暨市政府第六次全体会议召开,全会审议通过《中共兰溪市委关于认真学习贯彻党的十九届四中全会精神 高水平推进县域治理现代化的决定》(王萍 摄)

7月31日,兰溪市委十四届十次全体(扩大)会议暨市政府第七次全体会议召开,全会审议通过《中共兰溪市委关于学习贯彻习近平总书记考察浙江重要讲话精神 奋力推动兰溪在建设"重要窗口"新征程中走前列作示范的意见》(王萍 摄)

12月30日,兰溪市委十四届十一次全体(扩大)会议暨市政府第八次全体会议召开,全会审议通过《中共兰溪市委关于制定兰溪市国民经济和社会发展第十四个五年规划和二〇三五年远景目标的建议》(王萍 摄)

3月16日,兰溪召开全市干部大会暨作风建设大会,动员全市上下增信心、鼓士气,拼搏实干、只争朝夕,做新时代的奋斗者,以作风提升推动工作全面进步,加快兰溪"担当追赶、再创辉煌"的步伐(王萍 摄)

1月18日,兰溪市第十六届人民代表大会第四次会议开幕(王萍 摄)

1月20日,市委书记陈峰齐参加人大第五代表团讨论(王萍 摄)

1月21日,市人大代表选举徐建光、吴歆为兰溪市人大常委会副主任(王萍 摄)

1月17日，中国人民政治协商会议第十四届兰溪市委员会第四次会议召开（王萍 摄）

1月19日，市委书记陈峰齐和市长王新锋与市政协委员面对面座谈（王萍 摄）

2月27日，召开请你来协商"疫情防控和复工复产两手抓两手硬，两战都要赢"网上政协月商会（市政协办 提供）

1月7日,都市区西部联网供水(金华引水)工程开工仪式在兰溪市上华街道受水点举行(王萍 摄)

5月8日,2020中国·兰溪城市发展环境推介会举行(王萍 摄)

8月4日,兰溪市人民政府与钉钉(中国)信息技术有限公司举行战略合作框架协议签约仪式(王萍 摄)

9月9日,金华市村社组织换届试点单位、上华街道22个村(社区)全部完成村委会换届选举,全部实现"一肩挑"(徐桢瑾 摄)

11月24日,全国劳动模范和先进工作者表彰大会在北京人民大会堂隆重举行,兰溪市裕欣纺织有限公司车间主任章丽清获全国劳动模范光荣称号(市总工会 提供)

8月31日,"文明榜样 兰溪力量"第四届兰溪市道德模范暨第三届优秀志愿服务先进典型颁奖晚会上,表彰了10名道德模范、7名道德模范提名奖获得者和一批优秀志愿服务先进典型,致敬了援鄂援疆医生等最美逆行者(王萍 摄)

5月11日,2020中国·兰溪枇杷节在女埠街道穆坞村开幕(朱彦轩 摄)

6月5日,兰溪杨梅红天下·2020"兰溪红"杨梅品牌发布暨开摘仪式在马涧镇马坞村花海基地举行,"兰溪红"杨梅品牌以"倒鎏金沙显字"的形式正式发布(王萍 摄)

12月31日,以"品家乡美酿 助兰溪发展"为主题的兰溪首届梅江烧·杨梅酒开坛节开幕(朱彦轩摄)

11月26日,2020年全国纺织行业"兰溪—金梭杯"织布工(剑杆织机)职业技能竞赛决赛在兰溪举行,来自全国8个牛仔布产能重点省的57名选手参加了比赛(徐正达 摄)

5月29日,全省纺织行业工业互联网平台现场会暨金华市重点细分行业创新制造发展大会在兰溪召开(陈志恒 摄)

12月22日,浙江举行"县县通高速"集中通车暨"十四五"综合交通重大项目开工仪式。当天,备受兰溪人民关注的建金高速公路正式通车(金皓 摄)

12月10日,第十四届省中小企业峰会在兰溪召开(陈志恒 摄)

1月7日,金建高铁建设动员会暨兰溪枢纽工程开工仪式举行(王萍 摄)

2月26日,兰溪以3个主会场、5个分会场的形式,举行2020年重大项目集中开工仪式,30个项目集中开工,总投资110.6亿元(朱彦轩 摄)

4月3日,兰溪召开制造业高质量发展大会,为发展工业突出贡献奖代表等制造业先进单位颁奖(王萍 摄)

5月21日,兰溪举行交通大会战誓师大会暨省重点工程上华至琅琊公路(兰溪段)开工仪式(王萍 摄)

12月30日,兰溪市人民政府与浙江省商业集团有限公司签署兰湖项目战略合作框架协议(蒋宇欣 摄)

9月19日，兰溪首个产值超百亿产业项目——兰溪自立环保科技有限公司出铜仪式（王萍 摄）

3月25日，总投资52亿元的欣旺达锂离子电池项目在兰溪签约落地（王萍 摄）

8月12日，兰溪与杭州船王实业有限公司举行凤凰化工重组签约仪式（陈志恒 摄）

● 要事掠影

11月16日,兰溪首个五星级酒店项目、万固·兰溪开元名都大酒店开工(王萍 摄)

10月28日,麒麟计划兰溪数字贸易对接会暨兰溪市跨境电商综合服务中心启动(成超 摄)

7月17日,首届养生私房菜大赛暨"盛夏黄店·夜蒲王家"夏日系列活动在王家村举行(徐桢瑾 摄)

11月8日,第二届中国李渔戏剧汇"故里寻根朝圣李渔"活动在永昌街道夏李村举行(王萍 摄)

4月10日,兰溪市李渔戏剧研究院、浙江婺剧艺术研究院兰溪分院挂牌成立(徐正达 摄)

4月29日,李渔戏剧小镇在永昌街道夏李村开园(王萍 摄)

10月20日，首届海峡两岸影像文化周兰溪郎静山专场活动在游埠镇举行，兰溪被授予"首届海峡两岸影像文化周组织贡献奖"牌匾（王萍 摄）

10月17日，以"风起钱塘 韵漾兰江"为主题的首届童诗中国（兰溪）论坛在兰溪举行，兰溪被授予"中国诗歌之城"称号，并发布首届童诗中国（兰溪）论坛宣言（王萍 摄）

12月29日，兰溪市徐霞客研究会成立大会暨第一届会员大会召开（王萍 摄）

9月3日，兰溪城市宣传片《兰江水》MV在兰江之畔启动拍摄（王萍 摄）

9月19日，以"论古村保护·道融合发展"为主题的中国古村落保护与发展论坛在兰溪举行（王萍 摄）

12月10日，兰溪市人民政府与伟光汇通集团签订古城保护开发合作协议（王萍 摄）

5月1日,"游钱塘诗路 寻富春山居"兰江水上游启航仪式在西门码头举行(王萍 摄)

12月29日,"游千年古城 赏兰江美景"金华市老年人体育协会走进兰溪活动启动(王萍 摄)

7月25日,11时50分,载着200余名游客的上海至兰溪高铁旅游专列抵达金华站,该趟列车是全国开行的首趟疫后跨省动车旅游专列(徐桢瑾 摄)

5月27日,兰溪市人民政府与浙江工业大学签署共建浙江工业大学兰溪研究院协议(陈志恒 摄)

7月25日,丹曾人文(兰溪)学校在兰溪市融媒体中心揭牌,这是全国首家设在地方的丹曾人文学校(王萍 摄)

12月11日,全国中医药文化进校园现场会暨兰溪第四届张山雷中医药文化节开幕(王萍 摄)

2月26日,张山雷中医药文化研究中心项目开工(朱彦轩 摄)

5月17日,浙江大学医学院附属第二医院兰溪分院名医馆开馆(朱彦轩 摄)

7月27日,浙江省县级融媒体中心建设专题培训班在兰溪举行(王萍摄)

10月20日，兰溪首家兰江英才俱乐部和企业家俱乐部启用，为广大在兰人才、企业家沟通交流、分享研讨、推动合作搭建了平台（王萍 摄）

11月1日，第七次全国人口普查工作正式启动，兰溪2500余名普查指导员和普查员入户上门登记，市委副书记、市长王新锋等市领导参加了人口普查现场登记，按照要求上报人口普查相关信息（徐桢瑾 摄）

11月15日，"青'兰'之约'溪'结良缘"在兰青年人才集体婚礼在兰湖旅游度假区举行（朱彦轩 摄）

10月25日,兰溪举行纪念活动,为"中国人民志愿军抗美援朝出国作战70周年"纪念章获得者代表颁发纪念章(王萍 摄)

8月27日,兰溪举行2020年首届和谐文明职工家庭颁奖典礼暨全市职工十大训练基地授牌仪式(郑明 摄)

7月24日,全民志愿日活动启动后,志愿者在金钟岭社区为群众服务(王萍 摄)

7月3日,6支涉及现代纺织、光电信息新材料、医药健康、新能源交通装备、节能环保、数字经济等领域的行知学院专家团队授旗出征(朱彦轩 摄)

7月20日,兰溪第九届"完美童年·春泥计划"公益行动启动(徐桢瑾 摄)

疫情扰乱了大家的生活，2月下旬，在黄店镇民情快递站，黄店村党支部书记梁丹戴着口罩，忙着卖爱心鸭蛋（沈冰珂 摄）

10月22日，兰溪举行庆祝全国第八个老年节暨兰溪市第三届"五好公德老人"颁奖晚会，表彰了33名兰溪"五好公德老人"（毛雄 摄）

4月8日，兰溪成立"和合"巡回调解团，同时启动矛盾纠纷排查化解集中攻坚月活动（徐正达 摄）

9月10日,兰溪市人民法院联合浙江法制报、阿里拍卖平台开展了浙江首场《不赖》系列执行直播活动,吸引490万余名网友围观(市法院 提供)

4月,兰溪十大民生工程之一大肠癌免费筛查在农村进行(徐桢瑾 摄)

3月11日,远"嫁"四川汶川的兰溪杨梅大苗,抵达汶川县映秀镇中滩堡村,在兰溪农技人员的指导和协助下,当地村民将这些"致富树"栽种到杨梅引种试点示范基地(项柔刚 摄)

目 录

特 载

担当追赶 再创辉煌 开启高水平建设社会主义现代化新征程——在市委十四届十一次全体（扩大）会议暨市政府第八次全体会议上的报告（陈峰齐） ………… 1
2021年政府工作报告——在兰溪市第十六届人民代表大会第五次会议上（王新锋）………… 11
兰溪市人民代表大会常务委员会工作报告——在兰溪市第十六届人民代表大会第五次会议上（刘成芝）………… 22
中国人民政治协商会议第十四届兰溪市委员会常务委员会工作报告——在政协第十四届兰溪市委员会第五次会议上（徐建祥）………… 28

专 辑

2020年兰溪市国民经济和社会发展统计公报 … 33
创建工作 ………… 39
五水共治（生态廊道、河长制）工作 ………… 40
三改一拆工作 ………… 43
疫情防控 ………… 43

2020年大事记

1月 ………… 50
2月 ………… 51
3月 ………… 53
4月 ………… 55
5月 ………… 57
6月 ………… 58
7月 ………… 59
8月 ………… 62
9月 ………… 63
10月 ………… 65
11月 ………… 67
12月 ………… 69

市情概览

自然环境 ………… 73
 地理位置 ………… 73
 地形地貌 ………… 73
 山脉水系 ………… 73
 气候特征 ………… 74
资源特产 ………… 74
 土地资源 ………… 74
 水资源 ………… 74
 矿产资源 ………… 75
 森林资源 ………… 75
 旅游资源 ………… 75
 名优特产 ………… 75
历史沿革 ………… 76
 市名由来 ………… 76

政区沿革 …… 76

人口状况 …… 77

　人口 …… 77

　民族 …… 77

重要荣誉 …… 77

主要组织行政事业机构及其负责人

中国共产党兰溪市委员会 …… 79
兰溪市人大常委会 …… 80
兰溪市人民政府 …… 80
政协兰溪市委员会 …… 82
兰溪市纪律检查委员会（市监察委员会） …… 82
兰溪市人民武装部 …… 82
兰溪市人民法院 …… 82
兰溪市人民检察院 …… 83
人民团体（部分） …… 83
国家、省、金华市驻兰溪市（共管）机构 …… 83
兰溪市镇乡（街道）党政组织 …… 84

中共兰溪市委员会

综　述 …… 86

　概况 …… 86

　政治建设全面深化 …… 86

　疫情防控精准有效 …… 86

　经济活力持续增强 …… 86

　城市能级不断跃升 …… 87

　文旅融合加快发展 …… 87

　乡村振兴提质提速 …… 87

　民生事业长足改善 …… 88

　干部作风明显提升 …… 88

重要会议 …… 88

　兰溪市委十四届八次全体（扩大）会议暨市政府第六次全体会议 …… 88

　兰溪市"不忘初心、牢记使命"主题教育总结大会 …… 89

　兰溪市新型冠状病毒感染的肺炎防控工作会议 …… 89

　企业复工复产工作会商会 …… 89

　制造业高质量发展大会 …… 89

　兰溪市委农村工作会议暨全市乡村振兴大会 …… 89

　兰溪市委十四届十次全体（扩大）会议暨市政府第七次全体会议 …… 90

　《关于制定兰溪市国民经济和社会发展第十四个五年规划和二〇三五年远景目标的建议（征求意见稿）》征求意见座谈会 …… 90

　兰溪市委十四届十一次全体（扩大）会议暨市政府第八次全体会议 …… 90

重要活动 …… 90

　金建高铁建设动员会暨兰溪枢纽工程开工仪式 …… 90

　2020年重大项目集中开工仪式 …… 90

　欣旺达锂离子电池项目签约仪式 …… 91

　"接轨长三角 融入大上海"——兰溪发展恳谈会 …… 91

　首届兰溪发展大会 …… 91

　首届童诗中国（兰溪）论坛 …… 91

　首届海峡两岸影像文化周兰溪郎静山专场活动 …… 91

　全省"县县通高速"集中通车暨"十四五"综合交通重大项目开工仪式金华分会场活动 …… 92

市委办公室工作 …… 92

　概况 …… 92

　会务工作 …… 92

　办文工作 …… 92

　综合文字工作 …… 92

　督查考核工作 …… 93

信息工作 …… 93
　　保密工作 …… 93
　　档案管理工作 …… 93
　　外事工作 …… 93

纪检监察工作 …… 93
　　概况 …… 93
　　抓实政治监督 …… 93
　　抓实清廉兰溪建设 …… 93
　　抓实正风肃纪 …… 94
　　抓实基层政治生态建设 …… 94
　　抓实"三不"一体推进 …… 94
　　抓实巡察工作 …… 94
　　抓实纪检监察体制改革 …… 94
　　抓实纪检监察队伍建设 …… 95

组织工作 …… 95
　　概况 …… 95
　　搭建"干部作风建设指数测评"体系 …… 96
　　启动"溪心成长"行动 …… 97
　　制定干部监督"三色"提醒实施办法 …… 97
　　选派327名党员干部担任"第一书记" …… 97
　　规范"三师"标准化服务 …… 97
　　探索施行专职副书记管理办法 …… 97
　　深化"青兰之约"品牌 …… 97
　　实施"日事日清"工作机制 …… 98

宣传工作 …… 98
　　概况 …… 98
　　浙江省县级融媒体中心建设专题培训班在
　　　兰溪举行 …… 99
　　举行新时代"乡风革命"现场会 …… 99
　　启动全民志愿日 …… 99
　　2020文明出行全省巡回宣传月大型公益活
　　　动兰溪站 …… 99
　　第四届兰溪市道德模范暨第三届优秀志愿
　　　服务先进典型颁奖晚会 …… 100
　　文史资料收集和成果汇编 …… 100

　　举办全国中医药文化进校园现场会暨兰溪
　　　第四届张山雷中医药文化节 …… 100
　　举办首届童诗中国（兰溪）论坛 …… 100
　　兰江水上游启航 …… 101
　　兰溪市被命名为"中国传统建筑之乡" …… 101
　　举办中国古村落保护与发展论 …… 坛 101
　　首届海峡两岸影像文化周兰溪郎静山专场
　　　活动 …… 101

统战工作 …… 101
　　概况 …… 101
　　配合筹办兰溪发展大会 …… 102
　　成立异地和村级乡贤会 …… 102
　　开展"三学三比"活动 …… 102
　　团结凝聚海外和港澳台同胞 …… 102
　　开展交叉督查推动统战工作
　　　"全年红" …… 102
　　建立亲清政商关系驿站 …… 102
　　成立知联智库 …… 102
　　成立兰溪市乡贤人才基金 …… 103

侨务工作 …… 103
　　概况 …… 103
　　召开市侨联五届二次全委会 …… 103
　　市委常委会传达学习省侨联十代会
　　　精神 …… 103
　　开展侨爱系列公益活动 …… 103
　　组织侨联委员学习系列精神 …… 103
　　实现兰江街道社区侨留联分会全
　　　覆盖 …… 103
　　成立兰溪"小候鸟"驿站 …… 104
　　指导成立兰溪中小企业对外友好合作
　　　商会 …… 104

民族宗教事务 …… 104
　　概况 …… 104
　　规范民族项目资金 …… 104
　　打造民族乡村两条经济带 …… 104

推进结对帮扶工作 …………………… 104
　　开展民族工作者专题培训 …………… 105
　　民族团结进步创建工作 ……………… 105
　　开展民族团结进步宣传月系列活动 … 105
　　举办云游畲乡"三月三"畲乡风情节
　　　活动 ………………………………… 105
　　"舞拾吾"畲族文化帮扶项目落地
　　　兰溪 ………………………………… 105
　　民族特色文化提升工程有序推进 …… 105
　　疫情防控工作 ………………………… 105
　　开展宗教领域建筑安全大排查 ……… 106
　　成立宗教界义务消防队 ……………… 106
　　加强宗教领域法治化建设 …………… 106
　　举办了第21届中国兰溪黄大仙文化节
　　　暨黄大仙宫建宫25周年活动 ……… 106
　　指导召开黄大仙研究会第四次会员代表
　　　大会 ………………………………… 106
老干部工作 …………………………………… 106
　　概况 …………………………………… 106
　　离退休干部党建工作 ………………… 106
　　先进典型选树工作 …………………… 107
　　开展"走看促"活动 ………………… 107
　　老年大学工作 ………………………… 107
　　老干部活动中心工作 ………………… 108
党校工作 …………………………………… 108
　　概况 …………………………………… 108
　　省办学质量创优评估获优秀 ………… 108
　　成立首家干部心理素质提升中心 …… 109
　　完成全市领导干部五中全会精神集中
　　　轮训 ………………………………… 109
　　举办2020年度中青年干部培训班 …… 109
　　党校迁建工程开工 …………………… 110
史志工作 …………………………………… 110
　　概况 …………………………………… 110
　　中国共产党浙江兰溪历史第二卷

　　　（1949—1978）出版发行 ………… 111
　　《兰溪年鉴（2019）》出版发行 ……… 111
　　《兰溪年鉴（2020）》出版发行 ……… 111
　　编写《红色足迹兰溪市红色教育基地
　　　概览》 ……………………………… 112
　　党史馆被命名为首批"金华市关心下一代
　　　教育基地" ………………………… 112
关心下一代工作 …………………………… 112
　　概况 …………………………………… 112
　　开展新时代爱国主义教育活动 ……… 112
　　开展传统文化和文明礼仪教育活动 … 113
　　开展青少年普法教育活动 …………… 113
　　开展关心下一代暖冬行动 …………… 113
　　开展贫困学生帮困助学活动 ………… 113
　　开展助残日、困境儿童慰问活动 …… 113
　　完成"银耀兰江·关爱帮扶"活动 … 114
　　开展第九届"完美童年·春泥计划"公益
　　　行动和"真善美大实践"活动 …… 114
　　建立未成年人关爱联合工作机制 …… 114
　　探索"五老+社团+志愿者"工作新
　　　模式 ………………………………… 114
信访工作 …………………………………… 115
　　概况 …………………………………… 115
　　全面推行民情民访代办 ……………… 115
　　全面推动信访积案化解 ……………… 115
　　联合接访中心入驻"信访超市"运行
　　　良好 ………………………………… 115
档案工作 …………………………………… 115
　　概况 …………………………………… 115
　　综合档案馆主体工程竣工 …………… 116
　　征集新冠肺炎疫情防控档案 ………… 116
　　数字档案馆（室）创建 ……………… 116
　　档案信息化建设 ……………………… 116
　　村级组织换届档案工作 ……………… 117
　　馆藏档案数字化加工 ………………… 117

机构编制工作 …… 117
　　概况 …… 117
　　完成事业单位清理规范整合任务 …… 117
　　做好事业单位改革"后半篇文章" …… 118
　　加大重点领域机构编制保障力度 …… 118
　　助力政务服务2.0建设 …… 118
　　建立监督检查"事前事中事后"评估体系 …… 118
　　完成全市机关事业单位编外用工指标核定 …… 118
　　做好事业单位法人登记 …… 118

台湾事务 …… 119
　　概况 …… 119
　　召开光学膜创业园台胞迎新春茶话会 …… 119
　　走访慰问台胞台属 …… 119
　　对台工作会议 …… 119
　　省台办主任庄跃成到兰调研 …… 119
　　台胞到兰参访交流 …… 119
　　举办首届海峡两岸影像文化周兰溪郎静山专场活动 …… 119
　　召开台胞台属联谊会第七次代表大会 …… 119
　　定居台胞去世 …… 119

社会治理综合服务 …… 120
　　概况 …… 120
　　创立"巡回调解"机制 …… 120
　　打造"网上矛调中心" …… 120
　　优化"一窗受理"流程 …… 120
　　创新"协调会兜底"机制 …… 120
　　建立未成年人关爱工作机制 …… 120
　　建立"健康代跑"机制 …… 121
　　打造"三大实践基地" …… 121
　　建立"思""心"共参机制 …… 121
　　建立志愿者劝调机制 …… 122
　　建立人大代表任务认领机制 …… 122
　　升级"三合一"联调机制 …… 122
　　形成"六调对接"机制 …… 122
　　金华首家银保调委调解工作室落户兰溪 …… 122
　　民商诉讼 …… 122
　　劳动仲裁 …… 122
　　司法调解 …… 122
　　法律援助 …… 123
　　心理服务 …… 123
　　联合接访 …… 123
　　8890便民服务 …… 123
　　检察服务 …… 123
　　行政复议 …… 123

改革工作 …… 123
　　概况 …… 123
　　"最多跑一次"改革 …… 124
　　"最多跑一次"改革延伸扩面 …… 124
　　营商环境优化 …… 124
　　助推高质量发展 …… 125
　　金义都市区共建 …… 125
　　政研及财经工作 …… 125

兰溪市人民代表大会

综　述 …… 126
　　概况 …… 126

重要会议 …… 126
　　市十六届人大四次会议 …… 126
　　市人大常委会第二十五次会议 …… 127
　　市人大常委会第二十六次会议 …… 127
　　市人大常委会第二十七次会议 …… 127
　　市人大常委会第二十八次会议 …… 128
　　市人大常委会第二十九次会议 …… 128
　　市人大常委会第三十次会议 …… 128
　　市人大常委会第三十一次会议 …… 129

市人大常委会第三十二次会议 ……… 129
　　市人大常委会第三十三次会议 ……… 129
代表建议及办理………………………………… 130
　　重点建议 ……………………………… 130
　　建议办理 ……………………………… 130
代表视察………………………………………… 130
　　视察纺织产业数字化智能化改造工作
　　　情况 ………………………………… 130
　　视察农产品质量安全监管工作情况 … 130
　　视察矛盾纠纷调处化解"最多跑一地"
　　　工作情况 …………………………… 131
　　视察政府重大投资项目建设情况 …… 131
　　视察美丽乡村建设情况 ……………… 131
　　视察金兰创新城项目建设情况 ……… 131
　　视察2020年民生实事项目进展情况 … 132
人大代表………………………………………… 132
　　概况 …………………………………… 132

兰溪市人民政府

综　述…………………………………………… 134
　　概况 …………………………………… 134
　　疫情防控 ……………………………… 134
　　经济发展 ……………………………… 135
　　城市能级 ……………………………… 136
　　文旅发展 ……………………………… 136
　　乡村振兴 ……………………………… 136
　　民生事业 ……………………………… 137
十六届市政府常务会议………………………… 137
　　第六十七次常务会议 ………………… 137
　　第六十八次常务会议 ………………… 138
　　第六十九次常务会议 ………………… 138
　　第七十次常务会议 …………………… 138
　　第七十一次常务会议 ………………… 138
　　第七十二次常务会议 ………………… 138
　　第七十三次常务会议 ………………… 138
　　第七十四次常务会议 ………………… 138
　　第七十五次常务会议 ………………… 138
　　第七十六次常务会议 ………………… 138
　　第七十七次常务会议 ………………… 138
　　第七十八次常务会议 ………………… 139
　　第七十九次常务会议 ………………… 139
　　第八十次常务会议 …………………… 139
　　第八十一次常务会议 ………………… 139
　　第八十二次常务会议 ………………… 139
　　第八十三次常务会议 ………………… 139
　　第八十四次常务会议 ………………… 139
　　第八十五次常务会议 ………………… 139
　　第八十六次常务会议 ………………… 139
　　第八十七次常务会议 ………………… 139
　　第八十八次常务会议 ………………… 140
　　第八十九次常务会议 ………………… 140
　　第九十次常务会议 …………………… 140
　　第九十一次常务会议 ………………… 140
　　第九十二次常务会议 ………………… 140
　　第九十三次常务会议 ………………… 140
　　第九十四次常务会议 ………………… 140
　　第九十五次常务会议 ………………… 140
　　第九十六次常务会议 ………………… 140
　　第九十七次常务会议 ………………… 140
　　第九十八次常务会议 ………………… 140
重要活动………………………………………… 141
　　欣旺达锂离子电池项目签约落地 …… 141
　　兰溪制造业高质量发展大会 ………… 141
　　兰溪枇杷节 …………………………… 141
　　"兰溪红"杨梅节 ……………………… 142
　　兰溪—汶川飞地产业园揭牌 ………… 142
　　中国古村落保护与发展论坛 ………… 142
　　兰溪发展大会 ………………………… 142
　　首届童诗中国（兰溪）论坛 ………… 143

首届海峡两岸影像文化周兰溪郎静山专场
　　　　活动 …………………………………… 143
办公室工作 ……………………………………… 144
　　办文 …………………………………………… 144
　　办会 …………………………………………… 144
　　办事 …………………………………………… 144
　　政务督查 ……………………………………… 144
　　以文辅政 ……………………………………… 144
　　政务服务 ……………………………………… 145
大数据发展中心 ………………………………… 145
　　推进办事模块进驻"浙里办"平台 ………… 145
　　开展"浙政钉"2.0迁移工作 ………………… 145
　　推进大数据共享平台应用 …………………… 145
　　完成市政府门户网站迁移 …………………… 145
　　兰花钉工作 …………………………………… 145
行政服务 ………………………………………… 145
　　概况 …………………………………………… 145
　　金华市民生实事 ……………………………… 146
　　水电气网通办 ………………………………… 146
　　首创"证明开具一件事" …………………… 146
公共资源交易管理 ……………………………… 146
　　概况 …………………………………………… 146
　　电子保函保证金 ……………………………… 146

政协兰溪市委员会

综　述 …………………………………………… 147
　　概况 …………………………………………… 147
　　市政协十四届四次会议 ……………………… 147
主席会议 ………………………………………… 148
　　第四十次主席（扩大）会议 ………………… 148
　　第四十一次主席（扩大）会议 ……………… 148
　　第四十二次主席（扩大）会议 ……………… 148
　　第四十三次主席（扩大）会议 ……………… 148
　　第四十四次主席（扩大）会议 ……………… 148
　　第四十五次主席（扩大）会议 ……………… 148
　　第四十六次主席（扩大）会议 ……………… 149
　　第四十七次主席（扩大）会议 ……………… 149
　　第四十八次主席（扩大）会议 ……………… 149
　　第四十九次主席（扩大）会议 ……………… 149
　　第五十次主席（扩大）会议 ………………… 149
　　第五十一次主席（扩大）会议 ……………… 149
　　第五十二次主席（扩大）会议 ……………… 150
　　第五十三次主席（扩大）会议 ……………… 150
　　第五十四次主席（扩大）会议 ……………… 150
常委会议 ………………………………………… 150
　　第二十次常委会议 …………………………… 150
　　第二十一次常委会议 ………………………… 150
　　第二十二次常委会议 ………………………… 150
　　第二十三次常委会议 ………………………… 150
　　第二十四次常委会议 ………………………… 150
　　第二十五次常委会议 ………………………… 150
　　第二十六次常委会议 ………………………… 150
　　政协常委读书会议 …………………………… 151
重要工作 ………………………………………… 151
　　加强思想政治建设 …………………………… 151
　　服务中心工作 ………………………………… 151
　　助力民生事业改善 …………………………… 151
　　全力推进网络协商议政 ……………………… 151
　　深化拓展委员履职平台 ……………………… 152
　　投身抗击新冠肺炎疫情斗争 ………………… 152
　　扩大走访交流 ………………………………… 152
2020年度政协委员名单 ………………………… 153
　　在兰省、金华市政协委员（18名）………… 153
　　中国人民政治协商会议第十四届兰溪市
　　　　委员会委员名单（共251名按姓氏笔
　　　　画为序）………………………………… 153

民主党派·工商联

民盟兰溪市委会 ... 155
　　概况 ... 155
　　录制朗诵诗《范院坞的早晨》... 156
　　"民盟助力乡村振兴实践基地"揭牌 ... 156
　　"美美+家"新模式 ... 157

民建兰溪市基层委员会 ... 157
　　概况 ... 157
　　参政议政 ... 157
　　"民建会员献爱心"活动 ... 157
　　疫情防控工作 ... 157

农工党兰溪市委会 ... 158
　　概况 ... 158
　　庆祝农工党90周年诞辰系列活动 ... 158
　　"卫爱前进"社会服务品牌 ... 158

九三学社兰溪市委会 ... 159
　　概况 ... 159
　　开展支社调整工作 ... 159
　　共建社会服务基地成立 ... 159
　　"一行鸿雁·九三同行"社会服务基地
　　　揭牌 ... 159
　　持续开展惠民服务 ... 159

工商联 ... 159
　　概况 ... 159
　　参政议政 ... 160
　　推动构建亲清政商关系 ... 160
　　打造"奔跑的工商联"... 160
　　异地兰溪商会（乡贤会）建设 ... 160
　　市内商会建设 ... 160
　　设立人才工作站、招商工作站 ... 160
　　商会党建 ... 160
　　防疫抗疫 ... 161
　　招商引资 ... 161
　　落实帮扶任务 ... 161
　　清廉民企建设 ... 161
　　服务民营经济 ... 161
　　筹备兰溪发展大会 ... 161
　　走访调研 ... 161
　　回报社会 ... 162

人民团体

市总工会 ... 163
　　概况 ... 163
　　疫情防控 ... 163
　　职工疗休养 ... 163
　　产业工人队伍改革 ... 163
　　劳动竞赛 ... 164
　　劳模精神 ... 164
　　困难职工帮扶 ... 164
　　工资集体协商 ... 164
　　文化阵地建设 ... 164
　　妈咪暖心小屋建设 ... 164
　　青年人才联谊活动 ... 165

共青团 ... 165
　　概况 ... 165
　　抗击疫情 ... 165
　　复工复产 ... 165
　　返家乡社会实践 ... 165
　　"双零"改革试点 ... 166
　　志愿服务 ... 166
　　五四定向赛 ... 166
　　助农带货 ... 166
　　青兰之约 ... 166
　　"青腾"社团成立 ... 166
　　"真善美"种子工程 ... 167
　　"快乐儿童节"系列活动 ... 167
　　"完美童年 春泥计划"... 167
　　"流动少年宫"系列活动 ... 167

第26届青少年科技节 …………… 167
公益募捐 …………………………… 167
村社团组织换届 …………………… 167

市妇女联合会 …………………………… 167
概况 ………………………………… 167
开展线上"三八"节系列主题活动 … 168
举办"公筷公勺 文明大家"系列主题
  活动 ……………………………… 168
省妇儿基金会"守护校园计划"在兰
  落地 ……………………………… 168
搭建公益助农平台 ………………… 168
推出"兰红娘"项目服务青年人才 … 168
开展寻找2020年度兰溪市"最美家庭"
  活动 ……………………………… 168
慰问关爱兰溪援鄂医护人员 ……… 170
爱心捐赠"复学包"助力特殊学子复学 170
举办首届"妈妈的味道"民间面食巧女秀
  活动 ……………………………… 170
举办汶川·兰溪巾帼主播带货培训班 … 171
举办来料加工经纪人及创业女性网络直播
  培训班 …………………………… 171
召开女企业家座谈会 ……………… 171
启动"守护童年 完美假期"平安我家
  实践活动 ………………………… 171
省妇联到兰开展"三服务"活动 …… 171
启动"守护童心 相伴悦读"阳光书角
  公益项目 ………………………… 171
完成试点乡镇村（社）妇联换届工作 … 171
深化汶川"童心守护计划" ………… 172
举办首届母婴护理技能大比武 …… 172
举办全市基层优秀妇联负责人培训班 … 172
建成10家示范型儿童之家 ………… 172
"馨兰"娘家人参与社会治理 ……… 172
深化美丽家庭创建工作 …………… 173

兰溪市文学艺术界联合会 ……………… 173

概况 ………………………………… 173
迎新春送万福行动 ………………… 173
2020迎新春精品展 ………………… 173
凝聚文联力量同心抗疫 …………… 173
开展"芥子园解说竞赛"活动 ……… 173
协会完成换届调整 ………………… 173
文艺志愿者开展系列活动 ………… 173
召开文艺家座谈会 ………………… 174
推进陈军美术馆项目建设 ………… 174
携手协会开展各项活动 …………… 174
第六次文代会召开 ………………… 174
全省青年骨干研修班在游埠举行 … 174
全省风景摄影大展在兰溪展出 …… 175
徐跃进中国花鸟画展 ……………… 175
蔡韵平中国花鸟画展 ……………… 175
承办首届"海峡两岸影像文化周"兰溪
  郎静山专场活动 ………………… 175
"诗画中国行"采风团走进芥子园 … 175
芥子园学堂成效显著 ……………… 175
实施书画精英骨干培育计划 ……… 176

市残联 …………………………………… 176
概况 ………………………………… 176
开展第30个"全国助残日"活动 …… 177
开展系列评残活动 ………………… 177
召开第七届主席团第三次会议 …… 177
举办残疾人种植业培训班 ………… 177
开展"四访四助"专项行动 ………… 177
残疾人家庭收入状况监测 ………… 177
开展"残疾人节日"宣传活动 ……… 178
残疾人电商培训 …………………… 178
兰花社区创建省级无障碍社区 …… 178
残疾人基本服务状况 ……………… 178
建设星级"残疾人之家" …………… 178

市红十字会 ……………………………… 178
概况 ………………………………… 178

建立8890"红十字便民服务驿站"…… 179
开展红十字博爱行动 ………………… 179

法治·武装

政法及综治……………………………… 180
 概况 ……………………………………… 180
 兰溪市连续第十五年被命名为浙江省
  "平安县（市、区）"………………… 180
 扫黑除恶专项斗争 ……………………… 180
 新冠疫情防控 …………………………… 180
 维护社会稳定 …………………………… 180
 平安建设"百日攻坚"专项行动 …… 181
 无信访积案市创建 ……………………… 181
 创新社会治理 …………………………… 181
 政法系统政治轮训 ……………………… 181
 "执法司法规范化提升年"活动 …… 181

公安……………………………………… 182
 概况 ……………………………………… 182
 打击防范 ………………………………… 182
 打击经济犯罪 …………………………… 182
 刑事侦查 ………………………………… 183
 交通管理 ………………………………… 183
 道路交通安全大会战 …………………… 183
 疫情防控 ………………………………… 184
 创建"枫桥式公安派出所"…………… 184
 创建"红色示范所队"………………… 184
 深化最多跑一次改革 …………………… 184
 深化公安信访"最多跑一地"……… 185

检察院…………………………………… 185
 概况 ……………………………………… 185
 维护社会稳定 …………………………… 186
 服务企业发展 …………………………… 186
 打赢扫黑除恶收官战 …………………… 186
 主动融入参与社会治理 ………………… 186

法院……………………………………… 187
 概况 ……………………………………… 187
 服务疫情防控大局 ……………………… 187
 持续优化营商环境 ……………………… 188
 落实为民实事 …………………………… 188
 高水平参与社会治理 …………………… 188
 开启智能办案新模式 …………………… 188
 完善生态环境审判机制 ………………… 188
 全面落实司法责任制 …………………… 189
 强化正面典型引领 ……………………… 189

司法行政……………………………… 189
 概况 ……………………………………… 189
 开展执法司法规范化水平提升年活动 … 189
 行政复议业务成建制进驻市矛调中心 … 189
 行政复议规范化建设通过省司法厅验收 … 189
 组建行政复议专家咨询委员会 ……… 189
 成立市社区矫正委员会及办公室 …… 191
 成立社区矫正心理健康互助员队伍 … 191
 构建"六调联动"工作格局 ………… 191
 建立"巡回调解"…………………… 191
 创建"两所一庭一室"矛盾纠纷联调
  机制 ……………………………………… 191
 创建"两员融合"机制 ……………… 191
 成功创建省级首批"枫桥式"
  司法所 ………………………………… 192
 加强行业性、专业性人民调解委员会
  建设 …………………………………… 192
 推进监地帮教衔接 …………………… 192
 做强"和合"兰调工坊 ……………… 192
 推出"指间娘舅"……………………… 192
 试点推行村务"法治委员"…………… 192
 开展律师行业"扬帆行动"…………… 193
 护航法治化营商环境 ………………… 193
 专业视角履行社会责任 ……………… 193
 公证为民 ……………………………… 193

开展"法援惠民生 扶贫奔小康"专项
　　法律服务行动 …………………… 193
公共法律服务自助机实现全覆盖 …… 193
开展"法援惠民生 助力农民工"专项
　　法律服务行动 …………………… 194
推进法律援助信息化应用 …………… 194
修订法律援助经费管理使用办法 …… 194
完成"七五"普法验收 ………………… 194
重点人员学法普法工作受表彰 ……… 194
线上普法载体不断丰富 ……………… 194
民法典宣传落地见效 ………………… 194
"民主法治村（社区）"创建率达新高 194
首推"无证明城市"改革向企业和域外
　　延伸 ……………………………… 194
创新执法监督衔接机制 ……………… 195
获评浙江省县乡法治政府建设"最佳
　　实践"项目 ……………………… 195

人民武装 ……………………………… 195
概况 …………………………………… 195
思想政治建设 ………………………… 195
夯实基层武装 ………………………… 195
推进兰溪国防教育建设 ……………… 195
发挥应急武装作用 …………………… 195
服务军人军属 ………………………… 196
灵洞乡退役军人服务站获批示 ……… 196

消防救援 ……………………………… 196
概况 …………………………………… 196
执法监督 ……………………………… 196
消防队伍建设 ………………………… 197
慰问帮扶工作 ………………………… 197
宣传工作 ……………………………… 197
便民服务 ……………………………… 197

社会事务

人力资源和社会保障 ………………… 198
概况 …………………………………… 198
推进"大众创业、万众创新" ………… 198
就业援助 ……………………………… 198
人才招引 ……………………………… 198
专业技术人才队伍建设 ……………… 198
职业技能培训和鉴定 ………………… 199
人才档案管理 ………………………… 199
机关事业养老保险制度改革 ………… 199
职工退休和劳动能力鉴定 …………… 199
事业单位人员招录工作 ……………… 199
机关事业单位工资制度改革 ………… 199
事业、国有企业及编外用工管理工作 199
劳动维权维稳工作 …………………… 199
劳动维权长效机制建设 ……………… 199

民　政 ………………………………… 200
概况 …………………………………… 200
村级组织换届顺利开展 ……………… 201
殡葬改革更深入 ……………………… 201
流浪人员救助多元化 ………………… 201
社工队伍和慈善事业更有规模 ……… 202
实施社区工作者队伍建设提升行动 … 202
开展城乡社区示范创建工作 ………… 202
打响兰溪公益统一品牌——"兴兰
　　公益" …………………………… 202
孤困儿童保障有力 …………………… 202
开展婚姻登记工作 …………………… 202

老龄工作 ……………………………… 203
概况 …………………………………… 203
百岁老人 ……………………………… 203

退役军人事务 ············	204
概况 ············	204
服务保障体系建设 ············	204
移交安置工作 ············	204
优待抚恤工作 ············	204
"最多跑一次"改革 ············	204
就业创业工作 ············	204
拥军优属工作 ············	205
先进典型宣传 ············	205
褒扬纪念工作 ············	205
应急管理 ············	205
概况 ············	205
高危行业安全监管 ············	206
重点隐患风险管控 ············	206
安全执法处罚 ············	206
安全生产宣传教育 ············	206
可视化指挥调度系统建设 ············	207
应急救援演练 ············	207
人民防空 ············	207
警报设施管理 ············	207
防汛防旱 ············	207

农业·林业·气象

综　述 ············	208
概况 ············	208
农业农村工作 ············	208
概况 ············	208
实施项目精细管理 ············	208
强化村庄业态运营 ············	211
市人大代表视察农产品质量安全	
工作 ············	211
盘活闲置空间 ············	211
赴义乌市、东阳市考察美丽乡村建设	
工作 ············	211
开展兰溪杨梅和枇杷全程可追溯试点	
工作 ············	211
开展农产品质量安全专项整治"利剑"	
行动 ············	211
开展"一县一品一策"标准化示范创建	
工作 ············	212
粮功区非粮化整治 ············	212
农村承包地确权登记颁证工作 ············	212
扶贫工作 ············	212
概况 ············	212
发挥产业扶贫带动效应 ············	212
深化"一户一策一干部"结对帮扶	
工作 ············	212
市委书记陈峰齐调研扶贫工作 ············	213
市委常委（扩大）会议专题研究扶贫	
工作 ············	213
联合下发低收入农户结对帮扶工作	
文件 ············	213
市领导王新峰带领相关部门负责人调研	
扶贫工作 ············	213
市领导陈峰齐到赤溪街道调研扶贫	
工作 ············	213
召开扶贫开发领导小组（扩大）	
会议 ············	213
范冬岩一行到兰督导脱贫攻坚工作 ············	213
开展低收入农户就业创业和技能	
培训 ············	213
种植业 ············	214
概况 ············	214
实施产业技术项目 ············	214
做好新品种引进及试验示范 ············	214
粮食绿色高产高效创建示范片 ············	214
规范先进设施栽培技术规程 ············	214
病虫害统防统治与绿色防控 ············	214
开展浙江省"五园"创建 ············	214

兰溪杨梅苗捐赠 ………………… 215
　　2020中国·兰溪枇杷节在女埠穆坞村
　　　启动 …………………………… 215
　　2020兰溪最甜枇杷擂台赛 ……… 215
　　2020年浙江杨梅之最兰溪杨梅夺冠 … 215
　　2020"兰溪杨梅红天下"杨梅节系列活动
　　　在马涧镇举行 ………………… 215
　　举办瓜果蔬菜观摩会 …………… 216
　　兰溪市"中国农民丰收节"暨万亩良田
　　　水稻开割仪式启动 …………… 216
养殖业 ……………………………… 216
　　概况 ……………………………… 216
　　推进畜牧业"机器换人"示范工作 … 216
　　开办保险试点工作 ……………… 217
　　市病死动物无害化处理厂完成与省数字
　　　畜牧应用平台数字化对接 …… 217
　　完成生猪增产保供年度目标任务 … 217
　　加快市区域性洗消中心建设 …… 217
　　开展生猪养殖场健康管理码赋码
　　　工作 …………………………… 217
　　保护优良种质资源 ……………… 217
　　推进保供替代品转型升级 ……… 217
两区建设 …………………………… 218
　　概况 ……………………………… 218
　　实施粮食生产功能区提标改造 … 218
　　加快推进高标准农田建设 ……… 218
　　1园区列入省级现代农业园区创建 … 218
农业服务业 ………………………… 218
　　概况 ……………………………… 218
　　建立多方合作体系 ……………… 218
　　开展下乡服务及培训 …………… 218
　　举办杨梅质量安全培训班 ……… 219
　　举办兰溪枇杷标准化生产技术
　　　培训班 ………………………… 219
　　举办兰溪市首届农播大赛 ……… 219

　　承办全省农机事故应急处置演练
　　　现场会 ………………………… 219
农业产业化 ………………………… 219
　　概况 ……………………………… 219
　　不断提升产业融合能力 ………… 219
　　组织完成中央财政产油大县奖励资金项目
　　　建设 …………………………… 219
　　督促抓好农综开发产业化项目 … 219
　　《兰溪市乡村振兴产业高质量发展规划
　　　（2020—2025年）》发布 ……… 220
　　成功申报国家级农业产业强镇建设 … 220
　　列入省级乡村振兴产业发展示范县
　　　建设 …………………………… 221
　　继续开展农业"标准地"改革工作 … 221
　　壮大农业龙头企业队伍 ………… 221
农业监督管理 ……………………… 221
　　概况 ……………………………… 221
　　加强农业市场监管 ……………… 221
　　开展农药废弃包装物回收与处置工作 … 221
　　建成基层动物卫生监督规范化所站
　　　2个 …………………………… 221
　　449台变型拖拉机退出历史舞台 … 221
　　严把动物检疫关 ………………… 222
　　开展住家船整治工作 …………… 222
渔　业 ……………………………… 222
　　概况 ……………………………… 222
　　兰江蟹通过全国农产品地理标志专家
　　　评审 …………………………… 222
　　示范基地创建 …………………… 222
　　兰江蟹养殖情况 ………………… 222
　　开展初级水产品质量安全监管工作 … 222
　　开展渔业技术培训 ……………… 222
　　开展渔业资源增殖放流活动 …… 222
绿化造林 …………………………… 223
　　概况 ……………………………… 223

国家森林城市创建 …… 223
　　森林提质增彩 …… 223
林业产业 …… 223
　　概况 …… 223
　　林业产业示范项目建设 …… 223
　　林业科技发展 …… 223
　　食用林产品监管 …… 223
　　林业展会参展 …… 224
资源保护 …… 224
　　概况 …… 224
　　林木采伐管理 …… 224
　　公益林天然林管理工作 …… 224
　　双随机检查工作 …… 224
　　自然保护地整合优化 …… 225
气　象 …… 225
　　概况 …… 225
　　防灾减灾体系建设 …… 225
　　气象现代化建设 …… 225
　　天气 …… 225
　　气候评价 …… 225
　　气温 …… 226
　　降水 …… 226
　　强对流 …… 226
　　台风 …… 226

水　务

综　述 …… 227
　　概况 …… 227
水旱灾害防御 …… 228
　　概况 …… 228
　　降雨量 …… 228
　　洪水 …… 228
　　台风情况 …… 229
　　灾情 …… 229
　　防御部署 …… 230
　　物资储备 …… 230
　　防汛机动抢险队集训 …… 230
　　防汛实战化演练 …… 230
水利工程建设与验收 …… 230
　　山塘综合整治 …… 230
　　都市区西部联网供水工程 …… 230
　　钱塘江堤防加固工程（二期）…… 231
　　西门城墙段城防提升工程 …… 231
　　续建重点排涝站提升改造工程
　　　（一期）…… 231
　　"三江"防洪安全综合提升工程 …… 231
　　钱塘江干堤加固工程（一、二、
　　　三期）…… 231
　　钱塘江农防加固工程（一、二期）…… 231
　　游埠路坝结合工程 …… 231
　　朱家溪（太平桥至白露桥段）幸福河
　　　工程 …… 231
　　防汛机动抢险与物资储备中心项目 …… 231
　　山洪灾害防治项目（三期）…… 231
　　水文"5+1"项目 …… 232
　　芝堰水库除险加固工程验收 …… 232
　　农业水价综合改革 …… 232
　　小型水库除险加固工程 …… 232
　　农村饮水安全提升工程 …… 232
　　乡镇干（支）管提升改造工程 …… 232
　　小型水库除险加固竣工验收 …… 233
　　芝堰水库上游建德来水湿地拦截工程
　　　（一期）开工 …… 233
工程管护 …… 233
　　概况 …… 233
　　堤防管护 …… 233
　　河道管理范围划界 …… 233
　　排涝站管理 …… 233
　　标准化创建 …… 233

水库安全鉴定 …………………… 233
　　水库山塘运行管理 ……………… 233
　　水利工程"三化"改革 …………… 233
　　小水电清理整改 ………………… 233
　　美丽河湖创建 …………………… 234
　　节水型社会建设 ………………… 234
　　水源保护 ………………………… 234
　　古井水源普查 …………………… 234
水资源管理 ………………………… 234
　　概况 ……………………………… 234
　　水域管控 ………………………… 234
城乡供水 …………………………… 234
　　概况 ……………………………… 234
　　全力保障城乡供水 ……………… 234
　　钱塘垅水厂扩建工程 …………… 235
　　供水旧管网改造 ………………… 235

工 业

综　述 ……………………………… 236
　　概况 ……………………………… 236
　　产业投资 ………………………… 237
　　技术创新 ………………………… 237
　　淘汰落后产能 …………………… 238
　　企业服务 ………………………… 238
　　数字化改造 ……………………… 238
主要行业 …………………………… 239
　　纺织行业 ………………………… 239
　　冶金行业 ………………………… 239
　　化工行业 ………………………… 239
　　机械行业 ………………………… 239
　　医药行业 ………………………… 239
　　水泥行业 ………………………… 239
　　电力行业 ………………………… 239
供　电 ……………………………… 240

　　概况 ……………………………… 240
　　提升"强电网"供电保障 ………… 240
　　快速推进配网智能化进程 ……… 240
　　服务"众企业"稳定发展 ………… 240
　　持续提升"获得电力"水平 ……… 240
　　高效服务能源节约型社会建设 … 240
　　确保社会经济发展用电无忧 …… 241
浙江省兰溪经济开发区 …………… 241
　　概况 ……………………………… 241
　　康恩贝获2019年度省科学进步二
　　　等奖 …………………………… 241
　　康恩贝入选2019年中国医药工业百强
　　　榜单 …………………………… 241
　　康恩贝入选中国最具影响力医药企业
　　　百强 …………………………… 242
　　欣动能源项目投产 ……………… 242
　　甬金入选2020浙江省民营企业
　　　100强 ………………………… 242
　　甬金金属入选2020浙江民营企业200强
　　　和企业研发投入100强 ……… 242
　　开发区6家企业上榜2019年度中国棉纺
　　　织行业竞争力百强 …………… 242
　　开发区化工园区认定 …………… 243
　　开发区整合提升方案获批 ……… 243
　　高新区产教融合示范基地上榜浙江省
　　　"五个一批" …………………… 243
　　开发区2家企业入选浙商全国500强 … 243
　　经济开发区举行三季度项目签约
　　　仪式 …………………………… 243
　　兰溪高新区揭牌 ………………… 243
　　兰溪市嘉华塑业有限公司项目开工 … 243
　　凤凰化工重组成功签约 ………… 243
　　开发区举办百企联盟"闪购"直播
　　　活动 …………………………… 244
　　开发区3个项目入选省重大产业

项目 …… 244
　　浙江锂威锂离子电池项目开工 …… 244
　　成立总部经济商圈联盟 …… 244
　　开发区6家企业上榜棉纺织主营业务收入
　　　百强 …… 245
　　国贸集团入股康恩贝 …… 245
　　欣旺达锂离子电池项目签约 …… 245
　　兰溪长芯光电科技年产48兆瓦半导体
　　　激光器芯片项目开工 …… 245
　　科技创新 …… 245

商 贸

服务业 …… 247
　　概况 …… 247
　　服务业强县试点 …… 247
　　服务业新业态蓬勃发展 …… 247
　　服务业政策扶持力度加大 …… 247
　　重大项目不断推进 …… 247
物流业 …… 248
　　概况 …… 248
　　物流业呈现新业态 …… 248
　　行业扶持力度加强 …… 248
商贸流通 …… 248
　　概况 …… 248
　　落细落实疫情防控各项任务 …… 248
　　开展商贸入统工作 …… 248
　　推进消费专班各项工作 …… 248
　　开展夜市经济试点工作 …… 249
　　举办美食节 …… 249
　　成立兰溪市美食协会 …… 249
粮食流通 …… 250
　　概况 …… 250
　　粮食收储 …… 250
　　应急保供 …… 250

　　仓储设施提升改造 …… 250
　　粮食安全质量监管 …… 250
供销合作 …… 251
　　概况 …… 251
　　抓好疫情防控 …… 251
　　保障春耕备耕应急农资供应 …… 251
　　创建省级产业农合联1家 …… 251
　　完善再生资源回收体系建设 …… 251
　　深入开展农产品展示展销 …… 251
　　拓宽兰溪杨梅市场销售渠道 …… 252
　　开办"金农好好"兰溪旗舰店 …… 252
　　农信担保金额较上年增长196.49% …… 252
　　成功创建农业农村部金融支农创新
　　　试点 …… 252
　　成立全省首个省农担公司办事处 …… 252
烟草专卖 …… 252
　　概况 …… 252
　　办成本土国标网络案1起 …… 252
　　规范行政执法 …… 253
　　开展重点品牌和定制品牌培育 …… 253
　　终端网建稳步提升 …… 253
　　"互联网+营销"模式深入推进 …… 253
石油经营 …… 253
　　概况 …… 253

开放型经济

招商引资 …… 255
　　概况 …… 255
　　招商引资集中签约 …… 255
　　招商引资项目会审 …… 255
　　配强"853"招商队伍 …… 255
　　梳理兰溪自有招商资源 …… 255
　　打造全市重点项目库 …… 256
　　创新"线上+线下"招商模式 …… 256

对外贸易 …………………………………… 256
  概况 …………………………… 256
  推进"六稳""六保"工作 ………… 256
  外贸经营主体进一步扩大 ………… 256
  组织参加各类云展会 ……………… 256
  组织参加第三届中国国际进口博览会… 256
  组织"义新欧"班列货源 ………… 257
  积极应对中美贸易摩擦 …………… 257
  护航中小企业 ……………………… 257
  构建惠企政策服务体系 …………… 257
  成功申报国家外贸转型升级基地 … 257

外贸、外经 …………………………………… 257
  概况 ………………………………… 257

电子商务 …………………………………… 258
  概况 ………………………………… 258
  引导线上线下企业交流合作 ……… 258
  推进电商产业园区建设 …………… 258
  党建联盟促发展 …………………… 258
  获得跨境电子商务发展试点补助资金… 258
  大力发展农产品电商 ……………… 258
  东西部扶贫工作 …………………… 258
  6个行政村获全省电商专业村称号… 258

金华海关兰溪办公区 ……………………… 259
  概况 ………………………………… 259
  检验检疫 …………………………… 259
  高效服务 …………………………… 259
  疫情应对 …………………………… 259

旅 游

综　述 ……………………………………… 260
  概况 ………………………………… 260

旅游资源 …………………………………… 260
  概况 ………………………………… 260
  诸葛八卦村 ………………………… 260
  六洞山风景区 ……………………… 260
  黄大仙赤松园 ……………………… 261
  新天地生态休闲农场 ……………… 261
  芝堰古村 …………………………… 261
  游埠古镇 …………………………… 261
  兰溪天下江南 ……………………… 261
  白露山风景名胜区 ………………… 262
  长乐村 ……………………………… 262
  兰湖旅游度假区 …………………… 262

文旅项目建设和招商 ……………………… 262
  概况 ………………………………… 262
  加强文旅项目招商 ………………… 262

景区规划和品牌创建 ……………………… 263
  概况 ………………………………… 263
  景区品牌创建 ……………………… 263

市场开发与乡村旅游 ……………………… 263
  概况 ………………………………… 263
  出台扶持办法 ……………………… 263
  文旅工作考核 ……………………… 263
  惠民政策 …………………………… 264
  发放文旅消费券 …………………… 264
  跟着文旅局长云游兰溪 …………… 264
  "百县千碗　味道兰溪"品牌凸显 … 264
  "闲情偶寄　诗意兰溪"兰溪市乡村旅游
   文化节 ………………………… 264
  推出"精品旅游线路体验游" …… 264
  "荷你厢约"文旅后备厢市集 …… 264
  "魅力金秋　乡约兰溪"文化旅游节
   活动 …………………………… 264
  乘高铁专列做客人文兰溪 ………… 265
  打造"研学兰溪"品牌 …………… 265
  建设"兰溪文旅"宣传小矩阵 …… 265
  等级民宿创建 ……………………… 265
  金华市研学实践教育基地创建 …… 265

行业管理 …………………………………… 266

概况 …… 266
　　行业培训及指导 …… 266
　　行业安全生产 …… 266
　　酒店管理及培育 …… 266
　　推进住餐业入统 …… 266
浙江兰湖旅游度假区 …… 266
　　概况 …… 266
　　交旅融合发展 …… 267
　　抓水质提升 …… 267
金华山兰溪分区 …… 267
　　概况 …… 267
　　推进旅游富民特色村建设 …… 267
　　推进新时代旅游富民讲习所 …… 267
　　加强金华山兰溪分区宣传力度 …… 267
　　中国兰溪金华山黄大仙文化创意设计
　　　大赛 …… 267

财政·税务

财　政 …… 268
　　概况 …… 268
　　组织财政收入 …… 268
　　保障民生事业 …… 268
　　助推"四大战略" …… 269
　　化解财政风险 …… 269
　　提升管理效能 …… 269
　　做强做优国资国企 …… 270
税　务 …… 270
　　概况 …… 270
　　税种管理 …… 270
　　征收管理 …… 270
　　落实税收优惠政策 …… 271
　　推出"信用付" …… 271
　　建立"税银e站" …… 271
　　推行网上办税 …… 271

金融·保险·证券

金融工作 …… 272
　　概况 …… 272
　　召开金融大讲堂培训会 …… 272
　　召开银行业支持企业发展会议 …… 272
　　对接企业股改上市工作 …… 272
　　督查"稳企赋能双月攻坚"工作 …… 273
　　举办省市县金控联动合作示范县签约
　　　仪式 …… 273
　　"人民币汇率走势分析报告会"召开 …… 273
　　嘉宝化工完成资产重组 …… 273
　　兰溪调解工作室揭牌 …… 273
　　杭州银行金华兰溪支行开业 …… 274
　　完善政策性融资担保体系 …… 274
银行保险监督管理 …… 274
　　概况 …… 274
　　防控疫情支持复工复产 …… 274
　　防控风险维护金融安全 …… 275
　　服务实体深化普惠金融 …… 275
　　做好监管工作 …… 275
中国人民银行兰溪市支行 …… 275
　　概况 …… 275
　　落实再贷款和两项直达实体货币政策 …… 275
　　强化市场主体金融支持 …… 276
　　深化移动支付便民工程建设 …… 276
　　履行经理国库职能 …… 276
　　维护人民币流通秩序 …… 276
中国工商银行兰溪支行 …… 276
　　概况 …… 276
　　助力企业复工达产 …… 276
　　开展消费扶贫 …… 276
中国农业银行兰溪市支行 …… 277
　　概况 …… 277
　　支持实体经济 …… 277

践行乡村振兴战略	277	落实减费让利	281
助力新冠疫情防控	277	**浙江泰隆商业银行金华兰溪支行**	281
中国建设银行兰溪支行	277	概况	281
概况	277	助力经济发展	281
金融助力保工复产渡难关	277	业务开拓	281
突破贷款余额80亿元关口	277	**浙江民泰商业银行兰溪支行**	281
重大项目提速落地	277	概况	281
深耕普惠助企发展	278	金融知识宣传及普及	281
乡村金融服务点全面覆盖	278	金融支持实体经济	281
聚焦民生践行公益	278	金融产品创新	282
中国银行兰溪支行	278	**平安银行股份有限公司金华兰溪支行**	282
概况	278	概况	282
支持兰溪企业"走出去"	278	金融知识进万家	282
支持企业复工复产	278	服务企业	282
金融智慧化	278	**金华银行兰溪支行**	282
支持政府项目	279	概况	282
中国农业发展银行兰溪市支行	279	支持中小微企业	282
概况	279	支持经济建设	282
粮油购销贷款	279	降低企业融资成本	283
支持疫情防控	279	激活市民卡金融功能	283
服务乡村振兴	279	**中国民生银行金华兰溪支行**	283
浙江兰溪农村商业银行	279	概况	283
概况	279	服务实体经济	283
浙江兰溪越商村镇银行	280	服务小微企业	283
概况	280	服务社会	283
优化业务结构	280	**宁波银行金华兰溪支行**	284
支持复工复产	280	概况	284
加强制度建设	280	支持复工复产	284
浙江稠州商业银行兰溪支行	280	服务重点项目	284
概况	280	支持实体经济	284
助力乡村振兴	280	践行企业责任	284
农村融资产品	280	**中国人民财险保险股份有限公司兰溪支公司**	284
中国邮政储蓄银行股份有限公司兰溪市支行	281	概况	284
概况	281	**中国人寿股份有限公司兰溪市支公司**	285

概况 …………………………… 285

中国太平洋财产保险股份有限公司兰溪支公司………………………………… 285
　　概况 …………………………… 285

中国银河证券兰溪证券营业部…… 285
　　概况 …………………………… 285
　　宣传创业板注册制 ……………… 286

经济管理

发展与改革………………………… 287
　　概况 …………………………… 287

经济运行…………………………… 287
　　新旧动能转换升级 ……………… 287
　　城乡建设提挡加速 ……………… 287
　　民生福祉不断优化 ……………… 288
　　改革开放攻坚克难 ……………… 288

计划管理…………………………… 288
　　概况 …………………………… 288
　　"十四五"规划编制工作 ……… 289

项目管理…………………………… 289
　　概况 …………………………… 289
　　谋划省市县长项目工程6个 …… 289
　　新增列入省重大产业项目4个 … 289
　　列入省重点建设项目8个 ……… 289
　　列入省集中开工项目10个 …… 290
　　列入省"4+1"重大项目5个 … 290
　　列入金华市重点建设项目45个 … 290
　　兰溪市重大项目 ………………… 290
　　政府重大投资项目 ……………… 290
　　重大项目"百日攻坚" ………… 290
　　项目资金争取 …………………… 290
　　金建铁路开工 …………………… 290
　　兰溪港铁公水多式联运枢纽列入义甬舟
　　　西延大通道方案 ……………… 291

　　项目审批总体情况 ……………… 291
　　"交地即开工"项目联审 ……… 291
　　推进节能降耗工作 ……………… 291
　　节能保供工作 …………………… 291

体制改革…………………………… 291
　　概况 …………………………… 291
　　营商环境建设 …………………… 291
　　社会信用体系建设 ……………… 292
　　开发区整合提升 ………………… 292
　　特色小镇培育 …………………… 292
　　桃花坞社区被纳入省级未来社区试点 … 292

物价管理…………………………… 292
　　概况 …………………………… 292
　　阶段性降低水电气价格 ………… 292
　　有序推进政府定价工作 ………… 293
　　开展相关行业成本监审（调查）工作 … 293
　　价格认证情况 …………………… 293

东西部扶贫协作…………………… 293
　　产业合作再深化 ………………… 293
　　农业扶贫补短板 ………………… 293
　　人才教育助发展 ………………… 293
　　多元帮扶创亮点 ………………… 293

审计监督…………………………… 293
　　概况 …………………………… 293
　　预算执行审计 …………………… 294
　　政府投资审计 …………………… 294
　　经济责任审计 …………………… 294
　　政策跟踪审计 …………………… 294
　　深化项目比拼竞赛 ……………… 295
　　强化纪审融合监督 ……………… 295
　　完善审计整改机制 ……………… 295

统计工作…………………………… 295
　　概况 …………………………… 295
　　召开全市统计工作会议 ………… 296
　　开展数据质量自查自纠专项行动 … 296

举办两期统计系统干部综合素质
　　提高班 ………………………… 296
举行宪法宣誓仪式 ………………… 296
开展统计法治知识竞赛活动 ……… 296
开展人口普查质量检查 …………… 297
开展统计"三服务"活动 …………… 297
统计执法检查实现专业全覆盖 …… 297
第七次全国人口普查取得阶段性成果 … 297
完成2020年群众安全感调查工作 … 297
4家单位获评"第六批金华市级统计诚信
　　示范单位" ……………………… 297
获评金华全市首批基层清廉建设示范
　　单位 …………………………… 297

市场监督管理 …………………………… 298
概况 ………………………………… 298
工商行政管理 ……………………… 298
推进"两直"补助顺利下发 ………… 300
市场主体"增量提质"百日攻坚 …… 300
取得金华首张医用防护服生产许可证 … 300
出台全省首个市场监管领域减轻处罚幅度
　　清单 …………………………… 300
"证照分离"改革持续深化 ………… 301
入选金华消费品牌50强4个 ……… 301
实施新开办企业首套公章免费刻制 … 301
完成综合行政执法改革 …………… 301
新增2家"五化"市场 ……………… 301
新增3家放心市场 ………………… 301
新增省三星级文明规范市场1家 …… 301
动产抵押、专利质押助企融资35亿元 … 301
浙江省商标品牌示范企业 ………… 301
第二十一届中国专利优秀奖 ……… 302
食品药品监督管理 ………………… 302
零售药店疫情防控管理 …………… 302
开展防疫物资专项行动 …………… 303
建设送药上山进岛便民服务点4家 … 303

24小时"网订店送"药房建设 ……… 303
食安办星级分类管理建设 ………… 303
新建39家网络订餐线上阳光厨房 …… 303
金华市食品安全民生实事现场会 … 304
成立冷链食品物防专班 …………… 304
成立金华首个乡厨协会 …………… 304
新增农村家宴放心厨房16个 ……… 304
成立梅江烧和杨梅酒行业协会 …… 306
落实进口冷链食品"全受控、无遗漏"
　　闭环管理 ……………………… 306
质量技术监督 ……………………… 306
成立全省首个质量提升党建联盟 … 307
新增"品字标浙江制造"企业4家 … 307
5家企业获政府质量奖 …………… 307
《生产设备互联互通标准化试点》获批
　　省级试点 ……………………… 307
企业质量管理工作 ………………… 307
汇编牛仔面料标准集 ……………… 307
兰溪市产品商品质量检测研究院成立 … 307
成立浙江省棉纺织产业质量基础"一站
　　式"服务平台 ………………… 308
兰溪特色农产品品牌商标培育 …… 308

城乡建设·环境保护

住房和城乡建设 ………………………… 309
概况 ………………………………… 309
疫情防控 …………………………… 309

乡村建设 ………………………………… 310
概况 ………………………………… 310
危旧房治理 ………………………… 310
传统村落保护利用 ………………… 310
全球人居环境村落范例 …………… 310
省级美丽宜居示范村建设 ………… 310

行政审批 ………………………………… 311

审批办证 …………………… 311
　　　"标准工地"建好就验好机制 ………… 311
项目建设 …………………………… 311
　　　概况 ………………………………… 311
　　　古城保护 …………………………… 311
　　　上园路北延工程 …………………… 312
　　　兰江大桥西桥下道路微循环 ……… 312
　　　兰江大桥维修加固工程 …………… 312
　　　排涝防汛 …………………………… 312
　　　污水处理 …………………………… 312
　　　马涧污水处理厂提标改造工程 …… 313
　　　梅江污水处理厂提标改造工程 …… 313
　　　城乡排水一体化合作项目 ………… 313
城乡住房保障 ……………………… 313
　　　概况 ………………………………… 313
　　　公租房申请"一件事" ……………… 313
　　　公房管理数字化 …………………… 314
　　　美丽城镇建设 ……………………… 314
建筑业管理 ………………………… 314
　　　概况 ………………………………… 314
　　　容缺承诺办理施工许可 …………… 314
　　　施工图自审承诺备案制 …………… 314
　　　建筑业资质承诺制审批制 ………… 314
　　　工程保函方式替代保证金 ………… 314
房地产业开发 ……………………… 315
　　　概况 ………………………………… 315
　　　智慧审批 …………………………… 315
　　　信义居平台 ………………………… 315
液化气监管 ………………………… 315
　　　概况 ………………………………… 315
自然资源和规划 …………………… 315
　　　概况 ………………………………… 315
　　　土地要素保障 ……………………… 316
　　　节约集约用地 ……………………… 316
　　　土地执法监察 ……………………… 316

　　　矿政管理 …………………………… 316
　　　土地整治 …………………………… 316
　　　全域土地综合整治与生态修复工程 … 316
　　　不动产登记 ………………………… 317
　　　城乡规划 …………………………… 317
　　　推进国土空间规划 ………………… 317
　　　数字兰溪运维 ……………………… 317
住房公积金管理 …………………… 317
　　　概况 ………………………………… 317
　　　提取住房公积金57002.78万元 …… 318
　　　住房公积金使用 …………………… 318
　　　抓好落实上级政策 ………………… 318
　　　履行管理职责 ……………………… 318
　　　深化落实改革工作 ………………… 318
　　　提升服务水平 ……………………… 319
生态环境保护 ……………………… 319
　　　概况 ………………………………… 319
　　　大气污染防治 ……………………… 319
　　　水污染防治 ………………………… 320
　　　土壤污染防治及治废工作 ………… 320
　　　生态文明建设及宣教工作 ………… 320
　　　环境监管与执法 …………………… 320
　　　生态环保领域改革 ………………… 321
城市管理 …………………………… 321
　　　概况 ………………………………… 321
　　　牵头开展发展大会环境整治 ……… 321
　　　深化"八有八无"创建 ……………… 321
　　　纵深推进违法建设治理 …………… 322
　　　深化人行道乱停车治理 …………… 322
　　　深化规范养犬管理工作 …………… 322
　　　开展户外广告专项整治 …………… 322
　　　做强综合行政执法主业 …………… 322
　　　提升公共服务质量 ………………… 323
城市绿化 …………………………… 323
　　　概况 ………………………………… 323

建成6处城区"口袋公园" ……………… 323
完成老药厂地块覆绿工程 ……………… 323
打造4条城市"网红示范路" …………… 323
举办第九届郁金香花灯展 ……………… 324
重建中洲儿童乐园 ……………………… 324

环境卫生 …………………………………… 324
概况 ……………………………………… 324
做好疫情期间环卫消杀工作 …………… 324
深化城乡生活垃圾分类 ………………… 324
开展城市公厕服务大提升行动 ………… 325

城投集团 …………………………………… 325
概况 ……………………………………… 325
金兰创新城路网工程开工仪式 ………… 325
完成公款竞争性存放招标工作 ………… 325
组织开展防汛排涝抢险演练 …………… 325
聚能矿业公司获2019年度4项市级
　荣誉 …………………………………… 325
举行成立兰溪市城投绿城物业服务有限
　公司签约仪式 ………………………… 325
兰溪市人才特供房专场推介会 ………… 326
备战防汛抗洪前线 ……………………… 326
上园路北延工程提前90天建成通车 …… 326
永进路于10月1日通车 ………………… 326
兰江大桥恢复通车 ……………………… 326
城投合力公司第一次试生产成功 ……… 327
"为才筑家"特供房盛大开盘 …………… 327

交通运输

综　述 …………………………………… 328
概况 ……………………………………… 328
举行交通大会战誓师大会 ……………… 329
兰溪至建德水上诗路复航工作获省长
　肯定 …………………………………… 329
公路与运输管理中心举行揭牌仪式 …… 329

公　路 …………………………………… 329
概况 ……………………………………… 329
建金高速通车 …………………………… 330
召开351国道改建段征迁工作动员
　大会 …………………………………… 330
重点道路建设全面开工 ………………… 330
老横山大桥主桥拆除完毕 ……………… 331
普通国省道桥梁隧道维修加固 ………… 331
国省道开展绿化提升工程 ……………… 331
水亭畲族乡、诸葛镇被评为"四好农村路"
　示范乡镇 ……………………………… 331
"四好农村路"三年行动计划收官 ……… 331
3座乡镇运输服务站主体完工 ………… 332
马坞杨梅环线路面拓宽白改黑工程提前
　完工 …………………………………… 332
浙江省万里美丽经济交通走廊工程
　完工 …………………………………… 332
351国道兰溪横溪至马涧段改建工程全线
　开工建设 ……………………………… 332
上华至婺城琅琊公路工程兰溪段项目开工
　建设 …………………………………… 332
330国道兰溪永昌至建德交界段改建工程
　开工建设 ……………………………… 332
建金高速兰溪北互通连接线建成通车 … 333

道路运输 …………………………………… 333
概况 ……………………………………… 333
推进"绿色交通"建设 ………………… 333
成功申建汽车尾气排放治理维护站
　M站 …………………………………… 333
组织开展全省道路危险货物运输安全
　"雷霆整治"行动 ……………………… 333
推进城乡公交一体化建设 ……………… 333
越龙山公交专线开通 …………………… 333
兰溪至杭州便民直达班线开通 ………… 334
"进校园"定制公交开通 ………………… 334

"盘毂动力"新能源公交车更新 …… 334
清廉红色公交专线开通 …… 334
民工返岗包车开通 …… 334
车检"一件事"集成改革推进 …… 334

航道·港口·枢纽·渡口 …… 334
概况 …… 334
港区建设项目进展有序 …… 335
女埠锚地工程建设完成 …… 335
兰溪城区老客运码头重新起用 …… 335
水上交通应急指挥艇浙海巡0518投入
  使用 …… 335
金华首艘航道综合养护艇在兰投入
  使用 …… 335
姚家枢纽累计发电突破亿度大关 …… 336
姚家枢纽船闸"一键过闸"服务开通 …… 336
女埠水上服务区服务提升 …… 336

交投集团 …… 336
概况 …… 336
交投人力资源公司注册成立 …… 337
全域土地整治项目持续推进 …… 337
横溪北综合供能站建设用地竞拍成功 …… 337
启动长风、顺达两个"清廉国企"示范点
  建设 …… 337
年产100万吨碎石及制砂项目投产 …… 337
金华首批新建综合功能服务站投入
  运营 …… 337

铁路运输 …… 338
概况 …… 338
运输组织 …… 338

信息产业

邮 政 …… 339
概况 …… 339
普遍服务 …… 339

防疫复工 …… 339
惠农共建 …… 339
寄递业务 …… 340
代理金融 …… 340

电 信 …… 340
概况 …… 340
助力防疫抗疫 …… 340
助力扶贫攻坚 …… 341
助力智慧兰溪创建 …… 341
5G建设及智能制造应用 …… 341
助力打造智慧校园 …… 341
助力建设美丽乡村 …… 341

中国移动兰溪分公司 …… 341
概况 …… 341
打造双千兆网络 …… 342
打造预防式网络维护体系 …… 342
优化服务提升用户满意度 …… 342
打造5G行业应用标杆 …… 342

中国联合网络通信有限公司兰溪市分公司 …… 342
概况 …… 342
基础设施建设 …… 342
经营亮点 …… 343

科学技术

综 述 …… 344
概况 …… 344

科技管理 …… 344
概况 …… 344
落实财政奖补政策 …… 344
企业家再次入选"科技婺商" …… 344
科技助企战"疫" …… 344

科技创新 …… 344
概况 …… 344
产业创新服务综合体 …… 345

培育创新主体 …………………… 345
科技合作与交流 …………………………… 345
　　概况 ………………………………… 345
　　浙江工业大学兰溪研究院成立 ……… 345
　　省农科院兰溪技术转移中心 ………… 345
　　兰溪行知协同创新中心成立 ………… 346
　　技术难题"揭榜挂帅" ………………… 346
　　第八届人才科技月活动 ……………… 346
　　校企人才合作"新模式" ……………… 346
科技项目 …………………………………… 346
　　概况 ………………………………… 346
科技成果 …………………………………… 347
　　概况 ………………………………… 347
　　参加第19届金华工科会 ……………… 347
农业科技 …………………………………… 347
　　概况 ………………………………… 347
　　科技特派员 …………………………… 347
　　打造农业创新平台 …………………… 347
市科协 ……………………………………… 347
　　概况 ………………………………… 347
　　创建院士专家工作站2家 …………… 348
　　发挥兰溪纺织产业学会企业联合体
　　　作用 ……………………………… 348
　　举办省级学会学术论坛 ……………… 348
　　举办"赋能兰溪高质量发展"院士专家
　　　兰溪行活动 ……………………… 349
　　举办"金华市乡村产业技术首席兰溪行"
　　　活动 ……………………………… 349
　　科普窗（栏）村村全覆盖 …………… 349
　　举办名点名小吃制作技艺培训班 …… 349
　　农村科普示范基地建设 ……………… 349
　　青少年科技创新类竞赛 ……………… 349
　　实现学会党建全覆盖 ………………… 349
　　打赢疫情防控战 ……………………… 349
　　做好"5·30全国科技工作者日"活动 … 350

教　育

综　述 ……………………………………… 351
　　概况 ………………………………… 351
学前教育 …………………………………… 351
　　概况 ………………………………… 351
基础教育 …………………………………… 352
　　概况 ………………………………… 352
普通高中教育 ……………………………… 353
　　概况 ………………………………… 353
中等职业技术教育 ………………………… 353
　　概况 ………………………………… 353
　　两所职业学校动工 …………………… 353
特殊教育 …………………………………… 354
　　概况 ………………………………… 354
　　曙光学校迁址 ………………………… 354
　　实现"两个全覆盖" …………………… 354
　　成立兰溪市特殊儿童教育康复专家
　　　委员会 …………………………… 354
　　参加浙江省首届资源教师基本功
　　　大赛 ……………………………… 354
成人教育 …………………………………… 355
　　概况 ………………………………… 355
　　成人高等学历教育 …………………… 355
　　成人"双证制"学历教育 ……………… 355
教师队伍 …………………………………… 356
　　概况 ………………………………… 356
师干培训 …………………………………… 356
　　概况 ………………………………… 356
教学研究 …………………………………… 356
　　概况 ………………………………… 356
　　停课不停学 …………………………… 357
　　教学调研视导 ………………………… 357
　　党建+"深耕式"教研 ………………… 357
　　"卷入式"教研 ………………………… 357

新教材培训 …………………… 357
语言文字工作 ………………………… 358
　　　概况 …………………………… 358
　　　举办公务员普通话测试 ………… 358
　　　开展"推普"调研 ……………… 358
　　　开展语言文字规范化示范校创建活动 … 358
　　　开展"推普周"活动 …………… 358
教育研究 ……………………………… 358
　　　概况 …………………………… 358
招生考试 ……………………………… 359
　　　概况 …………………………… 359
　　　普通高等学校招生 ……………… 359
　　　学考选考 ……………………… 359
　　　成人高校专科招生考试 ………… 359
　　　高中招生考试 …………………… 359
　　　高等教育自学考试 ……………… 360
　　　英语等级考试 …………………… 360
教育督导 ……………………………… 360
　　　概况 …………………………… 360
　　　督政工作 ……………………… 361
　　　督学工作 ……………………… 361
　　　评估监测工作 …………………… 361
教育技术装备 ………………………… 361
　　　概况 …………………………… 361
学校基本建设 ………………………… 361
　　　概况 …………………………… 361
　　　新（续）建项目 ………………… 361
浙江师范大学行知学院 ……………… 362
　　　概况 …………………………… 362
　　　设立浙江省网络空间安全实训基地 … 363
　　　金华市"揭榜挂帅"全球引才发
　　　　布会 ………………………… 363
　　　转设背景下独立学院实践教育体系建设
　　　　研讨会 ……………………… 363
　　　第十四届浙江省中小企业峰会 …… 364

文化·体育·传媒

文化综述 ……………………………… 365
　　　概况 …………………………… 365
群众文化 ……………………………… 365
　　　概况 …………………………… 365
　　　文化惠民 ……………………… 365
　　　文化设施建设 …………………… 366
　　　抗疫专题 ……………………… 366
　　　成立首批文旅轻骑兵 …………… 366
　　　文艺精品创作 …………………… 366
　　　第七届兰溪"兴舞台" …………… 366
　　　开展特色活动 …………………… 367
　　　李渔戏剧研究院成立 …………… 367
文物管理 ……………………………… 367
　　　概况 …………………………… 367
　　　举办中国古村落保护与发展论坛活动 … 368
　　　发现史前文化遗址 ……………… 368
　　　发现浙江省第二例北宋晚期夫妻合葬壁
　　　　画墓 ………………………… 368
　　　香山寺塔等文物修缮工程被评选为优秀
　　　　案例 ………………………… 369
　　　完成实施诸葛、长乐村民居消防
　　　　工程 ………………………… 369
　　　完成章郭巷9号等文物保护单位修缮工
　　　　程初验 ……………………… 369
　　　兰溪市召开文物数字化服务平台发布暨
　　　　使用培训会 ………………… 369
　　　举办"圣贤之道——阳明的故事"展览
　　　　活动 ………………………… 370
　　　举办"海岳外史—米芾书法拓片迎春展"
　　　　活动 ………………………… 370
　　　开设"兰溪藏宝"栏目 …………… 370
　　　组织举办环球自然日活动 ………… 370
文化市场管理 ………………………… 370

概况 …………………………………… 370
　　抓好疫情防控与复工复产 …………… 371
图　书 …………………………………… 371
　　概况 …………………………………… 371
　　助力防疫，以"读"攻毒 …………… 371
　　第二家芥子书屋完成建设 …………… 371
　　开展阅读推广 ………………………… 371
　　"信阅"平台全新升级 ……………… 372
　　新建3个乡镇（街道）分馆 ………… 372
体　育 …………………………………… 372
　　概况 …………………………………… 372
　　举办"庆祝全国第十二个全民健身日系列
　　　活动"暨兰溪市机关运动会 ……… 372
　　开展省文化礼堂运动会预选赛、参加片区
　　　文化礼堂运动会分站赛和总决赛 … 372
　　少体校改革 …………………………… 372
　　备战省运会 …………………………… 372
　　体育馆改造工程 ……………………… 373
　　社会力量办体育成果显现 …………… 373
　　老年体协会成功换届 ………………… 373
融媒体中心 ……………………………… 373
　　概况 …………………………………… 373
　　获取互联网新闻信息服务许可证 …… 374
　　打造思政教育新模式 ………………… 374
　　打造"网上矛调中心" ……………… 375
　　丹曾人文（兰溪）学校挂牌成立 …… 375
　　浙江省县级融媒体中心建设专题培训班
　　　在兰溪开班 ………………………… 375
　　服务保障全市首届发展大会 ………… 375
　　兰溪与略阳两地媒体建立协作共建
　　　机制 ………………………………… 376
　　举办媒体融合工作提升研讨会 ……… 376
兰溪新华书店 …………………………… 376
　　概况 …………………………………… 376
　　举办名家签售活动 …………………… 377
　　开展暑期读书活动 …………………… 377
　　强化线上业务 ………………………… 377
兰溪华数广电网络公司 ………………… 377
　　概况 …………………………………… 377
　　开设空中课堂 ………………………… 377
　　发展信息化村 ………………………… 377
　　网络升级改造 ………………………… 377
　　华融公司工作 ………………………… 377

医疗卫生

综　述 …………………………………… 379
　　概况 …………………………………… 379
　　卫生改革 ……………………………… 380
　　社区（农村）卫生 …………………… 381
　　公共卫生服务 ………………………… 382
　　卫生应急 ……………………………… 382
　　卫生执法 ……………………………… 383
　　妇幼保健 ……………………………… 383
　　疾病防控 ……………………………… 384
　　中医药 ………………………………… 384
　　医政管理 ……………………………… 385
　　卫生科教 ……………………………… 386
　　基本建设 ……………………………… 386
　　职业安全健康 ………………………… 387
　　老龄工作 ……………………………… 387
　　百岁老人 ……………………………… 387
医疗保障 ………………………………… 388
　　概况 …………………………………… 388
　　抗击疫情 ……………………………… 388
　　医保经办服务全省"领跑" ………… 388
　　医保支付进入"扫码"新时代 ……… 389
　　支付方式改革 ………………………… 389
　　医保长三角一体化 …………………… 389
医疗保险 ………………………………… 389

概况 …………………………………… 389
医疗救助…………………………………… 389
　　概况 …………………………………… 389
基金监管 …………………………………… 389
　　概况 …………………………………… 389
药械集中采购和医疗服务价格管理………… 389
　　概况 …………………………………… 389

乡镇（街道）

兰江街道…………………………………… 390
　　概况 …………………………………… 390
　　兰溪首家汽车专业市场落户 ………… 391
　　宝龙广场项目开工 …………………… 391
　　大肠癌、肺癌、白内障筛查顺利推进 … 391
　　举办大阜张首届K歌美食节 ………… 391
　　兰江街道发布全新logo ……………… 391
云山街道…………………………………… 392
　　概况 …………………………………… 392
　　复工复产和稳企赋能 ………………… 393
　　新设立联勤警务站 …………………… 393
　　撤村并居、社区合并顺利完成 ……… 393
　　助力做好换届"后半篇"文章 ……… 393
上华街道…………………………………… 394
　　概况 …………………………………… 394
　　完成村社组织换届试点工作 ………… 395
　　马达溪排涝站投入使用 ……………… 395
　　创新推出"巡回调解"机制 ………… 395
　　被评为金华市"乐水小镇" ………… 395
永昌街道…………………………………… 395
　　概况 …………………………………… 395
　　首创"两所一庭一室"矛盾联调
　　　机制 ………………………………… 397
　　村社组织换届 ………………………… 397
　　李渔戏剧小镇开园 …………………… 397
　　举办兰溪市首届越野驾驶运动会 …… 397
　　华统项目一期投产 …………………… 397
　　省级"枫桥式"司法所 ……………… 397
　　第二届中国李渔戏剧汇 ……………… 398
　　330国道二期（水亭连接线） ……… 398
　　"李渔家宴"列入省"诗画浙江·百县千碗"
　　　工程成果展示项目 ………………… 398
赤溪街道…………………………………… 398
　　概况 …………………………………… 398
　　水产养殖转型初见成效 ……………… 399
　　20天完成330国道二期坟墓征迁政策
　　　处理 ………………………………… 399
　　完成村社换届工作 …………………… 399
　　干部队伍建设 ………………………… 400
　　党风廉政筑牢藩篱 …………………… 400
女埠街道…………………………………… 400
　　概况 …………………………………… 400
　　再次获评金华市"十强工业强镇"…… 402
　　获评浙江省文化礼堂示范乡镇（街道）… 402
　　获评省乡村振兴示范乡镇 …………… 402
　　全域试行垃圾分类"两定四分" …… 403
游埠镇……………………………………… 403
　　概况 …………………………………… 403
　　海峡两岸影像文化周兰溪郎静山专场
　　　活动 ………………………………… 404
　　民盟助力乡村振兴实践基地揭牌 …… 404
　　双节"怀旧"之旅主题活动 ………… 405
　　省级旅游风情小镇创建 ……………… 405
诸葛镇……………………………………… 405
　　概况 …………………………………… 405
　　诸葛镇获浙江十佳韵味江南小镇 …… 407
　　诸葛镇打好疫情防控战 ……………… 407
　　诸葛镇"银龄"工作蓬勃发展 ……… 408
　　村级组织换届选举 …………………… 408
　　诸葛-长乐村被授予"全球人居环境村落

范例"荣誉称号 …………… 408
　人民研学网首届研学旅行创新与发展峰会
　　在诸葛村召开 ……………………… 409
　厚伦方村方赛花获 2020 年度全省
　　"金牛奖" …………………………… 409

黄店镇 …………………………………… 409
　概况 …………………………………… 409
　村务协商"四步法"获市领导批示 … 410
　"三六"工作法推进村务协商委员会
　　工作 ………………………………… 410
　"七一"大党课线上直播 …………… 410
　"农信杯"第三届浙江省大学生乡村振兴
　　创意大赛 …………………………… 411
　王家村被认定为浙江省首批职工疗休养
　　基地 ………………………………… 411
　芝堰村获得"全球人居环境村落范例"
　　称号 ………………………………… 411
　黄店镇通过达标城镇考核 …………… 411
　承办金华第四季度矛盾纠纷排查分析研
　　判会 ………………………………… 411

香溪镇 …………………………………… 412
　概况 …………………………………… 412
　全域土地综合整治与生态修复工程 … 413
　"千村整治，万人志愿"八有八无全域
　　提升活动现场会 …………………… 413
　"范浚讲师团"成立 ………………… 414
　无它心舍高端民宿落地 ……………… 414
　推行"周六义务劳动日" …………… 414

马涧镇 …………………………………… 414
　概况 …………………………………… 414
　入围国家级农业产业强镇建设名单 … 416
　实现兰溪省级农业科技园区零的突破 … 416
　首次实行"数字乡村诚信积分体系" … 416
　率先实行村两委干部"三定四诺"
　　制度 ………………………………… 416

　马涧小学获评全国诗教校园 ………… 416

梅江镇 …………………………………… 417
　概况 …………………………………… 417
　越龙山国际旅游度假区建设 ………… 418
　创兰溪首家"庭所一体"的镇级矛调
　　中心 ………………………………… 418
　聚仁村乡村振兴项目一期开园 ……… 418
　举办首届梅江烧·杨梅酒开坛节 …… 419

横溪镇 …………………………………… 419
　概况 …………………………………… 419
　获评"浙江省消除集体经济薄弱村工作
　　成绩突出集体" …………………… 420
　成功创建"金华市无违建乡镇" …… 421
　启动"151 恒享学"干部学习成长提升
　　计划 ………………………………… 421
　组织开展"接您回家 春风行动" …… 421
　兰溪市第一个"标准工地"试点项目落户
　　横溪 ………………………………… 421
　9 天完成虞街村桐梧岭自然村异地搬迁
　　签约 ………………………………… 421
　351 国道改扩建项目新联先行段率先实现
　　进场施工 …………………………… 421
　建机制夯实党建+社会治理基础 …… 422

灵洞乡 …………………………………… 422
　概况 …………………………………… 422
　完成金建高铁灵洞段征迁 …………… 423
　新奥华纺织项目进场施工 …………… 423

水亭畲族乡 ……………………………… 424
　概况 …………………………………… 424
　"三月三"畲族风情节开幕 ………… 425
　省政协副主席陈铁雄到水亭畲族乡
　　调研 ………………………………… 425
　签订中草药产业发展合作协议 ……… 425
　全国民族乡村振兴试点评审工作 …… 426

柏社乡 …………………………………… 426

概况 …… 426	金华市抗击新冠肺炎疫情先进基层党组织… 435
柏社乡通过省级美丽城镇创建 …… 427	金华市抗击新冠肺炎疫情先进个人 …… 435
柏社乡通过省级森林城镇创建 …… 428	金华市最美战疫志愿工作者 …… 436
柏社乡通过浙江省3A级景区乡镇创建 …… 428	最美战疫志愿者 …… 436
创立"红色跑团"党建品牌 …… 428	金华市最美战疫组织 …… 439
举办杨梅竞销大赛 …… 428	兰溪市援助湖北应对新冠肺炎医疗队成员… 440
芝园矿地征迁实现100%签约 …… 428	第四届兰溪市道德模范 …… 442
	兰溪市第一批"战疫先锋"团队 …… 443
	兰溪市第一批"战疫先锋"个人 …… 444

人 物

	道德模范提名奖 …… 445
年度新闻人物 …… 429	兰溪市第三届优秀志愿服务集体和个人名单 …… 446
全国劳动模范 …… 429	2020年兰溪市高技能人才（劳模、匠人）创新工作室 …… 448
全国抗疫先进个人 …… 429	第四批金华市高技能人才（劳模）创新工作室 …… 448
浙江省抗击新冠肺炎疫情先进个人 …… 430	
浙江省抗击新冠肺炎疫情先进集体 …… 430	
浙江好人 …… 430	
金华好人 …… 430	

附　录

金华市优秀共产党员 …… 434	名词解释 …… 449
金华市最美公务员 …… 434	兰溪市妈咪暖心小屋 …… 452
金华市担当作为好干部 …… 434	
2020年金华市五一劳动奖章 …… 434	

索　引

2020年金华市五一劳动奖状 …… 434	主题索引 …… 455
2020年金华市工人先锋号 …… 434	数字 …… 475
第四批金华市高技能人才（劳模）创新工作室 …… 435	表格 …… 476
金华市抗击新冠肺炎疫情先进集体 …… 435	

Contents

Special Reports ………………………… 1	Open Economy ……………………… 255
Features ……………………………… 33	Tourism ……………………………… 260
Events 2020 ………………………… 50	Finance · Taxation ………………… 268
City Profile ………………………… 73	Banking · Insurance · Securities …… 272
Main Authorities and People in Charge … 79	Economic management …………… 287
CPC Lanxi Municipal Committee ……… 86	Urban-Rural Development · Environmental Protection ………………… 309
Lanxi Municipal People's Congress …… 126	Transportation ……………………… 328
Lanxi Municipal People's Covernment … 134	Information Industry ……………… 339
CPPCC Lanxi Municipal Committee …… 147	Science and Technology …………… 344
Democratic Parties · Federation of Industry and Commerce ……………… 155	Education …………………………… 351
Mass Organizations ………………… 163	Culture · Sports · Media ………… 365
Law Enforcement and Military Forces … 180	Public Health ……………………… 379
Social Affairs ……………………… 198	Towns and Sub-districts …………… 390
Agriculture · Forestry · Meteorology … 208	People ……………………………… 429
Water Supplies …………………… 227	Appendix …………………………… 449
Industry …………………………… 236	Index ……………………………… 455
Trade and Business ………………… 247	

特 载

担当追赶　再创辉煌
开启高水平建设社会主义现代化新征程

——在市委十四届十一次全体（扩大）会议暨市政府第八次全体会议上的报告
（2020年12月30日）

兰溪市委书记　陈峰齐

市委书记陈峰齐作市委工作报告　（王萍　摄）

同志们：

这次全会的主要任务是：高举习近平新时代中国特色社会主义思想伟大旗帜，全面贯彻党的十九大和十九届二中、三中、四中、五中全会精神，深入贯彻习近平总书记考察浙江重要讲话精神，按照省委十四届八次全会、金华市委七届八次全会决策部署，审议通过《中共兰溪市委关于制定兰溪市国民经济和社会发展第十四个五年规划和二〇三五年远景目标的建议》，进一步动员全市上下忠实践行"八八战略"、奋力打造"重要窗口"，紧紧围绕"担当追赶、再创辉煌"目标要求，深入实施"强工兴市、拥江兴城、文旅兴兰、环境兴人"四大战略，开启高水平建设社会主义现代化新征程。

下面，我代表市委常委会，向全会作工作报告。

一、今年以来的主要工作

今年是"十三五"收官之年，也是极不平凡的一年。面对国际国内形势的深刻复杂变化，特别是突如其来的新冠肺炎疫情，市委常委会深入学习贯彻习近平总书记系列重要讲话精神，全面贯彻落实省委和金华市委各项决策部署，大力实施"强工兴市、拥江兴城、文旅兴兰、环境兴人"四大战略，扎实开展"项目招引建设年""'拼搏实干、争先进位'干部作风提升年"活动，统筹推进"战疫情、促发展"，全力落实"六稳""六保"任务，高水平全面建成小康社会取得决定性成就。预计全年地区生产总值同比增长3%，一般公共预算收入同比增长6.2%，固定资产投资同比增长6%，城镇、农村常住居民人均可支配收入同比分别增长3.6%和3.7%，经济社会发展进入新阶段。主要体现在八个方面：

（一）*加强理论武装，政治建设全面深化*。市委常委会把学深悟透习近平新时代中国特色社会主义思想作为最大的政治任务，通过市委常委会、市委理论学习中心组学习会、调研宣讲等，及时传达学习习近平总书记重要讲话精神，增强政治定力和政治能力。召开市委常委会传达学习37次、市委理论学习中心组学习会23次。巩固深化"不忘初心、牢记使命"主题教育成果，举行"学习贯彻党的十九届五中全会精神"专题学习会，营造学深悟透明方向、知行合一践初心的浓厚氛围。建立意识形态蹲点联系和通报约谈问责机制，强化意识形态制度管理，夯实意识形态主体责任。扎实做好省委巡视"后半篇文章"，巡视反馈的45个问题全部整改到位，上一轮巡视遗留问题全部清零。

（二）*落实精密智控，疫情防控精准有效*。坚决贯彻中央、省委和金华市委决策部署，迅速落实"硬核隔离+精密智控"，内防输入、外防扩散，创新推出"复学码"，在全省率先启动复工复产，开展"千名干部联千企"行动，得到省委袁家军书记肯定。推出"共享员工"保企稳岗，扎实开展金融助企复工达产，全面推动经济工作"争先创优"，实现MEI指数全省排名逐月走高。为企业降本减负16亿元，兑现"五减"政策资金13.76亿元，完成全年目标任务的220.2%。积极抢抓政策窗口期，累计向上争取资金50.2亿元，新增贷款106亿元。组织8名医护人员驰援湖北，全力推动并保障防疫物资生产企业开足马力、扩大产能，为全省全国"战疫"大局作出兰溪贡献。

（三）*狠抓项目攻坚，经济活力持续增强*。成功召开首届兰溪发展大会，签约招商引资项目71个，总投资507亿元，其中3亿元以上项目16个、20亿元以上项目4个。实施省制造业高质量发展示范市创建三年行动，全力打造现代纺织等五大百亿级产业集群。纺织行业智能化改造取得阶段性成效，企业综合效益提高12.3%，经验得到郑栅洁省长和中国纺织工业联合会的充分肯定。"老树发新芽"引领存量改造，凤凰化工与杭州船王集团、嘉宝化工与物产化工、永泉化学与传化集团3个重组提升项目落地实施。"新树扎深根"促进增量提升，年产能超百亿的自立环保正式投产，欣旺达锂离子电池项目加快推进，欣动能源生产基地项目正式投产。长芯光电、中科玖源、康鹏半导体和新奥华纺织4个项目入选省重大产业项目。中德职教中心、高铁枢纽配套工程等8个项目列为省重点建设项目，列金华第一。谋划6个"省市县长项目"，落地率80%，列金华第一。积极培育市场主体，新增市场主体11535户，同比增长38.69%，增幅居金华第一，市场主体总数达到55873户。全市国家高新技术企业新增33家，总数达到136家。光膜小镇规模不断壮大，累计落地企业15家。建立技术难题"揭榜挂帅"机制，成立浙工大兰溪研究院、行知校地协同创新中心，引进顶尖人才4名、领军人才17名、博硕士577名、大学生9703名。成立乡贤人才基金，筹集资金4.8亿元。强化项目保障，盘活低效用地3272.38亩，累计争取土地指标1926亩。

（四）**促进县域转型，城市能级不断跃升。** 紧扣"打造浙中西部经济社会发展重要增长极"的目标，高标准推进金兰创新城建设，加快打造金兰同城先行区。成立金兰创新城开发建设中心，优化金兰创新城总体规划，一期5条框架道路基本成形。兰溪开元名都大酒店、中德职教中心、兰溪杭州育才中学、党校迁建、江南职校扩建等8个项目开工，总投资28.84亿元。成功引进睿珀智能科技产业园、恩雅国服等一批优质项目。桃花坞区块列入省第二批未来社区试点创建名单。电驱装备小镇列入省级特色小镇创建名单，积极申报金兰高新技术产业园区。开展交通建设大会战，临金高速建成通车，兰溪港区女埠作业区一期完工，金建高铁、杭金衢高速二期拓宽、351国道改建段、金兰中线快速化改造等工程加快推进。

（五）**聚焦文化赋能，文旅事业加快发展。** 积极融入钱塘诗路建设，成功入选"2020中国县域旅游综合竞争力百强县"。时隔20年，"兰溪—建德"水上游复航，得到郑栅洁省长肯定。全国首趟疫后跨省高铁旅游专列进兰溪。全市文旅在建项目47个，总投资172.8亿元，今年完成投资49.03亿元，列金华第一。"天下江南"国家4A级景区建设加快推进，天福山区块有机更新稳步实施，桃花坞、费龙口区块开发项目即将开工。越龙山国际旅游度假区一期试运营。郎静山摄影小镇通过国家3A级旅游景区评审，李渔戏剧小镇加快建设，诸葛-长乐村、芝堰村荣获"全球人居环境村落范例"称号。成功举办全国中医药文化进校园现场会、首届海峡两岸影像文化周兰溪郎静山专场活动、首届童诗中国论坛、第21届黄大仙文化节等7项文旅活动。"中国诗歌之城"、全国首个"中国传统建筑之乡"称号落户兰溪。雷迪森维嘉酒店、维也纳国际酒店等一批品牌酒店对外营业，世贸大饭店全面投入运营，旅游接待能力得到增强，城市知名度、美誉度显著提升。

（六）**推进乡村振兴，城乡发展有效融合。** 引进金华农科院兰溪分院，推进匠康·兰溪现代农业科技园建设。马涧镇成功申报国家级农业产业强镇，数字田园产业发展示范项目列为省级乡村振兴示范项目，成功争取白露山省级现代农业园区项目。推进水亭"柚香畲风"农村产业融合发展示范园、华统生猪全产业链等项目，启动梅江烧·杨梅酒行业培育三年提升工程，完成马涧精品杨梅风情园、梅江聚仁村等20个乡村振兴示范项目。推广"四水共盛"，兰溪杨梅蝉联全省农业之最双冠王，代表浙江在全国农交会上进行推介；"兰江蟹""汇潭甘蔗"列为国家农产品地理标志，兰溪成为全省拥有国家农产品地理标志最多县市。生猪增产保供获金华"最佳实践"案例。民盟助力乡村振兴实践基地揭牌，水亭乡被确定为全国民族乡村振兴试点。金融支农创新试点受到农业农村部肯定，农村承包地确权登记颁证获国家级荣誉。成立美食协会，兰溪六道小吃在"全省名点名小吃总决赛"中斩获金奖。决胜全面建成小康社会，全面消除"9000元"以下现象，整改危旧房217户，新增就业2.26万人，失业率保持在1.79%低水平。兰溪入选全国县级市全面小康指数前100名。

（七）**着力民生改善，社会治理更加高效。** 创新推出交地即发证、交地即开工、建好就验好、婚育户"五证联办"、兜底一件事等改革，企业和群众办事更便利。兰溪杭州育才小学和初中顺利开学，兰一中扩建项目加快推进，"三爱三立"思政教育活动被《人民日报》等主流媒体专题报道，网络点击量超亿次。医共体建设走在全省前列，百城康养中心全面投入运营，市人民医院进入全国二级甲等综合医院前八，市中医院连续四年位列全国中医院500强。金华引水工程通水。农村饮用水提标全面完成，惠及19.2万人。完成五里亭等老旧小区改造，新增绿化8万多平方米。高质量完成第二轮中央环保督察迎检，生态环境质量持续改善。空气质量综合指数排名金华第2。获评金丽衢地区首个省文明市。市矛调中心建设走在全省前列，信访历史积案化解率位列全省第一。媒体融合工作走在全省前列，获评全省县级融媒体中心建设工作示范市。建好建强"三大员"队伍，积极开展"大家访、大代办、大接访、大化解"，累计收集问题、代办事项1.4万余件，解决率99.5%。深化垃圾分类，提升"八有八无"创建水平。扎实开展"乡风革命"，村务协商委员会实现全覆盖，市域社会治理现代化工作位列金华第一。开展平安建设"百日攻坚"，成功实现平安建设"十四连冠"。安全生产事故、死亡人数同比分别下降35%、31.25%，刑事案件发案同比下降13.56%，实现全年命案"零发案"。

（八）全面从严治党，干部作风明显提升。常态化开展市级领导述职评议、"担当追赶"交流会和重点工作"晒拼创"，创新开展"溪心成长"干部心理素质提升行动，干部精气神进一步提振，干部作风测评指数、群众满意率明显提升。按照新时代好干部"五条标准"和"三个区分开来"要求，提拔使用一批优秀干部。圆满完成村社换届，"一肩挑"人选全部顺利当选，整个过程依法依规、平静安静。纵深推进"清廉兰溪"建设，落实"三资"智慧监管，村（居）巡察、财务清账实现全覆盖，在金华率先完成扶贫开发专项巡察，形成市乡一体推进"四责协同"机制，保持惩治腐败高压态势。"清廉单元"建设实践获评第二届"中国廉洁创新奖"特色创新项目。

市委常委会坚持加强党的全面领导，贯彻民主集中制，充分发挥总揽全局、协调各方作用。支持市人大及其常委会依法履职，举办五级代表共谋兰溪"十四五"发展活动，创新开展法检"两官"履职评议、财政专项支出第三方绩效评价等工作，实现部门工作评议全覆盖，社会矛盾纠纷调处化解"最多跑一地"改革和监督工作向省人大常委会作专题汇报，得到充分肯定。支持市政协发挥专门协商机构作用，紧扣"两战""十四五"规划编制等重点内容积极履职建言，连续两年开展农村常住居民满意度问卷调查，创新开展"请你来协商·政协议事会"。积极做好统战工作，充分发挥民主党派、工商联、无党派人士和在外乡贤作用，建成市乡贤馆，加强党外代表人士队伍建设，做好民族、宗教、港澳、对台、侨务等工作。深入推进司法体制改革，法院、检察院工作积极有为，司法效率和司法公信力进一步提升。全面加强和改进党的群团工作，切实增强工会、共青团、妇联等群团组织的政治性、先进性和群众性。党管武装工作进一步加强，被省军区表彰为征兵工作先进单位、军事训练先进单位。

这一年，我们干出了克难攻坚的拼搏风采。特别是在疫情防控、复工复产、招商引资、项目攻坚、改革创新、环境整治中，全市党员干部担责不避责、知难不畏难，"5+2""白+黑"，聚精会神干、夙兴夜寐干，充分展示了特别能吃苦、特别能战斗、特别能攻坚、特别能奉献的精气神。这一年，我们赛出了担当追赶的发展势头。

围绕"四大战略"的实施,所有乡镇(街道)奋发有为、勇作贡献,各个部门主动作为、优化服务。全市上下在发展主战场和工作第一线比作风、拼业绩、创亮点、争一流,形成了"人人能担当、事事勇担当"的追赶势头。这一年,我们营造了团结奋进的政治生态。市委总揽全局,协调各方,当好"火车头";政府狠抓落实,创新执行,勇当"尖刀班";人大、政协围绕中心,服务大局,善当"左右手";各级干部亲力亲为,各行各业齐头并进,形成了"上下同心、目标同向、工作同步"的良好生态。

成绩来之不易,既鼓舞了人心、更坚定了信心。这是以习近平同志为核心的党中央坚强领导的结果,是省委和金华市委正确领导的结果,是全市广大党员干部群众团结协作、拼搏实干的结果,是社会各界关心关爱、鼎力支持的结果。在此,我代表市委常委会,向各位委员、向全市各级党组织和广大党员干部群众致以衷心的感谢和崇高的敬意!

在肯定成绩的同时,我们也要清醒认识到工作中存在的问题和短板。比如,新兴主导产业培育聚焦不够,产业链不强,园区土地利用效益低,一些重大产业和重大基础设施项目进度不够快;财政收支平衡难度加大,生态环境压力不小,公共服务供给与群众期盼还有差距;部分干部担当精神、专业水平和攻坚能力有待加强,党风廉政建设主体责任落实存在层层递减现象等等。我们必须高度重视、认真研究、全力解决。

二、关于《中共兰溪市委关于制定兰溪市国民经济和社会发展第十四个五年规划和二〇三五年远景目标的建议》的说明

(一)起草情况。市委高度重视《建议》起草和规划编制工作。年初以来,由市委市政府领导带队开展"十四五"专题调研共计16次,完成35个重大规划课题研究。在此基础上,起草组于7月份启动《建议》起草工作。党的十九届五中全会和省委十四届八次全会、金华市委七届八次全会召开后,根据会议精神,分别进行了修改补充,并形成征求意见稿。相继征求市四套班子领导、市委委员和候补委员、市纪委委员、各乡镇(街道)、各部门、老同志、部分社会领域和基层党代表、企业家代表、专家学者代表等各方面意见,听取各民主党派、工商联、无党派人士的意见,累计征得意见建议75条。起草组按照"能吸收的尽量吸收"原则,进行了增写、改写。经第127次市委常委会研究,形成了提交本次全会审议的《建议(审议稿)》。还有一些具体的举措建议,下步将吸收到规划纲要或专项规划中。

《建议》一共7个部分,分为三个板块。第一板块为总论,包括导语和第一部分。主要总结在"八八战略"指引下,我市高水平建成小康社会取得决定性成就,分析新发展阶段面临的新机遇和新挑战,明确到2035年基本实现高水平现代化远景目标和"十四五"时期经济社会发展的总体要求、主要目标。第二板块为分论,包括第二到第六部分。从强工兴市、拥江兴城、文旅兴兰、乡村振兴、环境兴人等5个领域,对"十四五"时期经济社会发展的重点任务进行阐述和部署,一是加快制造业高质量发展,努力构建现代化产业体系;二是加快县域转型发展,努力打造现代化城市发展格局;三是加快文旅融合发展,努力打造长三角休闲旅居目的地;四是加快推进乡村振兴,努力建设村强民富景美现代化乡村;五是加快优化发展环境,努力建设现代化宜业宜居幸福城。第三板块作为结尾,包括第七部分和结束语。主要阐述加强党的全面领导,为高质量完成"十四五"规划提供坚强保证。

(二)几点说明。《建议》全面贯彻落实党

的十九届五中全会、省委十四届八次全会和金华市委七届八次全会精神,深刻把握新发展阶段的新特征新要求,并结合兰溪实际,力求科学、全面、准确设定目标和重点任务。

1.关于2035年远景目标。党的十九届五中全会明确了到2035年基本实现社会主义现代化的远景目标。省委十四届八次全会明确提出,到2035年我省基本实现高水平现代化,成为新时代全面展示中国特色社会主义制度优越性的重要窗口。金华市委七届八次全会提出,到2035年实现"浙中崛起",基本建成现代化都市区,基本实现高水平现代化,成为浙江建成"重要窗口"的重要板块。《建议》根据中央、省委以及金华市委全会精神,结合兰溪发展实际,提出到2035年综合实力重返全国"百强",基本实现高水平现代化,奋力展现"重要窗口"建设兰溪风采的远景目标。其中,综合实力重返全国"百强",是兰溪"再创辉煌"的具体体现,是全市人民的共同期盼;基本实现高水平现代化体现了与全省同步基本实现高水平现代化的要求;奋力展现"重要窗口"建设兰溪风采,是贯彻习近平总书记考察浙江重要指示精神的必然要求,是兰溪必须扛起的时代使命和职责担当。

2.关于"十四五"时期的主要目标。省委提出了争创社会主义现代化先行省,以及"七个努力打造"。金华市委提出了争创社会主义现代化先行市,以及"七个更"。为此,《建议》根据兰溪实际,提出了在产业体系现代化、开放融合现代化、文旅发展现代化、农业农村现代化、民生事业现代化、县域治理现代化六个方面走前列的主要目标。这既是贯彻落实省委、金华市委部署的现实需要,也是兰溪"再创辉煌"的内在要求。同时,进入新发展阶段后,国内外环境发生深刻变化,机遇与挑战并存,全省各地都在铆足劲发展,兰溪唯有贯彻新发展理念,保持奋进姿态,奋力走在前列,才能在新发展阶段中把握新机遇,做到在危机中育先机,于变局中开新局。"六个走前列",是立足兰溪工业基础扎实、县域经济转型发展、文旅资源丰富、乡村振兴加快、民生事业改善、基层治理创新等现状和优势提出的主要目标,是"十四五"时期深入推进"四大战略"的内在要求。

此外,鉴于未来一个时期外部环境中不稳定不确定因素较多,在规划目标设定上更加注重结构优化,更加注重发展质量和效益。参照中央、省委以及金华市委做法,《建议》对发展目标的表述采用了以定性表述为主,蕴涵定量表述的方式。具体的量化目标将在《规划纲要》加以明确。

3.关于重点任务。《建议》全面贯彻上级精神,紧密结合兰溪实际,部署了加快制造业高质量发展等5个方面17项重点任务。"六个走前列"与5个方面17项重点任务体现了战略方向与战术路径的统一。"六个走前列"为兰溪实现2035年远景目标明确战略方向,提供战略指引,对抓好经济社会发展提出了更高标准、更严要求;5个方面17项重点任务侧重于系统部署,是对"六个走前列"主要目标的具体安排。

三、2021年工作的总体安排

2021年是"十四五"开局之年,也是建党一百周年。全市上下要全面贯彻落实党的十九届五中全会和省委十四届八次全会、金华市委七届八次全会精神,围绕"担当追赶、再创辉煌"目标要求,深化推进"强工兴市、拥江兴城、文旅兴兰、环境兴人"四大战略,以"项目攻坚提速年""城乡品质提升年""干部作风提效年"为主题,拼搏争先、砥砺奋进,全力推动经济社会高质量发展,为"十四五"开好局起好步,以优异成绩庆祝建党一百周年。

综合各种因素，2021年经济社会发展预期目标为：地区生产总值同比增长7.5%以上；一般公共预算收入同比增长7%；固定资产投资同比增长10%以上；城乡居民人均可支配收入快于经济增长；约束性指标全面完成上级下达任务。重点抓好八个方面工作：

一是加快创建省制造业高质量发展示范市。 坚持数字赋能，培育壮大五大百亿级产业集群，推动制造业高质量发展走在全省前列。持续推进纺织智能化改造，实施"百企提升"，建好纺织云平台、供应链平台，制定纺织智能制造全国行业标准，争取全国性智能制造现场会在兰溪召开。推动欣旺达、甬金迁建、新奥华纺织等项目建成投产，加快发展大会签约项目落地建设。深度接轨深圳、上海、杭州等地，突出强链补链，开展精准招商，力争招引50亿元以上项目1个、20亿元以上项目3个、3亿元以上项目20个。开展"十三五"招商项目"回头看"，分类处置批而未供、供而未用、用而未尽、建而未投、投而未达标等五类项目。大力建设"两区两镇"，整合提升经济开发区，积极创建金兰高新技术产业园区，抓好光膜小镇、电驱装备小镇的项目招引建设，光膜小镇争取命名为省级特色小镇。大力实施园区"二次开发"，推进园区空间、产业、形象、效益、服务提升。深入实施"小升规""雏鹰行动""雄鹰行动""凤凰行动"等，大力培育市场主体，力争凤登环保主板上市。强化科技创新，确保研发经费支出占GDP比重达到2.52%以上，新增国家高新技术企业30家以上。

二是加速推动金兰同城化。 健全金兰同城协调机制，编制同城专项规划，推进同城化重大项目建设。加快建设金兰创新城，深化创新城战略提升研究，完成创新城核心区城市设计规划编制。加快完善创新城基础设施，推进上华路等5条框架道路建设，完成婺江大桥段项目前期工作，迎宾大道东侧区块道路框架基本成型。狠抓项目攻坚，加快推进睿珀智能科技产业园、恩雅国服、兰溪开元名都大酒店等17个项目，全面启动未来社区建设。强化商业综合体、金融业等现代服务业和新基建的项目招引，加强与上海资本汇等基金项目对接，构建资本基金平台。全年引进项目总投资力争超100亿元，上华区块固定资产投资力争达到全市投资总额25%。

三是优化提升城市品质。 全面启动全国文明城市创建，完善基础设施、优化城市功能。加快推进"三江六岸"景观提升工程，打造慢行闭环系统。大力实施城市有机更新，积极做好老工业地块开发利用，加大老旧小区改造力度，加快实施开发区、金兰创新城部分村庄征迁。实施老城、溪西、上华三大片区路网提升工程，打通城市微循环，提高城市道路通行能力。加快推进中洲公园、横山公园品质提升和聚仁广场、黄大仙公园、宝龙广场公园建设，深化城市精细管理、智慧管理。统筹推进蓝天、碧水、清废、净土行动，高标准完成环保督察整改，持续提升城市环境。打好交通建设大会战，完成金兰中线快速化改造，加快推进金建高铁、351国道、330国道外迁二期、上华至琅琊公路等项目建设，积极谋划金千黄高速、金兰云轨等重点交通项目。推进"水运复兴"，加快女埠作业区二期建设，积极谋划灵洞方村铁公水物流枢纽项目和洲上作业区项目，全力打造浙中西部大宗货物集散中心。

四是深入推进文旅融合。 以"诗路兰溪"建设为引领，着力打造长三角休闲旅居目的地。加快古城保护性开发，推动天福山历史文化街区景区化改造提升和业态招商运营，推进桃花坞、费龙口区块建设。常态化运营兰江水上游项目，加快建设水上游客运码头。进一步完善基础设施，组建运营队伍，加快创建"天下江南"国家4A级景区。推进越龙山、兰湖等特色旅游板块建设，确保越龙山国际旅游度假区国庆开园，兰湖省级旅游度假区引进业主、开工建设。持续推进诸葛、六洞山等景区的改革、招商，深入推进李渔戏剧小镇、郎静山摄影小镇、女埠非遗小镇等建设，加强对诸葛、长乐、芝堰等古村落古民居的保护利用。深度挖掘文化内涵，成立文化研究发展委员会，项目化推进文化研究工程，加快李渔等核心文旅IP创建，举办李渔文化节、黄大仙文化节、"郎静山杯"摄影大展、省第七届畲族风情旅游文化节等活动。积极融入长三角一体化，加强市场营销和拓展力度，办好上海兰溪文旅推介活动。实施文旅数字转型项目改造提升，实现"一个平台做旅游""一部手机游兰溪"。

五是高质量推进乡村振兴。打造新时代和美乡村样板，推动"三农"工作迈上新台阶。扎实推进"四水共盛"，大力发展设施农业，做优做强杨梅、枇杷等名特优农产品，建设省级水果精品园10个。推广"兰江蟹"特色养殖，创建省级渔业健康养殖示范县。持续抓好"一园三区四平台"建设，做强村集体经济，争取2021年省级综合扶贫试点项目。完善土地流转机制，推进农业"标准地"改革。完成粮食生产功能区非粮化整治和提标改造工作，实施高标准农田项目建设。持续深化垃圾分类，扎实推进"乡风革命"，推动移风易俗，树立文明风尚。巩固"八有八无"创建成果，做好乡村振兴示范村、提升村串点成线。深入推进"两进两回"，做好新乡贤工作。抓深抓实农民培训，拓宽农民就业渠道，培育壮大美食产业，打造"兰溪美食"统一品牌，带动农民增收致富。

六是着力打造长三角一流营商环境。围绕"两优一高"市创建，加快推进政府数字化转型，推动"最多跑一次"改革迭代升级、延伸扩面。深化"无证明城市"改革，提升拓展"浙里办""浙政钉""兰花钉"等数字化应用，打好"网上办""掌上办""容缺办"组合拳。积极探索行政服务中心"去中心化"改革，努力让企业群众体验"24小时在线服务""不见面办事"等便捷高效服务。打通和整合党政机关各项职能，优化完善机关内部运行机制，进一步提升政府服务效率。加快"城市大脑"建设，积极融入长三角"一网通办"，实现数据有序共享，提高数字化服务管理水平。深入实施优化营商环境"10+N"行动2.0版，以"一件事"视角优化提升交地即发证、交地即开工、建好就验好等改革举措，建成项目落地"快速通道"。持续优化人才政策，加快完善"聚兰工程"2.0升级版，深化"揭榜挂帅"人才引用机制，打造"引育留管用"全方位服务的最优人才环境。培育壮大人力资源产业，加快省外劳务协作基地建设，用好用足驻点招工、院校招聘等举措，全力破解企业"招工难"问题。

七是全力办好民生事业。持续优化民生服务供给，抓好十大民生实事，努力打响"学在兰溪""康养兰溪"等品牌。加快推进兰溪杭州育才中学、中德职教中心、兰一中扩建等重点项目建设，推进公办幼儿园扩容提升。深化教育综合改革，开展师德师风专项整治，建立健全"三爱三立"思政教育体系，不断提升办学质量。加快推进中医院迁建项目，确保市人民医院通过三乙评审，启动市防疫应急医院、精神病专科医院建设，整合市妇儿医院，不断优化医疗资源布局；持续深化医共体改革，推进乡镇医疗机构建设，推动基层医疗服务提质扩面。支持推动百城康养项目可持续发展，打造高端康养基地。推进乡镇（街道）敬老院、居家养老整合提升，依托"浙里养"搭建本土化大数据服务平台，提升养老服务智能化水平。落实失业保险稳岗补贴政策，加快推进新经济业态就业创业培训，确保失业率保持低位运行。

八是推进治理体系和治理能力现代化。以党建引领基层善治久治，努力实现"无信访积案市"三连创，确保平安兰溪建设"十六连冠"。做优做强"市乡村"三级矛调中心，推动市矛调中心建设继续走在全省前列。扎实推进"三大员"建设，常态化开展"大家访、大代办、大接访、大化解"活动，推动党建与治理"双网融合"、专职网格员与专职调解员"两员融合"，健全完善"一警情三推送""两所一庭一室"联调等机制，确保80%以上矛盾纠纷在乡村两级化解。深化"基层治理四平台"数字化应用，落地城市感知神经元项目，推广"智安小区""智安单位"建设。健全"四治融合"城乡基层治理体系，探索"红色物业"做法，形成村（居）务协商委员会兰溪经验。深化隐患排查整治，大力推进风险防范数字化和应急救援体系建设，巩固"平安兰溪"建设成果。

四、深化全面从严治党，为现代化建设提供坚强保障

扎实开展"干部作风提效年"活动，强化政治引领，激发干部干事创业动能，夯实基层组织基础，塑造风清气正政治生态，为现代化建设提供坚强保障。

（一）旗帜鲜明强化政治引领。突出把方向、谋大局、定政策、促改革、抓落实，充分发挥市委领导核心作用。坚持党委（党组）理论学习中心组学习，学懂弄通做实习近平新时代中国特色社会主义思想，树牢"四个意识"，坚定"四个自信"，坚决做到"两个维护"。全面落实党委（党组）意识形态主体责任，常态化开展"不忘初心、牢记使命"主题教育，统筹安排系列活动，隆重庆祝中国共产党成立一百周年。加强对人大、政府、政协和法院、检察院的领导，健全和落实党管武装制度，更好地发挥工青妇、民主党派、工商联、无党派人士和人民团体的作用，广泛汇聚各方力量，凝聚强大共识，进一步营造担当追赶的浓厚氛围。

（二）比学赶超提振干部作风。着眼干部队伍提质提效，深化作风建设，层层传导压力，狠抓工作落实，推动各项工作走前列。持续开展市级领导述职评议、"担当追赶"交流会和重点工作"晒拼创"，围绕重点工作、重点任务、重点指标，比攻坚、比争先、比效能。按照"五强"要求打造领导班子，常态化开展干部外挂上挂、跟班锻炼，机关干部、基层干部轮岗挂职交流，实施年轻干部"五个一线"蹲苗培养计划，推动党员干部特别是年轻干部到关键吃劲岗位上历练成长，继续开展事业干部、年轻干部择优比选，全面加大干部培养力度。精准落实分层分类因需培训，用好用实"兴兰学堂"、赋能学院等载体，建立健全"会前十五分钟学习"等制度，努力掌握和善于运用系统观念、系统方法谋划推进工作，全面提升干部专业素质。持续开展干部心理素质提升"溪心成长"及"听听干部心里话"、干部作风建设发展趋势测评、"担当追赶奋斗者团队""担当追赶奋斗者"评选等系列活动，深化"两个担当"良性互动，健全落实容错纠错、不实信访澄清、能上能下等机制，以"严管厚爱"激励党员干部在新时代展现新担当、干出新作为。

（三）从严从实抓好基层党建。围绕基层组织高效运转，做好村社换届"后半篇"文章，开展全市村（社）书记主任轮训，推行村级监督"5+1"工作机制，压实"第一书记"驻村工作职责，加强"一肩挑"后权力运行监督。强化党员教育培训，深化"三讲三树"党员整治立规创优行动，切实推动党员违规违纪数量明显下降。推进"五星三强"示范创建，深化党员联系群众"走亲联心"机制，加强村级组织活动场所建设，

打造一批兰溪党建特色品牌。探索数字党建，做实街道"大工委"、社区"大党委"，共建单位"契约化"管理，充分发挥两新党组织稳企赋能实质性作用，统筹推进机关、国企、学校等各领域党建工作，确保基层党组织全面夯实、全面进步、全面过硬。

（四）坚定不移深化清廉建设。以全面从严治党为主线，持续完善市乡一体推进的"四责协同"机制，推动主体责任和监督责任同向发力，营造风清气正的政治生态。做精做细清廉单元培育，纵深推进"百千工程"，打造一批可看可学可复制的清廉单元"标准母版"。强化政治监督，开展"三化五式"监督行动，推动解决一批影响兰溪发展的中梗阻问题。深化政治巡察，完成部门、乡镇（街道）、国企一届任期内巡察全覆盖，开展巡察"回头看"和重点领域专项巡察，做实巡察反馈问题整改工作，使巡察成果发挥最大效用。

同志们，蓝图已经绘就，实干成就梦想。让我们高举习近平新时代中国特色社会主义思想伟大旗帜，以饱满的热情、昂扬的斗志、务实的作风，勇挑使命担当，加快追赶步伐，为兰溪再创辉煌而努力奋斗！

2021年政府工作报告

——在兰溪市第十六届人民代表大会第五次会议上
（2021年2月3日）

兰溪市人民政府市长　王新锋

市长王新锋作市政府工作报告　（王萍　摄）

各位代表：

现在，我代表市人民政府，向大会作政府工作报告，请予审议，并请市政协委员和其他列席人员提出宝贵意见。

一、2020年政府主要工作和"十三五"规划执行情况

2020年是国内外形势错综复杂的一年，也是我市应对疫情冲击，积极作为、攻坚克难、拼搏实干的一年。在市委的正确领导和市人大、市政协的监督支持下，市政府高举习近平新时代中国特色社会主义思想伟大旗帜，以"担当追赶、再创辉煌"为目标要求，大力实施"强工兴市、拥江兴城、文旅兴兰、环境兴人"四大战略，主动应对各种挑战，全力落实"六稳""六保"任务，统筹推进各项工作，经济社会平稳健康发展，实现了省委省政府提出的半年正、三季进、四季恢复同期发展水平的要求。四季度地区生产总值同比增长6.3%，固定资产投资同比增长20.7%；全年地区生产总值同比增长3.4%，一般公共预算收入同比增长4.7%，固定资产投资同比增长3%，城镇、农村常住居民人均可支配收入同比分别增长4.2%和5.2%。

（一）**疫情防控危中抢机。** 落实精准防控。成立疫情防控指挥部，迅速构建防控、救治和保障"三大体系"，落实"一图一码一指数"精密智控，严格执行防控工作要求。全市干部群众众志成城，开展"五清"排查，实行公共场所"亮码+测温"，落实出入登记、健康监测、场地消杀等防疫举措，快速稳妥处置1例输入型确诊病例，全市无本土病例出现。落实"复学"防疫标准，全省首创"复学码"。贡献兰溪力量。派出援鄂医护人员8名，援助叙利亚医疗物资2吨，康恩贝等社会各界捐赠防疫物资2000余万元。第一时间组织防疫物资生产企业复工。1名个人、

1个集体被评为全国抗疫先进，4名个人、1个集体被评为省先进。危机中寻新机。组建政企联动工作小组，分赴广州、福建等地助力企业拓展市场，争取订单近10亿元。引导"兰溪人就业在兰溪"，新增本地就业员工近万人。开展接"新兰溪人回家"行动，接回外地员工1.1万余人。建立企业用工余缺调剂平台，调剂员工2046人。争取到各类政策资金53.1亿元，兑现"五减"政策资金13.8亿元，为企业降本减负16.1亿元。全省首推"旅游云推介"，开通全国首趟疫后跨省旅游专列。

（二）**实体经济变中求进。主导产业再优化。**实现规模以上工业总产值664.3亿元。纺织行业智能制造示范市建设成效明显，30家试点企业全部通过验收，企业综合效益提高12.3%，推动建立纺织行业数据平台、供应链平台，"兰溪模式"得到省政府充分肯定。凤凰化工、嘉宝化工、永泉化工分别引进船王实业、物产化工、传化集团完成重组提升，实现"凤凰涅槃"。被认定为国家外贸转型升级基地。博远金属荣获"国家级绿色工厂"称号。合一织造荣获国家级"专精特新"小巨人称号。红狮控股入选省"雄鹰行动"培育企业名单。新设市场主体11647户，同比增长38.5%，增幅金华第一。成立浙工大兰溪研究院、兰溪行知校地协同创新中心、省农科院技术转移中心。新增国家高新技术企业33家，省科技型中小企业54家，获省科技进步二等奖2项。招商引资见成效。开展"项目招引建设年"活动，完善"853"招商工作体系，招引3亿元以上项目16个，20亿元以上项目4个，实到资金60亿元。首届兰溪发展大会签约投资507亿元。成功引进欣动能源、睿珀智能、伟光汇通、韵达物流等重大项目。推进欣旺达、盘毂动力、甬金科技等产业项目建设。自立环保、长隆纺织、怡钛积建成投产。长芯光电、中科玖源、康鹏半导体、奥华纺织入选省重大产业项目。"省市县长项目"落地率达80%，列金华第一。8个省重点建设项目、10个省集中开工项目、45个金华市重点建设项目分别完成年度投资计划的121%、129%、136%。要素保障出亮点。电驱装备小镇列入省级特色小镇创建名单。全年争取土地指标1960亩，是前两年总量的2.4倍；土地报批执行率达100%，列金华第一。整治提升D类及低效用地企业182家，消化批而未供土地3908亩，清理低效闲置用地3410亩；完成兰江、梅江等低效工业用地连片整治，推动云山、横溪等矿地综合利用，香溪、灵洞、水亭全域土地整治推进有力。强化金融保障，新增贷款103.9亿元，增长20.8%；杭州银行落户兰溪。加大招才引智力度，成立"乡贤人才基金"，助力教育医疗事业发展。引进大学生6331名，硕士506名，博士71名，新建院士专家工作站2家。

（三）**城市能级快速提升。创新城建设日新月异。**优化金兰创新城总体规划，成立创新城开发建设中心，金兰同城纳入金华市级发展战略。综合档案馆顺利结顶，学知路、创新大道等基础设施加快完善，中德职教中心、杭州育才中学、行知幼儿园、江南职校扩建等公共配套项目相继开工，睿珀智能产业园、恩雅国服等产业项目签约落地。获批省未来社区试点创建项目。"交通大会战"初见成效。实施"8313"工程，建金高速全线通车，金兰中线主体工程基本完工，杭金衢高速拓宽顺利推进，金建高铁、351国道改建段、330国道外迁、上华至婺城琅琊公路开工建设，城北迎宾大道（47省道云山至马涧段）启动改造，金千黄高速线位方案与建德协调一致。女埠综合作业区一期建成投用，香溪下杨货运码头开工建设。城市功能不断完善。钱塘江堤防加固工程二期主体完工，西门城墙段城防提升。完成上园路北延、兰江大桥加固等工程，打通永进路、经八路等断头路。建成乡贤馆。实施原"大风车"、农药厂地块公园绿地建设，建成"口袋公园"6处，海绵城市试点通过省级考核。宝龙广场、汽车城、北门菜场、中医院迁建等项目有序推进，上华街道社区卫生服务中心投入使用。完成老旧小区改造2个。建成城镇"两定四分"投放点358个，餐厨垃圾处置中心投运。房地产市场平稳健康发展，销售面积增长71.3%。

（四）文旅融合亮点纷呈。**丰富旅游业态**。完成三江六岸灯光演绎一期、夜游景观营造、天福山区块景观整治改造一期项目，"天下江南"景区通过国家3A级景区验收，通过4A级旅游景区景观质量评审。创建3A级景区乡镇（街道）7个、省A级景区村庄66个。兰江水上游常态化运营，兰溪至建德水上诗路复航工作获省政府肯定。入选全国县域旅游综合竞争力百强县。游埠成功创建省级旅游风情小镇。**拓展文化影响**。举办全国中医药文化进校园现场会、李渔戏剧汇、童诗中国论坛、海峡两岸影像文化周兰溪郎静山专场、黄大仙文化节等重大文化活动，被授予"中国诗歌之城""中国传统建筑之乡"称号。成立美食协会，"李渔家宴"列入省"诗画浙江·百县千碗"工程成果展示项目。深化剧团改革发展。文物监管实现掌上数字化。**补上服务短板**。"畅游兰溪"平台成功上线。兰溪首家五星级酒店开元名都落地动工，世贸大饭店二期改造投用，雷迪森维嘉、维也纳国际等对外营业，新增床位1300张。引进北山"无它心舍"、朱家"村舍"等高端民宿。

（五）乡村振兴做深做实。**现代农业走在前列**。成功争取马涧国家级农业产业强镇、省级乡村振兴产业发展示范、白露山省级现代农业园区等建设项目，共获上级财政专项资金1.2亿元。水亭列为全国民族乡村振兴试点乡，"柚香畲风"项目列入省一二三产融合示范园。杨梅农业科技园区列入省级创建名单，实现零的突破。兰溪杨梅蝉联省擂台赛双冠王，系列产品代表浙江在全国农博会进行推介。"兰江蟹""汇潭甘蔗"获评国家地理标志保护农产品，数量居全省第一。华统牧业投产，生猪增产保供走在全省前列。**美丽乡村纵深推进**。农村承包地确权登记颁证工作列全国典型。深化农村环境整治，创建"八有八无"优秀村164个、示范村10个。建成永昌夏李、梅江聚仁等乡村振兴"示范村"10个，赤溪后龚、马涧横木等"提升村"10个。新建农村文化礼堂59家，女埠被评为省示范乡镇。**富民增收全力以赴**。探索增强村级集体经济新途径，成立市级消薄公司，筹集集体资金6530万元用于市级抱团项目，已获收益1051万元。安排产业扶贫项目28个，补助资金2882万元。发放政策性融资担保贷款9116万元，惠及农业主体138个，"金融支农"创新试点工作获农业农村部肯定。农村家庭人均年收入9000元以下现象全面清零。

（六）民生事业协调发展。**民生保障更加坚实**。城镇新增就业1.2万人，失业率保持在1.8%以下的低水平。提标低保、特困供养、基础养老金，社保、医保参保率稳定在98%和99.9%。启动敬老院改造提升，新增养老床位533张。新建村级居家养老服务照料中心和乡镇（街道）示范型居养中心各8家、示范型儿童之家10家。兰江住家船全部上岸。高质量完成第七次全国人口普查。市慈善总会被评为省品牌社会组织。**公共服务更加优质**。兰溪人期盼多年的金华引水工程建成通水，钱塘坞水厂完成扩建，农村饮用水达标提标三年行动全面完成，惠及19.2万人。云山、上华等7家公办中心幼儿园启动建设，兰一中扩建进展顺利，杭州育才小学、中学开学招生。老年大学完成改造。兰江街道社区卫生服务中心（防疫应急医院）实施迁建，香溪、马涧卫生院启动改造提升。生态环境更加美好。第二轮中央环保督察实现"两不一降"。打造国资控股的印染服务共享平台。完成市级、梅江、马涧污水处理厂改扩建，启动诸葛、游埠、柏社污水处理厂（站）改扩建。完成4个乡镇、15个生活小区、3个工业园区"污水零直排区"创建。农村生活污水处理终端提标改造全面开工。3个国控断面水质均达到Ⅲ类以上，空气优良率达98.1%。社会治理更加科学。圆满完成村社换届。深化"平安兰溪"建设，矛调中心建设走在全省前列。市人民调解委员会被司法部表彰。深入开展扫黑除恶"雷霆"行动，实现命案零发生。建成全省首个钱塘江流域防洪减灾数字化县级专用平台。矿山、危化品运输等重点领域无重特大事故发生，安全事故起数和死亡人数分别下降35%、31.3%。

一年来，我们深入学习贯彻党的十九大和十九届二中、三中、四中、五中全会精神，狠抓政府自身建设，加快政府职能转变，坚持依法行政。我们持续深化"最多跑一次"改革，打响"兰E办"政务服务品牌，实现投资审批事项100%网上办理。我们深化财政和投融资体制改革，国企的市场竞争力不断增强。我们持续转变工作作风，深入开展"三服务"，帮助基层、企业、群众解决问题1.4万余件，解决率达99.5%。

2020年是"十三五"的收官之年。经过五年持续奋斗，我市经济社会发展取得了明显成效，为全面完成"十三五"规划目标任务画上了圆满的句号，也为全面建成小康社会、"十四五"高质量发展奠定了坚实的基础。

五年来，我们坚持追赶跨越，综合实力跃上新台阶。"十三五"期间地区生产总值年均增长6.1%，高于全国、金华平均水平。人均地区生产总值达到7万元左右，突破"一万美元"线。城镇和农村居民人均可支配收入达到46610元和23021元，年均增长7.7%和8.5%。财政总收入和一般公共预算收入分别达到49.1亿元和29.6亿元，年均增长4.4%和5.9%。农业总产值增速0.6%，规模以上工业增加值突破140亿元，服务业增加值占地区生产总值比重由38.6%上升到43.4%。

五年来，我们坚持提质增效，区域发展注入新活力。树牢"强工兴市"大旗，列入省制造业高质量发展示范市，纺织行业列入第一批省传统制造业改造试点。累计引进内资284亿元、外资1.37亿美元，完成浙商回归181.5亿元。投资52亿元的欣旺达、26亿元的自立环保、10亿元的盘毂动力等一批大项目落地。甬金股份成功在A股上市，红狮集团"中国企业500强"排名连年跃升，纺织行业百强企业增至11家。国家高新技术企业、省科技型中小企业分别增加89家、266家，比"十二五"末增长445%、332%。开展"亩均论英雄"改革，淘汰落后产能119家，整治"低散乱"2171家，新建小微企业园7个。获评省品牌商标示范市，新增驰名商标9件。出台"聚兰工程"人才新政，招引大学生以上人才2.9万人，其中顶尖人才12人，领军人才38人。

五年来，我们坚持统筹发展，城乡环境呈现新面貌。交通基础不断完善，完成义兰公路、董将线（一期）、兰江航道升级、衢江航运开发等交通重点项目，完成凯旋路改造提升、金角路西延、上园路北延等27条城区道路建设，建设"四好农村路"377公里。城乡建设亮点纷呈，成功创建国家卫生城市、国家园林城市、省文明市。获评省级美丽乡村示范乡镇5个、省级特色精品村18个；小城镇环境综合整治全部通过省级考核验收；省级生态乡镇实现全覆盖；海绵城市建设工作走在全省前列。新增国家3A级旅游景区3家，国家四星级旅游饭店1家。乡村振兴成效明显，集体经济年收入20万元以上村达226个，建成全省首家数字农业平台，被列为全国新型农业社会化服务体系试点、全国小农水利重点县、全国休闲农业和乡村旅游示范县。污染防治攻坚战卓有成效，空气质量优良率提升近20个百分点，全省跨行政区域河流交接断面水质保护与管理考核连续7年优秀。

五年来，我们坚持以民为本，民生保障书写新篇章。创建省教育基本现代化市。兰溪行知学院完成四届招生。完成城南中心小学迁建、登胜小学扩建，新改扩建幼儿园10所。医疗卫生体制改革成效明显，基本医疗保险参保覆盖面持续扩大，累计为全市患者减轻医疗负担33.2亿元。打造百城康体"康养护医"一体化养老模式。乡镇（街道）示范型居家养老服务中心实现全覆盖。新建农村文化礼堂197家，村文化活动中心全覆盖。平安建设成效显著，实现平安兰溪十四连冠。创建星级规范市场22家、省放心农贸市场10家，乡村农贸市场星级覆盖率达100%，创建省级食品安全市。成功抗击"6.25"特大洪水，防汛抗洪工作得到省政府肯定。

五年来，我们坚持改革创新，政府建设展现新作为。在市委的正确领导下，政府团队解放思想，推动改革不断走向纵深。出台"建设长三角一流营商环境"措施27条，持续深化"最多跑一次"改革，梳理"互联网+政务服务"事项2736项，实现100%事项网上可办，98.2%事项掌上可办，民生事项100%"一证通办"。实施"无证明城市"改革，梳理优化无证明事项清单425项，群众满意度达99%以上。创新实施"标准地"交地即开工、交地即发证、建好即验好等举措，实现一般企业投资项目从赋码备案到竣工验收审批"最多80天"。深化国企改革，成立城投、交投、兰创、文旅等国有集团公司，其中三家国企获评2A，走出市场化发展新路子。坚持重大事项向市人大报告和市政协通报，五年来共办结人大代表建议1558件、政协提案1487件。

各位代表，回顾过去五年，政府上下付出了艰辛、磨砺了意志，成绩来之不易。这是市委正确领导的结果，是市人大、市政协监督支持的结果，也是社会各界、全市人民团结一致、共同奋斗的结果。在此，我谨代表市政府，向广大干部群众，向人大代表、政协委员、各民主党派、工商联、无党派人士、人民团体、离退休老同志、驻兰部队、消防救援队伍指战员和在外兰溪籍人士，向所有关心支持兰溪发展的各界朋友，表示崇高的敬意和衷心的感谢！

在总结成绩的同时，我们也清醒地认识到，工作中还存在诸多问题和不足。主要有：部分经济指标不理想，政府对经济的把控统筹能力有待加强；部分闲置资源盘活和招商项目落地进度不快，政府的攻坚克难精神有待强化。尤其是老旧小区有机更新改造中的管理不规范、城乡饮用水多次出现黄水现象、交通道路施工安排不科学等，给百姓生活造成诸多不便，民生实事中三江六岸慢行系统的闭环和幼儿园改造提升两件事未能如期全面完成，充分说明政府的理念、效率、能力与新时代工作要求还有差距。我们将坚持问题导向，正视差距，更加努力。

二、"十四五"发展主要目标任务

（一）"十四五"指导思想

高举习近平新时代中国特色社会主义思想伟大旗帜，全面贯彻落实党的十九大和十九届二中、三中、四中、五中全会精神，深入贯彻习近平总书记考察浙江重要讲话精神，坚持党的全面领导，坚持以人民为中心，坚持新发展理念，坚持系统观念，按照忠实践行"八八战略"、奋力打造"重要窗口"和"打造增长极、共建都市区、当好答卷人"的工作总要求，突出"数字赋能、拼搏争先"工作导向，紧扣"担当追赶、再创辉煌"目标要求，深化推进"强工兴市、拥江兴城、文旅兴兰、环境兴人"战略，全力推动乡村振兴，积极融入"以国内大循环为主体、国内国际双循环相互促进的新发展格局"，主动融入都市区，积极对接长三角，开启兰溪高质量发展新征程，推动全市人民走向共同富裕，加快建设社会主义现代化城市。

（二）"十四五"奋斗目标

"十四五"时期经济社会发展的主要目标是：锚定二〇三五年远景目标，聚焦聚力高质量、竞争力、现代化，拼搏实干，争先进位，在产业体系现代化、开放融合现代化、文旅发展现代化、农业农村现代化、民生事业现代化、县域治理现代化上走前列。努力实现：综合实力加快赶超，发展质量明显优化。产业转型升级提速增效，建成省制造业高质量发展示范市。金兰同城发展态势基本形成，城市能级大幅跃升。文化旅游加速融合，影响力显著增强。内畅外联的现代综合交通体系基本建成，县域治理体系更加完善，人居环境持续优化，社会民生持续改善，成功创建全国文明城市。基本实现社会主义现代化的基础更加坚实。

"十四五"时期国民经济和社会发展的主要预期目标是：地区生产总值年均增长7.5%；全社会固定资产投资年均增长10%；社会消费品零售总额年均增长8%；常住人口城镇化率达到65%；城镇、农村居民人均可支配收入年均增长9%和10%。

（三）"十四五"重点任务

1.强工兴市，努力构建现代化产业体系。围绕"现代纺织、光电信息新材料、医药健康、新能源交通装备、节能环保"五大百亿级制造集群，力争"十四五"期末实现规模以上工业总产值超千亿。数字经济核心产业增加值占地区生产总值比重达15%以上，研究与试验发展经费支出占地区生产总值比重达3.3%以上。深入推进传统制造业改造提升2.0版本，推行"产能倍增"计划，推动化工、印染、建材等行业重组整合，持续支持企业降本增效。加大招商引资力度，拓深延展上下游产业链。推动经济开发区整合提升，建设小微企业园集群，优化产业平台，提升产业集中度和空间集聚度。不断强化亩均效益评价和低效退出机制，加强财政资金、土地供给等要素保障的绩效管理。规模以上工业亩均税收达25万元以上。

2.拥江兴城，努力打造现代化城市发展格局。全面对接长三角，积极融入都市区，努力提高城区的吸附能力和带动能力。金兰创新城初见成效，基础设施配套基本完成，一大批创新型团队、项目及匹配资源落地产出。加快老城改造复兴，推进古城和老工业遗存保护性开发，植入文旅商贸新业态，高铁小镇初具雏形，打造独具古城风韵的游憩商务区。提升溪西城市功能，完善商贸及生活服务等配套设施，打造绿色宜居城市。控制三江六岸天际线。维持房地产平稳健康发展。

3.文旅兴兰，努力打造长三角休闲旅居目的地。以李渔、黄大仙、郎静山为主导，深入实施文化整理工程，提炼最符合现代需求、最具兰溪特色的文化符号，扩大兰溪文化影响力。启动历史文化名城保护规划编制，争创国家级历史文化名城。创建国家级全域旅游示范市。高质量建成运营"天下江南"、兰湖、游埠古镇国家4A级景区与越龙山国际旅游度假区，提升六洞山、诸葛八卦村等景区品质，补齐酒店配套、人才机制、人文互动等方面短板，发挥文化传承、山水资源、水果美食等方面优势，积极融入黄山—千岛湖—杭州—上海国际黄金游线，加快绘就新时代富春山居图。力争2025年实现旅游业增加值占地区生产总值比重达到7.5%，旅游总收入达到420亿元。

4.环境兴人，努力建设现代化宜业宜居宜养幸福城。以全国文明城市创建为统领，全面提升公共服务质量和城市智慧化管理水平，持续改善群众生活品质。保障就业稳定，多措并举加快人才引进培育和人口回流集聚。城镇登记失业率保持低于2.5%。深入实施"8313"工程，完善域内路网建设，畅通对外通道，构建立体化综合交通体系。深化教育综合改革，加快教育资源整合，完善学校布局，提高办学质量和教学水平。优化医疗资源配置，完成中医院迁建和妇幼中心整合等项目，充分发挥医共体作用，提升医疗服务水平。完成敬老院改造提升三年行动，实施农村居家养老提质工程，系统布局社区养老机构，提升"医养结合"水平，打响"康养兰溪"品牌。

5.乡村振兴，努力建设村强民富景美现代化乡村。推行"1+X+Y"全域规划体系，引导集镇、村庄集聚发展。优化完善乡村水、电、路、气、通信、物流等基础设施。以土地流转和土地整治为抓手，坚决推进非粮化整治。围绕"四水共盛"推动现代农业发展。延伸产业链，打造一二三产业融合发展示范区。推进数字农业发展。巩固"八有八无"创建成果，以"乡风革命"带动移风易俗，弘扬崇德向善好风尚。增强村级集体经济实力，提升乡村基层治理能力，争创省新时代美丽乡村示范县。

三、2021年目标任务和重点工作

2021年是中国共产党建党100周年，是实施"十四五"规划的开局之年，必须迈好第一步、展现新气象。今年工作的总体要求是：坚持以习近平新时代中国特色社会主义思想为指导，全面贯彻落实党的十九届五中全会、中央经济工作会议、中央农村工作会议和省委十四届八次全会、省委经济工作会议、金华市委七届八次全会、兰溪市委全会精神，立足新发展阶段，贯彻新发展理念，围绕"担当追赶、再创辉煌"目标要求，深化推进"强工兴市、拥江兴城、文旅兴兰、环境兴人"四大战略，以"项目攻坚提速年""城乡品质提升年""干部作风提效年"为主题，巩固拓展疫情防控和经济社会发展成果，扎实做好"六稳"工作、全面落实"六保"任务，拼搏争先、砥砺奋进，全力推进经济社会高质量发展，推动共同富裕，为"十四五"开好局起好步，以优异成绩庆祝建党一百周年。

综合各种因素，建议2021年经济社会发展主要预期目标为：地区生产总值同比增长7.5%以上；一般公共预算收入同比增长7%以上；固定资产投资同比增长10%以上；城乡居民人均可支配收入快于经济增长，且农村快于城镇；约束性指标全面完成上级下达任务。

根据以上总体要求和目标，今年重点打好以下九场硬仗：

（一）**打好疫情防控阻击战**。深化运用"源头查控+硬核隔离+精密智控"机制，全面落实"五有一网格"防控措施，持续抓好"外防输入、内防反弹"工作，确保冷链物防闭环管控，不出现聚集性疫情，不发生院内感染，不发生疫情风险点失管漏管，力争不发生本土新增病例。全面提升应对重大疫情能力，持续完善公共卫生应急体系。加强发热门诊规范化建设，强化核酸检测能力储备，提升定点医院救治水平，加快推进防疫应急医院、方舱医院建设。稳妥有序推进疫苗接种，做到应接尽接。强化专业人员技能培训，加强流调溯源工作。开展疫情防控应急演练，提高应急处置水平。深入开展爱国卫生运动，加大健康宣教力度，引导群众群防群治，养成"戴口罩、勤洗手、少聚集"等良好生活习惯。科学精准研判疫情常态化下经济发展的态势，努力保持我市经济持续健康发展。

（二）**打好实体经济升级战**。优化改造存量。开展纺织智能制造百企提升，打造集"贸易、仓储、物流、金融"等多位一体的棉纺供应链平

台，导入更多优质纺织上下游企业，推动产业差异化、高端化发展。支持企业实施产能倍增，培育国家级单项冠军和"专精特新"小巨人企业各1家以上，省级"隐形冠军"企业5家。推动化工、印染、建材等行业整合重组。鼓励和扶持企业对接多层次资本市场和直接融资，新增股份制公司12家，浙江股权交易中心挂牌企业15家，推进凤登环保上市。甬金迁建二期加快建设，凤凰重组、奥华纺织、一新制药等项目建成投产。全年规模以上工业增加值增长8%以上。持续引育增量。继续招大引强，实到资金72亿元以上，增长20%以上。招引3亿元以上项目20个，20亿元以上项目4个，50亿元以上项目1个。确保民间投资增长12%以上、制造业投资增长15%以上。加快自立环保、盘毂动力等重点企业进一步发挥产能，确保欣旺达、怡钛积、神目影像、中科玖源等顺利投产，推动正威新材料、韵达物流等项目尽早落地开工。提升产业平台。加快开发区整合提升，拓展"两区两镇"空间，推进省级功能性新材料高新技术产业园创建。光膜小镇争取命名省级特色小镇。以永昌、马涧为试点推进园区"二次开发"，强化资源贡献，提升园区环境及设施配套。加强小微企业园建设，实现小微园新入驻企业100家以上，新开工小微园5个。激励创新驱动。加大财政对创新研发的支持力度，培育国家高新企业35家以上、省科技型中小企业60家以上。深化产学研合作，推进校企协同创新。新增省级以上研发机构3家，研究与试验发展活动经费占地区生产总值比重达到2.52%以上。继续实施"揭榜挂帅"，突破产业共性技术难关。持续推进棉纺织产业创新服务综合体创建。打造华铝科创园。

（三）打好交通建设提速战。**加快对外链接。**全力提速金建高铁建设，启动高铁枢纽工程。金兰中线建成通车，杭金衢拓宽工程兰溪段完工，351国道改建段、330国道二期、上华至婺城琅琊公路全线推进，351国道新建段开工，330国道与46省道连接线启动建设。继续谋划争取兰溪对外通道。推动水运复兴。以打造浙中西部大宗货物集散中心为目标，推进灵洞方村铁公水物流枢纽建设，创建保税物流中心B型。钱塘江中上游航运开发（金华段）工程竣工验收，香溪下杨货运码头建成投运，黄溢客运码头开工建设，推动金华江疏浚。完善区域路网。畅通城区对外通道，加速城北迎宾大道（47省道云山至马涧段）建设，启动城市环线（婺江大桥）项目。加快路坝结合项目建设，完成城区至游埠项目，开工云山至香溪项目，启动兰江至女埠项目。优化城区道路，完成凯旋路延伸，改造提升滨江路、老南门大桥，打开金角大桥B匝道连接线，启动李渔路、映月路道口平改立，西延铁南路。改善乡村道路，动工兰黄三期、柏社至岗岭下、赤溪插口、沿梅溪等四好农村路，开展临水临崖路段等危险点整治。

（四）打好城市品质提升战。**加速创新城建设。**健全金兰同城协调机制，深化创新城战略提升研究。加快基础设施和公共配套项目建设，全面动工未来社区，启动上华派出所、交警中队项目，实施上华路等道路建设，提速行知幼儿园、江南职校扩建项目，综合档案馆和城市规划展厅建成投用。扎实推进睿珀智能产业园、上海科创园、恩雅国服等产业项目，强化商业综合体、金融业等现代服务业和新基建的项目招引，引进创新型团队、项目，引导与兰溪现有产业的良性共融发展。全年引进项目总投资力争超100亿元，上华区块固定资产投资力争达到全市投资总额25%。实施城市更新改造。启动全国文明城市创建。加快桃花坞、费龙口古城文旅开发，确保启动一期建设。稳步实施部分城中村、园中村拆迁改造。完成兰荫村、栖霞村等老旧小区改造，开展铁路沿线存量违建整治和绿化美化行动。推进老工业遗存保护开发，建成运营兰棉1957文创园。控制土地出让节奏，促进房地产市场健康发展。完善城市配套功能。商贸集聚发展，宝龙广场、汽车城、北门菜场开业，中医院迁建基本完工。增加城市休闲活动场所，建成黄大仙公园，开工聚仁广场，改造提升中洲、横山公园，推进城市绿道建设。引进智能停车系统，继续增加停车泊位。常态化开展城市易涝点整治。提升水厂制水工艺和供水运维水平，改造城区老旧管网20公里。加快5G网络基础设施建设，实施智能体育推广，建成智能体育示范馆4个，加强老年人体育场所建设。

（五）打好文旅产业复兴战。**提速项目建设**。越龙山国际旅游度假区正式开园，兰湖旅游项目落地开工，继续推进开元名都酒店、郎静山摄影小镇等项目建设，加快柏社飞鸿旅游综合体、兰湖服务区商旅综合体等项目建设进度，香溪北山、黄店朱家民宿项目开业，柏社净心谷、女埠云栖精品民宿项目落地。**优化景区品质**。争创"天下江南"、游埠古镇2个国家4A级景区，天福山区块导入业态正式运营，完成兰江两岸林相景观改造，打造亲水平台。丰富渡渎、夏李等古村落旅游业态，推行古建筑认养。加强周边旅游资源联动，推动六洞山景区、诸葛八卦村景区优化升级。**树立文化标杆**。打响李渔、黄大仙品牌，举办李渔文化节、黄大仙文化节等活动。做好乡村马拉松等品牌赛事，办好水果采摘节、民俗风情节等特色节庆。发挥兰溪美食优势，建设美食样板街、旗舰店。新建农村文化礼堂56家，实施"文化五送"行动，全年送图书2万册、送电影4500场，各类文艺演出、讲座、展览、文化走亲等活动900场。

（六）打好乡村振兴攻坚战。**促进农业高质高效**。完成马涧国家级农业特色强镇建设，推进省级乡村振兴产业发展示范、白露山省级现代农业园区项目建设进度。继续推动杨梅、枇杷等特色水果提质增效，新增稻渔共生和兰江蟹等生态养殖4000亩，创建省级渔业健康养殖示范县。建设梅江烧产业园，推动行业规范化发展。强化与省中医药集团、华润三九药业合作，扩大中药材种植及深加工。加快农村土地流转，新增流转面积2万亩。筑牢粮食安全底线，新增高标田6000亩，禁止耕地非粮化，完成非粮化整治1万亩，确保粮食播种面积稳定在23.5万亩，粮食总产量8.5万吨。推进香溪万亩良田二期、梅江等全域土地综合整治，发展连片规模高效农业。抓好生猪增产保供，确保生猪存栏17万头。新增市级农业龙头企业5家。引进水产养殖等紧缺型技术人才，加大基层农技人员培训力度。**促进乡村宜居宜业**。推进水亭全国民族乡村振兴试点乡建设。创建诸葛、游埠省级美丽城镇样板。建设诸葛-水亭-永昌（孟湖）供水干管和相关村网改造，逐步实现西片乡镇同源供水。以乡村振兴示范创建为载体，重点打造全域旅游特色小镇1个、示范风情线2条、"联动发展"示范区块6个、特色村庄7个，争创省级美丽宜居示范村3个。深化"八有八无"创建，合格村达100%，优秀村达80%，示范村达40个。巩固农村"两次四分"成效，推广"两定四分"模式。**促进农民富裕富足**。全面开展乡镇级国土空间规划编制，继续探索撤村进镇改革。做强村集体经济，投资参股矿山综合利用等市级抱团项目2~3个，积极消除相对薄弱村。实施"两进两回"行动，培训农村实用人才1500人以上、农村创业致富带头人60人以上。扶大活小，鼓励开设兰溪特色美食餐饮店1000家以上。

（七）打好生态环境保卫战。**铁腕推进环境整治**。高标准完成第二轮中央环保督察问题整改。创成"无废城市"，加大固废渣土倾倒等违法行为打击力度。推进涉矿产业链整治，持续深化整治砂石、砖瓦等重点行业，加快灵洞、香溪矿区皮带廊项目建设，加强超限超载治理和扬尘控制。扩建诸葛、游埠等污水处理厂，探索全市污水处理连通联调。完成兰江、云山、柏社、梅江"污水零直排区"建设，创建污水零直排小区10个，提标改造农村生活污水设施10处。全面实施生态修复。严守耕地红线，完成乱占耕地问题清零。推进国家森林城市创建，新增国土绿化面积3400亩。统筹水资源保护利用，引衢入游，启动东风、游埠灌区水资源融合利用；谋划打通衢江与马达溪水系，激活扬子江生态活力。坚定不移绿色发展。强化源头管控，实施"环保一票否决制"。整合建设印染、电镀产业园、化工小微园，逐步消减分散布局。加大节能减排力度，积极实践重点行业污水减排回用。规范提升再生资源回收站点，垃圾资源化处理中心正式投入使用。

（八）打好发展要素保障战。数字与改革提效能。聚焦"两优一高"市创建，以数字化改革撬动各领域各方面改革，深入推进优化营商环境"10+N"行动2.0版。全面推行标准地"交地即开工""建好即验好"等举措，推进企业投资低风险小型项目"最多20个工作日"改革。推进"云评标"平台建设，实现建设工程"不见面"开标。提升乡镇（街道）便民服务中心服务能力。加强信用兰溪建设。争取与倒逼拓空间。稳步推进国土空间规划编制。强化土地要素保障，争取上级土地指标1500亩。推进游埠、上华、灵洞、甘溪流域等连片低效工业用地整治，低效用地整治3000亩以上，完成低效用地再开发3000亩。继续推进横溪、云山、柏社等矿地综合整治。降本与增效促动能。全年减轻企业负担12亿元以上。加强金融服务实体经济能力，实施政策性担保扩面，新增贷款72亿元。出台更多引人留人政策，鼓励行知学院毕业生留兰就业；新建劳动力市场，开展"两留一引"，新增来兰留兰就业人员1.4万以上。推动北部乡镇、游埠集中供热。深化国企改革，优化拓展国企主营业务，增强自身造血能力。

（九）打好民生福祉持久战。提升城乡居民收入。帮扶失业人员再就业3700人，失业率控制在2.5%以内。实施职业技能提升行动，开展技能培训2万人次以上。打好低收入农户增收"组合拳"，确保低收入农户人均可支配收入增速保持14%以上。提升现代教育水平。突出教育实绩，推进教育改革创新，全省教育教学质量测评排名上升10个名次。实施女埠公办中心幼儿园新建项目，青湖幼儿园扩建项目，横溪、赤溪公办中心幼儿园续建项目。兰一中扩建、党校迁建工程主体竣工，中德职教中心、杭州育才中学建成投用。整合优化教育资源，谋划溪西新区小学。提升健康服务能力。优化整合智慧医疗平台，与浙大合作推进公共卫生建设。市人民医院、市中医院创建三乙医院。建成市精神卫生中心，加快香溪卫生院、马涧卫生院等项目建设。整合妇幼资源，谋划建设妇幼中心。提升社会保障实力。打造"1+8+X"大救助体系，完善政府兜底、社会参与等多层次多渠道救助途径。有序推进农村危旧房改造，实现困难家庭危房即时救助。做好社保医保扩面提标，基本医保参保率保持在99.5%以上。推进敬老院改造提升三年行动，女埠敬老院投入运营，梅江、黄店等5家敬老院改扩建工程启动建设，建成城区居家养老中心5家。持续推进殡葬改革。提升综合治理能力。启动"八五"普法。深化"基层治理四平台"数字化建设，推广"兰花钉"。完善市乡村矛调中心规范化建设。16个乡镇（街道）和70%村（社）创建省级示范型退役军人服务站。新建社工服务站2家。全面落实安全生产责任，加强隐患排查整治，推进风险防范数字化和应急救援体系建设，各类安全事故死亡率下降25%以上。严格落实食品药品安全责任制，守护"舌尖上"的安全。常态化开展扫黑除恶专项斗争，强化打防管控各项举措，推进智慧安防建设，切实保障人民群众生命财产安全。

四、加强政府自身建设

说得再多最后看行动，行动能否提效取决于政府队伍建设。在市委的统一领导下，整个政府团队要把"打胜仗"作为共同信念，敢冲敢拼、善冲善拼，为兰溪的2021"冲"出一片新天地，"拼"得一番新事业！

（一）**转理念**。理念是思想，也是信念。信念决定了我们想不想干事。兰溪要崛起，首先是我们思想理念的崛起。我们要从"小上海"的怀旧中走出来，将"我们曾经"换成"我们将来"，将"还好的"改为"要更好"。要明白政府是执行者，政府的声音就是跟着市委更好服务人民的声音。要明白发展是第一要务，工业是我们的根基，数字赋能已经渗透到每个领域。要明白幸福是奋斗出来的，我们不努力，不可能坐等兰溪"再创辉煌"。

（二）**勤学习**。学习是为了提升能力。能力决定了我们会不会干事。中央的精神，世界的趋势，兰溪的实际，融合到一起才是合适的路。成功的经验，失败的教训，自己的探索，不断地思考才能找到合适的路。发展已经进入新时代，新时代有新问题，需要新知识，要有新方法，既要学习思考，还要知行合一。所有学的，所有干的，最后都是自己的，都是兰溪的。

（三）**敢担当**。有担当才会有效率。效率决定了我们能不能把事干得更好。要赶超，我们就要起得比别人早，跑得比别人快，干得比别人勤，要始终保持奔跑的姿态、习惯加班的常态。要赶超，我们就不能做"老好人"，必须敢于动真碰硬、迎难而上。要赶超，我们就不能按部就班，要勇于改革，善于创新。政府团队绝不允许有"闲置"资产，不能有"喘口气、歇歇脚"的想法，更不能成为效能的障碍。

（四）**重系统**。系统就是要统筹，统筹决定了我们的工作能否产生溢出效应，能否将"盆景"变成"风景"。万物互联，工作也一样，谋定而后动，事半功倍；不谋而乱动，事倍功半甚至功败垂成。同一条线上的工作要系统思考，加强联动。不同线上的工作也要系统推进，既要分工明确又要模糊边界形成合力，努力做到谋划更全面、流程更优化、配合更默契、落实更精准，形成工作和发展中"我为人人，人人为我"的生态系统。

（五）**守底线**。守牢底线，才有机会稳中求进。守工作的底线，稳定是前提。始终盯牢安全、环保、民生的底线，绝不能发生任何打断兰溪发展的事件。守廉洁的底线，无私才能无畏。我们的努力只为兰溪，我们要的是一起奋斗。抓好法治政府建设，依法接受人大监督，自觉接受政协民主监督，畅通社会监督渠道，努力锻造一支信念过硬、政治过硬、责任过硬、能力过硬、作风过硬的高素质政府铁军！

各位代表，征途漫漫，唯有脚踏实地，拼搏争先。让我们紧密团结在以习近平同志为核心的党中央周围，在市委的坚强领导下，凝聚全市人民的智慧和力量，咬定青山不放松，只争朝夕加油干，全面推进"四大战略"，为开启高水平建设社会主义现代化新征程而努力奋斗！

兰溪市人民代表大会常务委员会工作报告

在兰溪市第十六届人民代表大会第五次会议上
（2021年2月4日）

兰溪市人大常委会主任　刘成芝

市人大常委会主任刘成芝作市人大工作报告
（王萍 摄）

各位代表：

我受兰溪市人民代表大会常务委员会委托，向大会报告工作，请予审议，并请列席人员提出意见。

一、过去一年主要工作

2020年，是全面建成小康社会和"十三五"规划的收官之年，也是新中国历史上极不寻常、极不平凡的一年。一年来，常委会高举中国特色社会主义伟大旗帜，以习近平新时代中国特色社会主义思想为指导，深入学习习近平总书记考察浙江重要讲话精神、习近平总书记关于人民代表大会制度重要思想和习近平法治思想，学习党的十九届五中全会、省委、市委全会精神，在中共兰溪市委的坚强领导下，不忘初心、牢记使命，认真履行法定职责，充分发挥人大优势，顺利完成了市十六届人大四次会议确定的各项目标任务，为推进"强工兴市、拥江兴城、文旅兴兰、环境兴人"四大战略，统筹我市疫情防控和经济社会发展，高水平全面建成小康社会作出了积极贡献。

（一）**聚焦党委中心，服务大局更加有力**

常委会坚持把党的领导贯穿人大工作全过程和各方面，突出政治引领，把握正确方向，充分彰显了人大政治机关的鲜明特征。

旗帜鲜明讲政治。深入学习贯彻习近平新时代中国特色社会主义思想，特别是习近平总书记关于坚持和完善人民代表大会制度的重要思想，深入学习贯彻习近平总书记考察浙江重要讲话、习近平法治思想、《习近平谈治国理政》第三卷、党的十九届五中全会精神、习近平总书记对地方人大及其常委会工作的重要指示、在纪念地方人大设立常委会40周年座谈会上的讲话精神，以及省委、市委全会等重要会议精神，自觉对标建设"重要窗口"新目标新定位，切实增强"四个意识"、坚定"四个自信"、坚决做到"两个维护"。自觉做到重大事项提前向市委请示、重点工作主动向市委汇报、重要活动及时报请市委支持。第一时间传达贯彻中央和省、市委的决策部署，牢牢把握人大工作的正确政治方向。

不折不扣促落实。党委有部署，人大就有行动。充分发挥常委会党组在人大工作中的核心领导作用，切实把市委部署要求落实到人大工作全过程、各方面。我们紧扣市委决策部署，及时作出了关于推进金兰创新城建设的决议，并组织代表开展视察，努力把市委的重大决策转化为全体人民的自觉行动。常委会领导主动担当作为，按照市委的统一安排，担任土地综合整治、越龙山旅游度假区建设、生物医药、光电产业、酒类行业整治提升等指挥部或工作专班的负责人，主动开展工作，全力保障市委意图和决策部署落到实处。一年来，常委会围绕市委系列重大决策部署，作出决议决定25个，票决政府重大投资项目8个，任免国家机关工作人员95人次、人民陪审员151名，听取审议专项工作报告17项，审查规范性文件17件，交办审议意见、视察意见、主任会议纪要及评议意见21份，圆满完成了年初确定的各项工作任务。

全体参战抓防疫。新冠疫情发生以来，我们按照市委工作部署，迅速行动、依法履职，第一时间发出助力打赢新冠疫情防控阻击战通知书，号召全市各级人大和人大代表积极参与防疫抗疫。常委会领导分赴联系乡镇街道，深入一线开展防疫抗疫指导。乡镇街道人大迅速行动，动员和组织在兰各级人大代表投身防控阻击战。疫情以来，在兰各级人大代表捐款捐物共计4000余万元，居金华各县市区首位，涌现了全国抗击新冠肺炎疫情先进个人胡芳等一批先进典型。我市人大代表防疫抗疫事迹被人民代表报等各类媒体报道60余篇次。

（二）聚焦监督履职，助推发展更加有为

常委会牢固树立服务发展理念，坚持精准监督、有效监督，做到人大监督紧贴发展大局，充分彰显人大工作机关的使命担当。

把牢图，强化规划编制审查。着眼"十四五"和国土空间规划编制，充分发挥人大工作特点和优势，围绕事关兰溪发展的基础性长期性重大问题、区域发展中的短板、人民群众重点关注的难点问题开展专题调研。组织百余名在兰五级人大代表开展共谋"十四五"发展活动，听民意、聚民智，广泛凝聚发展共识。专题听取国土空间规划编制情况汇报，认真审议"十三五"规划纲要执行及"十四五"规划纲要编制情况报告，汇集多方意见建议，为提升规划编制质量贡献人大智慧。

管好钱，深化财政预算监督。突出重点，紧抓预算审查监督重点领域和重点环节，强化预算绩效监督，着力推动市委决策部署在预算中的贯彻落实。创新开展财政支出资金绩效第三方评价，对美丽乡村建设、科技专项资金等项目开展监督。专题听取财政运行和社保基金收支管理情况汇报，听取审议财政预算及同级审计、行政性国有资产管理工作报告，强化审计问题整改跟踪监督，促使完善管理制度33项，整改事项73个，3亿余元资金管理得到进一步规范，财政预算监督工作取得扎实成效。

盯住法，助推民营经济发展。我们深知民营经济是我市经济的支柱，稳企业首先是稳民营企业，稳经济首先是稳民营经济。我们紧紧抓住省人大出台《浙江省民营企业发展促进条例》的契机，及时向市委建议在全市干部和人大代表、企业负责人中开展条例的学习培训。以市委理论学习中心组学习扩大会的形式，邀请省内知名专家来兰授课，提高各级机关干部，尤其是政法机关、涉企部门、乡镇街道干部贯彻条例的认知水平和工作主动性。结合我市产业发展现状，顺应经济发展数字化大趋势，专题听取促进科技成果转化"一法两条例"落实工作情况汇报。开展纺织产业数字化智能化改造视察，听取审议数字经济"一号工程"实施情况报告，促使政府进一步完善配套政策措施，推进条例落实落细落地，以实际行动为民营企业鼓劲加油、增添动能，依法保障和推动我市民营经济高质量高水平发展。

强监督，持续推进工作评议。我们着眼提升行政效能，持续开展部门工作评议。年内完成了对公安、民政、交通运输、应急管理、统计、综合行政执法等六家单位的工作评议，基本实现了部门工作评议全覆盖。通过评议，有力地推动了这些部门的班子建设和队伍建设。着眼"两官"队伍建设，开展对法官和检察官的履职评议。我们通过随机抽取的方式，选取4名法官、2名检察官开展履职评议，通过走访座谈、评查案卷、旁听庭审等方式开展全面评议调研，对被评议法官和检察官逐一作出履职评价，并且以常委会会议的形式进行满意度测评，有效促进了被评议"两官"政治业务素质，尤其是依法履职意识和能力的提升，在"两院"队伍中引发了良好的反响。这一做法被人民代表报等媒体宣传报道。

（三）聚焦民生福祉，为民履职更加有情

常委会坚持以人民为中心，听民声、顺民意，与人民同心同行，积极回应人民群众重大关切，充分彰显人大民意机关的深厚情怀。

持续跟进监督，推动城乡供水体系改善。以深化民生实事项目人大代表票决制工作为抓手，综合运用多种方式，对连续三年被票选为民生实事的城乡供水保障项目持续跟进监督。主任会议专题听取构建城乡供水保障体系工作汇报，视察供水干管改造提升、农村饮用水达标提标等项目，全力助推项目落地见效。通过持续监督，全市城乡供水保障体系进一步完善，保障能力得到较大提升，一批人民群众关切的供水保障重点难点问题逐步得到解决。

倾力回应关切，推动民生事业不断发展。坚持民有所呼、我就有所应的工作方针，积极回应人民群众对生态环保、食品药品安全、社会保障、交通及美丽乡村建设等方面的关切。听取审议环境状况和环境保护目标完成情况的报告，听取法治政府、社会保障、打击食品药品环境领域违法犯罪等专项工作汇报。我们针对交通建设短板，专题听取交通建设项目推进情况的汇报，组织代表对在建重点交通项目进行全程督查，收到了良好效果。我们还对农产品质量安全监管、美丽乡村建设等开展视察，并针对短板和突出问题提出意见建议，形成主任会议纪要和视察意见，交由政府及相关部门研究处理，并开展跟踪督查，推动问题的加快解决。

强化主体主动，推动社会治理效能提升。我们根据省人大统一部署，通过开展代表主题活动、工作视察、审议专项报告等形式，深入开展矛盾纠纷调处化解"最多跑一地"专项监督。充分发挥人大优势，发动代表积极参与，统筹推进全市矛调中心代表联络站、点、岗建设，常态化组织代表进站坐班，取得良好效果。助推社会矛盾纠纷调处化解"最多跑一地"监督工作向省人大常委会作专题汇报，得到充分肯定，经验做法被浙江法制报、浙江新闻客户端等多家媒体报道。

（四）聚焦作用发挥，代表履职更加有效

常委会致力推动代表作用充分发挥，优化履职保障，努力推动人大工作根植于民、服务于民，充分彰显人大代表机关的为民底色。

强化履职管理，提升代表履职能力。持续推进"四好"代表联络站建设，全市16个乡镇街道代表联络站全部"下楼出院"，作用也得到更大的发挥，诸葛镇人大代表联络站被评为金华市首批示范性"四好"联络站。一年来，全市代表联络站组织开展各类活动129次，收集各类意见建议397件，其中落实解决363件。通过人大信访，受理群众来信来访38件次。加强代表履职考评，组织3名在兰金华代表向常委会述职，完成了56名市代表向所在乡镇街道人大的述职考评，并对部分优秀代表进行表彰，进一步激发了代表的履职热情。

拓展履职渠道，丰富代表履职活动。多形式开展助推"四大建设"、矛盾纠纷调处化解"最多跑一地"改革、金华市地方立法5周年等代表主题活动，组织《民法典》学习培训。一年来，代表参加视察调研、列席人大及政府各类会议362人次，旁听庭审94人次。组织百余名代表参与共谋"十四五"发展活动，围绕"十四五"规划纲要、"四大战略"和乡村振兴五个主题，代表积极建言献策，共提出建议175条，取得良好效果。做法得到各级领导充分肯定，被省人大宣传报道。

加强建议办理，激发代表履职热情。我们坚持把解决代表建议反映问题作为办理工作着力点，大会期间首次开展代表审议意见"即交即办"，现场办结建议17件。通过常委会领导领衔督办重点建议件、审议代表建议办理专项报告等方式，不断强化办理督办。一年来，市十六届人大四次会议期间代表提出的285件建议，除9件因条件不具备留作参考外，其余都已基本办理或正列入计划逐步办理，办理工作取得扎实成效。"加快兰江水上游开发运行""帮助企业解决招工难用工难"等一批建议得到较好办理。

（五）聚焦固本强基，自身建设更加有成

常委会坚持从严从实抓自身建设，持续改进作风、凝聚合力，不断增强履职能力，充分彰显人大权力机关的良好形象。

政治建设持续强化。自觉坚持党的领导，严格执行向市委请示报告制度。充分发挥常委会党组把方向、管大局、促落实的作用，强化政治理论武装，突出人大政治机关、权力机关地位，加强代表机关、工作机关建设。全面落实党组管党治党主体责任，严守政治纪律和政治规矩，自觉落实党风廉政建设和意识形态责任制，机关政治建设得到进一步强化。

工作作风持续改进。坚持把加强调查研究作为改进作风的重要环节，围绕经济社会发展重点难点问题积极建言献策，形成后疫情时期产业经济发展、老旧小区改造提升、养老服务体系建设等14篇调研报告。扎实推进"拼搏实干、争先进位"干部作风提升年活动，深入开展"三服务"活动，以"百千万"行动为载体，深入一线访民情、听民意，着力推动一批人民群众关注的现实问题的解决，使人大工作更加贴近基层、贴近群众、贴近实际。据统计，去年一年中，常委会领导和人大机关帮助联系乡镇街道、企业解决实际问题62个。

整体合力持续加强。组织常委会组成人员、乡镇街道人大负责人赴厦门大学培训，全面提升履职能力。认真贯彻落实乡镇街道人大工作条例，指导乡镇街道开好人代会、议政会。抓住街道人大工作条例首次实行的有利时机，强化街道人大规范化建设，任命人大街道工委委员34名，常委会以工作清单的方式明确人大街道工委年度任务，形成重点工作推进合力，进一步放大人大工作联动效应，推动全市人大工作再上新台阶。

各位代表，常委会一年来所取得的每一项成绩与进步，都离不开市委的高度重视与正确领导，离不开"一府一委两院"和各乡镇街道人大的密切配合和鼎力支持，离不开常委会组成人员和全体代表的共同努力和不懈奋斗，离不开市政协委员、各民主党派、人民团体和社会各界的关心呵护和热情帮助。在此，我谨代表市人大常委会表示衷心的感谢！

在看到成绩的同时，我们也清醒地认识到，对照新时代新使命新要求，常委会工作还有不少需要改进和加强的地方：监督工作的针对性和有效性仍需进一步增强；代表建议督办、代表履职服务保障有待进一步强化；全市人大整体作用的发挥有待进一步提升，等等。对这些问题和不足，我们将高度重视，努力加以改进。

二、2021年主要任务

2021年是中国共产党成立100周年，是实施"十四五"规划开局之年。常委会将以习近平新时代中国特色社会主义思想为指导，全面贯彻党的十九大和十九届二中、三中、四中、五中全会精神，深入学习贯彻习近平法治思想和习近平总书记关于坚持和完善人民代表大会制度的重要思想，以及省委、市委历次全会的部署要求，立足新发展阶段，贯彻新发展理念，构建新发展格局，围绕"担当追赶、再创辉煌"目标要求，深化推进"强工兴市、拥江兴城、文旅兴兰、环境兴人"四大战略，以"项目攻坚提速年""城乡品质提升年""干部作风提效年"为主题，聚焦中心工作、聚情民生关切、聚力依法履职、聚合代表力量，全力助推经济社会高质量发展，为"十四五"开好局起好步贡献人大智慧和力量。

（一）坚持党的领导，进一步强化政治引领

持续深入学习贯彻习近平新时代中国特色社会主义思想，特别是习近平法治思想以及关于坚持和完善人民代表大会制度的重要思想，增强"四个意识"、坚定"四个自信"、做到"两个维护"，始终在政治上思想上行动上同以习近平同志为核心的党中央保持高度一致。加强常委会政治建设，不断提高政治判断力、政治领悟力、政治执行力。组织人大庆祝建党100周年相关活动。坚持党的领导，切实加强人大代表换届选举工作的指导，集中精力、全力以赴，确保换届选举工作风清气正、顺利圆满。

（二）坚持服务大局，进一步提升监督实效

深入贯彻市委"十四五"发展战略部署，加强"十四五"规划实施情况监督。审议国土空间规划、国民经济社会发展情况、预算绩效管理、国有资产管理、政府重大投资项目等报告，视察小微企业园建设。审议本级财政预算执行及其他财政收支情况的审计报告，持续推进审计发现问题的整改。深化全口径预决算审查监督，探索开展开发区财政预算监督和政府重大投资项目预算绩效第三方评价及国有公司重大投资项目监督。强化司法监督，听取审议法治政府建设、"两院"半年工作和"七五"法治宣传教育情况报告，作出"八五"法治宣传教育决议；组织开展法院执行工作专题询问，首次听取监委专项工作报告。深化推进工作评议，对国资平台开展工作评议。

（三）坚持履职为民，进一步促进民生发展

继续深化民生实事项目人大代表票决制工作，强化项目实施情况监督，助推政府办好办实民生实事，让人民群众有更多的获得感。积极回应人民群众重大民生关切，开展粮食安全保障条例、老年人权益保障法执法检查，落实环境状况和环境保护目标完成情况报告制度，开展对水利工程建设、老旧小区改造工作的视察，专题听取产村融合发展情况汇报。关注职教中心扩建、医保基金运行、三乙医院创建等工作，促进教育医疗保障水平提升。

（四）坚持代表主体，进一步优化服务保障

重视发挥代表作用，强化代表履职管理和

服务保障。积极组织各级人大代表参与视察、调研、旁听庭审等各种形式的履职监督活动，拓宽参政议政渠道。持续推进示范性"四好"代表联络站创建，不断丰富建设内容，增强功能和实效。扎实推进"矛调中心"人大代表联络站、点、岗规范化建设，努力在助推社会治理中发挥更大作用。着眼提高代表建议办理解决率，对换届以来代表建议办理情况进行集中梳理和专项督办，积极回应代表关切。

（五）坚持改进作风，进一步深化自身建设

全面落实省委"唯实惟先""善作善成""更专更精"的队伍建设目标和忠诚人大、有为人大、活力人大、效能人大、清廉人大建设要求，充分发挥常委会党组领导核心作用，持之以恒推进思想、组织、作风和能力建设，为履职尽责提供坚强保障。继续强化对常委会组成人员和代表的培训，进一步提升履职水平。扎实推进人大工作创新，全面提升全市人大工作整体水平。持续推进作风建设，强化党风廉政建设主体责任，认真落实"一岗双责"，严格执行中央八项规定精神，驰而不息纠四风、正作风，牢固树立为民务实清廉的人大形象。

各位代表，美好蓝图已经绘就，奋进号角已经吹响。让我们高举习近平新时代中国特色社会主义思想伟大旗帜，在中共兰溪市委的坚强领导下，以饱满的热情、昂扬的斗志、务实的作风，勇挑使命重担，加快追赶步伐，为兰溪再创辉煌而努力奋斗！

中国人民政治协商会议第十四届兰溪市委员会常务委员会工作报告

——在政协第十四届兰溪市委员会第五次会议上
（2021年2月2日）

兰溪市政协主席 徐建祥

市政协主席徐建祥作市政协工作报告
（朱彦轩 摄）

各位委员：

我代表政协第十四届兰溪市委员会常务委员会，向大会报告工作，请予审议，并请会议列席人员提出意见。

2020年工作回顾

2020年是全面建成小康社会和"十三五"收官之年，也是抗击新冠肺炎疫情的不平凡之年。市政协在中共兰溪市委的坚强领导下，聚焦新时代人民政协新使命，牢牢把握团结和民主两大主题，坚持建言资政和凝聚共识双向发力，切实发挥专门协商机构作用，为我市深入实施"四大战略"、推动经济社会高质量发展作出了积极贡献。

一年来，常委会认真落实新部署新要求，抓重点、谋特色，推动政协工作呈现新气象。突出表现在四个方面：

一是认真贯彻中央、省委、金华市委和市委政协工作会议精神。市委带头落实会议精神，年初会同市政府、市政协制定年度协商计划，市委常委会议听取市政协月度工作汇报和其他专题汇报18次，市委书记、市长带头参加"请你来协商"，市委市政府领导参加市政协常委会议、专题协商、提案办理协商等活动共68人次，在市政协提交的履职成果及其他书面材料上批示28件次，其中市委书记批示5件次，市长批示7件次，为政协工作提供强大动力。按照市委部署要求，市法院、市检察院向市政协常委会通报工作情况，市委办、市府办向市政协反馈意见建议采纳情况8次，增设市政协委员工委，新增行政编制2名。市政协对市委政协工作会议明确的工作任务全面落实责任，逐项推进落实，目前市政协牵头的24项重点任务均已完成或阶段性完成，为加强和改进新时代我市政协工作打下坚实基础。

二是全力推进网络协商议政。积极拥抱"互联网"，大力推进网络协商，全年常委会专题议政性协商、"请你来协商·政协月商会"等重要协商活动，全部采用"兰溪政协网络议政"钉钉群或"兰精灵"App直播等形式开展线上线下同步协商，取得显著成效。参与面大幅扩展，其中委员参与率比上年提高168%；群众参与数突破性增加；成果报送率、采纳率大幅提升，分别比去年增加73%和67%；政协工作影响面大幅提高，如"强化行政服务，优化营商环境"等2次协商，网络直播分别吸引11万、5.6万人次观看，"治理校园周边交通拥堵"等2次协商，政协微信公众号活动报道点击量均超2万次。市政协网络议政工作得到金华市政协领导批示肯定。

三是深化拓展委员履职平台。深化完善"一村一委员""一社区一界别"工作机制，创新开展乡镇（街道）"请你来协商·政协议事会"平台建设，先后在永昌、游埠、黄店举办3场协商活动，相关工作被人民政协网等媒体报道。制定《关于深化"一村一委员"工作机制助推村务协商委员会建设的意见（试行）》，联村政协委员积极参加村务协商活动。探索建立政协民情联络站6家，开展微协商20多场，收集意见建议48条次，报送社情民意13期，被批示采纳9件次。创建省政协"兰溪群众文化政协委员会客厅"，制定《市政协界别活动室工作规则（试行）》《市政协委员工作室工作规则（试行）》，全年委员会客厅、界别活动室、委员工作室开展各类活动90余次，参与委员和界别群众1370余人次，有效发挥了作用。

四是积极投身抗击新冠肺炎疫情斗争。面对突如其来的新冠肺炎疫情，市政协迅速向全体政协委员发出"同心同行 共战疫情"倡议书，主席会议成员和政协机关干部迅速行动投身战疫一线，政协各参加单位和广大政协委员积极参与疫情防控斗争，在卫生防疫、捐款捐物、稳产稳岗、纾解情绪等方面作出了积极贡献，3人次获评省、金华市抗击新冠肺炎疫情先进个人。开设微信公众号专栏，刊发委员战疫先进事迹11期，走访慰问抗疫一线政协委员，激励委员担当作为。围绕夺取疫情防控和实现经济社会发展目标双胜利积极建言献策，报送抗疫专题社情民意5期，组织"疫情防控和复工复产两手抓两手硬两战都要赢"网络专题协商，提出意见建议78条，相关做法得到省政协葛慧君主席批示肯定。

一年来，常委会围绕中心、服务大局，认真履行各项职能，主要做了以下五个方面工作。

（一）坚持学习教育，思想政治建设有新加强。认真学习贯彻习近平新时代中国特色社会主义思想和党的十九届四中、五中全会精神，学习近平总书记关于加强和改进人民政协工作的重要思想、在浙江考察时的重要讲话精神，学习省委、金华市委、市委全会精神。制定年度学习计划，全年组织市政协党组理论学习中心组学习会8次，党组会议、主席会议学习会9次，组织"学习重要讲话精神 助力'重要窗口'建设"学习活动，召开各专委会、界别组学习会200余次，参加委员2600余人次，举办政协讲堂7期，组织全体委员在浙师大行知学院开展为期2天的履职培训。坚持学思用贯通、知信行统一，着力在学懂弄通做实上下功夫，不断增进对中国共产党领导的政治优势和中国特色社会主义制度优势的理解和把握，切实增强"四个意识"、坚定"四个自信"、做到"两个维护"，巩固共同思想政治基础。

（二）坚持围绕中心，助力"四大战略"有

新作为。聚焦"四大战略"深入实施，发挥人才荟萃、智力密集、联系广泛优势，积极建言资政、凝聚共识。组织全会大会发言，8篇发言得到市长现场批示。围绕"'十四五'规划编制""推进诗路文化带建设"主题，开展了2次常委会专题议政性协商，"数字化赋能"等11项建议被市委采纳，4项"诗路文化带建设"建议正在推进落实。围绕"深化'最多跑一次'改革和建设长三角一流营商环境"先后组织专题协商，市委书记、市长分别参加，给予充分肯定。围绕"发展乡村产业 助推乡村振兴"和"优化县域治理平台建设"两个主题，组织常委会重点课题调研，提出24条意见建议。组织"高水平全面建成小康社会补短板工作"专项集体民主监督，对照43项短板清单广泛调研提出落实建议。开展"社会治理领域'最多跑一地'改革"专项集体民主监督，围绕"越龙山国际旅游度假区建设""纺织行业智能制造示范市创建""金华山旅游经济区建设"等，开展5次专题视察或联合视察活动。开展"强化依法治统意识 不断提升统计公信力""推进三江六岸景观提升""优化低效用地再出让程序"等近10次专委会调研。主席会议成员认真落实市委要求，积极参与建筑业工作专班、古城保护开发、新能源交通装备产业工作专班等"三个五"体系有关工作，协助负责金建高铁建设、国省道建设、村社组织换届、戏剧小镇建设、产业项目督查、经济工作"创先争优"等市级重点工作，深入开展"三服务"活动，全方位体现政协担当。

（三）**坚持履职为民，服务民生改善有新成效**。召开"2021年政府民生实事大家谈"专题协商会，首次建言办好政府民生实事。组织"加强校园疫情防控暨治理校园周边交通拥堵"专题协商，助力改善校园周边环境。开展"凝聚你我力量 共促放心消费"专题协商，助推我市"全域放心消费"城市创建。组织"进一步推进居家养老工作"专题视察，提出积极推广"中央厨房+"运营模式等意见建议得到吸纳落实。开展"完善我市医共体建设"专题调研，提交"关于调整我市城区公立医疗机构布局的建议"得到重视。连续第2年开展农村常住居民满意度问卷调查活动，形成"关于农村常住居民满意度问卷调查情况汇总及意见建议"报告，得到市委书记充分肯定。集中开展"助推和美乡村建设之产业振兴""助推和美乡村建设之垃圾革命""农村公共卫生体系建设""农村生活环境整治"4项民主监督活动，助推全市"八有八无"创建和美丽乡村建设。开展"完善地名工作"等专委会、界别组专题调研，提出相关意见建议；围绕民生问题报送社情民意22条，其中《关于尽快妥善处置D级危房的建议》《关于改造提升横山公园的几点建议》等16条次被市委市政府领导批示采纳。完善《市政协提案工作条例》，共收到提案249件，立案220件，开展提案全会"马上办"和年度优秀提案评选，继续实行重点提案市领导领办督办制度，创新开展提案办理双向评议。

（四）**坚持团结联谊，推动凝心聚力有新进展**。落实走访联系制度，优先安排各民主党派、人民团体大会发言和提案报送等，支持和保障市级各民主党派、工商联、无党派人士履职活动。开展非公有制经济人士、在外乡贤走访活动。围绕省政府关于进一步支持民族乡加快发展政策文件贯彻落实，组织"民族政策落实情况"专题视察，助推民族乡村建设。开展"宗教工作规范化建设"专题视察，促进宗教和谐。继续开展"六送下乡""两走进"活动，组织委员义诊、名师教学、法律咨询、书画创作、慈善公益等活动40余场，参与委员300余人次，惠及群众5000余人次。建立"政协智库"。加强政协文史工作，编印《兰溪工业记忆》《缀霞》，助建李渔诗路馆和曹梦歧事迹陈列馆等，召开"八百壮士"兰溪精神座谈会，开展书画采风、笔会，成立李渔散曲社，设立夏李村诗词书画创作基地，推进《兰溪市政协志》编撰。加强政协宣传工作，全年政协工作信息被省政协及以上媒体刊登22篇，其中人民政协报、人民政协网10篇，采用量与上年同比提高59%，发布"兰溪政协"微信公众号148篇。组织"政协新样子"委员宣传活动。广泛开展政协交流，全年外出学习考察56人次，各级政协来兰考察交流共24批146人次。

（五）坚持制度为基，队伍建设有新提升。贯彻落实市委《关于加强新时代人民政协党的建设工作的实施意见（试行）》精神，加强市政协临时党组织和机关党组织建设，调整15个临时党支部（党小组）成员，新建3个临时党支部，认真落实市政协党组成员、临时党委委员联系临时党支部，临时党支部年度述职，中共党员委员联系非中共党员委员制度，市政协机关严格落实"三会一课"、主题党日、民主生活会和组织生活会、民主评议党员、谈心谈话等制度，认真落实民主集中制、重大事项请示报告制度，抓好巡察整改。加强制度建设，修订《市政协全体会议工作规则》《市政协常务委员会工作规则》，制定《市政协专门委员会通则》。健全委员履职述职、考评制度，完善委员服务保障工作。严格委员管理，依章程撤销1人市政协委员资格，按规定约谈市政协委员16人次。开展"拼搏实干、争先进位"作风提升年活动，激励担当作为，提高政协履职水平。

各位委员、同志们，一年来市政协所取得的成绩，是金华市政协关心指导和中共兰溪市委坚强领导的结果，是市人大、市政府和社会各界大力支持的结果，也是参加市政协的各党派团体、各族各界人士、广大政协委员和政协组织、政协工作者共同努力的结果。在此，我代表市政协常委会表示衷心感谢！

在回顾成绩的同时，常委会也清醒认识到工作中存在的不足，如有些调研协商的质量效果有待提高，凝聚共识的针对性实效性有待加强，委员履职责任意识和能力水平有待提升，等等。这些问题，必须在今后工作中认真研究解决。

2021年主要工作任务

2021年是中国共产党成立100周年，是"十四五"开局、全面建设社会主义现代化国家新征程开启之年。市政协工作的总体要求是：以习近平新时代中国特色社会主义思想为指导，深入学习贯彻党的十九大和十九届二中、三中、四中、五中全会精神，认真贯彻落实中央、省委、金华市委和市委关于加强和改进人民政协工作的各项部署，把坚持和发展中国特色社会主义作为巩固共同思想政治基础的主轴，把加强思想政治引领、广泛凝聚共识作为中心环节，坚持团结和民主两大主题，紧扣"担当追赶、再创辉煌"目标要求，提高政治协商、民主监督、参政议政水平，更好凝聚共识，充分发挥专门协商机构作用，奋力干出新时代人民政协新样子，为深化推进"四大战略"、开启高水平建设社会主义现代化新征程作出贡献。

（一）进一步强化思想政治引领。把学习贯彻习近平新时代中国特色社会主义思想作为政协工作的重要政治任务，深入学习贯彻党的十九届二中、三中、四中、五中全会精神和中央政协工作会议精神，认真学习中国共产党史、新中国史、改革开放史、统一战线史和人民政协史，学习时事政策。建设"书香政协"，以党组理论学习中心组学习为牵引，以线上线下"政协讲堂"为主平台，以政协机关学习、临时党支部（党小组)学习和"委员会客厅""委员工作室""界别活动室"学习为主要形式,组织全体委员和政协干部读原著、学原文、悟原理,用党的创新理论武装头脑。要把学习与贯彻落实中央、省委、金华市委和市委决策部署结合起来,在知行合一、学以致用上下功夫,切实把学习成效转化为增强"四个意识"、坚定"四个自信"、做到"两个维护"的思想自觉和行动自觉,转化为做好履职工作,推动政协事业发展的生动实践。

(二)进一步发挥专门协商机构作用。坚持调研、协商、监督一体推进,健全完善全体会议、专题议政性常委会议、"请你来协商·政协月商会"等为重点的协商议政格局,聚焦聚力服务市委、市政府中心工作。围绕"数字赋能,推动制造业高质量发展"和"加快'天下江南'景区建设"开展常委会调研、协商。围绕全国文明城市创建、推进金兰同城化、推进乡村振兴、推进医共体建设、制止餐饮浪费等开展协商建言。开展城乡居民满意度问卷调查,围绕项目攻坚提速、推进美丽大花园建设、垃圾分类等开展专项集体民主监督,围绕园区二次开发、智慧城市、康养兰溪、发展夜间经济等开展专委会调研。加强提案工作,提高提案质量和办理质量。深化落实"一村一委员""一社区一界别"工作机制,全面推进乡镇(街道)"请你来协商·政协议事会"平台建设,积极助力村务(居务)协商,助推基层社会治理。

(三)进一步加强凝聚共识工作。把凝聚共识作为政协重要职能,融入各项履职活动之中,切实发挥重要阵地、重要平台、重要渠道作用。认真落实关于为民主党派、无党派人士在政协更好发挥作用创造条件的若干意见,畅通党外知识分子、非公有制经济人士、新的社会阶层人士意见诉求表达渠道。加强"委员会客厅""界别活动室""委员工作室""民情联络站"建设,以委员的号召力和影响力,多做政策宣传、引导预期工作,把更多的委员和界别群众团结凝聚在党的周围。开展推进民族乡村发展、加强宗教团体建设等专题调研,深化在外兰溪人联系联络,建好用好"政协智库"。深入开展"三服务"和"六送下乡""两走进"活动。加强政协文史工作,举办献礼建党100周年书画作品展,完成《兰溪市政协志》和《兰溪美食》编撰、《兰溪诗路三百首》《缀霞》编印等工作。

(四)进一步提高履职能力水平。落实政协党建工作制度,按照"两个全覆盖"的要求,健全组织网络,落实学习教育、讨论交流、实践锻炼工作机制和党员联系制度,充分发挥市政协党组领导核心作用、党支部(党小组)战斗堡垒作用和党员先锋模范作用。认真落实《市政协全体会议工作规则》《市政协常务委员会工作规则》《市政协提案工作条例》《市政协专门委员会通则》等制度,不断提升政协工作制度化、规范化水平。健全完善"一村一委员""一社区一界别"和"界别活动室""委员工作室""政协民情联络站"工作制度,不断推进政协工作向基层延伸。认真落实委员履职管理服务制度,完善委员履职培训学习、量化考核、年度述职评议等规定,改进委员服务保障工作,不断激励委员履职尽责。认真落实全面从严治党要求,推进"清廉政协"建设,大力弘扬"一线"意识和创新精神,认真开展"干部作风提效年"活动,努力建设让市委放心、群众满意的模范机关。

各位委员、同志们,在实施"十四五"规划和二〇三五年远景目标的新征程上,人民政协重任在肩。让我们高举习近平新时代中国特色社会主义思想伟大旗帜,在中共兰溪市委的坚强领导下,开拓创新、团结实干,努力取得兰溪政协事业发展新进步,为加快追赶步伐,再创兰溪辉煌而共同奋斗!

专辑

2020年兰溪市国民经济和社会发展统计公报

2020年极不平凡，面对国内外形势的深刻复杂变化，特别是新冠肺炎疫情的严重冲击，兰溪市坚持以习近平新时代中国特色社会主义思想为指导，以"八八战略"为总纲，围绕"担当追赶、再创辉煌"目标要求，大力推进"强工兴市、拥江兴城、文旅兴兰、环境兴人"四大战略，坚持稳中求进工作总基调，统筹疫情防控和经济社会发展，着力推动全市经济高质量发展，社会治理体系和治理能力进一步提升，人民生活持续改善，社会发展和谐稳定。

一、综合

初步核算，全年地区生产总值400.16亿元，比上年增长3.4%（图1）。其中：第一产业增加值28.30亿元，同比增长0.5%；第二产业增加值198.23亿元，同比增长0.1%，其中工业增加值181.78亿元，同比增长0.7%；第三产业增加值173.63亿元，同比增长8.0%。三次产业结构比例为7.1∶49.5∶43.4。按户籍人口计算，人均GDP为60961元（按年平均汇率折算为8838美元），同比增长3.8%。

全年居民消费价格累计同比上涨3.0%（图2），其中食品烟酒、衣着、教育文化和娱乐、医疗保健、其他用品和服务分别同比上涨9.6%、4.2%、0.6%、0.8%、4.5%；居住、生活用品及服务、交通和通信分别同比下降1.0%、0.6%、3.2%。

2020年商品零售价格累计同比上涨2.3%；农业生产资料价格累计同比上涨6.5%。

全年财政总收入49.06亿元，同比增长2.8%，其中，上划中央"六税"合计19.45亿元，同比增长0.2%；一般公共预算收入29.61亿元，同比增长4.7%，其中，税收收入25.00亿元，同比增

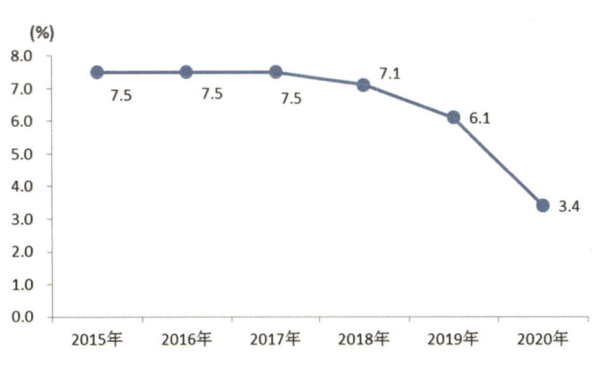

图1　2015—2020年全市生产总值增速

图2　2015—2020年居民消费价格涨跌幅度

长4.5%，非税收入4.61亿元，同比增长5.7%。全年一般公共预算支出合计76.10亿元，同比增长31.0%，其中教育支出12.77亿元，同比增长15.7%；社会保障和就业支出17.35亿元，同比增长71.6%；卫生健康支出9.52亿元，同比增长22.4%；城乡社区支出3.05亿元，同比增长28.4%。地方预算支出51.89亿元，同比增长29.3%。

全年新增城镇就业人数12039人，其中3077名城镇失业人员实现再就业。年末城镇登记失业率为1.79%。

二、农业

2020年全市实现农林牧渔业总产值50.62亿元，同比增长0.6%，其中农业产值21.54亿元，同比增长2.2%，林业产值0.36亿元，同比增长5.5%，牧业产值22.18亿元，同比下降1.2%；渔业产值5.19亿元，同比增长2.7%；农林牧渔专业及辅助性活动1.35亿元，同比增长6.2%。

全年粮食播种面积14533.33公顷（21.80万亩），总产量8.09万吨。年末生猪存栏15.20万头，年内生猪出栏27.82万头，猪肉产量2.30万吨；年末家禽存栏365.29万只，出栏554.86万只，禽肉产量0.83万吨。

年末生猪存栏15.20万头，同比下降11.4%，年内生猪出栏27.82万头，同比下降3.1%；年末家禽存栏365.29万只，同比下降6.6%，出栏554.86万只，同比增长35.1%。全年肉类产量3.19万吨，同比增长9.0%。

年末共有粮食生产功能区122个，面积10020公顷（15.03万亩）。年末有省级主导产业示范区9个，省级特色农业精品园14个，省级现代农业综合区1个。

三、工业和建筑业

全年工业增加值同比增长0.7%。规模以上工业增加值同比增长1.3%（主要产品产量见表1）。其中，化工增长25.2%，机械增长15.2%，水泥下降1.7%，有色金属冶炼和压延加工业下降26.7%，纺织业下降3.9%，电力、热力生产和供应业下降2.3%，医药制造业下降3.5%。规模以上工业中，民营企业增长0.7%，小微企业增长3.0%，装备制造业增加值增长9.5%，数字经济核心产业制造业增加值增长8.4%，节能环保制造业增加值增长4.3%，高新技术产业增加值增长1.2%。

全年规模以上工业企业能源消费比上年下降1.9%，单位规模以上工业增加值能耗下降3.1%。

全年建筑业增加值16.63亿元，同比下降6.4%。年末共有资质等级建筑企业81家，建筑业总产值65.18亿元，同比下降3.6%，其中省外产值22.57亿元，同比下降18.6%。房屋施工面积395.42万平方米，同比增长13.6%，房屋竣工面积153.64万平方米，同比下降22.0%。

四、固定资产投资和房地产业

全年固定资产投资同比增长3.0%（图3），其中，制造业投资增长13.7%，生态环保、城市更新和水利设施投资增长10.2%，交通运输投资增长10%，民间项目投资下降5.0%，高新技术产业投资增长4.4%。分产业看，第二产业投资同比增长15.5%；第三产业投资同比下降6.1%。全年投资项目283个，其中本年新开工项目162个；全年投产项目22个。

全年房地产开发投资额同比下降17.6%。商品房销售面积44.19万平方米，同比增长64.2%；商品房销售额45.18亿元，同比增长76.2%；房屋施工面积261.41万平方米，同比下降12.7%，其中住宅170.89万平方米，同比下降8.5%；房屋竣工面积21.28万平方米，同比下降1.0%，其中住宅16.17万平方米，同比增长89.7%。

表1　2020年规模以上工业企业主要产品产量

产品名称	计量单位	产量	同比（%）
纱	吨	145500.1	2.0
布	万米	182268.7	−2.3
印染布	万米	5988.0	8.9
合成氨（无水氨）	吨	33831.0	3.0
农用氮、磷、钾化学肥料总计（折纯）	吨	19168.0	25.0
中成药	吨	1327.9	9.0
硅酸盐水泥熟料	万吨	6837319.9	−4.5
水泥	万吨	11979965.2	−5.5
钢材	吨	120632.0	5.2
精炼铜（电解铜）	吨	40087.0	−15.8
电力电缆	千米	33953.0	4.7
自来水生产量	万立方米	4375.4	28.3

五、国内贸易

全年社会消费品零售总额147.93亿元，同比下降4.0%（图4），其中，城镇消费品零售额95.9亿元，同比下降4.0%；乡村消费品零售额52.0亿元，同比下降4.2%。

全年批发业销售额214.1亿元，同比增长17.5%；零售业销售额86.0亿元，同比增长12.4%；住宿业营业额0.63亿元，同比下降16.1%；餐饮业营业额17.7亿元，同比下降5.0%。

从限额以上批零企业商品零售额看，家具类1267万元，同比增长30.4%；体育、娱乐用品类7799.9万元，同比增长29.4%；粮油、食品类82870.8万元，同比增长28.4%；烟酒类1953.9万元，同比增长27.0%；服装、鞋帽、针纺织品类10452万元，同比下降1.7%；日用品类11127.4万元，同比下降9.4%；家用电器和音像器材类

图3　2015—2020年固定资产投资增速

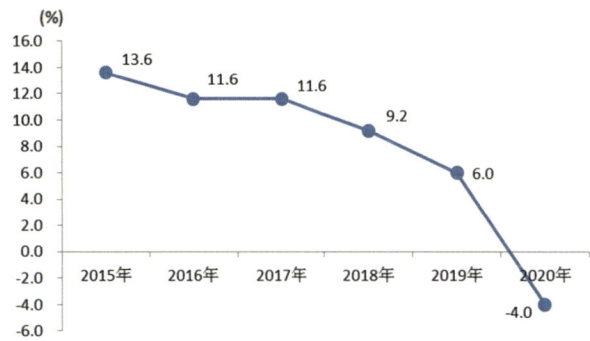

图4　2015—2020年社会消费品零售总额增速

6911.1万元，同比下降18.7%；石油及制品类10713.6万元，同比下降21.7%。

六、对外经济

全年进出口总额166.28亿元，同比增长28.7%，其中，进口17.26亿元，同比下降11.7%；出口149.03亿元，同比增长28.7%。按美元计价，全年进出口24.02亿美元，同比增长28.1%，其中，进口2.50亿美元，同比下降12.1%；出口21.52亿美元，同比增长35.3%。

对亚洲出口54.81亿元，同比增长43.9%，占出口总额36.8%；对拉丁美洲出口21.63亿元，同比下降10.3%，占出口总额14.5%；对欧洲出口23.67亿元，同比增长45.8%，占出口总额15.9%（主要出口地区情况见表2）。纺织品出口额47.62亿元，同比下降16.1%，占出口总额31.9%；铝合金铝箔出口7.25亿元，同比下降33.6%，占出口总额4.9%；钢及不锈钢板材出口9.18亿元，同比增长218.1%，占比6.2%；照明产品出口3.78亿元，同比增长190.7%，占比2.5%；塑料制品、相框等出口10.47亿元，同比增长126.2%，占比7.0%（主要出口产品情况见表3）。

全年生产企业出口额78.69亿元，同比下降13.7%，占全市出口总额的52.8%；外贸流通企业出口额70.34亿元，同比增长279.6%，占全市出口总额的47.2%。

全年新批外资企业6家，合同利用外资1098万美元，同比下降64.2%；实际利用外资1016万美元，同比下降17.4%。

七、交通运输、邮电

全年交通运输、仓储和邮政业增加值13.22亿元，同比增长7.1%。

全年完成公路客运量793万人次，比上年下降47.0%；公路旅客周转量46221万人千米，比上年下降34.3%。公路货运量789万吨，比上年增长17.4%；公路货物周转量127591万吨千米，比上年增长59.9%；水路货运量38.01万吨，比上年增长1.9%；水运货物周转量7346.05万吨千米，比上年增长10.0%。

全年邮电业务收入6.28亿元，比上年增长

表2　2020年主要出口地区情况

地　区	全年出口（万元）	同比增长（%）	占全市出口比重（%）
亚　洲	548061	43.85	36.78
拉丁美洲	216250	-10.31	14.51
欧　洲	236687	45.77	15.88
非　洲	237963	76.32	15.97
北美洲	225970	48.83	15.16
大洋州	25327	-0.91	1.70

表3　2020年主要出口产品情况

产品名称	全年出口（万元）	同比增长（%）	占全市出口比重（%）
纺织面料	300816	-30.17	20.19
家用纺织品	94425	50.47	6.34
服装及服饰	78697	-6.04	5.28
蓄电池	55855	41.13	3.75
铝合金、铝箔	72522	-33.62	4.87
医药化工产品	47732	77.82	3.20
照明产品	37706	190.73	2.53
塑料制品、相框等	104692	126.16	7.03
钢及不锈钢板材	91833	218.08	6.16
车辆及零部件	122665	23.28	8.23
贱金属制品	59424	177.26	3.99
刷等杂项制品	31175	91.13	2.09

2.7%，其中邮政业务收入1.54亿元，同比下降6.8%，电信业务收入4.74亿元，同比增长6.2%。年末城乡固定电话用户4.71万户，比上年末下降10.6%，其中住宅电话1.79万户，比上年末下降13.1%，公用电话0.62万户，比上年末下降6.1%。年末拥有移动电话用户63.46万户，比上年末增长12.1%。年末国际互联网用户数21.13万户，比上年末增长9.2%。

全年共接待海内外游客2121.97万人次，同比下降12.4%；实现旅游总收入228.40亿元，同比下降14.3%，其中接待国内游客2121.95万人次，同比下降12.4%，实现国内旅游收入228.40亿元，同比下降14.3%；接待海外游客203人次，同比下降82.0%；实现旅游外汇收入8.26万美元，同比下降86.5%。

八、金融、保险

年末全部金融机构本外币各项存款余额642.25亿元，比上年末增长13.8%，其中人民币存款余额636.82亿元，比上年末增长13.6%。全部金融机构本外币各项贷款余额602.56亿元，比上年末增长20.8%，其中人民币贷款余额601.04亿元，比上年末增长20.8%。

全年保险业实现财产险保费收入4.20亿元，同比增长2.1%；人身险保费收入6.89亿元，同比增长1.3%。

九、教育、科学技术

全市拥有各级各类学校167所，招生22096人，毕业生21263人，在校学生82658人，教职工7001人，其中：小学45所，招生4809人，毕业生5383人，在校学生30503人，教职工1914人，小学入学率、巩固率均达100%；初中23所，招生5394人，毕业生6010人，在校学生16771人，教职工1464人，初中入学率、巩固率均达100%，初中毕业生升入高中段学校比例98.67%；普通高中7所，招生3339人，毕业生2874人，在校生9408人，教职工872人；各类中等职业教育学校3所，招生3165人，毕业生1650人，在校生7446人，教职工477人。全市拥有幼儿园88所，招生5191人，毕业生4948人，在园幼儿17600人，教职工2234人。特殊教育学校1所，在校学生91人。

小学生均占地面积30.29平方米，生均校舍面积13.31平方米，生均图书40.26册，校均规模678人。初中生均占地面积56.03平方米，生均校舍面积23.61平方米，生均图书63.55册，校均规模762人。高中生均占地面积67.22平方米，生均校舍面积26.78平方米，生均图书58.15册，校均规模1344人。

2020年，财政科技拨款4665.31万元，同比下降71.7%，财政科技支出占财政总支出的比重为0.61%。

2020年，全市新列省级以上科技项目35项。新认定高新技术企业33家，累计达136家；新认定省科技型企业54家，累计达350家。年末拥有省级高新技术企业研发中心36家，市级高新技术企业研发中心110家，县及县级以上独立研究开发机构5家。

十、文化、卫生和体育

年末全市拥有国有专业艺术专业团体1个，民营艺术团（喜庆乐队）3个，业余团队144个，群众艺术馆（文化馆）1个，公共图书馆1个，博物馆1个，公共图书馆图书总藏量444.00千册，博物馆古籍18.39千册，影剧院20家（包括乡村影院和城市影剧院）。全年共放映电影（包括广场电影和农村电影）4541场，观众达27.25万人次。

全年在市级及以上体育比赛中共获得3金、

6银、13铜，全市共有体育场馆1个。

2020年末共有卫生机构68个（不含村卫生室、诊所、服务站），其中医院21个，卫生院10个，城乡社区卫生服务中心6个。全市实际开放床位数2405张，其中医院床位2051张、卫生院床位94张、城乡社区卫生服务中心床位260张。共有卫生技术人员4211人，其中执业医师1575人，执业助理医师396人，注册护士1656人，药师208人，技师180人。

全年累计报告发生甲、乙类传染病776例，发病率为136.6/10万人。5岁以下儿童死亡率为4.13‰。"五苗"接种率99.8%。

十一、人口、人民生活和社会保障

2020年末户籍总人口65.48万人，其中男性33.78万人，女性31.70万人；其中城镇人口28.20万人，乡村人口37.28万人。全市出生人口4770人，出生率7.28‰，死亡人口4584人，死亡率7.00‰，人口自然增长率0.28‰。年末全市总户数21.34万户，平均每户家庭人口3.07人。根据第七次全国人口普查，2020年全市常住人口574801人，城镇化率55.35%。分性别看，其中男性人口为292973人，占50.97%；女性人口为281828人，占49.03%。分年龄段看，其中0～14岁人口为76261人，占13.27%；15～59岁人口为345222人，占60.06%；60岁及以上人口为153318人，占26.67%，其中65岁及以上人口为114024人，占19.84%。

据城乡住户抽样调查，2020年全市城镇常住居民人均可支配收入46610元，同比增长4.2%，城镇居民人均消费支出24971元，同比下降1.4%。城镇居民家庭恩格尔系数（居民家庭食品消费支出占生活消费总支出的比重）为29.3%。农村常住居民人均可支配收入23021元，同比增长5.2%，农村居民人均生活消费支出17544元，同比下降0.1%。农村居民家庭恩格尔系数为28.2%。

年末全市城镇职工基本养老保险参保人数20.17万人，城乡居民基本养老保险参保人数25.01万人，城镇职工基本医疗保险参保人数13.84万人，城乡居民医疗保障参保人数43.95万人，工伤保险参保人数12.67万人，失业保险参保人数8.33万人，生育保险参保人数8.06万人。

年末在册低保对象10271人，其中，城镇343人，农村9928人。共发放最低生活保障金7011.9万元，城乡低保平均标准均为每人每月800元。

年末各种社会福利院（含敬老院）共25个，床位6869个。

十二、资源、环境保护

全市水资源总量11.97亿立方米。全市共有1个规范化合格饮用水源保护区，保护区水质达标率100%。年末森林面积6.47万公顷，森林覆盖率49.3%。

2020年，城市空气质量达到二级标准以上天数359天，空气质量优良率达98.1%。截至年底，主要水系将军岩监测断面水质Ⅲ类以上比例为100%。

2020年末城市建成区绿化覆盖面积1530.22公顷，建成区绿化覆盖率达40.7%，公园绿地面积350.03公顷。

全年规模以上工业企业能源消耗比上年下降1.9%，单位规模以上工业增加值能耗下降3.1%。

注：

（1）本公报所列各项数据为年度初步统计数据。

（2）地区生产总值和各产业增加值绝对数按现行价格计算，增长速度按可比价计算。

创建工作

【概况】 8月4—6日，以省卫生健康委二级巡视员徐龙仁为组长的省级复查组，对兰溪市巩固国家卫生城市工作进行省级复查，6日召开复查反馈会，兰溪顺利通过省级复查。11月，市委常委会议一致通过兰溪申报创建2021—2023年全国文明城市；12月，市委市政府下发创建全国文明城市工作领导小组通知，成立市创建办。2021年1月，中央文明办确定兰溪市为2021—2023年创建周期全国文明城市提名城市。

【推进国卫复审工作】 5月，主动对接省爱卫办，明确2020年国卫复审的时间节点及相关复审流程，召开全市国卫复审动员会。强化组织领导，成立以市委书记、市长为组长的国家卫生城市复审工作领导机构。细化国卫复审各部门工作职责，下发《兰溪市国家卫生城市复审工作指标分解表》。组织相关部门赴金东区、永康市等兄弟县市学习创建经验，扎实做好国卫复审迎检的基础工作。

【开展创建宣传工作】 利用各种媒介，广泛开展疫情防控、国卫复审、文明提升、平安创建宣传工作。年初，发挥创建宣传优势，加大爱国卫生运动宣传力度，配合做好疫情防控宣传工作，要求各单位利用LED电子屏做好新冠疫情防控宣传。整合创建宣传平台，对全市宣传资源进行调查摸底，做到平安建设"百日攻坚"宣传与文明创建宣传有机结合。制作《我的城市我的家》栏目30余期，曝光各类不文明行为，宣传好人好事弘扬文明新风。印发国卫复审《倡议书》8万份，设置国卫复审标语口号，营造爱国卫生运动浓厚氛围。迎接全市发展大会召开，配合做好环境整治、宣传氛围营造等工作，在聚仁路制作800平方米文化墙。

【协调推进民生项目】 做好城区开放式小区4000条楼道的楼道灯后续管理维护工作；引进第三方葡萄科技公司，牵头做好城区各小区电瓶车充电桩建设，完成1500套充电设备建设；配合开展金千铁路沿线整治；推动城市交通微循环，实施铁南路延伸等工程；推动青松社区五里亭、丹阳、兰荫、栖霞等老旧小区提升改造，以服务老旧小区的有机更新改造为出发点，拆除违章建筑，改造绿化、增设停车位、打通小区路网，提升小区居民生活环境。

【巩固文明创建成果】 加强文明监督团队伍建设，在原市民监督团基础上，增加社会各界力量成立文明监督团，出台文明监督团章程，规范监督流程，并在16个乡镇（街道）组建文明监督队伍，文明监督团在学校、市场周边开展文明劝导，配合综合执法、市场监管、交警等部门整治占道出店经营，规范出租车、小餐饮等经营行为，大力宣传光盘行动。监督团全年向部门单位交办问题380余个，现场纠正各类不文明行为4000余起。做好农村"乡风文明"建设，压实全民志愿日活动，每月15日联合文明办等单位，对全市16个乡镇（街道）志愿日活动进行督查；做好文明交通劝导，与组织部等部门常态化开展机关单位周二、周五文明劝导督查行动，全年发布通报8期。牵头公安、综合执法局等职能部门，加大违章停车处罚，在城区启动违章停车拖移工作。组织开展"公筷公勺"宣传推广。

【启动全国文明城市创建】 积极调研创建全国县级文明城市存在的薄弱环节及创建优势，分析当前形势，向市委市政府提交启动创建全国文明城市报告，市委常委会确定了创建第七届（2021—

2023年）全国县级文明城市目标。做好金华市城市文明指数测评工作，按照上级文明指数测评要求，办公室积极组织，召开部门会议，细化责任，通过各部门单位的共同努力，在金华市文明指数测评中取得较好成绩。

（钱晓娟）

五水共治（生态廊道、河长制）工作

【概况】 2020年，统筹推进治水（河长制）工作。3个国控断面水质达标率100%，其中兰江将军岩断面水质由2019年的Ⅲ类提升为Ⅱ类。高潮水库（兰湖）被确定为2020年度省级美丽河湖。创建乐水小镇2个（上华街道和游埠镇）、水美乡村10个（横山村、马鞍徐村、新周村、上华村、下吴村；游埠村、金湖村、范院坞村、潦溪桥村、洋港村）。风雅兰江景区通过国家4A级旅游景区景观质量评价。

美丽兰江　　　　（王恩贶 摄）

强化线下线上联动，推动河（湖）长制提档升级。在建立县、乡、村三级河长责任体系基础上，深化湖长制、塘长制。在小（二）型以上水库设立湖长122名。塘长制扩面至山塘，设置乡、村两级塘长301名。配备河道（水库）警长、部门联络员69名，形成横向到边、纵向到底的河（湖）长责任网络。将基础信息录入金华市河（湖）长制信息系统，采取积分制对河（湖）长履职情况排名，增强对基层河（湖）长履职监督，各乡镇（街道）分别确定1名村级河长试用4个平台掌上基层App，探索多平台融合，实现减负增效。11月6日，组织对村社换届后新上任的231名村级河长业务培训，提升其履职能力。实行分级分类考评，层层压实河长主体责任。市河长办每月对基层河长巡河、问题上报及处理、积分排名等情况进行通报，每两个月组织对各乡镇（街道）河长制工作考评。各乡镇（街道）总河长与村级河长全面签订《村级河长履职协议书》，明确履职要点和责任，每月组织村级河长工作例会，对村级河长实行"一月一考核"，按月度和年度建立星级评定办法。2020年县乡级河长巡河完成率都达到100%、村级河长巡河完成率99%以上。

11月6日，村社换届后新上任的231名村级河长业务培训　　（章杨欢 摄）

开展治水业务技能竞赛活动。4月下旬，组织治水业务技能竞赛活动，发现并整改问题414个，省级和金华市级交叉互查交办的65个问题，制定"一点一策"，整改完成率100%。7月下旬，开展"迎国卫复审，清水体环境"行动。组织乡镇（街道）加强对汛期造成的水体漂浮物、水面垃圾、岸边垃圾、动物尸体等集中清理，实现了"三无一有"目标（即水体无漂浮物、岸边无垃圾、水中无障碍物,有长效保洁),助推国卫复审工作。强化农业源污染治理。2020年推广商品有机肥1.3万吨,推广水肥一体化技术366.67公顷(0.55万亩),不合理施用化肥减量200吨;农药减量方面:推广绿色防控技术10000公顷(15万亩),统防统治面积达7933.33公顷(11.9万亩)。新增稻渔综合种养面积40公顷(600余亩),新增6.67公顷(100亩)以上水产养殖尾水处理点25个;创建3家水产健康养殖示范场,其中国家级1家(兰溪市文标家庭农场),省级2家(兰溪市南峰养殖场、兰溪市德新家庭农场);水生生物增殖放流苗种3700万尾。

全年实施50个治水项目,投入资金17.7亿元。完成8个乡镇(街道)和经济开发区"污水零直排区"深化整治提升,新增创建4个乡镇、3个工业功能区和城区范围20个生活小区"污水零直排区"。市污水厂清洁排放技术改造、马涧镇污水厂扩建项目和梅江镇污水厂二期项目完工。钱塘江堤防加固工程(二期)完成投资1.3亿元,水库除险加固和山塘整治分别3座、16座。清淤排水管网170千米、建成雨水管网5千米、提标改造管网7千米。钱塘坞水厂扩建项目试通水,新建供水管网5.6千米、改造供水管网12千米。改造节水器具4000套、建设屋顶集水系统8处、改造"一户一表"810户。实施生态廊道项目28个,完成投资22.25亿元。新建省级绿道9.4千米、干流堤防达标建设12千米。新增多功能运动场3处、可拆卸游泳池2处。创建A级景区村30个,黄店镇获评金华市级美丽城镇样板镇。扬子江生态公园、姚家枢纽、游埠古镇等13处入选首批浙中生态廊道"廊道百景"(见表4)。

【**统筹抓城镇污水处理和疫情防控**】 3月上旬,由市治水办牵头组织市建设局、生态环境兰溪分局、卫健局等部门,强化联防联控,加大对医疗废水和城镇污水处理监管力度和污水杀菌力度,3月10日,省"五水共治"(河长制)工作简报刊登《兰溪市"三位一体"加强医疗机构和城镇污水处理》。

【**风雅兰江景区通过国家4A级旅游景区景观质量评价**】 6月23日,浙江省旅游区(点)质量等级评定委员会发布《关于中国丝绸博物馆等19家景区(场馆)通过国家4A级旅游景区景观质量评价的公示》,兰溪风雅兰江景区通过国家4A级旅游景区景观质量评价。作为兰溪市最为核心的城市旅游品牌,风雅兰江景区东至南门湿地公园,西至横山景区,南至扬子江海绵生态公园,北至兰江大桥,总面积约为3.3平方千米。三路、三桥围合而成,三江汇集穿流而过,冲积而成一座秀岛,岸有两山耸立,正所谓"三江汇流,两

表4 首批浙中生态廊道"廊道百景"

序号	地点及名称
1	兰江街道毕家村 – 秋江晚棹
2	兰江街道胡大山湿地公园 – 平沙落雁
3	云山街道南门湿地公园 – 桃坞寻芳
4	上华街道扬子江生态公园 – 南岭樵歌
5	上华街道姚家枢纽 – 巨浸卧江
6	赤溪街道何家溪朱犁村 – 柳岸春风
7	赤溪街道何家溪常满塘村 – 夏荷映桥
8	女埠街道女埠老街 – 女儿浦口
9	女埠街道焦石村生态观光园 – 盛家乐园
10	游埠镇游埠古镇 – 钱江重埠
11	香溪镇宝塔村 – 潆水芝兰
12	兰江街道兰荫山 – 兰荫香馥
13	云山街道中洲公园及西门古城楼 – 中洲渔火

山对峙，一岛独秀"，这里就是景观独特的兰溪"三江六岸"。"聚利揽胜、笠翁寄情、扬江凝碧、三江汇流、南门寻芳、古巷迷踪、中洲帆影、漱纹漾月、西门怀古"等景色，组成十景绝美的"风雅兰江"。

【**深化跨区域联合治水**】 10月19日，市治水办与建德市治水办签署《兰江流域共治合作框架协议》《芝堰水库饮用水源保护合作协议》等文件，坚持问题导向、建机制、抓项目，凝聚上下游合力，深化跨区域联合治水。11月3日，省"五水共治"（河长制）工作简报刊登《兰溪市"三同三破"深化跨界治水合作》。

【**连续第7年获优秀**】 11月20日，根据省生态环境厅、省财政厅、省水利厅联合发文通报，兰溪市在2019年度全省跨行政区域河流交接断面水质保护管理考核中获得优秀。据历年统计，兰溪市是金华市首个连续7年（2013—2019年）获得优秀的县（市）。

【**组织县级河长集中巡河活动**】 11月中下旬，组织县级河长集中巡河活动，全市30位县级河长相继赴联系河流巡河。11月16日，市长王新锋赴衢江兰溪段巡河。11月26日，市委书记陈峰齐赴兰江兰溪市区段巡河。

11月16日，市长、衢江兰溪段县级河长王新锋巡河 （章杨欢 摄）

【**金华引水工程完工并通水**】 9月29日，都市区西部联网供水工程兰溪段顺利实现通水。11月28日，浙江日报头版刊发《金华全域"一盘棋"调配优质水，年可交易量将达1.16亿立方米》。都市区西部联网供水工程，项目总投资近2亿元，建设管道总长22.9千米。工程以金华优质饮用水为引水水源，通过建设都市区西部联网兰溪主干管工程和金西支管工程，一并解决兰溪与金西区块优质水紧缺问题。金华市区每年为兰溪提供不少于1000万立方米的优质水，切实解决兰溪优质水资源紧缺和饮水安全问题。

【**高潮水库（兰湖）被确定为2020年度省级美丽河湖**】 12月17日，省水利厅、省美丽浙江建设领导小组办公室、"五水共治"（河长制）办公室公布2020年"美丽河湖"名单，兰溪市高潮水库（兰湖）被确定为2020年度省级美丽河湖。高潮水库（兰湖）位于兰溪市上华街道皂洞口村，坝址位于马达溪支流高潮溪上，河长3.5千米。多年平均入库水量1535万立方米。通过深化落实湖长制、制定"一湖一策"，关停沿岸畜禽养殖场、全面实施清水养鱼，水质由Ⅴ类提

11月26日，市委书记陈峰齐到市区段巡河 （章杨欢 摄）

升至Ⅲ类。植入休闲旅游产业，全力打造兰湖旅游度假区。将原有鸭舍地块改造提升为"雅舍"风情小镇，经过系统治理、提升改造，高潮水库（兰湖）成为兰溪人民心中的"幸福湖"，兰湖度假区也成为兰溪市旅游品牌线路的主要节点。

（张树彬）

河道、湖泊、水库管理范围及饮用水水源保护区范围内建筑物，落实涉及水域违法建筑物摸排清查工作要求，全市拆除63217.77平方米违法建筑，涉及衢江、梅溪、石渠溪、城头水库及高潮水库等重点水域。

（徐琼娴）

三改一拆工作

【概况】 2020年，强化管控力度，加快拆改进度，提升拆后利用率，扎实推进"三改一拆"暨"无违建市"创建工作。全市全年拆除违法建筑222.63万平方米；旧住宅改造完成30.74万平方米；旧厂区改造完成113.16万平方米。

【严格管控新增违建】 出台《兰溪市违法建设防控治理长效机制》（兰改拆〔2019〕2号），按照"系统设计、立体推进、常态落实"的原则，建立健全四级网格化违建防控管理机制，实行区域网格化管理，遏制新增违法用地、违法建设行为的发生，及时依法处置新增违法建设，实现违建防控全方位监管。

【制定"三改一拆"考核办法】 制定《兰溪市2020年"三改一拆"工作考核办法》，以月度考核和年终考评两种方式对全市16个乡镇（街道）的"三改一拆"工作进行考核，细化考核内容，明确工作目标，划分责任分工，进一步推动各乡镇（街道）抓好落实，对标行动。

【开展违法建筑整治】 根据《浙江省"三改一拆"（违建别墅清查）行动领导小组关于加快重要河道、湖泊、水库重要管理范围及饮用水水源保护区范围违法建筑整治的通知》的文件精神，兰溪市"三改一拆"行动领导小组全面排查重点

疫情防控

【概况】 2020年，面对突如其来的新冠肺炎疫情，市委、市政府深入贯彻落实习近平总书记关于疫情防控的重要指示，以"四个早"（早发现、早报告、早隔离、早治疗）和"三个不"（不出现疫情蔓延扩散、不出现二代病例、不出现医务人员感染）为总体目标要求，把新型冠状病毒感染的肺炎防控工作作为第一任务来抓，积极应对、严密部署，精准防控，调动社会各界力量，构筑起守护生命的铜墙铁壁。兰溪市防控应对严密有序，形势稳定，未发现疑似病例，社会舆论平稳，未出现群体性不良舆情。

【组织领导】 收到疫情防控命令后，兰溪市迅速成立市新型冠状病毒感染的肺炎疫情联防联控工作领导小组，由市长担任组长，分管副市长担任副组长，统一指挥协调防控工作，各有关部门、乡镇（街道）同步成立工作组，部署会开到村一级，形成网格化管理机制。新冠疫情防控工作启动后，由卫健部门牵头，先后参与制定完善了应对中高风险疫情、监测预警、医疗救治、核酸检测、应急接种、物资储备、集中隔离医学观察点工作方案等一系列防控工作方案或指导意见，为新冠肺炎疫情防控工作提供了坚实的机制体制保障。卫健部门抽调全系统呼吸、感染、重症、急诊、院感、影像、检验等13名医疗专家及6名中医专家成立市级医疗救治专家组及市级中医药

救治专家组，成立综合、防疫、医疗、宣传、后勤等5个工作专班，负责制订落实救治工作方案，综合研判疫情风险，组织开展病例诊断、救治等工作。卫健局根据国家、省、金华市新冠肺炎防控工作部署，参与制定新冠疫情防控联席会议制度，细化各部门工作职责，各最小作战单元的行业主管部门实现疫情防控、安全生产、综合平安全覆盖、责任全落实。卫健系统工作人员从1月19日开始全员取消休假，全力投入疫情防控工作。

1月29日，市疫情联防联控工作领导小组召开会议　　　　　　　　　　　　（王萍 摄）

【排查监测】 以乡镇（街道）为单位，在全市范围内对从有疫情地区到兰人员，尤其是有武汉暴露史人员及密切接触者进行全面梳理排查；由工商联、教育局、统战部、移动公司、交通局等部门汇总上报相关重点人员名单，乡镇（街道）、社区组织人员全面排查武汉回兰人员，登记成册；安排家庭医生开展随访筛查，详细询问相关信息，开展14天连续监测，建立"一人一档"；在客运站等人流密集区设置体温检测设施，进一步加大排查范围。卫健系统加强医院内病例搜索工作，所有医疗机构所有科室对接诊患者开展流行病学调查，不放过任何一个可疑病例；市疾控中心在第一时间成立了防控工作领导小组并抽调全中心力量组建应急小分队，明确流行病学调查

组、消杀组等人员、职责分工，补充防护、消杀物资，全力开疫情防控工作，优化新冠肺炎核酸检测流程，加强疑似病例及密切接触者的核酸检测工作，力争做到"早发现、早诊断"。结合兰溪实际制订了疑似病学流行病学调查处置流程和密切接触者处置流程，明确了与市疫情防控指挥部的沟通衔接机制，对确诊病例、疑似病例、密切接触者通过防控指挥部实行公安、乡镇（街道）协查，对协查发现的密切接触者由指挥部落实当地乡镇（街道）、集中隔离点进行集中隔离观察，实行应隔即隔、应隔尽隔。从1月21日起，疾控中心将流调关口前移，对市人民医院所有送检对象逐一开展基本信息排查，做到逢检必核，核完再调，对发病风险较高的225例患者在检测结果出来前就进行初步流行病学调查并形成初步调查报告，对1例确诊病例和12例疑似病例进行全面的流行病学调查。加强公共场所监测，火车站以地方与车站协同专班形式开展监测工作；食用农产品集中交易市场、商场、超市、宗教活动场所等各类人群聚集公共场所都明确行业主管部门督促相关市场主体落实健康码+体温监测等防控措施。从6月23日开始，每周对发热门诊、集中隔离点、农贸市场等重点场所和冷链食品环境及其从业人员进行核酸检测，共采样

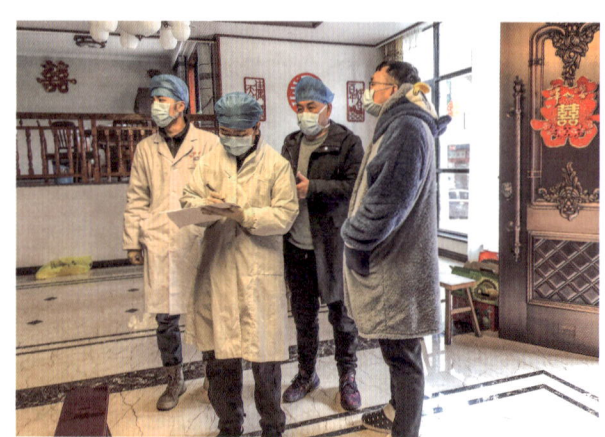

1月29日，市疾控中心流调人员进行新冠肺炎疫情流行病学调查　　　　　　（周洪文 摄）

1482份，全部阴性。持续对人民医院、污水处理厂等重点单位做好污水处理的病毒消杀；监测市定点监测药店的防疫用品和"发热、咳嗽"适应证药品的销售价格和供应情况。

【源头管控】 3月3日，市人民医院、市中医院组建6个接车组，实行24小时轮班值勤，接车组工作人员入驻萧山国际机场、嘉兴大云转运场等省内各大境外人员输入点，直线接送境外回兰人员，接车组实行运一备一，确保不让境外回兰人员暴露在接送车外的任何空间。在上华集中隔离点的基础上，启用由中医院负责的国际大酒店集中隔离点，所有境外回归人员统一集中隔离观察。组建钉钉群，指令第一时间下达、车辆第一时间到位、隔离点第一时间入住，实现全程管控、人不等车、封闭对接、高效运转的模式。共出动接送专车85次，接送境外回兰人员92人，在上华、国际大酒店集中隔离58人，居家隔离34人。境外回兰人员到隔离点后，隔离点工作人员做到"四个一"，即：发放一份温馨告知、道一句欢迎回家、做一次身体检查、提供一场心理健康指导，做实做细贴心服务；安排心理医生21人次，提供心理健康服务47人次，其中面对面心理健康干预5人次；对135名境外回兰人员全部

1月29日，工作人员在高速公路口检查车辆人员　　　　　　　　　　　　（王萍 摄）

进行了两次核酸和血清抗体检测，实现境外疫情防控全流程、无死角"闭环管理"。加强农贸市场活禽禁售管理，对全市农贸市场进行不间断排查，确保无活禽在售。持续开展爱国卫生运动，清理病源滋生地，确保环境干净整洁，切断病菌传播渠道。全面加强对宾馆、酒店等人群密集公共场所的卫生监督管理。出动专业消杀人员对全市68处重点场所进行消毒，累计消毒面积共21800平方米，切实切断病毒传播途径。

【病毒筛查】 1月27日正式启动新冠肺炎病毒PCR核酸检测工作，制订了新冠肺炎筛查的流程，以应检尽检为原则，全力做好筛查检测工作。在发热门诊就诊的发热、呼吸道症状患者由医院专家组评估后进行采样送检，对新冠肺炎确诊康复出院患者每3天检测一次，全市2例康复出院患者（1例为婺城区发病，出院后在兰溪隔离）开展咽拭子、痰液、粪便等标本核酸检测20次，对兰溪市的1例新冠肺炎确诊病例在出院后第35天开展IgM、IgG抗体检测，结果抗体均呈阳性；对集中隔离观察的145名密切接触者每3天检测一次，结果均为阴性；对集中隔离点的重点地区到兰返兰人员定期开展核酸检测，结果均为阴性。3月份以来境外疫情日渐严峻，为严防疫情的输入，市卫健局明确对境外返兰人员全面实施核酸检测工作，做到应检尽检、不漏一人，对境外返兰人员的核酸检测工作基本实现全覆盖，全年共计开展核酸检测5943人次（血清学检测1141人次）。6月23日至12月31日，共采集冷链食品、从业人员及重点场所外环境2400份，其中冷链食品及其外包装581份，从业人员1153份，重点场所外环境666份，检测结果均为阴性。9月10日至12月31日，集中隔离医学观察场所工作人员及外环境138份，检测结果均为阴性。兰溪市两家开设发热门诊的二级医疗机构

和疾控中心均具备自主核酸采样和检测能力，共有核酸提取仪6台、PCR扩增仪6台，核酸检测人员18人。核酸检测能力日最大负荷达1612剂次/日，可以实现在突发情况下，一周内完成最大乡镇（街道）——兰江街道全部人员的检测。同时，与迪安等多家正规检测机构开展合作，将其纳入新冠疫情防控工作体系中，保证大规模核酸检测工作顺利开展。已采购移动式核酸采样箱10只，确定全市各社区（村）大规模核酸检测采样点393个，已建立采样小分队757支、队员7569名，公安人员由属地派出所联村民警担任，为大规模社区筛查做好准备。全年检测6.4万余人次，结果均为阴性。

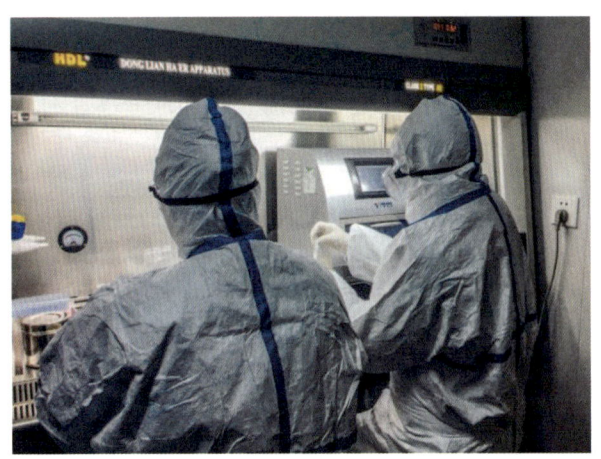

1月27日市疾控中心微生物检验科检测人员在PCR实验室进行新冠肺炎的核酸检测　（麻美　摄）

【应急救治】　根据疫情防控工作需要，优化流程，实现救治防控无缝对接，制定出台市域内居民出现发热等症状后就诊工作规范，全面加强医疗单位预检分诊和发热门诊的力量配置，确定市人民医院为定点救治医院，开通绿色通道，成立救治医疗专家组；市人民医院、市中医院2家二级医院设立发热门诊，市域内所有医疗机构设立预检分诊点。进一步明确市域内发热患者就诊流程，明确居家隔离对象在出现发热症状或其他需急救状况的，由120急救车接送至市人民医院进行诊疗，市人民医院在急诊室专门开辟了单独的诊疗区域，用于居家隔离对象的急救；其他普通群众出现发热咳嗽症状的，由属地乡镇（街道）卫生院救护进行全程接送。市内各医疗机构发热门诊和预检分诊严格按照疫情防控方案和诊疗方案规范设置和运行，市内2个发热门诊配足配齐医务人员，24小时开展诊疗工作，预检分诊点设置在各级各类医疗机构入口显眼处，配有醒目的标识导引，预检分诊人员均经过岗前培训，规范开展预检分诊工作；明确全市乡镇（街道）卫生院（社区卫生服务中心）加强对发热患者的筛查，发现可疑患者就地暂时隔离，安排120救护车转诊至市人民医院发热门诊就诊。同时为响应疫情防控一级应急响应，2月6日开始暂停市域内社区卫生服务站（村卫生室）、个体诊所、门诊部等诊疗工作，直至2月14日有序恢复诊疗工作，但明确仍不能接诊发热患者；进一步规范发热门诊诊疗流程，强化发热门诊患者登记报送工作，做到医疗机构与疫情防控指挥部的无缝对接，不遗漏就诊的每一例发热患者；卫健系统全员不休假待岗，按"集中患者、集中专家、集中资源、集中救治"原则开展分级分层收治，一旦收治可疑患者，立即启动相应治疗流程。积极发挥中医药在新冠肺炎医疗防控救治中的作用，对留院观察患者以及1名确诊患者出院后的康复期采取中西医结合治疗方法，市中医院对境外返兰、重点地区返兰等集中医学观察对象、医务人员服用省推荐方（银翘散1号方）832人。兰溪市已制定新冠疫苗紧急接种方案，确定了接种点，对接种对象进行摸底，对重点保障对象、重点推荐对象已有序开展疫苗接种。已开展进口冷链食品新冠病毒污染引起的新冠肺炎疫情应急处置演练和新冠疫情防控社区大规模核酸采样检测应急演练。

【培训宣导】 按照省卫生健康委的现场督导要求，派出相应专业人员，对车站、商场、银行等重点区域及农村等薄弱区域的防控工作进行指导。根据省级统一部署和标准流程规范、医护人员防护指南等，以两家医共体为单位，对全市医疗机构进行全员培训，由医共体院区对辖区内个体诊所乡村医师进行培训，横向到边、纵向到底，确保将最新的防控要求落实到位，提升医护人员的防护意识和救治水平。已培训核酸检测能力485人次、流调消杀培训267人次、发热门诊筛查培训1590人次、基层社区防控培训2434人次、医疗救治培训1590人次、心理咨询服务培训728人次，累计参加培训人数12718人次。对全市政府部门工作人员及学校师生等开展了共计17次新冠肺炎疫情防控知识、政策培训，线上与线下培训相结合，累计覆盖人数1211人次。充分发挥家庭医生团队和乡村医生的作用，利用健康教育宣传栏、家庭医生随访、健康大讲堂等载体，做好疫情预防与控制的普及宣传工作。疾控中心针对窗口单位、宾馆、交通部门制定防控告知书，利用微信公众号、宣传资料、发送短信等方式向全市公民开展新冠肺炎防控知识宣传，设立24小时咨询电话利用网信办和公安队伍，积极开展网络谣言、负面舆情的打击和引导工作，营造清朗网络空间，引导群众科学理性应对疫情，消除社会恐慌。

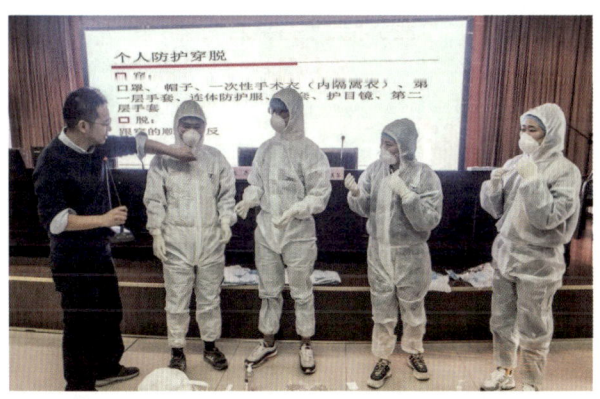

11月13日，基层人才疫情防控能力提升班上，金华市疾控中心检验科吴斌现场指导培训人员穿脱防护服　　　　　　　　　　　　（赵璐 摄）

【物资供应】 1月12日，市长王新锋专门就应急物资储备工作进行部署，积极组织防护用品、消杀药械、救治药品等应急物资货源进行采购，确保负压救护车、应急物资采购及各类应用、负压病房、常用救治设备、急救和抗感染药品落实到位，确保一旦发现确诊病例能够立即启用。为了确保医用口罩的供给，保证临床一线医护的工作安全，人民医院采购中心在除夕当天奔赴杭州调取货源。2020年市疾控中心采购必需设备仪器、检测试剂、防护物资3个大类，涉及金额共计262.16万元；市财政已安排专项资金700万元，主要用于采购医用口罩、防护服、检测试剂、消毒产品、有效治疗药品等必要医疗防疫物资，已储备一次性医用口罩30.13万只、医用防护口罩（N95）0.55万只、隔离衣0.39万套、防护服0.216万套等相关医疗物资，各类医疗防控物资实际储备量均超过30天满负荷需要量，有效确保了预防和处置新冠肺炎疫情防控的后勤保障能力。国际大酒店集中隔离点的房间从55间扩容到105间，该综合服务点已配备医护人员3名、公安干警3名、开发区管委会干部2名、消杀人员1人，由开发区管委会分管领导为专班负责人，市社会心理服务中心安排2名心理咨询志愿者定期巡回开展心理服务。

【信息报送】 严格执行疫情日报告和零报告制度，规范信息报送，所有信息一律报送市级联防联控工作领导小组，按规定请示上级，确保口径统一，报送及时准确，坚决禁止瞒报、漏报、迟报，一旦发现，严肃追究相关人员责任。

【督导检查】 市领导、卫健局分管领导带领有关部门负责人对农贸市场、医院、社区防控工作进行全面督查，市级层面成立8个督查小组，不定期对各单位防控工作开展情况进行督导检查。根据"属地管理，行业监管"原则，各部门对所辖区域、行业进行重点监管。对因执行上级部门政策法规不坚决、防控措施不落实、监管工作不到位的，严肃追究责任。

【复工复产复学】 2月15日，卫健系统召开动员会，建立企业健康指导员派驻制度，由省市4名专家带队，系统260名精干力量组成17个联企指导服务组，对规模以上企业"一对一"驻点服务指导，其他企业定人定时"点对点"服务指导。编写《企业复工复产防控技术指导手册》等防疫宣传资料50000余册，向各企业发放，从返岗返工人员新冠肺炎预防、用人单位新冠肺炎防控、常见污染物消毒三大方面对复工复产企业疫情防控工作进行全面指导，建立流行病学调查应急处置机制，采取分片包干等方式组建流行病学调查应急处置小分队，实行24小时应急值班制度，一旦接到疫情报告，快速开展流行病学调查，科学划分疫点，采取部分隔离、局部封锁、整企停产等精准防控措施，第一时间阻断疫情扩散蔓延。密切关注企业返岗工人的身体状况，如发现有职工出现发热、咳嗽等呼吸道症状，第一时间由企业与辖区卫生院联系，进行单线处理，第一时间进行检测治疗。全系统共出动4015人次，服务企业1687家次。1月31日，市疾控中心协助市教育局制订了《学生返学防疫流程》《新型冠状病毒肺炎防控手册》，医校联动，组建联校健康指导员和公卫服务小分队，对全市各中小学校开展疫情防控指导；从2月初开始，多次派出专家对浙师大行知学院、兰五中等重点学校开展复学前防疫工作的指导，帮助学校提前应对复学，也为全面复学积累经验；3月份，市疾控中心派出专家在教育局枫山网校、华数直播平台对全市中小学生开展了3次线上新冠肺炎防控知识培训，制作了两期新冠肺炎防控知识宣传栏模板发送到学校。共出动驻校健康指导员3300人次，指导学校211所，覆盖辖区全部高中、中职、初中、小学、幼儿园，参与指导160场次复学前防控演练和培训。

5月8日，医护人员在汪高中心小学教孩子们如何正确佩戴口罩　　　　（唐简妮 摄）

【全民抗疫】 面对疫情，我们牢筑"防线"，在党和政府的领导下，统一包含人民群众、医疗科研、社会组织在内的强大"战线"，坚决打赢这场疫情防控"阻击战"。白衣天使冲锋在前，驰援一线，赶赴武汉，在定点医院全力救治病患；党员干部值守在社区、乡村，为防控疫情尽职尽责；企业抓紧复工复产，生产紧缺的抗疫物资；胡芳成立的"心舞工作室"通过对接、捐赠防疫物资、提供物流渠道、交流抗疫经验等方式为疫情防控贡献自己的力量，2月6日向武汉捐赠了286万只口罩，7月12日向叙利亚捐赠80箱防疫物资，还对接了18省和20多个国家的资源；普通人则尽量少出门，认真做好防护。

【援鄂医疗团队】 组织了鲍绪新、夏鹏飞、李修平等3名医生及杨飞、杨巧儿、张林仙、宋丽霞、郑虹等5名护士分批加入浙江省医疗队，赴湖北开展医疗支援工作。市委、市委组织部主要领导分别带队到赴武汉8名医疗队员家中，对队员家属进行了走访慰问。市卫健局落实专人每天与医疗队进行联系，及时了解队员们在工作、生活上的困难，并全力做好后勤保障工作，第一时间解决相关物资需求，根据医疗队提供的物资需求清单，向医疗队运送了9批次急需物资。市人民医院、市中医院等派出单位落实好一名班子领导联系一名队员的"一对一联络"措施，及时为医疗队员家属排忧解难。2家派出单位还积极落实为队员家属看病就医开通"绿色通道"制度。4月12日，援鄂人员全部凯旋，实现"医务人员零感染"工作目标。

【战役先锋英雄】 兰溪市疾控中心党支部被评为2020年金华市先进基层党组织，被授予"金华市抗击新冠肺炎疫情先进集体"荣誉称号，兰溪市疾控中心新冠肺炎疫情流行病学调查团队被评为兰溪市"战疫先锋团队"，兰溪市疾控中心微生物检验科科长柳颖秀同志被评为金华市新冠肺炎抗疫"战疫先锋"，兰溪市疾控中心传防科科长冯亚玲同志被评为金华市抗击新冠肺炎疫情先进个人，兰溪市疾控中心主任胡正芳同志被评为兰溪市新冠肺炎"战疫先锋"。兰溪市人民医院感染科获浙江省抗击新冠肺炎疫情先进集体，兰溪市人民医院重症医学科副护士长杨飞获浙江省抗击新冠肺炎疫情先进个人荣誉称号，兰溪市人民医院呼吸与危重症科副主任、副主任医师鲍绪新（援鄂）、心内科主治医师夏鹏飞（援鄂）、检验科主管检验师汪建明（援新疆）、游埠院区公共卫生科科长方瑞青获金华市抗击新冠肺炎疫情先进个人。3月11日，金华市科协印发了金市科协字〔2020〕8号"关于表扬第一批'最美抗疫科普人''抗疫先锋学会''抗疫先锋院士专家工作站'的通报"文件，感染科冯文辉主任榜上有名。兰溪市中医院护理部护师宋丽霞、兰溪市中医院重症监护室护师郑虹参加浙江省援鄂医疗队获全国卫生健康系统新冠疫情防控工作先进集体，被中共湖北省委、湖北省人民政府授予"最美逆行者"、浙江省2020年抗击新冠肺炎疫情逆行援鄂优秀护士、浙江省护理学会2020年抗击新冠肺炎疫情杰出护士荣誉称号；兰溪市中医院重症监护室副主任医师李修平参加浙江省援鄂医疗队获全国卫生健康系统新冠疫情防控工作先进集体，被中共湖北省委、湖北省人民政府授予"最美逆行者"荣誉称号。

（周锡安）

2020年大事记

1月

1日 中共兰溪市委书记陈峰齐、市长王新锋发布新年献词《用担当和实干创造更加美好的兰溪》。

同日 清晨6时许,最后一户征迁户在房屋征迁协议上签名后,桃花坞区块征迁"清零行动"顺利完成,为兰溪城市转型升级、古城焕发青春腾出发展空间。

同日 市冬泳协会组织90名会员和冬泳爱好者举行"迎新年 兰江畅游"活动。

2日 省委常委、省纪委书记许罗德到兰溪开展"深化'三服务'、助推开门红"活动,深入街道村居、企业车间,问民生、看发展,听取意见和建议,协调解决难题。

3日 兰溪市委十四届八次全体(扩大)会议暨市政府第六次全体会议召开。会议高举习近平新时代中国特色社会主义思想伟大旗帜,深入贯彻落实党的十九届四中全会、中央经济工作会议以及省委、金华市委相关会议精神,回顾总结2019年工作,研究部署2020年工作,审议通过《中共兰溪市委关于认真学习贯彻党的十九届四中全会精神 高水平推进县域治理现代化的决定》,动员全市上下以"担当追赶、再创辉煌"为目标要求,深入实施"强工兴市、拥江兴城、文旅兴兰、环境兴人"四大战略,积极推进县域治理现代化,确保高水平全面建成小康社会。

同日 兰溪新时代文明实践"我们的中国梦"文化进万家——迎新春送万福活动暨百台村晚启动仪式在府前广场举行。

7日 金建高铁建设动员会暨兰溪枢纽工程开工仪式在永进路举行。

同日 都市区西部联网供水(金华引水)工程开工仪式在上华街道受水点举行。

8日 兰溪市政协举行聘任仪式,聘请陈红儿等8位来自浙江师范大学行知学院的教授为首批"政协智库"专家。

10日 2019年国家科学技术奖在北京揭晓,兰溪籍在外人才周建庭作为项目第一完成人参与"公路桥梁检测新技术研发与应用"项目,获得国家科技进步奖二等奖,这已经是他第三次获得该奖项。周建庭是女埠街道郎山村人,现为重庆交通大学土木工程学院院长、二级教授,博士后、博士生导师,长江学者、国家杰出青年基金获得者。

11日 杭州兰溪商会2020迎新年会暨杭州兰溪乡贤会揭牌仪式在杭州黄龙饭店举行。

12日 曹梦岐铜像落成揭幕暨事迹陈列馆开馆仪式在育才中学举行。曹梦岐是兰溪市梅江镇蒋畈村人(现属聚仁村),清末秀才,乡村教育家、理学家、实业家。他是著名记者曹聚仁的父亲,以教育救国、开启民智为己任。1902年,他在家乡蒋畈创办育才学园,男女兼收,学做并进,开创乡村平民教育之先河,为"金华学派最后一位学者",时人尊称"蒋畈先生"。

13日 兰溪首部诗路文化主题书《兰溪棹歌——兰溪诗路文化寻踪》首发。

15日 351国道改建段征迁工作启动。

同日 330国道二期(水亭连接线)工程开工。

17日 兰溪顺利通过省文明市终期测评验收,获评第四批浙江省文明市。

17—20日 中国人民政治协商会议第十四届兰溪市委员会第四次会议召开。

18—21日 兰溪市第十六届人民代表大会第四次会议召开。

21日 在兰溪市十六届人大四次会议第三次大会上,全体人大代表票决出2020年民生实事项目,得票最高的前三项分别为城乡供水保障、城市基础设施修复提升行动、改造交通隐患点。

同日 一场绚丽多彩的"光影演绎",点亮了兰溪三江六岸的夜色画卷。七彩灯光从西门城楼、兰江大桥、聚利塔、中洲公园等处投射出来,或汇聚在空中,或映照在江面,绵延不绝。其间,灯光还不断变幻着光影图案,时而炫目灿烂、时而梦幻多姿,五大主题演绎兰溪故事,彰显新时代兰溪作为,让市民尽情领略兰城夜景。

22日 住房和城乡建设部命名兰溪市为2019年国家园林城市。

同日 兰溪市委书记陈峰齐主持召开市委常委(扩大)会议,传达学习习近平总书记关于防控新型冠状病毒感染肺炎疫情的重要指示精神和李克强总理批示要求,以及省新型冠状病毒感染的肺炎疫情防控工作领导小组会议精神,研究兰溪贯彻落实意见。

24日 康恩贝集团通过浙江省红十字会捐赠价值1000万元的金笛牌复方鱼腥草合剂,并即刻发往湖北、贵州以及浙江杭州等地区。

26日 兰溪新闻网:近日,老挝国家主席本扬·沃拉吉签署主席令,向万象红狮总经理汪建卫授予老挝"国家一级发展勋章",由万象省省长坎潘·西缇旦帕代为颁奖,表彰万象红狮在老挝建设现代化大型水泥工厂,出资捐建南立河、南松河两座红狮大桥,为老挝经济社会发展做出的突出贡献。

28日 浙江万舟控股集团有限公司通过兰溪市红十字会捐款310万元,以实际行动支援全国的防疫抗疫工作。

31日 经市疫情防控工作指挥部研究,决定保留市区通道5个,分别是G60高速兰溪出口、330国道、45省道(金兰北线)、46省道(兰贺线)、47省道(兰浦路),此外部分县、乡、村道即日起封闭。

同日 由兰溪市鸿香生物科技有限公司起草制定的《枇杷蜂蜜膏》"浙江制造"团体标准正式实施。该项标准是全省首个蜂蜜类"浙江制造"团体标准,也是兰溪首个食品类"浙江制造"团体标准。

2019年,兰溪全市空气质量综合指数3.62,排名金华第四位;$PM_{2.5}$浓度均值$32\mu g/m^3$,同比下降5.88%;空气质量指数(AQI)优良天数达到330天,优良率90.4%,提前达到《兰溪市打赢蓝天保卫战三年行动计划》工作目标,全市空气质量首次实现六项指标全面达到国家二级标准。

2月

2日 兰溪城乡公交全线停运。

3日 兰溪市委书记陈峰齐主持召开市委常委(扩大)会议,学习贯彻习近平总书记重要指示精神和省委常委会会议、金华市委常委会会议精神,听取市疫情防控工作领导小组的工作汇报,对兰溪下一步疫情防控工作进行部署。

同日 兰溪市委副书记、市长王新锋主持召开市政府第七十次常务会议,研究市政府领导分工调整事宜、2020年政府重点工作责任分解情况等议题。

5日 兰溪市新型冠状病毒感染肺炎疫情防控工作指挥部令第3号发布,决定在全市范围内全面实行临时交通管制、全面控制居民出行、全面实行隔离观察、全面落实报备制度、全面控制集聚性活动、全面落实主体责任、全面落实公共场所管控和全面升级群防群治的"八个全面"管控措施,坚决打赢新型冠状病毒感染肺炎疫情阻击战,最大限度控制疫情传播。

同日 红狮控股集团向市红十字会捐赠500万元人民币,并向市新冠肺炎疫情防控工作指挥部无偿捐赠口罩10万只。为缓解广大市民特别是低收入农户的口罩需求,经指挥部研究决定,将除定向捐赠之外的7万只口罩向全市13592名低收入农户无偿发放,由各乡镇街道领取,再以村、社区名义发放。

同日 兰溪市邮政分公司将从日本寄回的10670个口罩派送到指定地点。这批口罩是捐赠方定向捐赠给兰溪本地几家医院的,口罩的对接人是金华市人大代表、心舞工作室负责人胡芳。截至当日,胡芳已经牵头对接了来自美国、德国、南非、萨尔瓦多、越南等十几个国家的物资,对接了多个有影响力的基金会。

同日 经医学检测,兰溪市确诊首例输入性新型冠状病毒感染的肺炎病例。患者刘某,已在金华定点医疗机构隔离治疗,病情稳定。兰溪第一时间成立处置工作专班,对刘某活动轨迹及密切接触者进行排查。对确诊患者刘某暂住的游埠镇集山村下俞自然村实施全村隔离医学观察。

7日 兰溪市委书记陈峰齐赴灵洞、上华、游埠等地督查疫情防控工作。

同日 兰溪市新型冠状病毒感染的肺炎疫情防控工作指挥部令第4号,在全市范围内实行"三定一承诺"居家隔离硬管控机制。

同日 兰溪市纪委对游埠镇徐艳芬等7人疫情防控履责不力问题进行通报。

同日 兰溪启动城区公共场所全面消杀行动。

8日 元宵节,兰溪市领导陈峰齐、王新锋、林纪平分组带队赴部分交通卡点、集中隔离点,看望慰问奋战在一线的干部群众,感谢他们为守护全市人民生命安全和身体健康作出积极贡献。

9日 兰溪出台《规范疫情防控交通卡口管理规定》,规定要求在2月9日晚12点前将设置在县道、乡道上的卡点全部撤销(不含与外县市区交界的卡点)。

同日 一支6人的兰溪市医疗队组建集结完毕,准备出征武汉,抗击疫情。这是兰溪驰援武汉抗击新冠肺炎的第二批医疗队。

10日 经金华海关兰溪办公区检验合格,浙江明辉光电有限公司价值11440美元的440公斤发光粉,成功完成报关、顺利出口美国。这是我省在今年节后外贸出口的第一单。

近日 兰溪市新型冠状病毒感染的肺炎疫情防控工作指挥部印发《关于做好企业(项目)开复工和疫情防控工作实施方案》,其中包括《关于支持企业渡过难关的政策意见》。

11日 兰溪市委书记陈峰齐主持召开全市疫情防控和企业复工复产工作推进会,学习贯彻习近平总书记重要讲话和批示精神,以及省委、金华市委常委会会议精神,进一步部署疫情防控和企业复工复产工作。

同日 浙江鑫兰纺织有限公司通过兰溪市红十字会捐款100万元,助力防控新冠肺炎疫情。

12日 兰溪一名新冠肺炎患者在金华治愈出院。

13日 兰溪市委副书记、市长王新锋主持召开市政府第七十一次常务会，学习贯彻上级关于疫情防控和企业复工复产文件精神，研究"项目招引建设年"活动方案等议题。

18日 兰溪市委书记陈峰齐主持召开市委常委（扩大）会议，传达学习习近平总书记在中央全面深化改革委员会第十二次会议上的重要讲话和省委常委会扩大会议、金华市委常委会扩大会议精神及金华市委书记陈龙在兰检查指导的主要精神，听取有关部门单位推进复工复产有关情况汇报，研究部署下一步工作。

同日 兰溪市游埠镇焦山村下俞自然村解除隔离，镇村干部、责任医生和联系民警挨家挨户与村民签订《解除居家隔离观察通知书》。

19日 兰溪市新型冠状病毒肺炎疫情防控工作指挥部发布通告，2月18日24时起，撤销市域范围内所有公路交通检查卡点（含周边县市交界卡点）。2月19日24时前，撤销市域范围内各村（社区）所有出入管控卡点。2月19日24时起，全面恢复公共交通运营。

20日 晚上9时45分，历经9个多小时、跨越1600千米，300多名贵州籍员工先后乘坐复工专列、专车顺利抵兰。兰溪市领导王新锋、金建荣一行前往位于经济开发区的浙江百利得摩配有限公司，欢迎这些新兰溪人"回家"，为他们送上"返岗礼包"。兰溪坚持一手抓疫情防控，一手抓复工复产，做到"两手抓""两手都要硬"。受疫情影响，一些企业面临用工难、返岗难等问题。对此，兰溪市委、市政府积极谋划、精准施策，为外地员工返岗开辟绿色通道，提供免费专列、专车服务，把返岗的外地员工安心接回兰溪，全力保障企业复工用工。

24日 兰溪市委书记陈峰齐主持召开市委常委（扩大）会议，传达学习习近平总书记在中央统筹推进新冠肺炎疫情防控和经济社会发展工作部署会议上的重要讲话精神，以及全省统筹推进新冠肺炎疫情防控和经济社会发展工作部署会议精神，研究部署兰溪统筹推进疫情防控和经济社会发展工作。

26日 省委常委、统战部部长熊建平到兰溪调研疫情防控和复工复产工作。

同日 兰溪以3个主会场、5个分会场的形式，举行2020年重大项目集中开工仪式。30个项目集中开工，总投资110.6亿元，涵盖新材料、医疗卫生、城市建设等领域。

27日 兰溪市委副书记、市长王新锋主持召开市政府第七十二次常务会议，研究《畜禽养殖禁养区划分调整方案》《农业产业高质量发展规划（2020—2025年）》《全面深化国有企业改革行动方案》《高水平全面建成小康社会补短板工作清单》等议题。

同日 《兰江导报》报道，截至目前，全市145家规模以上纺织企业全部复工复产。

28日 兰溪市委书记陈峰齐专程看望慰问了在武汉一线抗击疫情的陈薇少将家属，给他们送去党和政府的关怀。

同日 19时46分，历经10个多小时，近千名云南籍、贵州籍员工搭乘专列、专车，安全抵达兰溪。

3月

1日 兰溪新闻网报道，近日，兰溪市领导陈峰齐、王新锋、刘成芝、徐建祥、林纪平和其他党员市领导带头到所在支部，为支持新冠肺炎疫情防控工作捐款。

3日 截至当日，兰溪全市复工复产工业企业达1512家。其中规模以上工业复产指数达91.29，列金华各县（市、区）第一位。

同日 金华市高层次人才"云社区"千企万

岗引才活动（兰溪专场）在线上举行，兰溪市委书记陈峰齐在线招才引智，诚邀天下英才来兰干事创业，实现美好愿景。据统计，截至当天17时，金华市高层次人才"云社区"千企万岗引才活动（兰溪专场）累计吸引53.26万人次线上参与。其中，交流互动、在线咨询、实时面谈3.49万人次，收到创业创新项目11个，达成就业意向5200余人。

5日 兰溪市委副书记、市长王新锋主持召开市政府第七十三次常务会，听取2019年法治政府建设工作情况及2020年工作思路等的汇报。

6日 截至当日，全市出口额1000万美元以上外贸企业37家，复工率100%；出口额100万美元以上外贸企业165家，复工率100%。

同日 省商务厅发布2020年浙江省产业集群跨境电商发展试点专项激励名单。兰溪市纺织产业集群成功列入培育类名单，将获得200万元专项激励资金。

8日 兰溪新闻网报道，浙江省水利厅、省生态环境厅公布2019年度县级以上集中式饮用水水源地安全保障达标评估结果公布，兰溪市芝堰水库水源地，等级为优。

10日 0—24时，金华市无新增新型冠状病毒肺炎病例。新增出院病例1例，为义乌市病例。至此，金华市所有确诊病例均已治愈出院。自2月13日以来，金华市已连续27天未出现新增确诊病例。截至3月10日24时，金华市累计报告新型冠状病毒肺炎确诊病例55例，累计出院病例55例。其中：婺城区1例、金东区5例、兰溪市1例、东阳市19例、义乌市16例、永康市5例、浦江县8例。

同日 2020中国·兰溪（诸葛）赏樱大会在线上举行。这是"大美兰溪·文旅兴兰"的首场旅游文化推广活动。

11日 兰溪杨梅大苗，抵达汶川县映秀镇中滩堡村。在兰溪农技人员的指导下，当地村民将这些"致富树"栽种到杨梅引种试点示范基地。

12日 金华市农业科学研究院、兰溪市黄店镇签订共建"浙江省地方特色柿子种质资源圃"项目合作协议。

16日 召开全市干部大会暨作风建设大会，动员全市上下增信心、鼓士气，拼搏实干、只争朝夕，做新时代的奋斗者，以作风提升推动工作全面进步，加快兰溪"担当追赶、再创辉煌"的步伐。

17日晚 兰溪籍科学家、中国工程院院士、军事科学院军事医学研究院研究员陈薇再登央视《新闻联播》栏目，官方宣布由其领衔的科研团队研制的重组新冠疫苗获批启动展开临床试验。

同日 晚8时，兰溪8万多名学子在线观看"学在兰溪'抗疫'特别节目——《兰溪最亮的星》"思政教育大课。

18日 受全国妇联委托，省妇联党组书记、主席王文娟，省妇联党组副书记、副主席林丹军一行，到兰溪看望慰问在战"疫"一线工作的陈薇院士的家属，为他们送去党和政府的关心和感谢。

同日 兰溪正式启动第七次人口普查工作。

19日 由150名医护人员组成的浙江省第二批驰援武汉医疗队顺利返浙。其中，兰溪第一批驰援武汉医疗队队员杨飞在离家的第52天回家了。

21日 兰溪市文旅局局长张靓化身"带货达人"，在网上直播间卖力吆喝，向观众介绍兰溪特产。

23日 兰溪新闻网报道，近日，兰溪市人民调解委员会被司法部表彰为"大排查 早调解 护稳定 迎国庆"专项活动表现突出集体。

同日 兰溪市招商投资服务中心挂牌成立。

24日 兰溪市委副书记、市长王新锋主持召开市政府第七十四次常务会，学习贯彻习近平总书记重要讲话精神和指示精神，研究兰溪推动夜间经济发展的实施方案等议题。

同日 兰溪新闻网报道，浙江省乡村振兴领导小组办公室公布了2019年度浙江省善治示范村认定名单，云山街道黄龙洞村、上华街道上华村、赤溪街道利民村、女埠街道焦石村、诸葛镇万田村、游埠镇郎家村、游埠镇潦溪桥村等34个村榜上有名。

25日 金华市委书记陈龙在兰溪检查安全生产工作。陈龙还到兰溪市康体中心，看望慰问陈薇院士父母，向他们表达金华市委、市政府的关心和感谢。

同日 总投资52亿元的欣旺达锂离子电池项目在兰溪签约落地。

28日 兰溪第二批援鄂医疗队6名白衣战士凯旋。2月9日，兰溪第二批援鄂医疗队跟随浙江省第三批援鄂医疗队出征武汉。他们是兰溪市人民医院呼吸与危重症医学科副主任医师鲍旭新、主管护师杨巧儿、感染科主管护师张林仙、市中医院ICU医生李修平、ICU护士郑虹、护理部护士宋丽霞。他们将在德清县隔离14天后再返回兰溪。

30日 中国共产党兰溪市第十四届委员会第九次全体会议召开，审议通过了《中共兰溪市委关于推进金兰创新城建设的决定》。

31日 兰溪市委副书记、市长王新锋主持召开市政府第七十五次常务会，研究《兰溪市新增万亩国土绿化行动方案（2020—2024）》《进一步深化农村"八有八无"创建的工作方案》等议题。

4月

1日 在英麟科技、一龙建设工程两家企业的支持下，由公益组织兰溪弘泽善举堂筹备了106000只一次性防护口罩，定向捐赠给葡萄牙巴塞卢什、阿伦克尔等地，支持当地防疫工作。

同日 在市区向阳公墓，兰溪市民政局举行清明集中祭扫仪式。满足广大市民的清明祭扫需求，倡导绿色文明安全祭扫方式，避免因实地祭扫、人员聚集而产生的疫情防控安全隐患。

3日 兰溪召开制造业高质量发展大会。大会提出，要全力打造现代纺织、光电信息新材料、医药健康、新能源交通装备、节能环保等五大百亿级产业集群，助推制造业高质量发展，创建制造业高质量发展示范市。大会为发展工业突出贡献奖代表、兰溪市政府质量奖获得者、新增"兴兰工程"企业代表、亩均税收前20强企业代表等制造业先进单位颁奖。

4日 兰溪市委书记陈峰齐主持召开市委常委（扩大）会议，学习贯彻习近平总书记在浙江考察时的重要讲话精神。

同日 上午10时，兰溪市区和各乡镇（街道）群众静立默哀，向新冠肺炎疫情牺牲烈士和逝世同胞默哀3分钟，汽车、火车、轮船与防空警报同时鸣响。

8日 兰溪成立"和合"巡回调解团，同时启动矛盾纠纷排查化解集中攻坚月活动。

9日 兰溪市委副书记、市长王新锋主持召开市政府第七十六次常务会，研究《兰溪市交通大会战五年行动方案（2020—2024）》《兰溪市根治欠薪工作实施办法》等议题。

10日 兰溪市李渔戏剧研究院、浙江婺剧艺术研究院兰溪分院成立。

12日 由兰溪籍科学家、中国工程院院士、军事科学院军事医学研究院生物工程研究所所长陈薇团队研发的腺病毒载体重组新冠病毒疫苗，开展二期临床试验。世界卫生组织官网公布，这是全球目前唯一进入二期临床试验的新冠病毒疫苗。

同日 兰溪援鄂医疗队员在圆满完成各项医疗救治任务，结束为期14天的隔离休整后，坐上班车，返回家乡。兰溪在市区府前广场举行欢迎仪式，以高规格礼遇欢迎援鄂医疗队员凯旋。

14日 为更好地推进金兰创新城建设和城市发展，兰溪市委书记陈峰齐到北京拜访了国务院参事、中国城市科学研究会理事长、住房和城乡建设部原副部长仇保兴。

同日 全省建设平安浙江工作会议上，兰溪连续第十四年被省委、省政府命名为"平安县市"，被授予"平安牌"。

15日 民盟浙江省委会、兰溪市政府联合召开范院坞村乡村振兴调研座谈会，共谋民族村乡村振兴工作。

同日 兰溪援鄂医疗队最后一名队员夏鹏飞结束医学观察返回兰溪。至此，兰溪8名援鄂医疗队队员全部平安"归队"。

17日 兰溪市委农村工作会议暨全市乡村振兴大会召开。

19日 兰溪举行首部诗路文学作品集《很兰溪》首发暨"施维康杯"诗路兰溪主题征文颁奖典礼。

20日 兰溪市委副书记、市长王新锋主持召开市政府第七十七次常务会，研究2020年主要经济指标安排及任务分解情况、兰溪市消防救援站点建设工作等议题。

23日 省委常委、组织部部长黄建发到兰溪开展"三服务"活动，调研疫情防控和复工复产、古村落保护开发、基层党建和村社换届准备等工作。

24日 金华公布2019年度工业经济先进单位，兰溪市人民政府及一批企业榜上有名。兰溪经济开发区获评"浙江省开发区亩均效益领跑者"，红狮控股集团有限公司获评"浙江省'雄鹰行动'同步培育企业"，浙江康恩贝制药股份有限公司获评"浙江省制造业亩均效益领跑企业（生物医药）"。在金华市工业经济先进单位名单中，兰溪市人民政府获评工业经济综合目标责任制考核先进单位，以及智能化改造、低效用地整治、"亩均论英雄"改革、淘汰落后产能、"低散乱"整治、数字经济发展等多项工作的先进单位。云山街道、兰江街道获评"金华市工业十强镇（街道）"；红狮控股集团有限公司、兰溪自立铜业有限公司获评"金华市十强工业企业"；浙江万盛达扑克有限公司、浙江兰棉纺织有限公司获评"金华市高成长标杆企业"；浙江盘毂动力科技有限公司年产10万套新能源商用车动力总成及底盘悬架系统生产项目获评"金华市重大工业投资项目"；兰溪自立铜业有限公司获评"金华市亩均税收十强企业"；兰溪功能性新材料高新技术产业园区获评"省级高新技术产业园区"；浙江省兰溪棉纺织产业创新服务综合体获评"省级产业创新服务综合体"；浙江甬金金属科技股份有限公司获评"金华市政府质量奖提名奖"；浙江巨江电源制造有限公司品牌获评"金华市驰名商标"。兰溪自立铜业有限公司、红狮控股集团有限公司、浙江浙能兰溪发电有限责任公司等兰溪46家企业获评"金华市纳税超千万工业企业"。

27日 钱塘江中上游船闸过闸调度系统"浙闸通"在兰溪市姚家枢纽船闸正式启用。

同日 兰溪各小学一至三年级共1.5万余名学生返校复课。自此，兰溪中小学全部开学，学生全面复课。

28日 中国棉纺织行业协会发布了"2019年棉纺织行业营业收入排名结果"，兰溪有11家企业上榜。这些兰溪企业是：浙江万舟控股集团有限公司、立马纺织集团股份有限公司、浙江金梭纺织有限公司、浙江鑫海纺织有限公司、浙江七星纺织有限公司、浙江鑫兰纺织有限公司、浙江文荣纺织有限公司、浙江克罗托纺织有限公司、浙江威臣纺织股份有限公司、浙江陆晟纺织集团、兰溪市裕达纺织（集团），分列榜单第32、52、72、75、78、82、83、87、91、92、96名。

29日 省政协副主席陈铁雄到兰溪调研少数民族村发展情况。

同日 永昌街道夏李村的李渔戏剧小镇一期正式开园。

同日 省纺织行业协会第八届会员代表大会暨第一次理事会在兰溪召开。

同日 兰溪举办庆"五一"劳模匠人、抗疫英雄事迹宣讲会。

30日 举行2020年兰溪乡贤大会宣传启动暨"天下兰溪人"采访出征仪式。

5月

1日 在西门城楼沿江码头，一艘满载游客的游船起航驶向建德梅城，"游钱塘诗路 寻富春山居"兰江水上游拉开序幕，一条诗路文化带上靓丽风景线精彩亮相。

同日 在古城告天台公园内，中国肖像印研究会展馆揭牌开馆。

3日 兰溪文学采风暨诗路文学创作基地在永昌街道李渔戏剧小镇成立。

3—4日 兰溪市委书记陈峰齐带队，赴江西走访乡贤，考察对接有关项目，推动乡贤回归，助力兰溪发展。

4日 兰溪市委书记陈峰齐，副书记、市长王新锋寄语全市所有青年朋友——担当实干，不负韶华！

6日 "五一"假期是进入常态化疫情防控阶段后的第一个长假，群众出游意愿强烈。在严格落实预约、限流、错时等管理措施基础上，引导游客有序出游。"五一"期间，全市文化和旅游市场运行健康平稳，共接待游客56.16万人次，其中乡村旅游点30.11万人次、旅游文化节庆活动6.58万人次、水果采摘4.47万人次，兰溪旅游"嗨爆""五一"、遍地开花。

同日 "五一"期间，首批430辆共享电单车正式投放市场，注册用户达4000多人，为7000余人次提供了出行服务。

7日 嘉轩集团通过兰溪市政府和"心舞工作室"向叙利亚捐赠价值8万元的1000套防护服。

8日 兰溪举行2020中国·兰溪城市发展环境推介会，向外推介城市投资环境和市场潜力，诚邀广大企业家和各界朋友来兰共享发展机遇共创美好未来。

同日 印尼时间5月8日上午10时许，印尼任抹红狮水泥有限公司日产8000吨熟料水泥生产线点火投产。这是继老挝项目、尼泊尔项目建成投产后，又一个建成投产的红狮集团投资"一带一路"项目。

同日 兰溪启动"千村整治万人志愿""八有八无"全域提升年活动。

同日 兰溪市慈善总会向全市47名困难学生发放"鲁冠球三农扶志"基金助学金12.16万元。

9日 受强对流云团影响，兰溪出现50毫米以上强降雨，部分站点雨量超过100毫米，市区部分路段积水严重。8时45分，市气象台将暴雨黄色预警信号升级为暴雨橙色预警信号，9时35分，再次将暴雨橙色预警信号升级为暴雨红色预警信号。10时，兰溪市人民政府防汛防旱指挥部启动防汛Ⅳ级应急响应。

11日 兰溪市委副书记、市长王新锋主持召开市政府第七十八次常务会，研究全市"六保"工作任务分解事宜、城区违停车辆专项治理工作等议题。

同日 2020中国·兰溪枇杷节在有"华东枇

杷第一村"之称的女埠街道穆坞村开幕。

13日 汶川·兰溪巾帼主播带货培训班开班，这是兰溪首次与汶川共同开展线上电商培训。

17日 浙江大学医学院附属第二医院兰溪分院名医馆开馆。浙大二院院长王建安与市委副书记、市长王新锋为名医馆开馆揭牌。

20日 兰溪市委副书记、市长王新锋主持召开市政府第七十九次常务会，研究金满湖荷花小镇旅游区项目、与浙江工业大学共建兰溪研究院等有关事宜。

21日 举行兰溪市交通大会战誓师大会暨省重点工程上华至琅琊公路（兰溪段）开工仪式。

25日 兰溪市委副书记、市长王新锋主持召开市政府第八十次常务会，组织领导干部学法用法，研究《2020年度兰溪市行政争议化解"晒拼创"行动方案》等议题。

27日 兰溪市人民政府与浙江工业大学签署共建浙江工业大学兰溪研究院协议。

29日 全省纺织行业工业互联网平台现场会暨金华市重点细分行业创新制造发展大会在兰溪召开。

同日 首届童诗中国（兰溪）论坛云新闻发布会在兰溪举行，线上线下"大咖"云集，引来20余家主流媒体共同聚焦。

30日 由浙江省地方金融监管局指导，浙江省并购联合会主办的2020第三届浙江凤凰榜发布，甬金股份被评为"年度十大IPO"项目。

同日 第四个"全国科技工作者日"，第二届全国创新争先奖表彰奖励大会上，兰溪籍院士吴志强荣获"全国创新争先奖"。

6月

4日 兰溪市委副书记、市长王新锋主持召开市政府第八十一次常务会议，研究《关于开展法治政府建设示范创建活动的实施方案》《关于高水平推进美丽城镇建设的意见》等议题。

5日 兰溪杨梅红天下·2020"兰溪红"杨梅品牌发布暨开摘仪式在马涧镇马坞村花海基地举行。现场，"兰溪红"杨梅品牌以"倒鎏金沙显字"的形式正式发布，今后，兰溪杨梅有了自己的官方"名字"。

8日 兰溪成功入选2020年度省级乡村振兴产业发展示范建设县名单。

10日 副省长彭佳学一行到兰溪调研，检查指导水旱灾害重大风险防范、农业防灾减灾、地质灾害防治等工作，并组织召开座谈会。

同日 金建高铁（兰溪段）征迁红线图公布，涉及兰溪21个村。金建高铁（兰溪段）征迁工作全面启动。

11日 经过64轮激烈角逐，兰江街道何村B-1地块最终由杭州新城创盛房地产有限公司竞得，竞拍价为9510元/平方米（634.3万元/亩），总价6.65亿元。

13日 2020年"文化和自然遗产日"非遗展示（演）暨兰溪市"文旅轻骑兵"成立仪式在女埠街道举行。

14日 第17个世界献血者日，金华市中心血站传来喜讯，浙能兰溪电厂工人鲍伟明21年献血300次13万毫升，成为浙江省献血第一人。

16日 2020浙江农业之最杨梅擂台赛上，兰溪马涧新农夫果蔬专业合作社选送的荸荠种杨梅以可溶性固形物14.7%打破原纪录13.3%，并获综合品质荸荠种一等奖；东魁杨梅以可溶性固形物15.5%，刷新自己创造的原纪录15.3%，并获可溶性固形物一等奖（擂主）。兰溪杨梅时隔四年之后再次登上擂台，成功卫冕"双冠"。

21日 由浙江农林大学、浙江婺洲茶业有限公司合作共建的浙江农林大学金华茉莉花茶研究所在兰溪揭牌。

22日 由兰溪籍科学家、中国工程院院士、军事科学院军事医学研究院研究员陈薇领衔的团队，发现了首个靶向刺突蛋白N端结构域的高效中和单克隆抗体。当天北京时间22时，国际顶级学术期刊《科学》在线发表了该项研究结果。这是陈薇团队研发的腺病毒载体重组新冠疫苗在全球率先进入二期临床试验后，取得的又一项世界级科研成果。

23日 全省检察机关"12309检察服务中心入驻矛调中心"工作交流推进活动在兰溪举行。

24日 金华市委副书记、市人大常委会主任、市委政法委书记陈玲玲在兰溪调研村社组织换届工作。

同日 省第八届社会科学界联合会第八次代表大会上，兰溪市"反左书"成为省非遗教学传承科普基地，基地负责人林马余当选为省社会科学界第八届理事会理事。

25日 端午节，兰溪举办了以"五月五 一起舞"为主题的兰江水上游古城端午活动。

26日 著名画家陈军向家乡兰溪无偿捐赠330幅书画珍品。

同日 在兰湖三号岛，陈军美术馆开工奠基。

同日 省政协副主席蔡秀军到兰溪参加陈军捐画仪式，并为陈军美术馆奠基培土。

27日 兰溪市委副书记、市长王新锋带领兰溪18名干部人才抵达四川汶川。他们将开展为期三个月的援川挂职工作，这18名援川人员，有8名医护人员和10名来自交通、建设、农业等领域的干部人才。

28日 由金华市文化广电旅游局和金华日报报业传媒集团联合推出的年度重点项目"2019金华文旅好评榜"评选结果出炉。"2019金华文旅好评榜"包括金华好景色、金华好味道、金华好传承、金华好村落、金华好声音、金华好饭店、金华好手礼、金华好民宿"八个好"系列榜单。其中，兰溪的诸葛八卦村、六洞山风景区、游埠古镇景区入选金华好景色；水亭千张笑、太极八卦羹、梅江羊糕入选金华好味道；明·永乐木刻本《北藏经书》、通洲桥、诸葛后裔祭祖、龙舞入选金华好传承；女埠街道焦石村入选金华好村落；世纪王朝大酒店、兰江大厦有限公司入选金华好饭店；午塘布鞋、梅兰竹菊口红系列入选金华好手礼；昱栈、陌领·那澜、梵尘客栈入选金华好民宿。

30日 兰溪新闻网报道，近日，一封来自葡萄牙驻华大使馆的特殊感谢信送达兰溪。这封感谢信由葡萄牙驻中国大使José Augusto Darte亲自签发，收件人是兰溪市人民政府市长王新锋。信中写道："作为葡萄牙驻中国大使，我由衷地向您的慷慨之举表示最深切的感谢——谢谢王新锋市长主动为葡萄牙捐赠物资。"

30日 16时，实测兰江水位28.21米，超警戒水位0.21米；17时，兰溪启动防汛Ⅲ级应急响应；23时，实测兰江水位29.95米，超警戒水位1.95米。

同日 大型文化纪录片《黄大仙仙迹探秘》在兰溪黄大仙宫开机。该片由浙江艺盛文化传媒有限公司、上海汉胜影视文化传播有限公司联合拍摄制作。

7月

1日 金华市委决定，授予在疫情防控阻击战和经济社会发展总体战中表现突出的50名同志"金华市优秀共产党员"称号。兰溪4人获此殊荣，分别是兰溪市人民医院副院长、医务科长赵顺金，兰溪市公安局游埠派出所所长陈小虎，黄店镇黄店村党支部书记梁丹，兰溪市金融办党组书记、主任江勇钧。

2日 兰溪市委副书记、市长王新锋主持召开市政府第八十三次常务会，组织领导干部学法用法，传达学习上级对防汛救灾工作的批示精神，研究《兰溪市"无废城市"建设工作方案》等议题。

3日 在金华市"揭榜挂帅"全球引才发布会（兰溪专场）暨兰溪行知协同创新中心成立大会上，兰溪市政府面向全球人才发出一张价值千万的"招贤令"，为"攻克休闲面料企业上浆成本大"这一技术难题，兰溪市政府奖励1000万元榜金。首批榜单共发布技术需求103个，涉及现代纺织、新能源交通装备等兰溪重点产业，榜金超2.5亿元。

同日 兰溪行知协同创新中心揭牌成立。

7日 8时49分，兰溪市气象台发布暴雨蓝色预警；11时42分，蓝色暴雨预警升级为黄色预警；14时09分，暴雨黄色预警升级为暴雨橙色预警。据气象部门统计，当天6时至19时，兰溪平均累计降雨量80.1毫米，降雨最大的香溪镇工农水库站点达到了114.5毫米。晚8时，兰溪启动防汛Ⅳ级应急响应。

同日 "蓝媒学院"在兰溪市融媒体中心挂牌，这是全省首家挂牌的市县蓝媒学院。

8日 早上8时30分，接市水务部门调令，姚家枢纽33孔泄洪闸门全开进行泄洪，截至上午十时，姚家枢纽的水位为28.5米，兰江的水位为26.6米。

同日 浙江日报报业集团县级融媒体中心共享联盟兰溪工作站在兰溪市融媒体中心挂牌成立。

9日 22：05，兰江第九次洪峰过境，洪峰水位28.96米（黄海高程），超警戒水位0.96米。

10日 全国政协常委、省政协副主席、民革省委会主委吴晶一行到兰溪调研专项民主监督工作。

同日 新东方教育科技集团创始人、董事长，东方和力董事长俞敏洪一行到兰溪调研。

11日 黄蜡石国家鉴评标准制订工作第一次会议在兰溪召开。

12日 总投资52亿元的欣旺达电子股份有限公司浙江锂威锂离子电池项目开工建设。这是兰溪历史上单体投资规模最大的制造业项目，达产后可实现年产值超百亿元，新增就业超8000人。

同日 兰溪市文学艺术界联合会第六次代表大会举行，中国诗歌学会副秘书长木汀发来贺诗。

同日 85箱由爱心单位捐赠的防护服、防护面罩、口罩、护目镜、无创呼吸机等防疫物资搬运装车，将通过海运的方式运往叙利亚。中国驻叙利亚大使冯飚是兰溪人，4月，爱心公益组织心舞工作室与冯飚取得联系，了解到当地防疫物资匮乏，立马发起防疫物资筹集工作。经过三个月努力，成功筹集价值30余万元的防疫物资，并打通运输难关。疫情无情，人间有爱。从1月份开始，心舞工作室帮助国内各大基金会、政府部门和医疗机构，对接了上亿元海外防疫物资；2月底起，该工作室为国内18个省133支援鄂医疗队对接了600多万元的防疫、生活物资。心舞工作室通过对接和捐赠防疫物资、提供物流渠道等方式，已对19个国家提供了抗疫支援。

13日 兰溪市委副书记、市长王新锋主持召开市政府第八十四次常务会，研究《兰溪市2020年城乡垃圾分类工作实施方案》《兰溪市加快推进全域旅游发展的扶持办法》等议题。

14日 中国民族建筑研究会专家组在兰溪开展"中国传统建筑之乡"专家评审工作。经调研评议，兰溪被中国民族建筑研究会命名为"中国传统建筑之乡"。中国民族建筑研究会还将在兰溪设置中国民族建筑研究会专家委员会江南工作站。中国人居环境（兰溪）学术论坛永久落户兰溪，每两年举办一次。

17日 兰溪首届养生私房菜大赛暨"盛夏黄店·夜蒲王家"夏日系列活动在黄店镇王家村举行。

17—18日 兰溪市委书记陈峰齐带领党政代表团，赴上海考察学习、对接项目，走访看望在沪兰溪乡贤。

18日 以"接轨长三角 融入大上海"为主题的兰溪发展恳谈会在沪举行。在上海干事创业的金华籍、兰溪籍专家学者及企业家等30余人与兰溪市四套班子领导共聚一堂，畅叙桑梓情谊，共谋兰溪发展。

同日 浙江大学医学院附属第二医院副院长丁克峰专家工作站在兰溪市人民医院揭牌成立，这是浙医二院联合兰溪分院合作成立的第6个专家工作站。

20日 兰溪市委副书记、市长王新锋主持召开市政府第八十五次常务会，传达学习上级批示精神，研究市体育中心与阿里体育合作智能化改造提升游泳馆、室外篮球场等议题。

同日 兰溪第九届"完美童年·春泥计划"公益行动启动。

20—22日 兰溪市委书记陈峰齐带队赴深圳招商考察。

21日 2020年浙江省第一批169个重大产业项目名单下达，兰溪四个项目成功入选，总投资34.8亿元，总用地24.24公顷（363.57亩）。四个项目是：浙江康鹏半导体有限公司年产300万片化合物半导体基板材料项目、兰溪长芯光电科技有限公司半导体激光器及激光芯片产业化项目、浙江中科玖源新材料有限公司年产4500吨柔性显示、柔性电子等用高性能聚酰亚胺光膜材料项目、兰溪新奥华纺织科技有限公司年产6.5万吨高档涡流纺差异化纱线生产线项目。

22日 由省智能制造专家委员会举办的2020年工业互联网平台研修班在兰溪开班。

24日 全民志愿日活动启动仪式上，兰溪市领导为入驻各乡镇（街道）的16支志愿服务队分队授牌。

25日 兰溪市第五届荷花节在赤溪街道常满塘村举行。

同日 11时50分，载着200余名游客的上海至兰溪高铁旅游专列抵达金华站，该趟列车是全国开行的首趟疫后跨省动车旅游专列。

同日 丹曾人文（兰溪）学校在兰溪市融媒体中心揭牌，这是全国首家设在地方的丹曾人文学校。

27日 浙江省县级融媒体中心建设专题培训班在兰溪举办，省市县三级宣传部门有关负责人、各县级融媒体中心主要负责人共140余人参加活动。

31日 兰溪市委十四届十次全体（扩大）会议暨市政府第七次全体会议召开。会议高举习近平新时代中国特色社会主义思想伟大旗帜，全面贯彻党的十九大和十九届二中、三中、四中全会精神，深入贯彻习近平总书记考察浙江重要讲话精神，按照省委十四届七次全会、金华市委七届七次全会的决策部署，总结回顾今年以来工作，研究部署兰溪在建设"重要窗口"中的思路举措，审议通过《中共兰溪市委关于学习贯彻习近平总书记考察浙江重要讲话精神 奋力推动兰溪在建设"重要窗口"新征程中走前列作示范的意见》，进一步动员全市广大党员和干部群众勇担使命、砥砺奋进，坚定不移推进"强工兴市、拥江兴城、文旅兴兰、环境兴人"四大战略，加快"担当追赶、再创辉煌"步伐，努力展现新时代建设"重要窗口"的兰溪风采。

同日 据新华社消息，第二届全国县域旅游研究成果《全国县域旅游研究报告2020》暨"2020年全国县域旅游综合实力百强县""2020年全国县域旅游发展潜力百佳县"榜单发布。兰溪入选"2020年全国县域旅游综合实力百强县",排名第25位。

同日晚 由兰溪经济开发区组织的百企联盟"闪购"直播·彩虹城夜市,在开发区彩虹城开场。截至当晚十点,经济开发区百企联盟"闪购"直播平台的累计观看达49万人次,共有100多家企业参与直播卖货,线上推广产品200多个。

同日 在柏社乡互联村发现一处无名古墓葬,经省文物局考古专家现场勘查,确定墓葬为北宋晚期夫妻合葬墓,坐东朝西,砖砌结构,内宽约1米,高2.1米,封土高1.4米,内壁用石灰粉刷,有卷草纹墨绘,壁画保存情况较好。该墓葬是浙江地区发现的第二例壁画墓。为切实做好墓葬的保护利用展示工作,市文物部门将墓葬整体搬迁至市博物馆保护,并针对墓葬壁画特性开展展示利用工作。

1—7月份 兰溪全市空气质量综合指数2.86,同比下降13.1%,排名金华第3位;$PM_{2.5}$浓度均值$26\mu g/m^3$,同比下降16.1%。其中,空气质量指数(AQI)优良率连续七个月排名金华第一,6月份获全省治气领域最高荣誉"蓝天之星"。

8月

3日 兰溪市委副书记、市长王新锋主持召开市政府第八十六次常务会,传达学习《浙江省土地征收程序规定(试行)》,研究《兰溪市"十四五"规划基本思路》等议题。

4日 兰溪市人民政府与钉钉(中国)信息技术有限公司举行战略合作框架协议签约仪式。双方将围绕政府智慧办公、政企互动、数字乡村三个重点场景,研究推出数字县域、数字乡村解决方案,全力打造数字县域标杆。

同日 兰溪新闻网报道,近日,兰溪市中医院医共体"共享药库"在金华英特医药物流公司正式投入使用,这是全省首个整合医疗医药资源,实现真正意义上的药品统一账户、目录、采购、统配送、管理、支付的医共体药库。

8日 举行"全国第十二个全民健身日"暨2020兰溪市机关运动会全民健身走活动。

10日 金华市"双龙杯"第三届"婺星回归"创业大赛暨兰溪市高层次人才创业大赛正式启动,面向全球发布大赛信息,并同步发布金华人才码。

11日 国家主席习近平签署主席令,根据十三届全国人大常委会第二十一次会议11日下午表决通过的全国人大常委会关于授予在抗击新冠肺炎疫情斗争中作出杰出贡献的人士国家勋章和国家荣誉称号的决定,授予钟南山"共和国勋章",授予张伯礼、张定宇、陈薇(女)"人民英雄"国家荣誉称号。

12日 兰溪与杭州船王实业有限公司举行凤凰化工重组签约仪式,年产12万吨洗衣液和洗洁精生产线、8万吨油脂水解、8万吨洗衣粉和化妆品项目落户兰溪,百年老牌企业"凤凰化工"破产一年后迎来了重生。

13日 兰溪市委副书记、市长王新锋主持召开市政府第八十七次常务会,研究香溪镇北山村乡村振兴产业发展项目相关事宜、《兰溪市促进3岁以下婴幼儿照护服务发展实施意见》等议题。

14日 兰溪新闻网讯:近日,兰溪市财政局完成惠企利民资金池的建立,资金总规模20.07亿元,将有力保障兰溪经济民生事业的稳定和发展。

17日 总投资1.1亿元的兰溪市嘉华塑业有限公司年产6亿只消毒湿巾配套包装产品生产项目开工建设。

同日 兰溪高新区正式揭牌。2019年11月26日，省发展改革委、省科技厅联合下文批复，同意兰溪高新区创建。创建以来，全市高新技术企业总数已达109家，省科技型中小企业296家，省级企业研发中心23家，省级企业研究院6家，兰溪市科技创业园入选省级孵化器，光膜小镇入选省级特色小镇第四批创建名单。

同日 省发展改革委公布第二批省级未来社区试点创建项目名单，兰溪桃花坞社区入选，类别为"改造更新类"。

18日 兰溪市委副书记、市长王新锋主持召开市政府第八十八次常务会，研究兰溪市5G移动通信基站布局专项规划、《浙江省兰溪市国家森林城市总体规划（2019—2030年）》等议题。

同日 浙江省文化和旅游厅公布了第四批省级旅游风情小镇的创建名单，兰溪市游埠镇榜上有名。

19日 由《浙商》杂志独家制作的"浙商银行·2020浙商全国500强"榜单发布，兰溪有3家企业入选。红狮控股集团有限公司以排名38的名次入围榜单前50名，2019年营业额收入达518.8亿元；浙江甬金金属科技股份有限公司、浙江康恩贝制药股份有限公司分别排在第121位、第181位。

同日 共青团兰溪市委成立青腾社团，为青年群体打造一个结交朋友、展示才艺、丰富生活的常态化、可持续平台。首批成立摄影、书画、悦读、桌游等4个社团。

25—26日 兰溪市委书记陈峰齐率队赴深圳开展招商考察活动，先后走访正威国际集团、深圳迈步机器人科技有限公司等知名企业，宣传推介兰溪，深入洽谈项目，谋求共赢发展。

27日 兰溪举行2020年首届和谐文明职工家庭颁奖典礼暨全市职工十大训练基地授牌仪式。

30日 由中国医药工业信息中心主办的2020年（37届）全国医药工业信息年会，发布了备受行业关注的"2019年度中国医药工业百强榜"，康恩贝集团有限公司入选。

31日 "文明榜样 兰溪力量"第四届兰溪市道德模范暨第三届优秀志愿服务先进典型颁奖晚会在兰溪剧院举行，现场表彰了10名道德模范、7名道德模范提名奖获得者和一批优秀志愿服务先进典型，致敬了援鄂援疆医生等最美逆行者。

同日 艾力彼2020中国医院竞争力大会发布多个排行榜单。在2019年全国县级医院竞争力排行榜中，兰溪市人民医院位列第98名，较去年提高5个名次，且连续第四年稳步上升。在全国二级甲等综合医院中，该院排名第8，是我省进入全国100强的两家二甲综合医院中的一家。在全国中医院竞争力排行榜中，兰溪市中医院连续第4年入选全国中医院竞争力500强榜单。

9月

3日 省市场监管局、省工商业联合会公布"2020浙江省民营企业100强"榜单。红狮控股集团有限公司、浙江甬金金属科技股份有限公司两家兰溪企业上榜，分列第20位、第87位。

同日 兰溪城市宣传片《兰江水》MV在美丽的兰江之畔启动拍摄。

4日 兰溪市委副书记、市长王新锋主持召开市政府第八十九次常务会，研究《推进新时代兰溪民政事业高质量发展的实施意见（送审稿）》、推进兰溪智能体育建设等议题。

同日 兰溪召开人才工作专题会暨第十批拔

尖人才授奖大会，会议表彰了王明霞等39名兰溪市"第十批拔尖人才"。他们来自全市各行各业，是扎根兰溪、德艺双馨、业绩突出的优秀人才代表，为兰溪经济社会高质量发展作出了积极贡献。

5日 第五个"中华慈善日"，兰溪举办"中华慈善日"暨市慈善工作服务区成立活动，市慈善总会线上捐款平台同时开通。

7日 兰溪举行中德职业教育中心项目、江南职业技术学校扩建项目开工仪式。

8日 全国抗击新冠肺炎疫情表彰大会在北京人民大会堂隆重举行。中共中央总书记、国家主席、中央军委主席习近平向国家勋章和国家荣誉称号获得者颁授勋章奖章并发表重要讲话。中国工程院院士、兰溪籍科学家陈薇获授"人民英雄"国家荣誉奖章。大会还表彰了全国抗击新冠肺炎疫情先进个人、先进集体，全国优秀共产党员、全国先进基层党组织。其中，兰溪市心舞工作室理事长胡芳，上海市公安局松江分局沪昆高速公安检查站站长、兰溪乡贤胡军华荣获全国抗击新冠肺炎疫情先进个人；浙江英特物流有限公司荣获全国抗击新冠肺炎疫情先进集体，该公司董事长、兰溪乡贤姜巨舫也在人民大会堂接受表彰。

9日 作为金华市村社组织换届试点单位，上华街道22个村（社区）全部完成村委会换届选举，党组织书记均高票当选村（居）委会主任，全部实现"一肩挑"。

10日 2020中国民营企业500强峰会在北京举行。会议发布了《2020中国民营企业500强调研分析报告》，揭晓了"2020中国民营企业500强""2020中国民营企业制造业500强""2020中国民营企业服务业100强"等榜单，红狮控股集团有限公司分别入选2020中国民营企业500强、2020中国民营企业制造业500强，浙江甬金金属科技股份有限公司入选2020中国民营企业制造业500强。

11日 兰溪—汶川飞地产业园揭牌仪式在经济开发区鸿图产业园举行。兰溪—汶川飞地产业园位于兰溪经济开发区鸿图智能科技产业园A区，建筑面积3147.62平方米。该园区将聚焦智能科技产业，着力打造成为集科技孵化、生产制造、总部办公、人才公寓、商业配套服务等功能为一体的新兴产业综合体。未来，兰溪—汶川飞地产业园入驻企业所产生的租金、税费等收益将交于汶川县，用于该县产业发展。

16日 兰溪市育才中学红十字会获全省突出贡献红十字基层组织奖；兰溪市红十字会培训师陈福生、陈慧卿获全省突出贡献红十字个人会员奖；兰溪市心舞社会工作服务中心理事长胡芳获全省突出贡献红十字志愿者奖。

17日 全球人居环境范例村落申报座谈会在兰溪召开，进一步交流探讨村落申报工作。

同日 行知学院国际交流中心（维也纳国际酒店兰溪店）正式启用。

18日 兰溪召开全市民政会议暨首届慈善大会。会后还举行了"慈善一日捐"活动。兰溪市领导带头捐款，并动员社会各界积极广泛参与慈善活动，让慈善之花开遍兰溪大地。

19日 以"论古村保护·道融合发展"为主题的中国古村落保护与发展论坛在兰溪兰湖旅游度假区举行。论坛以"未来如何深化古村落保护与传承发展工作""古村落保护与产业融合发展如何相辅相成共同发展"为主题进行了圆桌对话。论坛上，成立了古村落保护与发展联盟，发布了《兰溪宣言》。古村落保护与发展联盟由兰溪发起，与10处中国传统村落代表共同组成联盟，在业内专家指导下，一同破解当下古村落保护和传承中遇到的难点和痛点，做好古村落保护与产业融合发展文章。

同日 随着首批标准电解铜的成功产出，兰溪首个产值超百亿产业项目——兰溪自立环保科技有限公司"35万吨/年固体废物处置利用生产20万吨/年再生铜"项目正式投入生产运行。兰溪市委书记陈峰齐宣布自立环保公司正式出铜，并与浙江申联环保集团有限公司创始人叶标共同为成品电解铜"披红"。

20日 兰溪举行退役军人返乡欢迎仪式暨职业技能培训动员会。

22日 2020年兰溪市全国科普日暨金华市乡村产业技术首席兰溪行活动启动仪式在水亭畲族乡举行。

24日 兰溪援助叙利亚防疫物资交接仪式在叙利亚首都大马士革举行。历时两个多月，克服重重困难，85箱由兰溪捐赠的防护服、口罩、无创呼吸机、防护面罩、护目镜等防疫物资漂洋过海，最终抵达叙利亚。交接仪式前，兰溪市委书记陈峰齐来到心舞工作室，与中国驻叙利亚大使冯飚进行视频连线。在心舞工作室，胡芳通过视频连线观看了交接仪式。

25日 2020年兰溪市"中国农民丰收节"暨万亩良田水稻开割仪式在云山街道万亩粮食功能区举行。

27日 受兰溪市委副书记、市长王新锋委托，兰溪市委常委、常务副市长朱俊华主持召开市政府第九十次常务会，研究《加快兰溪美食产业发展的扶持政策》、兰江古水道沿线林改造项目等议题。

同日 兰溪召开美食发展动员大会暨美食协会成立大会。

28日 民盟助力乡村振兴实践基地在兰溪市游埠镇范院坞村成立。全国人大常委会委员、民盟中央副主席龙庄伟，副省长、民盟省委会主委成岳冲等领导为民盟助力乡村振兴实践基地揭牌。

29日 金义都市区西部联网供水工程兰溪段顺利实现通水。

10月

1日 以"共聚兰溪、共谋发展、共创辉煌"为主题的首届兰溪发展大会举行。300余位来自全国各地的兰溪籍党政领导、业界精英、知名人士、新兰溪人代表和嘉宾齐聚一堂，共叙乡情友谊，共谋家乡发展。全国政协副主席、致公党中央主席、中国科学技术协会主席万钢发来贺信；"人民英雄"国家荣誉称号获得者、中国工程院院士、军事科学院军事医学研究院研究员陈薇少将发来祝福视频；浙江省政协副主席郑继伟出席大会并讲话；中国工程院院士、德国工程科学院院士、瑞典皇家工程科学院院士、同济大学副校长吴志强，中国工程院院士、浙江大学教授、浙江大学滨海和城市岩土工程研究中心主任龚晓南，中国工程院院士、生态环境部环境规划院院长王金南出席会议。大会还揭牌成立了兰溪市乡贤人才基金，已募集4.8亿元，将重点支持教育、卫健等领域发展。随后举行的兰溪发展论坛上，现场推介了金兰创新城，诚邀广大企业家和各界朋友来兰共享发展机遇共创美好未来；吴志强院士以"兰溪发展思考"为主题、王金南院士以"创建美丽浙江新样板 打造绿色低碳无废金兰创新城"为主题分别作主旨演讲；还举行了以"加快融入长三角 推进金兰同城化 建设金兰创新城"为主题的圆桌论坛。

同日 2020兰溪发展大会上举行了招商项目签约仪式，共签约项目71个，总投资超500亿元，这些项目成功落地的背后活跃着兰溪乡贤的身影，凝聚着兰溪乡贤的努力。其中，24个项目分四批参加现场签约，主要涵盖时尚纺织、现代物流、先进装备制造、新材料、文化旅游、城市建设、医药健康、产业园等多个领域。

3日 以商会"团圆"为主题的异地商会合作联盟兰溪会议召开，24家异地商会代表齐聚一堂，共叙乡贤情谊，共谋家乡发展。

8日 "十一"假期，"魅力金秋 乡约兰溪"文化旅游节推出的一系列活动，成为兰溪旅游发展的"新引擎"，让兰溪在这个假期人气爆棚。此次文化旅游节共推出古韵之旅、山水之旅、采摘之旅、寻味之旅等四条主题游览线路，涵盖了诸葛八卦村、地下长河景区、李渔戏剧小镇、兰江水上游、游埠早茶、兰湖夜市等兰溪观光游览、嬉戏休闲的景区景点和打卡地，吸引八方游客前来感受兰溪魅力。据统计，截至10月7日，兰溪旅游总收入达100549.26万元，同比增长18.3%；接待总人次达985777人次，同比增加21.09%。

12日 兰溪新闻网报道，近日，兰溪市委书记陈峰齐率领党政代表团赴新疆考察援疆项目，调研对口支援工作，并看望慰问兰溪援疆企业、干部、人才等。

13日 2020全国非遗曲艺周闭幕式暨"浙江好腔调"曲艺专场演出在宁波举行，兰溪摊簧登台亮相，以古诗词唱出好山水。

同日 2020县级融媒体中心东西协作交流公益项目在山东省青州市启动，来自全国17个省区的30家县级融媒体中心参与该项目，兰溪市融媒体中心与陕西省汉中市略阳县融媒体中心成为结对共建单位。

16日 在深圳举行的2020可持续城市与人居环境奖颁奖盛典上，兰溪的诸葛–长乐村、芝堰村被授予"全球人居环境村落范例"荣誉称号。全球人居环境论坛（GFHS）是一个非政府、非营利的国际组织，其宗旨为"致力于人人共享的可持续城市与人居环境"。由全球人居环境论坛设立的"可持续城市与人居环境奖"共有8个类别，是世界最重要的人居环境大奖之一，以独立性、权威性和标准严苛著称，被誉为"全球人居环境的诺贝尔奖"，目前已连续举办14届，是世界上最重要的可持续发展大奖之一。"全球人居环境村落范例"荣誉称号是该论坛针对今年新增类别"村落"而颁发的新称号，旨在促进乡村可持续发展和可持续文化遗产保护。诸葛–长乐村、芝堰村凭借优美适宜的人居环境及保存良好的建筑群，成为本届全球参赛村落中获得该称号仅有的两个村落。

17日 以"风起钱塘 韵漾兰江"为主题的首届童诗中国（兰溪）论坛在兰湖之畔举行，来自全国各地的专家学者、作家诗人汇聚一堂，共享传统文化盛宴。现场，兰溪被授予"中国诗歌之城"称号，并发布首届童诗中国（兰溪）论坛宣言。现场为20所获得中国诗教校园称号的学校授牌，兰溪市马涧中心小学荣获该项称号。

18日 兰溪首届虾蟹节在赤溪街道柳塘村龙虾基地举办。

20日 首届海峡两岸影像文化周兰溪郎静山专场活动在游埠镇启动，100多位来自两岸八方的台胞台商和摄影大咖齐聚一堂，用镜头记录下兰溪的自然风光、人文景观。首届海峡两岸影响文化周于10月20日至11月4日在浙江举办，其中兰溪郎静山专场活动以两岸著名摄影人郎静山故乡元素为纽带举办系列活动。当天，兰溪被授予"首届海峡两岸影像文化周组织贡献奖"匾牌，郎静山女儿郎毓文委托人向游埠镇转交郎静山早期作品5幅，"影像兰溪馆"和"永济影像艺术馆"开馆。

同日 兰溪首家兰江英才俱乐部和企业家俱乐部正式启用，为广大在兰人才、企业家沟通交流、分享研讨、推动合作搭建了平台。

21日 浙江省企业联合会、省企业家协会、省工业经济联合会正式发布《2020浙江省百强企业》榜单。红狮控股集团有限公司、浙江甬金金属科技股份有限公司榜上有名。红狮控股集团有限公司排名第37位，为金华地区第一。该集团还在2020浙江省制造业百强企业排名第23位，在2020浙江省成长性最快百强企业排名第80位。浙江甬金金属科技股份有限公司则以第72位的排名入选2020浙江省制造业百强企业。

22日 兰溪市委副书记、市长王新锋主持召开市政府第九十一次常务会，研究凯旋路延伸（环城东路—45省道）工程、纺织供应链平台构建等议题。

同日 兰溪举行庆祝全国第八个老年节暨兰溪市第三届"五好公德老人"颁奖晚会，表彰了33名兰溪"五好公德老人"。

23日 著名画家吴涛毅美术作品捐赠仪式在兰溪芥子园举行。吴涛毅将精心创作的8幅艺术作品捐赠给陈军美术馆。

25日 兰溪举行"铭记伟大胜利 捍卫和平正义——致敬最可爱的人"纪念抗美援朝出国作战70周年活动。

27日 据兰溪新闻网报道，国家卫健委老龄健康司发布2020年全国敬老爱老助老活动评选结果，兰溪市老年协会被授予"敬老文明号"称号，兰溪市游埠镇老年协会会长水敏尧被评为"敬老爱老助老模范人物"。

同日 兰溪举行2020年首届和谐文明职工家庭颁奖典礼暨全市职工十大训练基地授牌仪式

28日 《农民日报》头版头条刊发了《城乡融合启新局 振兴路上再抖擞——浙江兰溪乡村新变观察》一文，点赞兰溪城乡融合发展，在产业、生态、治理等方面出新招实招，促进乡村振兴的好做法。

同日 麒麟计划兰溪数字贸易对接会暨兰溪市跨境电商综合服务中心启动仪式举行。

同日 兰溪成立棉纺织产业创新服务综合体品牌指导服务站。该站将以"专业化""品牌化"为工作理念，致力于服务辖区企业的知识产权保护及品牌建设实务工作。

29日 兰溪市村社党组织换届选举工作落下帷幕，村社全面完成党组织换届选举。

同日 兰溪市中医院与浙江大学医学院附属第四医院签署合作协议，建立医疗技术帮扶共建关系，该院正式成为"浙江大学医学院附属第四医院协作医院"。

30日 兰溪召开领导干部会议，传达学习贯彻党的十九届五中全会精神，以及全省领导干部会议、金华市领导干部会议精神，部署贯彻落实工作。

31日 以"弘扬大仙文化 助推文旅兴兰"为主题的第21届中国·兰溪黄大仙文化节暨黄大仙宫建宫25周年活动举行，来自全国各地的近千名黄大仙信众参加了活动。

11月

1日 第七次全国人口普查工作正式启动，兰溪2500余名普查指导员和普查员全面入户开展上门登记工作。

同日 兰溪市女埠街道汇潭村，2020"大美兰溪 甜蜜女埠"汇潭甘蔗文化节启动。

2日 全国农村承包地确权登记颁证工作总结暨表彰电视电话会议在北京召开，会议通报表扬了全国农村承包地确权登记颁证工作典型地区，我省7个地区上榜，兰溪位列其中，是金华地区唯一一个。

5日 金华市委副书记、代市长邢志宏到兰溪调研。

同日 智能制造（纺织）浙江省学术交流活动暨第十七届长三角科技论坛纺织分论坛在兰溪开幕，来自江苏、浙江、上海地区的高校专家学者、企业领导、科技人员与会。

同日　第三届中国国际进口博览会在国家会展中心（上海）开幕，兰溪104家企业报名参加。

6日　兰溪杭州育才中学项目开工。

8日　第二届中国李渔戏剧汇"故里寻根朝圣李渔"活动在永昌街道夏李村举行，全国近百位文艺界人士、戏曲界专家学者在李渔故里开启朝圣之旅，访古人、赏美景、话发展。

同日　国家高层次人才服务行走进兰溪暨兰溪市第八届"人才科技月"活动启动。

9日　全省畜牧业农机装备数字化现场推进会暨畜牧装备技术培训班与会人员到兰溪开展现场观摩活动。

10日　金华市人大常委会主任陈玲玲到兰溪专题调研高质量建设养老服务体系工作，征求对金华市人大常委会明年工作建议。

同日　兰溪新闻网报道，今年，兰溪大力推进医保经办服务下沉，在全省率先使用移动办公终端设备，在1家医保服务大厅、14家农商银行网点、16个乡镇（街道）便民服务中心的基础上，再设置327个行政村便民服务点、182家丰收驿站，切实打通医保办事的"最后一公里"。

12日　中国信息协会信息化发展研究院、竞争力智库、中国经济导报社和北京中新城市规划设计研究院等机构联合发布《中国县域旅游竞争力报告2020》，兰溪入选2020中国县域旅游综合竞争力百强县市名单。

13日　全省抗击新冠肺炎疫情表彰大会隆重举行，表彰我省为抗击疫情作出突出贡献的先进个人和先进集体。兰溪4名个人、1个集体被评为浙江省先进。其中，兰溪市人民医院重症医学科副护士长杨飞，市中医院党委副书记、副院长、副主任医师诸葛文嵩，兰江街道滨江社区党委书记陈军，市公安局党委副书记、政委、常务副局长王伟平荣获浙江省抗击新冠肺炎疫情先进个人；兰溪市人民医院感染科获得浙江省抗击新冠肺炎疫情先进集体。

同日　兰溪新闻网报道，2020年，全市文旅在建项目47个，总投资172.8亿元，今年计划投资45.8亿元，列金华各县（市、区）第一。

16日　兰溪市委副书记、市长王新锋主持召开市政府第九十三次常务会，组织领导干部学法用法，听取2020年法治政府建设工作情况汇报等。

同日　万固·兰溪开元名都大酒店正式开工。这是兰溪首个五星级酒店项目，也是打造金兰创新城、提升城市功能、优化商务配套的重点项目。

17日　《浙江日报》头版刊发了《几经起落，老工业基地重整旗鼓——兰溪，渴望再崛起》的报道。

18日　第六批省级特色小镇创建对象公布，兰溪电驱装备小镇榜上有名。兰溪电驱装备小镇位于经济开发区江南片，毗邻兰湖旅游度假区、金兰创新城，规划面积3.46平方千米，核心区面积1.3平方千米。小镇坚持"三生融合""四位一体"发展思路，以浙江盘毂动力科技有限公司为重要载体，紧紧围绕电机核心产业，致力于打造电驱系统全产业链，发展一批具有自主知识产权和国际竞争力的电驱系统研发制造型和应用型龙头企业集群，成为推动兰溪产业转型发展的重要突破口和新的经济增长点。

19日　第二届中国李渔戏剧汇"闲情偶寄再遇李渔"活动在永昌街道夏李村举行，《中国戏剧年鉴》专家及理事会成员齐聚李渔故里，共商戏剧发展。

19—20日　全省水利防汛抢险技术交流现场会在兰溪召开，进一步了解当前全省防汛抢险队伍和物资储备现状，为下一步谋划制定2021年防汛抢险工作计划和"十四五"规划提供依据。

21日 人民研学网首届研学旅行创新与发展峰会在诸葛村召开。200余名专家学者齐聚兰溪，共探研学旅行未来路径，共商实践育人创新模式。

23日 兰溪市委副书记、市长王新锋主持召开市政府党组（扩大）会议，传达学习省委十四届八次全会精神和金华市委书记陈龙在浙江日报《几经起落，老工业基地重整旗鼓——兰溪，渴望再崛起》报道上的批示内容，研究学习贯彻工作。

24日 全国劳动模范和先进工作者表彰大会在北京人民大会堂隆重举行，兰溪市裕欣纺织有限公司车间主任章丽清获全国劳动模范光荣称号。

同日 在上华街道皂洞口村南，沪昆高速公路北侧黄泥水山东坡发现史前文化遗址。文化层堆积厚约50—100厘米，地层中出土的陶片主要为夹砂灰褐陶。经浙江省文物考古专家现场勘察分析，初步判断为新石器时代晚期遗址，年代距今5000年左右。这是兰溪市首次发现史前文化遗址。

25日 诗画中国行——"重返芥子园"座谈会在兰溪芥子园召开，邀请了一批全国有影响力的作家、书画家、新闻工作者来兰溪采风创作。

26日 中共兰溪市委党校迁建工程正式开工，党校迁建工程选址位于金兰创新城兰湖规划区内，项目规划用地面积3.06公顷（45.85亩），另有带征面积1.33公顷（20亩），规划总建筑面积约2万平方米，总投资近1亿元。

同日 兰溪新闻网报道，日前，胡润研究院发布了《2020胡润中国500强民营企业》，该榜单以中国民营企业市值作为排名依据。兰溪企业红狮控股以270亿元价值上榜，位列第433位。

同日 2020年全国纺织行业"兰溪—金梭杯"织布工（剑杆织机）职业技能竞赛决赛在兰溪举行，来自全国8个牛仔布产能重点省份的57名选手参加了比赛。

27日 兰溪中小企业对外友好合作商会（葡中中小企业商会兰溪分会）成立大会暨一届一次理事会召开。

30日 2020浙江民营企业研发投入100强、2020浙江民营企业200强、2020浙江民营企业就业100强等榜单首度发布。红狮控股和甬金金属分列"200强"榜单第27位和121位；红狮控股以14545人的员工数量位居"就业100强"榜单第57位；甬金金属排名"研发投入100强"榜单第82位。

同日 欣旺达浙江欣动能源项目开工仪式在兰溪欣动能源生产基地举行。

12月

1日 兰溪市保集置业有限公司向兰三中捐赠50万元助学奖励金。

2日 在浙江制造拓市场"商超计划"启动仪式暨浙商新零售供应链对接活动上，省经信厅发布了浙江首批"超级工厂"培育名单，圣蕾诗生物科技股份有限公司、浙江三原色化妆品有限公司两家兰溪企业入选。

同日 兰溪举行意大利米兰ПОΛΛ、东南艺术馆写生基地揭牌仪式，标志着以著名钢笔画家唐亮为首的写生基地正式落户兰溪诸葛八卦村。

3日 省科技厅公布了2021年度省级农业科技园区创建与培育名单，兰溪市"杨梅专业农业科技园区"被列入省级农业科技园区创建名单。

4日 兰溪市委副书记、市长王新锋主持召开市政府第九十五次常务会，研究2021年新时代乡村振兴"示范村""提升村"创建计划、《鼓励"行知英才"落户兰溪的若干意见（送审稿）》等议题。

同日 兰溪召开梅江烧和杨梅酒行业协会成立大会，选举产生第一届理事会。

5日 第十四届浙江省中小企业峰会在浙江师范大学行知学院启动。300余名优秀企业家、兰溪乡贤和行知学院校友齐聚兰溪，共同探讨机遇与挑战并存的时代背景下，加强中小企业风险应对能力、促进企业转型升级与高校协同育人进一步融合发展的新想法、新举措。

6日 兰溪新闻网报道，近日，兰溪村（居）委会换届选举工作顺利结束。全市村和社区全面完成"两委"换届工作。

7日 商务部公示了2020年国家外贸转型升级基地认定名单，兰溪市国家外贸转型升级基地（牛仔面料）上榜。

8日 兰溪组织2019年6月以来市政府任命的国家工作人员进行宪法宣誓。兰溪市委常委金建荣参加仪式，并担任监誓人。

9日 2020年全国第四次农产品地理标志登记专家评审会上，兰溪汇潭甘蔗、兰江蟹顺利通过专家评审，成功申报国家农产品地理标志。至此，兰溪已拥有6个地理标志农产品，成为全省拥有地理标志农产品最多的县市之一。

10日 兰溪举行古城保护开发项目签约仪式，兰溪市人民政府与伟光汇通集团签订合作协议。兰溪古城保护开发项目位于主城区，规划用地近33.33公顷，总投资逾30亿元。

11日 全国中医药文化进校园现场会暨兰溪第四届张山雷中医药文化节开幕。

同日 兰溪在药皇庙举行药皇祭祀仪式，参加"中医药文化进校园现场会暨兰溪第四届张山雷中医药文化节"的全国各地中医药行业人士、教育界人士、企业代表等80余名嘉宾受邀参加了药皇祭祀仪式。

14日 金华市"医养结合"现场推进会暨老龄健康业务培训会在兰溪召开。

15日 金华市委书记陈龙到兰溪调研，强调要把学习贯彻党的十九届五中全会精神和省委十四届八次全会精神，与抓好年度各项目标任务冲刺结合起来，与科学谋划"十四五"发展和明年工作思路结合起来，全力推动中央和省委、金华市委决策部署落地生根，在现代化建设新征程中展现更大作为。

同日 省发展改革委公布"2020年省级工程研究中心"名单，以兰溪企业浙江凤登环保股份有限公司为依托单位、以浙江大学为共建单位的"工业有机固废气化及高温熔融高值化利用浙江省工程研究中心"获得认定。凤登环保也成为兰溪首家获批创建省级工程研究中心的单位。

同日 兰溪选派78名机关干部和249名乡镇干部到村担任"第一书记"，实现驻村包村全覆盖。派驻期间，他们将指导和协助村"两委"重点开展加强基层党建、指导村级事务、强化监督把关等工作，切实发挥好示范、监督、联络等作用。

16日 据兰溪新闻网报道，近日，省经济和信息化厅公布了2020年浙江省数字化车间及智能工厂名单，兰溪的浙江巨江电源制造有限公司AGM/EFB起停电池数字化车间、浙江万舟控股集团有限公司环保棉织数字化车间、浙江甬金金属科技股份有限公司超薄精密不锈钢板带智能工厂、浙江日腾印染有限公司高档服装面料机针织品印染智能工厂4个项目榜上有名。

17日 据兰溪新闻网报道，近日，省工业转型升级领导小组公布34家省第二批"雄鹰行动"培育企业名单，红狮控股集团有限公司榜上有名。

同日 浙江省水利厅，浙江省美丽浙江建设领导小组"五水共治"（河长制）办公室公布2020年"美丽河湖"名单，兰溪高潮水库（兰湖）入选。

19日 兰溪第四届青少年棋类锦标赛在振兴小学开赛，共有近730名棋手参赛。

21日 省城乡环境整治工作领导小组公布了浙江美丽城镇建设工作2020年度样板城镇和达标城镇考核验收结果，兰溪市黄店镇、柏社乡通过了美丽城镇建设省级基本达标验收。

同日 抗击新冠肺炎疫情浙江省三八红旗手（集体）名单公布，兰溪市中医院ICU主治医师、兰溪第二批援鄂医疗队队员李修平荣获一线女医务人员抗击新冠肺炎疫情浙江省三八红旗手称号。

22日 浙江"县县通高速"集中通车暨"十四五"综合交通重大项目开工仪式举行，9条高速公路集中通车，20个公路、水运项目集中开工。当天，备受兰溪人民关注的建金高速公路正式通车。金华市领导、兰溪市领导在位于兰溪马涧的金华分会场参加活动。全长58.09千米、总投资93.76亿元的建金高速，起自建德市杨村桥镇北，终于金华市二仙桥东，涉及建德、兰溪、金东区三个县（市、区）的10个乡镇50个行政村，共有大小桥梁42座、隧道9座，沿线自北而南依次设杨村桥、梅城、大洋、兰溪北（大丘田）、马涧、二仙桥东等6处互通立交，以及兰溪服务区、建德停车区，采用双向四车道高速公路标准建设，设计时速100千米。

同日 第八届中国民生发展论坛发布了"2020民生示范工程"获奖名单，兰溪市教育局"三爱三立"中小学思政协同教育项目获全国"2020民生示范工程"奖。

23日 金华市举行抗击新冠肺炎疫情总结表彰大会。兰溪市四套班子领导陈峰齐、王新锋、刘成芝、徐建祥等在兰溪分会场参加会议，并受金华市委、市政府委托，现场为在分会场参会的受表彰对象颁奖。兰溪共有23名先进个人、7个先进集体、2个先进基层党组织、4名优秀共产党员、2名担当作为好干部、11名最美公务员受到表彰。其中，鲍绪新、夏鹏飞、汪建明、章连新、杨来斐、方瑞青、倪敏相、冯亚玲、方振强、柳力、潜建新、王李晓、韦萍、方东升、方锡龙、毛跃明、张玲、周璇、凌煊、洪晓亮、章晓东、徐小峰、范小锋荣获金华市抗击新冠肺炎疫情先进个人；兰溪市中医院党委、兰溪市疾病预防控制中心党支部、兰江街道党工委、上华街道沈村村党支部、市环境卫生管理处党支部、浙江百浩工贸有限公司、浙江长风汽车运输有限公司荣获金华市抗击新冠肺炎疫情先进集体；兰溪市中医院党委、上华街道沈村村党支部荣获金华市抗击新冠肺炎疫情先进基层党组织；赵顺金、陈小虎、梁丹、江勇钧荣获金华市优秀共产党员；赵庆鸿、应跃辉荣获金华市担当作为好干部；朱吉鑫、吴剑、柳力、汪望平、张晓东、宋剑威、张洁琳、陈亦蓉、邵黎仙、童敏、吴彩风荣获金华市最美公务员。

同日 金华市"双龙杯"第三届"婺星回归"创业大赛暨兰溪市高层次人才创业大赛总决赛在兰溪举行，20个优质人才创业项目晋级总决赛争夺一、二、三等奖。最终，机甲新世代项目荣获一等奖。

24日 兰溪市委副书记、市长王新锋主持召开市政府第九十七次常务会，研究2021年度市政府民生实事候选项目预排情况。

26日 "相约梅溪 点亮聚仁"暨大地民谣助力乡村振兴开幕式在梅江镇举行。

28日 杭州银行金华兰溪支行开业，这是兰溪第17家银行业金融机构。

29日 寻"霞客"踪迹，承"游圣"遗风，兰溪市徐霞客研究会成立大会暨第一届会员大会召开。

同日 "游千年古城 赏兰江美景"金华市老年人体育协会走进兰溪活动,在"天下江南"景区告天台广场启动。

30日 兰溪市委十四届十一次全体(扩大)会议暨市政府第八次全体会议召开,出席这次全会的市委委员40名,候补委员3名。兰溪市委常委会主持会议,市委书记陈峰齐作工作报告。会议高举习近平新时代中国特色社会主义思想伟大旗帜,全面贯彻党的十九大和十九届二中、三中、四中、五中全会精神,深入贯彻习近平总书记考察浙江重要讲话精神,按照省委十四届八次全会、金华市委七届八次全会决策部署,审议通过《中共兰溪市委关于制定兰溪市国民经济和社会发展第十四个五年规划和二〇三五年远景目标的建议》,进一步动员全市上下忠实践行"八八战略"、奋力打造"重要窗口",紧紧围绕"担当追赶、再创辉煌"目标要求,深入实施"强工兴市、拥江兴城、文旅兴兰、环境兴人"四大战略,开启高水平建设社会主义现代化新征程。

同日 兰溪市人民政府与浙江省商业集团有限公司签署兰湖项目战略合作框架协议,推进G60兰溪服务区与兰湖旅游度假区融合发展,打造具有全国标杆意义的开放式服务区。

同日 据兰溪新闻网报道,近日,省博士后工作办公室批准同意在兰溪市人民医院医共体兰江院区设立省博士后工作站,这是兰溪首家事业单位性质的省级博士后工作站。

同日 中国董事局网与中国数据研究中心共同发布"2020第六届中国最具影响力医药企业百强榜",浙江康恩贝制药股份有限公司位列第62位。

31日 金华市深化"无证明城市"改革现场会暨全面落实告知承诺工作部署会在兰溪召开。

同日 兰溪市委副书记、市长王新锋主持召开市政府第九十九次常务会,研究2021年政府工作报告等议题。

同日 以"品家乡美酿 助兰溪发展"为主题的兰溪首届梅江烧·杨梅酒开坛节开幕。活动现场,兰溪市领导、嘉宾为梅江烧、杨梅酒开坛,为评选出的2020浙江兰溪首届梅江烧金奖、银奖、铜奖及优质奖获得者颁奖,并对获奖梅江烧进行拍卖。经过十多轮激烈的竞拍,湖北兰溪商会常务副会长兼秘书长叶勇斌,最终以22000元的价格拍得唯一一坛金奖梅江烧。

市情概览

自然环境

【地理位置】 兰溪市地处浙江中部偏西，金衢盆地北部边缘，北纬29°01′20″~29°27′30″，东经119°13′30″~119°53′50″。东南邻金华市金东区、婺城区，西南接龙游县，西北毗连建德市，东北与浦江县、义乌市交界。市域土地总面积1313平方千米，市政府所在地兰江街道府前路81号。北至省会杭州市径距132千米，距金华市20.50千米。东西长67.50千米，南北宽38.50千米；金岭铁路、330国道自东南至西北贯穿市境，杭金衢高速公路穿越南境，47、46、45省道连接浦江、金华、龙游，兰江水运直达钱塘江口，交通便捷。

【地形地貌】 兰溪市所处地域，在地质学上被称为元古代末期形成的"绍兴–江山深断裂带"，地质构造属浙江西部扬子准地台浙西台褶带诸暨衢州拗陷，板块构造属晚元古代太平洋板块俯冲带。市境地势东北群山高耸，西南丘陵低缓，中部平原舒展，属浙中盆地丘陵地貌。境内有四支山脉：北部东部为龙门山脉和金华山脉，西北为千里岗山脉支脉，南部为仙霞岭山脉余脉。三块丘陵：北部丘陵、南部丘陵和西部丘陵。两个盆地：金衢盆地和墩头盆地。一片平原：三江河谷平原。历来有"六山一水三分田"之称。境内大盘山海拔1312米，为全市最高峰。市境位于江（山）–绍（兴）断裂带西北侧，大地构造部位属华夏系褶皱带的东南缘。兰溪地层以中生界陆相红层沉积岩为主，多为紫红色砂岩、粉砂岩和砾岩，河谷平原出露地层为第四系的冲积、沉积物。出露的岩体主要有晋宁期和燕山晚期侵入的酸性、中酸性、中性岩体和晚侏罗纪侵入的中酸性、酸性次火山岩体，总面积约48.2平方千米。

【山脉水系】 境内有千里岗、仙霞岭、金华山、龙门山四支山脉。

千里岗山脉 其北支自建德新岭伸入市境西北，主峰尖坞山（977.30米），其次有三峰尖、蟠山、白露山，余脉延至兰阴山（又名横山，140.70米），横亘兰江边，为风景名胜地。南支自建德天池山入境，主峰砚山（333.70米），山巅平整，有池如砚。延伸有大山、郭恩寺岭、大岩山、明堂山，尽于衢江北岸游埠镇与龙游县交界处。

龙门山脉 由浦江县进入市境，横亘东北部，东起桐坞岭，向西沿浦江、建德边界延至兰江边将军岩。主峰肇峰山（957.30米），又名售峰山、寿峰山，山峦层叠，高峻挺拔。此外尚有叶山、毛坪尖、毛竹尖、马岭山、大青尖、桃花岭、石板坪、双虎尖、天索尖、独塘岭等。

金华山脉 由金华市北进入市境东部，分左右两翼，向东北和西南展开，绵延50余千米。山势高峻挺拔，重峦叠嶂，1000米以上山峰3座。

73

主峰大盘山（1312米），又名玉壶山、养马山，为市境最高峰，向称邑之祖山。大盘山东行，有尖头尖（1017米）、螺蛳尖、猴狲尖、双尖、鸡生潭、高田岗、雷公尖，尽于梅溪南岸，墩头盆地。大盘山西行，有九龙山（1245米）、扁担岗、白露尖、黄大尖（向称邑之主山）、高笋尖、大云山（114米）又名大寺山、挂榜山，在市区云山街道，为风景名胜。此外，过扁担岗西行，有纱帽头、六洞山，又名灵洞山，多石灰岩溶洞，其中地下长河2000多米。

仙霞岭山脉　仙霞岭又名古泉山，绵延于浙闽边界。仙霞岭余脉自金华市婺城区大岩至馒头山伸入市境上华街道马达一带，地势低平，起伏和缓，海拔一般在40～70米之间。展布的低山有后金坞、老鹰顶、上樟山、下紫岩等。

境内河道属钱塘江流域。主要河道有二级河兰江、金华江、婺江3条，总长58.20千米；四级河8条，总长144.24千米。河流总长度882.30千米，河网密度0.67千米/平方千米，径流总量166.52亿立方米。境内最大的河流是兰江，从三江口至将军岩流经境内兰江街道、云山街道、女埠街道等，长22.50千米，流域面积1312.44平方千米，年均流量503立方米/秒，主要支流有甘溪、浒溪、香溪、梅溪、七都溪、石塘溪等。

【气候特征】　市境属亚副热带季风气候，四季分明，冬夏季较长，春秋季偏短；盆地气候特征明显，灾害性天气影响较大。多年平均气温17.90℃，最冷月平均气温5.60℃，最热月平均气温29.70℃，历年极端最高气温41.50℃（2013年8月2日），极端最低气温-8.20℃（1970年1月15、16日）。雨量充沛，分布不均，年平均降雨量1458.30毫米，其中3—9月降雨量1110.40毫米，占全年降雨量的76.10%。年平均相对湿度74%，最小相对湿度8%。无霜期长，年平均无霜期257天。全年日照1641.40小时，占可照时数的37%。年平均风速1.70米/秒，最多风向为北风。年平均蒸发量1428.40毫米。年雷暴日数40.60天。主要气象灾害有暴雨、洪涝、干旱、台风、大风、冰雹、雷电、寒潮、大雾。

资源特产

【土地资源】　市境土壤类型多样，全市共有红壤、黄壤、岩性土、潮土、水稻土等5个土类，11个亚类，34个土属，60个土种，按不同海拔高度和地形分布在全市各地。全市各类土地总面积131244.08公顷，其中耕地40553.98公顷，占30.90%；园地16426.1公顷，占12.52%；林地46238.16公顷，占35.23%；草地415.97公顷，占0.32%；城镇村及工矿用地12497.15公顷，占9.52%；交通运输用地2649.93公顷，占2.02%；水域及水利设施用地9614.25公顷，占7.33%；其他土地2849.14公顷，占2.17%。

【水资源】　市境多年平均年水资源量为10.79亿立方米，丰水年为13.48亿立方米，枯水年为6.01亿立方米。全市地表水年水资源量为10.79亿立方米，人均占有量为1636立方米。兰江是市境最大的过境河流。年人均占有过境水量25330立方米。多年平均过境水量为167亿立方米，最大年为297亿立方米，最小年仅为66.80亿立方米。2015年地表水源供水量2.53亿立方米，地下水源供水量86万立方米。2015年水资源总量16.39亿立方米，用水总量2.5亿立方米，万元GDP用水量89.64立方米，万元工业增加值用水量57.75立方米。全市供水量2.54亿立方米。农田灌溉用水量0.93亿立方米，林牧渔畜用水量0.4552万立方米，工业用水量8766万立方米，城镇公共用水量743万立方米，居民生活用水量

2109万立方米，生态与环境补水量3万立方米。

【矿产资源】 全市已发现矿产21种，有甲类矿床（点）30余处，查明有资源储量的矿产10余种。其中金属矿产有金属金；能源矿产有煤、石煤（伴生钒、铀、钼等）；非金属矿产有石灰石、建筑用石料、饰面花岗岩、石英砂岩、萤石、陶瓷土和天然矿泉水等。其中水泥用灰岩矿产储量3亿吨，面积12.75平方千米，年产水泥用灰岩矿353.99万吨。萤石，主要分布在柏社乡白岩山一带，面积7.80平方千米，已查明萤石资源储量3785.34千吨，矿物量1860.73千吨。

【森林资源】 境内植被类型属于亚热带常绿阔叶林和针叶林。根据2020年森林资源动态监测，全市森林面积64694.6公顷，森林覆盖率49.29%，林地面积66423.53公顷，林木蓄积量3783400立方米，乔木林面积52013.73公顷，乔木林蓄积3682577立方米，乔木林单位面积蓄积量4.72立方米/亩。全市植物资源丰富，有木本植物72科297种，其中珍稀树种，有列入国家和省级保护的银杏、金钱松、杜仲、红豆杉、鹅掌楸等；有草本植物72科219种。香樟树是兰溪市树。马尾松和杉木是市境主要用材林树种。此外，茶叶、蚕桑、柑橘、杨梅、枇杷、柿、栗、枣、银杏、香榧等种植十分普遍。

【旅游资源】 市境旅游资源较丰富，分地文景观类、水城风光类、生物景观类、遗址遗物类、建筑设施类、人物活动类。旅游资源单体广布于16个乡镇（街道）。著名的有：诸葛亮后裔聚居地——全国重点文物保护单位诸葛村；洞府泉流航游之冠——地下长河；国家级农业旅游示范点——兰花村；第六批全国重点文物保护单位芝堰村古建筑群等。还有白露山、芥子园、黄大仙宫、绮霞园、石门槛森林公园、兰湖旅游度假区等。

【名优特产】 兰江蟹。因生长在兰江中而得名，属中华绒螯蟹，青壳、白肚、金爪、黄毛特征明显，蟹爪强劲有力，蟹脚爬行敏捷，熟制后的兰江蟹公蟹膏体肥腴绵润，胶质黏口，金黄透亮；母蟹蟹黄似金，肉质紧致细腻有弹性，口感富有鲜香、甜味。兰江蟹申请保护面积5100公顷，年产量约600吨。"兰江蟹"于2020年通过农产品地理标志感官品质鉴评。

汇潭甘蔗。是兰溪传统特色产业，种植历史悠久，女埠街道拥有万亩优质蔗田，汇潭甘蔗是女埠"两大拳头"农产品之一。汇潭甘蔗脆甜爽口、茎嫩多汁、风味醇厚，获得广大群众喜爱。汇潭甘蔗现有种植面积667公顷，年产量6万吨，申请保护面积1335公顷。2020年"汇潭甘蔗"通过农产品地理标志感官品质鉴评。

杨梅。兰溪是中国杨梅之乡，杨梅栽培历史悠久。20世纪90年代引入"东魁""黑炭"等优种杨梅，已成为主产品。全市杨梅栽培区主要分布在北乡的马涧、柏社、香溪、云山等地，尤以马涧最为集中，形成了以S314省道为主线的"五十里杨梅长廊"。其产品先后获得全国十大精品杨梅金奖、浙江名牌、浙江农业之最杨梅擂台赛东魁组和荸荠种"双冠王"、浙江省十佳杨梅。2016年"兰溪杨梅"获国家农产品地理标志登记保护。

枇杷。兰溪枇杷主要产于女埠街道、黄店镇、马涧镇等地，种植面积达2万余亩，年产枇杷约6000吨。女埠街道穆坞村盛产枇杷，素有"华东枇杷第一村"美称。穆坞枇杷果大金黄，肉腴质细，柔软多汁，甘甜鲜洁，食之齿颊留香，是初夏时节最受人们喜爱的水果之一。尤其是"穆坞白枇杷"，更以果大甘甜而享誉全国。

穆坞枇杷先后获得金华农博会金奖、浙江国际农博会优质奖、金华市著名商标、浙江农业博览会上获得金奖、浙江省著名商标奖,并于2017年获得农产品地理标注产品。

毛峰茶。兰溪毛峰历史悠久,作为中国名茶新秀,产量甚丰、风味独特、香气清幽、滋味醇厚,可谓上乘。兰溪毛峰主要产于兰溪北部和西部的深山岗岭中,尤以下陈、新宅、蟠山等地为甚。其中蟠山山峰顶上的野猪坦,是兰溪毛峰茶最优质的产地,野猪坦所产的毛峰茶所含茶单宁多,茶叶浓郁清香,茶芽不易老化,持嫩性强,所以素被誉为"云雾茶""白毛尖茶""白云茶"。

小萝卜。系兰溪市特产,兰溪种植小萝卜已有千年历史,原产于云山街道黄溢村、十里亭村、陈店村一带。兰溪小萝卜以其个小、色白、脆嫩、味美等特点赢得市场青睐,具有较高知名度。全市小萝卜栽种面积近3万余亩,年产值达5000多万元。小萝卜营养价值高,经腌制后风味更佳。兰溪小萝卜在2015年被评为农产品地理标志产品。

历史沿革

【市名由来】 城西南兰阴山下有溪,崖岸多兰芷,溪以兰名,县以溪名,故名兰溪。

【政区沿革】 春秋属越国,战国为楚地。秦时属会稽郡乌伤县。东汉初平三年(192年)析乌伤县西南置长山县,属长山县。隋开皇十三年(593年)改长山为吴宁县,属吴宁县;十八年改为金华县。唐咸亨五年(上元元年,674年)八月十五析金华县三河戍地置兰溪县,时为上县,隶属婺州;天宝十三年(754年)析县北通化乡(今梅江镇、横溪镇和柏社乡洪塘里村)归属浦阳县(今浦江县);大历十三年(778年)升为紧县。宋熙宁六年(1073)升为望县。元元贞元年(1295年)升为不辖县的州,隶属婺州路。明洪武三年(1370年)三月复为兰溪县,属金华府;成化七年(1471年)析县南龙岩乡全部、太平乡的29都和横山乡的33、34都归属新置的汤溪县(今金华婺城区)。明、清为金华府首县,民国元年定为一等县。1914年6月置金华道,道署驻兰溪。1916年移驻衢县。1927年废道制,兰溪直属于省。1932年6月浙江省实行行政督察区划,兰溪属第八区。1933年9月置兰溪实验县,为全国四个优秀实验县之一。1934年8月设兰溪区行政督察专员公署,辖11个县,区公署驻兰溪。1937年改兰溪区为第四行政督察区,驻地迁至金华。1949年5月6日,兰溪解放。6月辖城区、万坛、游埠、永昌、女埠、马涧6个区;7月,兰溪县人民政府隶属浙江省第八行政区。同年8月,原汤溪县所辖外北区(原下王乡、中洲乡及钱村乡大部)归属兰溪县,9月增设厚仁区;11月特设兰东区,划城区范围设立兰溪市,12月撤销兰东区。1950年6月撤兰溪市建制,并入兰溪县,同时增设兰西乡和香溪乡(后改为洲上区);10月底全县农村29个乡划建为85个乡、1个镇,城区分城中、城南和城北3个镇,共设7个区、4个镇、85个乡。1955年10月改称兰溪县人民委员会;11月撤城区及所辖城中、城南、城北3个镇,设立城关镇。1956年3月撤区并乡,撤销万坛、兰西、永昌、洲上区,保留游埠、厚仁、女埠、马涧4个区,全县86个乡镇撤并为35个乡。1957年10月恢复永昌、万坛两个区,永昌区辖温塘、汪高、杨塘、永昌、诸葛、双牌6个乡,万坛区辖下余、灵洞、板桥、黄家4个乡,岩山乡划归女埠区,官塘、洲上2个乡划归马涧区,城关镇直属县。1958年8月至11月撤区并乡,农村32个乡合并为6个乡,成立7个人民公社。1959年12月撤销浦江县,所属梅江公社划归兰溪县。1961年10月调整人民公社规模，设7个区，1个区级镇，1个乡级镇，51个公社。1968年12月改称兰溪县革命委员会，时辖50个公社、1个直属公社。1980年9月恢复兰溪县人民政府。1983年5月至7月，人民公社实行政社分设，分别建立乡人民政府和乡人民公社，乡人民公社成为乡政府领导下的经济组织。全县辖7个区、2个镇、54个乡。1985年4月撤销蜀山、宋宅、白枣、双溪、渔塘下5个乡设横溪镇；5月15日撤兰溪县，设立县级兰溪市；11月撤游埠乡，所属17个村并入游埠镇，永昌、诸葛、女埠、马涧、香溪5个乡改设为建制镇，年末辖7个区、8个镇、43个乡。1988年9月圣山乡改为圣山畲族乡。1991年10月厚仁乡改为建制镇，至此全市有7个区、9个镇、42个乡（包括圣山畲族乡）。1992年3月撤上华、游埠、永昌、女埠、岩山、马涧、梅江7个区，将原有51个乡镇扩并为兰江、游埠、永昌、诸葛、女埠、马涧、香溪、马达、黄店、墩头、横溪、厚仁12个镇，柏社、灵洞、孟湖、赤溪、官塘岗、张坑、下陈、白沙、石渠、芝堰、横木、朱家、水亭畲族13个乡；兰江镇设城中、城东、城南、城西、城北、城郊6个办事处。2001年撤兰江、厚仁镇，张坑乡和永昌镇16个村、女埠镇15个村合并设立云山、兰江、城南3个街道。2004年4月撤芝堰、朱家乡并入黄店镇；撤石渠、横木乡并入马涧镇；撤下陈乡并入柏社乡；撤横溪、墩头镇，白沙乡合并设立梅江镇；撤官塘岗乡并入香溪镇；撤马达、永昌、女埠镇，孟湖、赤溪乡，城南街道，合并设立上华、永昌、赤溪、女埠4个街道。年末辖兰江、云山、上华、永昌、赤溪、女埠6个街道；游埠、诸葛、黄店、香溪、马涧、梅江6个镇；灵洞、柏社和水亭3个乡。2007年11月恢复重设横溪镇。2015年末辖兰江、云山、上华、永昌、赤溪、女埠6个街道，游埠、诸葛、黄店、香溪、马涧、梅江、横溪7个镇，灵洞、柏社、水亭3个乡，共16个乡级政区；辖有27个社区居民委员会，646个村民委员会，共673个群众自治组织；下设412个居民小组，5046个村民小组。2016年1月15日，全面完成行政村规模调整工作，全市行政村数量由原先的646个减少至327个，并有2个村转为社区，村平均人口由852人增加到1677人。

人口状况

【人口】 2020年，全市助产机构共出生2725人，同比减少659人，减幅为19.47%；卫生国统报表出生3629人，其中男婴1920人，女婴1709人，计生口径性别比为112.35，比去年同期增长8.02个比值。

截至2020年底，兰溪市户籍总户数为213360户，总人口654835人，其中，男337819人，女317016人。流动人口总数为92513人，其中，男56643万人，女35870人。

【民族】 全市现有户籍少数民族人口6828人，涉及29个民族成分。全市有1个民族乡（水亭畲族乡），15个民族村（柳塘章、下方泉、生塘胡、奎塘畈、柳家、周邵汤、上朱、西方坞、高元张、范院坞、下吴、汪高、厚伦方、横畈、洪畈朱），分布在兰江、上华、永昌、游埠、诸葛、水亭6个乡镇（街道）。全市外来流动少数民族人口10168人，涉及37个民族成分。

重要荣誉

1. 浙江省文明市
2. "中国诗歌之城"称号
3. "中国传统建筑之乡"称号

4. 2019年全省征兵工作突出贡献单位

5. 连续14年获平安县（市、区）

6. 市政府"三长"学法说法获评全省县乡法治政府建设"最佳实践"项目

7. 入围全省制造业高质量发展示范县

8. 省级乡村振兴产业发展示范建设县

9. 实施全域土地综合整治与生态修复工程、节约集约利用土地、批而未供土地消化利用、闲置土地处置工作较好的县（市、区）

10. 全省农村危房改造治理绩效评价优秀县

11. 全省农村饮用水达标提标成绩突出县

12. 全省农业水价改革绩效评价优秀县、示范县

13. 全省实行最严格水资源管理制度成绩突出市县

14. 全国农村承包地确权登记颁证工作典型地区

15. 2020年度浙江省市县防灾减灾工作考核优秀县（市、区）

16. 2020年度、2019年度全省水库移民工作优秀县（市、区）

主要组织行政事业机构及其负责人

中国共产党兰溪市委员会

市委常委会

  书 记：陈峰齐
  副 书 记：王新锋
      林纪平（—2020.12）
  常 委：金建荣
      徐 健
      陈智军
      张卫平（—2020.07）
      朱俊华（2020.07—）
      郭 亮
      吴一成
      翁柯卫
      孙 涛（挂职）（—2020.09）
      周金富（—2020.01）
      吴丽娅
      胡作滔

办公室（台办、信访局、党史研究室、政策研究室）

  主 任：柳卫东
  政策研究室
  主 任：金建高
  信访局
  局 长：范卫民（—2020.03）
      吕晓东（2020.03—）

  台湾工作办公室
  主 任：蒋新庆（—2020.06）
      柳卫东（2020.06—）
  党史研究室
  主 任：曹永清

市委全面深化改革委员会办公室

  主 任：金建高

组织部（市委两新工委、市委直属机关党工委、公务员局）

  部 长：郭 亮
  常务副部长：朱力军
  两新工委书记：许佩秦
  市委直属机关党工委书记：郭 亮（兼）
  公务员局局长：朱力军（—2020.07）
        潘建华（2020.07—）

宣传部（网信办、新闻出版局）

  部 长：翁柯卫
  常务副部长：周长春（—2020.06）
       胡廾辉（2020.06—）
  互联网信息办公室：胡开辉
  新闻出版局局长：周长春（—2020.06）
        金志福（2020.12—）

统战部（民族宗教事务局、侨务办公室）

  部 长：吴一成
  常务副部长：应炳军
  民族宗教事务局
  局 长：胡建平

侨务办公室

主　　任：胡若蕙

政法委员会（司法局）（综治办、维稳办、国安办、流管局、防范办）

书　　记：林纪平

副 书 记：徐　健

　　　　　张卫平（兼）（—2020.07）

　　　　　朱俊华（2020.07—）

　　　　　徐振华

　　　　　倪慧仙

　　　　　吴祥松

常务副书记：徐振华

司法局

局　　长：蓝　峰

老干部局

局　　长：童寿飞（—2020.12）

　　　　　赵毓智（2020.12—）

党校（行政学院）

党校校长：郭　亮

行政学院院长：朱俊华

常务副校长：林　月

档案局（馆）

党组书记、局（馆）长：严学军

机构编制委员会办公室

主　　任：章志威（—2020.12）

兰溪市人大常委会

人大常委会

主　　任：刘成芝

党组书记：刘成芝

副 书 记：朱恒德

副 主 任：朱恒德　胡向东　赵月莲

　　　　　张林安　徐建光　吴　歆

办公室

主　　任：徐培金

法制工作委员会

主　　任：白秀丽

财政经济工作委员会

主　　任：陈文良

农村经济工作委员会

主　　任：盛晓明

教科文卫工作委员会

主　　任：郑　平

代表与选举任免工作委员会

主　　任：王学庆

城乡建设环境保护工作委员会

主　　任：李炜华

社会建设工作委员会

主　　任：张　伟

兰溪市人民政府

市政府

市　　长：王新锋

党组书记：王新锋

副 市 长：张卫平（—2020.07）

　　　　　朱俊华（2020.07—）

　　　　　孙　涛（挂职）（—2020.09）

　　　　　陈玉祥

　　　　　徐　健

　　　　　章丽清

　　　　　傅朝云（—2020.04）

　　　　　俞　兰（2020.04—）

办公室（机关事务管理局、法制办、外事办、金融办、公开办）

主任、党组书记：龚建峰

机关事务服务中心

局　　长：祝　勤

发展和改革局（物价局）
  局长、党组书记：徐政飞
经济和信息化局
  局长、党委书记：童永生
教育局
  党委书记、局长：李益民
科学技术局
  局长、党组书记：邵卫荣
公安局
  局长、党委书记：徐　健
  政　　委：王伟平
  常务副局长：王伟平（—2020.12）
      姜国群（2020.12—）
民政局
  局长、党委书记：王　斌
财政局（国资办）
  局长、党组书记：陈志良
国资办
  主　　任：张海湘
人力资源和社会保障局
  局长、党委书记：严建成（—2020.12）
      章志威（2020.12—）
自然资源和规划局
  局长、党委书记：傅学农
住房和城乡建设局
  党委书记、局长：陈崎峰
交通运输局
  党委书记、局长：樊友洪
水务局
  局长、党委书记：潘丽芳
农林局
  局长、党委书记：余樟土（—2020.09）
      严建成（2020.12—）
商务局（经济合作交流办公室、粮食和物资储备局）
  党委书记：胡纪土

经济合作交流办公室
  主　　任：胡纪土
文化和广电旅游体育局
  局长、党委书记：张　靓
市卫生健康局（中医药管理局）
  局长、党委书记：徐建光（—2020.03）
      董为民（2020.03—）
中医药管理局
  局　　长：徐建光（—2020.03）
      董为民（2020.03—）
退役军人事务局
  局长、党组书记：章立峰（—2020.12）
      沈来兴（2020.12—）
应急管理局［人防办（民防局）］
  局长、党组书记：成德华（—2020.03）
      范卫民（2020.03—）
审计局
  局长、党组书记：倪成品
市场监督管理局（食品安全委员会办公室）
  局长、党委书记：郑英文
食品安全委员会办公室
  主　　任：郑英文
金融工作办公室
  主　　任：江勇钧
统计局
  党组书记：叶有余
  局　　长：严赛虹
医疗保障局
  党组书记：刘秋瑾
  局　　长：叶　峻
综合行政执法局（城市管理局）
  局长、党委书记：严肖军（—2020.03）
      周玉军（2020.03—）
城市管理局
  局　　长：严肖军（—2020.03）

周玉军（2020.03—）

金华市生态环境局兰溪分局

　　局长、党组书记：吴跃升

行政服务中心（公共资源交易管理委员办公室）

　　主任、党组书记：倪红光

融媒体中心

　　党委书记：金志福（—2020.03）

　　　　　　　徐文相（2020.07—）

　　主　　任：徐文相

浙江兰溪旅游度假区（浙江兰湖旅游度假区）

　　党工委书记：徐志良（—2020.03）

　　　　　　　　胡作滔（2020.03—）

　　主　　任：徐志良（—2020.03）

　　　　　　　孙晓媚（2020.12—）

供销合作总社

　　主任、党委书记：汤宝升

浙江省兰溪经济开发区管委会

　　党工委书记：周　通（—2020.12）

　　　　　　　　于　纲（2020.12—）

　　主　　任：周　通

社会治理综合服务中心（8890服务中心）

　　主　　任：丁军华

机关事务服务中心

　　主任、党组书记：祝　勤

政协兰溪市委员会

　　主　　席：徐建祥

　　党组书记：徐建祥

　　副书记：吴乐华

　　副主席：吴乐华　姚　威　马叔东

　　　　　　何忠云　叶小虎　陈兴兵

　　　　　　严赛虹

　　秘书长：朱小爱民（—2020.03）

　　　　　　徐志良（2020.03—）

办公室

　　主　　任：吴英姿

提案与委员工作委员会

　　主　　任：应立忠（—2020.03）

　　　　　　　成德华（2020.03—）

经济科技委员会

　　主　　任：李　皓（—2020.01）

　　　　　　　方雪峰（2020.01—）

资源环境与农业农村工作委员会

　　主　　任：方雪峰（—2020.01）

　　　　　　　应荣军（2020.01—）

教育文化卫生体育与文史资料委员会

　　主　　任：马兴堂

社会法制民族宗教与港澳台侨委员会

　　主　　任：郎松青（—2020.06）

　　　　　　　叶立芬（2020.06—）

兰溪市纪律检查委员会（市监察委员会）

　　书　　记：吴丽娅

　　副书记：陈志滨　郑宜宾

监察委员会

　　主　　任：吴丽娅

　　副主任：陈志滨　郑宜宾

兰溪市人民武装部

　　政　　委：戈金辉

　　部　　长：陈智军

兰溪市人民法院

　　院长、党组书记：陈建勋

兰溪市人民检察院

检察长、党组书记：蒋凌军

人民团体（部分）

总工会
主　　席：朱恒德
党组书记：蒋用军（—2020.03）
　　　　　张建明（2020.03—）

共青团兰溪市委员会
书记、党组书记：倪于平

妇女联合会
主席、党组书记：余霞燕

科学技术协会
主　　席：雷启余
党组书记：吴胜忠（—2020.06）
　　　　　邵美娣（2020.06—）

文学艺术界联合会
主　　席：冯琴娟

工商业联合会
主　　席：叶小虎
党组书记：金　辉

残疾人联合会
主　　席：陈玉祥
理事长、党组书记：蓝一飞

计划生育协会
会　　长：胡向东
专职副会长：郑国娟

红十字会
会　　长：傅朝云（—2020.05）
　　　　　俞　兰（2020.05—）
专职副会长：
　　　　　赵毓智（—2020.12）
　　　　　章立峰（2020.12—）

国家、省、金华市驻兰溪市（共管）机构

国家税务局
局长、党委书记：毛晓东

金华海关兰溪联络处
主　　任：陈江风

供电局
局　　长：骆宗义

电信局（电信实业公司）
局长（总经理）、党委书记：沈海峰

邮政局
局长、党委书记：章　炜

烟草专卖局（公司）
局长（经理）、党组书记：赖剑平

气象局（台）
局（台）长：陆　韬

兰江导报
总　　编：徐文相

浙江移动兰溪分公司
总　经　理：朱洪波

中国联通兰溪分公司
总　经　理：沈　鸽

中国人民银行兰溪市支行
行　　长：金伟斌

金华银监分局兰溪办事处
主　　任：沈海良

中国工商银行兰溪市支行
行　　长：谢向军

中国农业银行兰溪市支行
行　　长：方琳娜

中国银行兰溪市支行
行　　长：王　韬

中国建设银行兰溪市支行
行　　长：江茂明

中国农业发展银行兰溪市支行
　　行　　长：洪信壮
中国邮政储蓄银行兰溪市支行
　　行　　长：姚赵蔚
金华商业银行兰溪市支行
　　行　　长：陆素敏
浙江兰溪农村商业银行
　　董事长、党委书记：余荣华
　　行　　长：黄　领
浙江稠州商业银行兰溪支行
　　行　　长：徐　超
兰溪越商村镇银行
　　董 事 长：毛宏笙
浙江民泰商业银行金华兰溪支行
　　行　　长：陈文敏
浙江泰隆商业银行金华兰溪支行
　　行　　长：梁　波
平安银行股份有限公司金华兰溪支行
　　行　　长：吴建娥
中国人民保险公司兰溪市支公司
　　总 经 理：蔡轶啸
中国人寿保险公司兰溪市支公司
　　经　　理：童宝坤
金华市住房公积金管理中心兰溪分中心
　　主　　任：王永生

兰溪市镇乡（街道）党政组织

兰江街道
　　书　　记：周玉军（—2020.03）
　　　　　　　盛增良（2020.03—）
　　主　　任：邵兴华（—2020.12）
　　　　　　　吴　丹（2020.12—）
云山街道
　　书　　记：阎路刚

　　主　　任：范国平（—2020.03）
　　　　　　　杨伟锋（2020.03—）
上华街道
　　书　　记：赵庆鸿（—2020.12）
　　　　　　　王　锦（2020.12—）
　　主　　任：王　锦（—2020.12）
　　　　　　　徐俊逸（2020.12—）
永昌街道
　　书　　记：徐荣标
　　主　　任：徐国兵（—2020.12）
　　　　　　　陈丽娜（2020.12—）
赤溪街道
　　书　　记：徐慧斌（—2020.03）
　　　　　　　朱剑辉（2020.03—）
　　主　　任：朱剑辉（—2020.03）
　　　　　　　王文新（2020.03—）
女埠街道
　　书　　记：孙晓媚（—2020.12）
　　　　　　　何　翠（2020.12—）
　　主　　任：吕玉刚
灵洞乡
　　书　　记：吴　歆（—2020.03）
　　　　　　　严肖军（2020.03—）
　　乡　　长：叶浩军
游埠镇
　　书　　记：董为民（—2020.03）
　　　　　　　徐慧斌（2020.03—）
　　镇　　长：吴旭明（—2020.12）
　　　　　　　陈旭东（2020.12—）
水亭畲族乡
　　书　　记：应荣军（—2020.01）
　　　　　　　赵　宁（2020.01—）
　　乡　　长：钟秀明
诸葛镇
　　书　　记：张建明

镇　　长：陈丽娜（—2020.12）
　　　　　吴旭明（2020.12—）

黄店镇

书　　记：何　翠（—2020.12）
　　　　　邵兴华（2020.12—）
镇　　长：吴　剑

香溪镇

书　　记：陈金品（—2020.12）
　　　　　徐国兵（2020.12—）
镇　　长：沈文忠

马涧镇

书　　记：许文芳
镇　　长：郭旭东（—2020.03）
　　　　　吴　越（2020.03—）

柏社乡

书　　记：滕步新
乡　　长：童雪菲

梅江镇

书　　记：盛增良（—2020.03）
　　　　　范国平（2020.03—）
镇　　长：王　艳（—2020.12）
　　　　　查晓东（2020.12—）

横溪镇

书　　记：陈晓红（—2020.03）
　　　　　赵仲君（2020.03—）
镇　　长：赵仲君（—2020.03）
　　　　　柳祖华（2020.03—）

（组织部）

中共兰溪市委员会

综　述

【概况】　2020年，面对国际国内形势的深刻复杂变化，特别是突如其来的新冠肺炎疫情，兰溪市委常委会深入学习贯彻习近平总书记系列重要讲话精神，全面贯彻落实中央、省委和金华市委各项决策部署，以"担当追赶、再创辉煌"为目标要求，深入实施"强工兴市、拥江兴城、文旅兴兰、环境兴人"四大战略，扎实开展"项目招引建设年""干部作风提升年"活动，统筹推进"战疫情、促发展"，全力落实"六稳""六保"任务，高水平全面建成小康社会取得决定性成就，"十三五"圆满收官，经济社会发展逆势增长、全面向好，进入了一个新的发展阶段。全年实现地区生产总值400.16亿元，同比增长3.4%；固定资产投资148.80亿元，同比增长3.0%；财政总收入、一般公共预算收入分别为49.06亿元、29.61亿元，同比分别增长2.8%、4.7%；城镇居民人均可支配收入46610元、农村居民人均可支配收入23021元，同比分别增长4.2%、5.2%。

【政治建设全面深化】　坚持把学深悟透习近平新时代中国特色社会主义思想作为最大的政治任务，通过市委常委会会议、市委理论学习中心组学习会、调研宣讲等，及时传达学习习近平总书记重要讲话精神，不断提高政治判断力、政治领悟力、政治执行力。巩固深化"不忘初心、牢记使命"主题教育成果，举行"学习贯彻党的十九届五中全会精神"专题学习会，营造学深悟透明方向、知行合一践初心的浓厚氛围。建立意识形态蹲点联系和通报约谈问责机制，强化意识形态制度管理，夯实意识形态主体责任。扎实做好省委巡视"后半篇文章"，巡视反馈的45个问题全部整改到位，上一轮巡视遗留问题全部清零。

【疫情防控精准有效】　坚决贯彻中央、省委和金华市委决策部署，迅速落实"硬核隔离+精密智控"，内防输入、外防扩散，创新推出"复学码"，在全省率先启动复工复产，开展"千名干部联千企"行动，得到省委袁家军书记肯定。推出"共享员工"保企稳岗，扎实开展金融助企复工达产，全面推动经济工作"争先创优"，实现MEI指数全省排名逐月走高。为企业降本减负16亿元，兑现"五减"政策资金13.76亿元，完成全年目标任务的220.2%。积极抢抓政策窗口期，累计向上争取资金50.2亿元，新增贷款106亿元。组织8名医护人员驰援湖北，全力推动并保障防疫物资生产企业开足马力、扩大产能，为全省全国"战疫"大局作出兰溪贡献。

【经济活力持续增强】　召开首届兰溪发展大会，签约招商引资项目71个，总投资507亿元，其中3亿元以上项目16个、20亿元以上项目4个，招商引资工作列金华第一。实施省制造业高质量发展示范市创建三年行动，全力打造现代纺织等五大百亿级产业集群。纺织行业智能化改造取得阶段性成效，企业综合效益提高12.3%，经验得到省长郑栅洁和中国纺织工业联合会的充分肯定。"老树发新芽"引领存量改造，凤凰化工与杭州船王集团、嘉宝化工与物产化工、永泉化学与传化集团3个重组提升项目落地实施。"新树扎深根"促进增量提升，年产能超百亿的自立环保投产，欣旺达锂离子电池项目加快推进，欣动能源生产基地项目投产。长芯光电、中科玖源、康鹏半导体和新奥华纺织4个项目入选省重大产业项目。中德职教中心、高铁枢纽配套工程等8个项目列为省重点建设项目，列金华第一。谋划6个"省市县长项目"，落地率80%，列金华第一。强化项目保障，盘活低效用地218.16公顷（3272.38亩），累计争取土地指标128.4公顷（1926亩）。积极培育市场主体，新增市场主体11647户，同比增长38.5%，增幅列金华第一。新增流动人口33357人，同比增幅达478.7%。新增国家高新技术企业33家，总数达到136家。光膜小镇不断壮大，累计落地企业15家。建立技术难题"揭榜挂帅"机制，成立浙工大兰溪研究院、行知校地协同创新中心，引进顶尖人才4名、领军人才17名、博硕士577名、大学生9703名。

【城市能级不断跃升】 紧扣"打造浙中西部经济社会发展重要增长极"目标，高标准推进金兰创新城建设，加快打造金兰同城先行区。成立金兰创新城开发建设中心，优化金兰创新城总体规划，一期5条框架道路基本成形。兰溪开元名都大酒店、中德职教中心、兰溪杭州育才中学、党校迁建、江南职校扩建等8个项目开工，总投资28.84亿元。成功引进睿珀智能科技产业园等一批优质项目。桃花坞区块列入省第二批未来社区试点创建名单。电驱装备小镇列入省级特色小镇创建名单，积极申报金兰高新技术产业园区。开展交通建设大会战，临金高速建成通车，兰溪港区女埠作业区一期完工，金建高铁、351国道、金兰中线快速化改造等工程加快推进。

【文旅融合加快发展】 积极融入钱塘诗路建设，成功入选"2020中国县域旅游综合竞争力百强县"。时隔20年，"兰溪—建德"水上游复航，得到省长郑栅洁肯定。全国首趟疫后跨省高铁旅游专列进兰溪。大力推进总投资172.8亿元的47个文旅项目建设，完成投资49.03亿元，列金华第一。加快建设"天下江南"国家4A级景区，天福山区块有机更新稳步实施，桃花坞、费龙口区块开发项目引进开发主体。越龙山国际旅游度假区一期试运营。郎静山摄影小镇通过国家3A级旅游景区评审，李渔戏剧小镇加快建设，诸葛-长乐村、芝堰村获"全球人居环境村落范例"称号。成功举办全国中医药文化进校园现场会、首届海峡两岸影像文化周兰溪郎静山专场活动、首届童诗中国论坛、第21届黄大仙文化节等7项文旅活动。"中国诗歌之城"、全国首个"中国传统建筑之乡"称号落户兰溪。雷迪森维嘉酒店、维也纳国际酒店等一批品牌酒店对外营业，世贸大饭店全面投入运营，旅游接待能力得到增强，城市知名度、美誉度显著提升。

【乡村振兴提质提速】 引进金华农科院兰溪分院，推进匠康·兰溪现代农业科技园建设。马涧镇成功申报国家级农业产业强镇，数字田园产业发展示范项目列为省级乡村振兴示范项目，成功争取白露山省级现代农业园区项目。推进水亭"柚香畲风"农村产业融合发展示范园、华统生猪全产业链等项目，启动梅江烧·杨梅酒行业培育三年提升工程，完成马涧精品杨梅风情园、梅江聚仁村等20个乡村振兴示范项目。推广

"四水共盛",兰溪杨梅蝉联全省农业之最双冠王,代表浙江在全国农交会上进行推介;"兰江蟹""汇潭甘蔗"列入国家农产品地理标志,兰溪成为全省拥有国家农产品地理标志最多县市。生猪增产保供获金华"最佳实践"案例。民盟助力乡村振兴实践基地揭牌,水亭乡被确定为全国民族乡村振兴试点。金融支农创新试点受到农业农村部肯定,农村承包地确权登记颁证获国家级荣誉。成立美食协会,兰溪六道小吃在"全省名点名小吃总决赛"中斩获金奖。全面消除"9000元"以下现象,整改危旧房217户,新增就业2.26万人,失业率保持在1.79%低水平。兰溪入选全国县级市全面小康指数前100名。

【民生事业长足改善】 创新推出交地即发证、交地即开工、建好就验好、婚育户"五证联办"、兜底一件事等改革,企业和群众办事更便利。兰溪杭州育才小学和初中顺利开学,兰一中扩建项目加快推进,打响"三爱三立"思政教育品牌,回流义务教育阶段学生1505人。医共体建设走在全省前列,康体中心全面投入运营,市人民医院进入全国二级甲等综合医院前8,市中医院连续四年位列全国中医院500强。成立乡贤人才基金,筹集基金4.8亿元,用于教育、卫健领域引才、留才。金华引水工程提前3个月通水。农村饮用水提标全面完成,惠及19.2万人。完成五里亭等老旧小区改造,新增绿化8万多平方米。高质量完成第二轮中央环保督察迎检,生态环境质量持续改善。空气质量综合指数排名金华第二,入选省清新空气示范区。获评金丽衢地区首个省文明市。市矛调中心建设走在全省前列,信访历史积案化解率列全省第一。媒体融合工作走在全省前列,获评全省县级融媒体中心建设工作示范市。建好建强"三大员"队伍,积极开展"大家访、大代办、大接访、大化解",累计收集问题、代办事项1.4万余件,解决率99.5%。深化垃圾分类,提升"八有八无"创建水平。扎实开展"乡风革命",村务协商委员会实现全覆盖,市域社会治理现代化工作位列金华第一。开展平安建设"百日攻坚",实现平安建设"十四连冠"。安全生产事故、死亡人数同比分别下降35%、31.25%,刑事案件发案同比下降13.56%,实现全年命案"零发案"。

【干部作风明显提升】 常态化开展市级领导述职评议、"担当追赶"交流会和重点工作"晒拼创",创新开展"溪心成长"干部心理素质提升行动,干部精气神进一步提振,干部作风测评指数年度提高了14.61%,18项工作的群众满意率同比提升11.5%。按照新时代好干部"五条标准"和"三个区分开来"要求,提拔使用一批优秀干部。完成村社换届,"一肩挑"人选全部顺利当选,整个过程依法依规、平静安静。纵深推进"清廉兰溪"建设,落实"三资"智慧监管,村(居)巡察、财务清账实现全覆盖,在金华率先完成扶贫开发专项巡察,形成市乡一体推进"四责协同"机制,保持惩治腐败高压态势。"清廉单元"建设实践获评第二届"中国廉洁创新奖"特色创新项目。

重要会议

【兰溪市委十四届八次全体(扩大)会议暨市政府第六次全体会议】 1月3日召开。会议回顾总结2019年工作,研究部署2020年工作,审议通过《中共兰溪市委关于认真学习贯彻党的十九届四中全会精神 高水平推进县域治理现代化的决定》,动员全市上下以"担当追赶、再创辉煌"为目标要求,深入实施"强工兴市、拥江兴城、文旅兴兰、环境兴人"四大战略,积极推进县域治理现代化，确保高水平全面建成小康社会。

兰溪市委十四届八次全体（扩大）会议暨市政府第六次全体会议　　　　（王萍 摄）

【兰溪市"不忘初心、牢记使命"主题教育总结大会】 1月9日召开。会议强调，要深入学习贯彻习近平总书记在"不忘初心、牢记使命"主题教育总结大会上的重要讲话精神，认真贯彻落实全省、金华全市主题教育总结大会精神，全面总结巩固深化兰溪主题教育成果，推动"不忘初心、牢记使命"常态化、制度化、长效化，激励广大党员干部在践行初心使命征程上展现更大担当作为，为兰溪"担当追赶、再创辉煌"不懈奋斗。

【兰溪市新型冠状病毒感染的肺炎防控工作会议】 1月27日召开。会议学习贯彻习近平总书记在中央政治局常务委员会会议上的重要讲话精神和省委常委会会议、金华市委常委会会议精神，客观分析兰溪防控形势，对全市疫情防控工作进行再部署，动员乡镇（街道）和有关部门进一步统一思想、提高认识，周密部署、迅速行动，认真抓好各项防控措施落实，确保人民群众生命安全。

【企业复工复产工作会商会】 2月8日召开。会议强调，要深入学习贯彻习近平总书记重要讲话精神，切实把思想和行动统一到中央、省委、金华市委的最新部署要求上来，在扎实做好疫情防控工作的前提下，正视困难，抢抓机遇，积极推动企业有序复工复产，保障经济健康发展。

企业复工复产工作会商会　　　　（王萍 摄）

【制造业高质量发展大会】 4月3日召开。会议强调，要深入学习贯彻习近平新时代中国特色社会主义思想，全面落实制造强国战略，认真贯彻落实全省制造业高质量发展大会精神，进一步坚定信心、化危为机，以新发展理念引领制造业高质量发展，全力推进"省制造业高质量发展示范市"创建，为兰溪"担当追赶、再创辉煌"打下坚实基础。

全市制造业高质量发展大会　　　　（王萍 摄）

【兰溪市委农村工作会议暨全市乡村振兴大会】 4月17日召开。会议强调要深入学习贯彻习近平新时代中国特色社会主义思想、习近平"三农"思想和习近平总书记考察浙江时的重要讲话精神,全面落实上级有关部署要求,抢抓机遇、担当作为,让农业强起来、农民富起来、农村美起来,加快推动"三农"工作高质量发展,奋力谱写新时代乡村振兴的兰溪篇章。

【兰溪市委十四届十次全体(扩大)会议暨市政府第七次全体会议】 7月31日召开。会议总结回顾2020年以来工作,研究部署兰溪在建设"重要窗口"中的思路举措,审议通过《中共兰溪市委关于学习贯彻习近平总书记考察浙江重要讲话精神 奋力推动兰溪在建设"重要窗口"新征程中走前列作示范的意见》,进一步动员全市广大党员和干部群众勇担使命、砥砺奋进,坚定不移推进"强工兴市、拥江兴城、文旅兴兰、环境兴人"四大战略,加快"担当追赶、再创辉煌"步伐,努力展现新时代建设"重要窗口"的兰溪风采。

十四届十次全体(扩大)会议暨市政府第七次全体会议　　　　　　　　(王萍 摄)

【《关于制定兰溪市国民经济和社会发展第十四个五年规划和二〇三五年远景目标的建议(征求意见稿)》征求意见座谈会】 12月17日召开。会议征求对市委《关于制定兰溪市国民经济和社会发展第十四个五年规划和二〇三五年远景目标的建议(征求意见稿)》的意见建议。

【兰溪市委十四届十一次全体(扩大)会议暨市政府第八次全体会议】 12月30日召开。会议审议通过《中共兰溪市委关于制定兰溪市国民经济和社会发展第十四个五年规划和二〇三五年远景目标的建议》,进一步动员全市上下忠实践行"八八战略"、奋力打造"重要窗口",紧紧围绕"担当追赶、再创辉煌"目标要求,深入实施"强工兴市、拥江兴城、文旅兴兰、环境兴人"四大战略,开启高水平建设社会主义现代化新征程。

市委十四届十一次全体(扩大)会议暨市政府第八次全体会议　　　　　　(王萍 摄)

重要活动

【金建高铁建设动员会暨兰溪枢纽工程开工仪式】 1月7日举行。金建高铁的建设,将让兰溪昂首跨入高铁时代,彻底打通对外交通,与泛长三角地区的"合肥都市圈""黄山旅游经济圈""温州经济圈"等多个经济圈紧密联系,重塑区位交通优势,真正成为浙中西部连接沪杭及长三角的重要门户。

【2020年重大项目集中开工仪式】 2月26日,

金建高铁建设动员会会场　　　　　（王萍 摄）

首届兰溪发展大会上，市委书记陈峰齐致辞
（王萍 摄）

兰溪以3个主会场、5个分会场的形式，举行2020年重大项目集中开工仪式。30个项目集中开工，总投资110.6亿元，涵盖新材料、医疗卫生、城市建设等领域，产业层次高、投资规模大、带动作用强，为兰溪高质量发展注入强劲动能。

【欣旺达锂离子电池项目签约仪式】　3月25日，总投资52亿元的欣旺达锂离子电池项目在兰溪签约落地，进一步加快产业转型升级步伐，为兰溪推动制造业高质量发展提供有力支撑、增添强劲动能。这是兰溪历史上单体投资规模最大的制造业项目，将在经济开发区建设年产2.4亿支锂离子电池生产线，项目分三期4年投资建设，达产后可实现年产值超百亿元，新增就业超8000人。

【"接轨长三角 融入大上海"——兰溪发展恳谈会】　7月18日，"接轨长三角 融入大上海"为主题的兰溪发展恳谈会在上海举行。在上海干事创业的金华籍、兰溪籍专家学者及企业家等30余人与兰溪市四套班子领导共聚一堂，畅叙桑梓情谊，共谋兰溪发展。

【首届兰溪发展大会】　10月1日上午，以"共聚兰溪、共谋发展、共创辉煌"为主题的首届兰溪发展大会隆重举行。300余位来自全国各地的兰溪籍党政领导、业界精英、知名人士、新兰溪人代表和嘉宾齐聚一堂，共叙乡情友谊，共谋家乡发展。

【首届童诗中国（兰溪）论坛】　10月17日，以"风起钱塘 韵漾兰江"为主题的首届童诗中国（兰溪）论坛在兰湖之畔举行，来自全国各地的专家学者、作家诗人汇聚一堂，共享传统文化盛宴，为兰溪诗路文化带建设吹响前进的号角。现场，兰溪被授予"中国诗歌之城"称号，并发布首届童诗中国（兰溪）论坛宣言。

【首届海峡两岸影像文化周兰溪郎静山专场活动】　10月20日，首届海峡两岸影像文化周兰溪郎静山专场活动在千年古镇兰溪游埠启动。

首届海峡两岸影像文化周兰溪郎静山专场活动启动仪式　　　　　（王萍 摄）

100多位来自两岸八方的台胞台商和摄影大咖齐聚一堂,用镜头记录下兰溪的自然风光、人文景观。活动现场,兰溪被授予"首届海峡两岸影像文化周组织贡献奖"匾牌;龙绪明代表郎毓文向游埠镇转交郎静山早期作品5副,作品将存放于郎静山纪念馆展出;"影像兰溪馆"和"永济影像艺术馆"揭牌开馆。

【全省"县县通高速"集中通车暨"十四五"综合交通重大项目开工仪式金华分会场活动】 12月22日,浙江"县县通高速"集中通车暨"十四五"综合交通重大项目开工仪式举行,当天,备受兰溪人民关注的建金高速公路通车。建金高速的建成,为杭州、金华、丽水、衢州构建了一条快速通道,对加快构建一小时交通圈,促进都市圈内各城市融合,实现省际高速公路布局的无缝衔接,完善国家高速公路、长三角高速公路及浙江省高速公路路网,推动长三角一体化高质量发展和促进沿线旅游事业发展有着重要意义。

全省"县县通高速"集中通车金华分会场在兰溪马涧镇举行　　（王萍 摄）

市委办公室工作

【概况】 市委办公室全面贯彻党的十九大和十九届二中、三中、四中、五中全会精神,深入贯彻习近平总书记考察浙江重要讲话精神,忠实践行"八八战略"、奋力打造"重要窗口",紧紧围绕"担当追赶、再创辉煌"目标要求,深入实施"四大战略",在市委的坚强领导下,迎难而上、攻坚克难,充分发挥统筹协调、参谋辅政、调查研究、办文办会、督促检查、后勤保障等职能作用,为市委决策高效运转,各项工作有效落实,做出了积极贡献。

【会务工作】 全年服务保障完成市委全会3次、市委常委会议37次、市委书记专题会议21次、全省县（市、区）委书记交流视频会、经济形势分析暨乡镇（街道）工作汇报会等各类会议200余次。紧扣市委市政府中心工作,参与筹备了4次重点工作"晒拼创"活动、2020年重大项目集中开工仪式、制造业高质量发展大会、欣旺达锂离子电池项目签约仪式、兰溪市纺织行业智能制造专题座谈会等一系列重大会议活动。

【办文工作】 全年共制发各类公文300余件,处理上级来文1000余件,简报500余件,运转处理请示件、报告件等各类批办件700余件。全市三类重点精简文件共制发397件,同比减少5.92%,完成精简文件的政治任务。制定并试行"办文指数"评价体系。全年审核备案党内规范性文件28件,备案及时率、通过率均达到100%。

【综合文字工作】 围绕市委工作的重点、领导关注的焦点、群众反映的热点,充分发挥以文辅政作用,完成了市委十四届十次全会、市委十四届十一次全会、全市干部大会、全市制造业高质量发展大会、2020兰溪发展大会、市委工作务虚会、季度重点工作"晒拼创"暨经济形势分析会等一系列重要会议上的领导讲话、发言和汇报稿500多篇。

【督查考核工作】 紧扣市委中心工作，下发《督查通报》16期，形成《督查汇报》14期，对市委重点工作实行限时交办和闭环跟踪督办制度，全年共下发《市委重点工作交办单》26期，纳入督查清单98项。优化制定了全市各单位2020年度工作目标责任制综合考核办法，对乡镇（街道）进行分类考核。贯彻落实基层减负有关要求，实行督查检查考核年度计划和审批报备制度。做好年度工作目标责任制综合考核实施汇总工作。

【信息工作】 省委办公厅《上报中办信息》采用72篇，省《每日简报》采用23篇，上报《金华专报》25篇，获得金华市级领导批示15次，采用率及批示量均居金华各县（市、区）第一。编发《兰溪信息专报》56篇，共获市级领导批示105次。建立兰溪市值班应急快速反应机制，确保紧急信息收集、报送、跟踪、督办、报告全流程闭环处置。

【保密工作】 紧抓全市保密自查自评工作，督查检查重点涉密单位20余家，下发整改报告20余份。落实保密宣传教育工作，每月安排各单位学习《以案说法》和保密警示教育；在多家重点涉密单位开展保密培训，进一步增强风险意识，提升守密能力。

【档案管理工作】 完成双随机检查20次，专项检查7次，即时检查1次。全年共完成34家单位的文件材料归档范围和文书档案保管期限审批。组织完成全市初、中级档案管理职称考试。重新梳理"互联网+监管"事项。

【外事工作】 健全市委外事工作委员会工作机制，强化党对外事工作的统一领导。国外疫情暴发后，第一时间成立境外疫情输入防控工作协调小组，通过精准排查护照、实时核对口岸任务等实现入境人员数据实时衔接、全程受控入兰。累计排查兰溪籍人员护照7万余本，完成境外计划回国人员预申报登记6000余人次，未发生一起境外输入病例。

（刘奕澄）

纪检监察工作

【概况】 2020年全市纪检监察组织忠诚履责、担当尽责，纪检监察工作呈现高质量发展态势。市纪委监督责任考核连续9年位居金华前列。

【抓实政治监督】 紧盯习近平总书记重要指示批示精神贯彻落实、三大攻坚战等重大决策部署落地，扎实开展扶贫开发、餐饮浪费、生态环保等专项监督，推动"两个维护"成为行动自觉。深入推进疫情防控专项监督，发督查通报33期，处置防疫履责不力93人，现场督促整改问题2000余个，全力保障复工复产复学、惠企政策落地，推动"两手硬、两战赢"。协助做好省委巡视"后半篇文章"，推动本轮巡视45个问题和上一轮巡视遗留问题全部清零，得到省纪委主要领导批示。推行汇报模板、研判清单、常态约谈"三项机制"，协助市领导约谈单位主要负责人74人次，推动压实传导责任。

【抓实清廉兰溪建设】 连续第3年召开清廉兰溪建设会议，持续实施"育百家样本 强千家基础"工程，发布清廉单元操作标准和考评标准，全面完成4大类24项清廉建设重点项目，选树培育第二批103家清廉单元样本，标准化专业化体系化做法获评第二届"中国廉洁创新奖"特色创新项目。

【抓实正风肃纪】 深入落实中央八项规定及其实施细则精神,开展"清风亮剑"专项行动16次,使"严"的主基调成为常态。紧盯阳奉阴违、敷衍塞责、弄虚作假等问题,查处形式主义、官僚主义问题28起,处理46人,释放出越往后执纪越严的信号。紧盯"四大战略"实施,围绕"交地即开工"等重点工作推进落实,以重点带全局,开展对10个常见违反政治纪律行为、10个重点项目重点工作推进、10个扶贫民生实事办理等"六个十"在线跟踪式无痕监督,助推浙江欣旺达新能源科技有限公司等重点项目快速落地,在服务保障发展中彰显担当。

【抓实基层政治生态建设】 创新出台村社工作"十必须""三务公开"两项制度,连续两年开展"一村一规矩"建设,推动"三资"智慧监管平台发挥作用,推动清廉村居建设从"事"向"制"和"治"转变。开展基层办信质量提升年、"三清三促"护航村级换届等活动,在金华地区率先开展信访宣传周活动,连续两年承办金市纪检监察系统信访工作现场会,创新推行快查快办等7项硬核举措,全市检举控告量同比下降50.3%,实现6年连降。

【抓实"三不"一体推进】 保持惩治腐败高压态势,全年共立案364起,党纪政务处分353人,乡科级要案14件,留置7人,移送司法机关2人。严肃查处灵洞乡白坑村原党委书记赵社生等严重违纪违法案件,形成有力震慑。深挖彻查涉黑涉恶腐败和"保护伞"问题,共查处11人,立案3人,完成"扫黑除恶"决胜收官任务,获省"扫黑除恶"先进集体。精准运用监督执纪"四种形态",分别处理862人次、290人次、42人次、23人次,其中第一、二种形态占比94.6%,充分体现惩前毖后、治病救人方针。聚焦案件查办"后半篇文章",建立"一会一书一单一查"机制,全年发出建议书97份,推动整改、堵塞漏洞、完善治理。坚持严管厚爱并重,为11名党员干部澄清正名,对28名被问责干部回访教育,激发党员干部内生动力。打造"纪小兰"品牌,组织清廉单元"一把手"诵清风29期,开展主题式、防控式、启发式、警醒式廉政教育50余期,覆盖近万人次,有力增强党员干部不想腐的自觉。

【抓实巡察工作】 全年开展四轮常规巡察和一轮扶贫开发专项巡察,覆盖6个机关部门、1个国企、4个乡镇(街道)和278个村社党组织,发现问题4569个,移交问题线索192条,清退违规资金104万余元,完善修订制度67项,"第一种形态"处理260余人次,党纪政务处分62人,移送司法机关2人,巡察覆盖率达96.3%。扶贫开发专项巡察"不漏一户全覆盖、应纳尽纳全排查、不丢一项全监督、四责协同全整改"做法,得到省纪委、金华市委主要领导批示肯定。

【抓实纪检监察体制改革】 优化片区协作融合监督模式,完善月度例会、共同监督、分类协作3项机制,"四项监督"协同发力,综合效应不断显现。探索派驻机构与审计部门"全程式跟踪、节点式衔接、快速化处置、综合化运用""两式两化"的融合监督机制。创新推行派驻日常监督"十张清单"与"巡回驻点"深度融合监督模式,运用第一种形态处置188人次,自办案件12件,同比增长200%。"四责协同 五张网络"做法在金华全市推广。推进乡镇纪检监察机构规范化建设,形成7项工作规范、6项日常管理、3项监督协作的制度体系。推动村级监察工作联络站标准化建设，创新"12345"镇村两级联动监督机制，村级监督能力得到提升。

【抓实纪检监察队伍建设】 开展纪检监察系统"三强三创"活动，优化季度例会模式，首推"圆桌会议"现场问答，创新活力不断激发。建立室（组、委）务会学习议事机制，开展业务结对互助、顶岗锻炼等活动，互学互促氛围不断浓厚。深化全员培训、周五四点课堂、月学月考，搭建信息改稿会、青年读书会等平台，开展一季一比赛，队伍专业能力不断提高。严肃认真开展警示教育月活动，谈心谈话150人次，发现苗头性问题20个，提醒教育20人次，取得较好的警示教育成果。率先开列重大事项请示报告四张清单，创新开展内部立体监督，下发内部通报7期，通报、整改问题81个，约谈提醒54人次。宋剑威同志勇救溺水群众，被评为金华市最美公务员，充分展示纪检监察干部良好形象。

（傅 玮）

组织工作

【概况】 2020年，全市基层党组织1869个，其中党委119个，党总支110个，党支部1640个。党员41381人，其中，女性9709人、少数民族283人，全年发展党员572人。全年共调整市管领导干部6批次，涉及人员243人次，其中新提拔正科级领导干部26人、副科级52人。

干部工作：专班推进干部作风提升"六大行动"，推动市领导领衔完成80项重点任务。创新开展干部作风指数测评，"作风发展指数""干事动力指数""服务能力指数"分别较年初提高14.61%、9.81%、6.57%，该做法获金华市委书记陈龙批示要求全市推广。深入开展干部日常考察、专项考察，累计提拔或转任重要岗位86人次，事业干部择优比选乡镇（街道）领导班子预备人选8名。全年安排各类班次30期，培训5038人次，形成调研报告25篇。创新开展政治调训，组织54名中青班干部参与村社巡察、信访积案化解等工作，有效提升政治素质。严爱并举，制定《干部监督"三色"提醒实施办法》，对12名干部按情节发放蓝、黄、红提醒函，对2名干部予以容错，7名干部予以澄清保护。开展"听听干部心里话"活动，累计谈心谈话2200余人次，解决干部困难诉求231个，启动"溪心成长"行动。

组织工作：高质量完成村社组织换届，先后组织6轮"逐乡过堂"，全面开展"一档一表"任期评估，"一肩挑"人选全部顺利当选。选后第一时间制定"5+1"（选派一批驻村包村的"第一书记"、构建一系列村务决策的规范流程、探索一组简洁管用的公开办法、开拓一条村务协商的有益路径、形成一个"四位一体"的监督体系、健全一套保障落地的有效制度）工作机制规范村级权力运行，在全市率先完成"第一书记"选派，得到金华市委书记陈龙批示肯定。全面加强党员教育管理，开展"三讲三树"党员整治立规创优行动，将402名党员转入整转支部进行再教育，集中约谈12个乡镇（街道）、4个部门单位主要负责人，组织全市4万多名党员层层签订《党员严守规矩和纪律承诺书》。深化落实党员联系群众"走亲联心"机制，解决群众身边烦心事、操心事4800余件。全域建强基层党组织，全市"五星三强"示范创建预验收达标率82.3%。村务协商委员会作用有效发挥，815条建议转化为决策落实。市直机关工委探索实施党务干部专职专管，在全省"双建"推进会上作经验介绍，并获全省机关党建工作优秀创新成果奖。

"两新"工作：开展银企"红色互动"战略合

作,与兰溪农商银行签订银企"红色互动"战略合作协议,推出"幸福兰·织机贷""幸福兰·抵信贷"等多款信贷产品,截至年末,为各类企业累计提供贷款服务55.60亿元,为企业办理延期还本付息8.23亿元,减免利息948万元。制定《三师助企服务规范》,明确"三师"(律师、会计师、税务师)助企服务的基本要求、服务内容、服务形式等内容,为"三师"服务团入企开展工作提供标准化指引。一年来,"三师"服务团走访服务小微企业747家,累计收集问题193个,帮助排除法律风险49个、化解矛盾47个、解决各类问题125个。打造"红网联盟"个性化定制志愿服务,依托新时代文明实践中心,整合18家社会公益组织党组织587名党员志愿者的服务资源,在"兰精灵"App搭建"红网联盟",已开展志愿服务1500余次,受益人群达到6万余人。

人才工作:搭建引才快速通道,率先发布1000万元纺织行业共性难题,借智人社部、国家高层次人才联谊会,组织42名领军人才到兰对接。成立兰溪行知协同创新中心,组建6支科创管家团,推动常态化"揭榜",累计发布榜单113个,签约或达成意向40项共8700万元。构建聚才高能磁场,承办金华第三届"婺星回归"创业大赛,落地金华项目41个。成立乡贤人才基金,春节前发放首批奖励超1100万元。全年共新增省级研发平台19家、顶尖领军人才25名、博硕士577名,新增高技能人才874名。助力人才扎根发展,组建青年人才婚恋交友工作专班,"一月一主题"开展联谊活动,帮助拓宽朋友圈。为20对青年人才举办集体婚礼,引起社会广泛关注与好评。绘制一份"小县城与大城市"的幸福指数对比图,直观呈现比较优势,引导青年人才到兰奋斗,"拴心留人"做法得到郑敏强部长批示肯定。

自身建设:拼学风争本领,全年共开展"周一夜学"48次、"组工开讲"18次。开展宣传信息工作"百日攻坚",获全国一等奖优秀信息1篇、全国三等奖优秀信息2篇,首次获评"全国组织系统信息报送先进单位"。拼担当争作为,制定实施"日事日清"工作制度暨"543"内控管理办法,提升干部执行力。实施乡镇(街道)目标责任月度通报、季度"晒拼创"、年度考评,激发拼抢劲头。拼质效争实绩,全面推行公务员职业生涯全周期管理"一件事"改革,实现数字跑路,办件量走在全市前列。全员下沉一线开展"周三调研日"活动,共开展调研892人次,协调解决问题诉求175个,形成调研手记56篇。组织开展"讲重守"专项教育、"清廉机关"联建、"争做新时代浙江'组工人'"大讨论等活动,增强组工干部清廉意识。

保障中心工作:战"疫"打响以来,全面发动全市基层党组织和党员干部投身疫情防控阻击战,1.3万余名党员干部、837支"党员突击队"紧急奔赴战场。1480名"红色代跑员"逆行而上,为居家隔离、年老体弱、行动不便的群众提供全天候"代跑"服务。疫情趋于好转后,第一时间选派327名市管干部、1069名经济部门中层以上或退二线干部、2万余名党员开展"百千万"行动,组建"金融红管家"服务队,推出"金融错时服务""政策上门服务"等多种服务模式,为企业"雪中送炭"。累计帮助基层、企业、群众解决问题1.7万余个,解决率99.5%。"百人专家团""学行督"等做法先后得到金华市委书记陈龙5次批示肯定。

【搭建"干部作风建设指数测评"体系】 创新开发作风指数测评系统,通过1个总指数(作风建设发展指数,WDI)2个分指数(干事动力指数,CMI;服务能力指数,SCI),定量显示当前干部作风建设水平以及群众满意度、企业认可度、社会公认度，充分反映干部干事动力、服务能力方面的程度状况，直观呈现当前干部队伍存在的问题倾向，并有针对性地提出整改意见。一年来，累计招募7451名"体验官"参与测评，收集问题诉求和意见建议近千条，干部作风发展指数提升10.95%。

【启动"溪心成长"行动】 搭建市乡村三级心理健康关爱体系，以干部心理素质提升中心为依托，为干部提供心理推普教育、团体辅导放松、综合减压引导、个体心理咨询等一站式关爱服务。同时，建立"溪心成长"行动志愿者队伍，分领域聘请6名专家督导和"心灵港湾"等5支专业团队，为干部心理分析、干预、研究和推广等提供支持。已开展覆盖全市16个乡镇（街道）、77个机关事业单位的心理普测和团体辅导，对2000余名干部形成心理健康评估档案，做法获省委常委、组织部部长黄建发批示肯定。

【制定干部监督"三色"提醒实施办法】 持续开展"四不"专项整治，强化日常微问题警示监督，督促干部忠实干净担当。制定《兰溪市干部监督"三色"提醒实施办法》，按照问题的情节和个人改正的程度，实行"蓝黄红"三级分类预警。蓝色的以提醒注意为主，黄色的予以批评教育，对多次受到黄色或红色提醒的干部取消评先评优资格，并视情况予以组织调整。结合干部作风建设指数测评等日常监督，发放蓝色提醒函4份，黄色提醒函12份，红色提醒函2份。

【选派327名党员干部担任"第一书记"】 迅速制定村级权力监督"5+1"工作机制，精准部署"第一书记"派驻工作。坚持严管与厚爱并重，制定出台《严管厚爱驻村"第一书记"十条举措》，聚焦业务能力、工作作风两方面，建立健全管理考核机制和激励保障机制，推动"第一书记"尽心履职。截至年底，327名"第一书记"累计为村集体争取项目建设资金1780多万元，推动完成新农村规划、土地流转、351国道政策处理等重点项目103个，为村集体增加收入1500余万元。

【规范"三师"标准化服务】 从全市10家律师事务所、3家骨干会计师事务所和兰溪农商银行抽调精干力量67人组建21支"三师服务团"，将全市3家省级小微企业园和1.12万余家小微企业划分为21个网格，进行"一对一"精准配对。同时，率先制定《三师助企服务规范》，规范"三师"个人素养，明确规定了26项服务内容和4个禁止行为，为"三师"入企开展工作提供标准化指引。开通"三师助企"码上办服务功能，一年来，共走访服务小微企业1231家，累计收集问题302个、解决问题217个，帮助排除法律风险92个、化解矛盾85个，帮助企业获得贷款22.29亿元。

【探索施行专职副书记管理办法】 针对专职副书记队伍建设面临的突出问题，提高准入门槛，明确任职资格、前置审查工作、优化年龄结构，严把选配关。同时，做好专职副书记任职专训、业务轮训、素质培训"三个培训"，开展任职谈话交流、季度工作交流"两个交流"，述职"一轮考评"，促进开阔视野、增长知识、取长补短、推动工作。实现任职谈话100%全覆盖，增强专职副书记工作责任感和使命感，激励其立足岗位争先创优、做好表率。此外，聚焦经费、履职、成长3个重要因素，强化党建工作保障，增强专职副书记干事底气。

【深化"青兰之约"品牌】 深化"青兰之约"

人才服务品牌，全力帮助青年人才拓宽在兰"朋友圈"。建成兰江英才俱乐部，成立青年人才交友联谊服务联盟，先后组织开展各类活动课程24期，累计400余人次参与。绘制一张幸福指数对比图，直观呈现在兰优势，引导来县域奋斗青春。为20对青年人才举办集体婚礼，活动引起广泛关注和好评。截至年底已组织开展"青兰之约"人才联谊活动54场，吸引3000余人参加，帮助166人解决"人生大事"，引进大学生1.9万人。"拴心留人"做法得到金华市委组织部郑敏强部长批示肯定。

【实施"日事日清"工作机制】 围绕"日事日清"，实行"543"内控管理实施办法，明确五条日常管理规范、重申四个内部管理制度、细化三张重点工作清单，以每人一本"日事日清"手记贯穿始终。用好"红黄榜"内部通报制度，全面督促组织部机关干部深入基层一线开展"周三调研日"活动，截至年底，已开展调研892人次，协调解决问题、提出意见建议175个，推送优秀调研手记20篇，形成调研报告5份。

（叶昕莹）

宣传工作

【概况】 2020年，市委宣传部全力抓好各项宣传思想工作，不断完善意识形态工作"四张清单"（意识形态工作共性清单、个性清单、提醒清单、约谈清单）机制，出台意识形态蹲点联系、约谈问责制度，开展党组织书记专项述职，完成省委巡视和金华市委专项检查整改落实工作。打造青兰宣讲团、文艺党课、电影党课等新时代宣讲平台，开展点单式送学400多场，实现金华微型党课四连冠，推进党的创新理论立体式传播。"三爱三立"（爱国、爱党、爱家乡，立德、

8月31日，百星评选活动启动 （王萍 摄）

立功、立言。）思政教育工作，得到省委常委、宣传部部长朱国贤批示肯定，入选全国"2020民生示范工程"，被评为第八届"金华市宣传思想文化工作创新项目"。

深化媒体融合工作，获评全省县级融媒体中心建设工作示范市。实施主流移动传播平台打造工程，创新兰精灵、网上矛调中心等"媒体+"服务平台。兰溪元素43次登上央视（新闻联播3次），《人民日报》等国家级主流媒体刊发500多篇；《浙江日报》《浙江新闻客户端》等主流媒体3000多篇，居金华各县市第一；《农民日报》《浙江日报》头版报道兰溪发展新面貌。

推进"八有八无"城乡环境综合整治，兰溪市获评第四批浙江省文明市。完善新时代文明实践中心建设，实现三级工作体系全覆盖。有效开展"乡风革命"，深化移风易俗，开展"百村修约"行动，组建"乡风文明理事会"，出台红白喜事公约，引导婚事新办、丧事简办1600多起，成为金华市"推进移风易俗、建设文明乡风"试点县市，获金华市委常委、宣传部部长吕伟强批示肯定。做好正面典型选树工作，入选浙江好人2人、金华好人18人、金华市抗疫先进典型17例，5名兰溪人在人民大会堂接受表彰。

深化文旅融合。打造"15分钟文化圈"，新建文化礼堂59家，组织"兰溪兴舞台""李渔周

末剧场""礼堂集市"等各类群众文艺活动1500多场。举办童诗中国论坛、郎静山全国摄影大赛、中国古村落保护发展论坛、李渔戏剧汇等重大文化活动30余场，成功创建"中国传统建筑之乡""中国诗歌之城"。出台《兰溪市加快推进全域旅游发展的扶持办法》，以钱塘诗路文化带建设为契机，推进六洞山、诸葛村等传统景区的体制改革和扩容提升。"天下江南"国家4A级景区建设加快推进，越龙山国际旅游度假区一期开园营业，国际游艇小镇、女儿滩飞行公园等一批新兴文旅项目签约。打造兰溪至建德诗路水上游，得到郑栅洁省长肯定。

【浙江省县级融媒体中心建设专题培训班在兰溪举行】 7月27—28日，浙江省县级融媒体中心建设专题培训班在兰溪举行。省委宣传部副部长赵磊主持开班仪式，省、市、县三级宣传部门有关负责人、各县级融媒体中心主要负责人共140余人参加培训，兰溪作经验分享。与会人员实地观摩了兰溪市融媒体中心、兰溪市矛盾纠纷调处化解中心，详细了解兰溪媒体融合发展历程、融合情况以及"新闻+"创新做法等。该培训班旨在深入学习贯彻习近平总书记关于"扎实抓好县级融媒体中心建设，更好引导群众、服务群众"重要指示精神，贯彻落实中央和省委有关决策部署，聚焦找差距、补短板和整体提质增效，围绕推动县级融媒体中心建设向纵深发展的具体问题，通过实地观摩、专家授课、分组讨论、做法交流、现场答问等形式，进一步凝聚思想共识、理清发展思路、提升抓建能力，在更高起点上推进浙江省县级融媒体中心建设。

【举行新时代"乡风革命"现场会】 6月5日，兰溪市新时代"乡风革命"行动现场推进会在黄店镇王家村举行。现场会上，市委宣传部、组织部、市民政局分别从组建乡风文明理事会、推广"红白喜事公约"、修订完善村规民约、治理丧葬陋习、发挥党员示范带头作用等方面向各乡镇（街道）做出明确部署要求，为推进新时代"乡风革命"行动提供了行动指南。

6月5日，兰溪市召开新时代"乡风革命"行动现场推进会　　　　（陈超　摄）

【启动全民志愿日】 7月24日，启动兰溪市"全民志愿日"活动，并确定每月15日为兰溪市"全民志愿日"。活动旨在通过活动动员和凝聚全市人民共同参与志愿服务，传递文明火炬，共建美丽家园，共筑大美兰溪。该次活动主会场设在市府广场，各乡镇（街道）设分会场。市委书记、市新时代文明实践志愿服务总队总队长陈峰齐宣布活动启动。市委副书记、市长、市新时代文明实践志愿服务总队第一副总队长王新锋发表"我以我心爱兰溪 我用我行创文明"的重要讲话。市领导为入驻各乡镇（街道）的16支志愿服务队分队授牌。启动仪式后，全市机关企事业干部、社区工作者、志愿者们到相应地点开展志愿服务活动。

【2020文明出行全省巡回宣传月大型公益活动兰溪站】 8月27日，中国人保2020文明出行全省巡回宣传月大型公益活动走进兰溪。文明出行全省巡回宣传月活动紧扣"圆梦小康、文明赋

能"的主题,晚会以舞蹈、小品、戏曲、情景剧等多种节目形式开展,兰溪市选送的节目《兰花吟》《金猴闹春》赢得观众掌声阵阵。

8月27日,文明出行全省巡回宣传月大型公益活动走进兰溪　　（市委宣传部　提供）

【第四届兰溪市道德模范暨第三届优秀志愿服务先进典型颁奖晚会】　8月31日,在溪西剧院举办"文明榜样 兰溪力量"第四届兰溪市道德模范暨第三届优秀志愿服务先进典型颁奖晚会。道德模范设助人为乐、见义勇为、诚实守信、敬业奉献、孝老爱亲等奖项,优秀志愿服务先进典型设优秀志愿服务集体、优秀志愿者、志愿服务先进工作者、志愿服务公益合作伙伴等奖项。第四届兰溪市道德模范及提名奖获得者、兰溪援鄂援疆全体医务工作人员、兰溪市第三届优秀志愿者先进集体及个人等先进人物上台领奖。晚会上,市委市政府领导与道德模范代表、志愿者代表共同启动兰溪市乡风文明"百星"评选活动。

【文史资料收集和成果汇编】　2020年,文史办在原口述历史访谈录音整理的基础上,对900多个口述历史访谈录音抄本资料进行了系统梳理,出版了近80万字的"乡土兰溪"文萃第二辑《兰溪民间故事传说》《兰溪老商号》《兰溪艺苑琐忆》。

《乡土兰溪》第二辑一套四本

（市委宣传部　提供）

【举办全国中医药文化进校园现场会暨兰溪第四届张山雷中医药文化节】　12月11日,以"抗疫有岐黄 传承自少年"为主题的全国中医药文化进校园现场会暨兰溪第四届张山雷中医药文化节开幕,来自全国各地的中医药行业、教育界专家学者和嘉宾齐聚"江南药都"兰溪,共商中医药文化的传承与发展。浙江中医药大学与市人民政府签订战略合作协议,市行知小学获中医药文化进校园示范单位,全国中医药文化进校园学校联盟向市振兴小学、市实验中学捐赠中医药文化物资。

【举办首届童诗中国（兰溪）论坛】　10月17日,首届童诗中国（兰溪）论坛在兰溪举办。论坛以"风起钱塘 韵漾兰江"为主题,包括诗歌论文大赛、童诗写作大赛、诵读大赛、诗教校园评选、童诗写作集训营等一系列活动。来自全国各地的专家学者、作家诗人、一线教师约230人参加。专家围绕"童诗写作与当代中小学语文教学"《笠翁对韵》与当代童诗写作的对立统一""中外童诗互译及出版"三大主题进行了深入的交流,为兰溪诗路文化带建设吹响前进的号角。兰溪被授予"中国诗歌之城"称号,并发布首届童诗中国（兰溪）论坛宣言。

【兰江水上游启航】 5月1日，"游钱塘诗路 寻富春山居"兰江水上游启航。启航仪式上签订了《"同走唐诗路 共建大花园"建德—兰溪合作备忘录》，推进两地在旅游、生态、交通、文化等领域的跨区域合作。兰溪古城至建德梅城游线，串联起了兰溪古城、女儿滩、将军岩、灵羊岛等景点，将兰溪人文与自然、文脉与山水、遗产与景区等有机组合。

【兰溪市被命名为"中国传统建筑之乡"】 7月12-14日，中国民族建筑研究会专家组在兰溪开展"中国传统建筑之乡"专家评审工作。经调研评议，兰溪被中国民族建筑研究会命名为"中国传统建筑之乡"。据统计，兰溪现有不可移动文物2631处，信息点2048处，现有全国重点文保单位8处、省级文保单位37处、市级文保单位89处，民居、祠堂、古桥、古塔各种类应有尽有，宋、元、明、清各朝代建筑一应俱全。

【举办中国古村落保护与发展论坛】 9月19日，中国古村落保护与发展论坛在兰湖举行。该次论坛以"论古村保护·道融合发展"为主题，旨在展示兰溪在保护古村落方面的工作成果，助推兰溪市乃至省内外古村落保护与传承发展事业，共同关注中国古村落保护工作，为全国古村落传承发展出谋划策。

【首届海峡两岸影像文化周兰溪郎静山专场活动】 首届海峡两岸影响文化周于10月20日至11月4日举办。10月20日，首届海峡两岸影像文化周兰溪郎静山专场活动在游埠启动，郎静山专场活动以两岸著名摄影人郎静山故乡元素为纽带举办系列活动，包括启动仪式、游埠摄影小镇参访、摄影采风创作、金兰创新城发展考察推介等。活动现场，兰溪被授予"首届海峡两岸影像文化周组织贡献奖"匾牌；龙绪明代表郎毓文向游埠镇转交郎静山早期作品5幅，作品将存放于郎静山纪念馆展出。

（鲍科宇）

统战工作

【概况】 2020年，市委统战部紧紧围绕市委、市政府中心工作，构建大统战格局，围绕"四大战略"的实施，推进统一战线各领域工作。

多党合作方面，建立完善民主党派各项活动制度，出台《民主党派成员发展若干意见》，与市外缔结友好合作组织9个，建成实践基地10个，实现每个民主党派都建有友好组织和实践基地。知联会助力乡村振兴做法得到省知联会肯定，完成16个乡镇（街道）知联分会换届，在全省率先实现知联分会全覆盖。完成网联会换届。

民族工作方面，制定《兰溪市民族乡村振兴产业经济带实施方案》，实施两条民族经济示范带建设。争取中央、省少数民族发展资金180万元，实施完成4个民族发展项目。协助水亭乡申报全国民族乡村振兴试点，协助水亭乡举办云游畲乡"三月三"畲乡风情节，西方坞村创建为中国少数民族特色村寨，民族工作得到陈铁雄、郭剑彪等省领导肯定。继续深化统战团体结对帮扶民族村活动，支持范院坞村与省民盟结对，建立民盟助力乡村振兴实践基地。

宗教管理方面，开展"平安兰溪"宗教领域百日攻坚行动，举办《宪法》《国家安全法》《反分裂国家法》《宗教事务条例》等专项宣传学习，开展宗教场所"十百千万"普法基地创建。完成黄大仙宫改造建设、黄大仙研究会换届，举办第

21届中国·兰溪黄大仙文化节。

在非公经济领域方面，宣传贯彻《关于更好营造发展环境支持民营企业改革发展的意见》《关于加强新时代民营经济统战工作的意见》《省民营企业发展促进条例》等。召开3场"亲清直通车·政企恳谈会"，建立亲清政商关系驿站，开展万舟纺织等8家"清廉民企"建设，工作做法两次获全省工商联系统服务"两个健康"的优秀案例。建立3家异地兰溪商会党支部，开展企业家活动日活动，开展"普惠金融助实体"战略合作，组织新生代企业家"沙龙夜话"和赴外地学习等。

防控疫情方面，发动广大统战成员为疫情防控捐资出力，据统计，统战成员为疫情防控捐资捐物达5905万元。同时，按照上级防控要求，做好69个宗教场所、306个民间信仰场所"双暂停"等防控工作，开展统一战线"助企抗疫情、联企复生产"专项行动、境外输入疫情防控等工作。

【配合筹办兰溪发展大会】 配合市委做好发展大会的各项筹备工作，牵头做好嘉宾联络邀请，签约招商引资项目71个，总投资超500亿元，募集资金4.8亿元，成立了兰溪市乡贤人才基金。开展乡贤信息调查摸底，建立乡贤数据库，建成1500多平方米的市级乡贤馆。并与宣传部、融媒体中心紧密合作，采访在外乡贤，刊发《天下兰溪人》等。

【成立异地和村级乡贤会】 全年新成立了青海、江苏（苏州）、舟山等3家异地兰溪商会（乡贤会）以及31家村级乡贤会，村级乡贤会累计达到49家，16个乡镇（街道）乡贤馆全面建成使用。

【开展"三学三比"活动】 在全市民主党派、工商联、无党派人士中开展学理论、学传统、学典型，参政议政比质量、社会服务比贡献、自身建设比水平的"三学三比"活动，加强党派自身建设。召开"助力企业复工复产""乡村振兴""社会治理"等专题政党协商议政会，向市委建言"直通车"6条，调研报告14篇。

【团结凝聚海外和港澳台同胞】 集中开展兰江街道11个社区9个侨留联成立及"侨之家"建立工作，实现城区侨留联、"侨之家"全覆盖。发挥弘泽善举堂等侨联公益组织力量，成立侨界爱心志愿服务队，开展服务侨眷空巢老人行动。举办海峡两岸摄影文化周兰溪郎静山专场活动，百名摄影大咖和台商齐聚游埠，为台胞了解大陆拓宽渠道。

【开展交叉督查推动统战工作"全年红"】 12月份组织开展乡镇（街道）统战工作专项交叉督查活动，通过互听互学找差距，互查互评促提升，形成了乡镇（街道）统战工作"比学赶超"的良好局面。

【建立亲清政商关系驿站】 1月16日召开了2020年亲清政商大会，在全市各区域、各领域、不同规模的民营企业设立30个亲清政商关系监测点。根据安排，各监测点企业将确定一名联络员负责信息的收集和反馈，通过明察暗访、内部走访、调查研究等方式，广泛收集涉企服务问题、企业关注的焦点问题、企业普遍反映的困难问题，对全市各级党政机关及其工作人员落实推进政务服务、法治服务、金融服务、要素服务等服务企业工作进行动态监督。

【成立知联智库】 1月19日，"知联智库"成立仪式在统战之家"同心园"举行，吴一成为"知联智库"授牌并向"知联智库"成员颁发聘书。

知联智库成员共21名，由来自经济发展、农业农村、教育文化、卫生医疗领域的无党派人士组成。

【成立兰溪市乡贤人才基金】 9月30日-10月1日首届兰溪发展大会上，邀请300余位乡贤共叙乡情友谊，共谋家乡发展，成立了兰溪市乡贤人才基金，募集资金4.8亿元。

（沈鑫奕）

侨务工作

【概况】 2020年，以深化基层侨联基础建设为重点，团结凝聚广大归侨侨眷和海外侨胞为抗击新冠疫情和兰溪"四大战略"实施贡献力量。召开侨联五届二次全委会，改选了市侨联秘书长。做好海外侨胞的服务工作，助力海外疫情防控。开展了侨爱系列活动，擦亮"侨爱助学"品牌。在兰江街道11个社区共成立9个侨留联分会及"侨之家"阵地，实现兰江街道和云山街道社区侨留联全覆盖。指导市留联会创建留学生教育实践基地，成立"小候鸟"驿站。

指导成立兰溪中小企业对外友好合作商会，加强与海外侨商的沟通交流。

通过积极联系海外爱国侨胞，为兰溪疫情防控工作捐款捐物共计60余万元，其中巴西金华同乡会捐助口罩132250只、捐款5万元，南非联络站捐助口罩15000只，弘泽善举堂捐赠口罩7万多只，萨尔瓦多中国和平统一促进会执行会长范俊捐款10万元，为兰溪疫情防控贡献了侨界力量。做好服务侨胞工作，累计为在港兰溪籍同胞送去5000个口罩，为德国侨胞送去3000个口罩，为葡萄牙侨胞送去106000个口罩，为企业复工复产和春节期间回兰华侨送去15000个口罩。邀请疫情防控专家在10个海外联络群为海外侨胞提供咨询和帮助。

【召开市侨联五届二次全委会】 5月28日，召开兰溪市侨联五届二次全委会，会上传达学习了习近平总书记在浙江考察时的重要讲话精神，表彰了侨联系统2019年度先进集体和先进个人，卸免和增补了市侨联第五届委员会委员，改选了侨联秘书长，回顾总结了2019年侨联工作，对2020年工作进行了部署。

【市委常委会传达学习省侨联十代会精神】 11月6日，兰溪市委书记陈峰齐主持召开市委常委会第121次会议，市委常委、统战部部长吴一成传达了省委书记袁家军、中国侨联主席万立骏、省委统战部部长熊建平、省侨联主席连小敏等领导在浙江省第十次归侨侨眷代表大会上的精神，会议还研究部署了贯彻落实意见。

【开展侨爱系列公益活动】 "六一"儿童节前，侨联公益团体联合留联会，侨联艺术团，到水亭畲族乡中心幼儿园为172个小朋友送上书包、童鞋、文具盒、笔、童画本等学习用品。同时，开展了"侨爱助学"系列活动，巴西侨胞章晓红为女埠初中捐赠侨爱奖学金15万元，萨尔瓦多侨胞范俊为全市近30名贫困学子解决学杂费用5万元。

【组织侨联委员学习系列精神】 组织了兰溪市级、乡镇街道、社区三级侨联委员分别专题学习了中共十九届五中全会精神、习近平总书记在广东汕头考察时肯定华侨贡献的重要讲话以及省侨联十代会精神，要求各侨联委员发挥更大作用、作出更大贡献。

【实现兰江街道社区侨留联分会全覆盖】 结合社

区侨务工作需要，坚持"示范引领、以点带面、有序推进"的原则，在实现云山街道社区侨留联分会全覆盖的基础上，通过联合或者单独建立的形式，有序推进并完成兰江街道11个社区9个侨留联分会及"侨之家"阵地，实现了全覆盖。

【成立兰溪"小候鸟"驿站】 指导留联会创建留学生教育实践基地，并于8月24日成立"小候鸟"驿站平台，开展了为期一周的暑期公益课堂活动，由留学生代表为参加公益课堂活动的外来人员子女专题讲授国外风土人情，并赠送书包等学习用品。

【指导成立兰溪中小企业对外友好合作商会】 为加强与海外侨商的沟通交流，搭建一个兰溪中小企业信息服务和文化商贸往来平台，11月27日指导召开了兰溪中小企业对外友好合作商会成立大会暨一届一次理事会，选举产生了会长、副会长、秘书长等商会领导班子。

（沈鑫奕）

民族宗教事务

【概况】 2020年，全市有户籍少数民族人口6828人，涉及29个民族成分。全市有1个民族乡（水亭畲族乡），15个民族村（柳塘章、下方泉、生塘胡、奎塘畈、柳家、周邵汤、上朱、西方坞、高元张、范院坞、下吴、汪高、厚伦方、横畈、洪畈朱），分布在兰江、上华、永昌、游埠、诸葛、水亭6个乡镇（街道）。全市外来流动少数民族人口7500人，涉及33个民族成分。2020年全市少数民族的人均收入为22800元。在人大代表、政协委员和党代表中，都有少数民族的代表，其中：金华市人大代表1人、政协常委1人，兰溪市党代表4人、人大代表2人、政协委员8人。

全市有佛教、道教、基督教。经政府依法登记的宗教活动场所共69处，其中基督教活动场所26处；佛教活动场所37处；道教活动场所6处。有宗教团体4个，市基督教"三自"爱国运动委员会，主席汪伟；市基督教协会，会长邓亚平；市佛教协会，会长释印觉；市道教协会，会长陆阳。全市宗教界人士中，有金华市政协委员1人，金华市青联委员1人，兰溪市政协委员6人（佛教2人，基督教2人，道教2人），其中政协常委1人。

【规范民族项目资金】 省民宗委共安排兰溪少数民族发展资金215万元。充分发挥评审小组科学评估作用，建立2020少数民族发展资金项目库，确定2020年中央、省少数民族发展资金项目，共安排汪高村、洪畈朱村道路建设、柳塘章村上畈溪整治、下吴村设施农业项目、奎塘畈村道路硬化项目5个，全部完工。项目管理工作在省少数民族发展资金管理使用工作现场会上作典型发言。

【打造民族乡村两条经济带】 通过发展水亭畲族乡万亩中药材、万亩文旦基地建设，以国家级特色村寨西方坞村为中心辐射周边民族村，大力发展农旅、文旅结合产业，打造以"畲乡药镇""柚香小镇"、民族风情展示为主的民族经济带；以横畈村千亩木芙蓉基地、诸葛镇厚伦方村畲族文化研学基地与诸葛草堂樱花谷有机结合，游埠镇范院坞村紫薇花海等独特的民族文化和产业优势，打造以花海经济、中药材基地、效益农业，研学游为主的民族经济带。

【推进结对帮扶工作】 全年共到位帮扶资金200多万元。其中义乌市政府结对兰溪水亭畲族乡到位帮扶资金85万元，省民盟结对帮扶范院坞村到位资金80万元，义乌市民宗局结对兰溪市柳家村到位帮扶资金10万元，杭州市佛协结对帮扶横畈村，省伊协、省道协共同结对帮扶西方坞村，为横畈村和西方坞村落实资金20万元。每个村到位帮扶资金20万元。衢州兰溪商会、绍兴兰溪商会、上海兰溪商会结对帮扶兰溪民族村，到位资金17.1万元。

【开展民族工作者专题培训】 组织民族团结进步创建相关单位和部分乡镇（街道）民族村赴温州进行为期两天的学习考察培训，汲取温州在民族团结进步创建和民族乡村振兴工作中的先进做法。村级党组织换届一结束，兰溪就召开全市民族村书记会议，以会代训，部署谋划今后五年民族村发展目标。

【民族团结进步创建工作】 在兰溪市登胜小学、兰溪市裕欣纺织有限公司开展民族团结进步创建工作，裕欣纺织国家通用语言培训于6月初开班。上华街道下吴村党支部、水亭畲族乡乡长钟秀明分别被推选浙江省第六次民族团结进步模范集体和模范个人。

【开展民族团结进步宣传月系列活动】 联合市少数民族联谊会组织在兰溪市登胜小学、兰溪市汪高小学开展民族团结进步宣传进校园活动，给学校的少数民族学生们送去学习用品。在兰溪市裕欣纺织有限公司、兰溪乾源工贸有限公司开展民族团结宣传进企业活动，发放民族政策宣传手册，增进各民族团结融合。在大阜张村协同兰江街道举办民族团结K歌大赛，吸引了数百名少数民族同胞参加。

【举办云游畲乡"三月三"畲乡风情节活动】 3月26日，以"风情水亭·'云'游畲乡"为主题的第十届三月三畲族风情节开幕。水亭畲族乡党委书记"跨界"当主播，用镜头带大家"云"游水亭。通过介绍"魅力畲乡、活力畲乡、美味畲乡、印象畲乡、好客畲乡"等5个板块，全方位展现畲族的歌舞文化、饮食文化、民俗（服饰）文化等民族乡村旅游文化形态，感受畲乡民俗风情，体验畲乡特色文化。吸引观看人数13.81万人。

【"舞拾吾"畲族文化帮扶项目落地兰溪】 3月13日，协调市文化馆与浙江师范大学音乐学院"舞拾吾"工作室签订了战略合作意向书。旨在通过深挖畲族特色文化，创编畲族舞蹈，以公益教学、公益演出的方式助推畲族地区文化振兴、乡村振兴。

【民族特色文化提升工程有序推进】 2020年1月西方坞村被国家民委正式命名为中国少数民族特色村寨。9月28日民盟助力乡村振兴实践基地在范院坞村揭牌，紫薇花海已经初步形成，红美人柑橘种植、稻虾混合养殖、象山大白鹅养殖等也在稳步推进。

【疫情防控工作】 从1月23日开始，民宗局通过建立健全各项工作机制，全面落实全市69处宗教场所和306处登记编号的民间信仰场所暂停宗教活动和对外开放，严格做好宗教领域疫情防控工作。6月1日，召开了关于宗教活动场所有序恢复开放工作专项部署会。全市69处宗教场所恢复开放前提交了统一格式的申请表，完善了场所疫情防控小组，制定了宗教场所疫情期间日常管理的要求和应急预案，并向各场所发放了格式统一的登记表，所有进入场所人员均须亮健康码测体温，进行身份信息登记。开放前，统战部（民宗局）组织各乡镇（街道）对宗教场所进行防疫工作、消防安全工作等进行检查，立查立改，并对检查情况进行走访复查。佛教界为兰溪疫情防控捐款4万元，捐赠医用一次性外科口罩15000只，捐赠消毒液、生活用品等物资价值2.2万元。道教界捐赠防护服300套。基督教界捐赠一次性医用外科口罩10000只，捐款1.2万元，捐赠生活用品物资价值2500元。宗教界累计捐款捐物价值27.65万元。

【开展宗教领域建筑安全大排查】 结合浙江省城镇房屋安全信息系统录入工作，会同乡镇（街道）、村（居）干部对全市69处宗教场所和306处登记编号民间信仰场所进行了为期一个半月的大走访大排查，对发现存在安全隐患的3处民间信仰场所进行了立查立改。

【成立宗教界义务消防队】 12月10日，成立兰溪市宗教界义务消防队，分设佛教界、道教界、基督教界3支小队，并举行了统战部（民宗局）、消防救援大队为兰溪市宗教界义务消防队捐赠装备仪式，民宗局与消防救援大队还联合签订了兰溪市宗教界义务消防队共建合作协议。

【加强宗教领域法治化建设】 高举爱国爱教旗帜，继续在宗教活动场所加强法律法规学习宣传力度，结合新修订《浙江省宗教事务条例》的出台和"4.15国家安全日"等重要节点，在各宗教场所开展《宪法》《国家安全法》《反分裂国家法》《宗教事务条例》等法律法规专项宣传学习。创建慧教禅寺为省级宗教法治宣传教育基地。

【举办了第21届中国兰溪黄大仙文化节暨黄大仙宫建宫25周年活动】 10月30日至31日，举办主题为"弘扬大仙文化 助推文旅兴兰"的黄大仙文化节活动，活动内容包括欢迎晚宴、开幕式、义诊、祈福、黄初平仙迹实地考察等，来自国内的各地黄大仙善信共享该次文化盛宴。同时，由吴一成部长、陈兴兵副主席策划、兰溪籍导演盛大仓执导的纪录片《黄初平足迹探秘》，在黄大仙文化节上进行了首映。

【指导召开黄大仙研究会第四次会员代表大会】 大会于10月22日召开，审议并通过了第三届理事会工作报告、《兰溪市黄大仙研究会章程》（修订稿）和选举办法（草案），选举产生了第四届理事会理事和领导班子，叶洪甘当选会长。

（沈鑫奕）

老干部工作

【概况】 至2020年底，全市市管离休干部共67名，最低年龄86周岁，最高年龄98周岁，平均年龄91.9周岁。按参加革命工作时间分：抗战前期0名，抗战后期6名，解放战争61名；按行政级别分：正县（处）级1名，副县（处）级32名，科级34名；按原单位性质分：行政单位19名，事业单位6名，企业单位42名。另有垂直管理部门在兰离休干部12名，外县易地安置到兰溪代管的离休干部2名，在兰离休干部总共81名。

【离退休干部党建工作】 疫情期间坚持"学习不停步"，利用邮寄、互联网等渠道，编发寄送《兰溪市老干部学习参考》4期，创新性录播网络"云党课"6期。分8个片组开展离退休干部党建工作交流，推动老干部党建工作不断深化。深入开展"标准+示范"离退休干部党支部创建，以点带面创建了16个省级离退休干部"标准化党支部"。依托共建共享，在全市培育了离退休党建共享基地6个、老党员驿站3个、老干部品牌工作室5个等一批高标准的离退休党建阵地，形成了覆盖全市的"红色共享阵地"网络。全年组织老干部参与疫情防控、垃圾分类、乡风革命倡议等各类"银耀"志愿服务226次，参与老干部1832人次，影响带动数万名社会老年人及群众助力基层治理。

【先进典型选树工作】 全年选树省级"最美银耀抗疫老干部志愿者"称号2名，省离退休干部"五百工程"老党员驿站1家，离退休干部党建共享基地2家，老干部品牌工作室4家，红色讲师5人，"银耀之江·十百千万工程"助力社会治理银耀好团队1个，最美助力之星16位，标准化离退休党支部16个，诸葛欧家庭、毛雄分别为省"银尚之家""银尚达人"。选树姚金妹为"金华市最美战疫志愿者"，何惠仙为金华市市"最美老干部"，叶秀忠为金华市"最美老支书"，陈菊琴为金华市"最美老伴"，谢建国为金华市"最美子女"，陈龙兴为金华市"最美银领志愿者"，"伍春山等5名老同志及5家基层关工委为金华市"最美五老""五好基层关工委"，进一步引导老干部适应新时代、追求新风尚、发挥新作用。

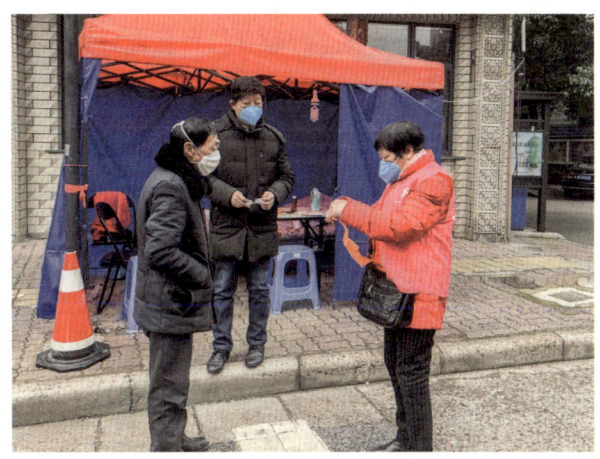

2月疫情期间，退休干部姚金妹参与疫情防控
（市老干部局 提供）

【开展"走看促"活动】 每季组织副处实职以上老领导开展专题考察活动，先后组织走访调研了老城古建筑群区、兰溪—梅城水上航道、金兰创新城等项目。通过"颂歌献小康 建言现代化""一读三谈"、老干部读书会、专题调研等形式，组织老领导们为服务大局建言献策，所提意见和建议统一整理报有关部门参考，其中《关于老城古建筑开发保护的调研报告》先后得到了市委书记陈峰齐、市长王新锋等关注和批示。

10月22日，组织副处实职以上老领导到金兰创新城开展"走看促"活动 （市老干部局 提供）

【老年大学工作】 对老年大学云山校区教学楼进行装修改造，提升了舞蹈室、歌咏室等功能，更新了电脑、电钢琴、音响等教学设备，开发了多元化课程，计划设置40余门专业课程。同时在老年大学云山校区的基础上，建成了百城分校及青松、兰荫等4家社区教学点，进一步扩大了教学网络。举办以"铭记历史，圆梦中华""我

1月，组织老年大学志愿服务队进社区为居民写春联、送福字 （市老干部局 提供）

和我的祖国"为主题的书画、摄影网络平台展,参展作品分为书法、国画、摄影三大类,作品共计216幅。以"抗击疫情"为主题创作花鸟、山水、人物国画175幅,诗词3首。开展"文明餐桌"、"公筷公勺"行动及"光盘行动"倡议活动,倡导养成文明卫生习惯,弘扬勤俭节约的传统美德,彰显社会责任。

【老干部活动中心工作】 根据疫情防控要求,活动中心暂缓活动场所开放,采取灵活多样的形式做好老干部管理服务工作。开展疫情期间"电话串门""红色代跑员"服务,及时了解老干部需求并提供帮办服务。开展"春送温暖"、"夏送清凉"、医疗卫生服务需求问卷、抗美援朝70周年等走访活动。全年分组分批开展重大节庆日、住院探望、家庭变故等亲情服务180余人次。

6月29日,离退休党员到水亭畲族乡丁家村开展"万名党员联万户"活动

(市老干部局 提供)

(胡 群)

党校工作

【概况】 2020年,市委党校以习近平新时代中国特色社会主义思想和十九届五中全会精神宣讲为教学首要任务和中心内容,克服疫情影响,完成全市领导干部五中全会精神集中轮训、新任市管干部、中青年干部、党员发展对象等各类多层次主体班次培训班以及党外人士、统战干部等社会主义学院培训任务。全年举办主体班次和部门班次共30期,培训5000余人次。

围绕市委市政府中心工作和重大决策部署,申报省地各级各类课题37项,立项20项,其中集体重大课题2项,金华优秀课题2项。提交各级各类征文32篇,其中获省级奖项2篇、金华地级奖项1篇,优秀征文3篇,入选4篇。公开发表文章5篇,内刊发表4篇,新媒体发表2篇。承担市领导课题、部门合作课题5项。加强科研成果转化,递交市情研究成果22项,其中《"六言策":咨政智库建设之路》《新时代下"无证明城市"改革的实践探索》等9项获市领导批示。

组建"党校之声"宣讲团,以习总书记考察浙江重要讲话精神和党的十九届五中全会精神为主线,组织精干教师精心提炼总结宣讲内容,深入机关单位、乡镇(街道)村(社)、企业等开展宣讲,全年开展理论宣讲40余场,受众6000余人次。

对现有校区进行改造提升,对校园环境、教学设施、文体设施等进行全面提档升级,更新教学设备,美化校园环境,在新建党校的同时也保障现有教学工作更好开展。开展"兰溪美食进省委党校"活动,作为金华地区唯一参加展示的党校,联合商务局为省委党校各级参训领导干部以及专家教授近千人提供了兰溪水米糕、兰溪肉圆和水亭千张等具有兰溪地方特色的名点、名菜,受到广泛欢迎。积极做好疫情防控工作,在做好校园疫情防控的基础上,协助城投集团、建设局做好复工复产人员在党校的隔离工作,共计隔离100余人次。

【省办学质量创优评估获优秀】 市委党校对标一

流，补齐短板，全面提升各项工作水平，获评优秀等级，这是2020年金华地区唯一获得优秀的县市党校。浙江省市县党校办学质量创优评估是省委党校贯彻落实习近平总书记关于党校办学治校系列重要指示精神以及《中国共产党党校（行政学院）工作条例》，推动市县党校科学化、制度化和规范化建设，全面提高办学水平的重要举措。

【成立首家干部心理素质提升中心】 6月4日，结合自身特色教学优势，在金华市范围内建立起第一家集教育、疏导、咨询、研究于一体的干部心理素质提升中心。该中心设立走在前列室、不忘初心室、团结奋进室和温和守望室4个功能室，协助组织部开展"溪心成长"行动，将心理健康教育纳入干部教育培训的重要内容，为干部提供心理推普、团体辅导、综合解压、个体咨询等一站式服务，为全市6000多名干部进行心理普测，对全市16个乡镇（街道）、77个机关事业单位进行心理团体辅导，建立了干部心理数据库，构建多角度、立体化干部心理关爱服务体系，实现干部与事业共同成长。该项工作得到省委组织部黄建发部长批示肯定，并在《浙江新闻》《金华日报》等媒体刊登报道。

【完成全市领导干部五中全会精神集中轮训】 12月21日至22日，市领导干部学习贯彻党的十九届五中全会精神集中轮训班开班。全市682名市管干部参加培训。轮训班深入学习了党的十九届五中全会和省委十四届八次全会、金华市委七届八次全会精神，将全市领导干部的思想和行动统一到中央和省委、金华市委的决策部署上来，为"担当追赶 再创辉煌"奠定坚实的思想基础。

市领导干部学习贯彻党的十九届五中全会精神集中轮训班开班 （市委党校 提供）

【举办2020年度中青年干部培训班】 8月24日，2020年中青年干部培训班开班，来自各乡镇（街道）、机关部门的54名中青年干部参加培训。市委常委、组织部部长郭亮出席开班典礼并作讲话，市委党校常务副校长林月主持开班典礼。该

金华市第一家干部心理素质提升中心成立 （市委党校 提供）

中青班学员开展主题讨论活动 （市委党校 提供）

次中青班为期两个月，分为党校理论学习、参与村社巡察与综治中心工作实践锻炼、赴义乌和湖州现场教学，旨在从理论高度、实践深度、视野广度三个方面对中青年干部进行全面提升。创新中青年干部培养锻炼方式，将巡察岗位作为中青班锤炼党性、开展政治调训的平台，在巡察一线增强学员的群众工作本领和履职尽责能力。

【党校迁建工程开工】 11月26日，党校迁建工程开工。市委书记陈峰齐宣布项目开工。仪式由市委常委、统战部部长、社会主义学院院长吴一成主持。市委常委、组织部部长、党校校长郭亮致辞。党校迁建工程选址位于金兰创新城兰湖规划区内，项目规划建设面积3.06公顷（45.85亩），另有带征面积1.33公顷（20亩），规划总建筑面积约2万平方米，总投资近1亿元。项目按照务实高效、共建共享、整体规划、分期实施的思路，统筹谋划功能布局，一期规划建设会议中心、教学楼、学员楼、食堂等，二期主要建设绿化景观，计划于2021年10月投入使用。

党校迁建工程奠基　　　　　（朱彦轩 摄）

（盛佩茹）

史志工作

【概况】 2020年，市委党史研究室（地方志编纂室）围绕"强工兴市、拥江兴城、文旅兴兰、环境兴人"四大战略，坚持以"存史、资政、育人"为宗旨，在加强史志文献编研、强化史志宣传教育、进一步转化史志研究成果等方面，取得了一定成效。指导《上华街道志》《兰溪政协志》《灵洞乡志》《兰溪人民医院志》等志书的编纂。出版了《中国共产党浙江兰溪历史》第二卷（1949—1978）、《兰溪年鉴2019》《兰溪年鉴2020》。

深入开展三服务，主动收集整理农村文化礼堂党史、村史资料，形成《兰溪市农村文化礼堂素材（二）》，为全市15个乡镇（街道）70个村提供了农村文化礼堂素材。开展史志"进农村、进学校、进企业"等活动。先后到柏社洪塘里村、新宅村、女埠上新屋村、梅江倪大村等村进行红色文化挖掘的指导服务，并对上新屋村童玉堂革命业绩陈列馆展陈资料开展指导、审核；先后到梅江石埠中心小学、梅江初中等学校开展"党史进校园"活动；到宝莲塑胶等联系企业开展送政策、解难题服务活动。其间，赠送各类史志书籍500余册。

强化史志宣教，与融媒体中心合作，在"兰精灵"App开设"兰溪党史"专栏，推出兰溪党史上的重要事件和人物，已推出17期。《兰溪史

11月12日，女埠上新屋村童玉堂革命业绩陈列馆（初心展馆）授牌兰溪市党史教育基地
（余静 摄）

志》刊出2期，上半年结合新冠疫情防控工作，推出了"抗疫"特稿，刊出了《兰溪解放初期的疫病防治工作》《兰溪历史上的疫情记略》等文章；下半年结合纪念抗美援朝出国作战70周年，刊出兰溪抗美援朝相关纪念文章。整理刊出《李渔在夏李》一书，汇集推出《李渔清廉故事》及《"祠堂总理"——李渔》长文，以古鉴今，助力推动清廉兰溪建设。结合"干部作风提升年"活动，在做好规定动作的同时，通过《兰溪党史微课堂》，在"兰溪组工"和"兰溪史志"两个微信公众号，推出"干部作风提升年"专栏，共推出15期。

【中国共产党浙江兰溪历史第二卷（1949—1978）出版发行】 4月1日，《中国共产党浙江兰溪历史第二卷（1949—1978）》由中共党史出版社出版发行。该书全面记述了1949年5月兰溪解放至1978年12月党的十一届三中全会召开的近30年间，兰溪县委领导全县人民群众艰苦创业、团结奋斗的光辉历史。全书根据时代特点，比较系统的记录了兰溪政治、经济、文化、社会等各个方面的真实状况，从不同角度对历史经验教训作了初步的探索和总结，是具有兰溪地方特色的党史著作。全书共4编18章53节，共36万余字。

【《兰溪年鉴（2019）》出版发行】 《兰溪年鉴（2019）》出版发行，这是兰溪出版的第7部年鉴。该书由中国共产党兰溪市委员会、兰溪市人民政府主办，兰溪市地方志编纂室承编，中国市场出版社出版。收录文献资料时限为2018年1月1日至12月31日，全面、准确、系统、翔实地记录了2018年兰溪市自然、政治、经济、文化、社会等方面的基本情况。该书设卷首彩页、特载、专辑、大事记、事情概览、主要组织行政事业机构及其负责人等33个类目、181个分目，表格25个，图照472幅；共82万字。为方便检索，书后设主题索引和表格索引。特载中还收录了2019年初市委、市人大、市政府、市政协的工作报告。

【《兰溪年鉴（2020）》出版发行】 《兰溪年鉴（2020）》出版发行，这是兰溪出版的第8部年鉴。该书由中国共产党兰溪市委员会、兰溪市人民政府主办，兰溪市地方志编纂室承编，中国市场出版社出版。收录文献资料时限为2019年1月1日至12月31日，全面、准确、系统、翔实地记录了2019年兰溪市自然、政治、经济、文化、社会等方面的基本情况。该书设卷首彩页、特载、专辑、大事记、事情概览、主要组织行政事业机构及其负责人等33个类目、230个分目，

中共兰溪党史第二卷　　　（王恩贶　摄）

表格31个，图照383幅；共85万字。为方便检索，书后设主题索引和表格索引。特载中还收录了2020年初市委、市人大、市政府、市政协的工作报告。

【编写《红色足迹——兰溪市红色教育基地概览》】 7月14日，与相关乡镇（街道）共同整理编写的《红色足迹——兰溪市红色教育基地概览》刊出。该书旨在以图文并茂的形式，介绍兰溪部分红色教育基地，绘制一幅红色教育基地和乡村旅游融合的红色地图，助推"文旅兴兰"。该书依托兰溪丰富的红色资源，以实物、实景、实例、实事为载体，通过对历史事件及其人物的深入挖掘和真实还原，让后来人更好地了解兰溪红色历史，学习先辈事迹，弘扬革命精神，从而得到精神上的洗礼和思想上的升华。

【党史馆被命名为首批"金华市关心下一代教育基地"】 兰溪党史馆被金华市关心下一代工作委员会命名为第一批"金华市关心下一代教育基地"，并授牌。全年接待参观者超7800人次。兰溪党史馆于2016年6月开馆，展览中共兰溪新民主主义革命时期的一段历史，以"足迹"为主题，分"红色印迹""光辉业迹""名人事迹"三大板块，讲述了风起云涌的革命岁月、艰苦卓绝的斗争故事和激情燃烧的历史人物，全景式回顾兰溪新民主主义革命的伟大历程。

关心下一代工作

【概况】 2020年全市各级关工委和广大"五老"深入贯彻省委、金华市群团改革和机构改革部署，围绕市委"强工兴市、拥江兴城、文旅兴兰、环境兴人"四大战略，以立德树人为主线，以理想信念教育为核心，创新工作品牌，强化基层组织建设，各项工作取得了新成效。教育局关工委、云山街道关工委等6家基层关工委被评为金华市"五好"基层关工委，胡志强等5位老同志被评为金华市"最美"五老。胡志强作为先进典型在金华市关工委工作会议上作了发言，他的先进事迹得到金华市委常委、组织部部长郑敏强的多次肯定。

【开展新时代爱国主义教育活动】 市关工委成立兰溪市"决胜小康 奋斗有我"五老宣讲团，走进农村、社区、学校等地开展理想信念、党史国史教育等宣讲活动。全市各级关工委共开展主题宣讲近50场。组织选送"五老"参加金华市"决胜小康 奋斗有我"演讲比赛，获得二等奖。开展"全面小康 我们来了"主题征文活动，全市共51所中小学校3万学生参与。联合市委政法委、市退役军人事务局、教育局等部门开展"致敬·2020清明祭英烈"网上祭扫活动，组织学生在网上向革命先烈进行云祭奠。组织"五老"同志结合自身经历，录制了5个关于"红船精神"、疫情防控、传统文化等特色课程宣讲视频，并在金华市关工委网站、微信公众号上进行云宣讲、云展播。

6月30日，成立兰溪市"决胜小康 奋斗有我"五老宣讲团，深入农村、社区、学校等地进行宣讲 （刘露露 摄）

【开展传统文化和文明礼仪教育活动】 全市各级关工委深入挖掘兰溪本地历史文化资源，整理编写家风家训和传统文化故事，开展传统文化、文明礼仪等主题教育活动。女埠街道编写了《诗路女埠》"三爱三立"教育读本，水亭乡"五老"同志创作了《畲族文化》，上华街道"五老"创作了《兰溪发展历程中的闪光故事》等课件，引导青少年践行好家风，弘扬中华民族优秀传统文化。儿童启蒙礼在全市广泛开展，"公筷公勺""光盘行动"、垃圾分类等文明礼仪教育在各中小学校中全面铺开。

【开展青少年普法教育活动】 市关工委以"关爱明天 普法先行"活动为抓手，组织开展法治、禁毒、安全教育活动。"五老"同志走进梅江初中等4所学校和兰花社区等4个社区，为学生宣讲法律知识。未成年人社会观护团成员持续为失足失范青少年提供帮助和管理服务，尽己所能帮助他们步入正常的人生轨迹。

【开展关心下一代暖冬行动】 春节期间，市关工委联合相关单位走进上华街道马公滩社区、云山街道永进社区开展关心下一代暖冬行动，组织迎春送福活动和禁燃劝导宣传活动；走进游埠金湖辅导完小、中洲辅导完小开展兰溪市"冬日送温暖 情系贫困生"关爱行动，为45名学生捐赠了羽绒被、热水壶、书包等生活用品；走进农村贫困生家庭柏社中学学生家里进行春节慰问，为他们家送去被子、油、米等生活用品和春节慰问金。

【开展贫困学生帮困助学活动】 市关工委和慈善总会面向全市普通高中学生，联合开展2020年度"爱心圆梦 保亿萤火虫助学"活动，共资助低保户家庭贫困学生100人，每人2000元。联合相关部门开展金华市2020"福彩牵手·助圆大学梦"困难大学新生资助活动并举办启动仪式，共资助贫困学生25名，每人8000元。

9月1日，金华市2020"福彩牵手·助圆大学梦"困难大学新生资助活动座谈会在兰溪市城西福利院召开　　　　　　　（刘露露　摄）

【开展助残日、困境儿童慰问活动】 市关工委联合市委老干部局、市教育局关工委到兰溪市曙光学校开展助残日活动，为全校76名特殊学生捐赠抱枕被子；"六一"前夕联合民政局、善孝文化园等部门和爱心团体到马涧镇石渠中心小学对41名留守儿童进行慰问；联合市教育局、枫山网校到兰一中、兰五中等5所学校资助高中贫困生，资助金额共计1.6万元。马涧镇关工委举办第二期困难家庭子女免费书法培训班，收录学员38名。

1月14日，开展关心下一代暖冬行动之关爱帮扶活动，到柏社乡贫困生家里进行春节慰问
（刘露露　摄）

4月28日，市关工委联合相关单位到金家信义小学等5所农村学校为60名学生捐生活物资，共计捐赠2万余元　　　　　　　（刘露露　摄）

【完成"银耀兰江·关爱帮扶"活动】　按照"银耀兰江·关爱帮扶"活动方案，市关工委联合教育局、善孝文化园、枫山网校等单位继续开展"银耀兰江·关爱帮扶"活动。到黄店镇朱家中心小学、兰江街道应家小学等12所学校开展"三讲三送三帮"活动：开展爱国主义宣讲、开设特色课程、开展书画联谊、赠送爱国主义红色书籍、资助困难学生85名。自2019年活动启动以来，"银耀兰江·关爱帮扶"活动走进了24所农村中小学校，开展了66次主题宣讲活动，上了46堂书画诗词特色课，进行了7场文艺演出，14次书画联谊，受教育农村青少年达1万余人次，

9月24日，"银耀兰江·关爱帮扶"暨党史进校园活动在梅江镇石埠小学、梅江初中举行
　　　　　　　　　　　　（市关工委　提供）

资助农村中小学校贫困家庭学生220人次，共计资助爱心物品、善款合计12.6万余元。

【开展第九届"完美童年·春泥计划"公益行动和"真善美大实践"活动】　市关工委联合市委宣传部、团市委、教育局、文明办、少工委联合开展以"争当防疫自护小先锋"为主题的兰溪市第九届"完美童年·春泥计划"公益行动。该次公益行动举办4个线下免费防疫自护实训营（家门口夏令营）和14个防疫自护线上营。其中，线下营共有266名留守儿童、贫困儿童参加。"真善美大实践"活动为留守儿童、外来务工子女、贫困家庭子女、抗疫一线职工家庭的子女等特殊群体青少年提供亲情陪护、参观学习、科技实验、游戏体验等真善美大实践。参与的青少年人数达600人。

【建立未成年人关爱联合工作机制】　联合矛调中心、融媒体中心、爱在兰溪等4家单位建立未成年人关爱联合工作机制，并成立由42名具有调解经验和热心公益事业的"五老"同志组成"春苗呵护人"队伍，负责对"家暴"和"校园欺凌"案件中相关当事人进行教育、劝导、调解等工作。

【探索"五老＋社团＋志愿者"工作新模式】　强化与部门、单位间的协作配合以及同积善堂、善孝文化园、爱在兰溪等爱心团体的合作，积极拓展参与社会治理的工作方式。全市共吸纳2515名"五老"志愿者注册志愿汇，并建立19支银耀志愿服务小队。云山街道成立了银耀云山志愿服务队，并开展了云山育苗行动。"五老"网吧义务监督队坚持参与网吧监督和全国卫生城市创建等志愿活动，全年共督查网吧24次，达600人次。

（刘露露）

信访工作

【概况】 2020年全年信访总量为28492件次，其中来信652件，来访434批次，网上信访5116件次，来电22290件次，来电及网上信访占比达到96.1%，信访秩序进一步规范。四级上访总量同比下降25%，赴京上访同比下降41.9%，信访生态不断向好，成功实现"无信访积案市"二连创建目标。

【全面推行民情民访代办】 1月份，实施《兰溪市民情民访代办实施方案》，建立市级代办中心1个，镇、村基层代办站点389个，选聘849名基层民情民访代办员。1—12月，通过来电、网上代办民情民访事项8289件，办结率为100%。探索并形成"双民代办项目化管理联动式化解"等机制做法，成效明显，初次信访同比下降19.2%，新增积案率同比下降46.8%，基层基础进一步夯实。

【全面推动信访积案化解】 4月份，全市开展信访积案化解"两推两降一清零"行动，交办各级信访积案199件，化解181件，化解率达到90.9%。7月，全市开展"百日攻坚提效"专项行动，交办各类案件63件，化解59件，化解率达到93.6%，积案化解取得明显成效，相关经验做法得到金华市委陈龙书记批示肯定。

【联合接访中心入驻"信访超市"运行良好】 联合接访中心入驻市矛调中心（信访超市），按照常驻接访、轮值接访、预约接访等综合接访模式，进一步强化县级接访功能，提升接访效率。1—12月以来联合接访中心共接待来访群众425批988人次，市领导接待来访群众223批，401人次，联合接访中心建设进一步规范，得到省、金华市局领导肯定。

（范跃军）

档案工作

【概况】 2020年，市档案馆查档服务窗口严格按照疫情防控要求，有序开展查档接待服务工作。利用"浙江档案服务网"、"浙里办"App平台、"金华市一证通办"等网络平台，做好"跨馆查档"和"网上查档"等服务工作。截至年底，接待查档群众1842人次，调卷1851卷、1179件，复制档案4585页。网上查档144批次，查档满意度达100%。征集和接受捐赠专项档案视频1件、照片档案40余张，《跟着档案去旅行（兰溪篇）》视频资料1件，《兰溪市机构改革成果资料汇编》《汤溪鱼鳞图册合集》《东阳鱼鳞图册选编》等文史资料95册。

开展日常档案业务指导工作，利用网络及上门指导等方法，为全市各单位做好线上、线下业务指导工作。对市委办、政协办、市场监管局等28家机关单位和兰创、交投、城投、文旅4家国企提交的《文件材料归档范围和档案保管期限表》逐件审核回复，并整理汇编成册。指导兰溪经济开发区等47家单位完成年度规范化档

6月9日，开展国际档案日宣传活动

（市档案馆 提供）

案室审核确认。指导市司法局、公积金管理中心兰溪分中心通过"档案目标管理"省二级认定的复评。

持续深化"最多跑一次"改革，进一步推进全市行政权力事项电子化归档工作常态化，要求各单位做好历年已办结办件的电子档案在线归档。截至12月底，37家单位23369个办件完成在线预归档，共计19.4GB。

6月和11月，利用"浙江省行政执法监管（互联网+监管）"平台进行掌上执法。该次有人大办、政协办、宣传部等19家单位列入"双随机"执法检查。7月，联合组织部对卫健局、融媒体中心等8家单位开展人事档案专项联合检查。

10月30日，在市委党校举办年度档案业务培训班，市机关、乡镇（街道）、企事业单位及临时机构档案管理人员120余人参加了培训，培训班还宣讲了新修订《档案法》内容。开展"6.9国际档案日"宣传活动，联合国网兰溪供电公司在青松社区开展"反映发展史、见证小康路"为主题的家庭档案展，宣讲家族档案收集整理制作的相关知识，指导群众建立家庭档案。

联合市委宣传部、农业农村局、民政局、融媒体中心编研出版《探寻兰溪村落》一书。《抗日战争档案汇编（兰溪卷）》一书的编研工作，完成最后修订与终审工作，于8月份上报国家档案局列入正式出版。

【综合档案馆主体工程竣工】 7月底，综合档案馆主体工程结顶；10月底，大楼顶部钢结构施工方案认证完成。至年底，整体工程已完成年度总投资额的100%，地下层及地上1至13层主体结构验收完成，大楼裙房外干挂完成95%，外干挂喷蒸馏漆完成15%，消防、水电设施安装完成85%，地面贴砖完成45%。

7月25日，兰溪市档案馆新馆主体工程竣工
（市档案馆 提供）

【征集新冠肺炎疫情防控档案】 4月29日，在"全市新冠肺炎疫情防控档案集中收集建档工作部署"会议后，市档案馆立即建立新冠肺炎疫情防控档案全宗，并对此类档案进行重点征收。至年底，已接收市公安局、交通局、卫健局、人社局、市场监管局、团市委、疾控中心、游埠镇、人民医院、青松社区等10家单位第一批次纸质文件1576份、电子文档48份、电子照片391张、音视频22个、实物20件等，并予以整理归档。

【数字档案馆（室）创建】 完成"数字档案馆"和"数字档案室""双创"工作。按照"数字档案馆系统评估办法"和"县（市、区）综合档案馆业务建设评测标准"，逐条对照分析，列出扣分项，将责任分解到人，抓好各项台账和相关评审资料的准备工作。9月24日，省级专家组对档案馆进行了考评与验收，档案馆以80.33分的成绩通过"省级数字档案馆"系统评估。全年创建省示范数字档案室2家，规范化数字档案室11家，数字档案室4家。

【档案信息化建设】 完成馆室一体化系统、馆藏档案管理系统、档案长久保存系统等3个软件系统安可适配情况填报。通过省公共数据工作平台，完成年度信息系统普查和数据目录编制，新增入库3个自建系统150个要素，编制数据目录4类，数据项24个。完成EMC存储、IBM服务器、防火墙、网络交换机、宏杉存储、网闸等2020年维保到期的硬件设备续保，确保所有硬件设备都为在保状态，并定期开展季度巡检。做好日常政务外网终端安全防护工作，及时完成风险电脑病毒查杀，确保网络安全。启用"兰溪市档案馆"网站（金华市档案馆网站下的二级网站），开通各科室采编人员账号，陆续发布"信息动态、网上展厅、法律法规、影像档案"等栏目内容。完成36家单位的档案数据登记备份工作，新增数据量278.35GB，历年数据总量达4.18TB。

【村级组织换届档案工作】 4月21日，市档案馆赴水亭乡、西姜村、下方泉村对"村档乡管"和村级组织换届档案工作进行调研。5月26日，市档案局和组织部联合下发《关于印发〈2020年兰溪市村级档案规范化建设实施方案〉的通知》，明确村级档案规范化建设、村级组织换届前档案整理归档、移交和"村档乡管"工作要求。选择上华街道作为试点开展相关专题档案培训。7月13日，协助上华街道4个试点行政村开展档案整理归档工作，进行档案分类、编目、装订、装盒一对一指导，为其他行政村档案整理工作树立样本。8月4日，在上华街道召开全市村级组织换届档案工作部署现场会，全面推进村级组织换届档案整理归档移交。档案馆抽调业务骨干组成2支服务分队，对各乡镇（街道）进行换届档案业务指导。截至年底，全市16个乡镇（街道）全部完成换届档案的整理归档工作，14个乡镇（街道）完成档案交接文据备案。

【馆藏档案数字化加工】 11月25日，由金华禾睿网络科技有限公司承办，馆藏乡镇（街道）户籍档案数字化加工、整理项目顺利通过验收，项目投入9.7万元，共扫描户籍档案132284页、著录117035条目。12月14日，由浙江省档案事务所有限责任公司承办，北京北咨信息工程咨询有限公司监理，2020年度馆藏档案数字化加工（第四期）项目通过验收，该项目投入113.6万元，市府办、人大办、二轻局、监察局、宣传部、统战部等31个机关单位的文书档案进行数字化加工，计10902卷、167盒，扫描图像1571303页、著录244124条目。

（马忠富）

机构编制工作

【概况】 2020年底，全市共设置党政机构37个，其中，市委设置纪检监察机关1个，工作机关10个，市政府设置办公室和工作部门26个。另设有金华市级部门派出机构2个（生态环境分局、兰溪邮政管理局）；市委重大议事协调机构的办事机构8个（设在相关部门）；市政府派出机关2个（经济开发区、行政服务中心）；民主党派机关3个（民盟、农工党、九三学社）；群团机关10个，其中：总工会、团市委、妇联、科协、文联、工商联6家为行政群团机关，残联、红十字会、供销合作总社、计生协会4家为参公管理事业群团机关。设置街道办事处6个，乡镇人民政府10个。

【完成事业单位清理规范整合任务】 1月15日，召开全市事业单位改革推进会，3月底即提前超额完成事业单位清理规范整合工作，做到防疫和改革"两手硬、两战赢"。全市共精简事业单位46家，精简比例22.12%，超出省定任务7个多百分点；规范类别与经费方式30家；收回编制100余名，全过程平稳顺畅，实现了优化协同高效的改革目标，也为兰溪市公益事业集约化可持续发展预留了较大空间。

【做好事业单位改革"后半篇文章"】 开展人员转隶工作，全市累计转隶事业人员286人（含参公人员108人，事业人员178人），其中：副科长级领导1人、中层正职48人、中层副职43人，转隶过程平稳有序。6月中旬启动事业单位改革"回头看"，实地检查涉改事业单位"三定"规定或（还是"和"）机构编制规定落实、人员转隶及岗位调整、中层竞聘开展、职能交接及融合情况。印发《关于规范兰溪市事业单位领导职数管理的通知》，规范事业单位领导职数管理。

【加大重点领域机构编制保障力度】 创新设置市委市政府接待中心、金兰创新城开发建设中心、招商投资服务中心等机构；对公安局、农业农村局、应急管理局、市场监管局、政协机关等10余家部门职能配置、机构设置予以优化；调整干部心理素质提升中心机构设置；成立兰溪邮政管理局。贯彻落实"学在兰溪"战略，为兰溪杭州育才小学和中学办理民办事业单位法人登记，实现兰溪市民办事业单位登记零突破；为中医院、妇保院及时补充事业编制报备员额。

【助力政务服务2.0建设】 做好机关内部"最多跑一次"事项更新完善，共梳理机关内部"最多跑一次"事项311项，累计发现并完善事项信息122项。助推县域治理，开展乡镇（街道）权责清单梳理，认领公布权力事项140项。建立事项清单动态调整机制，推行"一事一报"、季度"零报告"以及常态化检查反馈制度。

【建立监督检查"事前事中事后"评估体系】 事前评估，科学审核用编申请，坚持"超编单位只出不进、满编单位先出后进、空编单位按需进人和梯度用编"原则，对公开招考、军转安置、人才引进、带编招聘等不同用编方式量身定制用编原则。事中评估，夯实实名制管理，加大数据统计分析力度，掌握机构编制运行情况和使用效率，服务机构编制决策。事后评估，开展机构编制监督检查，听机构编制和单位运行情况介绍，看部门挂牌、机构设置是否规范，查中层职数使用、事业单位法人登记资料是否完备，问机构编制政策规定落实情况。

【完成全市机关事业单位编外用工指标核定】 市级机关、事业单位按照现有编外人员情况，结合工作需要核定编外指标。医院、学校、自收自支事业单位以及经费由财政切块打包的人员不纳入指标核定范围，由主管部门确定控制数，报市联席会议同意后实施。执法辅助、民生保障、公共服务等辅助岗位和使用编外用工数量较多的单位，按照"只减不增"的原则，采取"一事一议"的方式核定编外指标。共核定全市机关事业单位编外用工指标1521名。

【做好事业单位法人登记】 2020年，新设立登记事业单位6家，变更登记321家（次），注销登记29家。事业单位年报应审查数284家，已审查数284家，公示率100%。全市已进行法人登记的事业单位263家（含已冻结3家），其中市委市政府直属或各部门下属事业单位241家，其他组织利用国有资产举办的事业单位20家，民办事业单位2家。同步加强事业单位事中事后监管，按照1%的比例对全市事业单位法人公示信息进行"双随机"抽查。

（王笑笑）

台湾事务

【概况】 2020年,市台办紧紧围绕市委市政府中心工作、重点工作和对台工作的任务要求,依法管理涉台事务,按照年初"一县一品"工作部署,抓重点,创亮点,对台工作取得新成效。

【召开光学膜创业园台胞迎新春茶话会】 1月7日,组织台胞专题迎新春座谈会,邀请公安局同志和当日在岗台干参加。座谈会通报了2019年兰溪经济社会发展主要情况,宣传习总书记对台工作系列重要讲话精神,进一步宣传国台办"惠台31条措施""惠台26条措施"、省台办的"惠台76条措施"和金华市台办的"惠台41条措施"。

【走访慰问台胞台属】 1月7日,浙江省台联驻会副会长陶骏、省台联办公室主任邹志土一行到兰走访慰问生活困难的台胞杨展。金华台办走访慰问重点台属童建基、徐建生。春节前夕,市台办、台联组织开展走村访户活动,共走访慰问定居台胞、重点台属、困难台属和台属企业60余户。

【对台工作会议】 4月10日,由市委常委、统战部部长吴一成向常委会作省对台工作会议精神专题汇报。4月23日召开兰溪市对台工作会议,80余人参加。会议总结回顾2019年兰溪对台工作,分析新时期对台工作的新形势,明确2020年兰溪对台工作的各项目标和任务。

【省台办主任庄跃成到兰调研】 6月3日,省台办主任庄跃成带队赴游埠镇调研,金华市台办主任方雨辉,兰溪市领导陈峰齐、吴一成、翁柯卫陪同。庄跃成一行参观了游埠郎静山纪念馆、摄影之家、古董相机展览馆、光学膜产业园等地,深入了解兰溪海峡两岸项目合作、青年创业就业等情况,肯定了兰溪海峡两岸交流、惠及台胞政策措施落地等工作。

【台胞到兰参访交流】 7月在金华地区台商陈俊雄一行17人到兰交流,参观游埠郎静山纪念馆、兰湖等地。

【举办首届海峡两岸影像文化周兰溪郎静山专场活动】 10月,成功举办首届海峡两岸影像文化周兰溪郎静山专场活动,该活动以"世界十大摄影家"之首兰溪籍摄影大师郎静山故乡元素为纽带,开展古镇游览、摄影采风、金兰创新城考察推介等系列活动,共吸引120余名嘉宾、台胞台商、摄影爱好者参与。兰溪市被授予"首届海峡两岸影像文化周组织贡献奖",同时"影像兰溪馆""永济影像馆"揭牌。

【召开台胞台属联谊会第七次代表大会】 11月18日,召开台胞台属联谊会第七次代表大会。金华市台办室务会议成员胡竹根、金华市台联会常务副会长经丽莎、兰溪市委常委金建荣、兰溪市委常委、统战部部长吴一成、大会代表以及各乡镇(街道)的统战委员、干事等120余人参加会议。会议由兰溪市委办主任、台办主任柳卫东主持。会议分为开幕式、大会选举、闭幕式3个阶段。大会通过选举,产生新一届理事32名,副会长7名,会长1名,市台办专职副主任吴晶当选为会长。金华市台办室务会议成员胡竹根在开幕式上发表讲话,常务副会长王卫东作第六届理事会报告,副会长陈刚作财务工作报告和《台联章程》修改说明,闭幕式上会长吴晶作表态发言,部长吴一成发表讲话。

【定居台胞去世】 11月16日,定居台胞朱炳云去世；12月16日，定居台胞梅海清去世。

（徐灵君）

社会治理综合服务

【概况】 2020年，市社会治理综合服务中心（以下简称中心）受理各类事项20473件，受理矛盾纠纷1313起，调处成功1087起，成功率98.1%，调解绝对数在金华处于领先位置；一审民商事收案5619件，同比下降17.38%；万人成讼率为76.61，同比下降28.7%；四级走访总量同比下降17.6%，县级走访总量占比达83.3%。相关做法相继得到省法院院长李占国和金华市委书记陈龙的肯定，先后在《浙江日报》《今日浙江》专题报道；承办协办金华市级以上现场会3次；接待各地考察调研113批次，其中部级领导2人次，厅级领导38人次；金华市级以上媒体正面宣传报道130篇；收到群众锦旗18面。

【创立"巡回调解"机制】 4月初，中心联合市司法局、法院、公安、信访等部门成立"和合"巡回调解团，从3个渠道下乡开展调解：组织法律专家、退休老法官和调解志愿者每周二、四、五轮流到农村法庭进行巡回调解；组织老派出所长（老交警大队领导）、公安法制大队民警、金牌调解员不定期到公安派出所和交警中队进行疑难复杂案件调解；组织专业调解员队伍到乡镇（街道）进行巡回调解。全年通过该机制化解疑难复杂矛盾纠纷297起。

4月30日，兰溪市"和合"巡回调解团赴永昌街道调解　　　　　　　　　　（汪有良 摄）

【打造"网上矛调中心"】 6月下旬，中心与融媒体中心合作，按照"融媒体中心管前端、矛调中心管后台"的工作思路，在全省率先开通"网上矛调中心"，设置"便民生活""心理咨询""矛盾调解""兰溪随手拍""兰江论坛""未成年关爱"六大功能板块，市民遇事可以"足不出户"线上找说法。全年共受理诉求747件，其中：便民生活120件（政策咨询28件、求职服务31件、家政服务27件、移车服务34件），兰溪随手拍457件，矛盾调解164件，心理咨询6件。

【优化"一窗受理"流程】 中心对内部流程进行优化，形成"一站式"办事大厅、联合接访区、公共法律服务区、诉讼服务区、矛盾纠纷调解区、社会心理服务区、综合信息指挥区等"一厅六区"功能布局，进入中心的所有案（事）件均由总台统一受理，录入省协同系统进行有效流转和办理，形成"前台综合受理、后台分流转办"模式，实现全案件闭环式管理，做到可查询、可跟踪、可督查、可回访。

【创新"协调会兜底"机制】 一些经乡镇（街道）、市直各单位处置后仍未解决的，或需多部门联合处置的疑难复杂矛盾纠纷，由中心牵头，协调各部门进行分析研判，制定工作方案，开展专项处置，协调会纪要执行情况纳入市委督查范围。全年通过协调会化解疑难纠纷12起。

【建立未成年人关爱工作机制】 8月20日，中心联合老干部局、融媒体中心等部门建立未成年人关爱工作机制。由融媒体中心在"网上矛调中心"增加"春苗呵护"板块，板块中设置"家暴投诉"和"校园欺凌投诉"两项内容；由市关工委、"爱在兰溪"分别建立一支由老同志和志愿者组成的"春苗呵护人"队伍，负责处理"家暴投诉"和"校园欺凌投诉"案件；由矛调中心负责流转派单和后续监督。同时落实心理疏导工作，由市心理服务中心、"美美+家"负责对受校园欺凌、家暴等影响的未成年人进行心理疏导，由检察院新蕊工作室根据需要合理安排对未成年被害人的心理疏导。

【建立"健康代跑"机制】 中心联合市医保局、卫健局、红十字会等部门和"爱在兰溪"等社会组织，通过整合部门资源、引入社会力量，创新建立"健康代跑"机制，以购配药"绿色通道"、医共体"共享药房"、8890平台闭环管理、行政社会力量关爱帮扶等举措，提供暖心服务，破解行动不便慢性病人需定期出门配药难题。

12月30日，中心举行了"健康代跑"活动授带仪式 　　　　　　　　　　（陈馨 摄）

【打造"三大实践基地"】 成立兰溪市社会矛盾纠纷调处化解中心浙江师范大学行知学院法学院"实践教学基地"，为法学专业学生从事法律志愿服务、参与社会矛盾调处化解工作提供平台；打造基层调解员成长实践基地，中心以轮训方式对镇村两级调解员开展带徒式培训，提升基层调解员实战能力；打造中青班学员实践锻炼基地，中心安排中青班学员两周实践锻炼，要求完成两件调解案件方能结业，提升学员化解矛盾纠纷能力。

7月31日，中心举行与浙江师范大学行知学院校地合作共建实践教学基地签约仪式

（钱跃钦 摄）

【建立"思""心"共参机制】 中心建立思想教育和心理健康咨询参与矛盾纠纷化解机制，并聘请了4位"和心师"，加强在矛盾纠纷化解过程中实施教育疏导和心理咨询干预工作。对于当事人有偏执或固执倾向等几类情形需要心理干预的案件，由"和心师"共同参与化解；对于当事人有人生观严重扭曲等几类情形需要思想教育的案件，由妇联"馨兰"娘家人选派退休妇女干部志愿者参与调解，进行思想教育。

5月15日，中心举行"和心师"聘任仪式

（唐献吉 摄）

【建立志愿者劝调机制】 针对一方当事人提出调解申请但另一方当事人不愿意调解的情况，中心安排志愿者进行电话劝调或者上门劝调，发挥志愿者身份优势和工作经验，使一批本不愿意调解的当事人接受调解，提高调解率。

【建立人大代表任务认领机制】 成立中心人大代表联络站，建立任务认领机制。人大代表进站前，先在信访接待、案件督办、民情民访代办、法制宣传、纠纷调解、8890热线接听、社会救助、公益活动等八项工作中根据自身实际进行自主选择，中心再根据代表的任务认领情况，安排相应工作，提高工作质效。

11月13日，兰溪市社会矛盾纠纷调处化解中心人大代表联络站揭牌 （雷俊 摄）

【升级"三合一"联调机制】 中心对"三合一"联动联调机制进行优化升级，根据案件的类型成立调解团队，将法官、书记员、调解员组成固定调解小组，联动工作，促进法官、调解员、书记员三方深度融合，并将案件调解范围从诉前拓展至诉中各阶段，深入贯彻"调解优先、诉讼断后"，实现"应调尽调"。同时，要求对调解协议进行司法确认，巩固调解成果。

【形成"六调对接"机制】 中心坚持"将非诉讼纠纷解决机制挺在前面"的原则，建立诉调、访调、检调、仲调、警调、行调等对接机制，对法院、信访、检察院、仲裁院、公安等部门受理的可调解案件，均通过省协同系统进行有效流转、处理，对适用调解方式解决的矛盾纠纷，全部引导至人民调解委员会先行调解，做强矛盾纠纷源头治理，有效促进各类问题和纠纷的化解，实现各部门间"信息共享、纠纷联调、责任共担"。

【金华首家银保调委调解工作室落户兰溪】 12月22日，金华市银行业保险业人民调解委员会兰溪工作室揭牌，这是浙江省首家入驻矛调中心的银行业保险业调解机构。主要职责为受理、审查、登记符合银行、保险类人民调解条件的纠纷，对符合条件的优先进入调解程序并依法调解，促使当事人自觉履行调解协议。调解工作室建立了"银企（个人）协商+调解委员会见证+司法确认"的调解工作流程。

【民商诉讼】 诉讼服务中心全年累计受理民商事立案3614件，主要涉及金融借款合同纠纷、民间借贷纠纷、合同纠纷、婚姻家庭继承纠纷、机动车交通事故责任纠纷、劳动合同及劳动争议纠纷、物业纠纷、其他纠纷等。全年立案数同比下降0.63%。

【劳动仲裁】 劳动争议联合调处中心对当事人申请的劳动人事争议案件先行联合调处，对调处不成的再导入劳动人事争议仲裁程序。受理案件主要包括劳动报酬、确认劳动关系、社会保险（含工伤保险）、解除劳动关系等。全年累计受理案件395件，调解成功333件，撤销19件，调撤率89.1%。

【司法调解】 9月成立了兰溪市房地产物业纠纷

调解委员会，着力预防化解兰溪市物业管理行业快速发展下的各类矛盾纠纷。全年累计受理矛盾纠纷1313件，成功化解1087件，调解成功率为98.1%。

【法律援助】 公共法律服务中心全年累计受理法律援助案件506件，其中民事案件139件，刑事案件337件；受理法律帮助案件373件；解答各类法律咨询3746人次，其中来电2067人次，来访1679人次；开展法律宣传活动21次，举办法治讲座3场，发放宣传资料4600余份。

【心理服务】 卫健系统心理服务志愿者团队、市妇联"馨兰娘家人"婚姻家庭咨询团队等6支服务队伍近百人入驻社会心理服务指导中心"兰心工坊"，为不同社会群体提供心理服务。全年累计接待上级部门及兄弟县市各单位参观指导130个批次2428人次，接待市民来访体验3107人次，开展心理测评300多人次，现场心理咨询325人次，紧急心理危机干预5例，开展心理健康科普活动32场次（受益群众3432人次）。

【联合接访】 联合接访中心设有11个窗口，采取"常驻、轮驻与随叫随到相结合"形式开展接访。信访接待窗口通过省矛调协同应用系统与综合受理台无差别受理窗口实现"一窗受理"、进行访调对接。全年累计窗口接待945批1841人次，市领导接待223批401人次，初信初访总量同比下降6%。

【8890便民服务】 8890便民服务平台全年话务量299156个，受理诉求106669件，其中咨询服务62517件、占58.61%，生活服务17905件、占16.79%，效能服务26247件、占24.61%，办结率和满意度均在95%以上。开展便民服务进社区进乡村活动5场，服务群众1800余人次。开设特色热线9条，包括"12345"求职热线、社会心理服务热线、"20200202"结婚登记预约热线、杨梅采摘热线、青少年健康成长预约热线、"公益助学"报名热线、"健康代跑"热线等。

【检察服务】 12309检察服务中心于5月底成建制入驻，设置检察长接待室1间，集体接访室、调解室1间，情绪疏导室、心理咨询室1间，公开听证室1间。由1名员额检察官、2名检察官助理、1名法警常驻，未检（未成年人检察）"新蕊"工作室随叫随驻，刑事检察、民事检察、行政检察等轮驻。此外，成立"老大哥"工作室为市民提供调解服务。入驻以来，接待来访群众270批270人次，受理群众信访33件，办理司法救助4件，举行检察听证5场。

【行政复议】 行政复议中心于6月中旬成建制入驻，设置受理接待窗口1个、调解室1间、听证室1间，由3名办案人员常驻。入驻以来，共接待来访群众91人次，受理行政复议申请33件，办理行政诉讼案件17件，调解行政争议案件32件。

（徐晓庆 章 凌）

改革工作

【概况】 制定《2020年兰溪市全面深化改革工作要点》，实施市领导领衔重点改革项目68项。召开市委全面深化改革委员会会议3次，审议听取改革议题17项。制定《党委（党组）书记改革工作述职办法（试行）》，建立党政主要负责人体验"最多跑一次"改革工作机制，组织市委市政府主要领导体验活动3次，全市55家部门单位体验事项295项。建立"改革案例库""改革实验库""改革事例库",形成改革案例58个。开展改革大竞赛活动,79家部门单位参与比拼。建立改革督查通报整改交办机制,进行督办交办10期,通报2期,现场督查3次。建立政务服务"好差评"机制,全年整改差评203条。

7月13日,市委书记、市委全面深化改革委员会主任陈峰齐主持召开市委全面深化改革委员会第五次会议 （市委改革办 提供）

【"最多跑一次"改革】 推进"三新三减"政务服务大厅建设,建成24小时自助政务区,压减窗口67个,缩减45.6%,压减人员45人,缩减20%。打造"兰e办"政务服务品牌,可办"一件事"13件,全年办件5673件,材料精减70%,时间缩减80%。出台《关于印发兰溪市"无证明城市"改革向企业和市域外延伸的实施方案》,梳理市域外18项个人办事证明和10项企业办事证明。创新推出收养登记、人才、证明开具、无感智办（即从群众和企业需求侧出发,转变"依申请办事"的被动服务模式,改由政府部门提前介入,主动发现企业和群众办事需求并完成事项办理,使群众和企业享受应有的政策覆盖权利）,兜底5件本地特色化"一件事"。婚育户"一件事"实现"五证联办",相关经验在省《竞跑者》平台刊发推广。

【"最多跑一次"改革延伸扩面】 向机关内部延伸,完成44家部门325个办事事项的梳理更新,"最多跑一次"实现率100%,全年事项申请2174件,办结率97.2%。向基层延伸,乡镇（街道）便民服务中心民生事项就近办实现232项,实现率90.98%,综合性自助终端和银行、邮政代办网点实现16个乡镇（街道）全覆盖。向公共场所延伸,推进交通、景区、文化场馆、商圈、市场、体育场馆、医疗场所、车辆检测站、城乡公共厕所等十类公共场所服务大提升。向社会治理领域延伸,市矛调中心全年接待群众64401人次,调解矛盾纠纷2738起,一审民商事收案同比下降17.4%,万人成讼率同比下降28.7%,相关经验在省《竞跑者》平台刊发推广。村务协商委员会覆盖全市327个村,助力招引乡村产业项目7个,助推在建项目35个,捐助美丽乡村建设资金1350余万元。

中洲公园服务大提升后的母婴室
（市委改革办 提供）

【营商环境优化】 实施"标准地"交地即开工改革,75个项目办理施工许可证落地开工。实施交地即发证改革,全年办理52宗,面积达86万平方米。实施"标准工地"建好就验好改革,工程竣工验收由46个工作日缩短为不超过5个工作日。出台全省首个《市场监管领域减轻处罚幅度清单》,全年对18起案件进行减轻、从轻或免予处罚,减免金额近百万元。推行"双随机、一公开"监管,全市34个行政执法部门激活使用"掌上执法"账户1167个,掌上执法检查76777

户次,开展"双随机"抽查310次,跨部门联合"双随机"检查28次。创设"千名干部联千企"活动载体,全年收集企业问题5809个,解决5780个,解决率达99.50%。

【助推高质量发展】 承担省级及以上改革试点17项,新增深化社会力量办体育改革试点、金融支农服务体系及风险分散机制创新试点、基层政策性农业信贷担保服务创新点、新时代浙江产业工人队伍建设改革非公企业试点、第二批未来社区试点、自然灾害综合风险普查试点、省级乡村振兴产业发展示范建设县7个试点。纺织行业智能化改造取得阶段性成效,30家试点纺织企业综合效益提高12.3%,经验得到省长郑栅洁批示肯定。建立技术难题"揭榜挂帅"机制,成立浙工大兰溪研究院、行知校地协同创新中心,引进顶尖人才4名、领军人才17名、博硕士577名、大学生9703名。深化农村土地制度改革,农村承包地确权登记颁证工作获评全国典型地区,全域土地综合整治与生态修复工作获2019年省政府督查激励。

【金义都市区共建】 金兰同城化上升为金华市级战略,出台《推进金兰(金华市区—兰溪)同城化重大项目清单》,26个项目列入清单。实施金义都市区重大共建项目43个,金兰都市区供水一体化项目提前3个月通水,建金高速正式通车,金建高铁开工建设。

【政研及财经工作】编辑出版《兰溪政研》杂志3期、调研内参文章4期、市级领导调研课题集2期。召开市委财经委员会会议10次,审议议题46个。

(市委改革办)

兰溪市人民代表大会

综述

【概况】 2020年市人大常委会紧紧围绕全市工作大局，全面履行宪法和法律赋予的职权，充分发挥国家权力机关作用，完成市十六届人大三次会议确定的各项目标任务。全年召开常委会会议9次、主任会议15次，听取和审议专项工作报告17项，审查规范性文件17件，作出决议决定25个，形成审议意见、主任会议纪要、视察意见及评议意见21份，组织代表专题视察7次，任免国家机关工作人员95人次。

重要会议

【市十六届人大四次会议】 1月18—21日，举行市第十六届人民代表大会第四次会议。会议听取和审查了市政府、市人大常委会、市法院、市检察院工作报告，并作出相关决议。会议审查和批准了兰溪市2019年国民经济和社会发展计划执行情况与2020年国民经济和社会发展计划、2019年财政预算执行情况和2020年财政预算报告。会议选举徐建光、吴歆为兰溪市人大常委会副主任，陈建勋为兰溪市人民法院院长，倪于平

1月21日，兰溪市第十六届人民代表大会第四次会议完成预定议程后胜利闭幕　　（王萍 摄）

为兰溪市人大常委会委员。会议票决确定了市政府2020年度民生实事项目。

【市人大常委会第二十五次会议】 1月7日，市人大常委会召开第二十五次会议。会议以无记名投票的方式，任命方国华、王文辉为兰溪市监察委员会委员；免去李进、徐冰的兰溪市监察委员会委员职务。会议审议通过了市人大常委会关于接受祝维伟辞去金华市第七届人民代表大会代表职务的决定，关于补选陈雷红为金华市第七届人民代表大会代表的决定，关于接受徐亚平、邵茂良辞去兰溪市第十六届人民代表大会常务委员会副主任职务的决定，关于调整兰溪市第十六届人民代表大会第四次会议召开时间的决定，关于批准兰溪市2020年政府重大投资项目计划的决定，关于表彰2019年度优秀履职代表、先进代表小组和基层人大先进集体的决定。会议听取和审议了市政府关于2020年政府重大投资项目计划草案的报告、2020年度民生实事候选项目建议方案，书面审议了市政府关于水环境保护工作情况的报告；表决通过了2020年政府重大投资项目，并作出了关于批准2020年政府重大投资项目计划的决定。会议征求了对市政府工作报告稿、兰溪市2019年国民经济和社会发展计划执行情况及2020年国民经济和社会发展计划草案的报告稿、兰溪市2019年财政预算执行情况及2020年财政预算草案的报告稿、市人民法院工作报告稿、市人民检察院工作报告稿的意见，审议了市人大常委会工作报告。会议听取和审议了市十六届人大四次预备会议及会议日程草案、主席团和秘书长名单草案、主席团常务主席名单、执行主席分组名单草案、副秘书长名单草案、议案审查委员会名单草案、各代表团团长副团长名单草案、选举办法草案、市十六届人大四次会议民生实事项目表决办法；审议通过了市十六届人大四次会议列席人员名单、各代表团召集人名单、邀请上台就座人员名单和代表资格变动情况报告。

【市人大常委会第二十六次会议】 1月21日，市人大常委会召开第二十六次会议。会议以无记名投票的方式，决定任命于纲为兰溪市人民政府副市长，决定免去胡作滔的兰溪市人民政府副市长职务。会议审议通过了市人大常委会关于接受邵茂良辞去金华市第七届人民代表大会代表职务的决定，关于补选郭亮、吴歆为金华市第七届人民代表大会代表的决定。

【市人大常委会第二十七次会议】 3月26日，市人大常委会召开第二十七次会议。会议以无记名投票的方式，任命任建顺为兰溪市人大常委会永昌街道工作委员会主任，方志丹为兰溪市人大常委会女埠街道工作委员会主任；免去王文新的兰溪市人大常委会永昌街道工作委员会主任职务，杨云友的兰溪市人大常委会女埠街道工作委员会主任职务，童妙星的兰溪市人大常委会代表与选举任免工作委员会副主任职务；决定任命董为民为兰溪市卫生健康局局长，范卫民为兰溪市应急管理局局长，周玉军为兰溪市综合行政执法局局长；决定免去徐建光的兰溪市卫生健康局局长职务，成德华的兰溪市应急管理局局长职务，严肖军的兰溪市综合行政执法局局长职务。会议审议通过了市人大常委会关于接受陈晓辞去金华市第七届人民代表大会代表职务的决定、关于接受周玉军等辞去兰溪市第十六届人民代表大会代表职务的决定、关于补选兰溪市第十六届人民代表大会代表的决定。会议听取和审议了市政府关于环境状况和环境保护目标完成情况的报告。会议审议通过了市人大常委会关于推进金兰创新城建设的决议、兰溪市人大常委会2020年工作要点。

【市人大常委会第二十八次会议】 4月22日，市人大常委会召开第二十八次会议。会议审议通过了市人大常委会关于接受徐振辉辞去金华市第七届人民代表大会代表职务的决定、关于补选郭亮为金华市第七届人民代表大会代表的决定。

【市人大常委会第二十九次会议】 6月30日，市人大常委会召开第二十九次会议。会议审议通过了市人大常委会关于接受徐振辉辞去金华市第七届人民代表大会代表职务的决定、关于补选郭亮为金华市第七届人民代表大会代表的决定。会议以无记名投票的方式，决定任命朱俊华、俞兰为兰溪市人民政府副市长；决定免去张卫平、傅朝云、张彬的兰溪市人民政府副市长职务；任命刘秋根为兰溪市人大常委会云山街道工作委员会主任，凌俊飞为兰溪市人大常委会上华街道工作委员会主任，祝小平为兰溪市人大常委会法制和监察司法工作委员会副主任，汪晓丹为兰溪市人大常委会代表与选任工作委员会副主任，胡威圆为兰溪市人大常委会赤溪街道工作委员会副主任；免去王星华的兰溪市人大常委会云山街道工作委员会主任职务，刘秋根的兰溪市人大常委会上华街道工作委员会主任职务，汪晓丹的兰溪市人大常委会云山街道工作委员会副主任职务，陈彩玲的兰溪市人大常委会上华街道工作委员会副主任职务，陆飞的兰溪市人大常委会赤溪街道工作委员会副主任职务；任命徐国洪为兰溪市人民法院副院长，王卫东为兰溪市人民检察院副检察长、检察委员会委员、检察员，童小娅为兰溪市人民检察院副检察长；免去赵建星的兰溪市人民法院副院长、审判委员会委员职务，王卫东的兰溪市人民法院副院长、审判委员会委员、审判员职务，张庆喜、吴晓宾的兰溪市人民检察院副检察长、检察委员会委员职务，蒋应军的兰溪市人民法院审判委员会委员职务，徐永生、赵伟、郎建明、周秀芬、韩光的兰溪市人民法院审判员职务；任命了人民陪审员。会议审议通过了市人大常委会关于接受叶国庆辞去兰溪市第十六届人民代表大会常务委员会委员职务的决定、关于接受王星华等辞去兰溪市第十六届人民代表大会代表职务的决定、关于补选兰溪市第十六届人民代表大会代表的决定。会议听取和审议了市政府关于兰溪市数字经济发展情况的报告。会议通过了市人大常委会关于调整市第十六届人民代表大会常务委员会组成人员联系代表名单的通知、关于交办各人大街道工委2020年工作任务清单的通知。

【市人大常委会第三十次会议】 8月5日，市人大常委会召开第三十次会议。会议以无记名投票的方式，任命马晓健为兰溪市人大常委会上华街道工作委员会副主任；任命潘绍声、吴瑞康、张志标、胡顺利、叶玉华为兰溪市人大常委会兰江街道工作委员会委员；任命姚锦明、胡小华、唐建飞、童小健、水建萍为兰溪市人大常委会云山街道工作委员会委员；任命郑办粮、周旭亮、徐丽萍、陈晟祯、林欣欣、赵慧芳、沈孝军为兰溪市人大常委会上华街道工作委员会委员；任命徐建忠、赵小建、童茂年、徐云良、李荣清、陈小彦、江哲仙为兰溪市人大常委会永昌街道工作委员会委员；任命张卸良、龚正良、石娟、伍银山、

市人大常委会第三十次会议上，投票选举乡镇街道人大工委成员 （市人大办 提供）

祝凤林为兰溪市人大常委会赤溪街道工作委员会委员；任命邵炳良、章朝昌、许仁贤、陈琼、毕友芬为兰溪市人大常委会女埠街道工作委员会委员。会议审议通过了市人大常委会关于接受陈云彬辞去兰溪市第十六届人民代表大会代表职务的决定。会议对公安局、民政局、交通运输局、应急管理局、统计局、综合行政执法局进行了工作评议。

【市人大常委会第三十一次会议】 8月27日，市人大常委会召开第三十一次会议。会议以无记名投票的方式，任命王梦佳为兰溪市人民法院刑事审判庭庭长，吴卸良为兰溪市人民法院民事审判二庭（金融审判庭）庭长，施俊慧为兰溪市人民法院行政审判庭（综合审判庭）庭长，吴昕为兰溪市人民法院永昌人民法庭副庭长，董璐佩为兰溪市人民法院游埠人民法庭副庭长，余万宝为兰溪市人民法院梅江人民法庭副庭长；任命童珉珉为兰溪市人民法院梅江人民法庭副庭长，免去其民事审判二庭庭长职务；任命郑倩为兰溪市人民法院黄店人民法庭副庭长，免去其永昌人民法庭副庭长职务；任命陈孝忠为兰溪市人民法院马涧人民法庭副庭长，免去其行政审判庭副庭长职务；免去严宏庭的兰溪市人民法院刑事审判庭庭长职务，吴小敏的兰溪市人民法院民事审判三庭庭长职务，徐国洪的兰溪市人民法院行政审判庭庭长职务，凌焜的兰溪市人民法院马涧人民法庭副庭长职务。会议审议通过了市人大常委会关于接受徐正山辞去兰溪市第十六届人民代表大会代表职务的决定。会议听取和审议了市政府关于2020年上半年工作情况和下半年主要工作报告、兰溪市2019年度本级预算执行和其他财政收支的审计工作报告；会议听取和审议了市政府关于兰溪市2019年度财政决算（草案）和2020年1至6月财政预算执行情况的报告，审查批准了兰溪市2019年度财政决算。会议听取和审议了市法院关于上半年工作情况和下半年主要工作报告、市检察院关于上半年工作情况和下半年主要工作报告。会议书面审议了市政府关于2020年政府重大投资项目实施情况报告。

【市人大常委会第三十二次会议】 11月4日，市人大常委会召开第三十二次会议。会议以无记名投票的方式，决定免去孙涛的兰溪市人民政府副市长职务，余樟土的兰溪市农业农村局局长职务；任命高春红为兰溪市人民法院民事审判三庭庭长，金霞、杨旭娟为兰溪市人民法院审判员。会议听取和审议了市政府关于市十六届人大四次会议代表建议办理情况的报告；会议听取和审议了市政府关于2019年度兰溪市行政事业性国有资产管理情况专项报告，书面审议了关于2019年度兰溪市国有资产管理情况综合报告；会议听取和审议了市政府关于全市社会矛盾纠纷调处化解"最多跑一地"改革工作情况的报告，书面听取了市人大常委会关于社会矛盾纠纷调处化解"最多跑一地"改革工作情况调研报告；会议听取和审议了市政府关于兰溪市2020年财政预算调整方案（草案）的报告，审议通过了关于批准兰溪市2020年财政预算调整方案的决议。会议对市法院、市检察院部分法官、检察官进行了履职评议。会议听取和审议了公安局、民政局、交通运输局、应急管理局、统计局、综合行政执法局工作评议整改落实情况的报告，组织常委会组成人员对评议整改落实情况进行满意度测评。

【市人大常委会第三十三次会议】 12月24日，市人大常委会召开第三十三次会议。会议审议通过了市人大常委会关于接受陶诚华辞去金华市第七届人民代表大会代表职务的决定、关于接受陈金品辞去兰溪市第十六届人民代表大会代表职务的决定、关于补选兰溪市第十六届人民代表大会代表的决定。会议听取和审议了市政府关于增补2020年政府重大投资项目计划的报告,表决通过了关于批准增补2020年政府重大投资项目计划的决议。会议听取和审议了市政府关于兰溪市2019年度本级预算执行和其他财政收支审计查出问题整改情况的报告;关于2020年度民生实事项目完成情况报告,并组织常委会组成人员对实施情况进行了满意度测评。会议听取了伍海兵、孙志莲、朱之辉等3位金华市第七届人民代表大会代表的述职报告。

代表建议及办理

【**重点建议**】 兰溪市第十六届人民代表大会第四次会议确定重点建议7件。

1. 关于加快重点交通基础设施建设进度的建议 杨志清
2. 关于在"强工兴市"战略下更加重视存量企业发展的建议 徐建忠
3. 关于帮助企业解决招工难用工短缺问题的建议 戴腾
4. 关于加大发展特色农业扶持力度的建议 余金苟等8人
5. 关于倾斜支持村级集体经济发展的建议 邱国良等7人
6. 关于提升城市接待能力、强化文旅服务保障的建议 胡建其等人
7. 关于深化"聚兰工程"吸引和留住人才的建议 叶小平

【**建议办理**】 十六届人大四次会议期间代表提出的285件建议,已经解决和部分解决的166件,占办理总数的58.2%;正在解决、列入计划逐步解决或需今后长期推进抓好落实的53件,占办理总数的18.6%;暂不能解决的占23.2%,取得了良好的办理效果。

代表视察

【**视察纺织产业数字化智能化改造工作情况**】 5月27日,市人大常委会组织部分市人大代表视察纺织产业数字化智能化改造工作情况。代表们先后实地视察了浙江鑫兰纺织有限公司、浙江万舟控股集团有限公司等企业,听取相关工作情况汇报,提出要把握形势,通盘谋划,继续将数字化智能化改造做好;要量质并举,效果导向,帮助企业提升对数字化智能化改造的认识,用好市场机制倒逼转型,以实际成效引导其他企业主动加入改造升级;要转变作风,提升服务,牢牢把握"六稳""六保"主基调,从政策保障、平台搭建、专业指导等多方发力、精准发力,不断完善服务工作,推动纺织产业数字化智能化改造取得更大的成效等意见建议。

【**视察农产品质量安全监管工作情况**】 6月11日,市人大常委会组织部分市人大代表视察农产品质量安全监管工作情况。代表们先后实地视察了兰溪市马涧镇倪晓明家庭农场、马涧镇农夫果蔬专业合作社、国际杨梅研究中心等地,听取相关工作情况汇报,提出要提高认识,树牢安全理念,严格落实监管责任,加大对农民安全生产培训教育力度,不断提高农民的农产品安全生产意识,加强农产品质量安全知识宣传普及,营造全社会重视农产品质量安全的良好氛围;要强化监管,把牢安全关口,强化资金要素保障,加强农业监管队伍建设,强化部门协作,整合监管力量,切实推进农产品质量安全追溯体系建设,加大对农产品质量安全违法犯罪打击力度,实现监管工作全参与、监管范围全覆盖、监管环节全到

位；要加大扶持力度，构建标准化体系，加强对规模化经营主体的技术指导和服务，推动农产品向优质化、品牌化发展，带动周边农民生产优质安全农产品，形成诚实守信、克己守法的良好风尚等意见建议。

【视察矛盾纠纷调处化解"最多跑一地"工作情况】 6月24日，市人大常委会组织部分市人大代表视察矛盾纠纷调处化解"最多跑一地"工作情况。代表们先后实地视察了永昌街道综合治理中心、市社会矛盾纠纷调处化解中心等地，听取相关工作情况汇报，提出要坚持问题导向、需求导向和效果导向，不断完善体制机制；要加强部门之间的协同，进一步提升全市矛盾纠纷调处化解工作的运作水平；要加强宣传，打造"兰溪样板"，助推兰溪经济社会发展等意见建议。

【视察政府重大投资项目建设情况】 7月29日，市人大常委会组织部分市人大代表视察政府重大投资项目建设情况。代表们先后实地视察了城区防洪标准提升应急工程现场、综合档案馆建设现场、兰一中扩建工程现场等地，听取相关工作情况汇报，提出要抓进度，加快项目推进，确保按时完成；要强协作，提升工作合力，强化要素保障，多部门协作推进，加强项目的科学管理，健全监管机制，强化运作规范；要重谋划，科学安排新一轮项目，为新一轮的发展做足准备，打好基础等意见建议。

【视察美丽乡村建设情况】 10月23日，市人大常委会组织部分市人大代表视察美丽乡村建设情况。代表们先后实地视察了黄店镇朱家村、女埠街道渡渎村等地，听取相关工作情况汇报，提出要深度挖掘，丰富美丽内涵，不断拓展乡村"美"的深度和广度，使乡村"美"得以延续；

要加大保障，强化美丽支撑，高效集聚各方面资源，善于用经营的方式，提高投入产出比；要强化统筹，扩大美丽共享，进一步在重点特色打造上下功夫，强化辐射效应，以实现美丽建设共享，惠及更多百姓，让美丽成果更为持久等意见建议。

代表们在渡渎村视察　　（市人大办　提供）

【视察金兰创新城项目建设情况】 12月4日，市人大常委会组织部分市人大代表视察金兰创新城项目建设情况。代表们先后实地视察了中德职业教育中心、兰溪开元名都大酒店、创新城框架道路、兰溪杭州育才中学等项目建设现场，听取相关工作情况汇报，提出要着眼长远，做细规划，主动对接金华，积极推动金兰同城专项规划编制；要抓紧抓实抓牢项目建设，确保有力有序推进，取得更为扎实的成效；要强化统筹，凝聚

代表们视察金兰创新城　　（市人大办　提供）

合力，共同推进创新城建设目标实现，为全市经济社会发展注入关键动力等意见建议。

【视察2020年民生实事项目进展情况】 12月11日，市人大常委会组织部分市人大代表视察2020年民生实事项目进展情况。代表们先后实地视察了学前教育补短提升工程赤溪中心幼儿园新建项目、闭合三江六岸慢行系统李渔堤段等项目建设现场，听取相关工作情况汇报，提出推进上要竭尽全力，加快工作进度，确保按时保质完成；谋划上要更加精准，要精准谋划明年的民生实事项目，在确保普惠性的同时，还要保证当年就能完成，让更多的兰溪人民共享民生实事项目成果，提高幸福感和获得感等等意见建议。

人大代表

【概况】 2020年，兰溪市有市级以上人大代表308名，其中全国人大代表1名，浙江省人大代表5名，金华市人大代表56名，兰溪市人大代表248名（兰溪市人大代表名单以2021年2月3日举行的市十六届人大五次会议名单为准，金华市人大代表名单以2021年2月22日举行的金华市七届人大六次会议名单为准）。

全国人大代表： 胡季强

浙江省人大代表（以姓名笔画为序）：

叶雪程　刘成芝　胡小琴(女)　唐寿龙
章小华

金华市人大代表（以姓名笔画为序）：

王茂星　王新锋　方秀兰(女)　邓燕君(女)
吕惠琴(女)　朱之辉　伍海兵　刘　云
刘成芝　汤海庆　孙志莲(女)　杨志良
吴　岚(女)　吴　歆　何国军　何敏芳(女)
何惠娟(女)　应佑华　宋志恒　张荣贵
张响珍(女)　陈　丰　陈峰齐　陈雷红(女)
邵孝春　范承喜　郑伯熊　胡　芳(女)
胡庆根　胡季强　柳卫东　俞小军
洪丽琴(女)　徐永良　徐旭红(女)　徐松平
凌　燕(女)　郭　亮　郭　慧　郭云鹏
郭秋红　诸葛坤亨　黄友洪　盛小荣
章　挺　章广勤　章丽清　章树根
阎寿根　董为民　董洪军　舒玉兴
童美龙　雷樟荣　蔡　健　蔡永波

兰溪市人大代表（以姓名笔画为序）：

丁　勇　马雅萍(女)　王　谊(女)　王　能(女)
王　锦　王可军　王克明　王学庆
王爱文(女)　王新锋　水建萍(女)　毛国忠
毛玲娟(女)　方　园(女)　方志丹　方绍龙
方瑞寅　石　娟(女)　卢庄新　卢纯义
叶小平(女)　叶玉华　叶永忠　叶红星
叶勇斌　叶群辉　白秀丽(女)　包立成
包海福　包燕萍(女)　冯鸿鹏　成跃英(女)
毕云飞　毕有明　朱力军　朱志荣
朱建春　朱俊华　朱剑辉　朱恒德
任建顺　刘成芝　刘建晖　刘秋根
刘美丽(女)　刘雪峰　江　涌(女)　江伟宏
汤云龙　许仁贤　许文芳(女)　许安林
孙晓媚(女)　严肖军　严谷芳　严国良
李小土　李庆松　李炜华　李荣清
李美艳(女)　李晓明　李爱玲(女)　杨文忠
杨志清　肖开玉　吴　歆　吴一成
吴孝炯　吴丽娅(女)　吴学标　吴晓君(女)
吴爱芳　吴爱珠(女)　吴海平　吴康友
吴瑞康　吴燕娟(女)　邱国良　何　翠
何兆明　何跃华　余国仙(女)　余金苟
余辉标　余霞燕　邹德文　应佑华
应素文(女)　宋福江　宋潮水　张　伟
张　姝(女)　张　芊　张土财　张云连
张友谊　张竹林　张志标　张序志

张良英(女)	张林安	张建明	张卸良	徐云良	徐月仙(女)	徐礼昌	徐亚平
张跃良	陆 英(女)	陆晓萍(女)	陈 琼(女)	徐丽萍(女)	徐国兵	徐建光	徐建华
陈文良	陈旭军	陈志良	陈金松	徐建忠	徐建威	徐建樟	徐荣标
陈建红(女)	陈建勋	陈荣明	陈剑青(女)	徐素玲(女)	徐浩军	徐培金	徐慧斌
陈晟祯	陈峰齐	陈智军	陈登明	徐燕红(女)	翁志龙	凌玉娇(女)	凌俊飞
邵汝良	邵兴华	邵茂良	邵炳良	郭 亮	郭 慧(女)	唐华杰	唐庆清
范国平	范俊峰	范俊辉	金文钟	唐建飞(女)	唐雪玲(女)	诸葛崇德	陶亚娟(女)
金伟斌	金福潮	周 奕	周 通	陶意芬(女)	黄志奇	黄琅丹(女)	梅婷娟(女)
周少华	周玉相	周平恩	周旭亮	龚正良	龚燕刚	盛永兴	盛晓明
周谷乔(女)	周美芳(女)	周德勇	郑 平	盛增良	章 诚	章小华	章正银
郑办粮	郑耀桂	单国华	项宝其	章丽萍(女)	章厚刚	章卸康	章朝昌
赵 宁	赵小建	赵月莲(女)	赵仲君	阎路刚	屠小洪(女)	董广兵	蒋用军
赵庆鸿	赵夏清(女)	胡小华(女)	胡小琴(女)	蒋欢庆	蒋林威	蒋凌军	蒋彩潮
胡亚珍(女)	胡向东	胡季强	胡建其	韩喜红(女)	童小健(女)	童妙星	童茂年
胡顺利	胡爱华(女)	胡惠春	柳遵积	童学艺(女)	童素贞(女)	童福友	童翠文(女)
钟跃明	姜一川	姜晓伟	洪月珩(女)	童燕飞	蓝素萍	蓝根林	鲍美龙
洪卸英(女)	祝庆良	祝雪峰	姚锦明	樊雪君(女)	滕步新	潘 毅(女)	潘绍云
骆红旗	倪于平	倪文清	倪毕军	潘绍声	戴 腾	戴云虎	魏 芳(女)
倪钦果	倪彩珠(女)	徐 刚	徐 勇				（雷 俊）

兰溪市人民政府

综　述

【概况】　兰溪市总面积1313平方千米，其中建成区面积37.63平方千米、耕地面积40460公顷（60.69万亩）；辖16个乡镇（街道）、327个行政村、30个社区；2020年末户籍总人口65.48万人，其中城镇人口28.20万人，乡村人口37.28万人；全市出生人口4770人，出生率7.28‰，死亡人口4584人，死亡率7.00‰，人口自然增长率0.28‰；根据第七次全国人口普查，2020年全市常住人口574801人，城镇化率55.35%；全年地区生产总值400.16亿元，比上年增长3.4%；按户籍人口计算，人均GDP为60961元（按年平均汇率折算为8838美元），同比增长3.8%；全市城镇常住居民人均可支配收入46610元，同比增长4.2%，城镇居民人均消费支出24971元，同比下降1.4%；全年财政总收入49.06亿元，同比增长2.8%；全年一般公共预算收入29.61亿元，同比增长4.7%；一般公共预算支出合计76.10亿元，同比增长31.0%；全年新增城镇就业人数12039人，年末城镇登记失业率为1.79%；全市实现农林牧渔业总产值50.62亿元，同比增长0.6%，其中农业产值21.54亿元，同比增长2.2%，林业产值0.36亿元，同比增长5.5%，牧业产值22.18亿元，同比下降1.2%；渔业产值5.19亿元，同比增长2.7%；农林牧渔专业及辅助性活动1.35亿元，同比增长6.2%；全年工业增加值同比增长0.7%，规模以上工业增加值同比增长1.3%，规模以上工业企业能源消费比上年下降1.9%，单位规模以上工业增加值能耗下降3.1%；全年建筑业增加值16.63亿元，同比下降6.4%；全年固定资产投资同比增长3.0%；全年社会消费品零售总额147.93亿元，同比下降4.0%；全年进出口总额166.28亿元，同比增长28.7%；年末全部金融机构本外币各项存款余额642.25亿元，比上年末增长13.8%；全市拥有各级各类学校167所，招生22096人，毕业生21263人，在校学生82658人，教职工7001人；全市水资源总量11.97亿立方米；全市共有1个规范化合格饮用水源保护区，保护区水质达标率100%；年末森林面积6.47万公顷，森林覆盖率49.3%；城市空气质量达到二级标准以上天数359天，空气质量优良率达98.1%；城市建成区绿化覆盖面积1530.22公顷，建成区绿化覆盖率达40.7%，公园绿地面积350.03公顷；全年规模以上工业企业能源消费比上年下降1.9%，单位规模以上工业增加值能耗下降3.1%。

【疫情防控】　成立疫情防控指挥部，迅速构建防控、救治和保障"三大体系"，落实"一图一码一指数"精密智控，严格执行防控工作要求。开展"五清"排查，实行公共场所"亮码+测温"，落实出入登记、健康监测、场地消杀等防疫举措，快速稳妥处置1例输入型确诊病例，全市无本土病例出现。落实"复学"防疫标准，全省首创"复学码"。派出援鄂医护人员8名,援助叙利亚医疗物资2吨,康恩贝等社会各界捐赠防疫物资2000余万元。第一时间组织防疫物资生产企业复工。1名个人、1个集体被评为全国抗疫先进,4名个人、1个集体被评为省先进。组建政企联动工作小组,分赴广州、福建等地助力企业拓展市场,争取订单近10亿元。引导"兰溪人就业在兰溪",新增本地就业员工近万人。开展接"新兰溪人回家"行动,接回外地员工1.1万余人。建立企业用工余缺调剂平台,调剂员工2046人。争取到各类政策资金53.1亿元,兑现"五减"政策资金13.8亿元,为企业降本减负16.1亿元。全省首推"旅游云推介",开通全国首趟疫后跨省旅游专列。

9月26日11时50分,上海至兰溪高铁旅游专列抵达金华站,该趟列车是全国开行的首趟疫后跨省动车旅游专列。200多名上海游客走进兰溪,了解这座千年古城的故事 (徐桢瑾 摄)

【经济发展】 实现规模以上工业总产值664.3亿元。纺织行业智能制造示范市建设成效明显,30家试点企业全部通过验收,企业综合效益提高12.3%,推动建立纺织行业数据平台、供应链平台。凤凰化工、嘉宝化工、永泉化工分别引进船王实业、物产化工、传化集团完成重组。新设市场主体11647户,同比增长38.5%,增幅金华第一。成立浙工大兰溪研究院、兰溪行知校地协同创新中心、省农科院技术转移中心。新增国家高新技术企业33家,省科技型中小企业54家,获省科技进步二等奖两项。开展"项目招引建设年"活动,招引3亿元以上项目16个,20亿元以上项目4个,实到资金60亿元。首届兰溪发展大会签约投资507亿元。成功引进欣动能源、睿珀智能、伟光汇通、韵达物流等重大项目。推进欣旺达、盘毂动力、甬金科技等产业项目建设。自立环保、长隆纺织、怡钛积建成投产。长芯光电、中科玖源、康鹏半导体、奥华纺织入选省重大产业项目。"省市县长项目"落地率达80%,列金华第一。8个省重点建设项目、10个省集中开工项目、45个金华市重点建设项目分别完成年度投资计划的121%、129%、136%。电驱装备小镇列入省级特色小镇创建名单。全年争取土地指标130.67公顷(1960亩),是前两年总量的2.4倍;土地报批执行率达100%,列金华第一。整治提升D类及低效用地企业182家,消化批而未供土地260.53公顷(3908亩),清理低效闲置用地227.33公顷(3410亩);完成兰江、梅江等低效工业用地连片整治,推动云山、横溪等矿地综合利用,香溪、灵洞、水亭全域土地整治推进有力。强化金融保障,新增贷款103.9亿元,增长20.8%;杭州银行落户兰溪。加大招才引智力度,成立"乡贤人才基金",助力教育医疗事业发展。引进硕士506名、博士71名,新建院士专家工作站2家。

7月22日,由省智能制造专家委员会举办的2020年工业互联网平台研修班在兰溪开班

(徐正达 摄)

【城市能级】 优化金兰创新城总体规划,成立创新城开发建设中心,金兰同城纳入金华市级发展战略。综合档案馆顺利结顶,学知路、创新大道等基础设施加快完善,中德职教中心、兰溪杭州育才中学、行知幼儿园、江南职校扩建等公共配套项目相继开工,睿珀智能产业园、恩雅国服等产业项目签约落地。获批省未来社区试点创建项目。"交通大会战"初见成效。建金高速全线通车,金兰中线主体工程基本完工,杭金衢高速拓宽顺利推进,金建高铁、351国道改建段、330国道外迁、上华至婺城琅琊公路开工建设,城北迎宾大道(47省道云山至马涧段)启动改造,金千黄高速线位方案与建德协调一致。女埠综合作业区一期建成投用,香溪下杨货运码头开工建设。钱塘江堤防加固工程二期主体完工,西门城墙段城防提升。完成上园路北延、兰江大桥加固等工程,打通永进路、经八路等断头路。建成乡贤馆。实施原"大风车"、农药厂地块公园绿地建设,建成"口袋公园"6处,海绵城市试点通过省级考核。宝龙广场、汽车城、北门菜场、中医院迁建等项目有序推进,上华街道社区卫生服务中心投入使用。完成老旧小区改造2个。建成城镇"两定四分"投放点358个,餐厨垃圾处置中心投运。房地产市场平稳健康发展,销售面积增长71.3%。

女埠码头作业区　　　　　　　　(张进 摄)

【文旅发展】 完成三江六岸灯光演绎一期、夜游景观营造、天福山区块景观整治改造一期项目,"天下江南"景区通过国家3A级景区验收,通过4A级旅游景区景观质量评审。创建3A级景区乡镇(街道)7个、省A级景区村庄66个。兰江水上游常态化运营,兰溪至建德水上诗路复航工作获省政府肯定。入选全国县域旅游综合竞争力百强县。游埠成功创建省级旅游风情小镇。举办全国中医药文化进校园现场会、李渔戏剧汇、童诗中国论坛、海峡两岸影像文化周兰溪郎静山专场、黄大仙文化节等重大文化活动,被授予"中国诗歌之城""中国传统建筑之乡"称号。成立美食协会,"李渔家宴"列入省"诗画浙江·百县千碗"工程成果展示项目。文物监管实现掌上数字化。兰溪首家五星级酒店开元名都落地动工,世贸大饭店二期改造投用,雷迪森维嘉、维也纳国际等对外营业,新增床位1300张。引进北山"无它心舍"、朱家"村舍"等高端民宿。

12月11日,全国中医药文化进校园现场会暨兰溪第四届张山雷中医药文化节活动中医药文化角捐赠仪式　　　　　　(王萍 摄)

【乡村振兴】 现代农业走在前列。成功争取马涧国家级农业产业强镇、省级乡村振兴产业发展示范、白露山省级现代农业园区等建设项目,共获上级财政专项资金1.2亿元。水亭列为全国民族乡村振兴试点乡,"柚香畲风"项目列入省一二三产融合示范园。杨梅农业科技园区列入省级创建名单,实现零的突破。兰溪杨梅蝉联省擂台赛双冠王，系列产品代表浙江在全国农博会进行推介。"兰江蟹""汇潭甘蔗"获评国家地理标志保护农产品，数量居全省第一。华统牧业投产，生猪增产保供走在全省前列。农村承包地确权登记颁证工作列全国典型。深化农村环境整治，创建"八有八无"优秀村164个、示范村10个。建成永昌夏李、梅江聚仁等乡村振兴"示范村"10个，赤溪后龚、马涧横木等"提升村"10个。新建农村文化礼堂59家，女埠街道被评为省示范乡镇。探索增强村级集体经济新途径，成立市级消薄公司，筹集集体资金6530万元用于市级抱团项目，已获收益1051万元。安排产业扶贫项目28个，补助资金2882万元。发放政策性融资担保贷款9116万元，惠及农业主体138个，"金融支农"创新试点工作获农业农村部肯定。农村家庭人均年收入9000元以下现象全面清零。

7月25日，赤溪荷花节开幕　（朱彦轩 摄）

【民生事业】　城镇新增就业1.2万人，失业率保持在1.8%以下的低水平。提标低保、特困供养、基础养老金，社保、医保参保率稳定在98%和99.9%。启动敬老院改造提升，新增养老床位533张。新建村级居家养老服务照料中心和乡镇（街道）示范型居养中心各8家、示范型儿童之家10家。兰江住家船全部上岸。高质量完成第七次全国人口普查。市慈善总会被评为省品牌社会组织。公共服务更加优质。金华引水工程建成通水，钱塘坞水厂完成扩建，农村饮用水达标提标三年行动全面完成，惠及19.2万人。云山、上华等7家公办中心幼儿园启动建设，兰一中扩建进展顺利，兰溪杭州育才小学、中学开学招生。老年大学完成改造。兰江街道社区卫生服务中心（防疫应急医院）实施迁建，香溪、马涧卫生院启动改造提升。完成市级、梅江、马涧污水处理厂改扩建，启动诸葛、游埠、柏社污水处理厂（站）改扩建。完成4个乡镇、15个生活小区、3个工业园区"污水零直排区"创建。农村生活污水处理终端提标改造全面开工。3个国控断面水质均达到Ⅲ类以上，空气优良率达98.1%。深化"平安兰溪"建设，矛调中心建设走在全省前列。市人民调解委员会被司法部表彰。深入开展扫黑除恶"雷霆"行动，实现命案零发生。建成全省首个钱塘江流域防洪减灾数字化县级专用平台。矿山、危化品运输等重点领域无重特大事故发生，安全事故起数和死亡人数分别下降35%、31.3%。

乡村振兴示范村——永昌街道夏李村

（王恩贶 摄）

十六届市政府常务会议

【第六十七次常务会议】　1月6日，市委副书记、市长王新锋主持召开市政府第六十七次常务会，传达学习袁家军省长关于政府数字化转型的重要讲话精神，研究2020年政府工作报告等议题。市领导张卫平、金建荣、孙涛、周金富、陈玉祥、徐健、傅朝云、张彬参加会议。

【第六十八次常务会议】 1月14日，市委副书记、市长王新锋主持召开市政府第六十八次常务会，研究滨江路沿街营业房收购事宜、兰溪城投集团开发建设项目用于"聚兰工程"人才购房方案等议题。市领导张卫平、金建荣、孙涛、周金富、陈玉祥、胡作滔、徐健、章丽清、傅朝云等参加会议。

【第六十九次常务会议】 1月20日，市委副书记、市长王新锋主持召开市政府第六十九次常务会，研究陈军美术馆项目建设方案等议题。市领导张卫平、金建荣、孙涛、陈玉祥、胡作滔、徐健、章丽清、傅朝云等参加会议。

【第七十次常务会议】 2月3日，市委副书记、市长王新锋主持召开市政府第七十次常务会议，研究市政府领导分工调整事宜、2020年政府重点工作责任分解情况等议题。市领导张卫平、金建荣、孙涛、陈玉祥、章丽清、傅朝云、于纲参加会议。

【第七十一次常务会议】 2月13日，市委副书记、市长王新锋主持召开市政府第七十一次常务会，学习贯彻上级关于疫情防控和企业复工复产文件精神，研究"项目招引建设年"活动方案等议题。市领导张卫平、金建荣、孙涛、陈玉祥、徐健、章丽清、傅朝云、于纲参加会议。

【第七十二次常务会议】 2月27日，市委副书记、市长王新锋主持召开市政府第七十二次常务会议，研究《畜禽养殖禁养区划分调整方案》《农业产业高质量发展规划（2020—2025年）》《全面深化国有企业改革行动方案》《高水平全面建成小康社会补短板工作清单》等议题。市领导张卫平、金建荣、陈玉祥、徐健、章丽清、傅朝云参加会议。

【第七十三次常务会议】 3月5日，市委副书记、市长王新锋主持召开市政府第七十三次常务会，听取2019年法治政府建设工作情况及2020年工作思路等的汇报。市领导张卫平、金建荣、孙涛、陈玉祥、徐健、章丽清、傅朝云、于纲参加会议。

【第七十四次常务会议】 3月24日，市委副书记、市长王新锋主持召开市政府第七十四次常务会，学习贯彻习近平总书记重要讲话精神、指示精神，研究兰溪推动夜间经济发展的实施方案等议题。兰溪市领导张卫平、金建荣、陈玉祥、章丽清、傅朝云、于纲参加会议。

【第七十五次常务会议】 3月31日，市委副书记、市长王新锋主持召开市政府第七十五次常务会，研究《兰溪市新增万亩国土绿化行动方案（2020—2024）》《进一步深化农村"八有八无"创建的工作方案》等议题。市领导张卫平、金建荣、孙涛、徐健、章丽清、傅朝云、于纲参加会议。

【第七十六次常务会议】 4月9日，市委副书记、市长王新锋主持召开市政府第七十六次常务会，研究《兰溪市交通大会战五年行动方案（2020—2024）》《兰溪市根治欠薪工作实施办法》等议题。市领导张卫平、金建荣、孙涛、陈玉祥、章丽清、傅朝云、于纲参加会议。

【第七十七次常务会议】 4月20日，市委副书记、市长王新锋主持召开市政府第七十七次常务会，研究2020年主要经济指标安排及任务分解情况、兰溪市消防救援站点建设工作等议题。市领导张卫平、金建荣、孙涛、陈玉祥、徐健、章丽清、傅朝云、于纲参加会议。

【第七十八次常务会议】 5月11日，市委副书记、市长王新锋主持召开市政府第七十八次常务会，研究全市"六保"工作任务分解事宜、城区违停车辆专项治理工作等议题。市领导张卫平、金建荣、孙涛、陈玉祥、徐健参加会议。

【第七十九次常务会议】 5月20日，市委副书记、市长王新锋主持召开市政府第七十九次常务会，研究金满湖荷花小镇旅游区项目、与浙江工业大学共建兰溪研究院等有关事宜。市领导张卫平、金建荣、孙涛、俞兰、徐健参加会议。

【第八十次常务会议】 5月25日，市委副书记、市长王新锋主持召开市政府第八十次常务会，组织领导干部学法用法，研究《2020年度兰溪市行政争议化解"晒拼创"行动方案》等议题。市领导张卫平、陈玉祥、徐健、章丽清、于纲参加会议。

【第八十一次常务会议】 6月4日，市委副书记、市长王新锋主持召开市政府第八十一次常务会，研究《关于开展法治政府建设示范创建活动的实施方案》《关于高水平推进美丽城镇建设的意见》等议题。市领导张卫平、金建荣、陈玉祥、俞兰、徐健、章丽清参加会议。

【第八十二次常务会议】 6月15日，市委副书记、市长王新锋主持召开市政府第八十二次常务会，研究学习流域性大洪水防御相关知识等议题。市领导张卫平、金建荣、陈玉祥、俞兰、徐健、章丽清参加会议。

【第八十三次常务会议】 7月2日，市委副书记、市长王新锋主持召开市政府第八十三次常务会，组织领导干部学法用法，传达学习上级对防汛救灾工作的批示精神，研究《兰溪市"无废城市"建设工作方案》等议题。市领导朱俊华、金建荣、陈玉祥、俞兰、章丽清参加会议。

【第八十四次常务会议】 7月13日，市委副书记、市长王新锋主持召开市政府第八十四次常务会，研究《兰溪市2020年城乡垃圾分类工作实施方案》《兰溪市加快推进全域旅游发展的扶持办法》等议题。市领导朱俊华、金建荣、陈玉祥、俞兰、章丽清、于纲参加会议。

【第八十五次常务会议】 7月20日，市委副书记、市长王新锋主持召开市政府第八十五次常务会，传达学习上级批示精神，研究市体育中心与阿里体育合作智能化改造提升游泳馆、室外篮球场等议题。市领导朱俊华、金建荣、陈玉祥、俞兰、章丽清参加会议。

【第八十六次常务会议】 8月3日，市委副书记、市长王新锋主持召开市政府第八十六次常务会，传达学习《浙江省土地征收程序规定（试行）》，研究《兰溪市"十四五"规划基本思路》等议题。市领导朱俊华、金建荣、陈玉祥、俞兰、于纲参加会议。

【第八十七次常务会议】 8月13日，市委副书记、市长王新锋主持召开市政府第八十七次常务会，研究香溪镇北山村乡村振兴产业发展项目相关事宜、《兰溪市促进3岁以下婴幼儿照护服务发展实施意见》等议题。市领导朱俊华、金建荣、陈玉祥、徐健参加会议。

【第八十八次常务会议】 8月18日，市委副书记、市长王新锋主持召开市政府第八十八次常务会，研究兰溪市5G移动通信基站布局专项规划、《浙江省兰溪市国家森林城市总体规划（2019—2030年）》等议题。市领导朱俊华、金建荣、章丽清、于纲参加会议。

【第八十九次常务会议】 9月4日，市委副书记、市长王新锋主持召开市政府第八十九次常务会，研究《推进新时代兰溪民政事业高质量发展的实施意见（送审稿）》、推进兰溪智能体育建设等议题。市领导朱俊华、金建荣、陈玉祥、俞兰、徐健、章丽清、于纲参加会议。

【第九十次常务会议】 9月27日，受市委副书记、市长王新锋委托，市委常委、常务副市长朱俊华主持召开市政府第九十次常务会，研究《加快兰溪美食产业发展的扶持政策》、兰江古水道沿线林改造项目等议题。市领导金建荣、陈玉祥、俞兰、徐健、于纲参加会议。

【第九十一次常务会议】 10月22日，市委副书记、市长王新锋主持召开市政府第九十一次常务会，研究凯旋路延伸（环城东路—45省道）工程、纺织供应链平台构建等议题。市领导朱俊华、金建荣、陈玉祥、俞兰、徐健参加会议。

【第九十二次常务会议】 11月3日，市委副书记、市长王新锋主持召开市政府第九十二次常务会，研究《兰溪市农村乱占耕地建房问题专项整治三年行动方案》、食品安全工作、基层医疗机构（香溪、马涧）提升工程项目等议题。兰溪市领导朱俊华、金建荣、陈玉祥、徐健、章丽清、于纲参加会议。

【第九十三次常务会议】 11月16日，市委副书记、市长王新锋主持召开市政府第九十三次常务会，组织领导干部学法用法，听取2020年法治政府建设工作情况汇报等。市领导金建荣、俞兰、章丽清、于纲参加会议。

【第九十四次常务会议】 11月23日，市委副书记、市长王新锋主持召开市政府第九十四次常务会，研究《兰溪市城投集团开发建设项目销售方案》。市领导金建荣、陈玉祥、俞兰、徐健、章丽清、于纲参加会议。

【第九十五次常务会议】 12月4日，市委副书记、市长王新锋主持召开市政府第九十五次常务会，研究2021年新时代乡村振兴"示范村""提升村"创建计划、《鼓励"行知英才"落户兰溪的若干意见（送审稿）》等议题。市领导陈玉祥、俞兰、徐健、章丽清参加会议。

【第九十六次常务会议】 12月14日，市委副书记、市长王新锋主持召开市政府第九十六次常务会，研究兰江街道汪高村幼儿园项目等议题。市领导金建荣、陈玉祥、俞兰、徐健、章丽清、于纲参加会议。

【第九十七次常务会议】 12月24日，市委副书记、市长王新锋主持召开市政府第九十七次常务会，研究2021年度市政府民生实事候选项目预排情况。市领导金建荣、陈玉祥、俞兰、徐健、于纲参加会议。

【第九十八次常务会议】 12月28日，市委副书记、市长王新锋主持召开市政府第九十八次常务会，研究《兰溪市古建筑认养使用实施意见》，听取关于进一步做好冬春季疫情防控工作、第二轮安全生产综合治理三年行动工作进展情况的汇报。市领导金建荣、陈玉祥、俞兰、徐健、于纲参加会议。兰溪市委常委、宣传部部长翁柯卫应邀参加会议。

（陈霞薇）

重要活动

【**欣旺达锂离子电池项目签约落地**】 3月25日，总投资52亿元的欣旺达锂离子电池项目在兰溪签约落地，进一步加快产业转型升级步伐，为兰溪推动制造业高质量发展提供有力支撑、增添强劲动能。金华市委书记陈龙出席签约仪式并讲话。金华市委常委、秘书长、统战部部长郑余良，兰溪市领导陈峰齐、王新锋、刘成芝、徐建祥、林纪平等参加签约仪式。市委副书记、市长王新锋与欣旺达电子股份有限公司副总裁、首席运营官项海标进行项目签约。

欣旺达锂离子电池项目签约仪式 （王萍 摄）

【**兰溪制造业高质量发展大会**】 4月3日，兰溪召开制造业高质量发展大会，全力推动兰溪制造业高质量发展。市委书记陈峰齐在会上强调，要深入学习贯彻习近平新时代中国特色社会主义思想，全面落实制造强国战略，认真贯彻落实全省制造业高质量发展大会精神，进一步坚定信心、化危为机，以新发展理念引领制造业高质量发展，全力推进"省制造业高质量发展示范市"创建，为兰溪"担当追赶、再创辉煌"打下坚实基础。市委副书记、市长王新锋主持会议，市四套班子领导刘成芝、徐建祥、林纪平等参加会议。会上，一批发展工业突出贡献奖获得者、兰溪市政府质量奖获得者、新增"兴兰工程"企业代表、亩均税收前20强企业代表、银行业金融机构考核一等奖、省级企业研究院、新增国家高新技术企业代表、优秀工业项目、新增高新技术企业研发中心等制造业先进单位受表彰，与会人员观看了制造业发展宣传片，浙江康鹏半导体有限公司、兰溪新奥华纺织科技有限公司、浙江奇锦纺织有限公司、工商银行兰溪市支行负责人作了交流发言。会议以视频形式召开，各乡镇（街道）、开发区设分会场。

【**兰溪枇杷节**】 5月11日，2020中国·兰溪枇杷节在有"华东枇杷第一村"之称的女埠街道穆坞村开幕。兰溪作为浙江中西部最大的枇杷主产区，兰溪有枇杷种植面积1333.33公顷（2万亩），产量6000吨以上，产值近亿元，位列全省前茅，是浙江省特色农产品优势发展区、全国优质白枇杷重要产地、农业农村部地理标志农产

枇杷节开摘仪式 （朱彦轩 摄）

品。市委副书记、市长王新锋宣布枇杷节开幕。市领导林纪平、赵月莲、陈玉祥、姚威参加开摘仪式。

【"兰溪红"杨梅节】 6月5日,兰溪杨梅红天下·2020"兰溪红"杨梅品牌发布暨开摘仪式在马涧镇马坞村花海基地举行。现场,"兰溪红"杨梅品牌以"倒鎏金沙显字"的形式发布。省农业农村厅二级巡视员朱华潭,金华市领导张伟亚,兰溪市领导陈峰齐、王新锋、翁柯卫、赵月莲、陈玉祥、姚威参加开摘仪式。金华市委常委、市政府党组成员张伟亚宣布兰溪杨梅开摘。仪式上,省农科院副院长戚行江发布了兰溪杨梅产业指数;兰溪市农业农村局主要负责人代表"兰溪红"品牌与"知味中国""电商中国"签约。

杨梅节开摘仪式　　　　　　（王萍 摄）

【兰溪—汶川飞地产业园揭牌】 9月11日,兰溪—汶川飞地产业园揭牌仪式在兰溪经济开发区鸿图产业园举行。该产业园的建立是两地深化东西部扶贫协作和对口支援的又一创新举措。产业园建筑面积3147.62平方米,将聚焦智能科技产业,着力打造成为集科技孵化、生产制造、总部办公、人才公寓及商业配套服务等功能为一体的新兴产业综合体。未来,兰溪—汶川飞地产业园入驻企业所产生的租金、税费等收益将交于汶川县,用于该县产业发展。汶川县委副书记、县长旺娜,县委常委、副县长陈小建;兰溪市委常委、常务副市长朱俊华参加揭牌仪式。

兰溪—汶川飞地产业园揭牌仪式在经济开发区鸿图产业园举行（杨一之摄）

【中国古村落保护与发展论坛】 9月19日,以"论古村保护·道融合发展"为主题的中国古村落保护与发展论坛在兰溪兰湖旅游度假区举行。论坛以"论古村保护·道融合发展"为主题,旨在展示兰溪在保护古村落方面的工作成果,助推兰溪市乃至省内外古村落保护与传承发展事业,同时为全国古村落传承发展出谋划策。论坛上,由全国各地的古村落代表共同发起的古村落保护与发展联盟成立。联盟发布"兰溪宣言",提出将共同保护与发展古村落文明、进行古村落文化的挖掘、研究古村落的发展与利用,为古村落的保护与发展做贡献。市领导陈峰齐、王新锋、刘成芝、徐建祥等参加活动。

【兰溪发展大会】 10月1日,以"共聚兰溪、共谋发展、共创辉煌"为主题的首届兰溪发展大会举行。300余位来自全国各地的兰溪籍党政领导、业界精英、知名人士、新兰溪人代表和嘉宾齐聚一堂,共叙乡情友谊,共谋家乡发展。全国政协副主席、致公党中央主席、中国科学技术协会主席万钢发来贺信;"人民英雄"国家荣誉称号获得者、中国工程院院士、军事科学院军事医学研究院研究员陈薇少将发来祝福视频;浙江省政协副主席郑继伟出席大会并讲话;中国工程院院士、德国工程科学院院士、瑞典皇家工程科学院院士、同济大学副校长吴志强,中国工程院院士、浙江大学教授、浙江大学滨海和城市岩土工程研究中心主任龚晓南,中国工程院院士、生态环境部环境规划院院长王金南出席会议;金华市委书记陈龙专门作出批示。大会由市委副书记、市长王新锋主持;刘成芝、徐建祥、林纪平等领导参加活动。大会揭牌成立了兰溪市乡贤人才基金,将重点支持教育、卫健等领域发展;举行了招商项目签约仪式,共签约项目71个,总投资超500亿元。

【首届童诗中国（兰溪）论坛】 10月17日,以"风起钱塘 韵漾兰江"为主题的首届童诗中国（兰溪）论坛在兰湖之畔举行。来自全国各地的专家学者、作家诗人汇聚一堂,共享传统文化盛宴,为兰溪诗路文化带建设吹响前进的号角。现场,兰溪被授予"中国诗歌之城"称号,并发布首届童诗中国（兰溪）论坛宣言。活动现场为20所获得中国诗教校园称号的学校授牌,其中兰溪市马涧中心小学获该项称号;发布了由兰溪市融媒体中心开发的钱塘诗路"玩诗"小程序;胡坚以"诗路文化与文化产业"为主题作主旨演讲。此外,还组织开展了以《童诗写作与当代中小学语文教学》《笠翁对韵》与当代童诗写作的对立与统一、中外童诗互译及出版等为主题的论坛和研讨会。中国诗歌学会会长黄怒波;长春市人大常委会主任、中国诗歌学会校园教育委员会常务副主任钱万成;浙江省人民政府咨询委员会委员、参事室参事、省政协智库专家、省钱塘江文化研究会会长胡坚;北京大学外国语学院副院长吴杰伟;《少年日报》《上海中学生报》总编辑赵玉平;北京师范大学教授、中国作家协会儿童文学委员会副主任王泉根;中国诗歌学会理事、副秘书长木汀;《中国教师报》文化周刊主编金锐;市领导陈峰齐、王新锋、刘成芝、徐建祥、翁柯卫、胡向东、章丽清、陈兴兵等参加活动。

童诗中国（兰溪）论坛暨中国诗歌之城授牌仪式 （王萍 摄）

【首届海峡两岸影像文化周兰溪郎静山专场活动】 10月20日,首届海峡两岸影像文化周兰溪郎静山专场活动在千年古镇兰溪游埠启动,100多位来自两岸八方的台胞台商和摄影大咖齐聚一堂,用镜头记录下兰溪的自然风光、人文景观。首届海峡两岸影像文化周组委会副主任委员、省台办副主任章启忠,金华市委常委、统战部部长张伟亚,全球华人摄影联合会主席、著名摄影家段岳衡,CPL城市摄影联盟主席龙绪明,省摄影家协会主席王小川,省摄影家协会副主席、秘书长毛小芳,中国美术学院中国摄影文献研究所主任、中国美术学院美术馆摄影部主任高初;市领导陈峰齐、王新锋、刘成芝、徐建祥、金建荣、吴一成、俞兰等参加启动仪式。活动现场,兰溪被授予"首届海峡两岸影像文化周组织贡献奖"匾牌;龙绪明代表郎毓文向游埠镇转交郎静山早期作品5幅,作品将存放于郎静山纪念馆展出;

"影像兰溪"馆和"永济影像艺术馆"揭牌开馆。

（陈霞薇）

办公室工作

【办文】 在文稿质量上，树牢"精品意识"，围绕中心、精炼主旨；在办文程序上，下发《关于进一步明确公文报送有关事项的通知》，按季度通报公文错情情况，进一步规范公文日常管理。全年持续对制发文件进行统筹管理，切实精简文件数量，截至12月全市发文数量比上年减少6.8%，三类重点精简文件共制发57件，同比减少5%，以市政府名义召开的全市性会议比去年同期下降11.8%，基层减负工作取得阶段性成效。

【办会】 强化会议管理，紧扣会前统筹，推行"多会合一"，做到"人员、责任、服务"3个到位，切实提高会议质量。创新开展"钉钉"线上会议，在严格遵守会议议事规则的基础上，将招商引资会审会、土地（矿产）会审会、能源"双控""减煤"工作攻坚会等会议转战至"钉钉"平台，减轻干部负担，提升工作效率。

【办事】 坚持重要活动早沟通、早谋划、早安排，工作中主动寻求纪检监察组的指导、支持和帮助，切实做到大事不误、小事不漏。全年完成市政府常务会议31次，市长办公会议4次，服务保障省政府全会兰溪分会场、全省争先创优行动部署会议、全省疫情防控工作视频会议等各类会议和领导的调研、考察等各类活动共计200余次。紧扣市委市政府中心工作，参与筹备"晒拼创"、兰溪发展大会、"两会"代表委员视察等系列重大会议活动。

【政务督查】 对全市208项政府重点工作（含民生实事）实行挂图作战，编发政务督查通报10期，2020年重大项目百日攻坚进展情况通报34期，重大项目招引建设工作任务进展情况通报13期。抓实阶段性重点工作督查，累计开展疫情防控、企业复工复产、经济工作争先创优、中央环保督察、省市县政府三级民生实事、审计整改、矿地项目政策处理、全域土地整治、工程项目税收征缴、水电气网营业厅通办等现场督查130余次；开展政府重点工作、重大项目、建议提案办理、交办事项、会议纪律、单位负责人加班情况等各类督查活动190余次。针对建议提案办理工作，强化对285件人大代表建议、220件政协提案的全过程跟踪问效，精准掌握承办单位办复动态。市政府督查室密切跟踪省市督查激励申报动态，主动、高频地与金华市政府督查室对接沟通。兰溪市全域土地综合整治与生态修复工程荣获省政府正向激励，给予新增建设用地计划指标奖励，实现激励事项争取"零"的突破。

【以文辅政】 围绕市政府工作的重点、领导关注的焦点、群众反映的热点，充分发挥以文辅政作用。全年完成市政府综合材料、各类调研活动等文稿700余篇，高质量起草政府工作报告，目前已修改20余稿，现正征求多方意见修改完善，为市政府决策和工作开展提供有力支撑。全年采编、上报各类要讯类、专报类信息500余篇，省级采用10篇，金华市级采用101篇，获得省级领导批示8篇，金华市级领导批示7篇，兰溪市级领导批示11篇，其中，《兰溪市实施海绵城市建设缓解防洪排涝压力显成效》同时被《国办专报信息》和《浙江政务信息（专报）》采用，《兰溪市全力做好低效用地盘活工作激活产业发展后劲》先后获得副省长高兴夫、彭佳学及金华市委书记陈龙、市长刑志宏等领导的批示肯定。

【政务服务】 开展基层政务公开标准化规范化建设，按时完成全市31个政府部门和16个乡镇（街道）政务信息主动公开标准目录、26个重点领域基层政务公开标准目录编制工作。切实做好政府信息依申请公开工作，全年累计受理依申请公开60余件；因依申请公开引起的行政复议1件、行政诉讼10件，无纠错败诉案件。

（陈霞薇）

大数据发展中心

【推进办事模块进驻"浙里办"平台】 完成"兰e办"办事应用创新拓展，上线无证明改革—证明开具一件事、企业纾困申请一件事、企业水电气网在线报装一件事、婚育户联办等具有本地特色的政务服务便民微应用。截至年底，全市累计办件量730629件，其中网上办件608996件，掌上办件62430件，网办率83.35%。

【开展"浙政钉"2.0迁移工作】 完成应用迁移3个，分别为兰溪市协同办公平台、市机关内部最多跑一次平台、随行审批。其中，市机关内部最多跑一次平台，入驻部门44个，上线办事事项325个（多部门联办事项22个），办件量2183件，办结率98.12%。截至年底，全市"浙政钉"2.0总激活人数14899人，信息完善率100%，人员激活率100%，活跃率77%。

【推进大数据共享平台应用】 完成第一批国家共享平台数据共享接口应用，为一窗受理、"无证明城市"改革等提供数据共享支撑和保障。截至年底，全市有共享目录327个，对外开放接口1218个，接入单位112个；数据交换1762447条，数据共享4367506条。

【完成市政府门户网站迁移】 开展部门、乡镇（街道）政务公开基本目录和26项重点领域目录梳理编制工作。基本完成市政府门户网站改造，整合了70多个部门、企事业单位的信息资源，对公开栏目进行优化、用户权限分配、资源库改造。全年共发布政务公开信息15542条。

【兰花钉工作】 8月4日，市人民政府与钉钉（中国）信息技术有限公司举行战略合作框架协议签约仪式。双方围绕政府智慧办公、政企互动、数字乡村3个重点场景，研究推出数字县域、数字乡村解决方案。"兰花钉"是兰溪与钉钉（中国）信息技术有限公司战略合作，依托阿里巴巴钉钉数字化技术开发搭建的覆盖"市（县）级-乡镇（街道）-村（社区）-网格（小组）-户"五级组织的实时在线泛在化的多屏多端全域城乡整体智治系统。

（童卫明）

行政服务

【概况】 2020年，市行政服务中心较好地完成了工作目标，"互联网+政务"得到进一步发展。市政府办事大厅共办理各类政务服务事项730629件，其中网办件608996件，掌办62430件，网

兰溪市行政服务中心（市行政服务中心 提供）

办率83.35%，掌办率8.54%。

【金华市民生实事】 按时完成金华市政府民生实事，提升便民服务水平，整合社保、医保、市民卡、公积金、不动产、交管、伤残、企业注册等民生类政务服务，接入综合政务自助终端。截至2020年底，新增15台自助终端，实现全市乡镇（街道）全覆盖，市区有24小时自助政务区。同时行政服务中心对乡镇（街道）便民服务中心工作人员进行了培训，加强对自助政务机普及和辅导，提高自助政务机办件量，把民生实事办实。

【水电气网通办】 将"最多跑一次"向公共服务领域延伸，实现"水电气网通办"。2020年10月兰溪已实现公共服务窗口进驻市行政服务中心、公共服务营业厅网点提供通办服务、公共服务事项进驻镇街便民服务中心三个全覆盖，其中兰溪营业厅通办硬件配置、通办人员业务能力、宣传普及力度等走在金华前列。

【首创"证明开具一件事"】 行政服务中心牵头协调21个单位部门，对金华"无证明城市改革"进一步深化突破，实现企业群众在金华市以外开具证明"零次跑"。个人可办"未参加旧村改造单""精简退职人员信息调查表""家庭/个人困难证明"等13个事项；企业可办域外证明包括"企业迁移函""工商章程确认证明""企业工商变更登记情况证明""无违法证明"等8个事项。"证明开具一件事"掌上办为金华地区首创。

（蒋红芬）

公共资源交易管理

【概况】 2020年公共资源交易平台累计完成工程建设招投标138项，成交额为76.708亿元，累计节约建设资金6.606亿元；政府集中采购12项，成交额为1206.9万元，累计节约资金190.8万元；土地出让104宗，成交额为37.128亿元；国有、集体产权公开出让出租18次，成交总额为2241.79万元，增值572.26万元。累计节约建设资金和实现资产增值6.682亿元。

【电子保函保证金】 公共资源交易平台允许企业以电子保险保函的形式缴纳投标保证金。长期以来，投标保证金管理存在涉及金额大、退回周期长、资金池沉淀过多等问题，以电子保险保函的形式交纳投标保证金将避免这些问题。2020年，兰溪市招投标交易平台有39个标段应用保函，保证金保函替代率达43.7%，受惠市场主体290个，降低市场主体负担6839万元。

（蒋红芬）

水电气网通办营业厅标准化建设推进会召开
（市行政服务中心 提供）

政协兰溪市委员会

综　述

【概况】 2020年，市政协以习近平新时代中国特色社会主义思想为指导，全面贯彻中共十九大、十九届二中、三中、四中全会精神，按照中央、省委、金华市委、市委政协工作会议的部署要求，把坚持和发展中国特色社会主义作为巩固共同思想政治基础的主轴，把加强思想政治引领、广泛凝聚共识作为中心环节，坚持团结和民主两大主题，紧扣"强工兴市、拥江兴城、文旅兴兰、环境兴人"四大战略，提高政治协商、民主监督、参政议政水平，更好凝聚共识，充分发挥专门协商机构作用，树立新样子，奋进新时代，开创新局面，为高水平推进县域治理现代化，确保高水平全面建成小康社会作出积极贡献。

【市政协十四届四次会议】 1月17—20日，政协第十四届兰溪市委员会第四次会议在兰溪举行。出席会议的政协委员251名，邀请列席人员167名。市政协党组书记、主席徐建祥向大会作十四届兰溪市委员会常务委员会工作报告，副主席何忠云向大会作十四届兰溪市委员会常务委员会提案工作报告。会议听取并审议通过常委会工作报告和提案工作报告，审议通过市政协十四届四次会议决议。委员们列席了市十六届人大四

1月20日，兰溪市政协十四届四次会议完成预定议程后胜利闭幕　　　　　　　　　　　　　　　　（王萍　摄）

次会议，听取并协商讨论了市政府工作报告和计划、财政工作报告以及市人大常委会、市法院、市检察院工作报告。大会提案立案220件，其中团体提案14件。

主席会议

【第四十次主席（扩大）会议】 2月21日上午，召开十四届四十次主席（扩大）会议，协商讨论《中国人民政治协商会议兰溪市委员会全体会议工作规则（修订草案）》《中国人民政治协商会议兰溪市委员会常务委员会工作规则（修订草案）》《中国人民政治协商会议兰溪市委员会提案工作条例（修订草案）》，协商讨论《2020年度协商工作计划》《关于开展"请你来协商"——"疫情防控和复工复产两手抓两手硬，两战都要赢"网上政协月商会的方案》。

【第四十一次主席（扩大）会议】 3月5日上午，召开十四届四十一次主席（扩大）会议，会议听取张山雷中医药文化研究中心项目情况通报，协商讨论《关于落实市委政协工作会议主要任务分工方案》《政协第十四届兰溪市委员会常务委员会工作报告重点工作任务分工方案》《中国人民政治协商会议兰溪市委员会专门委员会通则（草案）》《市政协关于深化"服务企业服务群众服务基层"的实施方案》《市政协关于开展"政协新样子"系列宣传活动的实施方案》，会议还研究了《兰溪市政协志》框架目录、简报调整等事项。

【第四十二次主席（扩大）会议】 3月19日下午，召开十四届四十二次主席（扩大）会议，协商讨论《政协兰溪市委员会委员工作室工作规则（试行）》《政协兰溪市委员会界别活动室工作规则（试行）》《关于设立民情联络站的工作方案》《关于开展农村常住居民满意度问卷调查活动的方案》《关于开展"请你来协商"——"治理校园周边交通拥堵"政协月商会的方案》，协商通过《新增委员联村安排方案》《关于召开市政协十四届二十四次常委会议的方案》。

【第四十三次主席（扩大）会议】 4月9日下午，召开十四届四十三次主席（扩大）会议，协商讨论"政协新样子"系列宣传活动推荐委员人选名单、民情联络站推荐名单、十四届四次会议重点提案建议名单和《关于开展"宗教工作规范化建设"专题视察活动的方案》。

【第四十四次主席（扩大）会议】 4月28日下午，召开十四届四十四次主席（扩大）会议，传达学习金华市政协七届四次会议精神，听取各界别活动室、委员工作室关于2019年工作总结及2020年工作计划的汇报，协商确定十四届四次会议重点提案名单，协商讨论《市政协关于开展"'拼搏实干、争先进位'作风提升年"活动的实施方案》《市政协2020年"六送下乡""两走进"服务月集中活动实施方案》《市政协2020年"政协讲堂"计划安排》。

【第四十五次主席（扩大）会议】 5月26日上午，召开十四届四十五次主席（扩大）会议，协商讨论《市政协关于开展"'十四五'规划编制"常委会专题议政性协商方案和前期调研工作的安排》《关于组织开展"发展农业产业 助推乡村振兴"常委会重点课题调研的方案》《关于组织开展"规范平台建设 推进县域社会治理现代化"常委会重点课题调研的方案》《关于开展"居家养老"专题视察活动的方案》，听取关于政协委员对农村常住居民满意度问卷调查情况汇总及意见建议的报告，书面审定了各委员工作室、界别活动室2020年活动计划，审定张彩霞委员的"委员新样子"宣传视频。

【第四十六次主席（扩大）会议】 6月19日上午，召开十四届四十六次主席（扩大）会议，听取市文广旅游体育局关于古城建设方案的通报。

【第四十七次主席（扩大）会议】 7月10日下午，召开十四届四十七次主席（扩大）会议，协商讨论市委组织部、市委统战部提交的有关人事事项，传达学习省政协委员会客厅建设培训研讨班和金华市政协七届十九次常委会议精神，听取办公室、各专委会关于2020年度上半年工作总结和下半年工作安排的汇报，协商讨论市政协半年工作情况的报告、《关于调整主席、副主席工作分工的方案》、市政协十四届二十五次常委会方案、"'十四五'规划编制"常委会专题议政性协商方案、市政协机关内设机构工作职责、助推"全域放心消费"创建工作政协月商会方案、《市政协领导联系界别组、专委会联系界别组分工安排》《界别组召集人调整方案》《副主席、专委会联系"委员会客厅""界别活动室""委员工作室""民情联络站"分工安排》、2020年度委员培训方案、《兰溪市政协关于开设微信公众号"一周要览"栏目的方案》等。

【第四十八次主席（扩大）会议】 8月11日下午，召开十四届四十八次主席（扩大）会议，协商讨论《围绕"高水平全面建成小康社会补短板工作"开展专项集体民主监督方案》《围绕"社会治理领域'最多跑一地'改革"开展专项集体民主监督方案》《关于在全市政协系统开展"学习重要讲话精神，助力'重要窗口'建设"学习研讨活动的实施方案》《关于召开兰溪市政协2020年政协常委读书会的方案》《围绕"推进诗路兰溪文化带建设"开展常委会专题议政性协商方案》，协商讨论关于"垃圾革命问卷调查情况""一村一品"乡村产业建设情况问卷调查的汇报、市政协领导赴省外商会走访方案等。

【第四十九次主席（扩大）会议】 9月11日上午，召开十四届四十九次主席（扩大）会议，传达学习全国地方政协工作经验交流会和省、金华市政协主席暑期读书会精神，听取《关于落实中央和省委、金华市委政协工作会议主要任务分工方案》落实情况汇报和"一村一委员"工作机制中共党员委员联系非中共党员委员情况汇报、政协志编撰情况汇报，协商讨论"高水平全面建成小康社会补短板工作""社会治理领域'最多跑一地'改革"专项集体民主监督情况报告、关于依法治统专题调研的情况报告、"请你来协商——加强行政服务中心建设"政协月商会方案。

【第五十次主席（扩大）会议】 9月29日上午，召开十四届五十次主席（扩大）会议，传达学习金华市政协"一村一委员"工作推进会精神，协商讨论"发展乡村产业 助推乡村振兴"和"规范平台建设 推进县域社会治理现代化"两个常委会重点课题调研报告，协商讨论市政协十四届二十六次常委会方案、"民族政策落实情况"专题视察方案、"纺织行业智能制造示范市创建"专题视察方案。

【第五十一次主席（扩大）会议】 10月30日下午，召开十四届五十一次主席（扩大）会议，协商讨论《关于"农村生活环境整治"民主监督调查问卷情况的报告》《关于"农村公共卫生体系建设"民主监督调查问卷情况的报告》《关于推进"请你来协商"平台建设 开展乡镇（街道）

"政协议事会"和村（居）"政协座谈会"工作的实施意见》《市政协十四届五次全会筹备工作建议方案》，协商讨论市政协专门委员会组成人员方案、市政协委员活动经费管理使用意见、《关于开展"2021年市政府民生实事候选项目"专题协商方案》和《2020年政协提案双向评议活动方案》，听取市文旅公司关于"兰江—钱塘江水上游"工作情况的汇报。

【第五十二次主席（扩大）会议】 11月20日下午，召开十四届五十二次主席（扩大）会议，听取市政协十四届五次全会筹备工作进展情况汇报，协商讨论"请你来协商——2021年政府民生实事大家谈"协商推选情况汇报，听取并协商讨论兰溪市城区公立医疗机构布局调整的情况汇报。

【第五十三次主席（扩大）会议】 12月9日下午，召开十四届五十三次主席（扩大）会议，听取年度工作调研情况汇报，协商讨论2020年工作总结和2021年工作思路。

【第五十四次主席（扩大）会议】 12月25日下午，召开十四届五十四次主席（扩大）会议，协商讨论市政府《关于市政协十四届四次会议以来提案办理情况报告》、五次会议常委会工作报告（草案）和提案工作报告（草案）讨论稿，审议确定市政协十四届四次会议以来的优秀提案，协商讨论五次会议有关事项。

常委会议

【第二十次常委会议】 1月2日下午，召开十四届二十次常委会，审议通过关于调整政协第十四届兰溪市委员会第四次会议召开时间的决定、政协第十四届兰溪市委员会第四次会议日程、关于授权主席会议审议政协第十四届兰溪市委员会常务委员会第二十次会议未尽事宜的决定。

【第二十一次常委会议】 1月17日下午，召开十四届二十一次常委会，听取市政协十四届四次会议第一次联组讨论情况汇报。

【第二十二次常委会议】 1月18日下午，召开十四届二十二次常委会，听取市政协十四届四次会议第二次联组讨论情况汇报，协商讨论市政协十四届四次会议决议（草案）。

【第二十三次常委会议】 1月19日下午，召开十四届二十三次常委会，听取市政协十四届四次会议第三次联组讨论情况汇报，协商通过市政协十四届四次会议提案审查情况报告（草案）及会议决议（草案）。

【第二十四次常委会议】 3月26日下午，召开十四届二十四次常委会，协商通过委员调整方案，分组讨论并协商通过《中国人民政治协商会议兰溪市委员会全体会议工作规则》《中国人民政治协商会议兰溪市委员会常务委员会工作规则》《中国人民政治协商会议兰溪市委员会专门委员会通则》以及《中国人民政治协商会议兰溪市委员会提案工作条例》。

【第二十五次常委会议】 7月29日下午，召开十四届二十五次常委会，暨"兰溪市'十四五'规划编制"专题议政性协商会，市委常委、常务副市长朱俊华应邀参加。会议审议通过有关人事事项，审议市政协上半年工作报告，围绕"兰溪市'十四五'规划编制"开展专题议政性协商。

【第二十六次常委会议】 10月23日上午，召开十四届二十六次常委会，暨"推进诗路文化带建设"专题议政性协商会，市委常委、宣传部部长翁柯卫，副市长俞兰应邀参加。

【政协常委读书会议】 9月4日下午，召开2020年政协常委读书会，深入学习贯彻习近平总书记关于加强和改进人民政协工作重要思想和考察浙江重要讲话精神，市委副书记、市长王新锋应邀参加。会上，王新锋介绍2020年上半年工作情况及下半年主要工作；会议通报了市人民法院上半年工作情况、市人民检察院上半年工作情况、市政协有关协商意见建议采纳情况；组织常态化下疫情防控知识讲座，并重点围绕"学习重要讲话精神，助力'重要窗口'建设"开展学习交流；市政协主席徐建祥以"用心感悟 用力践行，为展现新时代建设'重要窗口'的兰溪风采贡献政协智慧和力量"为主题，围绕"学习重要讲话精神，助力'重要窗口'建设"提出意见建议。

重要工作

【加强思想政治建设】 认真学习贯彻习近平新时代中国特色社会主义思想和党的十九届四中、五中全会精神，学习习近平总书记关于加强和改进人民政协工作的重要思想、在浙江考察时的重要讲话精神，学习省委、金华市委、市委全会精神，组织"学习重要讲话精神 助力'重要窗口'建设"学习活动，召开各专委会、界别组学习会，举办政协讲堂，组织全体委员在浙师大行知学院开展履职培训，不断增进对中国共产党领导的政治优势和中国特色社会主义制度优势的理解和把握，切实增强"四个意识"、坚定"四个自信"、做到"两个维护"，巩固共同思想政治基础。

【服务中心工作】 聚焦"四大战略"深入实施，围绕"'十四五'规划编制""推进诗路文化带建设"组织2次常委会专题议政性协商，开展"深化'最多跑一次'改革和建设长三角一流营商环境"专题协商，组织"发展乡村产业 助推乡村振兴"和"优化县域治理平台建设"常委会重点课题调研，开展"高水平全面建成小康社会补短板工作""社会治理领域'最多跑一地'改革"专项集体民主监督，组织"越龙山国际旅游度假区建设""纺织行业智能制造示范市创建""金华山旅游经济区建设"等5次专题视察或联合视察活动，开展"强化依法治统意识 不断提升统计公信力""推进三江六岸景观提升""优化低效用地再出让程序"等近10次专委会调研，全方位体现政协担当。

【助力民生事业改善】 召开"2021年政府民生实事大家谈"专题协商会，组织"加强校园疫情防控暨治理校园周边交通拥堵""凝聚你我力量 共促放心消费"专题协商，开展"进一步推进居家养老工作"专题视察，"完善我市医共体建设"专题调研，连续第2年组织农村常住居民满意度问卷调查活动，开展"助推和美乡村建设之产业振兴""助推和美乡村建设之垃圾革命""农村公共卫生体系建设""农村生活环境整治"4项民主监督活动，助推全市"八有八无"创建和美丽乡村建设。

【全力推进网络协商议政】 大力推进网络协商，常委会专题议政性协商、"请你来协商·政协月商会"等重要协商活动，全部采用"兰溪政协网络议政"钉钉群或"兰精灵"App直播等形式开展线上线下同步协商。参与面大幅扩展，委员参与率比上年提高168%，群众参与数突破性增加，政协工作影响面大幅提高，如"强化行政服务，优化营商环境"等2次协商网络直播分别吸引11

万人次、5.6万人次观看，"治理校园周边交通拥堵"等2次协商政协微信公众号活动报道点击量均超2万次。市政协网络议政工作得到金华市政协领导批示肯定。

【深化拓展委员履职平台】 深化完善"一村一委员""一社区一界别"工作机制，创新开展乡镇（街道）"请你来协商·政协议事会"平台建设，先后在永昌、游埠、黄店举办3场协商活动，相关工作被人民政协网等媒体报道。制定《关于深化"一村一委员"工作机制助推村务协商委员会建设的意见（试行）》，联村政协委员积极参加村务协商活动。探索建立政协民情联络站，创建省政协"兰溪群众文化政协委员会客厅"，制定《市政协界别活动室工作规则（试行）》《市政协委员工作室工作规则（试行）》，全年开展各类活动90余次，委员履职成效更加突显。

9月28日，市政协"请你来协商"议事会在黄店镇召开　　　　（市政协办 提供）

【投身抗击新冠肺炎疫情斗争】 面对突如其来的新冠肺炎疫情，市政协迅速向全体政协委员发出"同心同行 共战疫情"倡议书，主席会议成员和政协机关干部迅速行动投身战疫一线，政协各参加单位和广大政协委员积极参与疫情防控斗争，在卫生防疫、捐款捐物、稳产稳岗、纾解情绪等方面作出了贡献，3人次获评省、金华市抗击新冠肺炎疫情先进个人。开设微信公众号专栏，刊发委员战疫先进事迹11期，走访慰问抗疫一线政协委员，激励委员担当作为。围绕夺取疫情防控和实现经济社会发展目标双胜利积极建言献策，报送抗疫专题社情民意，组织"疫情防控和复工复产两手抓两手硬两战都要赢"网络专题协商，相关做法得到省政协葛慧君主席批示肯定。

2月11日，疫情期间，市政协主席会议成员到企业走访慰问抗疫一线政协委员

（市政协办 提供）

【扩大走访交流】 落实走访联系制度，支持和保障市级各民主党派、工商联、无党派人士履职活动。开展非公有制经济人士、在外乡贤走访活动。组织"民族政策落实情况""宗教工作规范化建设"专题视察。继续开展"六送下乡""两走进"

政协委员开展"六送下乡"活动

（市政协办 提供）

活动。建立"政协智库"。加强政协文史工作，编印《兰溪工业记忆》《缀霞》，助建李渔诗路馆和曹梦歧事迹陈列馆等，召开"八百壮士"兰溪精神座谈会，成立李渔散曲社，设立夏李村诗词书画创作基地，推进《兰溪市政协志》编撰。

2020年度政协委员名单

一、在兰省、金华市政协委员（18名）

1. 在兰浙江省政协委员（1名）

王天亮

2. 在兰金华市政协委员（17名）（按姓氏笔画为序）

王 伟　王金生　王爱文　方 芳
江筱英　杜建成　李炜明　邱海斌
陆生耀　赵元捷　胡庆伟　钟秀明
钱玉兰　徐月峰　童雪菲　雷春富
廖璇刚

二、中国人民政治协商会议第十四届兰溪市委员会委员名单（共251名按姓氏笔画为序）

中国共产党（18名）

马兴堂　马叔东　王柏中　方雪峰
冯 俊　朱小爱民　许佩秦(女)　李 皓
吴乐华　吴英姿(女)　何忠云　应立忠
应炳军　郎松青　徐建祥　徐振华
章撷贤　綦响亮

中国民主同盟（7名）

吴玉花(女)　吴伟东　吴晓红(女)　陈兴兵
金 宇　徐迎佳(女)　鲍旭升

中国农工民主党（7名）

马艳艳(女)　吴小健　柳维正　徐卫英(女)
章连新　雷启余　潘庆兵

九三学社（7名）

叶雪程　朱之辉　孙伟东　严赛虹(女)
金艳烽(女)　唐建平　章淑红(女)

无党派人士（8名）

方宏亮　叶 峻　叶小虎　何文平
林小飞(女)　姚 威　黄 刚　蒋锐锋

中国共产主义青年团（2名）

包建丽(女)　楼 倩(女)

总工会（5名）

丁丽英(女)　徐 薇(女)　董红旭　舒仕娟(女)
黎文新

妇女联合会（5名）

方赛花(女)　李秋英(女)　吴 柯(女)　陈红娟(女)
徐小芳(女)

青年联合会（3名）

水鸿雁　叶 快　黄景明

工商业联合会（14名）

王宝妹(女)　方士荣　汪建德　张 健
张红军　陈 伟　金 辉　周 俊
赵宝忠　黄少平　黄茂清　管建伟
潘海君　潘瑞光

科学技术协会（7名）

王 征　方卿河　吴德彩　张育宁(女)
范剑锋　柳武军　徐永忠

台胞台属联谊会（7名）

王卫东　杨友明　陈 刚　柳 林
祝 健　蒋新庆　富峻宏(女)

归国华侨联合会（8名）

叶子皓　朱炳军(女)　周绚华(女)　胡若蕙(女)
胡浩键　徐志高　黄少俊　童正坤

文学艺术界（8名）

王红军　王淑琴(女)　方 叶(女)　朱兰庆
吴 芳(女)　倪金谷　盛良灿　戴志坚

科学技术界（17名）

丁小富　马国荣　王明霞(女)　孔寅飞
冯利民　吕 品　吴华庆　吴胜忠
吴瑞根　何遂庆　余志军　汪志平

范　杰　　胡晓明　　唐旭东　　唐国平
章晓忠

社会科学界（11名）

王瑞明　　朱　军　　李迪民　　汪智敏
沈江萍(女)　陈　聪　　陈国洪　　金建城
周胜平　　胡开辉　　胡炜翔

经济界（20名）

王志武(女)　王国清　　朱　波　　朱健华
刘旭东　　李　妍(女)　李　果(女)　张长江
张林卿　　陈　军　　陈　骅(女)　陈继芳
周卸荣　　赵兰仙(女)　胡建锋　　章文清
傅立民　　童晓明　　管洪孝　　潘洪亮

农业界（16名）

方小文(女)　方跃辉　　叶小钢　　严晓露
吴玉松　　吴美娟(女)　汪纪生　　张彩霞(女)
张淑娟(女)　陈国有　　范如南　　金增接
赵惠民　　黄跃先　　蒋鹏飞　　童　橄

教育界（13名）

王超群(女)　方君强　　方爱荣　　叶仙云(女)
成　敏(女)　吴　芳(女)　沈少刚　　张响珍(女)
周利根　　项冬生　　倪华歆　　黄锡洪
董旭军

体育界（1名）

陈建斌

新闻出版界（3名）

姜　憬(女)　章　霞(女)　雷雪刚

医药卫生界（10名）

王　蓓(女)　吴素华(女)　何友梅(女)　沈选奇
张立新　　金小燕(女)　姜锡能　　诸葛文嵩
蔡小晖(女)　廖和根

社会福利与社会保障界（4名）

张洁琳(女)　陈寒冰　　章崇连　　戴建辉

少数民族（6名）

钟红星　　蓝永平　　蓝君美(女)　蓝林菊(女)
蓝晓鹏　　雷　丹(女)

宗教界（6名）

邓亚平　　汪　伟　　张丽萍(女)　陆　阳
释印觉　　释法隆

特别邀请人士（38名）

卢纯义　　申素贞(女)　包忠鸣　　刘松美
汤春辉　　严　娟(女)　杨洪光　　杨晓东
吴玉忠　　邱昌民　　何云飞　　何海君
余云有　　汪　燕(女)　邵小卫　　郑世有
郑荣泉　　胡汝明　　胡建平　　胡总旗
胡淑静(女)　饶章辉　　姜旭军　　姜如良
姚　臻(女)　钱忠诚　　徐　乐　　徐　钧(女)
徐　竞　　徐松平　　唐伟琴(女)　盛杭军
章锦祥　　董卫祥　　傅建侨　　童月仙(女)
裘华平　　潘俊贤

（方　健）

民主党派·工商联

民盟兰溪市委会

【概况】 2020年，民盟兰溪市委会加强自身建设，各项工作取得新进展，先后获民盟中央思想政治建设和宣传工作先进集体；民盟金华市委会县（市、区）级盟务工作先进集体、思想政治建设和宣传工作先进集体、参政议政工作先进集体、反映社情民意信息工作先进集体。民盟兰溪市教育直联支部以"美美+家"为平台，联合社会力量扎实开展社会服务，取得良好社会效果，成功创建民盟浙江省和民盟金华两级"双十佳"特色基层组织（社会服务类）。蓝越群获民盟中央思想政治建设和宣传工作先进个人。

参政议政方面，盟员中现有金华人大代表2名，金华政协委员3名（其中2位常委），兰溪人大代表2名，政协委员15名（其中副主席1名，常委3名）。一年来，两级代表、委员深入群众，了解民情，撰写提案、建议30余件，其中团体提案《关于盘活名人资源助力乡村振兴的建议》获市政协十四届四次会议优秀提案，王淑琴代表民盟兰溪市委会所作的《盘活名人资源助力乡村振兴》获优秀大会发言。方绍龙获优秀人大履职代表。政协中国民主同盟界别组获五星级基层组织，吴玉花、吴伟东、吴晓红、沈江萍、胡建锋等5人获五星级委员；吴晓红获一村一委员工作先进个人。方芳领衔的群众文化会客厅开展了"蒋畈的故事——名人家书诵读会"等活动，吴玉花领衔的委员工作室开展了"兰溪开学第一课，为新生强心赋能""青少年抑郁症如何温和守护"等主题活动，受到社会广泛好评。

11月6日，为纪念曹聚仁120周年诞辰，在通洲桥上举办"蒋畈的故事——名人家书诵读会"
（市民盟 提供）

社情民意方面，民盟省委会采用社情民意15篇，金华市委会采用16篇；兰溪政协大会发言采用2篇，其中一篇得到市委主要领导批示，社情民意采用并得到市委市府领导批示6篇，参与政协"请你来协商"等平台发言10余人次。陈兴兵、吴玉花、方凯等3人获民盟金华市反映社情民意信息工作先进个人。

抗击疫情方面，民盟兰溪市委会共募捐抗疫情爱心款18.69万元；与电信部门联合开通兰溪首条抗疫情心理援助美美专线，为隔离群众提供心理援助；创作诗朗诵《中国力量》、歌曲《没有你的夜晚》《为爱隔离》等作品，其中《为爱隔离》MTV先后在兰溪中小学生思政课直播课堂和纽约时代广场滚动播出。民盟兰溪市委会因此先后获民盟省委会、民盟金华市委会两级抗击新冠肺炎疫情先进集体和金华市委统一战线"同心抗疫·最美集体",其中方凯、陈兴兵、胡建锋、章惠仙等4人获民盟省委会抗击新冠肺炎疫情先进个人,胡建锋获金华市委统一战线"同心抗疫·最美个人",王友昌等10人获民盟金华市委会抗击新冠肺炎疫情先进个人。

助力复工复产方面,半个月内走访兰溪规模以上企业32家,对企业复工复产情况进行仔细了解,对存在困难能解决的当场解决,不能解决的积极以"直通车"和社情民意的形式及时向上反映,先后报送的"直通车"《关于提升服务能力,加快我市经济"疫"后创伤愈合与复苏的意见建议》和社情民意《关于如何振兴兰溪纺织业"疫"后市场的几点建议》,都获得了市委书记陈峰齐的批示,相关问题得到具体落实和妥善解决。

【录制朗诵诗《范院坞的早晨》】 根据民盟浙江省委会和民盟金华市委会部署,积极参加"见证·初心"经典讲述活动,组织盟员赴范院坞村录制朗诵诗《范院坞的早晨》视频,讲述民盟助力民族村乡村振兴的故事,该视频角度好、形式新,被评为民盟金华市二等奖。

【"民盟助力乡村振兴实践基地"揭牌】 9月28日,民盟助力乡村振兴实践基地在游埠镇范院坞村揭牌,将进一步整合资源力量,建好实践平台,推动产业提质增效、促进村民增收致富,更好地为兰溪乡村振兴贡献民盟智慧和力量。全国人大常委会委员、民盟中央副主席龙庄伟,民盟中央社会服务部部长刘圣宇,浙江省副省长、民盟省委会主委成岳冲,中共浙江省委统战部副部长王利月,民盟省委会专职副主委徐燕峰,中共金华市委常委、统战部部长张伟亚等领导为范院坞民族村"民盟助力乡村振兴实践基地"揭牌。范院坞畲族村是民盟省委会"双百结对行动"的帮扶村,民盟省委会充分发挥资源优势,广泛汇聚各级民盟智慧与力量,千方百计筹资金、引项目,为村庄发展注入了强劲动力。范院坞主村的村容村貌景观提升工程基本完成,红美人柑橘、美国紫薇、稻虾共养、象山大白鹅等"三红一白"四个基地已成雏形,2A级景区村创建成功,初步完成美丽乡村的转型升级。红美人柑橘已挂果满枝,多株紫薇花海繁盛,"稻虾共生"养殖项目迎来丰收,向天歌家庭农场顺利建成,将有力推动村民增收、民族村发展。仪式上,龙庄伟对范院坞村结对帮扶工作表示肯定。他表示,范院坞村景观环境大为改善,村民人均收入、村集体经济收入大幅增加,结对帮扶取得了阶段性成果,民盟浙江省委会在助力乡村振兴这项工作中走在了全盟的前列。他强调,民盟助力乡村振兴实践基地揭牌意义重大,能有效整合民盟资源力量,全力带动当地产业发展。

9月28日,民盟助力乡村振兴实践基地游埠镇范院坞村揭牌仪式上,范院坞村两委向浙江民盟企业家联谊会会长、赛丽正宏集团董事长夏赛丽赠送锦旗 （王萍 摄）

【"美美+家"新模式】 一年来,"美美+家"在30多所学校试点推广"三室合一"心理帮辅新模式,全体教师和学校工作人员都成为学生心理健康的守门人。新模式还在汶川、杭州、金华等地得到推广应用。"美美+家"工作室全年转接咨询100余次,开展个辅、团辅和讲座数百次。在抗疫期间,"美美+家"募捐善款1.97万元,为市红十字会第一笔疫情专用爱心款;开通88812123暖心美美热线,为隔离群众提供心理援助;在公众号有针对性地推出《考生居家,疫情防控,做父母有点难》《疫情导致的儿童行为退化怎么办?》等,帮助家长孩子缓解焦虑情绪。进行主题研讨,夯实专业知识提升助人能力;专门课题研究,携手共建温和妈妈守护联盟等,得到社会良好反响,事迹材料受到金华市妇联、兰溪市作风办和教育局的关注与点赞。

(陈月风)

民建兰溪市基层委员会

【概况】 2020年兰溪市基层委新入会员1名,共计91人,下设办公室和5个支部。其中,基层委委员9名,省委会委员1名,省委妇委会委员1名,金华市委会委员1名、金华市人大代表1名、政协委员1名、兰溪市人大常委1名、政协常委4名、兰溪市政协委员13名(含常委)、人大代表1名,兰溪市纪委党风廉政建设"廉情监督员"3名,市场监管局、审计局、检察院、法院特约监督员4名。基层委对口联系市经济信息化局、财政局、商务局。

2020年,基层委被民建省委会评为先进基层组织,被民建金华市委会评为宣传先进集体,徐月峰被民建金华市委会评为宣传工作先进个人,8名会员被评为民建金华市委会优秀会员,10名会员被评为民建兰溪市基层委优秀会员。

【参政议政】 两会期间,各级人大代表、政协委员共提交提案议案18件,集体提案1件。陈继芳和汪智敏分别在大会上作了《盘活低效用地 助推"强工兴市"》、《抓住"互联网+农产品"新风口打响"兰溪特色农业"金字招牌》发言;姜旭军和徐乐分别在大会作了《打造特色产业小镇健全产业链集聚发展》《加强古城保护助力文旅兴兰》书面发言。陈继芳、姜旭军、汪智敏、张彩霞获市政协"五星级"委员称号,陈继芳、姜旭军、汪智敏获"一村一委员"先进个人荣誉。

【"民建会员献爱心"活动】 建军节前夕,会员们在市第一福利院举办"与老兵一起座谈交流"为主题的慰问活动,组织60周岁以上会员赴结对名族村厚伦方村开展重阳节慰问活动;组织开展"捧着初心而来,为决胜脱贫下单"消费扶贫专项行动,为丰宁县扶贫购买物品11000余元;副主委陈继芳为民建书屋订阅《金华日报》《金华晚报》《兰江导报》,组织开展民建书屋巡查添书相关活动10多次,添书1000余本;副主委姜旭军带队走访结对厚伦方民族村活动3次,汪智敏律师开展法律援助活动2次,连续7年参加"积善堂"捐资助学活动,资助贫困学生计7万余元;范小锋组织网兰救援队开展社会救援等活动100余次,组织"兴兰公益走进汶川"捐送物资达130余万元。范小锋被民建金华市委会评为"社会服务"先进个人。

【疫情防控工作】 金华市政协副主席、民建金华市委会主委杨坚明带队走访网兰救援队和民建会员企业,指导做好疫情防控工作;组织装订《新型冠状病毒感染的肺炎防控知识》手册1万余册,分发给各大超市和社区,做好疫情防控宣传工作;参加省市县文联的抗击疫情书法绘画展,为疫情防控宣传贡献力量;参与中高风险地区到兰人员防控排查工作，共计排查500多家服务业企业及农贸城、建材市场、电商园等场所8000多人次，助力企业复工复产备案130多家，免费发放2000多只口罩；开展法律咨询联企助企活动6次、助力乡村振兴疫情防控2次、开展抗疫救援送温暖行动10余次、办理省际运粮高速免费通行证39例、在兰溪火车站和330国道等地开展体温测量3000多人次、捐款捐物达40余万元。

（徐月峰）

农工党兰溪市委会

【概况】 农工党兰溪市委会下设1个总支部、8个支部，分别为：人民医院总支部（下设三个支部：人民医院一支部、人民医院二支部、人民医院三支部）、机关直属支部、科技支部、兰冶支部、中医院支部和教育支部。全市共有党员152人，2020年新发展7人。其中，金华市委组织部特约干部监督员1人；兰溪市特约人员3人（特约审计员2人、特约监察员1人），市纪委、市委统战部聘任的廉情监督员2人。

2020年，农工党兰溪市委会共有13名政协委员和2名人大代表参加会议，共提交个人提案14件，集体提案1件，人大建议4件，内容涉及卫生、教育、交通、环保、城市建设、新农村建设等方面。大会发言《新医保形势下亟须提升县域医疗核心竞争力》被评为政协第十四届兰溪市委员会第四次会议优秀大会发言。

新冠肺炎疫情期间，多途径、多方式加入抗疫斗争。雷启余主委带头走访企业调研，召开部分企业家座谈会，帮助解决实际困难。围绕疫情防控和助力复工复产，积极建言献策，提交社情民意10余篇。

农工党市委会的集体提案《关于进一步推进我市康复事业发展的建议》被评为市政协十四届四次会议以来的优秀提案。政协委员马艳艳、章连新被评为五星委员。人大代表徐丽萍被评为2020年度优秀履职代表。

市兰冶支部被评为2020年度农工党浙江省先进基层组织；中医院支部被评为2020年度农工党浙江省社会服务工作先进集体；兰溪市人民医院总支被评为农工党金华市先进基层组织；姜锡能被评为2020年度农工党浙江省先进个人。

【庆祝农工党90周年诞辰系列活动】 开展纪念中国农工党诞辰90周年纪念活动，重温建党历程，不忘初心使命。组织骨干党员参加统战部门的各项培训活动。组织召开专题座谈会，开展党史宣讲活动。组织新入党党员和入党积极分子在建党日开展党史培训教育活动。

【"卫爱前进"社会服务品牌】 统一标识和服装，深入打造"卫爱前进"社会服务活动品牌（该品牌成立于2018年3月）。新冠肺炎疫情期间，农工党党员多途径、多方式加入抗疫斗争一线。主委带头走访企业调研，召开部分企业家座谈会，帮助解决实际困难。围绕疫情防控和助力复工复产，积极建言献策，提交社情民意10篇。全市农工党员积极捐赠抗疫物资和资金。一年来，市委会开展送医下乡到诸葛活动1次；定期前往兰溪市爱心老年公寓开展"卫爱前进"社会服务活动；每季度至少一次前往柳塘章村开展结对帮扶工作。市委会组织了"卫爱前进 服务百姓健康"大型义诊活动；各支部充分发挥各自专业优势，开展了多种形式的"卫爱前进"系列社会活动，如"卫爱前进 迎春送福""卫爱前进 送医下乡""卫爱前进 送教下乡""卫爱前进 百度思政""卫爱前进 环保同行"等社会服务活动。

（童刚胜）

九三学社兰溪市委会

【概况】 2020年,九三学社兰溪市委员会领导班子成员8人,主委严赛虹,副主委3人,市委委员4人。下设4个支社,分别为:科技支社、经济支社、人文支社、医药支社。全市现共有社员112人,其中高级职称25人,中级职称80人;副科级干部3人,正科级干部1人,副处级干部1人。兰溪市政协委员17人,兰溪市人大代表1人,金华市政协委员3人,金华市人大代表2人,省人大代表1人。

围绕市委、市政府"四兴战略"的目标要求,积极为兰溪市民生经济发展出谋献策。内容涉及卫生、环境、饮用水、经济、城市管理等诸多方面。在2020年兰溪"两会"上,提交个人提案18件、团体提案1件,其中个人提案《关于对我市企业对接多层次资本市场、加大扶持力度的建议》、团体提案《关于加强推进传统产业数字化转型的建议》被评为政协十四届三次会议以来的优秀提案,政协九三学社界别组被评为五星级组织。冯文辉、徐小芳获得了"浙江好人"称号,申素贞获得了"兰溪市劳动模范"称号,潘月珍和章喆被评为兰溪市"担当追赶奋斗者"等等。

【开展支社调整工作】 由于社员年龄结构、人员组成近年来发生了较大变化,原有的支社设置已经不能适应当前的工作要求,经研究决定对4个支社进行重新的调整,取消原有的工业一、工业二、经建支社,重新命名为科技支社、经济支社、人文支社,保留医药支社,并根据社员的职业以及个人特长将社员进行重新划分。

【共建社会服务基地成立】 7月25日,九三学社浙江理工大学委员会、九三学社兰溪市委员会合作共建社会服务基地挂牌成立。服务基地以服务纺织行业为主,以项目为依托,以打造品牌为关键,促进兰溪市纺织业取得新进展。浙江理工大学和兰溪市有较深的合作渊源和基础,该次九三学社社会服务基地的建立,是深化浙江理工大学和兰溪产学研合作、推动科技成果转化的又一举措。九舜公司作为社会服务基地向外延伸的第一个重要站点,同步成立了九舜科技专家工作站。

【"一行鸿雁·九三同行"社会服务基地揭牌】 11月24日,与兰溪市我们都是兰溪人QQ群志愿服务队共同建设成立"一行鸿雁·九三同行"社会服务基地揭牌。基地位于开发区外来务工人员集聚地,以外来务工人员及其子女为主要服务对象,将为外来务工人员及其子女带来健康讲座、农科体验等一系列形式多样的科普活动。

【持续开展惠民服务】 到诸葛镇敬老院、水亭乡西方坞村免费为老人以及村民们做B超、针灸、量血压、测血糖、看诊,市委委员、医药支社主委刘旭东主动向敬老院老人捐赠了价值3000元的医药用品。邀请市农业农村局高级农艺师为水亭乡的各个村书记、主任以及种植户讲授中药材种植科普知识。

(廖 挺)

工商联

【概况】 市工商业联合会(总商会)有专职工作人员6名,其中专职领导干部3名。共有1个机关党支部,正式党员15名,其中在职党员7名,退休党员8名,另有预备党员1名。会员4000多家,执委128人,其中:兼职副主席(副会长)29人。商会组织共47家:市外异地商会共24家,其中2020年新建异地兰溪商会3家;

乡镇（街道）商会16家；直属商会7家，其中2020年新建直属商会1家。市工商联获评全国工商联2020年度民营企业调查点工作先进示范单位，是浙江省工商联系统的7个先进县级工商联之一，也是金华市工商联系统的唯一入选单位。

【参政议政】 引导工商联执委委员和代表发挥参政议政作用，其中，执委担任人大代表22人，担任政协委员23人。"两会"期间提交建议和提案50件，其中工商联界别委员提交个人提案10件，团体提案1件，21位市外异地商会代表应邀列席"两会"。

【推动构建亲清政商关系】 推动构建亲清政商关系，《创载体搭平台优服务 推动构建亲清政商关系》《建机制 重引导 抓契机 着力构建亲清政商关系》分别在3月份、9月份获评全省工商联系统服务"两个健康"优秀案例，受到通报表扬，得到兰溪市委书记陈峰齐批示肯定。

1月16日，2020年亲清政商大会召开，在全市各区域、各领域、不同规模的民营企业设立30个亲清政商关系监测点　　　（倪丽霞 提供）

【打造"奔跑的工商联"】 9月，党组负责人作为优秀县级工商联代表赴省工商联参加第一批挂职学习锻炼；9月份参加全省工商联组织的"奔跑的工商联"互学互促交流活动，作为先进代表金华赴杭嘉湖地区汇报交流，在金华主场做典型发言；10月24日，首届"浙江商会周"启动，活动主题为"商会，让企业更有力"。市工商联及所属商会积极参与"浙江商会周"活动，开展了各种内容、各类形式的主题活动91场，展现兰溪商会的优良精神风貌。

【异地兰溪商会（乡贤会）建设】 8月份，先后成立了青海、江苏（苏州）、舟山3家异地兰溪商会，异地商会规模达24家，实现长三角地区异地商会全覆盖。指导湖北、杭州、广东（深圳）、嘉兴4家异地商会完成换届，通过商会平台把更多的在外兰溪人团结联合起来，服务"兰溪人经济"和兰溪高质量发展，不断推进"四大战略"实施。

【市内商会建设】 成立兰溪市中小企业对外友好合作商会，市内商会达到23家。指导横溪、浦江2家基层商会完成换届。召开商会秘书长工作例会，传达上级指示、部署工作。探索商会服务管理新模式，云山商会开展校企合作，解决务工人员子女入学问题；永昌商会成立兰溪首家商会调解委员会，开展调解纠纷30余次；上华商会组织文艺宣传队开展"走村入企"三服务文艺汇演。

【设立人才工作站、招商工作站】 配合市委组织（招才局）、市政府招商部门加强招才引智招商引资平台建设，成立青海、舟山、嘉兴3家人才工作站；成立青海、舟山、广东（深圳）3家招商工作站。

【商会党建】 开展"三讲三树"党员整治立规创优行动、党员联系群众"走亲联心"活动，常态化开展主题党日、三会一课等党建活动，坚持用好"学习强国"App等新型学习载体，开展"不忘初心，久久如一"纪念建党99周年系列活动，全面推进工商联党组织建设。指导各商会做好党支部成立事宜，建立健全党支部活动机制和相关规章制度。新成立广东（深圳）、江苏（苏州）、舟山3家异地商会党支部和兰溪市中小企业对外友好合作商会党支部。

11月27日，兰溪市成立中小企业友好对外合作商会　　　　　　　　　　（倪丽霞　提供）

【防疫抗疫】　对湖北等重点地区商会人员逐一排摸、统计，做好每日上报，及时劝阻疫区人员到兰。发布倡议，动员市内外43家商会积极抗疫，统筹做好防疫抗疫和经济社会发展"两战硬、两战赢"，疫情期间广大兰商捐款捐物5400余万元。通过兰溪电视台、《兰江导报》等媒介，宣传报道兰商大爱。

【招商引资】　制定《市工商联加强招商引资工作实施方案》，借助异地商会资源开展常态化招商引资。班子成员参与京津冀、长三角、珠三角3个区域的招商联络工作。陪同兰溪市生物医药专班赴苏州开展招商考察活动，做好客商到兰投资的各项服务。主动外出招商15次，其中亦家小微创业园项目已落地，部分项目已签署投资意向书。

【落实帮扶任务】　组织汶川车厘子爱心认购活动，各基层商会认购当地贫困户的万余斤车厘子，价值超过40余万元，惠及汶川15个行政村，以创新方式完成了2020年的"消费扶贫"和"万企帮万村"帮扶任务。赴吉林开展"吉浙百家民企手拉手"活动，走访结对友好工商联——梨树县工商联。

【清廉民企建设】　联合市纪委召开2020年亲清政商大会；推进8家清廉民企样本培养工作；建立30个亲清政商关系监测点，红狮集团清廉民企建设工作得到省委常委、纪委书记许罗德肯定。

【服务民营经济】　结合"百千万"行动，创新"三服务"工作载体，深入了解企业实际需求，收集意见建议73条，向上级提交专项报告5篇。赴义乌开展"网红经济"、赴绍兴开展合力拓市场等营商活动。组织召开4场"亲清直通车·政企恳谈会"；推动"兰商驿站"品牌建设；筹建"亲清政商关系驿站"。

【筹备兰溪发展大会】　参与综合协调组、邀请联络组、论坛筹备组的相关工作。参与乡贤馆建设，依托商会平台收集上报乡贤和相关亲属信息1207条，逐步完善乡贤信息库。参与主编《天下兰溪人》杂志，发掘素材、积极宣传。各异地商会制作发展大会微视频，为发展大会营造良好氛围。5月25日，市委书记陈峰齐一行调研"兰商驿站"，充分肯定工商联品牌工作。9月30日—10月1日，组织异地商会会长、执行会长、秘书长等46人参加2020兰溪发展大会。组织召开异地商会合作联盟兰溪会议。

【走访调研】　先后走访基层商会、副主席和执委单位近200家。围绕"亲""清"新型政商关系，针对部门作风、投资环境、"最多跑一次"改革、招工难、融资难等问题，共收集各类建议意见80条。

【回报社会】 利用春节开展慰问活动，各基层商会通过不同形式开展慰问敬老院、困难户和贫困学生活动。异地商会组织会员，开展回乡献爱心慰问捐款、采摘销售农产品、考察乡村振兴全域旅游项目、进行招商引资考察活动。据不完全统计，2020年工商联和商会系统开展慰问走访敬老院15个，资助贫困对象200多人，捐款捐物20多万元。

（洪　瑞、倪丽霞）

人民团体

市总工会

【概况】 2020年,全市共有职工103291人,工会会员101668名,入会率98%;基层工会1033个,涵盖企业2345家,其中单建工会972家,联合工会61家。市各级工会按照市委市政府和上级工会的总体部署,紧紧围绕全市工作大局,充分发挥工会职能,在展现新时代建设"重要窗口"兰溪风采上贡献工会力量,被金华市总工会评为综合考核年度良好单位。

【疫情防控】 自新型冠状肺炎疫情以来,市总工会围绕打赢疫情"狙击战"开展了一系列的活动。自1月22日以来,先后4次安排专项资金用于慰问奋战在防疫抗病一线的医务工作人员、生产防病抗疫物资的一线工人、隔离卡点的一线工作人员和赴鄂援助的医护人员,累计发放慰问金30余万元。全市各企业工会捐赠物资和款项累计总额达到3000多万元。市总工会开设了职工网络学堂,推出复工防疫、工会知识、职工教育、各类培训等,精准服务企业和职工,累计推送28期;组织工会志愿者免费上门为企业职工理发,累计服务企事业单位33家,共计理发人数300多人次;开展评选"最美职工"和"最美娘家人"活动,推送宣传报道20篇共计30人次;通过"兰溪工会"微信公众号,助力企业发布招聘信息,为企业复工复产工作贡献工会力量,累计推送各类招聘信息5000多条。

【职工疗休养】 探索职工疗休养活动的新途径、新模式,整合资源,打造了一批兰溪市级职工疗休养基地和职工活动基地,并对浙江新天地生态休闲农场等8个职工疗休养基地和芝堰村等8个职工活动基地授牌。与东阳、浦江、武义、温州泰顺、义乌、婺城、丽水、龙泉、遂昌和汶川等签订疗休养异地互换合作协议,助力兰溪市全域旅游发展和乡村经济振兴。经过市总工会的指导和推荐,黄店镇王家村被浙江省总工会认定为首批浙江省职工疗休养基地。全市共有12113名职工参加市内疗休养,工会系统购买节日慰问品总额达597.73万元,引进外来疗休养、春秋游11163人次,拉动市内旅游消费近5000万元。

【产业工人队伍改革】 结合兰溪实际情况,成立了推进新时代兰溪产业工人队伍建设改革工作协调小组,制定了《新时代兰溪产业工人队伍建设改革方案》。浙江金梭纺织有限公司被确定为金华级非公企业产改试点单位,浙江万舟控股集团有限公司被确定为浙江省级非公企业产改试点单位,万舟控股集团副总裁徐建忠在台州召开的浙江省总工会产改现场会作典型发言。12月24日,召开新时代兰溪产业工人队伍建设改革现场推进会推进全市产改工作,形成推进产业工人队伍建设改革的强大合力,为建设"重要窗口"展现工会力量。

【劳动竞赛】 广泛开展技能竞赛和职业技能等级评定,推广高技能人才建设,搭建技能技术交流平台,联合相关部门举办了兰溪市"兰技杯"、"江南杯"、第三届汽车维修、劳动关系协调员以及钳工、厨师、保安、汽车维修、急救等15项职业技能竞赛。全市各级工会开展各类技能比武300余场,技能培训1.58万人次,新增高技能人才300多人。

【劳模精神】 4月,市总工会评选出兰溪市劳模匠人创新工作室5家,截至年底累计评选出10家,金华市总工会评定金华市劳模匠人创新工作室4家。"五一"期间开展"弘扬劳模精神,助力抗疫行动"劳模匠人、抗疫英雄宣讲活动,以集中宣讲的形式学习宣传劳模先进事迹,超过6万名职工通过网络直播参与活动。12月17日,举行党的十九届五中全会精神和全国劳模事迹宣讲会暨工会志愿者联盟队伍成立仪式,深入学习贯彻习近平新时代中国特色社会主义思想和党的十九届五中全会精神,进一步弘扬劳模精神、劳动精神、工匠精神。

【困难职工帮扶】 疫情期间走访慰问75名市级以上已建档的困难职工家庭,发放慰问金7.5万元,同时开展"送清凉"和金秋助学等活动,全年慰问4200多名一线高温作业劳动者,为6户困难职工家庭发放助学金共计2.9万元,全年发放各类慰问金60余万元。对建档的困难职工实行动态化管理,根据不同级别城市困难职工给予精准帮扶,符合脱困标准的移出建档库,同时制定因突发事件致困的职工帮扶机制,对城市困难职工帮扶工作常态化制度化。

【工资集体协商】 于9月份组织开展工资集体协商指导员培训,实施工资集体协商要约行动,下发要约书1000多份,全市建档工会企业工资集体协商1150家,工资集体协商示范企业132家。

【文化阵地建设】 发挥职工活动中心职工阵地的作用,在全市建立开发区总工会光膜小镇区域职工活动中心、灵洞乡总工会区域职工活动中心、女埠街道总工会区域职工活动中心3个1000平方米以上的示范性区域职工活动中心;永昌街道总工会区域职工活动中心、诸葛镇总工会区域职工活动中心、中洲公园区域职工活动中心3个500平方米以上的本级区域职工活动中心。对全市职工羽毛球训练基地兰溪市羽毛球协会、全市职工瑜伽训练基地欣悦瑜伽馆、全市职工气排球训练基地气排球协会、全市职工篮球训练基地耘湖体育篮球公园、全市职工长跑训练基地兰溪市长跑协会、全市职工舞蹈训练基地魅可东方舞、全市职工瑜伽训练基地凡天善媞·瑜伽馆、全市职工乒乓球训练基地国球乒乓球俱乐部、全市职工健身训练基地顽石健身会所和道恩健身会所等10个职工训练基地授牌,工会会员凭工会会员卡可以在这10家训练基地指定放开时间段免费使用;举办了全市机关职工羽毛球赛和职工动感单车比赛,共有71支代表队1000多名运动员参加这两项比赛。

【妈咪暖心小屋建设】 进一步加强妈咪暖心小屋提升管理,2020年新建妈咪暖心小屋3家,全市共建立67家"妈咪暖心小屋",市教工幼儿园等2家妈咪暖心小屋被评为金华市五星级妈咪暖心小屋。并以"妈咪暖心小屋"为中心开展女职工培训及组织女职工活动,重视女职工的"四期"(一般指女职工的经期、孕期、产期、哺乳期)保护。

【青年人才联谊活动】 打造兰溪人才"洼地",为单身青年人才提供平台,举办了"青兰之约、夏日来电"、"爱在兰溪"和"浙工缘·青兰之约·白露有约"等多场青年职工联谊活动,给全市企业单身青年职工搭建交友、交流、联谊平台,不断丰富企业青年职工精神文化生活。

(张筱菲)

共青团

【概况】 2020年,全市有共青团员23702人,团组织1233个。其中,村(居)团组织391个、社区团支部23个、国有企业团组织11个、学校团组织568个、机关事业单位团组织84个、"两新"团组织总数85个(非公有制企业团组织37个、新社会组织48个)。

共青团广泛开展"传承红色精神 争做时代新人""红船杯"党团知识竞赛、"我最喜爱的习总书记的一句话"微宣讲比赛、"3.5云上学雷锋"、入退团仪式等理想信念主题教育活动,深入推进青少年"真善美"种子工程,组建青少年宣讲团3支,开展云宣讲和线下宣讲50余场,服务青少年4万余人次。

开展"青春战疫YI起来"主题五四系列活动。5月份开展兰溪市纪念五四运动101周年、建团98周年升旗仪式;青少年爱眼护眼行动;"河小二"护水行动;"你点单 我服务"志愿关爱大后方行动;助企复工志愿服务行动;十八岁成人礼;青年大学习;"青兰之约"青年联谊系列活动;"李渔戏剧小镇"定向赛等。

继续开展"青腾夜校",以专业技能、兴趣课程为主。2020年开办摄影、电商直播、省考培训等青腾夜校课程6期、11次,累计参与青年3058人次。

【抗击疫情】 组建2100余人的抗击疫情青年突击队,开展防疫志愿服务6000余场,累计志愿服务7万余小时,筹集消毒液200吨、口罩11.3万只、防护服1160套,制作防疫微视频112个。其中,"红色代跑员"志愿服务获评浙江志愿者协会十类经典案例。开展"红领巾抗疫"系列活动,以"小手拉大手"形式开展"疫情研究""宅家锻炼""居家学习""线上帮扶"等内容,基本实现宣传全域覆盖。

共青团防疫志愿服务队在运送防疫物资
(团市委 提供)

【复工复产】 组织动员青年干部2300余名靠前服务,累计服务企业1207家,解决或联系帮助解决问题953个。同时,联合职校团委组织300多名职校生进企实习,解决复工企业用工缺口。

【返家乡社会实践】 兰溪获团中央返家乡社

"红船杯"党团知识竞赛 (团市委 提供)

实践试点单位,市青少年宫主任刘建有获评2020年大中专学生志愿者暑期"三下乡"社会实践活动全国优秀个人。6月28日,组织开展"家燕归巢"专项行动。23家机关单位共提供79个见习岗位,吸引100余名学生报名机关事业单位岗位实习。7月20日,招募40余名兰溪籍返乡大学生志愿者,助力"家门口的夏令营"公益行动。

【"双零"改革试点】 浙江省未成年人保护委员会将兰江街道兰花社区、横山社区、云山街道金钟岭社区列为省级"青少年零犯罪零受害社区(村)"试点单位。成立了由市委副书记任组长,市委市政府分管领导任副组长的省级"双零"(零犯罪零受害)社区试点工作领导小组,召开专门动员会,配强"市-街道-社区"三级工作力量,建立监测预防、发现报告、评估转介、关爱帮扶、处置干预的联动反应机制和外部监察制度。

【志愿服务】 兰溪现有"志愿汇"注册志愿者7.8万人,志愿服务总时长334万余小时,有雷锋广场、小青团志愿服务亭、平安共同体、小手拉大手等市级志愿服务品牌活动26个,在平安创建、文明创建等重点工作和水上游、发展大会等大型活动中发挥了重要作用。7月24日,兰溪市"全民志愿日"活动启动,确定每月的15日为全民志愿日,定期开展志愿服务,掀起全民志愿服务热潮。8月31日,"文明榜样 兰溪力量"第四届兰溪市道德模范暨第三届优秀志愿服务先进典型颁奖晚会在兰溪剧院举办,现场表彰道德模范、道德模范提名奖获得者和一批优秀志愿服务先进典型,致敬援鄂援疆医生等最美逆行者。12月29日,兰溪市志愿者协会三届一次理事会在企业服务中心召开,孙璇同志新当选理事长。

【五四定向赛】 4月30日,团市委在永昌街道夏李村举办"青兰之约·戏遇夏李"暨五四·李渔戏剧小镇定向赛。该次定向赛分为"固定关卡""惊喜剧场""隐藏彩蛋"三大模块,以李渔文化为主题设计笠翁对韵游戏、水写清廉诗联、戏剧体验、投壶对弈、青年大学习等丰富多彩的闯关环节,吸引200名青年选手参加。

【助农带货】 5月13日,团市委书记倪于平与融媒体中心主持人章霞联合直播,为生榨冰鲜杨梅汁、五彩水索粉、下陈毛峰等兰溪特色农产品"带货",累计销售额11.89万元。5月31日,联合相关单位开展"为nong带货,'梅'你不行"兰溪杨梅竞销大赛,竞销销售额达50余万元。此外,举办青年电商直播培训6期。

助农带货联合直播现场　　　　（团市委 提供）

【青兰之约】 立足于共青团组织服务青年的职能,结合市委市政府文旅兴兰战略,通过组织单身青年参加融传统民俗、趣味、文化、益智于一体的"青兰之约"联谊活动,搭建单身青年交友互动平台。2020年举办"学思见悟·中榜纳缘""'姚'你前来·'枣'日托单"等11期联谊活动,累计服务青年2410人次。

【"青腾"社团成立】 8月19日,"青腾"系列社团成立仪式在企业服务中心举行。首批成立的社团有青腾摄影社、青腾书画社、青腾悦读社、青腾桌游社。

"青腾"社团舞蹈课　　　（团市委 提供）

【"真善美"种子工程】 开展"真善美"大学习、"真善美"大寻访、"真善美"大实践和"真善美"大传播四大集中行动，促进"真善美"一体化建设实施落地落实，推动专项工作创新发展，让"真善美"种子工程在兰溪全域落地、生根、开花。10月12日，兰溪市青少年"真善美"种子工程建设现场观摩推进会在兰溪市振兴小学举行。

【"快乐儿童节"系列活动】 "六一"儿童节期间，开展了市少工委六届八次全会暨青少年科技教育工作会议、兰溪市分批入队试点观摩暨庆"六一"系列活动启动仪式、兰溪市"聚小匠"劳动教育现场研讨会、"庆六一"儿童云画展、新时代文明实践暨国际社工日活动、流动少年宫"庆六一"云专场、"点亮微心愿，情暖童心梦"慰问活动、"庆六一"分班文艺展演、圆梦蒲公英分班游园会等活动。

【"完美童年 春泥计划"】 "完美童年 春泥计划"公益行动已坚持9年，服务青少年1.3万人次，以"争当防疫自护小先锋"为主题开办4个免费防疫自护实训营和14个防疫自护线上营，获评浙江省青少年校外教育精品项目。

【"流动少年宫"系列活动】 "流动少年宫"活动已坚持14年，累计服务留守儿童达15.2万人次，2020年以云活动和线下活动形式开展服务24场，服务青少年1万余人次。此外，开展"快乐周末秀"线上线下活动8场，涵盖青少年思想教育、文化艺术、科技体育、动手动脑、实践体验等方面。

【第26届青少年科技节】 9—12月，举办了第35届兰溪青少年科技创新大赛、第11届青少年橡筋航模大赛、第9届F1空气动力赛车比赛、第9届遥控赛车比赛、第5届青少年创客大赛、第5届"七巧科技"竞赛、第2届小学生科学实验操作技能比赛、第5届"智力魔方"比赛等八大类23项竞赛活动，参与青少年近3万人。

【公益募捐】 发起"爱在兰溪圆梦助学""五四献爱心 公益我助力""兴兰公益 走近汶川—爱的守护包行动""4岁女儿的漫长求生路""舞动少年·筑梦计划"等公益募捐活动，募集捐款34万余元，物资10万余元，助力困境儿童健康成长。

【村社团组织换届】 12月24日，兰溪市村社团组织换届观摩会暨兰江街道溪西村新一届团支部换届选举大会在溪西村举行。全市各乡镇（街道）团（工）委负责人、各村（社区）团组织换届筹备工作负责人到场观摩。

（马俊峰）

市妇女联合会

【概况】 2020年，市妇联立足工作职能，引领广大妇女和家庭在助力全市经济社会发展中展现妇联担当，彰显巾帼风采。多项工作先后登上《中国妇女报》《浙江日报》等省级以上媒体33次。

【开展线上"三八"节系列主题活动】 受新冠肺炎疫情影响，3月份，市妇联开展线上"三八"节系列主题活动。主要内容有：开展"'疫'片心意——最美天使全城赞"活动，"'疫'起来跳——防疫抗病跳起来"抖音健身舞活动，"'疫'线巾帼 感恩有你"身边最美女性系列宣传活动；开设"法润巾帼 平安我家"维权线上微课，战"疫"心理系列微课；开展"最美家庭"（防疫抗疫典型）评选活动。

【举办"公筷公勺 文明大家"系列主题活动】 3月16日，联合市文明办、商务局举办"公筷公勺 文明大家"系列主题活动，通过转发有礼、就餐有折、赞多有奖等寓教于乐的方式，倡导身边更多的人加入使用"公筷公勺"队伍中来。

【省妇儿基金会"守护校园计划"在兰落地】 3月24日，浙江省妇女儿童基金会"守护校园计划"公益项目捐赠仪式在市振兴小学举行，旨在帮助学校做好防疫工作，让孩子们开学后能放心地重返校园，还孩子一个安全、洁净的学习环境。市妇联主动对接省妇儿基金会，为项目落地牵线搭桥，振兴小学获赠价值50400元消毒物资。

【搭建公益助农平台】 3月28日，市妇联携手市来料加工经纪人协会组织开展"认购爱心茶叶，开展精准扶贫，助力乡村振兴"公益活动，该活动共认购爱心茶叶178份，为低收入农户带来直接经济收入27000余元。此外，还同步推出线上直播销售，通过线上线下两个渠道，让更多的人知道和了解下陈毛峰，助力精准扶贫。

【推出"兰红娘"项目服务青年人才】 4月，市妇联推出"兰红娘"项目为广大青年人才提供个性化定制交友服务，吸引1159名青年人才报名。全年举办"云相亲"直播15场、线下联谊活动23场，成功牵手32对，持续交往率达到30%。11月15日，与市委人才办举办了"青'兰'之约'溪'结良缘"在兰青年人才集体婚礼，帮助青年人才解决"人生大事"。相关工作获得金华市委常委、组织部部长郑敏强，市委书记陈峰齐，市委常委、组织部部长郭亮批示肯定。事迹先后被中新网、《金华日报》等媒体多次报道。

【开展寻找2020年度兰溪市"最美家庭"活动】 为深入贯彻习近平总书记"注重家庭、注重家教、注重家风"系列讲话精神，大力培树社会主义家庭文明新风尚，市妇联联合市文明办开展寻找2020年兰溪市"最美家庭"活动，选树"最美家庭"61户（见表4），有14户家庭获得金华级最美家庭（见表5），其中1户家庭获省级"最美家庭"（金永良家庭）。

表4　2020年度兰溪市"最美家庭"名单

序号	户主姓名	家庭住址（工作单位）
1	孙丽英家庭	兰溪市云山街道金钟岭社区
2	金　佳家庭	兰溪市云山街道枣树社区
3	江洪昶家庭	兰溪市上华街道雅园村
4	张建林家庭	兰溪市诸葛镇横畈畲族村
5	王惠忠家庭	兰溪市诸葛镇硕宅村
6	方士军家庭	兰溪市诸葛镇长乐村
7	周声明家庭	兰溪市诸葛镇新塘胡村

续表

序号	户主姓名	家庭住址（工作单位）
8	汤善丰家庭	兰溪市水亭乡河伯村
9	蓝爱云家庭	兰溪市水亭乡西方坞村
10	徐　星家庭	兰溪市灵洞乡甘露源村
11	蒋建华家庭	兰溪市柏社乡洪塘里村
12	宋恭和家庭	兰溪市横溪镇宋宅村
13	吴林妹家庭	兰溪市梅江镇倪大村
14	蒋　惠家庭	兰溪市卫生监督所
15	陆　锋家庭	兰溪市公安局
16	郑曙光家庭	兰溪市人民医院
17	祝　玲家庭	兰溪市第一中学
18	唐慧芳家庭	兰溪市第一中学
19	鲍琴能家庭	兰溪市第五中学
20	何建平家庭	兰溪市聚仁中学
21	柳秋英家庭	兰溪市梅江初级中学
22	郑小珍家庭	兰溪市延安路小学
23	马　超家庭	兰溪市振兴小学
24	周京青家庭	兰溪市振兴小学
25	陈　盈家庭	兰溪市兰江街道登胜中心小学
26	朱　丹家庭	兰溪市兰江小学
27	吴能福家庭	兰溪市永昌中心小学
28	陈炳华家庭	兰溪市马涧镇马涧中心小学
29	陈　勇家庭	兰溪市永昌街道中心幼儿园
30	蒋素娟家庭	兰溪市永昌街道中心幼儿园
31	何丽波家庭	兰溪市疾病预防控制中心
32	金梅儿家庭	兰溪市卫生监督所
33	胡　丹家庭	兰溪市人民医院医共体兰江院区
34	唐永芬家庭	兰溪市人民医院医共体永昌院区
35	郑小惠家庭	兰溪市市场监督管理局

续表

序号	户主姓名	家庭住址（工作单位）
36	章旭平家庭	中共兰溪市委宣传部
37	周绥冶家庭	国家税务总局兰溪市税务局
38	朱赛琴家庭	兰溪市环境卫生管理处
39	舒　浩家庭	兰溪市人民医院医共体梅江院区
40	陈晓芳家庭	兰溪市财政局
41	童永华家庭	兰溪市农业农村局
42	毛静萍家庭	兰溪市皮肤防治站
43	吴琴伢家庭	兰溪市中医院医共体诸葛院区
44	周锦芳家庭	兰溪市中医院医共体云山院区
45	符淑君家庭	兰溪市妇幼保健计划生育服务中心
46	孙霈然家庭	兰溪市道路运输管理局
47	周韶山家庭	兰溪市人民医院医共体横溪院区
48	凌　煊家庭	兰溪市兰江街道殿下应村43-1
49	张林仙家庭	兰溪市兰江街道荸荠塘角208号
50	胡亚君家庭	兰溪市丹溪国际花园A20-b
51	蒋卸香家庭	兰溪市柏社乡塘边村
52	水静斐家庭	兰溪市黄大仙路62-66号
53	金永良家庭	兰溪市诸葛镇万田村
54	冯跃珠家庭	兰溪市兰江街道金色家园
55	石细平家庭	兰溪市金色家园2-704室
56	王林根家庭	兰溪市上华街道上叶新村49号
57	蔡雯雯家庭	国家税务总局兰溪市税务局
58	翁渊浩家庭	兰溪市游埠镇秋和家庭农场
59	陈雪超家庭	兰溪市兰江街道西山路125号301室
60	钱海英家庭	兰溪市中亚东方名都9-2-302
61	方胜潮家庭	兰溪市诸葛镇厚伦方村

表5　2020年度金华市"最美家庭"名单

序号	户主姓名	家庭住址（工作单位）
1	凌　煊家庭	兰溪市兰江街道殿下应村43-1
2	张林仙家庭	兰溪市兰江街道荸荠塘角208号
3	胡亚君家庭	兰溪市丹溪国际花园A20-b
4	蒋卸香家庭	兰溪市柏社乡塘边村
5	水静斐家庭	兰溪市黄大仙路62-66号
6	金永良家庭	兰溪市诸葛镇万田村
7	冯跃珠家庭	兰溪市兰江街道金色家园
8	石细平家庭	兰溪市金色家园2-704室
9	王林根家庭	兰溪市上华街道上叶新村49号
10	蔡雯雯家庭	国家税务总局兰溪市税务局
11	翁渊浩家庭	兰溪市游埠镇秋和家庭农场
12	陈雪超家庭	兰溪市兰江街道西山路125号301室
13	钱海英家庭	兰溪市中亚东方名都9-2-302
14	方胜潮家庭	兰溪市诸葛镇厚伦方村

【慰问关爱兰溪援鄂医护人员】　4月15日，市妇联党组书记、主席余霞燕，副主席吴柯出席援鄂医护人员回兰欢迎仪式及座谈会。市妇联代表参加"最美天使全城赞"活动的18家爱心商家为援鄂医护人员送上致敬礼包。同时，成立8支巾帼关爱小组为8名驰援武汉医务人员家庭提供暖心关爱服务。

【爱心捐赠"复学包"助力特殊学子复学】　从4月起，市妇联组织各基层妇联对现有的农村留守儿童、困境儿童开展新一轮摸底建档，了解其监护情况和困难问题，为精准关爱打牢基础。同时，市妇联爱心捐赠1500个复学包，发放给全市农村籍16周岁以下的留守儿童和孤困儿童，

4月，市妇联入户发放"复学包"
（市妇联　提供）

助力特殊学子顺利复学。

【举办首届"妈妈的味道"民间面食巧女秀活动】　5月1日，联合永昌街道举办以"民间巧女秀美食 妈妈味道传万家"为主题的首届"妈妈的味道"民间面食巧女秀活动，旨在发挥妇联组织优势及妇女优势，挖掘打造传统美食的传承版，引领更多妇女投身乡村振兴。市人大副主任胡向东，市妇联主席余霞燕，永昌街道党工委书记徐荣标等出席活动，16个乡镇（街道）妇联主席和厨娘们参加活动。

"妈妈的味道"活动启动仪式（市妇联　提供）

【举办汶川·兰溪巾帼主播带货培训班】 市妇联主动联系汶川县妇联，积极衔接社会资源，在5月13日、5月30日先后举办汶川·兰溪巾帼主播带货培训班2期，培育巾帼主播120名，并共同组建巾帼团队携手带货，推出"云柜姐"深夜食堂系列、818"汶道云端 义结金兰"兰汶特色品专场直播7场，深化服务东西部扶贫协作，引领广大女性抢抓机遇在"云端经济"领域创业创新和就业增收。

【举办来料加工经纪人及创业女性网络直播培训班】 6月9日，由市妇联、市人社局、市商务局联合主办的市来料加工经纪人及创业女性网络直播培训班开班。该次培训为期3天，主要内容为：内容电商趋势及各平台运营方向、手机端发布直播的操作方式与实操、如何打造直播间、如何策划一场直播、如何建立自己的人设、如何在直播中推介产品，以及在线沟通小技巧等。共计58名学员通过结业考核。

【召开女企业家座谈会】 6月11日，市妇联围绕"新冠疫情背景下，企业发展大家谈"主题，组织召开女企业家座谈会。市委常委、组织部部长郭亮，市政府副市长于纲受邀出席会议并讲话，经信局、人社局、自然资源和规划局、商务局、金融办、税务局、经济开发区、供电部门等部门负责人、部分女企业家联谊会会员参加会议，政企面对面，共商企业发展大计。

【启动"守护童年 完美假期"平安我家实践活动】 暑期，市妇联启动"守护童年 完美假期"平安我家实践活动。7月15日，携手嘉泰·星悦城肯德基餐厅举办首场活动，活动包括"防溺水"教育、美食制作、平安宣传等，共有20名"小候鸟"参加了活动。之后，黄店等16个乡镇（街道）妇联相继开展关爱留守儿童相关活动。

【省妇联到兰开展"三服务"活动】 7月24日，浙江省妇联二级巡视员杜爱芳一行到兰开展"三服务"调研活动，对全市妇女儿童发展"十三五"规划实施和示范项目推进情况、"十四五"规划编制等进行调研。

【启动"守护童心 相伴悦读"阳光书角公益项目】 为加强对留守儿童的关爱保护，以书香浸润童心，助力成长，9月12日，兰溪市妇联启动"守护童心 相伴悦读"阳光书角公益项目。阳光书角已累计开展儿童防性侵安全教育、中秋国庆双节、重阳节、"关注消防 生命至上"消防安全等主题活动64场。

阳光书角公益项目启动　　（市妇联 提供）

【完成试点乡镇村（社）妇联换届工作】 为进一步推进基层妇联组织建设，夯实妇联工作基础，市妇联坚持党建带妇建原则，根据换届选举工作要求，周密谋划、认真组织、及时启动并全面完成试点乡镇村级妇联换届选举工作。截至9月23日，上华街道22个村（社）完成村级妇联换届，22个村（社）妇联主席100%进村（社）两委班子。该次换届共推选新一届妇女代表689人，选举产生妇联执委195名，其中村（社）妇联主席22名，平均年龄44.3岁，大专以上6人，35周岁以下5人，在年龄结构、文化水平等方面均优于上一届数据，妇联组织的活力和履职能力得到了增强。

【深化汶川"童心守护计划"】 市妇联继续加强对汶川特殊教育帮扶共建、师资培养、资源共享等方面的建设，着力助其构建一套完整的闭环、长效体系，力求实现汶川在特殊教育学校心理健康教育方面从"有"到"优"的转变。共为汶川学生提供免费心理咨询服务1000人次，帮助培训心理咨询师资3名，同时向阿坝州特殊教育学校捐赠价值1.5万元的心理学书籍，为项目长效运行赋能蓄力。同时，响应省妇女儿童基金会"童心守护计划"项目，联合民政、教育、市场监管等部门发起"爱的守护包"计划，于7月1日—8月10日进行线上公益募捐，获"腾讯公益"平台"今日关注"资源位推广，得到1.2万人次捐助，筹集善款70.74万元、物资约18万元。10月20日，兰溪"爱的守护包"公益行动捐赠仪式在汶川县水磨小学举行，为汶川10106名学子送上定制"守护包"（内含护眼台灯、儿童书籍、跳绳、免洗抑菌凝胶、喷雾、帆布双肩包等）。

【举办首届母婴护理技能大比武】 为进一步推动广大妇女创业就业，提升母婴护理人员技能水平，促进全市母婴护理行业提质扩容，打响兰溪优质月嫂品牌。10月28日，全市首届母婴护理技能大比武活动在市妇幼保健计划生育服务中心举行。来自全市母婴护理行业的31位优秀选手，同台竞技，角逐金奖。经过激烈角逐，共有9名选手分获母婴护理技能比武金奖、银奖、铜奖。

【举办全市基层优秀妇联负责人培训班】 为深入学习贯彻党的十九届五中全会精神，进一步深化妇联组织建设改革，实施"破难行动"，落实"基层领头雁行动计划"，11月9日下午，市妇联举办全市基层优秀妇联负责人培训班。来自全市各乡镇（街道）、机关部门的妇联干部近70人参加培训，培训增强了基层妇联负责人自身素质。

【建成10家示范型儿童之家】 12月7日，市妇联联合市民政局，对申报创建示范型儿童之家的8家儿童之家进行实地走访验收，8家儿童之家均通过检查验收。截至年底，全市共建成示范型儿童之家10家，其中兰花社区儿童之家被命名为2020年度"浙江省示范型儿童之家"。

【"馨兰"娘家人参与社会治理】 市妇联整合社会资源，培育专业服务团队，打响"馨兰娘家人"工作品牌。开展进村、进社区、进企开展平安家庭百日攻坚、"民法典进家庭"等宣讲活动19场，团体辅导27次，服务群众3000余人次。市妇联接访63例，调处率98%，家事调解135件，成功调解85件。排查婚姻家庭矛盾纠纷199件，化解193件，提供心理疏导89人次，线上推出"法润巾帼 平安我家"维权微课30期。

四川汶川县水磨小学学生获赠"爱的守护包"
（市妇联 提供）

【深化美丽家庭创建工作】 结合推动农村人居环境整治，围绕"八有八无"，成立垃圾分类巾帼宣讲团，发挥村妇女代表、村妇联执委带头作用，引导广大妇女参与村容村貌治理，净化绿化美化庭院，建设美丽乡村。全年组织开展垃圾分类宣讲68场次，开展园艺技能送教进农村活动3场，做好上华街道马鞍徐村"美丽庭院示范带"创建工作。年内全市创建"美丽庭院"户1.8万多户，按乡镇（街道）推出"美丽庭院大展播"，展现全市创建美丽庭院的新成效。

（方蓉丽斐）

兰溪市文学艺术界联合会

【概况】 市文学艺术界联合会（以下简称市文联）下辖：芥子园管理处、芥子园艺术中心（分设芥子园书画院、方增先艺术馆、方增先艺术研究会）和作家协会、美术家协会、书法家协会、摄影家协会、戏剧家协会、音乐家协会、舞蹈家协会、李渔研究会、诵读艺术协会9个协会，会员总数1107人，其中全国会员41人，省级会员130人。2020年，4人分别加入中作协、中美协、中摄协和中剧协。12月，市文联被评为2020年度全省文联系统成绩突出集体，被省文联确定为书记处书记吕伟刚的基层联系点。

【迎新春送万福行动】 1月3日，由市委宣传部主办，市文联承办的"迎新春送万福"启动仪式在市府广场举行，共向市民赠送出2020个"福"字和1010对春联。之后，先后在光膜小镇在建项目工地、云山街道陈家井村、市消防大队、金华银行兰溪市支行持续开展"迎新春送万福"活动9场。

【2020迎新春精品展】 2月9日，由市委宣传部主办，市文联承办的"2020兰溪市美术摄影精品展"在芥子园书画院展厅开展，展出美术作品55件，摄影作品20件；同日，由市文联主办、书协承办的"联盛杯"迎春书画邀请展在方增先艺术馆开展，展出书协、芥子印社和21家书画（社）院选送的代表作品52幅。

【凝聚文联力量同心抗疫】 2月以来，市文联通过微信和网上文联，创作文学、书画、摄影、舞蹈、剪纸等文艺作品300多件，在文联公众号编发并通过广播、电视、新媒体等传播技术制成节目，20多件作品上《人民日报》等国家级媒体。

【开展"芥子园解说竞赛"活动】 4月30日，市文联9名干部职工在芥子园开展"芥子园解说竞赛"活动。市委办、市委宣传部、市总工会、市作风办及文联直属协会李渔研究会参与评选工作，决出一等奖1名、二等奖2名、三等奖3名。

【协会完成换届调整】 4—5月，市文联直属作协、美协、书协、摄协、剧协、音协、舞协等7个协会完成换届调整，该次换届首次把一批优秀的新文艺群体充实到协会队伍，新一届协会主席平均年龄由原来的56岁降至49岁，班子成员本科学历达80%以上，骨干会员普遍达到年轻化和高学历化。

【文艺志愿者开展系列活动】 5月18—29日，市书协志愿小分队走进学校，为学校题写文化长廊，为农村文化礼堂赠送文艺作品，为村民、师生传授书法技巧，邀请金华市书协副主席、金华书画院常务副院长卢心东为书协骨干和中小学美术教师授课；音协开设网络学堂，推出音乐云教学公益活动，组织会员开展送教下乡活动，97名音乐教师分8个小组，到偏远山区的8所学校为孩子送上音乐活动课；5月22日，摄协走进人民医院参加该院摄影俱乐部成立大会，并对广大摄影爱好者进行理论和技术辅导。

文艺志愿服务队整装出发　　（行走天涯　摄）

【召开文艺家座谈会】　6月23日，市文联在方增先艺术馆召开"育人才 出精品 创品牌"文艺家座谈会。相互交流分享协会活动和文艺创作体会，研究分析文艺工作面临的机遇和新方向。

【推进陈军美术馆项目建设】　6月26日，艺术家陈军在兰湖多功能厅捐赠艺术作品330件，同时在兰湖3号岛举行陈军美术馆奠基仪式；10月23日，著名画家吴涛毅向美术馆捐赠美术作品8件；12月，中国美术家协会会员、一级美术师童兆源捐赠版画作品26件，以此带动更多的艺术家、艺术作品集聚兰溪。12月7日，陈军美术馆正式施工，该馆项目规划占地面积0.33公顷（5亩），是一座集"艺术研讨、文化创意、名家创作、展览培训"为一体的设施完备、功能齐全、精巧灵动的艺术场所。

【携手协会开展各项活动】　"七一"建党节、"八一"建军节、"全民志愿日"等重要节点，文联直属音协、舞协、剧协、李渔研究会在永昌街道夏李村文化礼堂开展"到人民中去"文艺"村晚"活动；诵读协会向"动听金华"推送展现中国军队发展史的文艺作品；作协在市图书馆为师生开展《为什么读经典》文学讲座；书协、美协、摄协走进社区开展书画创作和摄影教学。

【第六次文代会召开】　7月12日，第六次文代会召开。大会审议通过兰溪市文学艺术界联合会第五届委员会工作报告、《兰溪市文学艺术界联合会章程》，明确未来五年工作目标，选举产生新一届文联委员会。首次增设挂职副主席和兼职副主席，组建以市文联为总队，各协会为小分队的文艺服务志愿队。对56名积分制管理中获得优异成绩的会员进行表彰。

第六次文代会现场　　（行走天涯　摄）

【全省青年骨干研修班在游埠举行】　7月31日，为期4天的全省中青年骨干摄影师研修班在游埠举行，省文联党组成员、书记处书记吕伟刚，省

省摄协和市文联签署"结对提升"战略合作协议　　（张锡均　摄）

摄协主席吴宗其，秘书长毛小芳，全省各县市摄协主席和摄影骨干125人齐聚游埠古镇。省摄协和市文联签署3年"结对提升"战略合作协议。

【全省风景摄影大展在兰溪展出】 9月27日，由省文联、兰溪市人民政府主办，省摄协、中共兰溪市委宣传部、市文联承办的"诗画浙江"全省风景摄影大展在芥子园书画院展厅和博物馆二楼展厅展出，展出全省优秀作品150幅，兰溪市优秀摄影骨干作品40余幅。

省风景摄影大展在兰溪展出 （行走天涯 摄）

【徐跃进中国花鸟画展】 9月29日，"且亭寻梦——徐跃进先生中国花鸟画展"在方增先艺术馆开展，展出花鸟画作品87幅，市领导徐建祥、吴一成、翁柯卫参加开展仪式。

【蔡韵平中国花鸟画展】 10月16日，由金华市美协、兰溪市文联和金华书画院主办，兰溪市芥子园艺术中心、兰溪市美协承办的"中洲流韵——蔡韵平中国花鸟画展"在金华书画院举行。展出兰溪女画家蔡韵平创作的中国画作品100件，市领导陈兴兵出席开幕式。

【承办首届"海峡两岸影像文化周"兰溪郎静山专场活动】 10月20日，由市文联承办的"首届海峡两岸影像文化周"兰溪郎静山专场活动在游埠镇启动。专场活动以两岸著名摄影人郎静山故乡元素为纽带举办系列活动，包括启动仪式、游埠摄影小镇参访、摄影采风创作、金兰创新城发展考察推介等活动。活动现场，兰溪被授予"首届海峡两岸影像文化周组织贡献奖"匾牌；兰溪郎静山"影像兰溪馆""永济影像艺术馆"揭牌开馆。

首届"海峡两岸影像文化周"兰溪郎静山专场 （行走天涯 摄）

【"诗画中国行"采风团走进芥子园】 11月25日，《人民日报》社文艺部原主任梁永琳，《人民日报》文艺副刊高级编辑、著名画家罗雪村，《解放军报》社主任编辑张书恒等19人走进芥子园，举行"诗画中国行之'重返芥子园'座谈会"。部分采风团成员在芥子园书画院创作书法作品10余幅。市领导翁柯卫、俞兰、陈兴兵参加活动。

【芥子园学堂成效显著】 一年来先后邀请卢心东、傅拥军、裘志伟、周崇涨、刘尊等20多名省内外艺术名家到兰开展各艺术门类专业培训16场，受惠会员2000余人次，内容涵盖摄影、书法、美术、篆刻、声乐各个领域。会员在全国入围、入展、获奖和晋升全国会员数字大幅提升。28名会员作品在省和全国入围入展，73件（幅）文艺作品在全国获奖，4人晋升为国家级会员。

【实施书画精英骨干培育计划】 通过省美协、书协等省级协会在兰溪开设专业培训班，对骨干会员进行针对性的省展、国展创作指导。一年来已开设中青年创作骨干美术培训班2期，省美协采风活动4次，书法创作点评会8次；同时落实国家会员传帮带制度，由国家级会员牵头，每个会员联系3～5个年轻骨干会员，以老带新，开展艺术人才"传帮带"，已形成6个传帮带小组，小组成员有16人作品入围省展国展。2020年文艺作品入展、获奖（国家、省级）作品（见表6）。

2020年个人出版情况（见表7）。

（林隐君）

表6 2020年文艺作品入展、获奖（国家、省级）作品一览表

作者	名称	体裁	获奖、展演或发表
陈思涵	《万年之韵》	工笔画	入展中美协2020"万年浦江"全国中国画作品展
陈思涵	《富春清幽》	工笔画	入展中美协"伯年国艺"全国山水作品展
倪华歆	《浦阳记事》	小写意	入展中美协2020"万年浦江"全国中国画作品展
章晓骁		朗诵	获全国诵读评选活动组委会"教师好声音"朗读大赛一等奖

表7 2020年个人出版情况

姓名	名称	体裁	出版社
胡毅萍	《惊鸿翩翩》	长篇小说	作家出版社出版2020年12月
朱之辉	《后街的倒影》	散文集	文汇出版社2020年10月
黄治政	《琴弦上的滑音》	长篇小说	文汇出版社2020年10月
刘鑫	《漱水春秋》	散文集	南京出版社2020年08月

市残联

【概况】 根据第二次全国残疾人抽样调查的数据测算，兰溪有各类残疾人4.20万人。截至2020年底，全市有持证残疾人17046人，处于就业年龄段的残疾人（男18～60周岁、女18～55周岁）有7401人。按级别分类：一级残疾2484人，二级残疾3933人，三级残疾7182人，四级残疾3447人；按类别分类：视力残疾1731人，听力残疾2188人，言语残疾127人，肢体残疾8793人，智力残疾1495人，精神残疾2348人，多重残疾364人。

市残联立足全市残疾人实际，认真履行"代表、服务、管理"职能，为全市17000余名残疾人服务。全面落实各项惠残政策，依法保障残疾人权益，全年累计落实残疾人"两项补贴"1.2万人，惠及全市持证残疾人总数的70%，共计发放补贴3330.3万元。全年完成残疾学生和困难残疾人家庭子女助学509人，共发放补贴资金48万元；全年完成全市灵活就业残疾人社保补贴775人，共发放补贴资金83万元；全年投入63万元为全市残疾人购买意外伤害保险；全年完成残疾儿童康复服务79人，共发放补贴163万元；精准组织残疾人职业技能培训，新增残疾人就业

289人；联合建设部门完成困难残疾人农村危旧房改造69户。1月下旬，开展残疾人新春走访慰问活动，为贫困残疾人捎去深切关怀，送上新春祝福。同时给各乡镇（街道）安排了专项慰问资金，委托乡镇（街道）残联理事长走访慰问辖区内困难残疾人209人。疫情期间，通过电话、短信、微信等方式了解残疾人及家庭的情况，及时解决残疾人遇到的困难；通过"代跑员"开展残疾人生活物资集中采购并送货上门；通过上门送药、定点取药、代跑配药等方式，确保精神病人服药服务不间断、不断档。同时，给残疾人送上防疫物资，宣传疫情防控和自身保健常识。

【开展第30个"全国助残日"活动】 2020年5月17日是第三十个全国助残日，市残联联合横山社区（第二批浙江省无障碍社区）在社区文化广场举办"爱心助残演出"。活动包括文艺演出和助残政策解读、宣传手册发放等，并慰问了社区内55名残疾人。

【开展系列评残活动】 为解决贫困残疾人"鉴定难、办证难、办证远"的问题，开展了系列评残助困活动。邀请金华二院鉴定专家到城北医院为疑似精神、智力残疾的困难群众开展为期3天的集中鉴定服务，让困难残疾人能在本市内享受免费评残。联合兰溪市人民医院鉴定专家到出行不便的孤寡、困难残疾人家中开展上门评残服务。

【召开第七届主席团第三次会议】 6月4日，组织召开第七届主席团第三次会议。会议强调，要从践行新时代中国特色社会主义事业的高度来认识残疾人事业，从全面建成小康社会的大局来把握残疾人民生保障，从建成"重要窗口"新目标任务来统筹谋划残疾人工作；着力解决残疾人最关注最迫切问题，着力落实残疾人优惠政策措施，着力营造全社会扶残助残良好氛围；加强组织领导压实工作责任，以市域治理现代化理念为导向，将服务残疾人触角进一步向基层延伸，确保残疾人工作有人管有人做；创新工作方法，提升助残服务能力，进一步激发残疾人专门协会、残疾人社会组织、志愿助残等社会组织活力，积极推动残疾人工作社会化。

【举办残疾人种植业培训班】 7月18日和8月15日，市残联分别在女埠街道、横溪镇举办残疾人种植业培训班，共有150余名残疾人参加培训。培训班聘请了市农业农村局专家授课。授课老师根据兰溪农业结构特点，结合农村残疾人自身实际，为学员讲解了特色果蔬的种植技术。

【开展"四访四助"专项行动】 "四访四助"活动是省残联为贯彻落实习近平总书记关于决战决胜脱贫攻坚的重要指示精神的重要举措，市残联深入走访44户残疾人，详细询问两项补贴、低保、养老、助学、医保、就业创业等补助享受情况，了解他们的需求和存在的困难，确保走访到位、帮扶到位、落实到位。

【残疾人家庭收入状况监测】 9月，市残联开展了为期15天的残疾人家庭收入状况入户调查工作。共随机抽取123户残疾人家庭作为调查对象，涉5个乡镇（街道），11个村（社区）。该次监测工作对残疾人家庭逐门逐户进行问卷调查，详细询问调查对象的基本生活情况、家庭收入及开支情况、身体健康状况等，对其生活、康复、教育、就业等各方面现状进行全面了解。通过开展残疾人家庭收入状况监测工作，较全面地了解了残疾人家庭的现状与经济变化情况，更好地掌握残疾人全面小康水平的实现程度。

【开展"残疾人节日"宣传活动】 在全国助残日、残疾预防日、国际残疾人日,市残联利用电信在各个乡镇(街道)的电子屏幕滚动播出扶残助残、残疾预防等相关活动标语,充分运用传统媒体和新媒体等传播手段,全方位扩大宣传的覆盖面和影响力,增强全社会残疾预防意识,加快残疾预防事业发展,推进健康兰溪、健康中国建设。

【残疾人电商培训】 委托兰溪市杰禧网络科技有限公司举办了3期残疾人电子商务培训班,16个乡镇(街道)的140余名残疾人参加。培训邀请实践经验丰富的讲师进行授课,让更多的残疾人了解当前电子商务发展状况,学习直播带货职业技能。

【兰花社区创建省级无障碍社区】 兰江街道兰花社区通过省无障碍社区创建验收,成为第三批省级无障碍社区。创建过程中形成的"兰花社区爱心商家助残联盟",35家商家为残疾人提供不同程度的方便和优惠,"助残一条街"的创新举措得到了上级领导的肯定,且分别被《金华日报》《浙江日报》刊登宣传。

【残疾人基本服务状况】 9—11月,市残联在全市范围内开展残疾人数据动态更新工作,涉及16900名持证残疾人。该次动态更新进一步摸清了全市持证残疾人的基本生活状况和需求,为今后开展残疾人精准扶贫、精准康复和推进残疾人全面小康打下坚实基础。

【建设星级"残疾人之家"】 提升改造星级"残疾人之家"工作是2020年省政府十方面民生实事项目(任务4家)。市残联分批分点进行全面指导"残疾人之家"提升改造工作。截至年底,兰溪已建成星级"残疾人之家"12家(见表8);完成改造三星级以上"残疾人之家"5家,分别为黄店镇残疾人之家(四星)、柏社乡残疾人之家、赤溪街道残疾人之家、梅江镇残疾人之家、游埠镇残疾人之家。

表8 星级"残疾人之家"

序号	机构名称	星级
1	黄店镇残疾人之家	四星
2	柏社乡残疾人之家	三星
3	赤溪街道残疾人之家	三星
4	梅江镇残疾人之家	三星
5	游埠镇残疾人之家	三星
6	光明电子残疾人之家	二星
7	上华街道残疾人之家	二星
8	兰江街道残疾人之家	一星
9	力劲拉链残疾人之家	一星
10	灵洞乡残疾人之家	一星
11	马涧镇残疾人之家	一星
12	女埠街道残疾人之家	一星

(施肖婷)

市红十字会

【概况】 2020年,市红十字会累计接收捐赠款物超过1699.39万元,在金华各县(市、区)位居第三。据专项审计和纪检反馈,捐赠工作做到了零失误、零违规,实现了零舆情、零上访。

为19户困难家庭的白内障患者申请了金华红十字会、中心医院助医项目补助;完成捐献遗体器官4例;完成造血干细胞采样入库75例。

应急救护培训向在校师生、企业安全员、执法队员、电力员工、导游、机关后勤服务人员、防汛骨干、养老护理人员、窗口工作人员以及志愿服务队、救援队等重点岗位（群体）延伸，培训涉及行业（岗位）覆盖度位居金华前列。全年完成救护员培训发证1534人；普及培训15244人。会同市文旅局开展救护员培训，全市导游实现持救护员证上岗；在全市4A级景点和兰湖、中州公园等建立红十字救护站点，完善了景区应急救护硬件设施，全面提升救护能力。《中国红十字报》先后5次刊发兰溪市救护培训工作。联手"心舞工作室"和爱心企业，在市体育馆、客运北站和供电局大厅再添置3台AED，提升城市公共急救设施的档次。

9月，省红十字会公布2020年浙江省突出贡献红十字集体和个人名单。兰溪市1个集体、3名个人获奖，获奖总数在金华县（市、区）和金华经济开发区共十个单位中位居第二。兰溪市育才中学红十字会获全省突出贡献红十字基层组织奖，培训师陈福生、陈慧卿获全省突出贡献红十字个人会员奖，胡芳获全省突出贡献红十字志愿者奖。

【建立8890"红十字便民服务驿站"】 5月8日建立了8890"红十字便民服务驿站"，由市红十字会对8890热线员开展了红十字应急救护技能和知识专门培训，使热线员成为红十字志愿者，负责在线传播红十字文化、解答红十字人道政策。开通疫情防控直通车，依托8890村广播面向各村（居）广播疫情防护知识、技术指南，助力全市疫情防控和复工复产。省红十字会官网、官微刊登了该做法。

【开展红十字博爱行动】 在诸葛双牌村建立博爱公园，宣传红十字运动知识、救护培训和博爱文化；组织红十字志愿者为该村居家养老中心的100多位老人送去了温暖，为老人们亲手做上了热腾腾的饺子，并送上了御寒线帽；2020年春节前夕红十字会对该村4户困难家庭、孤寡困难老人分别送去了红十字博爱慰问金。

（徐卫华）

法治·武装

政法及综治

【概况】 2020年，全市政法工作全面贯彻落实党的十九大和十九届二中、三中、四中、五中全会精神以及习近平总书记考察浙江重要讲话和在中国人民警察警旗授旗仪式上的重要训词精神，以"争当'八个排头兵'，提升核心战斗力"为主线，服务大局、忠诚履职、拼搏担当，平安兰溪、法治兰溪建设再上新台阶。

3月27日，2020年市委政法工作会议召开
（沈晖 摄）

【兰溪市连续第十五年被命名为浙江省"平安县（市、区）"】 2021年3月30日，在全省建设平安浙江工作暨扫黑除恶专项斗争总结表彰会议上，兰溪市连续十五年被命名为浙江省"平安县（市、区）"，市委书记陈峰齐代表兰溪捧回"一星平安金鼎"。

【扫黑除恶专项斗争】 为期3年扫黑除恶专项斗争收官，3年来累计打掉恶势力犯罪集团3个，恶势力犯罪团伙7个，其他犯罪团伙15个，抓获犯罪嫌疑人366人，立案查处涉黑涉恶腐败和"保护伞"46人，追缴黑财206万元，市公安局、市纪委监委被评为全省扫黑除恶专项斗争先进集体，严宏庭、沈晖被评为全省扫黑除恶专项斗争先进个人。

【新冠疫情防控】 出台《兰溪市政法机关服务保障疫情防控和复工复产十条举措》，创新推出"三区六制"（三区：乡镇街道、村社区、网格；六制：定点核查制、组团联动制、报告清零制、双向督查制、每日通报制、分类智控制）网格化防控办法，发动全市网格员3000余人，出动警力2.5万余人次，核查落地数据1.8万余条，筛查车辆14万余辆，核查人员25万余人，排查化解涉疫情矛盾纠纷772件，查处涉疫刑事案件5起8人、行政案件69起294人，其中上华姜某某涉嫌销售伪劣产品案得到最高检、省检的高度肯定。

【维护社会稳定】 开展社会稳定风险评估139项，同比增长231%，有效从源头预防化解涉稳风险，其中低风险征地项目简易评估创新做法得到金华市市长邢志宏批示肯定。开展风险隐患大排查大化解，成功处置自立铜业终止用工、雅布力母婴用品店闭店等重大风险隐患39件，其中女埠、黄店基督教私设聚会点等10件地市级督办件在金华市率先清零。完成村级组织换届选举、兰溪发展大会、建金高速通车仪式等重大活动安保维稳工作。

【平安建设"百日攻坚"专项行动】 抽调公安、应急、市场监管、消防等部门骨干组建平安兰溪建设"百日攻坚"工作专班，全年累计下发平安检查问题整改通知单117份、问题通报41份，整改突出安全隐患732个，彻底解决恒太·馨华园重大消防安全隐患，全年生产安全事故、死亡人数分别同比下降11.8%、16.3%。

【无信访积案市创建】 对照县域社会治理现代化要求，推动领导干部下访约访、民情民访代办及积案清零。化解疑难历史积案403件，省级交办件化解率连续6个月保持全省第一，全年进京访、赴省访人次同比下降48.4%、21.5%，四级走访总量较近3年平均值同比分别下降25.1%，成功实现"无信访积案市"二连创。

【创新社会治理】 实现市乡村三级矛调中心（站）全覆盖，兰江、游埠、黄店、香溪、马涧、梅江高效完成一类中心建设，创新推出"兜底化解"（按照"领导包案+专班调处"模式，实现矛盾纠纷化解在基层）"两员融合"（专职网格员和专职调解员融合）"两所一庭一室联调"（派出所、司法所、基层法庭、检察室联合调处矛盾纠纷）"巡回调解"（市矛调中心定期组织力量下沉乡镇街道开展矛盾纠纷调处）等机制，开展"两推两降一清零"（推动领导干部下访接访常态化、推动民情民访代办走深走实；降低来访总量、降低越级访总量；实现各级交办积案清零）等专项行动，全市矛盾纠纷调解量同比上升26.7%，一审民商事收案同比下降17.4%，万人成讼率同比下降28.7%，工作经验两次在全省县级矛调中心互学互比会上交流。"和合"兰调工坊获全省首批金牌调解工作室，永昌司法所成功创建省级首批"枫桥式司法所"。

【政法系统政治轮训】 10月21—23日，兰溪市政法系统2020年度政治轮训在市委党校举办，来自政法委、政法各单位的60名干部学员参加了轮训。按照中央政法工作的最新要求，该次政治轮训精选培训课程，既安排了"学习习近平总书记浙江讲话精神 建设'重要窗口'"等政治理论课程，也结合政法工作具体实践，安排了"《民法典》的立法意义与社会主义核心价值观""刑事案件办理过程中需注意的若干问题"等课程。同时，结合政法干部违纪违法案例，开展了警示教育，广大学员普遍感到受益颇多。

【"执法司法规范化提升年"活动】 以"执法司法规范化水平提升年"活动为抓手，出台市委政法委和市法院、检察院、司法局衔接配合机制，扎实开展涉案资金、刑事诉讼涉案财物、刑事案件退查等专项治理行动，全市政法单位共排查梳理案件1844件，排查问题1640个，整改率100%。创新开展政法系统协管干部履职评议活动。

（叶挺清）

5月14日，召开执法司法规范化提升年活动座谈会　　　　　　　　　　（沈晖 摄）

公安

【概况】 2020年，市公安局主动对标"重要窗口"新目标新定位，以"降警情、控发案、保平安、强队伍"为主线，以担当追赶的奋斗姿态，开创新时代兰溪公安工作新局面，多项工作实现新突破、取得新成绩。获得3个省级集体立功奖励：全省平安护航新中国成立70周年工作成绩突出集体、全省扫黑除恶专项斗争成绩突出集体、全省政法系统执法办案成绩突出集体；5个集体三等功：交通警察大队、游埠派出所、市公安局沈村疫情防控卡口工作组、市公安局疫情防控工作专班、市公安局交通警察大队疫情防控工作组；两个金华市成绩突出公安集体，1个金华市工人先锋号等荣誉。

7月8日，金华市局党委委员、副局长、义乌市副市长、公安局局长江栋（左一）和兰溪市副市长、公安局局长徐健（右一）共同为结对共建派出所揭牌 （郭爽 摄）

【打击防范】 2020年，市公安局强势推进打击治理跨境网络赌博专项行动，全年共侦办省督案件1起，市督案件1起，成功打击"512"蔡某某等人网络赌博案件、尊尚娱乐网络平台开设赌场案件等4起，采取刑事强制措施62人；始终保持对黄赌违法犯罪的严打高压态势，共采取强制措施数112人（涉赌84人，涉黄28人，移送起诉66人），行政拘留173人，侦办部督案件2起（扫黄打非）；强势推进"护美行动"，侦破食药环案件18起，其中涉疫类案件侦办2起，采取刑事强制措施53人（食品类10人，药品类1人，环境类42人），移送起诉46人，侦办部督案件1起、省督3起、市督1起；严把出入境管控关，查处外籍人员"三非"案件4起，遣送出境5人，行政处罚8人，限制活动范围2人。对兰溪市4家涉爆单位、14处爆破作业点、17家剧毒化学品单位及152家易制爆企业开展检查328次，发现各类安全隐患32处，责令现场整改28起，下发整改通知书4份，落实整改率达100%。共侦办涉危（禁燃）案件17起（禁燃案件13起、涉危案件4起），收缴气枪4把，炸药62千克，雷管50枚，炮弹3个。聚焦村社换届选举安保工作，起底式排摸各类涉选举类不安定因素15条，其中涉及试点重点村5条，均全部交办落实；并对全市面上村（社区）组织候选人先后开展65轮2332人次背景审查，出具联审会签单、负面情形汇总表65次，其中不能当选17人，不宜当选78人，存疑32人。

5月19日，市局在辖区洗浴中心"逐人、逐项"开展清查行动 （郭爽 摄）

【打击经济犯罪】 全年各类经济犯罪案件受案61起，立案54起，采取强制措施58人，移送起诉92人，抓获逃犯25人，涉案价值1.9亿元，挽回经济损失3230万元。非法集资类案件立案8

起，采取强制措施6人，移送起诉5人，挽回损失2700余万元。传销案件1起，涉案金额1600万余元，采取强制措施5人，抓获上网逃犯潘某某，移送起诉1人。9月22日，市公安局在金华市公安局经侦、技侦、网安部门支持下，组织抽调警力50余名，在江西、福建、深圳、贵州等地开展收网工作，抓获犯罪嫌疑人18名，冻结账户资金725万余元。涉及民营企业案件立案5起，涉案金额435.49万余元，采取强制措施3人，移送起诉3人。办结涉及浙商品牌"浙江兰溪浙江万盛达扑克有限公司涉嫌被假冒注册商标案"，最大限度为企业追赃挽损。

【刑事侦查】 截至12月31日，刑事案件发案1917起，同比去年1852起上升3.5%；盗窃案件全年发案673起，同比去年754起下降10.7%。入室盗窃案件发案294起，同比去年461起下降36.2%；盗窃两车案件发案46起。诈骗案件发案841起，同比去年991起下降15.1%，通信网络案件发案779起，同比前三年发案平均数717上升8.6%；两抢"案件发0起；七类案件发19起，同比去年18起上升5.6%，其中故意杀人案0起，放火案2起，强奸案17起，抢劫0起。刑事案件破案422起，同比去年413起上升2.2%；盗窃案件全年破案278起，同比去年236起上升17.8%。入室盗窃案件破案54起，同比去年133起下降59.3%；盗窃两车案件破案37起。诈骗案件破案64起，同比去年102起下降37.2%；七类案件破案8起，同比去年16起下降50%，其中故意杀人案0起，放火案1起，强奸案7起。

【交通管理】 2020年，围绕辖区道路交通安全形势和事故特点，市公安局分析警力配备、管理、辖区划分方面存在的短板，重新优化调整路面中队布局，撤除原游埠中队，将警力按管理需求分配至诸葛中队、女埠中队，并按照中队管理辖区与乡镇（街道）辖区相对完整的原则，将开发区道路纳入女埠中队管理，延伸管理触角，消除管理盲区。对洞合线、浦兰线、兰贺线、马墩线、排芝线、开发区等"5+1"事故多发道路实施"道路警长制"管理，将路段事故预防、秩序整治、交通宣传、隐患排查等工作与民警责任捆绑考核，提高路面见警率和管事率，实现交通事故精准防控。开展平安兰溪"百日攻坚"、危化品运输"铁拳整治"等行动，在严查路面交通违法的基础上，抓牢重点车辆"三率"隐患清零，督促车主尽快办理车驾管业务，避免病车上路；联合交通运输等部门定期前往辖区"两客一危"企业开展安全检查，共核查驾驶员状态信息226人，签订运输企业"无违法、无事故"安全承诺书86份，约谈危化品运输企业7家，下发问题清单81次。全年共查处各类交通违法行为18.0万余起，其中现场处罚92994起，同比上升29.04%；查处酒后驾驶815起，醉酒驾驶107起，非机动车交通违法46784起（骑乘不佩戴安全头盔29955起）。联合交通运管部门常态开展超限超载联合整治行动，以国省道及灵洞乡、横溪镇、诸葛镇等大货车集中的乡镇为重点，严厉打击"百吨王"等严重违法，共查处车辆超载运输574起，其中超载100%以上车辆234辆。

【道路交通安全大会战】 5月28日，市公安局交警大队制定下发《兰溪市2020年度"珍爱生命、远离车祸"道路交通安全大会战实施方案》，推动事故多发重点乡镇（街道）成立交通安全工作专班，实施挂牌重点整治。"大会战"期间，共排查上报省级挂牌隐患点2处、金华市级挂牌隐患点5处、临水临崖危险路段2处。截至年底，9处省市挂牌隐患点均已治理完成并通过验收；20处国省道公路平交口和路侧开口完成治理、22处穿镇穿村隐患点完成治理，纳入"大会战"治理项目的200处隐患点已全部完成治理。以公路穿村、穿镇沿线村为重点，筛选35个行政村纳入2020年度"无交通事故村"创建，组织"两站两员"、志愿者等队伍在村口开展文明交通劝导，确保"交通陋习不出村，安全隐患不出镇"。

【疫情防控】 针对新冠病毒疫情防控的形势，抽调党员骨干成立"疫情防控党员先锋队"，24小时不间断坚守高速互通口、国省道入城口等检疫卡点，按照"外防输入内防扩散"的要求，配合把好入城关口，对外地到兰车辆、人员逐一实行测温、登记，严格筛查，全力防止疫情传播，守护群众生命安全。累计出动警力1507人次，排查过往车辆14万余辆，劝返3557辆，核查人员25万余人次，劝返重点疫区人员7400余人次。后疫情时期，为助力企业复工复产，推动服务民生发展，开辟6条物资运输"绿色通道"，发放《浙江省疫情防控应急专用通行证》143张，保障医疗急救和运送防疫、生活物资等重点车辆快速通行；结合"百警进千企"交通安全宣传，深入开展"三服务"，帮助解决企业复工存在的困难，为外籍员工返兰复工保驾护航；推广交管业务网上办、延期办、预约办，避免人员在窗口聚集，防止疫情传播。

【创建"枫桥式公安派出所"】 市公安局以扬旗行动为载体，继续保持争创省市级"枫桥式公安派出所"目标不变。7月24日上午，金华全市公安机关创建"枫桥式公安派出所""红色示范所队"扬旗行动晒拼创会议在兰溪召开，兰溪云山联勤警务站、"鸿雁志警"平安志愿者基地观摩点受到金华市局主要领导的高度评价，游埠派出所创建工作经验做法PPT取得第三名的成绩。

【创建"红色示范所队"】 市公安局而按照70%完成创建的目标开展"红色示范所队"创建，突出"一所（队）一品"创建，经"红色示范所队"工作专班验收，永昌派出所、黄店派出所被评为2020年度"红色示范所队"示范单位，经济开发区派出所、诸葛派出所、兰江派出所、水上派出所、梅江派出所被评为"红色示范所队"达标单位。

【深化最多跑一次改革】 市公安局梳理出52项公安事项在柏社乡、女埠街道两个没有设立派出

2月15日，沈村卡口，对进出口人员进行体温测量、信息核对，排查重点人员
（市公安局 提供）

6月22日，治安管理中心四大队"兰警官"便民服务小分队，给家住兰江街道的行动不便的九旬老人上门拍照采集指纹，让老人足不出户就完成了身份证补办业务 （市公安局 提供）

所的乡镇（街道）开展便民服务代办点试点；组建"兰警官"便民服务小分队，年内，为100余名群众提供帮助；推出特种行业许可证零次跑，开展上门检查指导服务120余次，送证上门40次。

【深化公安信访"最多跑一地"】 推出信访事项"六办四快"（信访件立即办、信访件快办、信访件待办、局领导接访坐办、信访件化解联办、未结事项督办，一小时立办、一日内速办、一周内快办、一月会办）机制，最大限度节省信访流程，889件信访件和省统一政务平台转送件按照"六办四快"机制办结；成立"兰警馨调"工作室，开展联合调解，调处化解各类疑难复杂矛盾纠纷及信访事项35起；开展"巡回调解"服务，成功调解疑难案件15起；落实"帮办代办"机制，帮办代办各类民情民访事项102件，排查化解各类矛盾纠纷54起。

（金　瑜）

检察院

【概况】 2020年，市检察院围绕"强工兴市、拥江兴城、文旅兴兰、环境兴人"四大战略，以"法律监督行动年、检察业务建设年、智慧检务提升年"活动为总抓手，扎实推进"四大检察"（刑事检察、民事检察、行政检察、公益诉讼检察）全面协调充分发展，共办理各类案件1856件。

做优刑事检察。深入推进捕诉一体化"一案一团队"办案模式，办结逮捕案件154件240人，案件数同比下降56.1%，办结公诉案件486件784人，同比下降20.6%。对632人适用认罪认罚从宽制度，适用率达85%，确定刑量刑建议采纳率达100%。强化侦查监督，监督立案26人，其中23人已获有罪判决；纠正漏捕、漏诉10人，其中3人被判处3年以上有期徒刑；纠正侦查活动违法8件。强化审判监督，提出再审检察建议1件，成功抗诉1件。强化刑事执行监督。针对执行瑕疵行为，发出纠正违法通知书7份。

做强民事检察。主动适应人民群众对新时代民事检察的新需求，办理民事生效裁判监督案件23件，对10件正确的判决做好以案说法，促成服判息诉；对11件确有争议的判决分别依法提出再审检察建议、提请抗诉，其中4件再审检察建议获法院采纳，3件抗诉获改判。针对民事审判和执行中存在的送达与告知问题，提出类案检察建议2件，有力维护当事人合法权益。创新履职方式，开展公开听证与互联网平台咨询工作，充分借助人民群众"外力"与行业专家"外脑"，解决疑难复杂民商事案件，高质高效化解民事纠纷。

做实行政检察。把行政检察工作作为推进县域治理现代化的重要抓手，大力推进行政争议实质性化解，促进依法行政和司法公正。院领导带头化解5起行政争议纠纷。其中办理的一起强制拆除纠纷调处案，探索实行"检察+司法+行政"三位一体争议化解模式，实现"案结事了政和"，该案已获评省检察院优秀案例。进一步加强行政执行监督，针对行政机关在非诉执行过程中怠于履职的情形，提出检察建议56件，均获回复采纳，充分发挥了行政检察"一手托两家"的作用。

做好公益诉讼检察。依法履行好"公共利益代表"的神圣职责，用好诉前程序办案手段，发出行政公益诉讼诉前检察建议62件，民事公益诉讼诉前公告4件，检察建议回复率达100%，开展的省市级专项行动案件量居金华市第一。通过办理"加拿大一枝黄花"破坏生态公益诉讼案，推动全市开展专项行动，保护农田生态；通过办理个体工商户销售过期食药品系列公益诉讼案，助推兰溪市出台全省首个市场监管领域自由裁量标准指导意见，助力复工复产。围绕特殊人群权益保障，办理金华市首例便民办事中心无障碍设施建设案，督促便民服务中心完善无障碍环境建设，畅通弱势群体"最多跑一次"通道。

【**维护社会稳定**】 疫情期间，坚持疫情防控与依法履职两手抓，全体干警下沉社区，24小时坚守疫情防控一线，44名在职党员与40名退休党员助力抗疫爱心捐款；依法从严从快办理涉"疫"犯罪5件7人，全力保障社会安定有序。投身平安兰溪建设，依法严厉打击网络刷单、信贷理财等电信网络诈骗犯罪30余人，严惩"黄赌毒"犯罪95人，故意伤害、强奸等暴力犯罪60人。护航基层组织换届选举平稳有序进行，配合市委对1578名人员进行资格联审。同时，开展剥夺政治权利执行专项监督，出台监督管理办法，规范执行监管，保障公民选举权的正确行使。

【**服务企业发展**】 成立助企服务团，设立驻纺织行业协会检察工作联络站，举办检企座谈会，出台服务和保障民营企业复工复产15条措施，回应民营企业对司法保障、公平正义的最深关切。依法"轻拿轻放"涉企案件，对46名涉企人员决定不起诉，不起诉率同比增加6个百分点。在办理一批虚开增值税专用发票案中，促成当事人认罪悔罪补缴税款1434万元，对15家涉案企业作不起诉决定。优化办案方式。在姜某某非法销售"问题口罩"案中，开展风险评估和羁押必要性审查，依法建议公安机关变更强制措施，保障兰溪市口罩生产供应，助力企业复工复产。该案获评全国、全省典型案例，并先后被中央电视台、《人民日报》等媒体报道。

【**打赢扫黑除恶收官战**】 以必胜的决心打赢扫黑除恶收官战，深入推进"六清"行动。截至年末，依法批捕黑恶势力犯罪73人，提起公诉84人，实现"案件结清"。从严从快办结4起省委政法委督办案件，连根拔起12个黑恶势力犯罪团伙、集团。其中高某某等7人涉黑案、周某某等10人涉恶案，首要犯罪分子均被判处20年以上有期徒刑。聚力"线索清仓""伞网清除"，开展案件"回头看"专项行动，深挖涉黑涉恶犯罪及幕后"保护伞"线索37条，起诉"保护伞"2人。助力"黑财清底"，及时冻结犯罪分子账户资金，引导公安机关规范查扣财产，合力追缴涉黑恶资金280余万元。聚焦"行业清源"，对案件中暴露出的社会治理弊端，制发检察建议书20份，促进标本兼治。

【**主动融入参与社会治理**】 主动融入县域治理现代化格局，将12309检察服务中心成建制迁入矛调中心，实现"四大检察"与矛调中心全要素融合。承办全省现场交流推进活动并做交流发言，经验做法获省检察院领导肯定。借助"大信访"格局，参与化解矛盾纠纷近300起，其中检察长调处化解矛盾30余起，让"群众信访件件有回复"成为常态。强化未成年人综合司法保护。零容忍侵害未成年人犯罪，出台侵害未成年人案件强制报告制度和密切接触未成年人行业入职查询办法，筑牢未成年人司法"防火墙"。对未成年人犯罪坚持宽容不纵容，逮捕涉罪未成年人3人，起诉5人，不批捕2人，不起诉20人。成立"新蕊"工作室，出台未成年人心理干预合作机制，推动构建家、校、社、检四位一体的青少年法治教育体系。突出监督整治娱乐场所、宾馆及其他场所违规接纳、容留未成年人及校园周边商贩向未成年人销售烟草等重点问题，发出检察建议书7份，为未成年人构筑健康"成长圈"。

（章艳筱）

法 院

【概况】 2020年，市法院全年受理各类案件12537件，办结14223件（含旧存），分别下降20.72%和13.5%，员额法官人均结案340.26件，审执工作呈现出"结案数明显超过收案数，未结案数明显下降"的良好态势，省高院确定的基层法院"七升五降"核心指标同比优化10项。该院获2020年度兰溪市"担当追赶奋斗者团队"入围奖，被金华中院评为诉源治理工作先进集体。

审结刑事案件392件，判处罪犯624人，维护社会和谐稳定。严惩影响群众安全感的犯罪，审结故意伤害、强奸及"黄赌毒"等犯罪案件132件148人；严惩危害公共安全犯罪，审结"乘客妨碍安全驾驶"等案件84件84人；重拳惩治涉众型经济犯罪，审结中建置业公司非法集资等案件43件；始终保持惩治腐败高压态势，审结受贿、滥用职权犯罪案件2件2人。决战决胜扫黑除恶，2018年来，受理涉黑恶案件15件84人，其中2020年受理10件64人，已全部审结，判处5年以上有期徒刑25人；积极扩大办案效果，何某等6人"套路贷"案被央视报道。

审结民事案件7253件，弘扬社会主义核心价值观，用法治力量引领人民群众向善向上。弘扬家庭伦理道德，审结婚姻家庭案件646件；指导"馨兰娘家人"巧调家务事，倡导以和为贵传统美德；规范民间融资秩序，审结民间借贷案件2071件，打击非法高利放贷、职业放贷；畅通劳动案件绿色通道，审结兰溪市某织造厂欠薪等劳动争议案件57件，保护劳动者权益；加强网络名誉权司法保护，审结"网上发帖辱骂前女友案"等网络侵权案件，不让网络成为法外之地。

审结行政案件638件，行政机关负责人出庭应诉率99.33%。推进行政争议调解中心实体化运作，协调化解行政争议47件，行政案件收案同比下降64.8%。兼顾服务保障中心工作和依法维护行政相对人合法权益，裁定准予执行行政非诉案件90件，准予执行率86.54%。严格司法审查，判决行政机关败诉案件82件。通过府院联席会议、发送行政审判白皮书和司法建议等方式反馈行政执法问题，受到金华市政府肯定。

执结案件5907件，到位金额8.12亿元。全面调查被执行人财产信息，对被执行人存款、房屋、车辆等主要财产查控9.2万次。常态化开展"午夜行动""冬日风暴"等集中执行行动，传唤被执行人141人，拘留15人。强化执行惩戒，发布失信被执行人信息5168人次，限制高消费4893人，移送涉嫌拒执犯罪线索19件27人，已追究刑事责任3人；首次网上直播执行搜查行动，490余万名网友在线围观，形成强大舆论声势。转变理念，由过去的惩戒为主变为惩戒与正向激励并重，为履行完毕的被执行人删除失信名单356人次，民商事案件实际履行率提升至66.07%。积极开展司法救助，发放司法救助金40万元，彰显人文关怀。

【服务疫情防控大局】 及时制定防控疫情、保障复工复产十条意见。加大企业帮扶，依法适用"活封活扣"等强制措施，协助办理企业应急转贷1.9亿元，积极为企业抗疫纾困解难；依法适用"不可抗力"裁判规则，妥善处置因疫情停工停产衍生的合同纠纷，共克时艰；紧急许可防护服原材料生产商使用破产企业厂房、设备扩产增能，助力防疫物资生产；依法为涉执（企业在法院有执行案件）防疫物资生产企业修复信用，保障企业正常生产经营；严惩虚构销售口罩诈骗犯罪案件，保障抗疫物资安全；回应企业疫情期间司法需求，远程立案、网上审理金华国信房地产公司破产等案件，及时定分止争。

【持续优化营商环境】 审结涉企案件3805件，涉案金额19.97亿元。拍卖"僵尸企业"及低效用地企业32家，盘活土地48.47公顷（727亩）、厂房25万平方米，促进资源要素快速流转；审结破产案件39件，浙江凤凰化工股份有限公司成功破产重整，协助市政府招引杭州船王实业公司作为战略投资人，实现凤凰涅槃、浴火重生。买卖合同案件实行归口审理，"立审一体化"办结709件，平均办理时间缩短41%。

【落实为民实事】 人代会承诺的十件实事全部办结。开通代表委员绿色通道，方便监督；诉讼立案"一窗受理"，实现"全城通办"；增设法庭投入使用，融入基层治理格局；立审执破一体化（立案、审理、执行、破产）联动，自动履行率有效提升；基层法庭办结34.27%的案件，老百姓"打官司"更方便；执行制裁违法率42.04%，强制威慑力更强；商会调解机制建立，商调组织建设扎实推进；破产立案53件，结案39件，畅通企业依法退出通道；庭审在线直播率97.32%，实时观看量达163万人次；设立兰三中、振兴小学、青松社区法治教育基地，送法进校园、进社区，法治观念更加深入人心。

【高水平参与社会治理】 新设梅江、游埠法庭与乡镇（街道）矛调中心一体谋划、一体建设、一站合署，省高院领导参加梅江镇矛调中心暨梅江法庭揭牌仪式，高度评价其为"深化发展基层治理的有益实践，走在了全省法院前列"。巩固提升诉讼服务中心整体入驻市矛调中心成效，从"物理整合"转变为"化学融合"，指导诉前化解纠纷2393件，法院收案持续下降，矛盾纠纷源头治理效应更突出，工作经验得到省高院领导批示肯定，并刊发简报全省推广。

【开启智能办案新模式】 启动无纸化办案改革，推进审判体系和审判能力智能化、现代化。全面打通浙江法院网、移动微法院等网上立案渠道，会同全市律所、银行等机构签订备忘录，引导高频诉讼人员线上诉讼，全年网上立案5481件；在线响应更及时，网上受理群众提交材料等申请7696次，送达文书3.68万份；办案模式更现代，完成25个智慧法庭升级改造，在看守所设立远程提审室，推动刑事一体化办案、庭审语音识别、文书智能纠错等功能更新迭代，实现"网上开庭"，便利法官办案、群众诉讼。

疫情期间，法官通过移动微法院"线上开庭"
（市法院 提供）

【完善生态环境审判机制】 创新环境资源民事、行政、刑事、执行案件"四合一"归口模式。审结多起涉环境资源案件，严肃追究网购穿山甲、

12月22日，梅江人民法庭揭牌
（市法院 提供）

黄金蟒、盗掏白鹭蛋等破坏生态环境人员法律责任；深化环境保护司法与执法协作，服务美丽兰溪建设；在地下长河风景区设立环境资源巡回审判点，支持"全域旅游示范县"建设。

【**全面落实司法责任制**】 压实院庭长办案、审判监督管理职责，院庭长办理案件3071件，"四类案件"实行在线全流程监管；加强业务指导，召开审委会、专业法官会议38次，讨论案件49件；全面提升司法质效，开展审执质效"赛比拼""质效提升专项行动""质效百日攻坚"，每周通报质效数据，党组每月召开质效分析会，鼓励先进、鞭策后进；开展司法质量大检查，随机评查案件329件，对瑕疵案件承办人问责。

【**强化正面典型引领**】 选树"全省优秀法官"凌煊同志，开展"向凌煊同志学习"活动，发挥榜样感召人、影响人、带动人的重要作用。4名干警受到省级以上表彰，15名干警收到群众锦旗、感谢信，反映干警纪律作风问题的投诉信访同比下降48.6%，全院上下形成了见贤思齐、择善而从的向上氛围。

（童　左）

司法行政

【**概况**】 2020年，市司法局以"担当追赶、再创辉煌"为目标要求，围绕深化法治兰溪建设、提升公共法律服务水平，全面履行司法行政职能，扎实开展"执法司法规范化水平提升年"活动，为深入实施"四大战略"、高水平推进县域治理现代化贡献了司法行政力量。一年来，各项工作得到了各级肯定与表彰：市司法局获评全省"枫桥式"司法所建设成绩突出集体、兰溪市2020年度"四大战略"争先创优社会治理工作先进集体；永昌司法所创建成为省级"枫桥式"司法所；市人民调解委员会获评全省公共法律服务体系建设成绩突出集体；被省委市政府评为"2018—2019年度平安浙江建设先进个人"1人；被司法厅授予全省司法行政系统特赦实施工作个人三等功1人、全省司法行政系统法治化营商环境优化专项行动个人嘉奖1人、全省行政复议规范化建设工作成绩突出个人1人；被市委市政府评为2020年度"四大战略"争先创优先进个人4人、2020年度"担当追赶奋斗者"1人。

【**开展执法司法规范化水平提升年活动**】 根据省委政法委统一部署，开展执法司法规范化水平提升年活动，累计出台方案4个，召开推进会7次，开展集中排查4轮，社区矫正专项执法检查3次，条线案件评查5个，专项治理1项，查摆整改问题292个，被省、市、县三级采用信息18篇，形成执法司法规范化制度成果16项，在金华市司法局"执法司法规范化水平提升年"活动评比中排名第一。

【**行政复议业务成建制进驻市矛调中心**】 6月17日，行政复议业务成建制入驻市矛调中心，无缝对接人民法院、检察院、信访等部门，进一步加强了行政与司法的良性互动、行政复议与信访的配合协作。

【**行政复议规范化建设通过省司法厅验收**】 根据《浙江省行政复议规范化建设实施方案》文件要求，全方位推进行政复议规范化建设，顺利通过省司法厅验收，并有1名工作人员被省司法厅评为"行政复议规范化建设工作成绩突出个人"予以通报表扬。

【**组建行政复议专家咨询委员会**】 经市政府同

兰溪市法治文化阵地地图

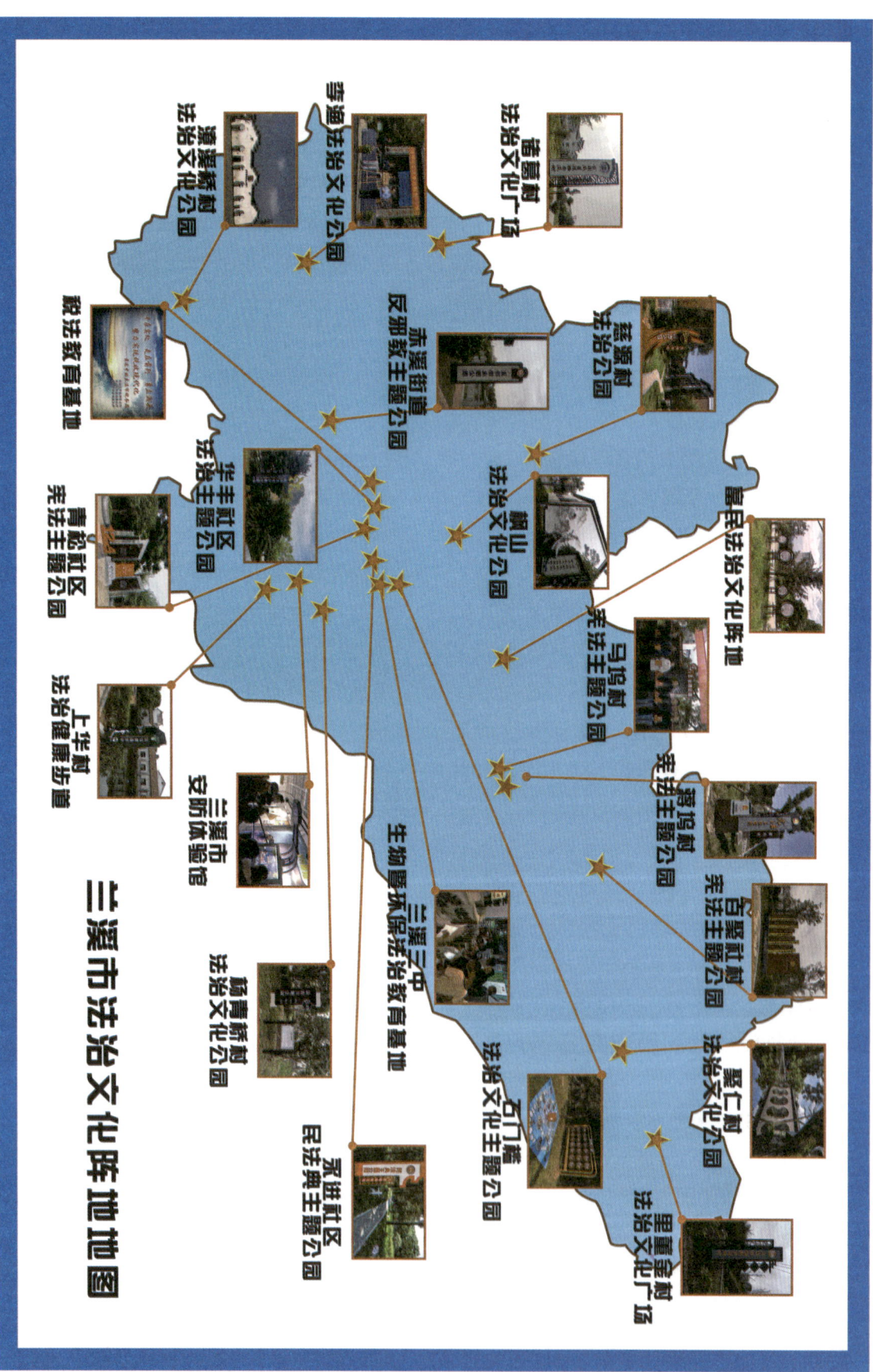

兰溪市法治文化阵地地图（市司法局 提供）

意，于9月22日组建市行政复议专家咨询委员会，首批共聘请委员9名，其中，高校科研单位学者2名，相关政府法制部门负责人4名，律师3名，共同为办理重大、疑难、复杂的行政复议案件提供咨询意见。

【成立市社区矫正委员会及办公室】 9月29日，兰溪市政府办公室正式发文成立兰溪市社区矫正委员会及办公室。10月28日，召开兰溪市社区矫正委员会第一次全体会议，审议通过《兰溪市社区矫正委员会工作规则》《兰溪市社区矫正委员会办公室工作细则》《兰溪市社区矫正委员会成员单位工作责任清单》（3个）制度，明确社区矫正工作职责，加强部门工作衔接，推动形成齐抓共管的工作合力。

【成立社区矫正心理健康互助员队伍】 按照"助人自助"的思路，开展"放飞心晴"心理互助员培育工程，重点培养11名社区矫正对象心理帮扶骨干，成立社区矫正心理健康互助队，从群体内部塑造互帮互助、自立自强的精神内核。7月17日，组织启动仪式，《金华日报》记者全程跟踪采访，浙江新闻客户端、《金华日报》转载刊发，并受到省司法厅一级巡视员率永利的肯定。

6月，"放飞心晴"心理互助员培育工程启动
（章烁 摄）

【构建"六调联动"工作格局】 依托市矛调中心，强化诉调、访调、警调、检调、仲调及行调对接机制，对起诉类、信访类、警情类、刑事和解类等案件，适用调解方式的由人民调解委员会先行调解。全年化解"一警情三推送"类案件407起，人民调解协议司法确认率占比达31.9%。

【建立"巡回调解"】 结合"法雨春风"行动和信访积案百日攻坚，组建"和合"巡回调解团，针对时间跨度长、牵涉面广、基层久调不决、一时难以解决的疑难复杂矛盾纠纷开展下沉式巡回调解，实现工作重心下移、调解关口前移，有效提升积案难案化解率。全市共建立市级巡回调解团1支，乡镇（街道）及部门巡回调解队20支，下沉到村（社区）、企业开展巡回调解，现已成功化解积案及疑难案件292起。该做法在《人民网》《浙江日报》《今日浙江》等新闻媒体上刊登。

【创建"两所一庭一室"矛盾纠纷联调机制】 联合市委政法委等七部门，下发了《关于建立"两所一庭一室"矛盾纠纷联调机制的通知》，明确重大矛盾纠纷"两所一庭一室"联调和联席会议制度，形成乡镇（街道）党委政府统一领导、综治中心统一协调、"两所一庭一室"协作联调的调处工作局面。

【创建"两员融合"机制】 下发了《关于加强村（社）社会治理力量的实施意见》，结合村换届选举工作，明确村（社区）调委会按"3+X"（调委会主任、专职调解员、专职网格员，其他调解力量）模式规范提升。首推村（社区）"网格员+调解员"队伍融合，明确一村一专职调解员，每年保障100万元资金落实村（社区）调委会主任年度考核补贴和专职调解员月度、年度考核补贴。村（社）调委会调解量同比增长39.9%，成效明显，80%矛盾纠纷化解在基层，20%矛盾纠纷化解在市里的"28"体系基本建成。

【成功创建省级首批"枫桥式"司法所】 坚持发展新时代"枫桥经验"，着力发挥司法所在平安兰溪、法治兰溪建设中的基础性作用，市司法局被评为浙江省"枫桥式"司法所建设成绩突出集体。永昌司法所成功创建为全省首批"枫桥式"司法所并得到全国政协常委、省政协副主席、民革省委会主委吴晶的批示肯定。兰江司法所、梅江司法所、游埠司法所、黄店司法所、马涧司法所等5家司法所启动规范化创建，其中兰江司法所成功申报省级2021年政法工作现代化"培优育新"项目，得到上级65万元专项资金支持。

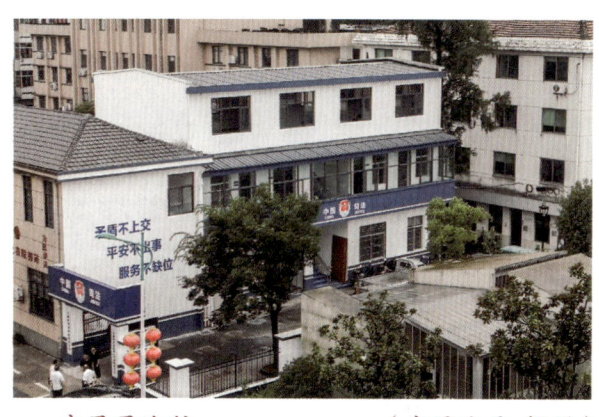

永昌司法所　　　　（市司法局 提供）

【加强行业性、专业性人民调解委员会建设】 9月成立兰溪市房地产物业纠纷人民调解委员会，及时有效化解房地产物业服务管理领域出现的难点、热点矛盾纠纷，全年共化解物业纠纷478起。

【推进监地帮教衔接】 在全市范围内建成5个监地衔接远程视频帮教系统，分别位于市司法局、永昌司法所、香溪司法所、黄店司法所、梅江司法所，与浙江省乔司监狱、第二女子监狱等10个监狱连线，共安排205名服刑人员与512名家属开展视频会见，有效推进监地衔接工作。

【做强"和合"兰调工坊】 "和合"兰调工坊入选全省首批金牌调解工作室，继续深化品牌建设，强化调解联盟，建立调解员孵化基地，培育组织村（社区）调解员上挂学习和志愿者参加调解，与浙师大行知学院联合，建立实习实践基地，全年共带班大学生、村（社区）调解员55人次。"和合"兰调工坊强有力地担起兰溪市矛调中心"重要窗口"的重要角色，市调委会获得了司法部的表彰。

【推出"指间娘舅"】 在浙里办App、平安兰溪、兰溪普法等平台上线"浙里调"小程序，编印使用指南，向社会公布调解专家库名录。一对一指导村（社区）调委会主任、专职调解员操作使用小程序，并将口头调解纳入"以奖代补"范畴。通过做强"指间娘舅"调解品牌，真正实现随时调、随地调、随手调。

【试点推行村务"法治委员"】 将一村一法律顾问制度与村务协商委员会运行有机结合，开展《兰溪市村级法律服务助力基层民主协商专项行动》，通过吸纳聘任"法治委员"，助推村务协商委员会法治化运行；全面清理"法治家底"，护航村级组织整固提升百日攻坚；全力以赴"法治换届"，助力村级换届选举风清气正；全程跟进"法治工程"，赋能乡村"文旅兴兰"战略；全心培育"法治队伍"，引领法治乡风文明建设等5个举措助推乡村五大发展，为全市村务协商委员会规范运行注入法治力量，是推进基层治理体系和治理能力现代化的"兰溪"做法。全市31个试点村的"法治委员"到村服务400余次，参与村级工程项目谈判、合同审核等50余件，协助解决涉法矛盾纠纷80余起。

【开展律师行业"扬帆行动"】 开展律师行业"扬帆行动",加强律所建设和青年律师的培养,支持和引导律所加强青年律师培育,提高各所思想认识,将青年律师培育视为律师事务所发展的重要支撑,为青年律师搭建执业平台,筑巢引凤。同时通过"所所合作"与"大所驻点服务"等形式学习优秀所的先进经验与管理模式,弥补专业空白,特别是兰溪律师欠缺的知识产权、涉外贸易、公司系统治理等专业,加强兰溪律师品牌建设。浙江浩诚律师事务所钱忠诚律师被评为浙江省刑事、公司领域专业律师。

【护航法治化营商环境】 以聚集法律资源,提高覆盖面,提升精准度为目标,通过编制普法宣传指南、云普法、上门体检、现场解决纠纷等形式主动上门服务,分级进行企业法治体检,分类处理企业法律需求,一企一策促转型护稳定,开展了"法律帮帮团""法雨春风法律服务月""三师助企""市场主体法律顾问网格化全覆盖"等多个专项法律服务活动。全年累计代理涉企诉讼1034件,为企业进行法治体检400余家,排查法律需求企业640余家,登记处理问题63家,解答法律咨询300余个,审查企业购销、建设、转产等各类合同6000余件,参与债权债务纠纷协调处置22起,为法治化营商环境提供优质法律保障。

【专业视角履行社会责任】 按照扫黑除恶斗争的各项规定和要求落实案件报备、集体讨论、重大案件上报、无罪辩护专家论证等制度,提高政治站位,依法代理依法辩护,确保扫黑除恶专项斗争顺利收官,累计报备涉黑恶案件21件,律师94人次;全年参与检察院认罪认罚从宽制度,为自愿认罪认罚犯罪嫌疑人的统一量刑和程序适用提供律师见证,年累计值班60次,见证案件375件;引导律师发挥"两代表一委员"作用,从专业角度推动完善有利于企业持续健康发展的制度和政策,提出代表意见建议8条,其中政协委员汪智敏在兰溪市政协十四届三次会议专题议政会提出《加快解决民营小微企业"融资难、融资贵"问题》的建议被市政协采纳。

【公证为民】 疫情期间开通公证服务绿色通道,为企业提供"一对一"专项服务;完成张三雷医院建设工程项目招标、市中小学生电脑派位入学、兰一中扩建工程等多项民生工程的现场监督公证;为小微企业主上门办理委托公证解决贷款难问题;教育局、残联、公证处三部门联动,为83岁聋哑老人办理了放弃继承公证;为无民事行为能力人的有关证据保全公证等,满足特殊群体公证需要,落实公证便民服务理念;加大公证核验力度,强化部门联动,履行最多跑一次改革承诺。全年接待群众咨询3000余人次,办理各类公证2400余件,书面零投诉。

【开展"法援惠民生 扶贫奔小康"专项法律服务行动】 将法律援助与精准扶贫有机结合,深入开展"法援惠民生、扶贫奔小康"活动,从维护人民群众合法权益、助力小微企业复工复产、化解涉疫矛盾纠纷出发,做大做强法律扶贫工作。累计受理法律援助案件506件,解答法律咨询3746人次,为困难群众挽回经济损失968万元。

【公共法律服务自助机实现全覆盖】 配齐公共法律服务自助机,实现全市16个乡镇(街道)智能终端全覆盖。该自助机集法律咨询、法律援助、人民调解、司法鉴定、公证服务、法律宣传等功能为一体,能根据个案情况自动生成法律文书、出具法律意见书、提供同类案例参考,并能与市公共法律服务中心进行视频连线，实现群众与律师面对面实时交流。

【开展"法援惠民生 助力农民工"专项法律服务行动】 开展"法援惠民生 助力农民工"专项法律服务行动，组建"遵法守法，携手筑梦"法律援助志愿服务队伍，编写《复工复产劳动者法律服务指南》2份，并在"兰溪普法"微信公众号上线公共法律服务掌上大厅和疫情防控法律专栏。累计开展工地坐诊10次，设立维权指示牌120块，办理劳动争议案件84件，为农民工挽回经济损失258万元。

【推进法律援助信息化应用】 贯彻落实政法一体化法律援助协同工作，实现刑事通知类法律援助公函及相关案件材料无纸化对接、传输。推进政务2.0工作，实现法律援助申请、受理时快捷获取平台共享数据。开展法律援助案卷数字化转型，实现法律援助、法律帮助案卷全部以电子化卷宗刑事归档到省法律援助统一服务平台。

【修订法律援助经费管理使用办法】 会同财政修订《兰溪市法律援助经费使用管理办法》，提高法律援助办案补贴标准，建立相应的法律援助经费动态调整和足额保障机制。

【完成"七五"普法验收】 8月，金华市"七五"普法验收检查组对兰溪"七五"普法工作完成检查验收。自2016年"七五"普法规划实施以来，市基层法治基础不断夯实，普法责任制得到有效落实，社会化大普法格局逐步完善，公民法治意识获得整体提升，为构建和谐平安兰溪营造了良好的法治环境。

【重点人员学法普法工作受表彰】 "市长、局

石门槛法治文化公园　　（市司法局 提供）

长、乡镇长"学法制度入选浙江省县乡法治政府建设"最佳实践"项目典型案例；成功创建兰溪三中法治文化教育基地、税法教育基地为金华市法治文化教育基地；兰溪五中吴语霏同学获得第五届全国学生"学宪法讲宪法"法治知识竞赛一等奖。

【线上普法载体不断丰富】 "兰溪普法"公众号全年阅读量超过50万人次；成功举办首届"'抖'说兰溪美，无法不精彩"抖音视频大赛，"兰溪普法"抖音号自开通以来，连续3次登浙江政法抖音影响力前10榜单。

【民法典宣传落地见效】 在全市启动"'典'亮生活，与法同行"民法典宣传活动，共计开展专题宣讲100余场，建成民法典主题公园、阵地12个。

【"民主法治村（社区）"创建率达新高】 全年共新创金华市级民主法治村（社区）212家，省级10家，金华市级以上民主法治村（社区）覆盖率达到96.6%，进一步促进基层民主法治的提升。

【首推"无证明城市"改革向企业和域外延伸】

聚焦"疫情不能跑"和"域外距离远"两大问题，在金华地区首推"无证明城市"改革向企业和域外延伸，创新设置"兰E办"核验渠道，实现证明事项"指尖申办"，做出了"无证明城市"改革的兰溪特色。12月31日，金华市深化"无证明城市"改革现场会暨全面落实告知承诺工作部署会在兰溪顺利召开。

【创新执法监督衔接机制】 与市委政法委联合出台了《关于加强市委政法委执法监督与市司法局行政执法监督衔接配合机制的实施意见（试行）》，突出解决行政执法与刑事司法衔接、行政规范性文件违反上位法和行政执法机关职责不清相互推诿等问题，该项机制被省司法厅及省委政法委简报采用。执法监督工作在金华年底考核居县（市、区）第一位。

【获评浙江省县乡法治政府建设"最佳实践"项目】 持续开展"'三长'学法说法讲法活动"，2020年全市共组织市长、局长、乡镇长学法讲法100余次，各级重大行政决策目录化管理能力显著提升，全市行政复议收案率下降35.29%。该项目获评浙江省县乡法治政府建设"最佳实践"。

（范颖洁）

人民武装

【概况】 2021年兰溪市武装工作坚持以习近平新时代中国特色社会主义思想和习近平强军思想为指导，在全面复兴兰溪经济进程中注重国防建设和"四人战略"同向发展，抓经济不忘武装，谋发展不忘国防。认真履行第一书记职责，注重把方向、抓大事、解难题，武装工作呈现稳中有进的发展势态。连续第3年被省军区表彰为征兵工作先进单位。

【思想政治建设】 把党管武装放在市委全局工作来统揽，做到四个列入，即列入党委理论学习中心组理论学习、列入领导干部培训轮流范畴、列入干部履职目标考核体系、列入全市年终考核考评；落实党管武装七项制度。结合乡镇（街道）党委书记调整，召开基层武装部教导员宣布任职大会。组织任前谈话，颁发任职通知，强化管武兴武自觉。运用考评激励，把专武干部纳入乡镇（街道）考核使用。

【夯实基层武装】 认真落实省军区、军分区关于人武部规范化建设的指示精神，前后投入120余万元，用于市人武部本级机关、"三室一库"靶场和营院正规化改造，为实战化训练提供有力保障。16个乡镇（街道）武装部对照两个细则要求，高质量完成了192名兵员征集任务，大专以上比例达到86.46%，大学毕业生比例达到25.52%，大学毕业生入伍比例走在金华市前列。

【推进兰溪国防教育建设】 积极拓展游埠洋港村以"女子民兵连"为重点的国防教育示范点；以横溪"民兵红嫂连"支前拥军为特色的文化礼堂建设，用好阵地平台，绘制市内红色地图，串连打造国防教育文化建设。"八一"前夕，设立军人"荣誉墙"和"八一光荣榜"，常态开展清明节和烈士纪念日祭扫陵园活动，举行了纪念抗美援朝70周年活动，组织召开炮击金门老兵座谈会等。12月初，退役军人事务工作被省委、省政府评为模范单位。

【发挥应急武装作用】 按照上级要求，重点建设新兴领域民兵，突出无人机侦察、网络攻防、水上救援、勤务保障等重点分队建设，着力抓好民兵调整改革任务的落实，已高标准完成了三大类54支分队共2355人的民兵整组任务，全年累计出动民兵4300余人次参加疫情防控、抗洪备勤、安保巡逻等重大任务，实现用兵与练兵的结合，用兵与强兵的统一。

【服务军人军属】 坚持把武装建设放在第一位，按照每年武装工作经费只增不减，大项工作经费另行预算安排的原则，始终保障部队和国防后备力量建设经费；解决大学生入伍奖励金31万余元，新兵役前训练经费23万余元。落实惠军政策，全年维护军属合法权益8次，接收安置16名转业干部，均为公务员岗位；安置转业士官23人，其中70%安置到机关事业单位，另30%安置到国有企业；解决随军家属安置工人、子女入学入托3人。严格落实上级关于部分退役士兵社保接续工作的文件精神，已解决42名转业士官医保、社保接续问题，为151名复员军人发放一次性地方经济补助金342万元。

【灵洞乡退役军人服务站获批示】 12月24日，《浙江法制报》刊登了灵洞乡的退役军人服务站的做法，该做法得到省委常委、省军区冯文平司令批示：兰溪市认真贯彻中央有关精神，在提高军人尊崇度上拿出真招实招值得借鉴学习。灵洞乡退役军人服务站位于乡政府文化中心，站内设有退役军人服务和双拥办公室、退役军人维权代办接待室、荣誉陈列室和展示厅等分区。服务站坚持以服务退役军人为中心，以退役军人需求为导向，实行退役军人"一人一档"统一管理。服务站除了思想政治教育、规范化工作流程、健全管理制度等常见规定外，还特别添加了帮扶援助、权益维护、助力就业创业、助推矛盾纠纷化解等内容。服务站设有专门窗口，14名轮值站长每日坐班，"一站式"办理退役军人相关事项，努力让退役军人"只进一个门""最多跑一次"。

（范维德）

消防救援

【概况】 2020年，市消防救援大队接警出动709起，其中火警452起，出动车辆1623辆次，出动警力9035人次，抢救被困人员59人，疏散被困人员19人，成功处置了"4.28"正道环保科技公司火灾，"5.9"水域救援等多起灭火及抢险救援任务。全年开展重点单位熟悉演练125家次，完善重点单位灭火救援预案136家，新购置一辆价值300万元大功率重型泡沫水罐车。大队党委被省消防救援总队评定为全省消防救援队伍"示范基层党组织"，被金华市评为金华市青年文明号，"示范基层党组织"，大队被省消防救援总队评为先进基层单位，安全工作先进单位，并记集体嘉奖一次。被金华市评为金华市青年文明号，数十名指战员获评为省市级先进个人，一人荣立三等功。

兰溪消防救援大队荣获金华全市消防救援队伍首届"火焰蓝"大比武团体第二名

（消防大队提供）

【执法监督】 大队统筹结合"消防安全三年翻身仗"和"三年行动"等专项工作，融入平安创建"百日攻坚"行动，持续推进出租房、高层建筑和老旧小区为重点的隐患治理。通过开展"全市居住出租房消防安全整治行动"，共完成出租房10人以上"回头看"659家、3~10人改造提升1433家；联合建设局畅通物业维修资金支取"绿色通道"，整治高层250幢；通过联合市六城同创办追加投建1500套电动自行车充电设施；通过争取有关部门支持，所有社区老旧小区、高层小区已完成消防车道划线，全年检查单位779家次，督促整改火灾隐患521处，下发责令改正通知书368份，行政处罚决定书85份，临时查封21处，行政强制关停2家，责令"三停"单位36家，罚款55.11万元。

5月27日，深入单位开展夜查 （温王伟 摄）

【消防队伍建设】 定期对多种形式消防队伍进行业务指导和联合演练，市政府常务会议通过消防站建设方案，完成诸葛、梅江等地小型消防站建设，每周对消防重点单位和社区微型消防站进行拉动测试，在119消防宣传月组织消防重点单位微型消防站进行业务竞赛比武。

11月9日，举办微型消防站比武（温王伟 摄）

【慰问帮扶工作】 走访慰问军属烈属3次，慰问指战员家属8次，组织开展慰问孤寡老人20余次，结对助学活动2次，累计捐款捐物2万余元，冲洗道路8次，帮助提供生活用水100余吨，摘除马蜂窝200余个，累计无偿献血1万余毫升。

【宣传工作】 以消防宣传"七进"为主线，借助微博、微信、移动E管家等平台推送信息8万余条。对接市融媒体中心，对出租房电动车违规充电、老旧小区和高层建筑消防隐患开展曝光，协调相关部门将横山公园、和平公园打造为消防文化主题公园向市民开放；结合"万名员工大培训"活动，对16个乡镇（街道）及开发区开展消防安全培训，开放消防站42次，受众人数1万余人，开展理论授课和培训演练100余次，受众1.5万余人。

宣传体验消防安全逃生 （温王伟 摄）

【便民服务】 继续推进"最多跑一次"改革，精减消防审批资料和审批程序，优化审批流程，让老百姓少跑路，让"共享信息"多跑腿，不断精简压缩审批程序。在防疫、复工复产、重大安保任务等时间节点，推进"三服务"活动，共指导帮扶企业60余次，办理投入使用、营业前消防安全检查72家次，对63家单位开展隐患整改指导，解决问题46个。

（叶芯仪）

社会事务

人力资源和社会保障

【概况】 2020年实现新增城镇就业2.26万人，城镇失业人员再就业0.31万人，其中困难人员就业0.12万人，失业率保持在1.77%低位，求人倍率始终保持在1以上（求职者与就业岗位比，比值越大表示求职者可选择岗位数越多），就业局势总体保持稳定。城镇职工基本养老、工伤、失业总参保人数分别达到20.17万人、12.67万人、7.62万人；城乡居民养老保险参保人数达到25.01万人；被征地农民参保1.15万人，社会保险各项工作有序推进。

市人力社保局办事大厅 （市人社局 提供）

【推进"大众创业、万众创新"】 共计认定发放创业担保贷款40人1279万元，发放创业担保贷款贴息40人70万元，一次性创业补贴9人9万元。浙江启诚光电材料科技有限公司的"偏光片用压延垫片开发项目"参加金华市青年创业大赛暨"奇思妙想浙江行"创业大赛金华选拔赛获三等奖。兰溪小城故事电商综合产业园、兰溪颐农电子商务产业园被评为金华市创业孵化基地，扶持创业49人，创业带动就业324人。

浙江启诚光电材料科技有限公司的参赛项目获奖 （市人社局 提供）

【就业援助】 对符合条件的68家企业发放稳岗补贴352万元。发放4050灵活就业社保补贴2161人785.72万元。

【人才招引】 全年开展各类现场招聘85场，全市1200余家企业进场招聘，提供就业岗位3.25万个，达成就业意向万余人。全年引进硕士506人，博士71人。签订实训及劳务协作基地27家。

【专业技术人才队伍建设】 设立博士后工作站

兰溪市与湖南省宁远县劳务协作对接
（市人社局 提供）

2家，5月新设浙江凤登环保股份有限公司博士后工作站、12月新设兰溪市人民医院医共体兰江院区博士后工作站。新增享受国务院特殊津贴1人，为浙江天一堂药业有限公司的王天亮。

【职业技能培训和鉴定】 安排技能培训提升专项资金4900万元，组织开展电工等16个工种职业资格和专项技能培训3409人次，组织开展项目制培训4675人，以工代训13304人，取得职业资格等级和专项技能等级7399人，其中高技能人才1110人。

【人才档案管理】 接收高校毕业生档案2550份，完成高校毕业生就业协议登记224份，接待公务员及事业单位新进人员政审272人次。

【机关事业养老保险制度改革】 全年完成机关事业单位数据信息采集373家，上线运行单位373家，上线人数19441人，其中退休人员7557人。

【职工退休和劳动能力鉴定】 全年办理退休4533人（含被征地待遇核定1633人），劳动能力鉴定680人；认真做好工伤案件的受理及调查审核工作，认定工伤案件1835件。

【事业单位人员招录工作】 招聘综合性事业单位工作人员130人，教师201人，卫技人员181人。

【机关事业单位工资制度改革】 全市年平均工资上调6518元，达到59628元。

【事业、国有企业及编外用工管理工作】 出台《兰溪市编外人员全过程管理规范指导意见》《关于规范乡镇街道敬老院工作人员管理的通知》《关于规范社区工作者管理若干意见》等文件，进一步加强编外人员管理，实施编外人员技能素质提升三年行动计划，加强对机关事业单位编外用工（国企）招录工作的组织、监督和指导。

【劳动维权维稳工作】 处置欠薪投诉案件10起，调解案外纠纷198起，为1274名劳动者追回欠薪1600余万元，按期结案率达到100%；立案受理劳动人事争议案件立案423起，调解518起，结案率和调解率分别为99.5%、83%，涉案经济标的963.07万元。

为农民工现场发放工资 （市人社局 提供）

【劳动维权长效机制建设】 开展"根治欠薪行动"，重大企业欠薪案件发生率始终控制在5‰以内的较低水平，为78名劳动者追发工资129.37万元。"两网化"监察覆盖率和按期结案率均达到100%。

（刘高峰）

民 政

【概况】 2020年1—12月全市累计新增低保707户，1279人；退出低保1267户，2123人。12月，全市低保7536户，10271人，发放低保金6252万余元。临时救助1361户次，支出救助金303万余元。实现两次低保调标，城乡低保标准由每人每月725元调整至每人每月800元。加大实地入户核查力度，累计走访1367户，发放宣传手册2万余份，开展"点对点"送课下乡13次，培训乡、村两级干部1679人次。同时还依托"三大员"建立困难群众主动发现机制，开展定期探访，困难群众兜底更有保障。

完成8家示范型居家养老服务中心建设工程，在全市面上形成较好示范引领和带动辐射作用；从1月1日起，城乡人均特困供养经费标准分别从农村734元/月、城市918元/月统一调整至945元/月，首次实现城乡供养标准一体化，9月又再次调整至1040元/月。同时百岁老人长寿保健补助从人均300元/月调整至500元/月；完成100户生活困难老年人家庭适老化改造工作；完成养老护理员（家庭照护者）培训600余人次；敬老院改造提升三年行动正式启动，上华敬老院投入使用，女埠敬老院异地新建工程主体结顶，首批敬老院（灵洞和赤溪两家敬老院并入上华敬老院）整合工作顺利完成，拟保留5家敬老院老旧房推倒重建工程前期工作有序推进；2020年共新增养老床位533张。

兰溪市列入大中型水库移民后期扶持政策实施的移民共42167人，其中登记到人12929人，登记到村29238人。全年在生产开发方面共安排项目21个，总投资5870余万元，移民资金投入3894.28万元，其中11个乡镇（街道）76个移民村采取联合购买的形式，参与购买市城投集团营业房，按照出资比例划分产权，产权归集体所有，共诞生18个项目，总投资4790余万元，移民资金投入3683.292万元，项目完成后，预计76个移民村每年创造近400万元的租金收益。市移民办连续9年获评省级考核优秀单位。

全年共办理门牌证6567本、营业房119个、户牌5435个、单位大门牌24个、幢牌186个、单元牌103个、楼层牌1840个；办理数字城管交办件6件，地名信访件2件；地名更名1个；命名商业综合体1个、住宅11个、道路7条。地名数据正式统一使用省系统，省区划地名信息管理系统数据共约13万条；联合市委宣传部等单位出版了地名文化书籍《探寻兰溪村落》，上报兰溪市地名清廉故事共20篇，在《金华晚报》上刊登2篇；完成国家地名信息库2019年度地名信息更新工作，新增地名29条，更新完善数据1146条；完成第二次全国地名普查档案制作，共有业务类6696卷、成果类43卷、其他类2卷、光盘1张，并按照文件要求向省厅顺利移交成果类档案和光盘1份。

严格落实福利企业相关政策，福利企业总体保持稳定，各项监管措施得到落实。全市有福利企业24家，就业人员2269人，其中残疾职工1106人，占比48.74%，残疾职工月均工资2259.64元，月均保险1371.31元。

新建慈善工作服务区，开通网上慈善救助平台，慈善救助更精准高效。召开了全市民政会议暨首届慈善大会，开展了"慈善一日捐"活动，募集善款265万元。举行了"9.5中华慈善日"系列公益活动。3月，根据上级部署，中福在线游戏开展停销工作，市民政局迅速响应，兰溪市福彩中心也按计划有序停销。金华市"福彩暖万家"启动仪式在兰召开，开展"福彩牵手·助圆大学梦""福彩助力·点亮梦想"等活动，资助困难大学新生、困难家庭儿童113户70万元。省慈善总会会长陈加元、金华市慈善总会会长俞流传先后到兰指导慈善工作。在2019年度浙江城市慈善发展指数报告中,兰溪市位列区县市慈善发展指数第27名,慈善基地分项排第4名,慈善服务分项排第8名。诸葛镇获得"慈善乡镇(街道)"荣誉称号。

完成2106家备案组织录入工作,总共222家乡镇(街道)、村级社会组织服务中心。老年证办理15001件,婚姻登记4783对,收养登记20例,社会组织登记、变更、注销123家,年检331家,婚姻查档1164例。双随机定向与随机共抽查23家。

截至年底全市搬迁坟墓1720穴,建成并投入使用总数骨灰堂31个,其中兰江已存放2217格,游埠已存放1859格,黄店已存放226格,水亭已存放732格,香溪已存放5811格,在建的骨灰堂1个,建成及在建的农村公益性生态墓地总数18个(在建1个)。

兰溪市共有登记类社会组织662个(其中社团224个、民非436个、基金会2个);2020年兰溪市社会组织党群服务中心被命名为全省社会组织党群服务中心示范点。全市社会组织联合党委兜底管理的社会组织有40家,党组织单独建11家,联合建29家,党员数为169人。

【村级组织换届顺利开展】 编制修订《2020年兰溪市村(居)民委员会换届选举试点工作指导手册》、制作流程图。截至2020年12月底,全市村社全部完成党组织和村(居)委会换届选举,共选举产生新一届"两委"班子成员2326名,"一肩挑"人选全部顺利当选,村"两委"成员全部足额当选,党组织换届一次性选举成功率100%,村(居)委会换届一次性选举成功率92.2%。按照"十必须"要求,推进村务决策、村务公开规范化建设,修订新一轮村规民约、社区公约,做好村社换届的"后半篇文章"。

【殡葬改革更深入】 制定了《全市殡葬设施布局规划》,合理推进兰溪市殡葬设施建设。全市已建骨灰堂31处76420格,公益性墓地17处,市生态安葬点覆盖率达到69%。开展新一轮村规民约、社区公约修订,制定了《关于开展婚丧礼俗移风易俗专项行动的通知》,联合市纪委监察局、市委组织部出台《关于进一步严肃殡葬改革工作纪律的通知》,进一步加强监督检查,重点查处有令不行、顶风违纪的行为,在全社会营造"婚葬从简、孝养礼葬"新风尚,树立绿色殡葬新观念。加大殡葬改革专项整治力度。联合有关单位开展殡葬服务收费专项整治行动,对市殡仪馆、兰江街道马仙岭陵园、上华街道朝阳陵园的收费情况进行重点抽查,对相关问题进行整改并核定收费标准。12月组织海葬活动,共有20例骨灰参加。全市已有3942人选择节地生态葬法,共计发放奖励资金约50万元,直接节约殡葬费用2100多万元。

【流浪人员救助多元化】 完善站内管理服务,加强消防安全管理和环境卫生管理,提升站内照料水平,落实疫情防控各项举措,规范救助程序。强化政策宣传,利用"6·19"全国救助管理机构开放日,召开社区负责人座谈会,宣讲政策法规和救助工作,弘扬社会主义核心价值观,传递社会正能量。开展"夏送清凉""冬送温暖"专项救助活动,联合市网兰救援队每周巡街3次,为流浪乞讨人员送去防疫和生活物资。开展源头治理行动,针对周边县市救助站多次护送返兰以及联动行动中救助的流浪人员,与流浪人员所在村镇商议协调召开安置协调会,结合救助政策予以安置。截至12月底累计救助流浪乞讨人员176人次,长期滞留人员为5人,均在城北医院住院治疗,其中1人已通过公安部门人脸识别系统寻亲成功并安排护送返乡。

【社工队伍和慈善事业更有规模】 加强社工人才培养，新建乡镇级社工站2家，组织社会工作者考试，报名人数首次突破2000人，达2104人。同时通过网络教育方式开展了社工职业考试考前培训，提升通过率。2020年，新增持证社工557人，持证人数相比2019年增长1.7倍。兰溪市现有持证社工共计882人，其中中级78人、初级804人。广泛分布于社区服务、社会救助、社会福利、公益慈善、心理健康、青少年事务等多个与社会服务和社会治理密切相关的领域；2020年安排100万元福彩公益金（包括50万元财政资金）资助"兴兰公益"品牌，共资助24个公益项目。

【实施社区工作者队伍建设提升行动】 落实和完善"三岗十八级"薪酬保障制度，完成3岗18级套改的人数共149人。下发《关于做好2020年度专职社区工作者工资调整工作的通知》文件，完成本年度专职社区工作者公开招聘工作。举办全市社会（社区）工作者能力提升培训班，累计培训160余人次，为社区治理创新、社区服务水平提升、和谐社区建设注入新的动力。

【开展城乡社区示范创建工作】 完成第三批省级引领型、市级完善型农村社区示范评估验收工作，其中云山街道黄溢村、永昌街道百凤林村、上华街道新周村、梅江镇聚仁村、兰江街道厚仁村5个村入选省级引领型社区候选名单。创建精品社区9个，其中金华市级3个（兰江街道华丰社区、黄店镇王家村、诸葛镇硕宅村）；兰溪市本级6个（兰江街道滨江社区、云山街道云山社区、水亭乡柳塘章村、诸葛镇横畈畲族村、梅江镇群声村、赤溪街道后龚村）。

【打响兰溪公益统一品牌——"兴兰公益"】 深化"党建+"模式，以党建为引领，充分发挥党员先锋模范作用，动员社会组织参与脱贫攻坚、社会治理工作。全市20多家社会公益组织参与了一线联防联控，开展社工及志愿服务约4.3万人次。心舞社会工作服务中心通过海外资源对接防疫物资达上亿元，3家单位获得省、金华市先进组织荣誉，13人获得省、金华市抗疫先进个人。心舞社会工作服务中心胡芳获评全国抗疫先进个人。积极参与脱贫攻坚战。在社会组织联合党委发动下，依托民政局公益创投项目，全年共实施24个项目，有16家社会组织参加投入资金达100万元。2020年社会组织开展社工和志愿者服务1779人次，带动贫困人口数17338人，带动残疾贫困人口数99人，贫困人口增收5000元。兰溪4支专业救援队在抗洪救灾、流浪人员社会救助、搜救走失人员等应急救援中发挥重要作用。

【孤困儿童保障有力】 新建横木村、马涧村、陈家井村、兰花社区、洋港村、新周村、渡渎村、黄店村、聚仁村、杨青桥村10家示范型儿童之家，在马涧镇试点建设"三留守"（留守儿童、留守妇女、留守老人）儿童之家。推出童心守护计划兰溪"爱的守护包"公益项目，已募集46万余元；联合启程公益服务中心，组织开展"将学习和快乐进行到底"困境儿童夏令营活动和"童心颂祖国·快乐庆六一"的主题活动，重温革命历史，传承红色血脉，激发爱国情怀，颂扬民族精神。

【开展婚姻登记工作】 通过部门核验和网上申请预约，优先为预约者办理登记，实现婚姻登记系统升级。全年完成四种清理方式（直接取消、个人承诺、部门核验、数据共享）涉及的服务事项办件量20262例、四种清理方式涉及的证明数3739件。通过省级婚姻登记工作平台实现实时在线登记，全年预约办理1474对。爱家婚姻辅导中心开展收养登记上门代办和离婚劝和工作。由专业人员实地上门核查收养家庭情况，开展收养能力评估，并通过部门核验、数据查询等方式代替办事群众提交材料（减少证明材料11件）。全年办理收养登记20件，每件缩短办理时间13个工作日（不包含2个月公示期）。辅导中心2020年共劝和86对，劝和率达60%以上。

（姚　远）

老龄工作

【概况】 在国家卫健委老龄健康司组织的"2020年全国敬老爱老助老活动"评选中，市老年协会入选全国"敬老文明号"表彰单位名单，游埠镇老年协会水敏尧入围全国"敬老爱老助老模范人物"表彰名单；由省卫健委（省老龄办）举办的"奔向我们的小康生活——浙江省首届老年主题摄影大赛"中，我市选送的两幅摄影作品分获银质奖章和铜质奖章，还有69件作品获入围奖，参与人数和入围人数居金华市首位；兰溪市云山社区老年电大教学点被评为2020年"老年电大省级示范教学点"。

【百岁老人】 2020年兰溪市百岁老人共有25人，其中100岁的9人，101岁的10人，102岁的4人，103岁的2人（见表9）。

（周锡安）

表9　兰溪市百岁老人

序号	姓名	性别	家庭住址	出生日期
1	郭庆余	男	兰江街道横山社区殿下应新村221号	1917.10.02
2	汪根英	女	兰溪市沿江路20号	1917.11.26
3	徐卸英	女	兰溪市兰江街道溪西村	1918.05.12
4	叶根英	女	兰溪市上华街道黄家村	1918.01.17
5	徐秀兰	女	兰溪市永昌街道永昌社区	1918.04.08
6	王金花	女	柏社乡塘边村	1918.11.06
7	陈卸凤	女	云山街道金钟岭社区	1919.02.12
8	冯珍珠	女	云山街道黄泥岭村	1919.02.10
9	黄彩云	女	黄店镇黄店村	1919.03.23
10	姜梅弟	女	游埠镇梅屏村	1919.06.10
11	宋卸奶	女	游埠镇伍家圩村	1919.09.11
12	金根招	女	永昌街道高端村	1919.11.14
13	周赛香	女	常青颐养院	1919.10.19
14	张绍凤	女	兰江街道石宕坞村	1919.09.03
15	徐翠琴	女	兰溪市香溪镇官塘村	1919.11.07
16	汪菊花	女	上华街道中吴村	1919.10.22

续　表

序号	姓名	性别	家庭住址	出生日期
17	朱筱玉	女	诸葛镇天宝路	1920.02.02
18	陈秀妹	女	兰江街道府前路	1920.09.19
19	唐雪明	男	黄店镇三泉村	1920.12.08
20	舒爱香	女	柏社乡钟王村	1920.12.21
21	董宝英	女	上华街道马鞍徐村	1920.08.18
22	范秀琴	女	游埠镇郎六里67号	1920.12.31
23	郭采芹	女	丹溪大道168号	1920.11.27
24	董雪花	女	爱心敬老院	1920.10.15
25	邵安常	男	女埠街道焦石村	1920.11.21

退役军人事务

【概况】　2020年，兰溪市退役军人事务局紧紧围绕"服务退役军人"工作中心，紧扣全生命周期服务管理和"枫桥式退役军人服务站（中心）"建设两个关键，聚焦党建引领、尊崇关爱、服务保障体系建设、权益维护等，深入开展"三个年"活动，全面推动兰溪市退役军人各项工作落实。

12月25日，市委常委、人武部长陈智军为抗美援朝老战士颁发纪念章
（市退役军人事务局　提供）

【服务保障体系建设】　推动退役军人服务保障体系建设从"有"到"优"，市退役军人服务中心和12个乡镇（街道）退役军人服务站成功创建"全国示范型退役军人服务站"；灵洞乡退役军人服务站、兰江街道兰花社区被评为浙江省"新时代枫桥式退役军人服务站"。

【移交安置工作】　坚持公开、公平、公正"阳光安置"做法，落实安置各项政策待遇。完成8名军转干部、23名转业士官安置任务。

【优待抚恤工作】　建立退役军人电子化档案、完善退役军人和其他优抚对象信息"一人一档"、建立退役军人服务管理综合信息平台；实现农村籍60周岁退役士兵补助发放"无感智办"、重点优抚对象医疗补助"一站式结算"、优抚对象丧葬补助费给予"暖心代办"。

【"最多跑一次"改革】　联合各窗口业务部门，线上线下结合，即办代办同行，为退役士兵提供一次性联办退役报道、户口登记、社保医保办理等12个事项，实现"只进一扇门、只跑一次腿"，2020年接收退役士兵164名。

【就业创业工作】　定期推出退役军人线上招聘，

实现退役军人"求职不出门，岗位送到家"；帮助退役军人适应新形势，免费组织70余名退役军人和军属开展直播技能培训，助力实现创业梦；举办2020年退役士兵适应性培训，采用"线上+线下""思想政治+法规政策""就业培训+政策指导"相结合，帮助退役军人角色转变、职业转型、人生转轨；举办退役军人专场招聘会，30多家单位提供了300余个就业岗位，50多名退役军人签订聘用合同。

【拥军优属工作】 市四套班子领导在春节、"八一"等重要节点走访慰问驻金、驻兰部队，看望军烈属、困难退役军人、抗战老兵等；举办"尊崇功臣致敬老兵"八一座谈会、"纪念抗美援朝出国作战70周年"座谈会；建立"十联"工作制度和"周三集中服务日"制度，采用"班子联系定区，干部联系定点，网格联系定员"模式，深入开展退役军人常态化走访慰问，走访慰问功臣模范、抗战老兵、残疾军人、困难退役军人、军创企业等500人次；组织709名农村籍义务兵家属和烈属免费体检。

12月20日，组织社会力量开展关爱老兵公益活动　　　　　（市退役军人事务局 提供）

【先进典型宣传】 在《兰江导报》、兰溪新闻微信公众号等媒体开展退役军人先进事迹系列展播。微视频《兵支书黄洪军》、电影《兰湖水畔》在全市退役军人群体中引起热烈反响。组建退役军人党员志愿服务先锋队，积极参与环境整治、垃圾分类、应急救援、脱贫攻坚、"八有八无"创建等志愿服务活动，为建设美丽兰溪贡献退役军人力量。

【褒扬纪念工作】 创新开展"致敬2020清明祭英烈"网上祭扫活动，通过为英烈献花、向英烈留言等方式，表达对英烈的缅怀和敬仰之情，疫情期间网上祭扫专区点击率达3.2万人次。结合"抗日战争胜利75周年""抗美援朝战争70周年"，广泛开展纪念烈士活动，大力弘扬烈士精神；组织开展"930公祭日"活动，深切缅怀革命烈士的丰功伟绩。146名退役军人走进校园讲军旅故事、学军人礼仪，90多岁高龄抗战老兵宣讲团进学校、进军营、进机关讲述战斗故事。

7月27，组织退役军人志愿服务队前往青湖幼儿园讲军旅故事，教军人礼仪，续薪火传承
（市退役军人事务局 提供）

（童晓健）

应急管理

【概况】 2020年以来，应急管理局围绕市委市政府"四大战略"决策部署要求，立足工作职能，

紧抓安全生产基本盘，深入开展防灾减灾工作，实现全市安全形势持续平稳。2020年，全市共发生工矿企业生产安全事故19起，死亡13人，事故起数、死亡人数同比下降分别为9.5%、23.5%。

围绕重点时段开展安全检查，抓实安全生产基本盘。一是印发《关于做好岁末年初安全防范工作的通知》，召开岁末年初工作部署会议并开展专项检查；二是印发《关于印发兰溪市护航复工复产安全生产攻坚行动方案的通知》，开展护航复工复产安全生产专项检查；三是印发《关于进一步加强全国"两会"期间安全防范工作的通知》，切实做好"两会"期间安全生产工作；四是印发"五一"、国庆、春节前安全生产检查方案，并落实市领导定期带队检查安全生产工作机制。

9月，根据金华金盾-2020演习任务要求，在灵洞进行区域疏散演习 （市应急管理局 提供）

按照"3+9"专题专项整治工作要求，深入学习贯彻习近平总书记关于应急管理重要论述精神，持续开展道路交通、消防、危化品、城市建设、矿山及小微企业、工业园区、危险废弃物等重点领域安全风险管控与隐患排查治理，加大制度性、规范性管理体系建设。

继续开展危化品领域专项整治工作，组织研究编制危化企业统一特殊作业票，抓好16家危化企业换证回头看工作；全面实施企业安全风险管控体系建设，在全市"三场所三企业"和危险化学品使用企业开展安全风险管控体系建设工作。

加强对水泥制造、砂行业等重点领域的执法检查，推进"双随机一公开""互联网+监管"，加强对非事故类违法行为的查处，强化执法刚性与事故责任追究，防范化解重大安全风险，倒逼企业落实安全生产主体责任。

【高危行业安全监管】 对危化品使用企业进行全面筛查，实现了危化品使用企业分类分级管理，对全市危化生产企业、带仓储经营企业及重点危化品使用企业实现检查全覆盖；按照要求对全市非煤矿山企业开展日常监管检查，推进400余家"三场所两企业"安全专项检查。

【重点隐患风险管控】 抓好挂牌隐患整治，按时完成省、金华挂牌隐患的整改销号；推进全省安全风险管控体系建设，完成全市40%加工制造类小微企业的创建；依托社会化协同开展隐患整治，指导乡镇（街道）、开发区体检站开展服务企业的安全检查，引导企业开展标准化创建，提升企业的安全水平。

【安全执法处罚】 召开兰溪市砖瓦行业安全生产整治推进会，对各砖瓦企业开展隐患排查及隐患整改指导工作，立案处罚1家；对全市危险废物企业进行检查并通过采取明察暗访、随机抽查和"回头看"等多种方式督促隐患整改，对1家危废企业依法进行立案查处；按照地效用地整治工作要求，联合公安、消防、供电及兰江街道等单位，对兰江街道后陆区块的"低散乱"企业开展执法行动。

【安全生产宣传教育】 利用各类宣传载体，加强对安全生产、减灾救灾、森林防火、防汛防台抗旱等方面的宣传力度。深入开展安全知识、应急知识、防汛知识、防灾减灾知识"五进"(进学校、进社区、进农村、进企业、进家庭)以及百万员工大培训。完成第7处安全体验馆建设,大力推动在校学生、企业一线员工参与安全体验,全年参观人数达到2万人次。全年累计开展安全生产培训班135场,培训12000余人。

【可视化指挥调度系统建设】 配备调度平台、视频服务器、移动单兵、车载云台、布控球、无人机等多项技术设备,实现高清视音频互动和多渠道传输功能。完成15个避灾安置场所规范化建设、75个场所的可视化建设。

【应急救援演练】 开展"5·12"和"9·18"防空防灾警报试鸣,浙江金盾-21演习,完成演习任务。参与做好全省农机事故应急处置、2020"安全月"应急救援、杭金衢二期边通车边施工交通事故应急救援,大面积停电事件应急处置以及防汛等演练。

【人民防空】 全年窗口共受理办结业务123项。

9月24日,举办人防工程平时使用和维护管理培训会　　　　　　(市应急管理局　提供)

其中:行政确认12项、修建核实14项、易地核实87项、人防工程竣工备案10项。继续深化"最多跑一次"改革。全年开展3次应急演练,4月4日为新冠肺炎疫情牺牲烈士和逝世同胞举行全国性哀悼开展防空警报鸣响;"5·12"防灾减灾日"9·18"防空警报试鸣日持续开展防灾警报试鸣;9月18日,参加"金华金盾-19"演习任务,在灵洞开展区域疏散演练,完成演习任务。

【警报设施管理】 新购置两台人防警报器,并进行安装。同时每季度对全市所有固定警报器进行一次维护、检修,确保警报设施处于良好状态。在2020年3次防空警报鸣响中,主城区警报覆盖率达到98%以上,完好率100%。

【防汛防旱】 2020年兰江发生了11次洪水,其中超警戒洪水2次,分别为"7·1"洪水、"7·9"洪水,最大洪水为"7·1"洪水,洪峰水位30.03米,相应流量10900立方米/秒,超警戒2.03米(警戒水位28.00米、保证水位31.00米)。"7·1""7·9"两次超警戒洪水造成赤溪街道金桥村等低洼区受淹,共转移人员135人次,其中:"7·1"洪水转移72人,"7·9"洪水转移63人,未接到有关其他灾害损失的报告。受2020年第4号台风"黑格比"的影响,8月4日8时至20时,兰溪全市平均面雨量10.5毫米,单站最大累计雨量横溪镇横溪站51.2毫米,兰江、金华江、衢江等重要江河水位均在警戒水位以下;8月5日11时40分兰江发生小洪水,实测水位25.14米,相应流量3240立方米/秒。未接到有关人员转移、险灾情及因灾人员伤亡等情况报告。

(邹　倩　卢胜楠)

农业·林业·气象

综述

【概况】 2020年,农业农村局在决胜高水平全面建成小康社会的关键时刻,创新工作举措,持续推进乡村振兴和"四大战略",全面落实"六保"任务,促进农业增效、农村宜居、农民增收。2020年,全市实现农林牧渔业总产值50.62亿元,同比增长0.6%,其中农业产值21.54亿元,同比增长2.2%,林业产值0.36亿元,同比增长5.5%,牧业产值22.18亿元,同比下降1.2%;渔业产值5.19亿元,同比增长2.7%;农林牧渔专业及辅助性活动1.35亿元,同比增长6.2%。2020年,农村居民可支配收入为23021元,金华排名第八,同比增长5.2%,金华排名第十。农村集体经济收入35838.60万元,农民专业合作社共计653家。

农业农村工作

【概况】 深入贯彻落实省、金华市关于深化"千万工程"建设新时代美丽乡村工作部署,以乡村振兴的理念实施美丽乡村建设,进一步强化领导、集聚要素、创新模式,打造了一批可学、可看、可推广的新时代美丽乡村样板村。截至2020年,全市共打造乡村振兴"示范村""提升村"20个;乡村振兴"示范乡镇"3个;培育创建美丽乡村146个(其中秀美村86个、精品村16个、中心村17个、历史文化村27个);创建金华市级精品村28个;金华市级秀美村47个;创建省级示范乡镇5个;省级精品村18个;认定省级善治示范村53个。(2020年美丽乡村创建村名单见表10)

【实施项目精细管理】 由兰溪市乡村振兴工作领导小组办公室牵头,出台《兰溪市新时代美丽乡村建设项目管理实施办法》,按照"五步管理、全程把控"理念,对项目前期申报、进场筹备、建设推进、绩效验收、长效管理等五个环节,实行全程把控,进一步规范项目建设和管理,保障建设成效。

表10 2020年美丽乡村创建村名单

级别	创建类别	创建村名	创建个数
县级	示范村、提升村	马涧精品杨梅风情园(马坞村、蒋坞村、下杜村、西湖村)、上华上华村、永昌社峰村、梅江聚仁村、永昌夏李村、云山岩头村、马涧横木村、游埠东山项村、游埠金湖村、游埠范院坞村、灵洞耕头畈村、兰江莲塘岗村、赤溪常满塘村、赤溪后龚村、柏社乡洪塘里村、水亭殿下村、水亭上朱村	20
	示范乡镇	女埠街道、黄店镇、香溪镇	3

续 表

级别	创建类别	创 建 村 名	创建个数
县级	秀美村	兰江：上戴、应家新村（应家）、毕家（山区经济）、七一、里范。 云山：岩头、白沙岭（朱山）、永丰（陈店）、陈家井（山区经济）、十里亭。 上华：横山、大园畈村（上吴）、马鞍徐、新周（山区经济）、上华（山区经济）、下吴、皂洞口。 永昌：夏李、姜坞底、胜岗、太平祝（旧宅）、孟塘（下孟塘）、柏黄、童山（溪童）、沈家（山区经济）、朱项、高端。 女埠：焦石、女埠（下街）、女埠（山区经济）、泉湖、渡渎。 赤溪：常满塘、石龙头（姓叶）、上下汤（上汤）、后龚。 诸葛：合济桥村（菰塘畈）、厚伦村（厚伦桥）、硕宅（前宅）、硕宅（硕范）、新塘胡村（川塘下）、厚伦村（厚伦胡）、银塘。 游埠：游埠（梅屏）、下王（黄碧塘）、金湖村（东莞）、范院坞。 黄店：桐山后金（上王）、上包、范宅村（毛堰殿口）、桐山后金 灵洞：洞源、杨青桥、费龙口、耕头畈。 马涧：马坞、三联村（周溪）、山峰（殿里）、蒋坞、西湖（鲍村）、溪源（山区经济）、西汤、西湖。 香溪：双溪（密山）、施下（施家埠）、施下（下埠头）。 横溪：里董金、通津桥、新联（沈宅）、城头。 梅江：永镇（何宅）、祝宅（上祝宅）、永镇（岭外）、倪大（山区经济）、团结。 柏社：白鸠村（岗岭下）、钟王（台门下）、下陈、溪滩徐、水阁。 水亭：西方坞、横塘、金印（盖竹里）、河伯（尚方）、周邵汤	86
县级	精品村	永昌百凤林、永昌社峰、女埠虹霓山、灵洞洞源、灵洞杨青桥、游埠洋港、诸葛双牌、诸葛长乐、黄店三泉、香溪洲上、马涧下杜、马涧东叶、马涧马坞、柏社下蒋坞、横溪施宅、横溪渔塘	16
县级	历史文化村	兰江姚村、永昌新村（重点村）、女埠渡渎、女埠坝坦、赤溪杨塘、诸葛长乐（重点村）、诸葛万田、游埠东山项、游埠潦溪桥（重点村）、游埠下王、黄店芝堰（重点村）、黄店三泉（重点村）、黄店刘家、马涧东叶、横溪宋宅、横溪西塘下、横溪国庆、梅江祝宅（下祝宅）、梅江民益、梅江聚仁（重点村）、柏社洪塘里、水亭古塘、水亭水亭（水亭街）、永昌社峰（重点村）、永昌夏李村、横溪虞街村、梅江桃源溪村	27
县级	中心村	上华皂洞口、永昌樟林、永昌钱村、女埠焦石、女埠下潘、赤溪杨塘、诸葛双牌、诸葛厚伦方、游埠洋港、游埠下王、黄店三峰殿口、灵洞杨青桥、马涧石渠、香溪官塘、梅江聚仁、柏社百聚社村（柏社）、水亭水亭（水亭街）	17
金华级	精品村	灵洞白坑、灵洞西山寺、兰江姚村、黄店上包、黄店芝堰、诸葛诸葛村、诸葛长乐、灵洞洞源、诸葛厚伦桥、马涧马坞、黄店桐山后金、横溪宋宅、马涧东叶、永昌夏李、黄店三泉、梅江聚仁、游埠洋港、诸葛厚伦村、永昌太平祝（旧宅）、永昌钱村、诸葛硕宅、梅江永镇（何宅）、游埠金湖、永昌新村、永昌百凤林村、诸葛万田村、兰江毕家村、赤溪常满塘村	28

续表

级别	创建类别	创建村名	创建个数
金华级	秀美村	永昌姜坞底、永昌夏李、诸葛厚伦桥、诸葛前宅、诸葛菰塘畈、诸葛川塘下、诸葛硕范、梅江何宅、马涧东叶、赤溪常满塘、上华横山、云山岩头、水亭横塘、永昌胜岗、永昌旧宅、游埠梅屏、柏社岗岭下、兰江上戴、云山白沙岭（朱山）、永昌孟塘（下孟塘）、永昌童山（溪童）、永昌钱村、女埠女埠（下街）、马涧山峰（殿里）、横溪通津桥、横溪西塘下、横溪新联（沈宅）、水亭金印（盖竹里）、梅江永镇（何宅）、诸葛新塘胡（川塘下）、游埠东山项、黄店范宅（毛堰）、黄店三峰殿口、马涧三联（周溪）、马涧蒋坞、香溪双溪（密山）、横溪里董金、云山永丰村、上华马鞍徐村、上华大园畈村、永昌沈家村、赤溪上下汤村、诸葛合济桥村、灵洞杨青桥村、梅江祝宅村、柏社钟王村、马涧西汤村	47
省级	示范乡镇	诸葛镇、黄店镇、游埠镇、永昌街道、女埠街道	5
	精品村	灵洞洞源、诸葛长乐、诸葛诸葛、黄店芝堰、黄店上包、马涧东叶、游埠洋港、黄店三泉、永昌新村、兰江姚村、上华皂洞口村、永昌百凤林村、游埠潦溪桥村、女埠女埠村、女埠渡渎村、黄店朱家村、黄店王家村、马涧马坞村	18
	善治示范村	兰江后陆村、云山陈家井村、上华马鞍徐村、上华横山村、永昌夏李村、女埠女埠村、女埠午塘村、游埠洋港村、游埠东山项村、水亭下方泉村、水亭黄江村、诸葛厚伦方村、诸葛诸葛村、诸葛长乐村、黄店上包村、黄店王家村、香溪董宅桥、梅江祝宅村、横溪宋宅村、云山黄龙洞村、云山十里亭村、云山余店村、云山中徐村、上华下吴村、上华上华村、赤溪利民村、女埠焦石村、女埠渡渎村、诸葛万田村、游埠郎家村、游埠潦溪桥村、游埠范院坞村、游埠金湖村、黄店三峰殿口村、黄店三泉村、香溪洲上村、香溪厚同村、梅江民益村、梅江白沙村、梅江聚仁村、梅江镇溪村、马涧溪源村、马涧菩提源村、马涧马坞村、横溪城头村、横溪田畈周村、水亭奎塘畈村、水亭横塘村、水亭殿下村、柏社新里胡村、柏社水阁村、柏社溪滩徐村、柏社下蒋坞村	53

省级示范乡镇女埠街道　　　　　（王恩贶　摄）

省级精品村永昌百凤林村　　　　（王恩贶　摄）

省级善治示范村梅江镇聚仁村（梅江镇 提供）

【强化村庄业态运营】 立足美丽乡村建设成效平台，对接省内外知名运营公司，参与村庄运营。引进香溪镇北山村"无它心舍"、黄店镇朱家村"村舍"、黄店镇王家村"塘里居"等3家高端民宿。同时，引进兰溪首个乡村振兴运营团队入驻梅江镇聚仁村，策划具有盈利能力的乡村业态，构建村庄利益共同体，形成村庄良性运转。

建设中的黄店镇朱家村民宿 （黄店镇 提供）

【市人大代表视察农产品质量安全工作】 6月11日，市人大代表视察农产品质量安全监管工作，现场走访了杨梅绿色农资配送中心、国际杨梅研究中心、新农夫果蔬专业合作社，实地走访体验兰溪杨梅质量安全管控措施，通过视察监督，进一步宣传农产品质量重要性，进一步明确问题所在，对症施策，有效推进农产品质量安全工作。

【盘活闲置空间】 7月，由浙江省教育厅、省农业农村厅等共同主办，兰溪市人民政府、浙江财经大学承办，市农业农村局、市农商银行等协办的浙江省大学生乡村振兴创意大赛"文化赋能空间"兰溪专项赛，吸引中国美术学院等多个高校团队对永昌夏李村、女埠渡渎村、黄店王家村的30个闲置空间进行业态策划、空间布置、活化运营，破解乡村闲置房屋利用不佳、浪费等问题。新华社、浙江卫视等多家媒体对该项赛事进行报道。

【赴义乌市、东阳市考察美丽乡村建设工作】 12月12日，由市委副书记林纪平，副市长陈玉祥带队分赴义乌市、东阳市考察学习新时代美丽乡村建设，学习借鉴先进经验，取长补短，进一步拓宽新时代美丽乡村建设思路，提升工作水平。市委办、市府办分管负责人，农业农村局、建设局、水务局、文旅局、综合行政执法局、交投集团等相关部门主要负责人，各乡镇（街道）党（工）委书记和分管负责人参加考察学习活动。

【开展兰溪杨梅和枇杷全程可追溯试点工作】 在现有农业主体追溯系统框架的基础上，升级开发农产品全程可追溯系统，开展兰溪杨梅和兰溪枇杷全程可追溯试点工作，兰溪市果香家庭农场等10家规模生产主体参与该次试点。通过手机端软件实时录入生产档案，实现农事操作、用药全程可追溯，强化兰溪杨梅、枇杷质量安全把控，进一步推进兰溪市食用农产品质量安全追溯体系建设工作。

【开展农产品质量安全专项整治"利剑"行动】 针对农产品种植、养殖过程中违禁药物使用、非法添加、农（兽）药残留超标等重点问题，强化隐患排查、监督抽查和执法检查，开展农产品质量安全专项整治"利剑"行动，其间共出动执法人员1823人次，检查生产主体565家次，办结食用农产品质量安全案件2起。

【开展"一县一品一策"标准化示范创建工作】 系统梳理兰溪枇杷生产中的质量安全控制点，集成和推广枇杷安全风险综合管控技术，因地制宜初步集成枇杷质量安全风险管控策略，建立适合兰溪枇杷产业发展的团体标准，整体提升枇杷产业标准化生产和农产品质量安全水平。

【粮功区非粮化整治】 7月28日，组织召开2020年中央财政农业生产发展资金（耕地地力保护补贴）发放和粮食功能区非粮化整治工作会议。会议由副局长黄雪根主持，财政局，各乡镇（街道）分管领导和业务工作负责人，补贴代发银行代表参加会议。会议对2020年耕地地力保护补贴发放工作和粮食功能区非粮化整治工作进行部署，并解读耕地地力保护补贴补贴政策和粮食功能区非粮化整治政策。

董宅桥村非粮化整治　　　　（王恩贶 摄）

【农村承包地确权登记颁证工作】 兰溪市秉持"试点先行、大胆探索、积累经验、以点代面"工作思路，积极部署推进土地确权登记颁证工作。兰溪市土地确权面积28866.67公顷（43.3万亩），签订合同14.45万份，合同签订率达99.65%，已颁发权证14.42万本，权证发放率达99.38%。顺利建成市农村土地承包经营权信息数据库，完成农村土地承包经营权确权登记颁证纸质档案整理及数字化扫描加工14.41万户，完成率达99.31%，为促进农业农村现代化、乡村振兴提供支撑。该项工作获国家荣誉。

扶贫工作

【概况】 兰溪市始终以习近平总书记关于扶贫工作的重要论述为指引，以贯彻落实省《低收入农户高水平全面小康计划（2018—2022年）》等文件精神为牵引，并遵照省委巡视、各级市委巡察、扶贫专项审计等各级检查要求，不断加大扶贫攻坚力度。2020年，兰溪市低收入农户年人均可支配收入与2019年同比增长15.6%，全面消除低收入农户人均可支配收入低于"9000元"现象，增幅居金华市第二名。

【发挥产业扶贫带动效应】 为充分发挥产业扶贫带动效应，集中香溪镇5个扶贫重点村申报扶贫专项资金1200万元，通过发展民宿项目，提升扶贫资金使用绩效，丰富产业业态；安排"菜单式"扶贫资金182万元，覆盖低收入农户1495户；安排"雨露计划"45.6万元，受益低收入农户子女152人；有序推进低收入农户健康保险，释放医疗补充政策性保险红利，截至三季度共有2.09万人次获得保险理赔224.72万元，着力缓解低收入农户因病致贫、因病返贫现象。

【深化"一户一策一干部"结对帮扶工作】 对帮扶责任、帮扶内容、动态性管理和监督进行细化明确，不断深化"一户一策一干部"结对帮扶工作，新增市级机关帮扶结对干部939名，重点对有劳动能力低收入农户增收提供扶持。编制《精准扶贫政策宣传明白册》，面向帮扶干部和低收入农户累计发放1.7万册。始终坚持扶贫先扶"智"，积极实施就业技能和农业实用技术免费培训，提高低收入农户劳动力就业能力。

【市委书记陈峰齐调研扶贫工作】 3月29日，市委书记陈峰齐调研扶贫工作，重点对低保群众住房安全、特困供养人员生活保障等工作进行督查。他强调，要提高政治站位，突出工作重点，层层传导压力，补齐工作短板，更加精准有效落实各项扶贫政策和措施，在高水平全面建成小康社会路上不让一个人掉队。

【市委常委（扩大）会议专题研究扶贫工作】 3月30日，市委书记陈峰齐主持召开市委常委（扩大）会议，传达学习习近平总书记在中共中央政治局会议上关于进一步统筹推进疫情防控和经济社会发展工作，以及脱贫攻坚成效考核和专项巡视"回头看"情况的重要讲话精神，坚决落实省委巡视组的整改要求，专题研究扶贫工作。

【联合下发低收入农户结对帮扶工作文件】 3月31日，市委组织部、扶贫办、民政局联合下发《关于切实做好"一户一策一干部"低收入农户结对帮扶工作的通知》，重点对有劳动能力低收入农户增收提供扶持。

【市领导王新峰带领相关部门负责人调研扶贫工作】 4月8日，市委副书记、市长王新峰带领相关部门负责人调研扶贫工作。他强调，要提高政治站位，创新帮扶举措，坚持产业扶贫，全力以赴补齐短板弱项，用足用好用活各项扶贫政策和措施，确保扶贫工作取得扎扎实实的成效。

【市领导陈峰齐到赤溪街道调研扶贫工作】 5月14日下午，市委书记陈峰齐在赤溪街道调研扶贫等工作时强调：要切实把扶贫工作落到实处，精准施策，坚决打赢脱贫攻坚战，同时要发挥自身优势，立足当前谋划长远，全力以赴抓经济、抓民生、抓队伍，争先进位、走在前列，为兰溪高质量发展贡献赤溪担当。

【召开扶贫开发领导小组（扩大）会议】 5月19日，兰溪市召开扶贫开发领导小组（扩大）会议。市委书记陈峰齐出席会议并讲话，强调要进一步统一思想、明确目标，坚持问题导向、目标导向和结果导向，抓细抓实扶贫工作，全面补齐短板弱项，坚决打赢脱贫攻坚战。

【范冬岩一行到兰督导脱贫攻坚工作】 6月2日，金华市农业农村局局长范冬岩一行到兰督导脱贫攻坚工作，交办工作任务。他指出，2020年是全面建成小康社会目标实现之年，是全面打赢脱贫攻坚战收官之年。兰溪作为"26+3"县市之一，要紧紧围绕脱贫攻坚任务，做深做细低收入农户增收文章，集中力量抓重点、攻难点、补短板，全力推进扶贫各项工作。要注意工作方法，深入谋划、协作联动、综合施策，多措并举打好组合拳。要认真履职尽责，层层压实责任，切实把脱贫攻坚各项措施落实到位，为高水平全面建成小康社会、全面打赢脱贫攻坚战贡献兰溪力量。

【开展低收入农户就业创业和技能培训】 10月20—21日，兰溪市开展"国家扶贫日"系列活动，由扶贫办开展低收入农户就业创业和技能培训，全市共有低收入农户150人参加，培训内容从"扶智""扶志"两方面出发。

种殖业

【概况】 全年粮食播种面积15566.67公顷（23.35万亩），总产量8万吨。其中水稻播种面积7866.67公顷（11.8万亩），同比增加8.6%。晚稻6400公顷（9.6万亩），面积比去年增加10.2%。豆类4133.33公顷（6.2万亩），其中大豆面积3000公顷（4.5万亩）；玉米2133.33公顷（3.2万亩），番薯和马铃薯1333.33公顷（2万亩），与去年基本持平。油菜播种面积任务6933.33公顷（10.4万亩），实际播种面积为6940公顷（10.41万亩）。蔬菜播种面积7680公顷（11.52万亩），产量达到25.3万吨，比去年增加2.1万吨，其中水生蔬菜播种面积846.67公顷（1.27万亩）。

万亩粮食生产功能区水稻收割 （王恩贶 摄）

【实施产业技术项目】 继续实施3个省级产业技术项目，其中在兰溪市圆梦家庭农场实施的"稻鱼鳖共作模式"完成项目实施并通过验收。通过产业团队项目顺利实施，开展相关种养关键技术应用试验，推动产业绿色优质高效发展。

【做好新品种引进及试验示范】 全年引进各类农作物新品种80余个，其中水稻有嘉丰优2号、甬优6711等，油菜有越优1203、越优1401等；草莓有白雪公主、越秀草莓等。开展新品种对比与展示工作，对甜瓜、南瓜、西瓜等其他蔬果作物共12个新品种开展试验，建立瓜菜新品种展示示范点4个，展示黄瓜、茄子等50个瓜菜新品种。建立油菜新品种示范基地3个，面积19公顷（285亩），4月27日在云山街道岩头村举办金华市油菜新品种现场观摩会。

【粮食绿色高产高效创建示范片】 建设粮食绿色高产高效创建示范片8个，开展了新品种新技术的引进试验示范与测产等工作，其中水稻绿色高产高效创建千亩示范片5个，平均亩产量分别为550.37kg、664.8kg、543.04kg、500.05kg和524.36kg。旱粮高产高效创建百亩示范方3个：品种分别为鲜食春大豆、番薯和高粱，平均亩产量分别为621.31kg、1234.70kg和369.91kg。

【规范先进设施栽培技术规程】 规范杨梅、枇杷等设施栽培技术，推广标准化种植模式。新增枇杷设施9000平方米，杨梅大棚26.67公顷（400亩），建设智能控制示范基地5处，安装杀虫灯180盏，建立无人机飞防试点26.67公顷（400亩）。成功编制金华市地方标准《设施杨梅生产技术规程》。

【病虫害统防统治与绿色防控】 建立了11个核心示范区，示范面积500公顷（0.75万亩）。示范区农作物统防统治覆盖率达到100%，3种以上绿色防控技术应用率达到100%，化学农药使用量比农户自防区减少30%以上，病虫为害损失率控制在5%以内，农产品达到无公害标准，农田生态得到改善，经济、社会和生态效益明显。

【开展浙江省"五园"创建】 积极响应浙江省农业农村厅开展种植业"五园"（生态茶园、精品果园、放心菜园、特色菌园、道地药园）创建号召，2020年，兰溪市绿杉果蔬合作社创建省级"放心菜园"示范基地、兰溪市君恋农业生态科技有限公司创建省级"特色菌园"示范基地通过了验收认定。

【兰溪杨梅苗捐赠】 3月8日，兰溪-汶川农业扶持项目再启动，由兰溪市农业农村局向汶川县再提供2400株杨梅苗。除赠送枇杷苗外，市农业农村局特派杨梅技术服务队队员前往汶川进行种植及修剪现场指导，助力汶川杨梅示范基地建设，促进汶川水果产业结构调整及果农增收。

3月8日，兰溪2400棵杨梅大苗远"嫁"汶川
（项柔刚 摄）

【2020中国·兰溪枇杷节在女埠穆坞村启动】 5月11日，2020中国·兰溪枇杷节——浙江广电集团"暖春行动"在女埠街道穆坞村启动。活动采用云直播、线上推介方式进行。通过央视网、浙江新蓝网、兰溪融媒体等网络直播平台助力兰溪枇杷、特色农产品品牌宣传推介，把兰溪枇杷这一区域公共品牌与企业品牌相结合，采取线上线下全渠道营销模式，打造兰溪枇杷休闲观光采摘游，拓宽销售市场，为果农做好牵线搭桥工作。现场，女埠街道穆坞枇杷专业合作社与遂昌甜蜜园蜂业合作社签订枇杷蜜销售合作协议；省农业技术推广中心与市农业农村局签订枇杷专家团队合作协议书，中国园艺学会枇杷分会兰溪服务站授

枇杷节上授牌仪式 （朱彦轩 摄）

牌成立；举行2020年"金农好好"品牌使用授牌仪式、致敬兰溪援鄂医务人员赠果仪式。

【2020兰溪最甜枇杷擂台赛】 5月18日，由兰溪市人民政府主办，市农业农村局、黄店镇人民政府承办的"2020兰溪市最甜枇杷擂台赛"在黄店王家村举行。市领导陈玉祥、俞兰，市府办、市农业农村局、黄店镇等负责人参加活动。擂台赛共收样21个，由浙江省农技推广中心、金华市特产站及兰溪市特产站专家评委对样品的可溶性固形物、单果重测定以及样品形状、色泽、口感、包装等方面进行测定评选。经现场测定，白露园家庭农场的枇杷以糖度20夺冠。

【2020年浙江杨梅之最兰溪杨梅夺冠】 6月15—16日，浙江农业之最杨梅擂台赛在丽水市青田县举行，在全省18支参赛队伍选送杨梅样品中，专家根据果形、整齐度、色泽、果面、风味、质地和可溶性固形物含量等进行评比打分，兰溪选送的荸荠种杨梅和东槐杨梅分别获得综合品质一等奖、可溶性固形物含量一等奖，再次获"双料冠军"。

【2020"兰溪杨梅红天下"杨梅节系列活动在马涧镇举行】 6月5日，2020"兰溪红"杨梅品牌发布暨开摘仪式在马涧镇马坞花海基地举行。

现场,"兰溪红"杨梅品牌以"倒鎏金沙显字"的形式正式发布。省农业农村厅二级巡视员朱华潭,金华市领导张伟亚,兰溪市领导陈峰齐、王新锋、翁柯卫、赵月莲、陈玉祥、姚威参加开摘仪式。仪式上,省农科院副院长戚行江发布了兰溪杨梅产业指数;兰溪市农业农村局主要负责人代表"兰溪红"品牌与"知味中国"、"电商中国"签约。6月6日,2020"兰溪红"杨梅品牌推介会在杭州西湖文化广场举办。8月份,市农业农村局于14日、15日、29日分别在兰溪和平公园、新时代广场和杭州星光大道举办杨梅系列产品推介会,助力杨梅产品销售,通过举办"兰溪红"品牌发布暨开摘仪式、杭州推介会等活动明显提升"兰溪杨梅"知名度及影响力。

"兰溪红"品牌发布　　　　　　　（王萍　摄）

【举办瓜果蔬菜观摩会】 7月在,金华市农科院举办瓜菜新品种新技术观摩培训会;同年12月在黄店镇上包村润土家庭农场种植基地,举办"小萝卜-雪里蕻-早稻"轮作高效种植模式现场观摩培训会。

【兰溪市"中国农民丰收节"暨万亩良田水稻开割仪式启动】 9月25日,在云山街道万亩粮食功能区举行以"粒粒不易 敬畏粮食"为主题的2020年兰溪市"中国农民丰收节"暨万亩良田水稻开割仪式。活动现场表演了锣鼓等具有兰溪地域特色、歌颂"三农"、传承农耕文化的庆丰收文艺节目;展示了现代化机械收割水稻场景;兰江小学学生和家长等还在现场参加了水稻收割亲子赛、趣味捕鱼等体验活动,体味丰收不易、节俭可贵。

欢快的农民丰收节　　　　　　　（王恩贶　摄）

养殖业

【概况】 2020年,兰溪市畜牧农机渔业发展中心优化畜牧产业结构和布局,狠抓非洲猪瘟、高致病性禽流感等重大动物疫病防控,持续推进畜牧业转型升级,有效实现生猪增产保供;创建省级美丽牧场13家,市级美丽牧场22家,国家级标准化示范3家。2020年末生猪存栏16.51万头,其中能繁母猪存栏2.40万头;全年出栏32.85万头,供给率达到170%以上;年末家禽存栏394万羽,全年累计出栏580.25万头,同比增加2.24%;生猪增产保供工作获2020年三季度金华市经济工作争先创优行动"最佳实践",奖励补充耕地指标9.88公顷（60亩）、能耗指标9000吨。

【推进畜牧业"机器换人"示范工作】 11月9—10日,市农业局顺利承办2020全省畜牧业农机装备数字化推进会现场观摩会议。兰溪华统牧业有限公司瑞溪地块和市丽忠蛋鸡场作为全程机械化、数字化新建规模猪场和蛋鸡场现场观摩点，全省共150余人参加现场观摩。

【开办保险试点工作】 引导存栏1000头以上生猪养殖场全部投保商业险，发挥"政策性+商业性"保险金融杠杆撬动作用，投保存栏1000头以上规模猪场生猪保额最高追加450元/头，能繁母猪追加1000元/头。同时开展规模湖羊养殖保险试点工作，参保的病死湖羊无害化处理费用由财政给予保障，加速推进保供替代品的转型升级。

【市病死动物无害化处理厂完成与省数字畜牧应用平台数字化对接】 兰溪市病死动物无害化处理中心（兰溪百奥迈斯生物科技有限公司）建成于2014年12月。根据《关于开展政策性生猪保险全覆盖与无害化处理联动工作的实施意见》（兰政办发〔2014〕154号）文件精神，兰溪市于2014年开展政策性生猪保险全覆盖与无害化处理联动工作，全市病死生猪由市无害化处理中心负责"统一收集，集中处理"。收集的病死生猪通过干法化制的处理工艺及时进行无害化处理，并建立处理台账，日处理能力达24吨；处理后形成的固体残渣和油脂由有相关资质的公司收购进行资源化利用。2020年底，无害化处理中心完成与浙江省数字畜牧应用平台数字化对接，实时录入无害化收集、处理等数据，并接入无害化处理厂视频监控和无害化运输车辆定位及视频，全面实现病死畜禽的无害化处理信息化管理。

【完成生猪增产保供年度目标任务】 紧盯年初增产保供目标任务，全面落实"菜篮子"市长负责制，成立生猪增产保供专班，以农业农村部门分管领导为组长，建立生猪增产保供作战图、任务表，出台《关于推进生猪产业高质量发展的意见》，多举措推动生猪养殖补栏增养。兰溪华统牧业有限公司瑞溪地块引进种猪10000头，实现年底前投产。省争先创优农业专班生猪评价指数稳居全省前列。生猪增产保供工作获2020年三季度金华市经济工作争先创优行动"最佳实践"，奖励补充耕地指标9.88公顷（60亩）、能耗指标9000吨。

【加快市区域性洗消中心建设】 加速推进市区域性洗消中心建设工作，建成市区域性洗消中心1家，同时分区块设置生猪运输车辆临时洗消点，全市已基本形成"一场多洗消"多层防控网络。

【开展生猪养殖场健康管理码赋码工作】 开展养殖场管理码赋码管理线上培训、线下指导共200余人次，完成128家存栏50头以上生猪养殖场赋码工作，完成率达到100%，全面实现生猪养殖场"红、黄、绿"三色亮码管理，实现"一场一专码、一码知安全"，构建"大数据+网格化"风险管控体系。

【保护优良种质资源】 建成种畜禽场4个，分别为：兰溪市乐羊羊生态养殖有限公司、兰溪市禾丰养殖场、兰溪市鸿香生物科技有限公司、兰溪市八戒种猪场。兰溪花猪纳入省级畜禽遗传资源保护名录。

【推进保供替代品转型升级】 开展规模湖羊养殖保险试点工作，参保的病死湖羊无害化处理费用由财政给予保障，加速推进保供替代品的转型升级。

两区建设

【概况】 2020年，共有粮食生产功能区122个，面积达到10066.67公顷（15.1万亩）。年末有省级主导产业示范区9个，省级特色农业精品园14个，省级现代农业综合区1个，特色农业强镇2个。加强粮食安全保障，建成高标准农田900公顷（1.35万亩），已完成非粮化整治139.762公顷（2096.43亩），成功创建省级粮食高产片区8个，面积410公顷（6150亩），推广应用新型农作制度5333.33公顷（8万亩），落实农作物储备种子8万千克。

【实施粮食生产功能区提标改造】 全市启动粮食生产功能区提标改造项目11个，并全部顺利完工，其中10个项目通过竣工验收，共认定粮食生产功能区提标改造面积990.6公顷（14859亩），超额完成上级下达800公顷（1.2万亩）计划，超出预期计划23%。

【加快推进高标准农田建设】 截至2020年底，6个建设项目通过完工验收，建成高标准农田898.87公顷（13483亩），其中高效节水灌溉面积260.93公顷（3914亩）。

【1园区列入省级现代农业园区创建】 12月28日，浙江省粮食安全和推进农业现代化工作领导小组农业"两区"办公室下达《关于公布2020年省级现代农业园区创建对象名单的通知》，兰溪市白露山现代农业园区列入创建名单，建设年限为2020—2022年。通过项目建设，将在稳定粮食生产的基础上，突出枇杷和中药材两大主导产业的集聚、集群和融合发展，在新型主体培育、科技创新、产业融合、品牌创建等方面取得显著进展，进一步延伸产业链，发展农产品加工业，构建现代农业生产体系、产业体系和经营体系，构建"一核、一带、两镇、三区、四园、多点"的现代农业园区空间格局。

农业服务业

【概况】 与浙江省茉莉花、枇杷产业创新团队合作，开展多方位试验，加快新品种的研发，实现产业兴旺。开展技术技能培训，不断提升农民种植、养殖技术，促进农产品精品发展。

【建立多方合作体系】 紧密联系浙江农林大学，合作成立金华茉莉花茶研究所，加强挖掘金华茉莉花产业潜力，加速技术研究创新与转化，共同推进浙江花茶产业的恢复和发展。与中国园艺学会枇杷分会合作成立兰溪枇杷专家工作站，与浙江省农科院合作开展枇杷配方肥试验，提升枇杷种植生产技术，切实解决农户难题，加快新品种研发推广，进一步推动枇杷产业兴旺。

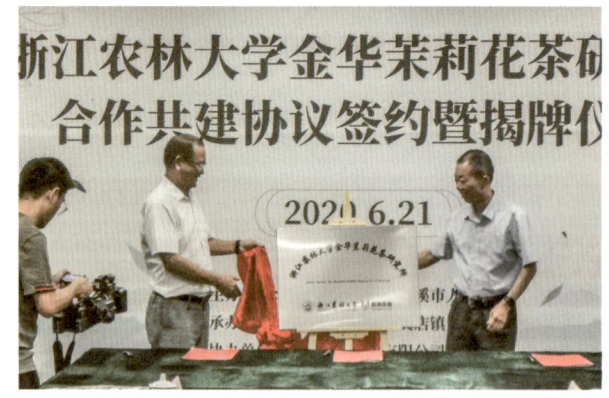

6月21日，由浙江农林大学、浙江婺洲茶业有限公司合作共建的浙江农林大学金华茉莉花茶研究所在兰溪揭牌 （徐正达 摄）

【开展下乡服务及培训】 开展农业科技下乡活动，大力宣传种子法律法规及农作物新品种，共发放相关农业资料1万多份，采取广播、电视和报纸等多种宣传方式进行推广工作，截至年底，共发布30余篇报道。春耕备耕期间赠送早稻种子、水稻"湘两优900"种子分别为500千克和1500千克。6月开展2020年度规模种粮补贴政策落实培训会。

【举办杨梅质量安全培训班】 4月30日，市农业农村局在国际杨梅研究中心举办杨梅质量安全培训班，邀请临海市农业农村局颜丽菊研究员授课，讲述杨梅质量安全管控措施，云山街道、香溪镇、马涧镇、柏社乡预计80余户参加培训。

【举办兰溪枇杷标准化生产技术培训班】 10月20—21日，举办兰溪枇杷标准化生产技术培训班，邀请省农科院陈俊伟研究员、苍涛副研究员授课，重点讲述枇杷高质高产、质量安全控制方面内容，全市枇杷种植规模主体30余户参加培训。会后，前往丽水景宁参观学习优秀枇杷种植经验，进一步提升兰溪市枇杷产业标准化生产水平。

【举办兰溪市首届农播大赛】 12月2日，市农业农村局在全市范围进行农产品网络直播销售培训，并举办了兰溪市首届农播大赛。该次农播培训为期4天，来自全市各乡镇（街道）的70多名种植户、经营户等参加了直播培训。农播比赛从直播的仪态、语言、带货能力、现场问答等方面进行打分点评，进一步提升农户的线上销售技能，拓宽了农产品营销渠道，提升了产品的附加值。

【承办全省农机事故应急处置演练现场会】 6月24日，承办了浙江省暨金华市农机事故应急处置演练现场会。现场会上，市农机工作人员完成了设计的农机事故应急处置工作，并通过网络直播形式，向全省同行展现了兰溪市科学、规范、有效地处置农机事故的良好形象。现场还举办了现场农机安全知识、农机应用知识、新机械等咨询宣传活动，并采用农机安全知识与文艺节目相结合的形式，向农民群众开展了寓教于乐的文艺演出活动。

农业产业化

【概况】 高质量推进农业现代化，进一步提升农业平台建设，争取到"一镇一区一示范"要素支持（"一镇"是指马涧杨梅国家级农业产业强镇，"一区"是指白露山省级现代农业园区，"一示范"是指省级乡村产业发展示范县暨兰溪市数字田园产业化发展示范项目），公开发布《兰溪市乡村振兴产业高质量发展规划（2020—2025年）》。

【不断提升产业融合能力】 兰溪奉源食品有限公司不断加强杨梅衍生产品研发，带动杨梅深加工发展；浙江婺洲茶业稳定茉莉花茶生产，同时积极探寻枇杷花茶的深加工；顺远农业和汇康药材共用车间引进两套提炼玳玳精油、纯露设备；锦荣农业研发铁皮石斛食品类深加工产品如铁皮石斛饮料、铁皮石斛即食方便食品、铁皮石斛压片糖果等。企业全力助推兰溪农产品发展。

【组织完成中央财政产油大县奖励资金项目建设】 全市共落实中央财政产油大县奖励资金项目1个，核定补助资金129万元，并于2020年底完成竣工验收。

【督促抓好农综开发产业化项目】 浙江喜燕233.33公顷（3500亩）香榧特色园建设，核定补助资金556万元，于年底前已通过竣工验收。2020年新立项的农综开发产业化项目——浙江榧常好食350吨香榧加工新建项目，已先后组织完

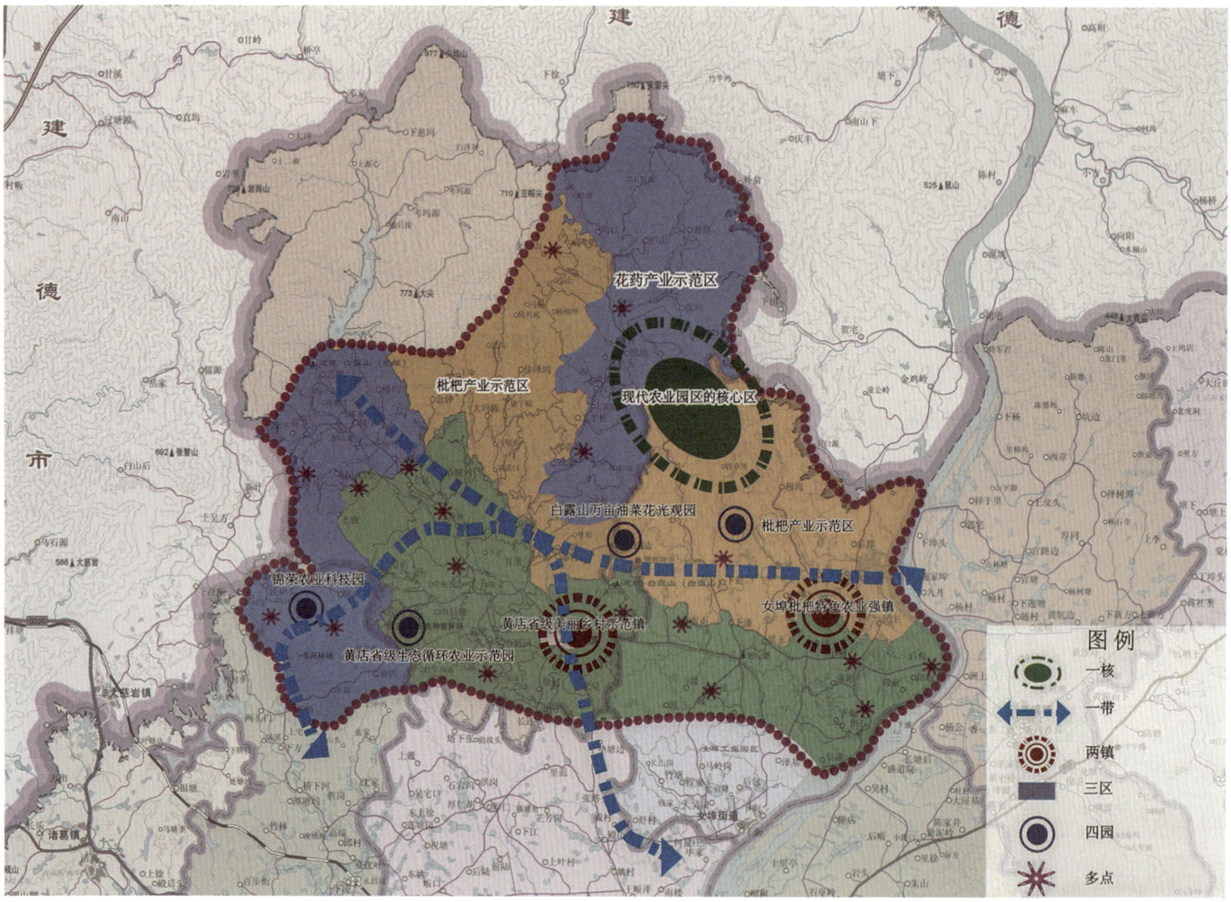

白露山现代农业园　　　　　　　　　　　　　　　　　　　　　　　　（市农业农村局　提供）

成可行性报告、实施方案编制及评审工作,并下达了项目实施计划。

【《兰溪市乡村振兴产业高质量发展规划（2020—2025年）》发布】　4月2日,中共兰溪市委办公室、兰溪市人民政府办公室下达《关于印发兰溪市农业产业高质量发展规划（2020—2025年）的通知》文件,《规划》经市政府常务会、市委常委会讨论通过后公开发布。《规划》为深入实施创新驱动发展战略和乡村振兴战略,创新驱动兰溪农业产业高质量发展,高水平推进兰溪农业农村现代化和农业产业高质量发展提供全面系统的技术方案。

【成功申报国家级农业产业强镇建设】　5月21日,农业农村部、财政部下达《关于公布2020年农业产业强镇建设名单的通知》（农办产〔2020〕5号）,马涧镇入围,主导产业为兰溪杨梅。国家农业产业强镇申报工作由市农业农村局牵头,马涧镇具体实施,项目结合马涧镇打造杨梅全产业链的总体目标,发挥现有产业基础、科

马涧精品杨梅风情园　　　　　（马涧镇　提供）

技优势，因地制宜布局主要建设内容、重点开展精品基地基础设施、生产设施、加工营销、农旅融合等建设，协同推进生产生态化、产品绿色化、果园景区化，着力打造具有国际影响力的中国杨梅之乡，助力兰溪农业现代化发展水平进入全国前列。

【列入省级乡村振兴产业发展示范县建设】 6月22日，省财政厅印发《关于同意列入2020年度省级乡村振兴产业发展示范建设县的批复》（浙财农〔2020〕28号），批复兰溪市实施兰溪市数字田园产业化发展示范建设。数字田园项目以产业数字化、数字产业化为发展主线，围绕水果、水稻两大产业，以351国道为发展轴线，通过数字化平台、数字化生产基地和数字化新业态等子项目建设，建成主导产业成体系、层级明显、互通互联的全产业链数字化体系。

【继续开展农业"标准地"改革工作】 根据金华市工作部署，继续开展农业"标准地"改革工作，全市共完成农业"标准地"存量面积684.73公顷（10271亩），增量面积970.4公顷（14556亩），新增农业"标准地"项目26个。

【壮大农业龙头企业队伍】 不断培育新型农业经营主体，壮大农业龙头企业队伍，共完成金华市级农业龙头企业的年度审核7家，新申报金华市级农业龙头企业3家；完成省级农业龙头企业年度审核1家，新申报省级农业龙头企业年度审核1家。

农业监督管理

【概况】 市农业综合行政执法队于6月底完成职能整合及调整人员到位。执法队整合兽医兽药、饲料及饲料添加剂、生猪屠宰、种子（种畜禽）、肥料、农药、农机、农产品质量安全、农业转基因生物、动物卫生监督、植物检疫、渔业等分散在同级农业农村部门内设机构及所属单位的行政执法职责，以农业农村部门的名义统一行使行政处罚权以及与之相关的执法检查、行政强制工作。下设综合科、兰江中队、上华中队、永昌中队、马涧中队、渔业中队。

【加强农业市场监管】 检查各类农资、种植、养殖、渔业等各类生产经营主体838家，出动执法人员2928人次。完成94批次农业投入品抽检，检测全部合格，合格率达100%。配合质监科完成100批次农产品和150批次水产品抽检。全年一般程序立案共31起，移交案件3起，罚没款共计7.07万元。

【开展农药废弃包装物回收与处置工作】 全年回收任务量为40.62吨，处置任务量为36.56吨。全市共回收与处置农废43.125吨，回收率106.2%，处置率118.0%，进一步减少农药农业废弃物对农田污染，促进美丽乡村建设。

【建成基层动物卫生监督规范化所站2个】 经申报、初验、验收，兰溪市丽农食品有限公司屠宰检疫工作室、兰溪市永昌动物检疫申报点2个基层动物检疫点完成基层动物卫生监督规范化所站建设，夯实了兰溪市动物卫生监督工作基础，提升动物卫生监督综合治理能力。

【449台变型拖拉机退出历史舞台】 全市在册上道路变型拖拉机共449台，通过现场联合执法、集中"攻坚月"等途径，扎实推进变拖提前报废淘汰工作，449台变型拖拉机全部完成淘汰报废，完成变型拖拉机清零工作。

【严把动物检疫关】 强化源头控管，严格做到现场检疫、合格出证、证货同行、凭证入场等。全年共开具动物产地检疫证明3709张，检疫合格动物682135头（羽）；开具动物产品检疫证明12063张，检疫合格产品6000吨。

【开展住家船整治工作】 6月，为切实保障民生，确保渔民生命财产安全，市委市政府主要领导召开会议专题部署，成立市领导挂帅，农业农村局、交通、建设等部门为成员的工作专班，落实资金200万元，对境内"三江"流域29艘住家船开展征收拆解工作，同时，为有需要的渔民提供安置过度周转房，彻底消除住家船安全隐患。

渔 业

【概况】 以加快农业转型升级、发展生态循环农业、推进三产融合为目标，以"高产、优质、高效、生态、安全"为导向，加快推进渔业现代化发展，水产品产量大幅增长，市场供应充足，水产养殖业已成为兰溪市农业经济的重要产业。"兰江蟹"顺利通过全国农产品地理标志评审。兰溪市德新家庭农场、兰溪市南峰养殖场获评省级健康养殖示范场；兰溪市文标家庭农场获评国家级示范场；兰溪孚甲生生态农业科技有限公司获评省级稻渔综合种养示范基地。

【兰江蟹通过全国农产品地理标志专家评审】 12月8—9日，由副市长陈玉祥带队，市农业局相关负责人组队前往北京参加全国农产品地理标志评审。经过汇报与答辩，兰溪市兰江蟹通过专家评审，成功申报国家农产品地理标志。

【示范基地创建】 积极开展渔业健康养殖示范县工作，培育出4个省级以上示范基地。截至年底成功创建9家，其中国家级5家，分别为：兰溪市卧龙源水产养殖有限公司、兰溪市雅滩水产养殖场、兰溪市鸿鹏生态农业发展有限公司、兰溪市峰登特种水产养殖场、兰溪市文标家庭农场；省级4家，分别为：兰溪市兰澳水产养殖有限公司、兰溪市丰源特种水产繁殖有限公司、兰溪市德新家庭农场、兰溪市南峰养殖场。

【兰江蟹养殖情况】 全市培育20个兰江蟹养殖试点，饲养面积63.67公顷（955亩），涉及7个乡镇（街道），试点主要分布在赤溪街道和永昌街道，产量约60吨，产值约600万元。

【开展初级水产品质量安全监管工作】 切实保障水产品质量安全，采取日常巡查和集中整治相结合，检查各类水产生产经营主体400余家。截至目前，已完成市本级抽检150批次农业投入品抽检，检测全部合格，合格率达100%。

【开展渔业技术培训】 组织各乡镇（街道）渔业分管领导、渔技员、渔药经营商及水产养殖户等326人，开展"兰江蟹"养殖技术和初级水产品质量安全监管培训班，并向养殖户发放健康养殖技术、兰江蟹养殖技术、养殖"三项记录"等资料1000余份。

【开展渔业资源增殖放流活动】 全年已经完成放流尾数总计3871.6万尾，其中黄尾密鲴361万尾、鲢鱼15万尾、鳙鱼8.5万尾、赤眼鳟140万尾、三角鲂122.6万尾、青鱼16.5万尾、中华绒螯蟹（扣蟹）191万尾、中华绒螯蟹（大眼幼体）3017万尾。

（王 嵘）

绿化造林

【概况】 2020年，完成新增国土绿化落地上图合格面积466.07公顷（6991亩），其中山地森林26公顷（390亩）、坡地森林35.33公顷（530亩）、城市森林45.73公顷（686亩）、乡村森林347.4公顷（5211亩）、通道森林11.6公顷（174亩）。建设完成"一村万树"示范村5个，分别为永昌街道百凤林村、香溪镇厚同村、黄店镇上塘村、兰江街道莲塘岗村、马涧镇东叶村，建设完成"一村万树"推进村42个。9条林区道路完成验收，建设总长度为12.278千米。组织各种形式规模的义务植树活动17场，以各种形式参与义务植树活动人数共计4.05万人次，共植树7.05万株。

8月26日，开展森林消防演练活动
（市自然资源局 提供）

【国家森林城市创建】 国家森林城市创建稳步推进，总体规划已上报国家林业和草原局备案。柏社、水亭两个乡的森林城镇创建已完成了省级验收。2020年，全市20个行政村获批金华市级森林村庄，马涧镇马坞村成功创建为省级生态文化基地。

【森林提质增彩】 完成包括香溪镇和柏社乡健康彩色森林项目在内的新增珍贵彩色森林任务面积833.33公顷（1.25万亩），全市新植珍贵树15.8万株，完成新植"1亿株珍贵树"三年行动计划任务。

林业产业

【概况】 全市花卉苗木生产面积1721.51公顷（2.58万亩），其中苗木面积1390.84公顷（2.09万亩），食药用花卉330.67公顷（0.5万亩）。品种主要有绿化大苗、色块苗、绿化果苗、兰花及食药用花卉。抚育管理良种基地60公顷（900亩），其中木荷、马尾松种子园40公顷（600亩），柿栗等种质资源库20公顷（300亩），培育木荷、浙江楠等良种苗木80万株。采收马松良种种子30千克、木荷良种种子260千克。培育珍贵彩色树种容器苗42万株（其中成苗32万株）。

【林业产业示范项目建设】 林业产业进一步规模化现代化发展。2020年，成功创建了黄店镇王家村的"浙江省森林人家"和"浙江森林养吧"；浙江柏灵农业发展股份有限公司被评为"省级林业重点龙头企业"；兰溪市兆云家庭农场被评为"省级示范性家庭林场"。

【林业科技发展】 服务乡村振兴战略，做强"一亩山万元钱"林业科技富民模式。完成高效栽培示范基地96.67公顷（1450亩），辐射推广246.67公顷（3700亩）。两个科技特派员项目有序推进，三叶青林下仿野生栽培试验及薄壳山核桃山地栽培示范通过了科技局的考核验收。遴选省级林业乡土专家1名，市级林业乡土专家8名。

【食用林产品监管】 强化食用林产品质量安全

监管，推进16个乡镇（街道）食用林产品生产主体生产管理档案记录规范化工作，做好质量安全追溯体系平台对接，完成监管对象数据库更新工作，入库13家主体。配合省林产品质检站完成食用林产品抽检50批次，其中春笋抽检10批次，大红柿35批次，太秋甜柿1批次，香榧10批次，合格率100%。

【**林业展会参展**】 获中国北京世界园艺博览会浙江参展工作突出贡献集体，获省政府通报表彰。组织有特色的优质农林产品参展第13届义乌森博会，组织落实了8家企业12个展位，其中香榧、兰花、木桶、红茶、豆腐皮等5个产品获得金奖。

资源保护

【**概况**】 兰溪范围内有重点公益林23478.13公顷（352172亩），其中兰溪区划23307.6公顷（349614亩），建德区划170.53公顷（2558亩）。兰溪区划的公益林中，国家Ⅱ级公益林5733.67公顷（86005亩），省级公益林17573.93（263609亩）。停伐管护天然商品林面积11187.73公顷（167816亩）（其中集体商品林10963.33公顷（164450亩），国有林场150.27公顷（2254亩），东风水库74.13公顷（1112亩）。

自2020年起，公益林补偿资金从31元/亩提高至33元/亩；停伐管护国有天然林补助10元/亩，停伐管护集体天然林自2019年从15元/亩提高至16元/亩。

根据2020年度森林资源动态监测，兰溪本期现有林地面积66423.53公顷（996353亩），较上期减少60.93公顷（914亩）；森林面积64694.6公顷（970419亩），较上期减少6.73公顷（101亩）；森林覆盖率为49.29%，较上期下降0.01%；乔木林单位面积蓄积量达4.72立方米/亩，较上期增加0.1立方米/亩；林木蓄积量378.34万立方米，较上期增加9.2278万立方米。

加强松材线虫病的防控工作，及时组织开展枯死松木的清理，截至4月底，全面完成了省下达的6926.4公顷（103896亩）防治任务，共清理病枯死松树14217.02吨。

【**林木采伐管理**】 全年持续性开展林木凭证采伐的宣传教育，同时做好监管工作，及时制止无证采伐。对涉及林地占用的林木采伐，优化审批流程，采用容缺受理机制，将两项审批事项合成一项办理，切实提高办事效率，助推最多跑一次改革。"十三五"期间年采伐限额28830.00立方米（注：蓄积，下同），截至12月31日，采伐限额使用28825.37立方米，使用率为99.98%。全年林木采伐共发证441份，发证采伐量为33834.43立方米（其中占限额发证237份，28825.37立方米；不占限额发证204份，5009.06立方米）。

【**公益林天然林管理工作**】 做好公益林变更调整工作，3月初上报完成公益林调整，涉及省级公益林面积13.47公顷（202亩）。开展2020年公益林火灾保险工作，保险金额为450元/亩，保险费率为1%，保险费共计157326.3元。完成2020年公益林补偿资金及天然林补助资金发放工作。全市共发放公益林损失性补助资金978.9192万元，天然商品林停伐补助资金314.036万元。

【**双随机检查工作**】 推进林业行政执法监管的科学化和规范化，开展了2020年度林木采伐许可、使用林地许可、风景名胜区内建设活动审批3个事项的双随机检查工作。共抽取林木采伐许可检查对象11个，使用林地许可检查对象5个，风景名胜区内建设活动审批检查对象1个，检查结果均为未发现问题。

【自然保护地整合优化】 整合优化后，兰溪自然保护地共计5处，其中2个省级风景名胜区（六洞山风景名胜区和芝堰-白露山风景名胜区）、2个省级森林公园（六洞山森林公园、省级城市森林公园）、1个省级湿地公园（兰江三江省级湿地公园）总面积8408.29公顷，占全市国土面积6.4%。

（唐舒颖）

气 象

【概况】 兰溪市气象局，其前身为兰溪县气象站，成立于1958年9月，属国家一般气象站，1990年5月兰溪市气象站更名为兰溪市气象局。局内设办公室、减灾科；下设直属事业单位气象台、气象灾害防御中心（同时挂人工影响天气办公室牌子）。

市气象局坚持公共气象服务方向，围绕"安全、民生、经济、生态"发展气象，结合兰溪主导产业，开展杨梅、枇杷等农作物的专项气象服务。开展枇杷生长期、杨梅采摘期气象指数保险工作。利用"3·23"世界气象日、"安全生产月""宣传咨询日""气象科普进社区""2020年兰溪市全国科普日"等活动，通过展示气象展板、播放气象宣传片、气象知识讲座、发放宣传资料等形式宣传气象科普知识，完成农村文化礼堂气象科普点建设5个，建成兰溪市首个校园红领巾气象站。及时、主动地为政府决策提供气象服务。全年向市政府及有关部门汇报重要天气10期，发布气象内参32期，发布预警信号77次。

【防灾减灾体系建设】 通过整合气象灾害预警平台服务对象，将政府领导、部门领导，各乡镇（街道）分管领导、气象协理员、村气象信息员，学校、重点企业、种养殖大户等列入用户数据库，免费服务用户数已达3000余个。及时发布气象预警信息，全年发布各类气象短信300余万条次。完成17家气象防灾减灾标准化村（社区）创建工作。将气象纳入全科网格工作考核内容，明确网格员传播气象预警信息和防灾减灾知识宣传的职责，联合市政法委对全市593名网格员进行专题培训。

【气象现代化建设】 进一步推进综合气象观测系统建设，改建自动气象观测站1个，新建视频智能观测仪1套，气象多媒体系统17套。推进人工影响天气体系建设，提升公共服务能力；开展人工影响天气工作，全年开展人工影响天气作业6次、发射火箭弹56枚。

【天气】 多年平均气温17.9℃，最冷月平均气温5.6℃，最热月平均气温29.7℃，历年极端最高气温41.5℃（2013年8月2日），极端最低气温-8.2℃（1970年1月15、16日）。雨量充沛，分布不均，年平均降雨量1458.3毫米，其中3—9月降雨量1110.4毫米，占全年降雨量的76.1%。年平均相对湿度74%，最小相对湿度8%。无霜期长，年平均无霜期257天。全年日照1641.4小时，占可照时数的37%。年平均风速1.7米/秒，最多风向为N（北）风。年平均蒸发量1428.4毫米。年雷暴日数40.6天。主要气象灾害有暴雨、洪涝、干旱、台风、大风、冰雹、雷电、寒潮、大雾。

【气候评价】 2020年气候特点为气温偏高，雨量偏多、时空分布不均，雨日接近常年略偏多，日照偏少。年平均气温19.1℃，比常年值偏高1.2℃。大于35℃的高温日数50天，大于37℃的高温日数24天；年极端最高气温39.1℃，出现在8月20日，年极端最低气温-4.5℃，出现在12月31日；年降水量1735.4mm，比常年值偏多277.1mm，降水日数157天，比常年略多5.1天；年日照时数1399.2小时，比常年值偏少242.2小时。5月29日入梅，7月18日出梅，梅雨期长达50天，是有气象记录以来梅雨期最长的一年，一共经历了8轮降水过程，其特点为：入梅时间早，梅期长；梅雨总量大，覆盖范围广；强降雨过程多，降雨集中，重叠度高；雨强大，兰江水位升高。全市平均面雨量619.5 mm，兰溪国家气象观测站累积雨量667.9mm，较常年梅雨量偏多126%，位居历史第二。

【气温】 高温日数多，五月暑热登门早，5月4日兰溪最高气温达36.4℃。2020年兰溪≥35℃高温日数有50天，历史并列第三多，≥37℃高温日数有24天，极端最高气温39.1℃，高温日数

1960—2020年历年平均气温

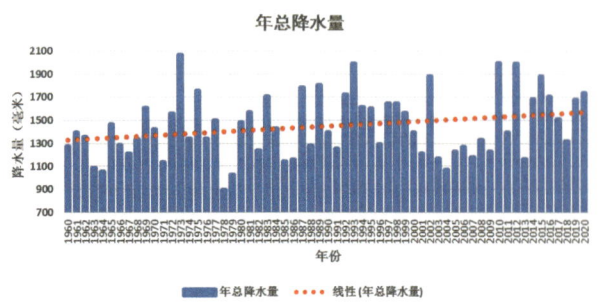

1960—2020年历年年总降水量

偏多，但高温强度相对偏弱，全年发布高温橙色预警10次，为8月14日至24日（17日除外）。

【降水】 梅雨呈梅中有伏、伏中有梅的特点。5月29日入梅，较常年平均偏早13天；7月18日出梅，偏迟16天；梅雨期达50天，是有气象记录以来梅雨期最长的一年；梅雨量较常年偏多126%，位居历史第二。

【强对流】 2020年多发局地大风、冰雹、短时强降水等强对流天气，3月、5月强对流天气发生频次高。3月22日早晨出现雷阵雨天气，并伴有8级雷雨大风、强雷电、短时强降水等强天气。5月9日早晨到上午出现暴雨到大暴雨天气，兰溪国家站最大小时降水量达63.4毫米（9:00-10:00），为历史第二，9日累计降水量134.7毫米（历史第三）。

5月9日10:35，突然而降的暴雨淹没了兰荫南路 （王恩贶 摄）

【台风】 2020年8月、9月先后有"黑格比""美莎克"2个台风影响兰溪，与常年近似（常年平均2.4个/年）。台风降雨缓解了盛夏的高温、增加了水库蓄水，总体上利大于弊。

（简 单）

水 务

综 述

【概况】 2020年，面对新冠疫情、超长梅雨期和多轮强降雨，市水务局成功防御了"5.9"特大暴雨和"7.1""7.9"两次超警戒洪水，平稳度过超长梅汛期。建成全省第一个县级专用平台——钱塘江流域防洪减灾数字化平台兰溪专用平台，依托平台成果技术，开展水旱灾害防御实战化拉练，实现上下游实时信息共享，为防汛会商研判和指挥调度提供决策依据，并在全省水利数字化转型工作会议上作典型交流。11月下旬，全省水利防汛抢险技术交流现场会在兰溪举办，市水务局作经验交流发言。

6月20日，副省长彭佳学检查钱塘江堤防加固工程二期 （王萍 摄）

省水利厅下达兰溪市水利年度计划投资4.8亿元，全市累计完成水利投资6.28亿元，完成年度计划投资的131%，向上争取资金1.28亿元。

西门城墙段城防提升工程有序推进，防洪标准全线达到50年一遇，同时该项目抢抓政策"窗口期"，争取到省水利厅重大项目补助3000万元和疫情专项债券3800万元。游埠路坝结合工程开工建设，积极探索防洪堤与交通、生态及美丽景观的有机融合，建设防汛抢险道路11.58千米，沿线布置绿道10.04千米，配套休闲设施、亮化照明、景观绿化提升。小型水库除险加固完成联益、杜塘、清水塘等3座水库，新开工石孔头、杜塘、文丰寺、马骨塘等4座水库，山塘综合整治完成16座年度任务。同时防汛机动抢险与物资储备中心项目、朱家溪（太平桥至白露桥段）幸福河工程、山洪灾害防治项目（三期）和水文"5+1"项目等水利建设项目均进展顺利。

9月29日，金华都市区西部联网引水工程通水仪式顺利举行，可为兰溪提供3万吨/日优质水，标志着兰溪市优质水源"内拓外引"工作取得历史性突破。新建永昌至游埠、黄店至女埠供水干管36千米，改造城区老旧管网13.38千米。完成钱塘垅水厂扩建工程建设，供水规模达到4万吨/日。农村饮用水达标提标全面完成，惠及16个乡镇（街道）173个村，19.2万人，144个项目，总投资2.5亿元。全市农村人口自来水覆盖率达到100%，单村供水站从117座减至47座，全市城乡规模化供水工程覆盖人口比例由85.3%提升到92.9%，基本实现城乡同质饮水。

全年完成水利工程标准化创建验收13座，

堤防管护25个围片139.6千米，河道管理范围划界乡级河道长度192.7千米、河流（溪沟）长度511.923千米，水库安全鉴定65座，小水电清理整改33座，水利工程"三化"改革示范工程2个，美丽河湖创建1处，农村水源保护范围划定4处。

全年共完成水政巡查150余次，出动730余人次，利用无人机河道巡查10余次，现场制止违法行为27次，责令整改25起；立案查处违法水事案件4起，罚没款90900元。河湖"清四乱"行动及时制止、查处侵占水域和水工程行为4起。实施最严格水资源管理，会同水资源所完成全市取水工程（设施）的核查登记，取缔无证取水户23家，整改41家。积极推进省"行政执法统一系统"的应用，利用"掌上执法检查"开展执法检查10余次。

2020年，兰溪市获评全省水利工作综合绩效考评优秀市县，获评全省农业水价综合改革工作绩效评价优秀县，获评全省农村饮用水达标提标成绩突出县，全省实行最严格水资源管理制度成绩突出县，获评金华市县级水利工作综合考核优秀单位。高潮水库（兰湖）获评省级"美丽河湖"，市水利水电规划与质量安全中心获评全省水利建设工程质量监督先进集体，市防汛机动抢险队获评全省水利防汛抢险先进队伍，获评金华水土保持目标责任制落实优秀等次。

水旱灾害防御

【概况】 汛前全市共投入1325人次，检查面上水利工程743处，并由市水务局重点抽查121处，分别梳理出隐患点和风险点39处和38处，制定"一患一策"限期整改。汛前39处隐患点全部整改到位，38处风险点以"风险告知书"的形式，及时对所在乡镇（街道）提出建议和提醒。公布小型水库、"三江"堤防、排涝站、城区重要防洪抢险地段防汛和农村水电站防汛安全管理责任人。完成全市水情、雨情、汛情、台情、旱情、灾情的上情下达和下情上报工作。编制完成《兰溪市城区超标准洪水防御预案》《兰溪市重要江河洪水调度方案》，印发《兰溪市洪水预警发布管理办法（试行）》和《兰溪市水务局水旱灾害防御工作规则（试行）》，制定并发放《兰溪市2020年度水旱灾害防御工作指南》300册，告知各乡镇（街道）在不同水位时防御的重点部位。发布调度令8份；通过钱塘江流域防洪减灾数字化平台兰溪专用平台和小流域山洪灾害防御预警系统平台发布各类水雨情预警预报信息2900多次、预警短信3万余条；发布洪水蓝色预警3次、洪水黄色预警2次。

【降雨量】 据气象部门统计，2020年1—12月，全市降雨量1735.4毫米，较常年平均1458.3毫米多277.1毫米。5月9日，兰溪国家站9—10时小时降水量63.4毫米，位列历史第二位，仅次于1990年4月29日0—1时小时降水量64.9毫米；日降雨量134.7毫米，位列历史第三位（1994年6月10日137.3毫米、2019年5月15日135.5毫米）。自5月29日入梅、7月18日出梅，梅雨期长达50天，较常年偏多1.2倍，是兰溪市有气象记录以来梅雨期最长的一年。兰溪国家气象站梅雨量667.9毫米，较常年梅雨量偏多126%。（2020年各月降雨量见表11）

【洪水】 2020年兰江发生了11次洪水，其中警超戒洪水2次，分别为"7.1"洪水、"7.9"洪水，最大为"7.1"洪水洪峰水位30.03米，相应流量10900立方米/秒，超警戒2.03米（警戒水位28.00米、保证水位31.00米）。（2020年洪水情况见表12）

表11　2020年各月降雨量

月份	1月	2月	3月	4月	5月	6月	7月	8月	9月	10月	11月	12月	累计
2020年降雨量（mm）	161.2	75.7	176.6	64.8	316.9	349.0	283.2	94.0	117.2	25.7	39.9	32.1	1735.4
多年平均（mm）	77.5	95.8	161.1	166.9	174.6	260.1	143.8	112.4	91.5	59.9	66.9	47.8	1458.3

表12　2020年洪水情况

序号	第1次	第2次	第3次	第4次	第5次	第6次	第7次	第8次	第9次	第10次	第11次
发生时间	1月27日1时50分	2月16日16时05分	3月20日18时30分	3月30日13时40分	5月31日5时30分	6月4日14时40分	6月21日14时40分	7月1日2时00分	7月8日16时26分	7月9日22时05分	8月5日11时40分
洪峰水位（m）	23.99	24.18	24.19	24.92	26.40	27.86	25.15	30.03	27.64	28.96	25.14
洪峰流量（m³/s）	2200	2280	2440	2930	4800	6730	3120	10900	6740	8260	3240

表13　"黑格比"台风情况

台风名称	登陆强度	登陆时间	登陆地点	降水量
黑格比	中心附近最大风力13级（38m/s）	8月4日凌晨3时30分前后	浙江省乐清市	51.2mm

7月9日，兰江洪水　　　　（王恩贶　摄）

【台风情况】　受第4号台风"黑格比"的影响，8月4日8时至20时，兰溪全市平均面雨量10.5毫米，单站最大累计雨量横溪镇横溪站51.2毫米。兰江、金华江、衢江等重要江河水位均在警戒水位以下；8月5日11时40分兰江发生小洪水，实测水位25.14米，相应流量3240立方米/秒。（"黑格比"情况见表13）

【灾情】　强降雨方面："5.9"强降雨造成市城区部分低洼区发生内涝，主要积水点10处，部分积水时间长达 11 小时。强降雨导致部分地区出现短时内涝积水，梅江、马涧、香溪、灵洞等乡镇发生小流域山洪，短时间出现河水溢出河道情况，局部低洼田地受淹，部分沿河道路临时受阻。除云山、黄店等出现局部小型塌方外，未接到全市地质灾害情况报告。流域性洪水方面："7.1""7.9"两次超警戒洪水造成赤溪街道金桥村等低洼区受淹，共转移人员 135 人次，其中："7.1"洪水转移 72 人，"7.9"洪水转移 63 人，未接到有关其他灾害损失报告。

【防御部署】 汛前市水务局防御工作组从原来 8 个增加到 12 个，保障组由 6 个增至 7 个，并及时安排落实好各类水利工程汛前检查工作。自 3 月上旬开始，8 个防御工作组下沉一线，对全市范围内水利水电工程开展检查工作。入汛后，对小型水库超汛限运行情况及前期发现的隐患开展督查工作。4 月 15 日，公布 2020 年度"三江"堤防、小型水库、农村水电站、排涝站及城区重要防洪抢险地段等责任人，各类责任人名单在《兰江导报》上刊登公示。5 座中型水库控制运行计划严格按照金华批复要求执行。

【物资储备】 在 2019 年向全市（乡镇）街道、各中型水库管理处发放 25 万只编织袋基础上，2020 年继续发放了 25 万只，同时分别新购和合同储备编织袋 25 万只、10 万只。汛前市级防汛物资储备价值 400 万元，其中编织袋 61 万只、土工布 10.47 万平方米、土工膜 2.94 万平方米、彩条布 10.2 万平方米、发电照明设备 58 台套、应急强排车 2 辆等。

【防汛机动抢险队集训】 4 月 27—28 日，市防汛机动抢险队在市民兵训练基地开展了为期 2 天的防汛应急实战集训。集训内容为：防汛形势分析、堤防险情类型和抢险方法、队列训练、水上冲锋舟拉练、排水车训练。共有防汛机动抢险队员 120 名、民安救援队员 20 名参加了集训演练。

【防汛实战化演练】 6 月 2 日上午，市水务局开展了"省、市、县"三级联动的水旱灾害防御实战化拉练，模拟兰江水位持续上涨和降雨量不断加大，依托钱塘江流域防洪减灾数字化兰溪平台的"预警发布和抢险支持"模块，分 4 种不同险情在 4 个不同沿江乡镇（街道）开展堤防管涌、水库强排、子堤加高和排涝设备抢修 4 方面的实战化拉练，在不规定拉练时间的前提下紧急集结市级抢险队员 130 人和乡镇（街道）抢险队员 200 余人。

水利工程建设与验收

【山塘综合整治】 2020 年度实施 16 座山塘综合整治项目，实施主体为各有关乡镇（街道），完成投资 1320 万元。

【都市区西部联网供水工程】 都市区西部联网供水工程提前 3 个月完工，完成投资 9812 万元。工程于 9 月 29 日举行了通水仪式，可为兰溪提

9 月 28 日，都市区西部联网供水工程通水
（陈鲁 提供）

供3万吨/日优质水，标志着兰溪市优质水源"内拓外引"取得历史性突破，金华市委书记陈龙给予了批示肯定。

【钱塘江堤防加固工程（二期）】 钱塘江堤防加固工程（二期）是金华市复工最早的省级重点水利工程，6个标段同时加班加点抢进度，半年即完成全年投资任务1.17亿元，赶在主汛期前完成堤防主体加固、马达溪改道和4个排涝泵站安装等重点工作，在"7.1"和"7.9"洪水中经受住了考验，发挥了工程效益，使多年来在汛期饱受内涝困扰的马达集镇首次实现了金华江有洪水顶托而集镇不再受淹的梦想，工程建设得到了彭佳学副省长高度评价。

【西门城墙段城防提升工程】 项目于6月份全面开工建设，截至年底已完成倒挂井、水泥注浆、石灰注浆等基础处理，完成年度考核投资5100万元。

【续建重点排涝站提升改造工程（一期）】 工程于2019年12月开工建设，2020年1月完成工程主体，4月20日全面完工，完成投资567万元。8月通过完工验收。项目在"5.9"特大暴雨和"7.1""7.9"两次超警戒洪水中发挥了效益。

【"三江"防洪安全综合提升工程】 8月7日，"三江"防洪安全综合提升工程先行段开工建设，截至12月底，已完成全线新建防汛道路基础、滩地及一村一景绿化种植等，年度投资完成3190万元，完成率106.33%。香溪洲上段初步设计及施工图设计服务于12月30日完成招标。

【钱塘江干堤加固工程（一、二、三期）】 兰溪市钱塘江干堤加固工程于12月16日通过省发改委组织竣工验收。该工程全长31.68千米（分三期实施），防洪标准20年一遇工程总投资约3亿元，共涉及7个乡镇（街道）的9个防洪围片。

【钱塘江农防加固工程（一、二期）】 兰溪市钱塘江农防加固工程于12月3日通过省发展改革委组织竣工验收。该工程的建设任务为防洪排涝、提高兰溪市的防洪能力，共加固堤防56.7千米（分两期实施），防洪标准10～20年一遇，同时新建、更新、改建排涝站23座，总装机6710kW，新建、更新、改建排洪闸25座，新建滚水堰6座，工程总投资约7亿元。堤防加固工程范围共涉及八个乡镇街道的14个防洪围片。

【游埠路坝结合工程】 游埠路坝结合工程于梅汛期后开工，该工程积极探索防洪堤与交通、生态及美丽景观的有机融合，建设防汛抢险道路11.58千米，并沿线布置绿道10.04千米，配套休闲设施、亮化照明、景观绿化提升。已完成全线新建防汛通道路基建设和一村一景滩地改造，正在进行道路附属设施施工。

【朱家溪（太平桥至白露桥段）幸福河工程】 幸福河工程于7月2日完成施工招标，中标价783.1518万元。工程于8月开工，4.3千米绿道及配套挡墙、堰坝等已基本进入扫尾，正在实施景观绿化改造。

【防汛机动抢险与物资储备中心项目】 项目于11月完成主体工程建设，12月上旬通过项目竣工预验收；完成储备中心仓库智能化管理系统招投标。2021年春节前可投入使用，年度完成投资1991万元。

【山洪灾害防治项目（三期）】 2020年度山洪灾

害防治（群测群防整体提升）项目新建自动水位站9个、自动雨量站7个，优化山洪平台建设，开展山洪灾害调查评价，建设重点小流域洪水预报系统，开展群测群防建设，共完成投资484.27万元。

【水文"5+1"项目】 2020年水文防汛"5+1"工程新建芝堰、城头2处流量自动监测站，新建洋港、沈村2处交接断面流量测站，新建4处河道水位站、9座小型水库水位站，新增四增配6套，5座中型水库双保障建设，全华坞超标准人工水尺1套，高潮水库视频水尺1套，终端备份2套共33个项目，共完成投资351.28万元。

【芝堰水库除险加固工程验收】 芝堰水库除险加固工程概算总投资20858.5万元，项目于2015年11月开工建设，2020年5月全面完工。工程通过环保专项验收；6月29日，大坝配套工程、自动化系统工程、阀门采购安装工程3个标段通过合同工程完工验收；7月24日，工程通过水土保持专项验收；8月28日，施工Ⅰ标、活动堰坝工程2个标段通过合同工程完工验收；10月10日，工程通过档案专项验收。

【农业水价综合改革】 8月，农业水价综合改革以98分的高分通过了金华市级验收。9月27—29日全省农业水价综合改革第二期培训班在兰溪市召开，兰溪市农业水价综合改革工作受到省水利厅及各地同仁一致肯定。

【小型水库除险加固工程】 2020年度实施7座小型水库除险加固工程目标任务为开工4座，完工3座，计划完成投资3000万元。截至年底，联益、杜塘、清水塘等3座水库已通过完工检查，石孔头、文丰寺、马骨塘等3座水库正在施

全省农业水价改革培训班在兰溪举办
（陈鲁 提供）

工，累计已完成投资4494万元，占年度投资的150%。

【农村饮水安全提升工程】 2020年兰溪市农饮水达标提标工程共涉及12个乡镇（街道）68个村，提升人口9.9万人，共78个项目，概算投资1.36亿元。截至8月底，项目全面完成，兰溪市达标提标三年行动收官。10月15日，完成全市达标提标三年行动销号验收工作；10月30日，通过金华市水利局清盘验收抽查复核；12月17—18日，通过省水利厅第三方评估。通过三年行动建设共提标人口19.2万人，惠及16个乡镇（街道）173个村，项目数144个，概算总投资2.1亿元。全市农村人口自来水覆盖率达到100%、农村供水工程供水保证率达到99%，单村供水站由117座减少到47座，城乡规模化供水工程覆盖人口比例由85.3%提高到92.9%，有效推进城乡供水一体化，基本实现城乡居民同质饮水。

【乡镇干（支）管提升改造工程】 2020年实施乡镇干支管提升改造项目，概算总投资1.2亿元，新建3条乡镇干管总长度48.2千米。永昌至游埠供水干管工程，概算投资8584万元，管道总长度27.4千米。除金千铁路顶管段正在施工外，其余管道安装已完成。黄店至女埠供水干管工程，

概算投资1186万元，管道总长度9.5千米，11月16月建成通水。钱塘坞水厂至越龙山度假区供水干管工程，概算投资2369万元，管道总长度11.3千米，其中越龙山连接段已完成，G351国道7.6千米管道安装已完成施工招标工作。

【小型水库除险加固竣工验收】 2020年度考核任务12座，已完成双牌等18座水库竣工验收工作，完成考核数的150%。

【芝堰水库上游建德来水湿地拦截工程（一期）开工】 芝堰水库上游建德来水湿地拦截工程（一期）主要建设内容为新建拦沙堰、沉砂池、河道两侧护岸和引水管道等，项目概算总投资407.2263万元。项目设计前立项、审批、预算编制、招投标均已完成，于12月5日开工。

工程管护

【概况】 全市现有中、小型水库134座，其中：中型5座，小（一）型22座，小（二）型107座。

【堤防管护】 开展25个围片139.6千米堤防管护和三江口河道保洁，城区范围童家排涝站、横山排涝站、城北排涝站、下金排涝站4座排涝站的物业化承包运行管理，完成38座排涝站、44处水闸维护保养等工作。完成2020年度三江堤防管护项目和监控设施维护的招投标工作并完成该项目管护工作。

【河道管理范围划界】 完成乡级河道管理范围划界和河流（溪沟）管理范围划界。其中完成乡级河道划界条数28条，长度为192.7千米；河流（溪沟）划界条数239条，长度为511.923千米。

【排涝站管理】 汛前完成38座排涝泵站、44处水闸维护保养等工作，全市排涝站、水闸正常发挥功能。城区范围童家排涝站等4座排涝站实行物业化承包运行管理。

【标准化创建】 完成标准化创建考核任务数有小型水库4座、山塘5座、堤防2片，共11个项目。创建内容主要包括水利工程管理区域划界、管理手册的编制、标识标牌的设置、环境的整治、设施设备的维修养护、健全运行管理台账、推行信息化管理手段、创新工程管护机制、组织岗位业务培训、标化资料规范管理、隐患的治理、监督检查等。

【水库安全鉴定】 2020年度考核任务38座。实际完成65座，完成考核数的171%。

【水库山塘运行管理】 2020年度分批下沉至全市16个乡镇（街道），共培训648人次，发放了培训证书。同时完成水利部"三个责任人"视频培训，培训人员139人。

【水利工程"三化"改革】 7月，成立水利工程管理"三化"（水利工程管理产权化、物业化和数字化）改革领导小组及工作专班。同月，《兰溪市水利工程管理"三化"改革创建实施方案》通过评审，并于12月印发。推行物业化管理工程209座（其中水库47座、堤防20处、农饮水20处、山塘122座），物业化率28.6%；确权颁证500座（堤防20处、水库6座、山塘474座），确权颁证率68%。芝堰水库、中洲片堤防等2处示范工程率先完成创建。

【小水电清理整改】 完成全市33座电站清理整改任务，其中整改29座，退出4座；生态监测设施全部接入金华和省监管平台；6月29日，通过小水电清理整改工作组验收，完成清理整改工作。12月20日，兰溪市人民政府发文（兰政办发〔2020〕41号）确立了兰溪市农村水电站绿色可持续长效管理机制。

【美丽河湖创建】 2020年兰溪市美丽河湖创建以高潮水库为核心，以兰湖旅游度假区为依托，创建规模2平方千米，主要建设内容为水生态修复、水环境整治及水文化提升，新增标志、标识牌设置和完善等，10月29日通过省级美丽河湖验收。

【节水型社会建设】 完成创建企业水平衡测试11家，企业清洁生产审核15家，节水型企业11个，节水型居民小区5个，公共机构节水型单位3个，节水示范居民小区1个，节水示范企业1个。

【水源保护】 补充完成了4处日供水规模200吨或服务人口1000人以上的农村水源保护范围划定工作，同时加强水源巡查保护和列入村规民约等工作，确保原水安全。

【古井水源普查】 完成新增古井名录调查工作，主要调查内容为古井建造年代、保护情况、使用状态、水质感官等。经调查统计，全市新增古井43座。

水资源管理

【概况】 2020年，全市水资源总量11.9732亿立方米，用水总量（含环境配水）2.2604亿立方米，万元GDP用水量（不含环境用水）56.49立方米，万元工业增加值用水量26.70立方米。征收水资源规费870.43万元。

全市总供水量2.2604亿立方米。其中地表水源供水量2.2585亿立方米，占99.92%；地下水源供水量19万立方米，占0.08%。

农田灌溉用水量1.0995亿立方米，林牧渔畜用水量0.4147亿立方米，工业用水量0.4854亿立方米，城镇公共用水量0.033亿立方米，居民生活用水量0.2145亿立方米，生态与环境补水量0.0133亿立方米。

【水域管控】 完成水域占用卫星遥感管控26个点的复核工作，经现场复核，均为合规图斑。严格涉河涉堤占用水域建设项目审批制度，强化占用水域项目批后监管。

城乡供水

【概况】 钱江水务有限公司共有制水厂4座。源水为水库水的水厂3座，实际供水能力16万吨/日，其中，东城水厂5万吨/日、芝堰水厂10万吨/日、钱塘垅水厂1万吨/日；源水为兰江水的水厂1座，工业水厂供水能力3万吨/日。供水范围覆盖兰溪城区及兰江、云山、上华、永昌、赤溪、女埠、游埠镇、黄店镇、香溪镇、灵洞乡、马涧镇、柏社乡等12个乡镇（街道）。供水人口约43万人，用水户106989户，DN100以上供水管网长度886千米。同时，配合水务局做好63个单村供水站的运行维护管理技术服务、净化消毒剂配送等统管服务工作。

【全力保障城乡供水】 正视历史遗留问题，针对城区自来水水质不稳定出现"黄水""异味"现象，钱江水利总公司调集省内专家齐结兰溪，耗时6天5夜持续对高锰酸钾、粉末活性炭、前加氯等净水药剂进行比例投加试验，确定消除异味的合理配比。历时60余天、20个通宵完成溪西主城区供水管网彻底冲洗,切实提升供水设施及出水水质,保障供水安全。

【钱塘垅水厂扩建工程】 工程概算投资6000万元,建设规模4万吨/日,建设内容为反应沉淀池、滤池及反冲洗房、清水池、回用水池、浓缩池、脱水机房、管理用房等;新建出厂DN800总管长约550米。工程净水工艺采用"原水–混合–絮凝–沉淀–过滤"的加强常规处理的组合工艺,并配置排泥水处理系统。工程于2019年11月22日开工。

【供水旧管网改造】 结合市区城市道路建设同步进行管网改造,完成为民办实事项目城区老旧管网改造11.88千米。

（陈　鲁）

工 业

综 述

【概况】 2020年，全市规模以上工业企业488家，实现工业总产值664.27亿元，同比下降1.8%；新产品产值274.92亿元，同比增长19%；利税总额54.95亿元，同比增长2.8%；其中利润36.63亿元，同比增长11.1%；工业增加值141.58亿元，同比增长1.3%。工业入库税金23.32亿元，同比下降14.2%。全市外贸出口总额166.28亿元，同比增长28.7%。实现限额以上工业性投入59.03亿元，增长15.5%。工业用电量43.06亿千瓦时，同比增长0.5%（见表14）。

市经济开发区实现规模以上工业总产值261.58亿元，同比增长0.01%，占全市规模工业的39.38%。16个乡镇（街道）中，灵洞乡66.85亿元，同比增长6.50%，占乡镇（街道）总产值351.86亿元的19%；永昌街道实现规模以上工业总产值50.53亿元，同比下降2.74%，占乡镇（街道）的14.36%；规模以上工业总产值20亿元以上的乡镇（街道）还有兰江街道、游埠镇、女埠街道、诸葛镇。

当年新增亿元企业5家，现有亿元企业133家，实现工业总产值510.55亿元，同比增长5.31%，占全市规模工业的76.86%；10亿元以上企业8家，其中，浙能兰溪发电有限责任公司实现产值36.05亿元，国网浙江兰溪市供电有限公司实现产值24.36亿元（见表15）。截至2020年底，全市引进总部企业累计297家，完成税收8.37亿元。

表14　规模以上主要工业产品产量

产品名称		单位	2020年	比上年增减（%）	产品名称	单位	2020年	比上年增减（%）
发电量		万千瓦时	1021500	−10.8	硅酸盐水泥熟料	吨	6837320	−4.46
纱		吨	145500	1.99	其中：窑外分解窑水泥熟料	吨	6837320	−4.46
其中	棉纱	吨	85340	4.12	水泥	吨	11979965	−5.53
	棉混纺纱	吨	31319	9.47	散装水泥	吨	7329554	1.25
	化学纤维纱	吨	28841	−10.11	精炼铜（电解铜）	吨	40087	−15.75
布		万米	182268	−2.32	铝材	吨	7352	2.90
服装		万件	1088	4.59	农用氮、磷、钾化学肥料总计（折纯）	吨	19168	25.02

续表

产品名称	单位	2020年	比上年增减（%）	产品名称	单位	2020年	比上年增减（%）
合成氨（无水氨）	吨	33831	2.96	电力电缆	千米	33953	4.66
中成药	吨	1328	9.00	电光源制造	千元	46643	44.62
塑料制品	吨	36708	76.68				

表15　全市利润总额前10位企业

序号	企业名称
1	浙江浙能兰溪发电有限责任公司
2	浙江红狮水泥股份有限公司
3	浙江康恩贝制药股份有限公司
4	浙江甬金金属科技股份有限公司
5	兰溪诸葛南方水泥有限公司
6	浙江凤登环保股份有限公司
7	兰溪市聚能矿业有限公司
8	兰溪协鑫环保热电有限公司
9	兰溪天达环保建材有限公司
10	浙江万舟控股集团有限公司

2020年，兰溪工业经济实现平稳有序高质量发展。智能制造成效明显，试点企业建设顺利完成，经验总结及政务信息获省长、副省长批示肯定，全国性、省级智能制造大会在兰召开；空间拓展措施得力，经验总结获副省长、金华市委书记批示肯定；服务企业用心用情，收集涉企问题6232个，解决6214个，解决率99.7%。降本减负16.1亿元；疫情防控尽显担当，派专员驻点防疫企业，统筹调配全市防疫物资，获国家级媒体报道（见表16）。

【产业投资】　2020年，全市完成限额以上工业性投入59亿元，同比增长15.5%。列入浙江省"四个百项"重点技术改造示范项目计划19项，全部开工建设，全年完成投资15.19亿元，其中投产或部分投产项目12项；重大工业项目共93项，计划总投资334.9亿元，2020年完成投资额37亿元，投产或部分投产项目18项。培育省级产业链协同创新项目1个，产业链上下游共同体1个。

【技术创新】　深化产学研合作，加强创新载体建设，累计培育省级企业技术中心2家（浙江鑫兰纺织有限公司、浙江蓝之梦纺织有限公司），金华市级4家（浙江威臣纺织有限公司、兰溪市永新织造有限公司等）。推进核心技术攻关，鼓

表16 全市主营业务收入前10位企业

序号	企业名称
1	浙江浙能兰溪发电有限责任公司
2	国网浙江兰溪市供电有限公司
3	浙江红狮水泥股份有限公司
4	兰溪自立环保科技有限公司
5	兰溪市博远金属有限公司
6	巨江电源科技有限公司
7	浙江甬金金属科技股份有限公司
8	浙江万舟控股集团有限公司
9	浙江巨江电源制造有限公司
10	兰溪诸葛南方水泥有限公司

励企业开发新产品、新技术，新增省技术创新项目4个、金华市级5个，通过省级工业新产品备案及鉴定项目30个。鼓励企业合作交流，扩大企业间合作领域，2020年共组织2次参展活动（金华工科会、义乌装博会），参会企业家达50人。

【淘汰落后产能】 开展落后和过剩产能淘汰工作，共计涉及淘汰企业40家，超额完成金华市下达的13家任务，淘汰落后设备186台，落后生产线6条，提高了企业用能效率和安全生产水平。开展"低散乱"企业整治工作，共整治424家，其中整治提升121家，关停取缔303家。

【企业服务】 联合财政局、人社局等部门，有效落实降本减负政策，累计为企业节约税费成本、制度成本、用工成本、生产要素成本等16.1亿元。提高财政转贷资金使用率，全年累计转贷462笔，金额26.07亿元，受益企业160家。开展企业家纺织行业智能制造、民营企业司法解读、企业家活动日等培训共200人次，组织浙江金兆纺织有限公司、浙江威臣纺织有限公司、红狮控股集团有限公司等企业经营管理人才培训229人次，组织浙江万舟控股集团有限公司、兰溪新力五金工具有限公司、浙江天雅江涛动力有限公司等职业技能培训1033人次。召开龙头企业、中小成长型企业、隐形冠军培育企业等企业沙龙活动8场，收集问题整改清单，帮助企业解决融资、人才培养、政策落实、招工、供水供电等方面问题70余件。打造全方位、立体式的服务企业平台。兰溪市企业服务综合平台被评为2020年度全省11个优秀企业服务平台之一，是金华市7个企业服务平台中唯一被评为优秀的企业服务平台。

【数字化改造】 30家试点纺织企业实现了设备网络化、数据可视化、文档无纸化、过程透明化、车间少人化、服务平台化，企业效益平均提高12.3%，差错率平均下降至0.5%，织机效率最高提升5%，生产设备联网率达到98%，平均每万米布水、电、汽消耗量分别下降9.8%、4.1%和5.6%。"百企提升"计划全面铺开，纺织云平台建设全力推进，实现了"企业数字化制造，行业平台化服务"的既定目标，走出了一条智能制造推广应用的"兰溪路径"。培育金华市"两化"融合重点项目12个，兰溪市"两化"融合重点项目19个。引导企业向自动化、数字化、智能化转型升级，浙江巨江电源制造有限公司、浙江甬金金属科技股份有限公司、浙江万舟控股集团有限公司、浙江日腾印染有限公司4家企业入选浙江省数字化车间、智能工厂，浙江玉帛纺织有限公司、浙江陆晟纺织有限公司、浙江万舟控股集团有限公司3家企业入选华市"数字化车间"示范项目。浙江鑫兰纺织有限公司分别获2020年浙江省消费品行业数字化领军企业、2020年浙江省企业信息化项目优秀奖。兰溪升华纺织有限公司入选省第六批大数据应用示范企业。浙江万舟控股集团有限公司入选省第四批上云标杆企业。

主要行业

【纺织行业】 全市纺织行业规模以上企业147家，实现产值217.24亿元，同比下降7.31%，占全市规模工业的32.70%；销售收入206.55亿元，同比下降10.01%；利税总额6.92亿元，同比增长11.64%。3个投资规模在10亿元以上项目（浙江长隆纺织有限公司、浙江珺纺纺织有限公司、印染产业园一期）部分投产。印染产业园项目二期、浙江新奥华纺织科技有限公司年产6.5万吨涡流纱差异化纱线项目厂房主体施工建设。

【冶金行业】 全市冶金行业规模以上企业15家，实现产值48.75亿元，同比下降24.23%，占全市规模工业的7.34%；利税0.95亿元，同比下降76.1%；利润0.75亿元。总投资10亿元的自立环保科技项目部分投产，达产后预计产值超100亿元。

【化工行业】 全市化工行业规模以上企业85家，实现产值62.93亿元，同比增长17.63%，占全市规模工业的9.47%；利税5.26亿元，同比增长15.7%；利润3.58亿元，同比增长19.7%；

【机械行业】 全市机械行业规模以上企业69家，实现产值74.82亿元，同比增长7.17%，占全市规模工业的11.26%；利税3.70亿元，同比下降13.9%；利润1.32亿元，同比下降27.8%。总投资52亿元的浙江欣旺达电子有限公司锂威能源消费类锂电池项目厂房结顶。浙江甬金金属科技股份有限公司总投资15亿元的超薄不锈钢板带项目厂房内装修。

【医药行业】 全市医药行业规模以上企业7家，实现产值13.73亿元，同比下降14.33%，占全市规模工业的2.07%；利税4.97亿元，同比下降18.7%；利润4.13亿元，同比下降18.4%。投资1.5亿元的一新制药迁建项目土建竣工。

【水泥行业】 全市水泥行业规模以上企业10家，实现产值48.88亿元，同比下降0.86%，占全市规模工业的7.36%；利税10.48亿元，同比增长9.9%；利润8.31亿元，同比增长17.2%。

【电力行业】 全市电力行业规模以上企业9家，实现产值68.49亿元，同比下降7.06%，占全市规模工业的10.31%；利税7.21亿元，同比增长4.5%；利润5.02亿元，同比增长8.2%。

（王　斌）

供 电

【概况】 2020年,国网兰溪市供电公司由国网浙江省电力有限公司子公司改为分公司,担负着兰溪市16个乡镇(街道)35万户电力客户的供电服务职责,负责兰溪境内110千伏及以下电网的建设、管理与运行。公司设置9个本部职能部门,3个业务支撑和实施机构,5个城乡供电所。2020年,完成电网建设投资1.78亿元,其中配合市重点工程电建项目资金0.95亿元;全社会用电量累计达到52.41亿千瓦时,同比增长0.89%;最高网供负荷86.2万千瓦,创历史新高;线损率2.61%;全员劳动生产率174万元/人·年,保持省级文明单位,获金华电网精神文明建设先进单位,绩效考核优胜单位,绩效考核进步单位,浙江省创建和谐劳动关系暨双爱活动先进单位等荣誉。

2020年,兰溪境内有1000千伏变电所1座,500千伏变电所1座,220千伏变电所4座,110千伏变电所16座。10千伏以上线路3271千米,10千伏配变3476台,初步形成以500千伏为依托,220千伏为主网架,110千伏网架坚强,10千伏配网智能化,供电能力较强的现代化电网。

【提升"强电网"供电保障】 完成500千伏兰江-建德、芝堰-建德输变电工程;完成曹家-孟湖220千伏线路工程前期工作;110千伏马涧变如期建成投运;110千伏水亭输变电工程整体工程进展顺利;上戴变完成前期着手开工建设;马达变、横山变根据"十四五"期间金兰创新城区块负荷预测结果,已提前开展前期相关工作。圆满完成110千伏莲花变、兰溪变、龚塘变电站综合自动化改造,为兰溪城农网供电能力增强保障。

【快速推进配网智能化进程】 新建投运10千伏线路18条105.62千米。持续开展配电老旧设备整治,完成8条重载线路分流改造,改造低压线路353.42千米。全年完成440台智能开关、352套故障指示器、6套配网巡检机器人、3台地埋变的安装投运,实现配网馈线自动化设备全覆盖。开展智能巡检及综合带电检测,智能巡检作业供电所全覆盖。全面推进三位一体配网运维管理工作模式,提升带电作业频次(1402次),供电可靠性提升至99.97%,农网综合供电电压合格率99.925%。

【服务"众企业"稳定发展】 响应号召,服务产业长期持续稳定发展,充分展现"大国重器"的时代担当。落实支持性两部制电价政策,启动基本电费追溯减免工作,全面执行一般工商业电价降低5%政策,推广实施"转供电费码",全年为企业减免电费支出1.16亿元。推动"网融链"金融服务业务,完成二三级供应商融资607万元,切实为中小微企业纾困解难。

【持续提升"获得电力"水平】 有序落实大、中型企业及小微园区等各项优化电力营商举措,加大"办电e助手""网上国网"推广力度,深化政企数据共享应用,实施"零证办电""刷脸办电",高压业扩平均时长18.8个工作日,低压业扩实现24小时报装,"获得电力"指标排名全省第一。延伸电力"三服务"工作,做实做细基本服务,做强做优增值服务,走访大中小企业200余家,出具个性化节能用能建议46个,科学合理帮助企业降低用电成本,为企业省钱、解忧,获众企业好评。

【高效服务能源节约型社会建设】 聚焦清洁低碳绿色能源发展,优化光伏线上服务,合理引导清洁能源接入,累计接入居民分布式光伏3622户,光伏总容量达26.72万千瓦。发挥电网能源枢纽优势，落实能源"双控""减煤"措施。加快推进兰溪充电桩建设，提升小微园区综合能源服务，持续推进乡村再电气化、全电景区建设，累计完成电能替代1.034亿千瓦时，有效降低社会综合能耗。

【确保社会经济发展用电无忧】 强化政治担当，制定严密的保电方案和24小时预警联动机制，保障了疫情期间全社会正常供电。应战高温烤验，沉稳应对超强台风"黑格比"，高效驰援永康电力恢复。早谋划、早布置，全年累计安排5400余人次的值班人员，定人、定期、跟点落实保电措施，确保地方春节、"两会"、发展大会、中高考等政治、经济、文化活动可靠用电，充分履行保障电力供应的社会职责。

（汤伟华）

浙江省兰溪经济开发区

【概况】 2020年，全区实现规模以上产值261.58亿元；实现税收7.54亿元；完成固定资产投资38.1亿元（其中工业投资31.44亿元，服务业投资6.66亿元）。全年引进内资18.18亿元；引进外资920万美元；完成浙商回归14.89亿元；总部税收15878万元。2020年全年完成小升规企业46家，净增36家，取得历史新高。

大抓低效盘活。加大低效用地整治，亩均效益逐年提升，重点谋划推进雁洲路周边、凤凰地块对面以及江南园区的低效企业整治，为项目发展腾出空间。2020年度，开发区完成低效用地整治84.58公顷（1268.72亩）。

大抓美丽园区。全面贯彻落实市委市政府对"五水共治"工作的决策部署，以"美丽河湖"创建、"剿劣"防反弹、满意度提升等工作为抓手，纵深推进"五水共治"工作，巩固"污水零直排区"建设成效，建立长效管理机制，推进长效运维，同时贯彻落实省委、省政府关于大湾区大花园大通道大都市区建设的决策部署，按照生产、生活、生态"三生融合"、"产、城、人、文"四位一体的特色小镇理念，积极申报美丽园区创建，12月18日，被省商务厅认定为全省第二批美丽园区试点园区。

大抓安全指数。牢固树立"风险即隐患""隐患即事故"的风险意识，多措并举，强化安全大检查。2020年共计检查企业1200余家（次），排查风险隐患4000余条，督促企业整改近3500条。开发区园区企业火灾事故同比下降41.3%，安全生产事故死亡率同比下降67%。12月24日，兰溪经济开发区化工园区通过省经信厅、生态环境厅、应急管理厅联合评价认定，被评定为合格园区。

【康恩贝获2019年度省科学进步二等奖】 7月17日，浙江省科学技术奖励大会在杭州召开，浙江康恩贝制药股份有限公司参与的"浙江中药饮片炮制规范关键技术研究与应用"项目获2019年度省科学技术进步二等奖。浙江康恩贝制药股份有限公司是康恩贝集团有限公司的控股子公司，在心脑血管系统用药、泌尿系统用药等诸多方面，以现代植物药、特色化学药发展为主线，研发具有自主知识产权的新药。在药材种植、原料药和植物提取、新药研发、制剂生产、市场营销等环节，建立起规范高效的产业体系。

【康恩贝入选2019年中国医药工业百强榜单】 8月30日，由中国医药工业信息中心主办的2020年（37届）全国医药工业信息年会发布了备受行业关注的"2019年度中国医药工业百强榜"，浙江康恩贝制药股份有限公司入选该榜单，排名42位。作为一家立足医药健康产业的企业，康恩贝在几十年的发展历程中一直以研发技术引领企业发展，逐步成长为国家创新型企业、国家知识产权优势企业。目前，康恩贝建有国家级和省级认定企业技术中心、国家级博士后工作站、浙江省中药制药技术重点实验室、浙江省重点企业研究院等创新研发平台，以及多家省、市级院士专家工作站。

【康恩贝入选中国最具影响力医药企业百强】 12月30日，"2020第六届中国最具影响力医药企业百强榜"发布，浙江康恩贝制药股份有限公司位列第62位。该榜单由中国数据研究中心与中国董事局网共同发布，以在沪深主板、中小板、创业板及新三板上市的医药企业为基础，依据药企的营销管理指标、财务指标及创新指标进行综合评选。评选活动旨在围绕卫生突发事件应对、新一代信息技术、互联网应用升级、生命科学领域研究和临床应用以及健康保险行业发展等展开探索，挖掘具有提高社会医疗水平和健康管理能力的企业。康恩贝制药是一家从兰溪成长起来的医药企业，前身为创建于1969年的兰溪云山制药厂。经过50多年发展，现已成长为一家集药物研发、生产、销售及药材种植、提取于一体，实施全产业链经营的大型医药企业。

【欣动能源项目投产】 11月30日，浙江欣动能源生产基地项目举行投产仪式，刷新重大项目落地"兰溪速度"。浙江欣动能源科技有限公司是欣旺达电子股份有限公司的控股子公司，总投资20亿元，占地面积约20公顷（300亩），计划分三期实施建设。作为国内外高端智能电池生态链整体解决方案供应商，该公司一直深耕消费类终端配件、智能出行电池、小动力电池、小储能电池及其相应的电池系统产品市场。该项目既是兰溪布局电池产业的战略支撑点，也是经济开发区打造电池行业领军企业的重要一环，投产后预计可实现年产值30亿元以上，创造新增就业人员近3000人，能有效带动物流和服务行业，助推兰溪经济高质量发展。

【甬金入选2020浙江省民营企业100强】 9月3日，浙江省市场监管局、浙江省工商业联合会共同公布了"2020浙江省民营企业100强"榜单。新晋A股上市公司浙江甬金金属科技股份有限公司以1582776万元的营收总额首次入选浙江民营企业百强，排名第87位。2019年12月，甬金股份登陆A股，成为继2004年康恩贝上市15年之后，兰溪现有的第二家主板上市企业。2020年上半年，甬金股份净利润15665万元，在浙江A股上市企业中排名131位。

【甬金金属入选2020浙江民营企业200强和企业研发投入100强】 11月29日，民营经济高质量发展台州峰会发布"2020浙江民营企业200强"榜单和"2020浙江民营企业研发投入100强"榜单，浙江甬金金属科技股份有限公司列200强民企第121位，排名研发投入第82位。

【开发区6家企业上榜2019年度中国棉纺织行业竞争力百强】 10月27日，中国棉纺织行业协会发布"2019年全国棉纺织行业竞争力排名"百强企业和优良发展型20强企业名单。兰溪11企业上榜竞争力百强，其中开发区6家企业，分别是浙江立马云山纺织有限公司（42位）、浙江金梭纺织有限公司（46位）、浙江鑫兰纺织有限公司（74位）、浙江七星纺织有限公司（80位）、浙江威臣纺织有限公司（82位）、兰溪市裕达纺织有限公司（93位）。与上年度排名相比，浙江鑫兰纺织有限公司、浙江威臣纺织有限公司和兰溪市裕达纺织有限公司分别提升了8位、3位和7位。

【开发区化工园区认定】 10月23日，浙江省经济和信息化厅、浙江省生态环境厅、浙江省应急管理厅下发通知公布了化工园区评价认定结果，合格园区49家，培育园区3家。其中兰溪经济开发区为合格园区，有效期5年。

【开发区整合提升方案获批】 10月12日，省政府批复同意萧山经济技术开发区等33家开发区整合提升工作方案，通过整合提升发挥开发区品牌和管理优势，扩大辐射带动范围，提升开发区发展能级，推动开发区质量、效率、动力变革。在这次获批的33家开发区中，金华市有3家，分别是义乌经济技术开发区、浙江兰溪经济开发区、浙江武义经济开发区。

【高新区产教融合示范基地上榜浙江省"五个一批"】 9月3日，浙江省2019—2020年度产教融合"五个一批"部分名单获批公示，兰溪经济开发区兰溪功能性新材料产教融合示范基地入选。

【开发区2家企业入选浙商全国500强】 8月19日，望潮听涛·浙商全国500强研讨会在杭州举行。会上，由《浙商》杂志独家制作的"浙商银行·2020浙商全国500强"榜单发布，开发区有2家企业入选，分别是浙江甬金金属科技股份有限公司、浙江康恩贝制药股份有限公司，2家公司排名分别为第121位和第181位。

【经济开发区举行三季度项目签约仪式】 8月18日，经济开发区举行三季度项目集中签约仪式。该次集中签约共有13个项目，涉及半导体、机械装备、时尚纺织、食品加工等行业，总投资共计30.98亿元，用地面积约53公顷（795亩。）

【兰溪高新区揭牌】 8月17日，经济开发区举行兰溪高新区揭牌仪式暨创建工作推进会，副市长于纲参加揭牌仪式。兰溪高新区揭牌，标志着兰溪在加快落实"强工兴市"第一战略上进入崭新的发展阶段。

【兰溪市嘉华塑业有限公司项目开工】 8月17日，兰溪市嘉华塑业有限公司举行项目开工仪式。兰溪市嘉华塑业有限公司年产60000万只消毒湿巾配套包装产品，生产项目总投资1.1亿元，项目总用地2.4公顷（36亩），主要采用注塑（吹塑）工艺或技术，新增高（快）速注塑机、吹塑机、机器人（三轴高速机械手）等设备，产品具有节能、快速、智能制造等特点，项目预计2021年5月全线投产，建成后形成年产60000万只（套）消毒湿巾盖（桶）的生产能力，年销售收入13000万元，年利润1074万元，年税收816万元。

项目开工的奠基仪式　　　（开发区 提供）

【凤凰化工重组成功签约】 8月12日，凤凰地块签约仪式在市政府三楼会议室举行，市领导王新锋、于纲出席签约仪式。杭州船王实业有限公司和兰溪经济开发区管委会签约。该次签约项目为年产12万吨洗衣液和洗洁精生产线、8万吨油脂水解、8万吨洗衣粉和化妆品项目，由杭州船王实业有限公司投资，项目总投资2.5亿元，达产后年销售不少于3.5亿元、年税收不少于2000万元。

【**开发区举办百企联盟"闪购"直播活动**】 7月31日，兰溪经济开发区举办的开发区百企联盟"闪购"直播活动落下帷幕，直播共分4场进行，贯穿整个7月，每周五晚准时开播。活动共吸引65万人次观看，共有100家企业先后参与直播卖货和招工招聘，线上推广产品200多个，成交额近40万元（不计外链部分及线下引流部分），预计给企业网店精准引流20万以上人次。

【**开发区3个项目入选省重大产业项目**】 7月21日，2020年浙江省第一批169个重大产业项目名单下达，兰溪4个项目入选，总投资34.8亿元，总用地24.238公顷（363.57亩），入选数量居金华第二，为经济高质量发展提供强大动能。其中4个项目中开发区占3个，占比达5%。3个项目分别是浙江康鹏半导体有限公司年产300万片化合物半导体基板材料项目，总投资5亿元，总用地2.279公顷（34.19亩）；兰溪长芯光电科技有限公司半导体激光器及激光芯片产业化项目，总投资10亿元，总用地10公顷（150亩）；浙江中科玖源新材料有限公司年产4500吨柔性显示、柔性电子等用高性能聚酰亚胺光膜材料项目，总投资7.7亿元，总用地6.53公顷（98亩）。

【**浙江锂威锂离子电池项目开工**】 7月11日，总投资52亿元的欣旺达电子股份有限公司浙江锂威锂离子电池项目在兰溪开工建设，这是兰溪历史上单体投资规模最大的制造业项目，达产后可实现年产值超百亿元，新增就业超8000人。兰溪市委书记陈峰齐宣布项目开工。锂离子电池项目总用地面积27公顷（405亩），总建筑面积40万平方米，将配以全自动智能化生产线，引入先进的锂离子电芯生产设备与电池模组生产设备，主要从事锂离子电池的研发、生产、检测、销售、运营等经营活动，建成后可年产锂离子电芯2.4亿只、年产锂离子电池模组2.4亿只。项目计划用8个月时间完成土建工程，再用4个月时间完成厂房装修和设备安装，力争在2021年8月份投产。

11月30日，欣旺达浙江欣动能源项目开工仪式在兰溪欣动能源生产基地举行 （开发区 提供）

【**成立总部经济商圈联盟**】 5月20日，总部经济商圈党建联盟成立，这是兰溪成立的首个商圈党建联盟，旨在推进总部经济商圈党建圈、经济圈、服务圈"三圈融合"，进一步发挥党建实质实效作用，不断提升商圈的发展体量和质量。该联盟由行政服务中心、43家非公企业、31个机

总部经济商圈党建联盟成立 （开发区 提供）

关部门、14家中介服务机构、4家金融机构共同发起成立,根据发起单位行业类别分设行政审批共建联盟、企业党建共促联盟、人才共引共育联盟、群团和谐共创联盟等4个子联盟,并建立了轮值主席、每月会商、季度通报等工作制度。

【开发区6家企业上榜棉纺织主营业务收入百强】 4月28日,中国棉纺织行业协会发布2019年中国棉纺织行业主营业务收入百强排名榜,开发区6家企业上榜。6家企业分别为立马纺织集团股份有限公司、浙江金梭纺织有限公司、浙江七星纺织有限公司、浙江鑫兰纺织有限公司、浙江威臣纺织股份有限公司、兰溪市裕达纺织(集团),分列榜单第52、72、78、82、91、96名。

【国贸集团入股康恩贝】 4月2日,康恩贝集团有限公司与浙江省国际贸易集团有限公司签订战略合作暨股份转让意向性协议。根据协议,国贸集团全资子公司浙江省中医药健康产业集团有限公司拟受让康恩贝集团所持有的浙江康恩贝制药股份有限公司20%股份。交易完成后,胡季强及其控制的康恩贝集团等合计仍持13.3%的股份,为康恩贝制药第二大股东,省中医药集团将成为康恩贝制药的控股股东,国贸集团将实际控制康恩贝制药,浙江省国资委将成为康恩贝制药的实际控制人。

【欣旺达锂离子电池项目签约】 3月25日上午,市人民政府与全球锂离子电池领军企业欣旺达电子股份有限公司在兰溪签署合作协议。项目总投资52亿元,这是目前兰溪历史上单体投资最大的制造业项目。欣旺达将在兰溪经济开发区建设年产2.4亿只锂离子电池生产线,项目分3期4年投资建设。项目建成后,将服务整个华东地区新能源企业,汇聚包括锂电池原材料在内的正极、负极、隔膜、电解液等生产(制造)企业,形成以锂电池为核心的产业集群。这是欣旺达在浙江省建立的首个锂离子电池基地,项目进驻标志着兰溪一个世界级储能产业扬帆启航。

【兰溪长芯光电科技年产48兆瓦半导体激光器芯片项目开工】 2月26日,兰溪以3个主会场、5个分会场的形式,举行2020年第一批重大项目集中开工仪式。第一批集中开工项目共30个,总投资110.6亿元,年度计划投资34.5亿元,经济开发区兰溪长芯光电科技年产48兆瓦半导体激光器芯片项目集中开工。该项目由浙江澜芯光电科技发展有限公司与兰溪市兰创投资集团有限公司联合投资,依托中科院及高校的高水平科研团队,解决光电芯片国产化难题。项目用地10公顷(150亩),主要产品为高功率半导体激光芯片及相关的激光器件、模组,以及芯片下游光电子产品,产品打破国外垄断,可完全替代进行。项目建成后,可实现年产48兆瓦激光产品产能,产值20亿元以上,项目总投资10亿元,其中一期投资3亿元,2020年底投产。

【科技创新】 开发区专利授权857项,占全市50.71%,其中:发明专利授权量42项,占全市23.46%;实用新型专利授权680项,占全市57.9%;外观设计授权135项,占全市40.18%。新增国家高新技术企业19家,占全市57.6%。新增浙江仕雅达纺织有限公司、浙江威臣纺织有限公司、浙江七星纺织有限公司、浙江合一织造有限公司4家省级高新技术企业研发中心,占全市36.4%。新增省级科技型企业28家,占全市54家的52%。新增金华市两化融合项目4个,新增兰溪市两化融合项目9个,占全市42.85%。新增金华市科学技术研究开发中心9家,占全市47.4%,分别是:兰溪金工钢结构工程有限公司、浙江兴顺新材料有限公司、金华六和机械有限公司、金华市玖鼎机械制造有限公司、浙江宝汇薄膜有限公司、浙江康鹏半导体有限公司、浙江锦德光电材料有限公司、浙江兰创海神印染有限公司、兰溪市升华纺织有限公司。

（杜雪莹）

商 贸

服务业

【概况】 2020年,兰溪市服务业经受住疫情考验,体现发展的强劲韧性。服务业增加值173.63亿元,同比增长8%,服务业增加值占GDP比重为43.39%,实现逆势增长。主要指标:社会消费品零售总额完成147.9亿元,同比下降4.0%;限上批发零售业销售额210.9亿元,同比增长23.5%;限上住宿餐饮业销售额2.2亿元,同比下降2.2%;规模以上服务业营业收入19.77亿元,同比增长22.46%;其他营利性服务业营业收入3.23亿元,同比增长30.14%。

【服务业强县试点】 9月,服务业强县试点工作通过省服务业发展综合评价小组考核,在2019年度浙江省服务业发展综合评价Ⅲ类地区中排名第3,2020年继续开展浙江省服务业发展综合评价。

【服务业新业态蓬勃发展】 全年实现网络零售额76亿元,同比增长25.8%,兰溪市水亭"柚香畲风"农村产业融合发展示范园项目列入第二批浙江省农业产业融合发展示范园创建名单。浙江红狮物流有限公司、金华英特医药物流有限公司、浙江宾虹物流有限公司等平台逐步完善"互联网+物流"的新业态新模式。浙江凤登环保股份有限公司成为兰溪首家获得省级工程研究中心

丰登环保成功入围省级工程研究中心专家评审名单 （施德伟 摄）

认定的企业。

【服务业政策扶持力度加大】 根据出台的《关于进一步加快服务业发展的若干意见》《关于加快现代物流业发展的若干意见》等政策文件,针对全市服务业发展中的薄弱环节、关键领域和新兴行业,及时兑现相关补助(奖励)政策,逐年引导现代服务业和物流业发展,兑现补助资金共计291.62万元。着手修订物流业政策,开展并拟定服务业亩产效益评价办法并公示评价初步结果。2020年争取获得棉花配额3530吨、再分配146吨,为兰溪市纺织企业节约成本600余万元。开展服务业企业政策性担保和"转贷通"业务,帮助企业完成转贷。

【重大项目不断推进】 越龙山国际旅游度假区等4个项目列入省服务业重大项目计划并顺利推

进；20个服务业项目列入金华市级服务业重大项目计划，数量和总量位列金华第二。越龙山国际旅游度假区一期竣工并试运行，投资21.5亿的韵达智能供应链项目签约。

越龙山国际旅游度假区　　　　（王恩贶　摄）

物流业

【概况】 2020年全市规模以上物流企业营业收入达到14.46亿元，同比增长26.30%，占全市规模以上服务业总量的73.14%。

【物流业呈现新业态】 浙江红狮物流有限公司、金华英特医药物流有限公司、浙江宾虹物流有限公司等平台逐步完善"互联网+物流"的新业态新模式。投资21.5亿的韵达智能供应链项目签约。

【行业扶持力度加强】 积极鼓励物流企业复工复产，率先实现100%复工，有力保障全市生活生产运输需要，并出台复工复产奖励政策，对34家物流企业进行奖励共计102万元。同时加强对全市现代物流产业的扶持力度，向兰溪市物发民爆器材运输等16家公司下发2019年度兰溪市现代物流业专项资金补助290.62万元。

（何　娜）

商贸流通

【概况】 2020年，全市社会消费品零售总额147.9亿元，同比下降4%，位列金华第五，其中限上社会消费品零售总额19.1亿元，同比下降5%，高于金华平均增速9.5个百分点，位列金华第二。限上批发业商品销售额191.2亿元，同比增长24.4%，高于金华平均增速4.2个百分点，位列金华第五。限上零售业商品销售额19.7亿元，同比增长15.1%，高于金华平均增速14.2个百分点，位列金华第一。

【落细落实疫情防控各项任务】 对全市7家大型商超、64个加油站点、154家限上批零企业、5家拍卖企业及1家再生资源回收骨干企业开展涉重点地区的情况排摸。做好生活必需品市场保供工作，开展市区内各大型超市、重点批发市场有关米面油蛋肉等重要生活必需品销售、储备、价格等的监测统计工作，确保市场供应平稳有序。做好商贸企业复工复产备案与指导，积极对接各乡镇（街道）和部分重点商贸企业，指导商贸企业按程序申报审批备案后方可开工，截至2月底，限上批零企业复工率97.4%，员工到岗率93.7%。

【开展商贸入统工作】 走访并指导农贸城、建材市场、世纪联华、中石化等主体做好入统（指新增限额以上企业）和数据回归事宜，其中世纪联华已于7月份注册本地子公司，11月入库体现数据。做好新增企业培育指导工作，截至12月底，新增商贸主体23家。

【推进消费专班各项工作】 及时出台《兰溪市商贸企业新增入统及汽车促消政策》、全市工业企业二三产分离优惠政策以及浙江亿舟纺织品有限公司、兰溪市世纪联华超市有限公司、兰溪巨江环保科技服务有限公司等"一企一策"等针对性强的扶持政策,不断提升政策撬动消费的杠杆力度。截至12月底,已兑现汽车消费补贴114.94万元,月度新增入统奖励60万元。

【开展夜市经济试点工作】 专题召开夜经济工作部署会议,制定全市夜经济实施方案,盘活城区夜间经济。在金角大桥、彩虹城、浙中纺织品市场和大阜张设置夜市点位,大阜张和纺织品市场夜间美食已形成集聚效应。

【举办美食节】 11月20—22日,举办浙江省第五届地方特色菜肴技能大赛暨兰溪市第八届美食购物节,3天活动人流量达到4万余人次,销售产品种类达485种,直接拉动消费500余万元。在浙江省第五届地方特色菜肴技能大赛上,兰溪代表队荣获大赛团体一等奖,选手蓝延峰凭借《古镇肉沉子》大赛特等奖、选手陈晓彪凭借《大仙布袋豆腐》获大赛金奖、选手游德华凭借《兰溪神仙炖》获大赛金奖。

第八届美食节开幕　　　　　　　　（郑明 摄）

【成立兰溪市美食协会】 市级层面成立美食工作领导小组,领导小组下设办公室,社会层面新成立了兰溪市美食协会,形成"一组一办一协会"的工作架构,加强美食产业联动。出台《关于加快兰溪美食产业发展的实施办法(试行)》,每年安排美食产业发展专项资金500万元,用于企业(门店)统标工程、餐饮创优促强、美食品牌建设等。加快老城区中央广场美食街、城南片香格里拉"麦甜时光美食旗舰店"、溪西片"宝龙广场美食城"(预计2021年建成)及游埠美食小镇的规划建设。完成兰溪美食LOGO、美食二维码设计,大力扶持一批本土美食龙头企业壮大美食产业。持续培育一批"名店名厨",截至12月底,全市共有中华餐饮名店4家,省级餐饮名店5家,国际烹饪大师2名,中国烹饪大师13名,省级烹饪大师12名,省级面点大师1名,省级面点师5名。拍摄制作兰溪美食纪录片以及兰溪系列美食网络培训课件,整理出100种美食小吃名录以及100家兰溪牛肉面馆备忘录,挖掘20个兰溪特色小吃文化故事、制作涵盖79家美食商家以及相关地址导航的电子美食地图、编撰完成美食工作手册。加强宣传力度,兰溪美食先后在CCTV-10科教频道、CCTV-2财经频道、CCTV-4中文国际等央视频道7次报道播出,其中CCTV-10科教频道《家乡至味》春季篇中对兰溪美食进行了长达约38分钟的专题报道。

坚持食旅融合,先后开展"美食进景区""美食进旅游线路"等活动,在游埠古镇摄影周、女

兰溪代表队参加浙江省第三届名点名小吃总决赛获金奖　　　　　　　　（叶婧 摄）

埠非遗文化展示活动、永昌李渔小镇戏剧节中进行了兰溪美食的展示展销。组织参与"兰城寻味"系列美食展、"浙里来消费 金秋嘉年华——浙味美 浙里品·首届中国浙菜美食节暨第十届浙江厨师节"、浙江省第三届名点名小吃总决赛、兰溪美食进省委党校活动、兰溪美食进宁波市政府、浙江省第五届地方特色菜肴技能大赛暨兰溪市第八届美食购物节等多场活动。在第三届名点（名小吃）总决赛中获得6个金奖，在浙江省第二届名茶点名茶肴大赛中获得2个金奖，邵小萍在第十届厨师节上获得金鼎杯浙菜风云人物称号。

10月28日，兰溪美食进省委党校活动
（叶婧 摄）

粮食流通

【概况】 2020年，全市粮食总产量8.09万吨，总消费量18.19万吨，粮食自给率为44%。

【粮食收储】 全市腾出有效仓容20860吨投入两季收购，合理设置收购网点6个，满足农民售粮需要。与83户种粮大户、2个专业合作社签订早籼谷订单，面积888.9公顷（13333.5亩），订单早稻5333.4吨，向13户种粮大户发放粮食预付定金共计33万元。按要求完成地方市级储备4.042万吨、成品粮储备750吨储备任务，同时完善储备粮日常监管、轮换管理及出入库质量检验制度，加强成品粮油储备管理，全年市级储备粮质量安全、数量真实。

市领导在市粮食购销有限公司检查粮食收购工作
（蒋勤 摄）

走访种粮大户，查看夏粮生长情况（蒋勤 摄）

【应急保供】 健全粮食安全应急体系，共设立21个应急供应网点、1个配送中心、1个应急运输企业和2个应急加工厂，与相关应急单位签订应急协议，明确责任并授牌，实现城乡粮食应急全覆盖。加强粮食产销合作，与江西省东乡区、乐平市、鄱阳县等县市建立长期粮食购销关系，并签订《产销合作协议》，确保粮食应急和储备轮换粮源充足。

【仓储设施提升改造】 完成市粮食储备中心信息化互联互通粮库智能化升级改造，粮食储备诸葛库完成省级监控平台对接建设。

【粮食安全质量监管】 加大粮食质量安全投入力度，继续实行重金属监测关口前移，强化对重金属超标稻谷的检测、收购和处置工作的组织协调，未出现重金属超标粮食流入口粮市场。

（戴晶婧）

供销合作

【概况】 2020年，兰溪市供销合作总社以"三位一体"综合改革为主线，以生产服务、供销服务、信用服务、环境服务为重点，全面助力农业企业发展，农村产业振兴。供销系统全年实现商品销售总额6.61亿元，上缴税收33万元。获金华市供销系统综合业绩考评优秀奖。

【抓好疫情防控】 联合丹阳社区开展社区疫情防控卡口24小时值班，完成执勤任务。做好再生资源行业从业者中外地返兰和亲密接触人员动态跟踪和隔离人员物资保障工作。对接兰溪融媒体疫情期间挖掘优质农产品等生活必需品在融媒优品上架；联合邮政推出"菜篮子"配送服务，满足群众"菜篮子"需求；对接星地超市对日用快消产品进行网点配送供货。

【保障春耕备耕应急农资供应】 对全市的农资经营种类、存储量、销售额及数量等情况进行调查，严把农资质量关。配合农业执法大队不定期进行检查指导，开展农资经营上岗证和庄稼医生培训工作，坚决杜绝农资质量安全事故发生。做好农资应急储备工作，其中化肥1000吨、农药5.5吨，保证市场稳定供应。

【创建省级产业农合联1家】 12月，兰溪市农合联枇杷产业分会被评为省级产业农合联。该产业农合联是以为农服务为宗旨的社会团体，成立于2018年12月，现有会员30名，其中单位会员30家，坚持"农有、农治、农享"原则，致力于培育规范、壮大一批从事枇杷生产、销售、加工、休闲等各生产链条的家庭农场、合作社、企业等现代农业主体，带动全市枇杷产业的基地建设、市场销售、深加工产品研发生产等。

【完善再生资源回收体系建设】 全面整治规范现有再生资源回收网点，建设完成兰江再生资源综合回收规范化站点室内经营用房。规范再生资源回收队伍建设，按照"七统一、一规范"要求进行培训管理。优化升级回收模式，积极谋划搭建数字化回收平台，精准化回收交易。

【深入开展农产品展示展销】 协办2020浙江省杨梅产销对接大会暨"杨梅正当红"网红直播活动。组织17家杨梅鲜果专业合作社、深加工企业及电商团队参加，展销会上表现亮眼。协助承办兰溪市第八届美食购物节，对接省供销社以及其他县市供销社，组织龙游、金华、浦江等地的外地小吃美食参加，并邀请了"金农好好"携

6月22日，2020浙江省杨梅产销对接大会兰溪杨梅展区现场
（董健 摄）

对口协作地的特色产品薄皮核桃、红枣、新疆牛奶、阿克苏苹果等农产品参加活动。

【拓宽兰溪杨梅市场销售渠道】 强化与上海中心农批市场、嘉兴水果市场、华东农产品中心的合作，带领当地水果大户前往各个市场进行产销对接，设立兰溪杨梅销售专区，将中等杨梅鲜果推向批发市场，实现量销。全年线下销售杨梅490吨左右，销售额900余万元。加大线上营销力度，通过融媒优品、网上农博、淘宝天猫等平台，推动兰溪杨梅、枇杷热销。

【开办"金农好好"兰溪旗舰店】 开办金华市级区域公用品牌"金农好好"兰溪旗舰店，将兰溪杨梅、枇杷、莲蓬等特色鲜果融入"金农好好"品牌建设。完成了兰溪枇杷"金农好好"品牌使用授权，深度参与"金农果园好集市"活动，利用网红直播、微商销售等途径销售"金农好好"品牌的兰溪农产品。

【农信担保金额较上年增长196.49%】 以下属农信融资担保公司为平台，为农业主体开展信用担保贷款服务，2020年为全市169个农业主体，办理融资性担保贷款金额10181万元，服务主体较上年扩增94.25%，金额增长196.49%，金融支农作用成效显著。

【成功创建农业农村部金融支农创新试点】 完成农业农村部金融支农创新试点工作。获得农业农村部配套经费100万元，通过贴息担保贷款，降低融资成本，在疫情防控的关键时期2月至5月，办理担保贷款项目68个，担保贷款额5006万元，为农业主体的生存和发展及时注入了新鲜血液。该试点工作经验在6月22日《农民日报》上刊发。

【成立全省首个省农担公司办事处】 6月3日，兰溪市举行基层政策性农业信贷担保服务创新试点业务签约暨办事处授牌仪式，成立了全省首个省农担公司办事处，着力构建政府、银行、担保机构相互合作、协同赋能的金融支农服务体系及风险分散机制，"政银担"合作担保项目顺利开展，为44个农业主体担保额3568万元。兰溪农信担保公司获得省农担公司2020年度优秀办事处称号。

省农信担保兰溪办事处成立　　（董健 摄）

（董　健）

烟草专卖

【概况】 2020年全年销售卷烟18675.4箱，实现含税销售额86468.13万元，税利23725.72万元，其中税金3577万元，利润20148.72万元。全年查获案件159起，查获违法卷烟2.79万条，其中假私烟10671.5条，查获5万元或5万支以上大要案20起，增幅17.6%。局（分公司）被评为兰溪市"机关党建示范点"、兰溪市慈善捐赠先进单位。

【办成本土国标网络案1起】 与公安部门合作破获浙江省兰溪市2019"3.18"销售假烟网络案，该案涉案案值227.5万余元，查扣各类违法卷烟278.8条，实物案值12.9万余元。抓捕犯罪嫌疑人4名，其中判刑3人，该4人均为省内本土人员，该案于2020年11月被省局认定为本土国标网络案。

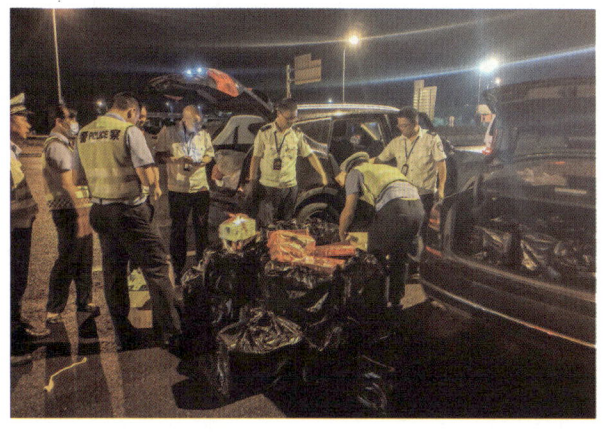

8月27日，市烟草专卖局在高速交警配合下，查获一起涉嫌无证运输卷烟案件，当场查获贵烟（国酒香30）、云烟（紫）等总计14个品种583.70条真品卷烟，案值6万余元　（董霄　摄）

【规范行政执法】　严格执行行政执法规章制度，全年未发生行政诉讼、行政复议案件。优化行政处罚案件办理流程，规范案件文书制作，每月开展案件质量自查，2个行政处罚案卷被金华市烟草专卖局评为优秀案卷。

开学前，市烟草专卖局对辖区内中小学校周边卷烟零售户开展系列专项治理，宣传《关于进一步保护未成年人免受电子烟侵害的通告》，不向未成年人售烟　（董霄　摄）

【开展重点品牌和定制品牌培育】　开展"一部一品"年度品牌培育计划，实现重点品牌销售16464箱，同比增长4.44%，定制品牌销售186.78箱，同比增长66.32%，其中云烟（云端）销售2.59箱，云烟（小云端）销售18.71箱，云烟（中支乌镇之恋）销售1.25箱，玉溪（创客）销售164.23箱。

【终端网建稳步提升】　坚持选店、选人并重，硬件、软件并举，建成现代终端750户，占比24.3%。其中香溢合作店39户，三星终端35户，二星182户，一星493户。建成香溢零售示范区3个，消费者体验基地54家。每季开展终端成长评价，严格执行终端动态升降管理，年度新增现代终端166户，整改260户，清退85户。

【"互联网+营销"模式深入推进】　用好数据建模，指导零售终端数据运用，提升全员数据分析能力，深入推进"互联网+营销"模式巩固提升。安装并培训双屏机用户427户，覆盖面13.8%；钉钉平台使用客户2545户，使用率80.6%；"香溢通"使用客户973户，覆盖面31.6%；"香溢坊"使用面86.7%，组织开展合作店建设、双屏机使用、会员吸粉等交流活动90次；"香溢家"累计注册会员9.7万个，注册会员比值为534%，月均活跃会员比值89.27%；"香溢购"非烟商城订货1673户，订货面54.5%。

（陈　瑛）

石油经营

【概况】　中国石化销售股份有限公司浙江金华兰溪石油支公司隶属于中国石化销售板块，主营汽、柴油、天然气和其他石化产品的批发、零售、直销配送，以及加油站便捷洗车、便利店等非油品业务。全区共有油库1座、加油站25座，在职员工150余名，是兰溪市最大的成品油销售企业。

2020年公司通过开展"百日攻坚创效""管理服务百日提升"等活动，内抓管理，外拓市场，取得了良好的经营业绩。同时在加油站深入推进"笃行务实、奋进兰石"党建品牌创建活动，围绕"人·车·生活"生态圈打造温馨家园和客户驿站，搭建有兰石特色的党建载体，为公司决胜全面可持续发展提供坚实保障。全年共计销售油品11.8万吨，销售天然气228万立方米，销售额达8.26亿元；非油品销售额3975万元；网厅充值额1.95亿元。

（叶　茂）

开放型经济

招商引资

【概况】 2020年，上报金华引进内资57亿元，完成考核目标任务的111.76%；实到外资1016万美元，完成考核目标任务的101.6%；重大到位资金34.22亿元，完成考核目标任务的114.08%。2020年度招商引资工作考核位列金华各县（市、区）第1名。

兰溪市大数据平台 （市招商引资中心 提供）

【招商引资集中签约】 完成2020兰溪发展大会各项任务，共签约71个项目，总投资超过500亿元。全年签约招商引资项目76个，实到资金60亿元，3亿元以上项目21个，其中工业项目16个、文旅项目2个、服务业项目3个，20亿元以上项目3个，50亿元以上项目1个，项目数和总投资额创历史新高。

【招商引资项目会审】 2020年，组织开展十六次招商引资项目集体会审，评审118个招商项目，审议通过113个，通过率95.8%。

【配强"853"招商队伍】 构建由八个专业招商组、五大产业专班、三大驻点招商联络处组成的"853"招商队伍工作体系，形成了集信息捕捉、研判、谈判为一体的专业招商力量，中心全面管理五大产业专班、三大驻点招商联络处驻勤工作。全年市领导带队外出招商近200次，全市已接洽项目500多次。

金华市（北京）招商推介兰溪签约仪式
（吕雄波 摄）

【梳理兰溪自有招商资源】 着力于梳理全市招商引资项目、土地、产业、政策等各类资源，摸清底数，制作完成3分钟H5推介短片、兰溪投资指南、招商政策汇编、招商引资工作手册等，并将相关信息汇聚在"投资兰溪"一码通，供全市招商引资骨干使用学习。

【打造全市重点项目库】 构建招商信息项目库、会审项目库、项目跟踪库、重大项目库，对项目进行"常态化"动态管理。意向到兰项目首先被登记入招商信息项目库，通过集体会审的项目入会审项目库，会审项目库中的现有在谈招商项目入项目跟踪库，已签约的重大项目入重大项目库由各部门合力破解落地难题。链条式项目库流程便于招商项目的梳理和管控，利于优质项目的流转与落地，精准助力兰溪四大战略实施。比如北部热电联产项目，落户地几经调整，最终选址新兴产业园。

【创新"线上＋线下"招商模式】 精心制作兰溪市招商大数据平台，实现资源与项目无缝对接。线上开启"云招商"模式，依托视频会议等方式与项目方在线对接洽谈。线下，依托一系列招商活动积极推介。

（史沐尹）

对外贸易

【概况】 全年实现外贸进出口总额166.28亿元，同比增长28.68%，其中出口149.03亿元，同比增长35.87%，增速列金华第四；进口17.26亿元，同比下降11.67%。从出口商品看，除纺织产品、铝合金及铝箔出口下降明显，大部分产品保持增长。纺织产品出口476210万元，同比下降16.1%，占比31.95%；铝合金及铝箔出口72522万元，同比下降33.62%，占比4.87%；钢及不锈钢板材出口91833万元，同比增长218.08%，占比6.16%；照明产品出口37706万元，同比增长190.73%，占比2.53%；塑料制品、相框等出口104692万元，同比增126.16%，占比7.03%。

【推进"六稳""六保"工作】 疫情下，扎实推进"六稳""六保"工作，实施"一企一策"点对点精准服务，协调多部门联动，打通"关节"、疏通"堵点"，全力助力企业复工达产。元宵节后一个月内，全市出口额1000万美元以上37家，外贸企业复工率100%；出口额100万美元以上165家外贸企业复工率100%。同时，培育外贸新增长点，对接省商务厅、金华商务局等上级主管部门，做好防疫物资出口"白名单""外综服"申报工作，浙江百浩工贸有限公司、兰溪市百盈医疗科技有限公司、铠普盾（金华）防护技术有限公司3家企业列入防疫医疗物资出口"白名单"，拉动全市外贸数据增长。

【外贸经营主体进一步扩大】 全年开展进出口业务的企业有443家，比去年同期增加42家，新增有外贸实绩企业81家，出口覆盖182个国家（地区）。全市402家有出口实绩的企业中，同比增长的238家，占59.2%。其中，生产企业有出口实绩的300家，出口总额78.69亿元，同比下降13.68%，占52.8%。流通企业有出口实绩的102家，出口总额70.34亿元，同比增长279.62%，占47.2%。全市新增外贸备案登记企业160家，同比增长52.38%，其中实体企业101家，贸易企业58家，电商企业1家。

【组织参加各类云展会】 组织36家外贸企业参加第127届广交会（线上）、11家外贸企业参加第30届中国华东进出口商品交易会、33家外贸企业参加第128届广交会（线上）；组织近百家企业参加150余场浙江出口网上交易会等各类云上展会。

【组织参加第三届中国国际进口博览会】 组织104家企业参加第三届中国国际进口博览会，达成意向采购金额1500万美元，其中，浙江博远金属有限公司在进博会中代表金华（除义乌）交易分团参加中国浙江—欧洲数字经济和高新技术产业高峰对接会，与美国五矿进出口有限公司签订了3万吨铝锭采购项目，签约金额3500万美元，这是金华（除义乌）交易分团最大签约项目。

【组织"义新欧"班列货源】 参与"义新欧"班列货源组织工作，出台配套优惠政策促成运营商与企业合作，推动"义新欧"班列走进兰溪企业，全年共完成142个集装箱大柜。

【积极应对中美贸易摩擦】 密切关注中美贸易摩擦发展趋势，充分发挥外贸预警点、监测点以及出口订单管理系统等平台的综合功能，及时做好外贸运行预判和贸易摩擦应对，动态监管五色预警清单企业，有效防止和缓解贸易风险。指导三江开源积极参与反倾销调查应诉，为三江开源提供律师咨询等服务，争取获得最优的应诉结果。建立国际商会微信群，定期发布全球疫情研判、出口预警信息以供外贸企业决策部署，营造良好的工作氛围和舆论宣传环境。

【护航中小企业】 与中信保、人保分别签署了新一期的小微企业出口信用保险"政府联保"合作协议，将上年度出口额在300万美元以下的企业纳入政府联保范围。全市共有177家小微企业参加出口信用保险"政府联保"，比去年增加24家；承保金额1.4亿美元，同比增长17.14%，帮助广大中小外贸企业破解"有单不敢接""有单无力接"的难题，提高中小外贸企业出口抗风险能力，为稳外贸发挥积极作用。

【构建惠企政策服务体系】 出台《支持兰溪外贸企业渡疫情难关的政策意见》在境外参展、出口信保、贸易摩擦和拓展国内市场等方面加大扶持力度，帮助企业开拓市场。进一步帮助企业提效降费，提速奖补兑现周期，充分发挥各级各类稳外贸政策的作用，按照"应兑尽兑"原则，加大外贸扶持政策宣传力度，加速政策兑现，截至12月底，累计兑现各类外贸扶持资金3828.9万元，有效帮助企业解决现金流问题。

【成功申报国家外贸转型升级基地】 兰溪市国家外贸转型升级基地（牛仔面料）成功申报2020年国家外贸级转型升级基地，这也是金华地区唯一入选基地，全省仅6家。该基地有企业9家，均为规模以上企业，主要产品为牛仔面料、牛仔服装。2020年基地企业总产值27.21亿元，进出口总额32946万美元，其中出口额30757万美元、进口额2189万美元，基地企业总就业人数3689人，创造税收0.88亿元，自有品牌产品出口占基地出口的89.54%。同时，浙江嘉宝物流股份有限公司成功申报为2020年浙江省外贸综合服务试点企业。

外贸、外经

【概况】 2020年，全年新设立外商投资企业6家，合同利用外资1098万美元，实际利用外资1016万美元，完成金华下达兰溪市1000万美元目标的101.6%，外贸考核列金华第五。全市新增境外投资项目3个，分别为印尼东努沙登加拉红狮水泥有限公司、尼泊尔Dang水泥私人有限公司、香港巨江贸易有限公司，共完成境外投资备案12.88亿美元，完成金华10.5亿美元任务118.65%，同比增长30.02%，绝对额位列金华第一。中方投资额占金华全市的94%。全年服务外包离岸执行额2820.17万美元，同比下降32.61%。

电子商务

【概况】 2020年,全市完成网络零售额76亿元,同比增长25.8%,增速列金华第二。累计完成农村电商服务站315个,完成电商专业人才培训2000人次。截至12月底,新增电子商务主体1200家,同比增长130%,新增电子商务主体首次破千家。

云招商　　　　（市招商引资中心 提供）

【引导线上线下企业交流合作】 鼓励兰溪本土企业与阿里巴巴、天猫、京东等第三方对接,引导工业产品进行网上商品批发交易和跨境贸易,提高流通效率,降低流通成本。截至12月底,全市有淘宝店2000余家,天猫店200余家,电子商务应用企业5000余家。

【推进电商产业园区建设】 以"兰溪跨境电子商务园区""兰江中通电商园""兰江金色华府电商园""小城故事电商园""农产品电子商务园区"等一批特色园区建设作为电商发展的主抓手,着力发展一批专业从事电子商务研发、服务的企业。截至12月底,入驻各类园区的企业150多家,2020年总交易额超10亿元。

【党建联盟促发展】 浙江交通集团旗下商业集团兰溪服务区党支部、兰溪市商务局党委、兰溪市供销合作总社党委等6家成员单位共同组建"兰心"党建联盟。通过"兰心"党建联盟,加强各单位联系和沟通,通过思想共建、组织联建、基层共治、资源共享、机制共创,有效提升基层党组织的凝聚力和战斗力,实现共建共享共赢。

【获得跨境电子商务发展试点补助资金】 根据《浙江省大力推进产业集群跨境电商工作指导意见(浙商务发〔2019〕25号)和《浙江省商务厅关于开展第二批产业集群跨境电子商务发展试点申报工作的通知》(〔2019〕58号),经自主申报、省厅审核,成为第二批产业集群跨境电子商务发展试点,并通过2020年考核获得200万补助资金。

【大力发展农产品电商】 鼓励建立特色农产品品牌,进驻各类电商平台进行线上销售,由兰溪市一帜食品有限公司开发生产的兰溪土粉干、红香园蜂蜜、金华非遗醋等品牌均已上线销售。探索生鲜水果类网上销售渠道,联合顺丰快递,成功将兰溪杨梅、枇杷等生鲜水果销往全国。

【东西部扶贫工作】 10月24日,前往汶川开展直播电商培训工作,对接东西部扶贫协作,为促进汶川产品直播网上销售牵线搭桥,培训电商人员50人。

【6个行政村获全省电商专业村称号】 12月,浙江省商务厅审核认定云山街道十里亭村、永昌街道永昌村、赤溪街道石龙头村、马涧镇马涧村、黄店镇王家村、柏社乡百聚社村为2019年度全省电商专业村,年度网络零售额均超1000万元以上。

(戴晶婧)

金华海关兰溪办公区

【概况】 金华海关兰溪办公区全年受理出口报关2291票，货值约13.5亿元，同比下降约38.9%；全年受理进口报关753票，货值约0.75亿元，同比增长约8%。

【检验检疫】 全年共检验检疫出口竹木草制品439批，不合格现场整改2批，出具熏蒸消毒证书14份。验放出口发光粉134批，出口蓄电池装运前检验7批；开展出口危包性能鉴定737批、使用鉴定810批。进口旧钢瓶、危化品35批，进口再生资源12批。进口盐渍牛皮检验检疫38批，142个集装箱，每季按要求抽样监测炭疽杆菌，抽样5批。出口食品和化妆品年度检验353批，按指令抽样3批个样，按年度风险监测计划抽样22批。现场查验判定不合格1批，原因是包装不符合要求，经整改合格后放行。完成退运调查2起。完成总关技贸措施现场调查3家。全年在2个点共开展6次杂草监测，监测获得杂草98种；实蝇监测共布点4个，范围内主要寄主植物为桔、小柑橘，次要寄主植物为蜜柚。共截获桔小实蝇（JBD）1422头，瓜实蝇（GBC）72头，南瓜实蝇（CUE）8头。

【高效服务】 全年共办结辖区内企业备案、变更等业务189票。培育辅导海关认证企业2家，其中1家通过海关高级认证。签发各类原产地证书3500余份，完成退证调查2次，出具原产地信用签证215份。

【疫情应对】 协调指导进口捐赠防疫救援物资快速通关。疫情期间，专人对接兰溪心舞工作室，指导海外捐赠防疫物资办理进口通关手续，及时解答各种捐赠物资通关时遇到的各种问题，累计协调进口捐赠物资通关近亿元，对疫情防控初期缓解防疫物资紧缺发挥积极作用。联系商务局、经信局等相关单位，了解、收集涉及需海关解决的相关问题，并第一时间给予政策解答，解决难题。通过海关保税仓库等方式帮助兰溪市国诚纺织有限公司等企业暂缓缴税，缓解企业资金压力。指导企业疫情期间快速出口，帮助企业了解企业复产复工条件，指导完成企业开复工备案申请，主动介绍疫情防控期间海关推行的各项便利化报检通关措施。完成浙江省年后的外贸出口第一单。积极帮扶企业转产开展防疫物资生产，在横溪镇开展免洗洗手液出口法律法规宣传，通过帮扶有5家企业转产，全年验放出口产品375余批，货值1552万美元。加大原产地签证宣传力度，助力纺织企业出口东盟市场。

（史筱悠）

旅 游

综 述

【概况】 2020年以来，文旅事业加快发展，文旅产品供给优质，兰溪市成功入选"2020中国县域旅游综合竞争力百强县"。全市共接待游客2121.97万人次，实现旅游总收入228.4亿元。全市文旅在建项目47个，总投资172.8亿元，完成投资额49.03亿元，列金华市第一。"天下江南"景区成功创建国家AAA级旅游景区、游埠镇成功创建浙江省旅游特色小镇。天福山区块有机更新，李渔戏剧小镇、越龙山国际旅游度假区等重点项目加快推进。9个优质大项目落户兰溪，一批高品质酒店对外营业，世贸大饭店全面投入运营，"兰溪-建德"水上游复航得到郑栅洁省长的肯定。实施文旅数字化转型项目，位居全省第四、金华第一。全国首趟疫后跨省游高铁专列进兰溪，成功举办李渔戏剧汇、金华市老年人体育协会走进兰溪等品牌活动。美食小吃、非遗项目等文旅资源频登央视。

（汪枭意）

旅游资源

【概况】 全市共有国家AAAA级旅游区2处（诸葛八卦村、六洞山风景区），有国家AAA级旅游区3处（芝堰古村、游埠古镇、兰溪天下江南），国家AA级旅游区2处（黄大仙赤松园、新天地生态休闲农场）；省级旅游度假区1家（兰湖旅游度假区）；省级风景名胜区2处（六洞山风景名胜区、白露山－芝堰风景名胜区）；省旅游风情小镇2家（诸葛镇、游埠镇）。浙江省4A级景区镇1家（游埠镇），浙江省3A级景区镇8家（女埠街道、永昌街道、赤溪街道、梅江镇、黄店镇、灵洞乡、水亭乡、柏社乡），浙江省A级景区村庄130家，其中3A级景区村庄12家。

【诸葛八卦村】 诸葛八卦村位于浙江中西部兰溪市境内，距市区18千米，村中现住有诸葛亮后裔近4000人，为全国诸葛亮后裔最大聚居地。景区由丞相祠堂、大公堂、钟池、天一堂、农坊馆、大经堂、雍睦堂、上塘古商业街及诸葛村的200多座明清古建筑和百草生态园、西线古村落游览区等休闲观光项目构成。

【六洞山风景区】 六洞山风景区是浙江中西部旅游线上的主要景区之一，系首批省级风景名胜区，融自然山水、溶洞景观、名人古迹、宗教旅游及游客互动于一体。景区洞中有河、河上有洞，水陆兼游的涌雪洞"地下长河"更为海内一绝。洞内常年恒温18℃，冬无严寒，夏无酷暑。六洞山麓下有一座三进二明堂二层砖木结构的清代徽派建筑"绮霞园"，是一代名媛赵四小姐的祖居所在地。沿山右行还有始建于后唐长兴年间的栖真寺，寺内曾珍藏唐代高僧玄奘自"西天"

取来的经书译本《大藏经》6000多卷。六洞山景区下山路上的碳钢管轨式滑道是目前江南最长的管轨式滑道，游客可自行调控车速，安全舒适，不仅免去步行的疲劳，还可以欣赏六洞山森林公园全貌，感受高空滑行风驰电掣的动感刺激。

【黄大仙赤松园】 黄大仙赤松园位于兰溪市区东北部，景区面积1.33平方千米，为一条5000多米长的山坡，是融合山、水、石、林、寺为一体"览自然胜景，探仙迹神踪"的旅游风景区，也是以道教信拜、休闲、旅游活动为主题的森林公园，主要景点有：石门槛、金龟岩、牧羊居、刺虎岩等，是当年黄大仙牧羊修道、登真飞升之地。

【新天地生态休闲农场】 新天地生态休闲农场位于兰溪市水亭畲族乡下方泉村，是国家AA级旅游景区。主要特色项目：四季水果采摘、生态民宿、特色餐饮、户外拓展、特种养殖、亲子游乐等。已被评为浙江省首批果蔬采摘旅游示范基地，金华市首批放心农产品示范基地。

【芝堰古村】 芝堰古村地处兰溪西北山区，是国家AAA级旅游景区，又是国家文保单位，有850多年历史。现拥有衍德堂、孝思堂、承显堂等明清古建筑群30余座，其中衍德堂为元代建筑，孝思堂最大，占地1300平方米，集元、明、清、民国等建筑于一体，是一座典型的中国古民居博物馆。

【游埠古镇】 游埠镇是浙江四大千年古镇之一，文化底蕴深厚，素有"钱塘江上游第一埠"的美誉，境内的游埠老街自古繁华，如今依旧人流熙攘。游埠镇是国家重点镇、全国摄影创作基地、全国"宜居示范小镇"、省级中心镇、省级文明村镇、省级卫生镇、省级森林城镇、省级历史文化名镇、省级非物质文化遗产旅游景区（非遗主题小镇）、省级旅游风情小镇。游埠的特色风情，可以用"一溪、两街、三缸、四人、五桥"概括：一溪，即游埠古溪，游埠的母亲河，横穿游埠古镇，汇入衢江；两街，即非遗展示中山街，网红早茶小吃解放街；三缸，即酱缸、染缸、酒缸；四人，即五代高僧"禅月大师"贯休、清代"东方莎士比亚"李渔、近代"世界十大摄影师之首"郎静山、近代"天文学家"曹谟；五桥，即横贯游埠溪上清代所建的永济桥、永福桥、永安桥、太平桥、潦溪桥，总称为"五马归槽"，堪称一绝，蔚为壮观。这两年，游埠举办了"游埠妈妈闹元宵"、寻访红色之旅、穿越古镇民国风、寻找儿时的记忆——游埠民间小吃大赛、水上传统婚礼等大型品牌节庆活动，古镇知名度迅速提高。

【兰溪天下江南】 兰溪·天下江南景区位于"中国优秀旅游城市""全国县域旅游综合实力百强县"兰溪的城区，在这里婺江、衢江、兰江三江交汇，云山、兰阴山两山隔江对峙。景区名称源于北宋时期宋徽宗将兰溪誉为"天下江南"的典故。景区总面积3.3平方千米，包括省级历史文化名城兰溪古城、天然氧吧城市绿肺中洲公园、移步换景纳须弥的芥子园、正德皇帝御题兰荫深处的横山、珍宝文物荟萃的市博物馆、李渔文化公园、南门湿地公园、扬子江海绵生态公园、兰江等，展现了集"山·岛·城·江"等自然人文要素于一体的诗画意境，是"诗路钱塘"上的美丽样板。

【白露山风景名胜区】 白露山风景名胜区位于兰溪市区西北约17千米的女埠、黄店两镇交界处，面积约13.73平方千米，最高峰海拔439.7米。山下有清澈可鉴的镜潭泉，山间有古色古香的乘仙

旖旎兰江　　　　　　　　　　　　　　　　（王恩贶 摄）

殿，山腰有酷似玉带的白岩，岩下有高峻突兀的仙人石，山巅有古朴幽雅的江南古刹慧教禅寺，有赵朴初题写的"浙西第一道场""大雄宝殿"等字匾。该寺始建于北宋皇佑年间，距今已有900多年历史。1988年兰溪市政府将慧教禅寺批准为重点宗教保护寺庙，2006年被浙江省人民政府批准为省级风景名胜区。2015年，白露山旅游区已完成《白露山旅游区控制性详规》编制，并通过省建设厅批复。

【长乐村】　位于兰溪市西部，紧邻诸葛八卦村，素有"一家饭熟三县香"之称。村内有四奇：门朝北开、塘成日月、井布七星、女性祠堂。长乐村是宋元理学家金履祥后裔聚居地，全村遗存着126座保存完好的元明清古民居、古牌坊，完整地保存着古驿道、古石板路，每一座建筑都记载了历史的沧桑和浓郁的江南特色。

【兰湖旅游度假区】　浙江兰湖旅游度假区是经浙江省人民政府批准成立的省级旅游度假区，总规划面积22平方千米。兰湖旅游度假区地理位置优越，交通便捷畅通，位于金华和兰溪的交界处，距杭金衢高速"兰溪"出口仅3千米。度假区基地呈缓丘地势，属于亚热带季风性湿润气候。自然风景秀丽，拥有200公顷（3000亩）形态优美的静水湖面，266.67公顷（4000亩）清新优质的茶园，11.6千米的环湖大道围绕水域和茶园景观，6.8千米的游步道围绕高潮水库，纯净自然的湿地，潺潺灵动的溪流，肥沃秀美的生态农田，郁郁葱葱的天然林木。

（黎美英）

文旅项目建设和招商

【概况】　按照兰溪市全域旅游"一核、一带、两翼、六片区"的总体布局，加快"大古城、大诸葛、大金华山、大钱江（兰溪段）"核心景区打造，把兰溪古城区建设成为产业服务功能齐全、公共基础配套便利、富有休闲度假气息的核心休闲区；把诸葛长乐文化旅游区打造成旅游配套相对齐全、服务功能较为完善的国家5A级旅游区；金华山旅游带打造成集山水观光、山地运动、度假休闲、康体养生、乡村休闲等多功能于一体的休闲度假产业聚集区；建设水上游旅游带，结合兰溪水上航运发展、三江六岸景观提升、水上滨江旅游项目开发，着力打造兰溪水上旅游品牌；越龙山国际旅游度假区打造成集禅修养生、山水观光、生态度假、文化体验、健康人居、山地运动、休闲娱乐等功能于一体的生活山地度假旅游区。积极推动兰湖旅游度假区、六洞山风景名胜区、白露山休闲旅游区、上包湿地公园、香溪万香田园综合体、圣山万佛谷等重点项目建设，确保每年一批项目竣工运营，一批项目开工建设，一批项目签约储备。扎实推进旅游项目建设。2020年，兰溪文旅在建项目有47只，总投资额为172.8亿元，完成年度投资额为49.03亿元。

【加强文旅项目招商】 围绕打造具有市场卖点和易于招商引资的目标，有针对性地策划包装一批项目进行重点招商推介，梳理全市旅游项目，完成《兰溪旅游项目招商手册》编制，28个重点招商项目宣传视频拍摄和PPT、H5制作；推进白露山旅游度假基地项目、兰溪游艇小镇项目、飞鸿军事主题乐园项目、古城开发项目（桃花坞区块）、恒大兰湖生态文旅小镇项目、全球旅拍兰溪金矿小镇项目、兰溪六洞山兰湖旅游综合开发项目等旅游项目招商洽谈进度。

（黎美英）

景区规划和品牌创建

【概况】 坚持规划引领。2020年，启动《兰溪市公共文体和旅游发展"十四五"规划》，完成《兰溪天下江南4A景区创建发展总体规划》，指导重点乡村旅游及旅游项目做好总规和控规编制工作。

【景区品牌创建】 兰溪天下江南成功创建国家3A级景区，游埠古镇成功创建浙江省旅游风情小镇，永昌街道、赤溪街道、梅江镇、黄店镇、灵洞乡、水亭乡、柏社乡女埠街道成功创建浙江省3A级景区乡镇（街道）。游埠潦溪桥村、洋港村、黄店王家村等130个村成功创建省A级景区村庄。

（黎美英）

市场开发与乡村旅游

【概况】 2020年以来，继续深化文旅融合，积极传播兰溪印象，讲好兰溪故事，打响兰溪"诗画浙江 心有兰溪"文旅品牌，兰溪文旅"走出去"，游客"请进来"，让更多人知道兰溪、走进兰溪、品味兰溪。继续借助各类平台做好整体文旅形象宣传，打造"兰溪文旅"宣传小矩阵；全年共开通6趟高铁旅游专列，全领域全方位接轨上海，高质量融入长三角一体化发展；策划开展"闲情偶寄 诗意兰溪"乡村旅游文化节、"荷你相约"文旅后备厢市集、"闲情偶记 诗意兰溪"金华晚报小记者研学活动、"魅力金秋 乡约兰溪"文化旅游节系列活动、策划金华市老年人体育协会走进兰溪等活动；组织开展"百县千碗 味道兰溪"美食推广活动，深挖兰溪特色美食，打造"味道兰溪"的美食品牌，促进美食、文化、旅游的融合发展；举办"畅玩兰溪 抖出精彩"兰溪市抖音短视频大赛；设计推出红色旅游、研学旅游和兰溪康养游等特色线路，并联合相关部门外出推介等活动。积极组织参加省厅和金华局组织的各类旅游交易会，做好兰溪旅游形象宣传与市场营销工作。

【出台扶持办法】 制定出台《兰溪市关于加快全域旅游发展的扶持办法》，办法包含了资金保障、推动文旅项目的建设、加快文旅项目的培育、完善文旅配套设施、鼓励产业融合发展、鼓励客源招徕和引进、预期绩效目标等内容。整理审核了2019年的旅游产业发展政策使用情况，并报市政府追加经费。

【文旅工作考核】 制定出台《兰溪市2020年度文旅工作考核细则》，并完成对各乡镇（街道）和涉旅部门的2020年度文旅工作考核。

【惠民政策】 新冠疫情情况有所缓解后，迅速行动，号召全市所有A级旅游景区向全国医护人员免费开放，并出台疫后恢复期的惠民政策，诸葛八卦村推出年票政策，地下长河、兰湖等景区推出半价政策。

【发放文旅消费券】 牵头制定全市机关事业干部消费先行活动方案，通过畅游兰溪平台发放800多万元的文旅消费券，涵盖全市16000多家商户，助力企业，提振消费信心，拉动消费数千万元。

【跟着文旅局长云游兰溪】 局长张靓化身"网红"，利用"云游浙江"直播平台、景域驴妈妈的驴客严选平台、"百城局长"带你游浙江等活动，实力推介兰溪文旅资源和特色农产品，数百万网友赶赴了兰溪的特色之约。

【"百县千碗 味道兰溪"品牌凸显】 参加金华组织的"诗画浙江 金华有味"美食品鉴评比活动，兰溪世贸大饭店获大赛金奖，满江红大酒店和四季兰湖餐厅获大赛银奖。兰溪满江红大酒店、兰溪世贸大酒店、兰湖风情小镇3家单位成功创建浙江省"百县千碗"美食体验店。满江红大酒店制作的"李渔家宴"代表金华市入选省"诗画浙江·百县千碗"工程成果展示项目，并获最佳组织奖。浙江电视台影视文化频道《厨星高照》——"百县千碗 乡野食堂"栏目组5月11—12日赴兰溪拍摄，寻找与兰溪美食相关和店的故事、人的故事、食材的故事，节目于5月30日正式播出。

【"闲情偶寄 诗意兰溪"兰溪市乡村旅游文化节】 "闲情偶寄 诗意兰溪"兰溪市乡村旅游文化节于4月30日在永昌街道夏李村开幕，整个活动持续至5月。该乡村旅游文化节整合旅游、非遗、民俗活动、特色农业等资源，推出了霞客山水诗路之旅、富春山居秀水之旅、名人寻踪智慧之旅、白露风情休闲之旅等4条乡村旅游精品线路，以及10多项特色文旅活动。旨在打造"生态观光、文化体验、休闲度假"三位一体的"闲情偶寄 诗意兰溪"乡村文化旅游品牌。

【推出"精品旅游线路体验游"】 为了进一步扩大中国旅游日的影响力和传播力，激发文旅消费市场潜力和活力，推动文化和旅游市场恢复。结合兰溪市实际及疫情防控的相关要求，兰溪文旅在中国旅游日当天特推出"健康旅游 畅游兰溪"活动，推出3条精品旅游线路免费体验：霞客山水诗路之旅（路线：兰溪古城—扬子江公园—兰湖旅游度假区—六洞山风景区）；名人寻踪智慧之旅（路线：游埠古镇—新天地休闲生态农场—永昌街道夏李村—诸葛八卦村）；白露风情休闲之旅（路线：女埠古街—渡渎村—白露山—王家村—芝堰村）。

【"荷你厢约"文旅后备厢市集】 7月25—27日，在赤溪街道"荷风颂香、和美赤溪"第五届荷花节举办期间，策划举办了"荷你厢约"文旅后备厢市集活动，一辆车就是一个店，好吃的、好玩的，时尚潮流的网红元素产品充满集市汇聚人气，为乡村旅游的振兴注入了新的活力。

【"魅力金秋 乡约兰溪"文化旅游节活动】 为丰富节庆氛围，展现兰溪魅力，策划了"魅力金秋 乡约兰溪"文化旅游节活动。推出了金秋古韵之旅、金秋山水之旅、赏秋采摘之旅、金秋寻味之旅4条秋季主题线路。为配合兰溪古城新景点的推出，策划了以"寻找老记忆 复活老味道"为主题的老兰溪记忆快闪馆，该快闪馆成为节日期间兰溪人竞相打卡的网红点。

【乘高铁专列做客人文兰溪】 开通全国首趟疫后跨省旅游专列,全年共开通6趟旅游专列:5月23日,浙江公司的枇杷采摘专列;7月26日,全国首趟跨省旅游专列;8月1日,安徽省首趟疫情后跨省高铁旅专列;9月12日,苏州无锡双高纯玩高铁专列;10月17日,南京公司的畲乡体验游专列;11月4日,安徽省的婺剧票友专列。

【打造"研学兰溪"品牌】 8月15日,联合《金华晚报》组织了金华地区的20组亲子家庭到兰溪开展为期两天,以"闲情偶记 研学兰溪"为品牌的亲子研学活动。访考神故里、探神秘诸葛八卦村,品游埠早茶,拥抱18度的地下长河。人民研学网首届研学旅行创新与发展高峰论坛在诸葛八卦村举办,会上宣布峰会永久落户兰溪,并授予诸葛八卦村人民研学网合作共建单位,文旅局在会上作了兰溪研学资源的推介。

人民研学网首届研学旅行创新与发展高峰论坛在诸葛村举行　　　　　　　（朱彦轩 摄）

【建设"兰溪文旅"宣传小矩阵】 "兰溪文旅"宣传小矩阵框架搭建初步完成。主要包括以"兰溪文旅"为标识的微信公众号、抖音号、腾讯微视号、今日头条号、新浪微博号等,其中"兰溪文旅"微信公众号粉丝超5万人次,主要围绕文旅局中心工作和特色亮点工作做好宣传;兰溪文旅抖音视频号主打美食系列,"畅玩兰溪、抖出精彩"抖音大赛的抖音话题浏览量达到182.3万人次,共有73部参赛作品。

【等级民宿创建】 2020年共有3家民宿提出了创建等级民宿的创建要求,分别是浅塘雅舍、摄影之家民宿和澹明轩民宿。摄影之家因为特种行业许可证的原因延迟至2021年申报,浅塘雅舍已被评为浙江省金宿级民宿,澹明轩民宿是浙江省银宿级民宿。浅塘雅舍是现民间遗存最大规模的木式古建筑,拥有深厚的历史文化底蕴、重要的建筑艺术价值。澹明轩坐落于诸葛八卦村景区内,其中一号店"春夏秋冬"4个房间采用不同色彩和质感的背景呈现自然,表达主人用四季的方式来迎接四方宾客的到来;二号店,坐落在景区里是最具有特色的精品酒店,拥有12个房间。

诸葛村澹明轩民宿　　　　　　　（王恩贶 摄）

【金华市研学实践教育基地创建】 6月30日,金华市中小学生研学实践教育基地和营地评审结果公布,兰湖旅游度假区研学实践教育基地和新天地农耕文化中小学研学实践教育基地被评定为金华市中小学生研学实践教育基地。兰湖旅游度假区研学课程包括茶文化洗礼、"茶"言观色、茶园景致、观光车游览等。新天地农耕文化中小学研学实践教育基地研学课程包括农耕文化大观园、茶道文化大百科、户外拓展等内容。

（江建英）

行业管理

【概况】 受疫情影响，1—12月全市共接待游客2121.97万人次，同比下降12.43%；实现旅游总收入228.4亿元，同比下降14.27%，两项指标列金华第三。

【行业培训及指导】 全年共开展线上、线下培训计12期，培训人数1500余人次。线上培训的课程涉及旅行社旅游案例分析、疫情下导游如何转型升级、酒店开复工服务规则等50余个课题，受训人数1000余人；组织线下培训6期，培训人次500余人，课题涉及乡村旅游讲解员培训、全市景区镇（景区村）创建标准专题培训、旅游从业人员应急救护培训、全市文旅干部专题培训、旅行社业务培训、全市导游（讲解员）业务培训等。同时做好全市面上的服务指导，如夏李村、三江六岸导游讲解、女埠街道讲解员选拔、旅行社和星级饭店的品质提升等。

【行业安全生产】 加强对旅游行业主体的服务和监管，推进旅游市场规范化经营。与旅行社、星级饭店签订《安全生产责任书》和《消防安全责任书》，层层抓落实；全年共组织市场秩序及安全生产检查9次，检查企业62家，发现隐患27个，整改隐患27个，无旅游安全事故发生。

【酒店管理及培育】 做好星级饭店年度复核复评工作，加大对绿色饭店、品质饭店和特色文化主题饭店的宣传和培育。培育招引知名品牌酒店入驻，主动服务、跟踪雷迪森维嘉酒店、维也纳国际酒店等全市在建、待开业等饭店的进度，世贸大饭店客房扩容提升，雷迪森维嘉酒店、维也纳国际酒店均已按期对外营业。

【推进住餐业入统】 用好住餐企业新增入库奖励政策，经统计部门认定，对首次纳入统计范围的月度新增住餐企业给予10万元的一次性奖励，加快推进住餐业纳入统计范围，全市共有8家餐饮业新增入库。配合完成金华市限上住餐消费券、文旅消费券的发放、宣传工作，政企联动提振消费；对接好职工疗休养工作，消费体现在限上住宿餐饮企业，全年限上住宿业营业额4242.4万元，累计增速-17.9%，高于金华平均水平3.6%；限上餐饮业营业额17502.2万元，累计增速2.6%，高于金华平均水平13.9%。

（何 燕）

浙江兰湖旅游度假区

【概况】 2020年，兰湖旅游度假区管理委员会认真贯彻落实市委、市政府决策部署，重点推进项目招引和景区运营工作，各项工作推进顺利。受疫情影响较大，游客接待量同比下降，从4月份开始，度假区开展了一系列暖春活动，推出枇杷采摘工会游、疗休养团、夏令营学生团、单位团建等业务。举办第四届樱花节、家庭亲子茶叶采摘体验、青团制作体验，风车节活动、"天空之境"、兰湖晚风夜市、兰溪首届国际泡泡电音节和超嗨水乐园狂欢节活动。通过门票优惠、媒体宣传、线上线下营销、活动策划等方式营销推广，游客人数逐月提高。主动对接联系多家媒体发布外宣50余条。通过朋友圈、抖音等平台进行线上宣传，通过与"云游"相结合的形式举办一系列活动，其中度假区自建抖音话题#兰湖樱花节#浏览量达782万次。全年度假区共接待游客37.4万人，总营收1944万元。

【交旅融合发展】 12月30日，兰溪市人民政府与浙江省商业集团有限公司在兰湖旅游度假区签署兰湖项目战略合作框架协议，推进G60兰湖服务区与兰湖旅游度假区融合发展，打造具有全国标杆意义的开放式服务区。

【抓水质提升】 高潮水库根据省标准化管理规定进行日常管理，实现水库运行管理电子化、信息化、流程化、制度化；高潮水库自行管理以来，积极清理水面垃圾，巩固"五水共治"成果，水库水质常年优于地表水环境质量Ⅲ类水质标准，其中三季度达到Ⅱ类水质标准；创建省级"美丽河湖"在金华地区评比中以总分排名第一的优异成绩获得省级"美丽河湖"。

（赵艺园）

金华山兰溪分区

【概况】 金华山兰溪分区是大金华山开发的重要组成部分，总面积150平方千米，主要包括金华山北部和西部一带，涉及兰溪市的云山、马涧、香溪、梅江、灵洞等5个乡镇（街道）。金华山兰溪分区自然禀赋丰厚，山水人文俱佳，是一座尚待开挖的"旅游金山"。区域内森林面积13533.33公顷（20.3万亩），其中有重点生态公益林10933.33公顷（16.4万亩），六洞山省级森林公园1个，面积1666.67公顷（2.5万亩），整个区块森林覆盖率达到90%以上，是名副其实的天然大氧吧。

【推进旅游富民特色村建设】 将香溪镇北山村确定为旅游富民特色村的创建村，利用民宿（农家乐）+蜂蜜+兰花基地，做大产业，实现旅游富民目标。和香溪镇党委政府一起努力，发展民宿12户，床位数增加到93张。组织成立北山民宿（农家乐）联盟，规范民宿、农家乐经营行为，带动周边有条件村民开办民宿、农家乐增收致富。

【推进新时代旅游富民讲习所】 新时代旅游富民讲习所，以北山村为主阵地，辐射整个金华山兰溪分区。对山区干部和群众进行不定期的旅游专业培训及民宿、农家乐实用技能技巧培训，带动一批山区经济薄弱村、薄弱户通过发展乡村旅游的途径来改善生活、增收致富、振兴乡村经济。全年共组织培训11期。

【加强金华山兰溪分区宣传力度】 在金建高速兰溪服务区投入宣传广告，加强对金华山兰溪分区的宣传力度，扩大影响力。同时，充分利微信公众号加强对旅游资源和工作的宣传。

【中国兰溪金华山黄大仙文化创意设计大赛】 中国兰溪金华山黄大仙文化创意设计大赛经过宣传发动、作品征集、网上投票、专家评审等程序，共产生19个获奖作品。其中一等奖1名，二等奖3名，三等奖5名，优秀奖10名。作品充分体现了黄大仙历史文化内涵、文化要素和背后的故事，涵盖工艺品、文化用品、旅游纪念品、装饰品、数码产品、体育用品、服饰等。在展现黄大仙文化神韵的同时，赋有创新性、实用性、收藏性、市场性、易生产性和增值性。

（金华山兰溪分区）

财政·税务

财 政

【概况】 2020年,兰溪市实现生产总值400.16亿元,按可比价计算,增长3.4%。其中,第一产业增加值28.30亿元,增长0.5%;第二产业增加值198.23亿元,增长0.1%;第三产业增加值173.63亿元,增长8.0%。三次产业结构比为7.1∶49.5∶43.4。户籍人口人均生产总值60961元,增长3.8%。财政总收入49.06亿元,增长2.8%。一般公共预算收入29.61亿元,增长4.7%(金华并列第一),占GDP的7.4%,占财政总收入的60.4%;其中税收收入25.00亿元,增长4.5%,占一般公共预算收入的84.4%。一般公共预算支出76.10亿元,增长31.0%。

【组织财政收入】 面对疫情性减收、经济性减收、政策性减收"三叠加"影响,从年初开始倒排收支计划、把握收支节奏,通过减税降费、开源节流、涵养税源,全面完成组织收入任务,促进经济社会平稳健康发展。增收节支方面,常态化开展收入形势研判,科学有序盘活土地、矿产、改田造地指标等国有资源,合理发展总部经济,加大建筑业税收管理服务力度,全面压减非急需非刚性支出,有效弥补收支缺口,实现财政收支平衡。惠企利民方面,迅速组建政策专班,全面兑现"五减"政策13.76亿元,完成任务数的220.2%,专班工作走在金华前列;帮助16家企业争取再贷款2.04亿元,安排财政贴息243万元;建立惠企利民资金池,提供必要政策储备。要素争取方面,抢抓政策窗口,争获两直资金、政府债券、养老保险调剂金及各类专项补助53.09亿元,增长81.1%,规模空前。

【保障民生事业】 全年安排民生支出55.07亿元,增长19.1%,占一般公共预算支出的72.4%。鼓励和支持扶贫产业发展,推进薄弱村集体经济建设,提高困难群众救助标准,实施残疾人两项补贴、困难学生资助、医疗救助等政策,助力决战决胜全面建成小康社会。全面落实教育大会精神,安排教育资金12.77亿元,占民生支出体量的23.2%,助推民办教育和行知学院迁建项目,支持明眸皓镜、品牌合作办学、农村学前教育提质工程等。整合优化村级公益事业一事一议奖补资金,争取8000万元省乡村振兴产业发展示范项目资金,入围省政策性农业信贷担保服务创新试点县,多元化全方位助推乡村振兴。持续完善社保投入机制,城乡居民基本养老保险基础养老金标准由165元/人·年调整至190元/人·年,城乡居民基本医疗保险补助标准由700元/人·年调整至900元/人·年,健全社会福利、公益慈善事业等财政保障机制。助力提升公共卫生服务能力,安排医共体补助资金2.64亿元,筹措1.42亿元保障疫情防控和复工复产,支持基本公共卫生服务、大肠癌筛查、中医药发展、浙二医院合作、健康养老提升等工程。安排3800万元保障城防应急工程，核拨5189万元助推防汛物资储备基地建设。实施新一轮乡镇财政体制改革，安排3.04亿元全面清理乡镇（街道）、开发区历史欠款，减轻基层财政负担。

开展扶贫资金项目实地踏勘（市财政局 提供）

【助推"四大战略"】 财政支出有保有压，集中财力落实全市重大决策部署，保障最急需领域、最关键环节。大力支持实体经济发展，一方面应减尽减、应缓尽缓、应保尽保，全面兑现涉企奖励政策7.57亿元，资金量同比翻一番，占一般公共预算收入的25.6%；另一方面，发放1058万元消费券对冲疫情影响，激发实体经济活力。助力打造城市区位优势，千方百计与省厅对接，与相关部门共同争取金建高铁、临金高速、上华至琅琊公路等债券资金10亿元，同时优化351国道等重大项目资金拼盘方案。统筹支持文旅品质提升，出台全域旅游发展政策，加大文化事业费投入力度，安排230万元上线智慧文旅平台，安排2121万元支持文物保护，拨付2164万元推进农村文化礼堂建设。积极优化营商环境。开启疫情物资采购"绿色通道"，全面实施政府采购项目招投标电子化，提升政府采购金融服务质效；深入实施"聚兰工程"，兑现人才购房补贴、科创园奖励等政策706万元。

【化解财政风险】 稳步实施隐性债务八年化债计划，截至年底累计化解76.48亿元，化债率为276.1%；置换限额内到期债券3.4亿元，有效降低筹资成本。进一步夯实社保基金地方筹资责任，全年安排29.33亿元充实相关基金，特别是争取养老保险各类上级补助11.12亿元，确保待遇及时足额发放。妥善应对新形势新挑战，将"三保"（财政保工资、保运转、保基本民生的基本职能）支出摆到财政支出的最优先顺序，建立健全库款管理制度，全力争取省调度款13.95亿元，确保全市行政运行稳定。对标对表"9+2"（指省财政厅提出的9项财政业务风险点和2项廉政风险点）风险点，提前财政风险预判，动态制定风控举措，保证应急有预案、防控有实效。

市国资办领导调研张山雷医院建设进展情况（市财政局 提供）

【提升管理效能】 建立健全资金使用通报制度，持续提高财政资金执行率，扶贫资金、直达资金及债券资金等执行进度均达到100%，推动全面脱贫攻坚、逆周期调节等各项任务落地见效。分批开展扶贫资金和基层财政资金安全检查，深化非税收入、财政票据"双随机"检查，抽取重点单位开展会计信息质量检查，多渠道举办防范电信网络诈骗宣传活动，坚持问题导向查漏洞、明责任、促提升，切实保证资金安全。加强绩效目标管理，建成分行业、分领域核心绩效指标体系，上线"预算云"实现预算绩效一体化管理。对410个预算项目开展绩效自评，抽取52个项目进行复核与重点评价，探索评价结果运用与预算编制挂钩新机制。组织开展新一轮公款竞争性存放，累计招投标金额21.85亿元，更好发挥为民理财管财职能作用。

举办全市财政业务培训班 （市财政局 提供）

【做强做优国资国企】 深化国企实体化市场化转型，推进国有企业整合重组和集中统一监管，促成22家国企与原主管部门脱钩，1家经营性事业单位完成企业化改制，6家全民所有制企业实现公司制改造。全市国企总资产达到629.3亿元，全年净增加121亿元，资产负债率为64.0%，同比下降1.0个百分点。坚持"严管、放活"理念，一方面建立健全考核激励制度和运行管理机制，并从职工招聘、干部选拔、队伍建设等方面强化国企制度建设，另一方面进一步深化国企混合所有制改革，指导国企做强主业、拓展业务，增强国企盈利水平。开展行政事业单位国有资产清查，将闲置、出租的14.2万平方米房地产划转相关国企，实现153处房产公开拍租收入1070万元。有序推进政府性支出核算管理，全年新增相关国有资本近20亿元，强化资产有效统筹、科学配置和保值增值。

（胡 凯）

税　务

【概况】 2020年，市税务局全面落实税费优惠政策，助力企业有序复工复产，为推动兰溪市经济社会秩序恢复、产业和经济发展回升贡献税务力量。2020年累计组织税费收入68.23亿元，其中税收收入45.40亿元，同比增长1.26%。完成一般公共预算税收收入25.21亿元，同比增长6.51%。办理出口退税8.19亿元。全年社会保险费（含职业年金）入库21.25亿元，减少1.04亿元，比上年下降4.67%；入库非税收入1.53亿元，比上年下降6.27%。

【税种管理】 落实增值税期末留抵退税政策，做好不动产一次性抵扣、旅客运输抵扣和农产品加计扣除等配套措施工作。平稳推进增值税专用发票电子化试点工作，落实88项岗责、20个内控监督点，实行"首票责任制"网格化管理模式。平稳推进个人所得税综合所得首次年度汇算工作，成立个人所得税综合所得汇算工作领导小组，下设综合制度组、督导组、风险管理组、信息化组、缴退库组、纳税服务组、宣传和舆情应对组等7个专项工作组，制定工作方案，明确阶段任务，按照网格化管理要求，有序做好纳税人个人所得税综合所得年度汇算申报提示提醒、组织申报操作、退（补）税提醒、人工审核、咨询处理等服务与管理工作。

【征收管理】 加强委托代征规范化管理，制订委托代征和代开普通发票管理办法，落实代征单位主体责任、日常管理责任、各部门监督责任"三个责任"。深入开展风险防范，完成风险应对任务132批次。定制"走出去"企业"一企一策"精细化服务，建立大企业涉税诉求快速响应机制，护航企业健康发展。

深入企业调研走访　　　　　　　（邵欢 摄）

开展"信用付"推广宣传活动　　　（邵欢 摄）

【**落实税收优惠政策**】　落实国家分批出台的税费优惠政策，形成"支持小微企业渡过难关26条""政策业务全指引"等具体措施，做到政策清单化、管理网格化、自查常态化，确保政策直达基层、直接惠及企业，累计落实"五减"和其他降本减负政策13.43亿元，落实阶段性减免社保费政策4.47亿元。

【**建立"税银e站"**】　在黄龙洞、兰江、横溪、游埠、永昌5个农商行网点设立了首批"税银e站"，共引入10台自助办税终端和5台自助电脑，为纳税人提供全年无休的自助办税、电子税务局体验、咨询辅导等服务，助力纳税人"就近办、马上办"。

减税降费政策辅导　　　　　　　（邵欢 摄）

纳税人点赞"税银e站"　　　　　（邵欢 摄）

【**推出"信用付"**】　协同人社、医保，联合农商行在全省率先推出城乡两费"信用付""先缴费、后还款"，避免出现参保人因错存、漏存以及城乡弱势群体因资金困难无法按时缴费的情形，确保市民能够应享尽享社保医保各项福利待遇，全年签约数达1.9万人次。

【**推行网上办税**】　牢固树立以人民为中心的发展思想，不断提升办税缴费便利化水平，深化税务系统"放管服"改革，纵深推进"最多跑一次"，连续5年开展"便民办税春风行动"，打造了"网上办税为主，自助办税为辅，实体大厅兜底"的多元化办税服务格局。2020年以来，大力推行"非接触式"办税，全年累计网办率达98.15%，排名全省第六、金华第一。

（邵　欢）

金融·保险·证券

金融工作

【概况】 市金融办坚决贯彻各级金融工作会议精神，通过助企复工复产，加大对实体经济扶持力度，妥善处理"两链"风险，拓宽直接融资渠道，推进地方金融创新，优化金融环境等措施，各项金融工作有序推进。

截至2020年12月，全市存贷款达1244.81亿元。其中全市本外币各项存款余额642.25亿元，比年初增加77.68亿元，增幅达13.76%；本外币各项贷款余额602.56亿元，比年初增加103.85亿元，年内新增贷款首次实现突破100亿元，增幅达20.82%。全年财险保费收入为4.2亿元，寿险保费收入为6.89亿元。全年新增14家股份制公司，21家企业在浙江股权交易中心挂牌；共计发行债券14只，金额74.65亿元，服务地方经济发展能力不断增强。

【召开金融大讲堂培训会】 4月8日，举办了"后疫情时代金融创新与制造业转型升级"为主题的金融大讲堂培训会。培训会由中国浦东干部学院经济学博士、浙江城际数字创新研究院特聘院长华斌主讲。华斌博士贯彻新发展理念，围绕后疫情时代经济社会发展特别是传统制造业与金融创新的结合，助推企业转型升级。课程包括打造互联网+新经济体系；互联网金融融合-创新；供应链金融科技创新，区块链供应链金融应用场景；数字经济与人工智能；工业互联网与智能制造；5G赋能先进制造业；互联网时代的产业转型与金融创新；金融科技；互联网思维与商业模式创新等。副市长于纲参加会议，市金融办江勇钧主任主持会议。参加会议的还有市政府直属相关部门分管负责人，金融办、人行、银保监组等单位班子成员，各金融机构主要负责人以及纺织行业协会、中小企业公共服务平台和部分企业主。

【召开银行业支持企业发展会议】 4月16日上午，召开银行业支持企业发展会议。副市长于纲，市府办、金融办、人行、银保监组负责人，全市16家银行、民融中心参加会议。于纲肯定各金融机构所取得的成绩，感谢各银行行长的辛勤付出，并就统一思想，树立信心，与企业共渡难关，对银行等金融机构提出相关要求。会后，于纲为2019年度金融工作先进个人颁发荣誉证书、为金融工作先进单位授予奖牌。会议传达了袁省长专题听取全省重大项目推进和储备工作的讲话精神，各相关部门负责人汇报当前我市金融助企复工复产的工作情况，存在问题以及下一步措施。

【对接企业股改上市工作】 4月22日，浙江省股权服务集团副总裁王良荣、银河证券浙江分公司投行部总经理马一宁一行5人受邀到兰溪对接企业股改上市工作，副市长于纲参加，金融办、科技局主要负责人陪同。经过前期对接，浙江股权服务集团拟联合银河证券浙江分公司、农行兰溪支行与兰溪市政府开展助力企业对接多层次资本市场活动，为兰溪优质企业提供股改挂牌、银行融资、可转债融资、股权投资、新三板转精选层、企业上市培育等金融产品服务。

【督查"稳企赋能双月攻坚"工作】 5月29日，金华市金融办范东升副主任一行3人到兰督查"稳企赋能双月攻坚"工作。市金融办主任江勇钧等参加。范东升肯定了兰溪市金融工作目标清晰、工作举措扎实有效，1—4月份兰溪各项金融指标排名靠前。下一步要深刻领会金华市委书记陈龙讲话精神，把新增贷款工作作为重大任务，从信贷需求侧发力，想方设法挖掘潜力，尤其要加大各类政府性项目、重大产业项目等信用建设力度，引导金融机构加快信贷投放，切实提高各项贷款的增量和增速，确保高质量完成各项指标，确保兰溪各项工作继续走在金华前列。

【举办省市县金控联动合作示范县签约仪式】 7月14日，市政府与浙江省金融控股有限公司、金华市金投集团有限公司举办"上门送'1+3'服务"省市县金控联动合作示范县签约仪式。市委书记陈峰齐，市委副书记、市长王新锋等及相关代表共150余人出席签约仪式。市政府与浙江金控、金华金投签订省市县金控联动样本示范县合作协议，这是浙江省首个省市县金控联动合作示范县项目，包括集成电路、新材料、未来社区、未来村庄等多个领域共9个拟合作项目，总投资超30亿元。兰溪是浙江金控在全省第一个上门送"1+3"服务的县级市，是最早、最快签订全面战略合作协议的县级市。浙江金控将通过打好财政金融政策组合拳、用好综合金融服务工具箱、深化"三个一"长效合作机制等举措，助力兰溪在赛马机制中"一马当先"、打造浙中"一线图景"、在"重要窗口"建设中打造一批"标志性成果"。

【"人民币汇率走势分析报告会"召开】 11月10日下午，举办了"人民币汇率走势分析报告会——兼谈跨境人民币运用和资本项目境外业务"。报告会邀请了中国外汇投资研究院院长、首席经济学家谭雅玲主讲，并与中国银行永康支行行长郑田福进行专家论汇。副市长于纲、纺织业协会和部分企业主等参加会议。

【嘉宝化工完成资产重组】 11月13日，浙江物产化工集团有限公司以2.23亿元兼并浙江嘉宝化工有限公司房产土地、机器设备，全部资产过户到浙江物产生物科技有限公司，顺利完成嘉宝化工的资产重组。资产重组后企业生产经营状况良好，生产线实现满产。

【兰溪调解工作室揭牌】 12月22日，金华银行业保险业人民调解委员会兰溪调解工作室（以下简称"兰溪调解工作室"）在兰溪社会矛盾纠纷调处化解中心（以下简称"矛调中心"）成立，浙江银保监局党委委员、副局长叶慧霖，金华市副市长、公安局局长董旭斌共同为兰溪市调解工作室揭牌，兰溪市政法委、法院、司法局、矛调中心、金融办、银保监组与各金融机构负责人出席证揭牌仪式，兰溪市委副书记、政法委书记林纪平主持仪式。兰溪调解工作室将通过打造专业化调解队伍，构建常态化部门协同，完善规范化工作流程，推动建立多元化金融纠纷解决机制，把兰溪调解工作室打造成金华市银行业保险业人民调解的样板，为深化创建兰溪的"和合兰调"作出更大贡献。

【杭州银行金华兰溪支行开业】 12月28日上午,兰溪市第17家银行,杭州银行金华兰溪支行开业。杭州银行金华兰溪支行将坚持品质银行路线,为客户提供最优质的金融服务,并牢固扎根兰溪,以服务兰溪经济为使命,履行社会责任,为兰溪高质量的金融环境注入了全新的金融活力。副市长于纲,杭州银行金华分行行长姜小波,市金融办主任江勇钧等参加仪式。

【完善政策性融资担保体系】 市担保公司与省再担保公司签订担保再担保协议,已于农行签订"农户贷"协议。截至12月末,已召开18次评审会议,在保企业41家,在保余额1.526亿元,完成兰溪下达的全年担保目标的127.17%。

(缪 晨)

银行保险监督管理

【概况】 截至年底,全市有17家银行业金融机构。其中:国有及大型银行分支机构5家,分别是中国工商银行兰溪支行、中国农业银行兰溪市支行、中国银行兰溪支行、中国建设银行兰溪支行、中国邮政储蓄银行兰溪市支行;政策性银行分支机构1家,为中国农业发展银行兰溪市支行;农小法人机构2家,分别是浙江兰溪农村商业银行、浙江兰溪越商村镇银行;城市商业银行分支机构7家,分别是宁波银行金华兰溪支行、金华银行兰溪支行、台州银行兰溪支行、浙江稠州商业银行兰溪支行、浙江民泰商业银行兰溪支行、浙江泰隆商业银行兰溪支行和杭州银行金华兰溪支行;全国性股份制商业银行分支机构2家,分别是中国平安银行金华兰溪支行、中国民生银行金华兰溪支行。

2020年末,全市银行业金融机构本外币各项存款余额为642.25亿元,比年初增加77.68亿元,增长13.76%;全市银行业金融机构本外币各项贷款余额602.56亿元,比年初增加103.85亿元,增长20.82%。

截至年底,全市共有24家财险、寿险保险公司。其中:财险保险公司16家,分别是人保财险兰溪支公司、太平洋财险兰溪支公司、平安财险兰溪支公司、天安财险兰溪营销服务部、中华保险兰溪支公司、大地财险兰溪支公司、永安财险兰溪营销服务部、太平财险兰溪营销服务部、大家财险兰溪营销服务部、华安财险兰溪营销服务部、都邦财险兰溪营销服务部、阳光财险兰溪支公司、国寿财险兰溪支公司、安诚财产保险兰溪支公司、长安责任保险兰溪支公司、浙商保险兰溪支公司;寿险保险公司8家,分别是中国人寿兰溪支公司、太平洋人寿兰溪支公司、平安人寿兰溪营销服务部、泰康人寿兰溪营销服务部、富德生命人寿兰溪营销服务部、农银人寿兰溪营销服务部、人保寿险兰溪支公司、中韩人寿兰溪支公司。

2020年末,全市保险业1—12月份财险保费收入为4.20亿元,同比增长2.09%,寿险保费收入为6.89亿元,同比增长1.33%;全市保险业1—12月份财险赔款支出2.55亿元,寿险赔款支出0.39亿元。

【防控疫情支持复工复产】 引导银行、保险机构支持企业复工复产。梳理、传导17条差异化优惠金融政策,会同有关部门整理编制了《兰溪市金融助力企业复工达产惠企政策汇编》,引导银行保险机构"增信贷、降成本、强服务",全力支持企业复工复产。以"三服务"走访调研为契机,走访辖内多家银行保险机构及重点企业,深入了解企业在复工复产阶段存在的现实困难,积极宣导"延期还本付息""专项利率优惠"等金融惠企政策,为企业复工复产出谋划策。辖内银行累计减费让利 1.74 亿元。

【防控风险维护金融安全】 根据省局重点关注机构监管工作要求，制定兰溪两家法人机构（浙江兰溪农村商业银行、浙江兰溪越商村镇银行）风险化解方案，明确主要风险点及处置措施，按季上报处置进展表。综合运用"两单（监管提示单和监管质询单）两报（银行业金融机构月报和非现场监管工作分析报告）"、高管约谈等方式，及时进行风险提示，确保两家法人机构稳健发展，有序推进重点关注机构风险化解。

【服务实体深化普惠金融】 开展普惠型小微企业贷款达标行动，确保"两增两控"目标全面完成。大力推进小微金融"4+1"差异化服务落地，督促各机构行制订小微企业信贷计划，定期开展监测通报，对两家不达标银行进行约谈，深入企业开展融资收费信访核查，开展违规涉企收费治理和专项督查，引导加大小微企业贷款投放，降低融资成本；开展中期流动资金贷款"增量扩面"行动，切实减轻企业转贷负担。按照市委市政府工作部署，大力推进"无证明城市"改革在全市银行保险系统落地，最终取消了29个证明事项。此外，联合自然资源局推动辖内银行业实现全线上不动产抵押登记，简化抵押登记程序，以"数据跑"替代"客户跑"，目前辖内已实现机构线上抵押全覆盖。

【做好监管工作】 全年共核准银行、保险机构行政许可事项18项，其中机构准入10项，高管准入8项；审查银行保险行政许可报告事项66项。对兰溪辖内所有保险专业中介开展巡查，督促其对不规范行为落实整改。

（李春燕）

中国人民银行兰溪市支行

【概况】 2020年兰溪市金融运行总体稳定。至年末，全市银行业金融机构本外币各项存款余额642.25亿元，比年初增加77.68亿元，增长13.76%，与2019同比少增11.90亿元；其中：住户存款余额376.07亿元，比年初增加48.03亿元，增长14.64%，与2019年同比多增1.77亿元；非金融企业存款余额176.86亿元，比年初增加18.57亿元，增长11.73%，与2019年同比少增22.21亿元；机关团体存款余额78.56亿元，比年初增加15.54亿元，增长24.66%，同比多增15.16亿元；财政性存款余额9.37亿元，比年初减少3.91亿元，下降29.43%，比2019年同比少增6.85亿元。全市银行业金融机构人民币各项存款余额636.82亿元，比年初增加76.21亿元，增长13.59%。全市银行业金融机构外币各项存款余额8316万美元，比年初增加2637万美元，增长46.43%。至年末，全市银行业金融机构本外币各项贷款余额602.56亿元，比年初增加103.85亿元，增长20.82%，与2019年同比多增41.76亿元。其中：住户贷款余额241.90亿元，比年初增加34.39亿元，增长16.57%，与2019年同比多增14.98亿元；非金融企业及机关团体贷款余额360.66亿元，比年初增加69.46亿元，增长23.85%，与2019年同比多增26.79亿元。全市银行业金融机构人民币各项贷款余额601.04亿元，比年初增加103.67亿元，增长20.84%。全市银行业金融机构外币各项贷款余额2323万美元，比年初增加409万美元，增长21.36%。

【落实再贷款和两项直达实体货币政策】 推动出台专门的万亿再贷款风险补偿方案。2020年，辖内法人机构累计使用再贷款资金发放贷款9.92亿元，其他金融机构发放贷款6.01亿元。办理符合条件的延期贷款2326笔，金额14.52亿元；发放符合条件的信用贷款2746笔，金额4.19亿元。

【强化市场主体金融支持】 开展"百地千名行长助企业复工复产"走访调研活动，累计走访企业435家，征集问题数量302个，公示辖内16家银行"三张清单"，深化小微企业"首贷户"拓展专项行动，新增首贷户676户。推动无还本续贷、循环贷等还款方式创新，为898户企业和个人办理无还本续贷业务。引导银行实现"订单+清单"系统内企业对接全覆盖，放款42家。

【深化移动支付便民工程建设】 组织辖内金融机构召开移动支付专题会议18次，走访相关部门工作对接30余次，先后开展"千家面食店""路边停车""智慧医疗'医后付'""城乡公交""云闪付示范街"等项目优惠活动，其中"智慧医疗'医后付'"项目获"场景金融创新优秀案例奖"。10月顺利通过银联总部"移动支付引领县"验收。截至12月，兰溪市移动支付交易量达176.36万笔，基本实现移动支付在民生领域的广泛应用。

【履行经理国库职能】 开通春节期间新冠肺炎防治资金"绿色通道"，及时拨付疫情防控资金24笔，金额1335.63万元，全力以赴支持打好疫情防控阻击战。正确高效办理个税汇算清缴退库业务15812笔，金额1334.92万元，切实维护纳税人的合法权益。开展国库业务经收处及集中支付代理银行非现场监管，加强预算资金收支事项合法性、真实性、准确性、及时性审核监督，堵住不合规业务26笔，金额1546.55万元，规范和加强专项资金管理，确保国库资金安全、高效运行。开展"小黄车"骑行宣传活动，宣传央行经理国库35周年服务民生成效。

【维护人民币流通秩序】 联合市公安局在金华辖内率先建立假币分析研判工作机制，强化警银反假信息共享。开展整治拒收人民币现金专项行动，维护人民币法定地位。部署大额现金管理试点工作，开展金融机构试点落实情况督导走访，落实大额现金管理试点工作。开展非法使用人民币图样行为暗访、回访，引导社会公众自觉维护人民币形象。

（刘 超）

中国工商银行兰溪支行

【概况】 中国工商银行股份有限公司兰溪支行（简称工行兰溪支行），浙江省文明单位，内设综合管理部、公司业务部、个人业务部3个部室，对外营业网点5个，分别是营业部、站前支行、城西支行、丹溪支行、永昌支行。截至2020年底，本外币全部存款余额85.18亿元，新增18.95亿元；各项贷款余额76.05亿元，新增10.88亿元。

【助力企业复工达产】 践行服务实体经济，助力兰溪市企业复工达产。落实政策保障疫情防控专项贷款，全年新增疫情防控专项贷款4530万元，涉及企业6家，贷款全部采用信用方式，平均办理时间24小时。持续加大信贷投放力度，助力兰溪地方经济发展，全年制造业贷款新增7.57亿元，民营企业信贷投放7.36亿元，普惠新增2.36亿元，分别比2019年多增3.8亿、3.12亿元、0.5亿元。

【开展消费扶贫】 开展"春润行动""春暖行动""金秋助农·消费扶贫"等活动，全年组织全行员工开展消费扶贫3次，累计购买扶贫农产品超过24万元。

（张 淑）

中国农业银行兰溪市支行

【概况】 2020年，中国农业银行兰溪市支行全行各项存款88.86亿元，稳居四行（中、农、工、建）第一；各项贷款余额突破100亿元，比年初上升17.28亿元，总量、增量均居四行第一。实现营业净收入3.08亿元，同比增加0.28亿元；实现拨备前利润2.47亿元，同比增加0.26亿元。

【支持实体经济】 全力支持重点项目建设，为兰溪6个政府重点项目授信18亿元，发放9.28亿元，保障重点项目的顺利施工。践行普惠金融政策，新增普惠型小微企业贷款2.94亿元，新增惠农贷款2.5亿元，普惠金融考评居系统内前列；制造业贷款余额23.22亿元，新增2.84亿元。

【践行乡村振兴战略】 推进马涧镇数字乡村建设试点工程，将4个试点村全部建设成该行"掌银示范村""信用村"，助力实现基层治理数字化积分化、生活服务生态化权益化、金融惠农便捷化精准化。成立马涧"三农"金融服务点，打通服务乡村的"最后一公里"。促成东西部协作，落地异地产业精准扶贫贷款1亿元，为贵州岑巩县经济发展和脱贫攻坚贡献农行力量；自觉提高政治站位，完成低收入农户扶贫贷款任务。

【助力新冠疫情防控】 以"农行速度"驰援防疫金融需要，为辖内2家国家级重点防疫物资生产企业、14家省级重点防疫物资生产企业、1家省级农业龙头企业、新冠诊治定点医院和市政府防疫防控重点保障企业提供资金支持，发放贷款1亿元，其中多笔贷款资金不到24小时到账。以"农行力度"支持企业复工复产，大幅降低企业融资成本，创新解决担保难问题，切实稳定企业融资预期。该行以农行的"速度""力度"和"温度"助力疫情防控和企业复工达产，被评为省、市分行"抗疫先进集体"。

（戴姗姗）

中国建设银行兰溪支行

【概况】 2020年中国建设银行兰溪支行紧扣党建引领、业务发展、风险管控、三大战略等中心工作，主动适应新常态，把握新机遇，以支持兰溪经济建设为己任，以提升社会贡献度为目标，强化风险管控，加强基础建设，推进业务转型发展。截至12月底，一般性存款时点余额66.42亿元，余额占比24.31%；一般性存款日均余额62.17亿元，占比24.89%；各项贷款余额75.59亿元，余额占比27.84%。

【金融助力保工复产渡难关】 面对疫情，贯彻落实各项惠企助企政策，加大外拓走访的力度和频次，实施了上线延期还本付息功能、为企业办理再融资、无还本续贷业务、减免利息、不良上迁等一系列措施，为符合要求的企业降息免息，给予利率优惠。疫情期间为国家级及省级疫情防控重点保障企业授信额度8440万元，共为295家企业减免利息金额650万元。

【突破贷款余额80亿元关口】 支行资产业务发展势头强劲，以82.84亿元的成绩突破贷款余额80亿元关口创贷款余额新高。支行通过不断强化与政府机关单位的联系与交流，深入挖潜合作商机，将服务触角延伸至各政府项目、民生工程中，同时进一步巩固拓展与上市公司、优质民企的合作互惠基本盘，有效拉动资产业务水涨船高。

【重大项目提速落地】 完成纯新营销重大项目

审批10个，累计获批金额26.32亿元，其中获得总行审批项目2个，获批金额13.3亿元。兰溪市鸿图高新园区开发有限公司欣旺达产业园项目10亿元总行审批项目在一个月时间内审批落地，刷新建行速度与业界口碑。

【深耕普惠助企发展】 与市工商联、市美食协会战略签约，有序搭建银行、政府、社会团体共享平台，借助平台之力延伸服务触角，推广金融产品和服务，助力实体经济发展。至12月底，支行普惠贷款余额12.14亿元，新增3.57亿元，余额及新增均在系统内位居前列。

【乡村金融服务点全面覆盖】 完成辖内行政村裕农通普惠金融服务点全覆盖工作，帮助广大村民实现在村口就能办理各类金融业务，通过打造"裕农通+普惠金融"的组合拳模式，完善金融生态圈，破解了困扰农村居民"融资难、融资贵"的发展难题，有效打通乡村金融服务"最后一公里"，为全面推进新金融、新科技、新平台发展助力乡村振兴建设奠定基础。

【聚焦民生践行公益】 疫情期间多次组织抗击疫情爱心捐赠活动，全行100多名员工自发捐赠款项合计近30000元，并在第一时间款项捐赠到位；与共建单位金钟岭社区轮值抗"疫"，并送上口罩、医用酒精、纸巾、开水壶、泡面等物品，为奋战在一线的社区员工提供物资支持；向7名驰援湖北、70名坚守本地战"疫"一线岗位的医护工作者，共计77人次赠送了"百万"保单。组织"张富清党员先锋队"的党员同志到马涧镇郑宅村、仁塘村两个行政村探望慰问11户低保边缘贫困村民，以建行力量助力扶贫助农。

（金晓红）

中国银行兰溪支行

【概况】 截至2020年12月末，中国银行兰溪支行本外币各项存款余额36.45亿元；本外币各项贷款余额32.22亿元，较年初新增3.05亿元，其中两增两控普惠贷款余额5.32亿元，较年初新增1.57亿元。

【支持兰溪企业"走出去"】 发挥中银集团国际化、多元化的整体优势，始终以做"兰溪企业走出去首选银行"为使命担当。结合"一带一路"叙做跨境资金池业务，为红狮集团开立国内资金业务主账户并办理跨境资金集中运营项下境外放款业务、叙做国内跨省授信业务、发行金额为8亿元债券承销。举办人民币汇率走势分析报告会，邀请专业人员现场授课解答，帮助企业汇率避险。同时加强与同业、政府部门、企业等的合作，搭建撮合平台，加大对"一带一路""走出去""跨境""重点领域"业务的支持。

【支持企业复工复产】 为切实落实惠企政策，积极帮助企业渡过疫情难关。推广"战疫贷""复工贷"等创新产品，其中"战疫贷"累计叙做防疫贷款客户6户，其中投放5户，放款执行最优惠利率，年利率最低至3%；"复工贷"累计叙做10余户，放款金额1000余万元，利率最低至3.8%。积极实施降成本措施及优惠政策，实施减免息规模约7.5亿元，涉及企业41户，减免息金额70.62万元。全年累计叙做无还本续贷客户8户，金额达3925万元，中期流动资金贷款实施规模7188万元，涉及企业16户。

【金融智慧化】 持续深化智慧校园项目，当前该行已投产校园项目6家，利用智慧系统帮助学校实现线上缴费；持续深化智慧园区项目，投产金华地区首家智慧园区项目——金梭纺织项目，通过智慧系统有力支持企业管理，帮助企业实现分批就餐等，有效落实疫情防控。

【支持政府项目】 积极对接桃花坞未来社区项目和越龙山项目。此外还大力支持国企贷款，涉及企业包括浙江物产生物科技有限公司和浙江康恩贝制药股份有限公司等。

（童煜婷）

中国农业发展银行兰溪市支行

【概况】 中国农业发展银行兰溪市支行（简称农发行），内设信贷业务部、会计结算部、办公室。2020年末支行存贷款总量53.41亿元，其中贷款总额39.44亿元，较年初净增13.69亿元，增幅54%；存款总额13.97亿元。坚持可持续发展为第一要务，以服务乡村振兴、长江大保护、脱贫攻坚为己任，重点做好以客户为中心的营销工作。支行用10个月时间营销储备项目11个，涉贷金额66亿元，其中新增获批中长期项目贷款6笔，金额30亿元，新增投放15.6亿元。支行在2020年度内部业务经营绩效考核中排名全省第一，存款增量全省排名第一，贷款增量全省排名第二。

【粮油购销贷款】 粮油收储业务稳步开展，确保兰溪粮食安全。会同财政、发改和粮食部门，共同下发了2020年市级储备粮轮换计划，做好全年的粮油收购和轮换工作。督促财政补贴资金及时足额到位，确保粮食企业保管费用的拨付和储备贷款利息的收回。截至年末共发放购销储贷款9593万元，回笼省市粮食销售出库资金并收回储备贷款7940万元。

【支持疫情防控】 第一时间对接兰溪市社会事业发展集团有限公司，按照"急事急办，特事特办"原则，于2月10日获批了系统辖内第一笔应急贷款4500万元用于采购医疗设备等防疫物资。

【服务乡村振兴】 大力支持长江大保护，因地制宜全力支持经济建设。获批农地类项目1个，为香溪全域土地整治一期3.8亿元；获批城乡一体化项目2个，包括云水居银团贷款2.69亿元和尚方居安置房贷款6亿元。获批长江大保护类项目2个，分别为全域绿色整治项目9亿元和"四好农村路"一期项目5.3亿元；获批农村物流体系项目1个，为北门菜场迁建项目2.9亿元。

（郭 珊）

浙江兰溪农村商业银行

【概况】 2020年，兰溪农商银行深入推进党建引领业务发展，全力推动数字化、大零售转型，聚焦痛点攻克短板，经营管理水平和综合竞争力得到了明显提升。

2020年末，各项存款余额190.5亿元，比年初增加30.36亿元，增幅18.96%，存款市场份额29.66%，比年初上升1.30%。各项贷款余额139.77亿元，比年初增加28.11亿元，增幅25.18%；市场份额23.2%，比年初上升0.81%。面对疫情，该行积极通过减费让利支持两战双赢，全年累计让利1.09亿元，营业净收入7.18亿元，同比下降498万元，降幅0.69%，纳税贡献1.14亿元，税收贡献全市第三。五级不良余额1.74亿元，比年初下降0.48亿元，占比1.24%，比年初下降0.75个百分点，实际拨备覆盖率484.68%，不良贷款额率双降。

（陈家浩）

浙江兰溪越商村镇银行

【概况】 浙江兰溪越商村镇银行业务发展较为迅速,至2020年末,存款余额达到12.64亿元,贷款余额达到12.33亿元。

【优化业务结构】 坚持立足农村,做小做散,大力发展基础存贷款业务。先后开展了存款开门红、贷款旺季竞赛、农村贷款业务专项竞赛等活动。推进农村网格化营销,推出保易贷、余值贷、复工贷、金领贷、公积贷等产品,满足不同客户的不同需求。引进快贷系统,简化小额贷款审批流程。调整存款结构,降低存款成本,主抓储蓄存款,优化存款结构,同时适度压降利率。

【支持复工复产】 在全力做好疫情防控工作的同时,助力企业复产复工。为了确保农村地区在春节假期必要的金融服务,在做好疫情防控基础上,正月初四所有网点对外营业。积极履行社会责任,向红十字会捐款10万元用于疫情防控物资采购。全面贯彻落实各级党委政府和监管部门关于疫情防控和复工复产的指示精神,推出投放复工复产再贷款、减息免息、延长还款期、无还本续贷等多项举措。

【加强制度建设】 出台《2020年授信业务指引》《不良资产问责管理实施办法》等管理制度,进一步提高客户经理业务素质。制定全行星级网点创建管理办法,修订了星级柜员评定办法,对全行柜面服务礼仪、效能进行细化规范。制定新员工入职培训大纲,出台管理部门、个人岗位职责考核办法,全面规范了内部管理工作。

(周温妮)

浙江稠州商业银行兰溪支行

【概况】 浙江稠州商业银行兰溪支行以"服务地方经济,服务城乡居民,服务小微企业"为使命,金融服务覆盖全市13个乡镇(街道)、50个自然村。2020年底,支行本外币存款余额13.29亿元,本外币日均存款14.56亿元;贷款余额11.06亿元,普惠金融小微贷余额6.42亿元,占各项贷款余额的58.05%;存贷比83.22%。

【助力乡村振兴】 在金融服务空白乡镇及行政村设立服务站,构建支农、惠农、便农的金融服务渠道,切实将"金融服务最后一公里"落到实处,全年共建立普惠金融服务站44家,布设助农设备30台,为村民提供全天候的小额取款、转账汇款、现金汇款、余额查询、代理生活缴费等业务,让村民足不出村享受安全、便捷的金融服务。

稠州银行助农服务点　　(稠州银行 提供)

【农村融资产品】 基于农村经济发展情况,收集村民创业、信用、偿债能力等内容,引入"背靠背"评议方式把控授信风险。以"整村授信"模式为基础开发上线的"安心贷线上版"产品,2020年为17个村居的2530户村民提供白名单预授信,整体有效授信金额达到1151万元,发放贷款538万元。

(任雪岭)

中国邮政储蓄银行股份有限公司兰溪市支行

【概况】 中国邮政储蓄银行兰溪市支行下设营业网点3个，内设机关部室4个，在职员工66名。截至12月末，全行储蓄存款时点余额54.59亿元，其中对公存款时点余额3.52亿元，各项贷款余额为24.36亿元，较年初增加2.39亿元。

【落实减费让利】 支行落实上级银行各项减费让利政策，降低普惠小微贷款综合融资成本。主动为377家存量小企业降低贷款利率，节省企业利息等支出71.29万元；并为16家存量小企业办理无还本续贷，贷款金额合计10875万元。将"减费让利""普惠金融"工作落到实处、形成实效。

（夏煦阳）

浙江泰隆商业银行金华兰溪支行

【概况】 2020年，泰隆银行兰溪支行全面调整管理队伍、重新规划子社区、落实精细化管理、强化综合经营理念、加大员工立体式培养、提升业务开拓力度。截至年底，资产总额为5.72亿元，较年初增长0.63亿元，各项存款余额5.38亿元，较年初增长0.18亿元。通过核销、现金收回的方式处置不良贷款，共计处置不良贷款3600万元，其中核销2419万元，现金收回1181万元。

【助力经济发展】 成立助力企业复工达产领导小组，助力兰溪经济发展。通过调整还款计划、延长还款期限、办理无本续贷和征信保护等措施以缓解企业还款压力；增加企业贷款额度以缓解企业资金流紧张问题；设立专项政策性贷款、减免部分企业利息、加大费用减免等措施以降低企业成本；推广线上金融服务、pad金融作业等模式高效办理存贷业务。全年减免利息客户约80户，金额约200万元，减免其他手续费等约30多万元。

【业务开拓】 注重客户走访量，注重过程管理。运用"工作计划"关注员工的客户走访量和电话联系客户量，同时借助《关系网梳理表》和《客户营销走访登记表》进行业务过程管理和跟进，四季度支行共计走访客户约2000户，电话营销客户约500户，关键人走访和维护约50人，12月较9月底资产余额增长2127万元。

（王 燕）

浙江民泰商业银行兰溪支行

【概况】 浙江民泰商业银行股份有限公司金华兰溪支行（简称民泰银行兰溪支行），截至2020年底，本外币全部存款余额45426万元，新增6626万元。各项贷款余额65029.91万元，新增7403.3万元。其中：制造业贷款16325万元。

【金融知识宣传及普及】 贯彻落实"三服务"精神，开展送金融知识下乡村等活动。全年集中开展"金融知识普及月""互联网金融支付安全""金融消费者权益保护"等进村入居宣传活动。组织开展群众教育活动20次，针对乡村、社区老龄人群的金融知识普及活动6次，分发金融知识宣传手册3000余份。同时，开展"进百园、走千村、访万企"民营企业服务专项行动。启动"深度合作村社"开发工作，全年增加3个"深度合作村社"。

【金融支持实体经济】 兰溪支行以"百地千名行长助企业复工复产""客群营销项目""提速增

效"等专项活动为契机，班子带头深入，对受困企业（个体）提供针对性、差异化、优惠的金融服务，全力保障企业复工复产金融需求，确保企业融资优惠政策落地。2020年，支行在"助力抗疫渡难"专项贷款、国开行转贷、进出口行转贷、支小再贷方面共授信292笔，授信金额19122万元，贯彻落实中小微企业贷款延期还本付息政策，共计让利840万元。

【金融产品创新】 推出"无还本续贷""随贷通""薪乐贷"等适合小微市场的信贷产品。全年办理"无还本续贷"业务25户，金额3245万元。"好家风"贷业务新增162户，金额2306万元。推广"浙里办"平台。1—12月，支行通过"浙里办"受理信贷业务55笔，授信金额2840万元。深入开展市场调研，以审慎介入为原则，充分利用"房闪贷""普惠信用贷""延期还本付息"等政策性产品，拓展100万以上信贷客户。1—12月，支行发放100万（含）以上贷款157笔，授信金额27187.49万元，其中新增56笔，授信金额8674.99万元。

（叶 燕）

平安银行股份有限公司金华兰溪支行

【概况】 平安银行股份有限公司金华兰溪支行，内设行长室、零售业务部和运营管理部3个职能部门。截至2020年末，在职员工11人。2020年末，各项存款余额58350万元，较年初增加28300万元；各项贷款余额72738万元，较年初增加9082万元。获2020年度银行业金融机构考核良好单位。

【金融知识进万家】 践行社会责任，为普及金融消费者的金融知识，走进社区、市场、企业进行宣传，提高群众反洗钱、反诈骗意识，提升群众金融素养。全年开展专项主题宣传活动13次。

【服务企业】 结合中小企业特征，持续优化零售口袋银行、公司橙E贷等互联网金融产品，使操作与流程更便捷。持续推出"不排队银行"项目，引入"柜台式FB（远程柜面）"，将金融科技与银行的经营、服务精密结合，实现金融服务创新。客户进入网点后，无须取号，直接在银行员工的引导下通过柜台式FB自助办理业务。柜台式FB的应用，缩短了客户等候与业务办理时间，工作人员与客户面对面交流，提升沟通效率。

（章 乾）

金华银行兰溪支行

【概况】 金华银行兰溪支行，2020年末贷款余额36.61亿元，比年初新增4.65亿元，存款余额39.33亿元，比年初新增2.48亿元，上缴各项税费1200余万元。

【支持中小微企业】 持续开展"百行进万企""金色助企""复工复产惠企政策宣传"等活动，全年累计新增1000万以下小微企业贷款49户2.02亿元，其中拓展首贷户21户贷款10648万元。同时加强小微园区信贷支持力度，为园区建设及企业入驻、生产经营提供多维度贷款方案，向入驻园区的4家小微企业发放小固贷3740万元。

【支持经济建设】 全年新增鸿图高新园区开发有限公司等企业项目贷款近4亿元。与兰溪市中小企业融资担保有限公司合作，为兰溪市7家智能制造纺织企业增加政策性担保贷款5550万元，累计为兰溪纺织企业投放贷款超6.3亿元。自4月27日正式自营外汇业务后，针对兰溪实际，采取进口押汇、出口商业发票融资，推广远期结售汇、跨境人民币业务等多种方式支持地方实体经济。

【降低企业融资成本】 开办"抵押全额贷"业务，重点解决受疫情影响较大但发展前景良好的小微客户需求；利用年审制、转贷宝等无还本续贷产品，减轻企业转贷压力，累计办理超200笔金额逾4亿元；充分利用上级行各批次支小再贷款指标，投放支小再贷款，累计发放支小贷175笔2.92亿元；响应银行业协会减息号召，减免部分利息，主动降低小微企业贷款利率，为企业经营发展注入金融活水。

【激活市民卡金融功能】 推进兰溪市"智慧医疗"二期项目建设，"刷脸付""医后付"应用场景先后上线，被列入兰溪2020年促进消费十件实事；助力家庭医生签约"码上付"、新生儿"出生一件事"、核酸检测线上预约等民生实事；同时增强市民卡窗口服务、完善服务站功能，开展"信义居"上门服务等，让金华银行市民卡成为兰溪市民工作生活中真正的"一卡通、事事通"。

（方　重　凌肖肖）

中国民生银行金华兰溪支行

【概况】 2020年，中国民生银行金华兰溪支行按照总分行的部署，一手抓疫情防控、一手抓业务推动，实施与中小企业共同成长的发展战略，始终坚持"民营企业的银行、科技金融的银行、综合服务的银行"的战略定位，以服务兰溪民营经济、小微企业发展为己任，全力为兰溪实体经济发展提供优质金融服务，全面提升客户体验。截至2020年末，支行各项存款余额4.37亿元；各项贷款余额15.65亿元；不良率保持为0。

【服务实体经济】 对接民生重点建设项目。对航运、医疗、旅游、矿山等领域进行授信；重点扶持区域内纺织企业，形成区域纺织行业调研报告报上级审批部门，对区域内几家纺织企业新增授信额度，这属杭州分行近年来对纺织行业的首次新增授信。外贸企业受疫情影响陷入困境，支行主动为企业新增贷款或减免利息，助力企业渡过难关。2020年疫情期间，支行主动为贷款户减免利息31.85万元，同时结合企业实际情况，为2家企业申报审批变更还款安排、付息周期和延长还款期限。截至年底，支行表内贷款余额比年初增长9.02亿元，制造业、民营企业、小微企业贷款实现大幅提升。

【服务小微企业】 受疫情影响，小微企业经营遭遇巨大挑战，金华兰溪支行尽责履职、提质增量，倾斜考核资源、强化过程管控、落实"三张清单"金融服务机制等多措并举，在"服务、产品、降本和提效"等方面深入探究。降低小微贷款利率，全程零费用，无还本续贷，转贷无费用，房产评估通过手机App办理，无须评估费等；降结算开支，开户费、账户管理费等结算费用全部一免到底；降人力成本，为企业上门开卡、上门开户、上门安装智能POS机、上门办理贷款等业务。满足小微企业对金融服务"多、快、好、省"的诉求。同时支行充分深化金融综合服务平台运用，切实落实"最多跑一次"改革2.0工作，通过平台受理业务。截至年底，支行小微企业贷款余额较年初新增2.69亿元。

【服务社会】 组织人员深入周边小区、商区、厂区、社区开展志愿者服务。与金角社区成为共建单位，与香溪镇坑边村结成扶贫单位，多次参与困难家庭走访、党员教育、垃圾分类教育，疫情期间安全巡防工作等活动。先后在青松社区、金角社区、何村以及排岭菜场、金角大桥、超市等区域开展"云闪付""网络安全活动周""科技活动周""信用记录关爱日""金融知识普及月"等宣传活动，累计宣传群众千余人次。积极响应"文明出行"的争创要求，抽调员工定时定点站岗，倡导市民文明出行，营造平安兰溪。同时携手金报物业开展"温情重阳"文艺汇演活动以及"夏日钓龙虾"活动。在腊八节、端午节、中秋节等传统节日进入社区，开展了"腊八施粥""包粽子比赛""闹元宵"等系列活动，并结合扶贫济困送温暖行动，开展形式多样、富有实效的帮扶公益活动，践行社会责任。

（邵健强）

宁波银行金华兰溪支行

【概况】 宁波银行股份有限公司金华兰溪支行（简称宁波银行金华兰溪支行），2020年本外币各项存款余额10.20亿元，各项贷款余额17.89亿元，不良率0.31%。获评兰溪市2020年度银行业金融机构考核优秀单位、兰溪市2020年度工作目标责任制综合考核优秀单位。

【支持复工复产】 积极与企业开展融资对接，快速推出各项优惠政策，不断推进服务模式创新，多渠道、多方面地做好金融对实体经济的支持和保障。累计上门走访企业超1000户，举办各类线上线下产品推介会20余场。全年累计发放企业免息贷款超2000万元，给予利率优惠超6000万元，合计减费让利超100万元。

【服务重点项目】 加大对兰溪市战略项目、重点企业的金融服务力度，依托公司、银行、资产托管、债券承销等渠道，提供金融顾问、投融资等综合服务。截至2020年末，为地方重点项目引入各类资金24亿元。

【支持实体经济】 聚焦小微企业发展全周期，以小微贷、快审快贷、捷算卡、易收宝等产品为抓手，发挥专营服务团队的效率优势，不断加大对小微企业的支持力度。2020年末，小微企业贷款余额实现9.29亿元，较年初增长1.81亿元，增长率24.2%。同时，紧跟兰溪市产业转型升级、科技创新战略，紧盯新兴企业，主动调整信贷政策，明确信贷资源优先支持重点领域实体企业，年末制造业贷款余额达2.73亿元，较年初增长2.27亿元。

【践行企业责任】 继续深化女埠街道上新屋村、兰江街道和平社区的共建结对。组织4次送金融下乡、送金融进社区活动，结对17位贫困户。持续参与社区志愿者活动，累计投入人力两百余人次，资金2万余元。积极开展金融知识普及宣传，累计组织宣传活动10余场，覆盖人数超千人。同时，坚持履行纳税责任，全年纳税超450万元。

（楼 华）

中国人民财险保险股份有限公司兰溪支公司

【概况】 中国人民财产保险股份有限公司兰溪支公司2020年实现各类保费收入18750.21万元，同比增长19.91%，市场份额44.68%，同比提升6.6%，全年支付各类直接赔款10609.8万元。2020年支公司获评"省级先进单位""金华市分公司经营管理A类公司""经营管理三等奖"。

在政策性保险工作中，做好政策性农房、油菜、水稻、能繁母猪、生猪等保险的承保、理赔工作。推出政策性叶菜价格指数保险（新冠肺炎疫情期间专用），以增强蔬菜种植户生产信心，稳住菜篮子。推进落实农业专班扶持政策，提高政策性水稻种植保险保额。根据兰溪农业发展特点，制定特定农业保险方案，开办湖羊养殖保险，优化枇杷保险，继续开办杨梅气象指数保险、茶叶低温气象指数保险等。

实施"温暖工程"，积极承担社会责任。响应"百个支部资助百名学生"的活动，公司联合党支部为女埠中学和金家信义小学的两个学生送去爱心捐助款，支持他们的学业。年初疫情暴发期间，公司在做好自身防疫抗疫工作的同时，组织志愿者支援丹阳社区开展为期两周的防疫工作；聚焦企业复工复产，加大对企业金融保险支持力度；为企业扩展法定传染病保险责任，对因疫情原因需要停工停厂的企业主动延长其保险期限。对受疫情影响严重的出口企业，免费为其提高保额。助力学校复学复课，为防疫物资紧缺的学校送去红外线测温仪。进一步深化警保联动，进行交通安全知识进校宣讲，与交警大队共同推进"一盔一带"安全守护行动，协助交管部门开展电动三轮车专项整治工作。增设7个安全劝导站，设置22个路口语音报警器，为打造"平安兰溪"贡献自己的力量。与兰溪市农业农村局签订《服务乡村振兴战略合作协议》，为进一步发挥保险功能作用，促进兰溪市农业发展作出贡献。

（潘淑洋）

中国人寿股份有限公司兰溪市支公司

【概况】 2020年，公司实现保费收入50243.17万元，其中个人营销业务46060.81万元，同比增长21.36%；团体业务1691.35万元，同比增长5%；银行代理业务2491.01万元，同比下降46.22%。

短险及死伤医赔款2673.04万元，同比增长14.52%；满期金及年金给付4008.17万元，同比基本持平（33.07%）。截至12月31日，中国人寿兰溪支公司市场份额72.92%，同比增长7.92个百分点。

（苏卫华）

中国太平洋财产保险股份有限公司兰溪支公司

【概况】 中国太平洋财产保险股份有限公司兰溪支公司秉承集团"责任 智慧 温度"的发展理念，坚持保险主业，为兰溪城市建设、社会进步以及群众利益保障发挥着保护伞的功能。2020年，实现保费收入5423万元，占兰溪市保险市场份额12.93%，行业排名第三，其中车险保费收入4391万元，行业排名第三；非车险保费收入1032万元，行业排名第二。年度支付赔款3068万元。

公司员工多次义务参与防疫抗疫工作，参与社区、学校、街道等公共场所的防疫消杀工作，在防疫抗议同时做好复工复产工作，继续践行社会保护伞的职责。

（章慧艳）

中国银河证券兰溪证券营业部

【概况】 中国银河证券股份有限公司兰溪三江路证券营业部，客户总数64853人，客户资产51.25亿元，全年实现股票基金交易金额957.17亿元。

2020年营业部开展了"3·15"投资者权益保护宣传月、"5·15"全国投资者保护宣传日、防范非法证券和非法集资宣传月、金融知识普及月、创业板投资者教育、反洗钱投资者教育等宣传活动。通过设立投资者教育咨询柜台、张贴海报、跑马灯播放宣传用语、微信公众号推广、股民学校宣讲等多种方式，提升投资者的风险意识和自我保护意识。全年发放各类宣传资料2800份，海报7张，组织客户培训6期，举办走进校园活动2次，参加人员180人次。

【宣传创业板注册制】 6月，创业板迎来重磅改革。创业板注册制实施后，产生的主要改变有：所有个股涨跌幅限制由10%扩大到20%，新股上市前5天不设涨跌幅限制、新增创业板个人投资者交易门槛等。营业部通过投资者教育园地、电子屏、跑马灯以及股民学校等多种途径，对创业板改革涉及的交易规则等内容进行宣传。

（郑　瑶）

经济管理

发展与改革

【概况】 2020年是"十三五"的收官之年,也是全面建成小康社会的决胜之年。市发展和改革局(以下简称发改局)秉持"项目为王""发展为先"理念,以"担当追赶、再创辉煌"为总目标,强调研谋规划、抓项目促投资、重改革优环境、稳价格保民生,高质量推进各项工作有序落实。在全市"晒拼创"活动中,四个季度均获得"担当追赶奋斗团队"称号。

经济运行

【新旧动能转换升级】 纺织行业智能制造示范市试点企业通过验收,嘉宝化工、浙江省凤凰化工股份有限公司、浙江永泉化学有限公司成功重组,欣旺达浙江锂威锂离子电池项目开工建设。兰溪功能性新材料省级高新技术产业园区列入创建名单。电驱装备小镇成功列入省级特色小镇创建名单。新建小微产业园4个。浙江百浩工贸有限公司得到国务院应对新冠肺炎疫情联防联控机制医疗物资保障组的表彰肯定。服务业强县建设推进,开展服务业亩产效益评价,在省服务业发展综合评价Ⅲ类地区中排名第三。预计全年网络零售额76亿元,增长30%;新增电子商务企业1200家。制造业贷款余额比年初增加29.4亿元,增速列金华前列。杨梅专业农业科技园区列入省级农业科技园区创建名单,马涧镇列入国家级农业产业强镇。兰溪华统牧业有限公司瑞溪项目投产,"兰溪红"杨梅品牌成功发布,枇杷产值7950万元,增长62.9%。新增国家高新技术企业33家。开展"揭榜挂帅"全球引才,完成23项技术难题签约。成立浙工大兰溪研究院、省农科院技术转移中心。浙江盘毂动力科技有限公司、浙江康鹏半导体有限公司入选国家关键核心自主攻关项目。浙江凤登环保股份有限公司有机固废利用研究中心被认定为省级工程研究中心。

【城乡建设提挡加速】 金兰创新城五条框架道路初步成形;中德职教中心、兰溪杭州育才中学、行知幼儿园、江南职校扩建等开工建设;获批省第二批未来社区试点创建项目。农药厂地块公园绿地建设开工,中医院迁建、北门菜场搬迁进场施工,铁路新村有机更新完成。乡贤馆建成开馆。上园路北延完成,宝龙广场和汽车城项目部分结顶,金角区块开发推进。15个"零直排"生活小区创建完成,建成6处"口袋公园"、960个停车泊位和358个城镇"两定四分"投放点。钱塘江堤防加固二期主体完工,金华引水工程建成通水,新建乡镇干管48千米,19.2万人农饮水达标提标完成。建金高速通车,金兰中线铁路以南段建成通车,金建高铁、351国道改建段、330国道外迁、上华至婺城琅琊公路开工建设，金千黄高速线位方案与建德方协调一致，"四好农村路"建成完工。北部天然气、2座综合供能站投运，兰溪协鑫环保热电有限公司到女埠第二条热管线建成投产。获评"中国传统建筑之乡"。诸葛-长乐村、芝堰村获"全球人居环境村落范例"。马涧镇东叶村、诸葛镇孤塘畈村等6个村入选金华市级传统村落。建成乡村振兴"示范村""提升村"各10个。累计创建验收"八有八无"优秀村164个、示范村10个。

【民生福祉不断优化】 云山公办中心幼儿园完工，横溪公办中心幼儿园、兰一中扩建等开工建设。构建城乡教育共同体12个。在全省创新推行医共体"共享药库"。上华街道社区卫生服务中心投入使用，全国中医药文化进校园现场会成功举办。"网上看慢病""线上可配药""医后付"等便民惠民项目推行。新建农村文化礼堂59家，女埠街道获评省示范乡镇（街道）。基本医疗保险参保率达99.9%，大病保险参保率达75%。在全省率先将所有医保办理事项下沉至村。打造居家养老"中央厨房+"送餐模式，乡镇（街道）示范型居养中心实现全覆盖。新增就业2.26万人。建立企业用工余缺调剂平台，共享员工2046人，在央视新闻联播播出。新增租赁补贴277户；915户农村C、D级危房治理改造完成。《根治欠薪工作办法》出台，金华首家企业矛调工作室"膜和工坊"创设。全国减灾综合示范社区（排岭社区）创建完成。减征基本医保费用4979万元。完成6.5万人核酸检测，疫苗接种1000余人次。70周岁以上老年人免费流感疫苗接种2万人次。

【改革开放攻坚克难】 政务自助服务区覆盖全市各乡镇（街道）。实现一般企业投资项目从赋码备案到竣工验收审批"最多80天"；成为金华第一个实施"交地即发证"的改革地区。全年累计减免税费39.6亿元，网上办税率达到97.8%。落实社保减免缓缴政策，为企业减负近4亿元。全面执行差别化用电、供热、危废处置价格政策，为企业降本减负16亿元。文旅公司成立，兰创集团重组。试点开展农户贷业务。杭州银行兰溪支行开业。新增4家股份制公司，17家企业在浙江股权交易中心挂牌。发行债券10只，金额66亿元。开发信用贷产品，完成物业管理"信义居"平台建设，全国城市信用监测排名进入全省前十。省级农业水价综合改革验收通过。"无证明城市"改革向金华市域外和企业延伸，梳理证明清单22项，123项证明事项核验提速50%。成立"乡贤人才基金"，开通"人才专巴"。召开首届兰溪发展大会，71个项目成功签约，总投资超507亿元。预计全年引进内资60亿元、外资1000万美元，完成浙商回归34亿元。完成境外投资12.9亿美元，占全省16%。新增进出口企业144家，增长65.5%。完成"义新欧"班列100个集装箱高柜。

计划管理

【概况】 2020年面对复杂多变的宏观形势，特别是新冠肺炎疫情的严重冲击，全市经济社会发展实现难中求进。预期性指标：预计地区生产总值增长3%；财政金融平稳增长，一般公共预算收入29.6亿元，增长4.7%，新增贷款106.4亿元；社会消费品零售总额145亿元，增长-5%；外贸出口额110亿元，增长0.1%；投资结构优化，交通投资、生态环保投资分别增长15%、10%；城镇居民人均可支配收入增长高于GDP增长，实际增长3.6%；农村居民人均可支配收入增长高于城镇居民人均可支配收入增长，实际增长3.7%。约束性指标：城镇登记失业率控制在3%以内，实际为1.79%；单位生产总值二氧化碳排放量、主要污染物排放总量、空气环境质量、水环境质量等指标完成金华下达的任务。

【"十四五"规划编制工作】 5月，市政府印发《兰溪市"十四五"规划编制目录的通知》，形成了1个总体规划、16个重点专项规划、19个一般专项规划的目录体系。7月，《兰溪市国民经济和社会发展第十四个五年规划基本思路》（简称《基本思路》）形成送审稿，11月通过审议定稿；《兰溪市国民经济和社会发展第十四个五年规划和二〇三五年远景目标纲要》（简称《纲要》）在《基本思路》基础上进行了更加科学的论证和更加严谨的细化，征求了各部门、乡镇（街道）、五级人大代表的意见，按照市委《兰溪市国民经济和社会发展第十四个五年规划和二〇三五年远景目标建议》精神修改完善，12月召开了专家论证会，12月31日通过市政府常务会审议；35个专项规划编制工作（经市政府同意退出1个）按计划推进，9月完成初稿，11月完成征求意见稿，并有序开展征求意见工作；8月组织兰溪市"十四五"建言献策、"金点子"活动，12月评选出优秀建言献策47篇，《纲要》编制吸纳了部分优秀成果。

12月31日，召开"十四五"规划纲要专家评审会 （陈莉源 摄）

项目管理

【概况】 2020年固定资产投资完成148.8亿，增速3%，四个结构性指标三升一降，生态、交通、高新、民间项目投资增速分别是10.2%、10%、4.4%、-5%。

【谋划省市县长项目工程6个】 全年谋划申报省市县长项目工程6个，分别为欣旺达电子股份有限公司年产2.4亿只消费类锂电池电芯和电池模组项目、杭州奥华纺织有限公司年产6.5万吨涡流纱差异化纱线项目、浙江甬金金属科技股份有限公司年加工30万吨精密冷轧不锈钢项目、浙江越龙山旅游度假有限公司二期开发项目、钱塘诗路兰江片区、兰湖生态文明小镇。其中，落地项目4个，分别是年产2.4亿只消费类锂电池电芯和电池模组项目、年产6.5万吨涡流纱差异化纱线项目、年加工30万吨精密冷轧不锈钢项目、浙江越龙山旅游度假有限公司二期开发项目，金华排名第一。

【新增列入省重大产业项目4个】 列入省重大产业项目有兰溪长芯光电科技有限公司半导体激光器及激光芯片产业化项目、浙江中科玖源新材料科技有限公司年产4500吨柔性显示电子等用高性能聚酰亚胺光膜材料项目、浙江康鹏半导体有限公司新型化合物半导体材料项目、兰溪新奥华纺织科技有限公司年产65000吨高档涡流纺差异化纱线生产线项目，项目数列金华第二，获取奖励土地指标9.67公顷（145亩）。至此，全市现有列入省重大产业项目共计17个。

【列入省重点建设项目8个】 全年列入省重点建设项目8个，年度计划投资21.84亿元。1—12月份，开工项目8个，开工率为100%；完成投资

26.88亿元，完成年度计划投资的123.08%。

【列入省集中开工项目10个】 全市安排省集中开工项目两批共计10个，其中第八批省集中开工项目5个，总投资55.9亿元，年度计划投资10.9亿元，已全部开工建设。1—12月完成投资15亿元，完成年度计划的137.6%；第九批省集中开工项目5个，总投资104.6亿元，年度计划投资10亿元，已全部开工建设。1—12月完成投资12.1亿元，完成年度计划的120.8%。

【列入省"4+1"重大项目5个】 全年列入省"4+1"重大项目5个，总投资105.2亿元，年度计划投资10.5亿元。5个项目已全部开工建设，开工率100%。1—12月完成投资14.7亿元，完成年度计划的140.1%。

【列入金华市重点建设项目45个】 全市全年列入金华市重点建设项目45个。总投资474.3亿元，年度计划投资70.9亿元。已全部开工建设，开工率100%。1—12月完成投资96.4亿元，完成年度计划的135.9%。

【兰溪市重大项目】 兰溪市共安排重大项目187个，其中实施类项目154个，总投资938.8亿元，年度计划投资187.6亿元，储备类项目33个。截至年底，已开工项目139个，开工率90.3%（剔除储备类）。

【政府重大投资项目】 2020年经市人大常委会审议通过列入政府重大投资项目共18个，其中续建项目11个，新建项目7个，总投资150.68亿元，当年计划投资16.52亿元。据统计，全年完成投资16.52亿元，完成年度计划的100.02%，其中续建项目年度计划投资15.06亿元，完成投资15.01亿元，完成年度计划的99.64%；新建项目年度计划投资1.46亿元，全年完成投资1.52亿元，完成年度计划的104.04%。

【重大项目"百日攻坚"】 3月，为切实解决重大项目推进过程的难点、堵点问题，提升经济活力和发展后劲，开展重大项目"百日攻坚"。截至活动结束，76个百日攻坚重大项目已开工69个，开工率90.8%，投产项目26个，解决项目难题86个。

【项目资金争取】 丹阳村、栖霞村、5号区老旧小区改造项目争取到2020年保障性安居工程中央补助资金4730万元；兰溪一中扩建工程争取到省公共建设投资项目补助资金500万元；发行专项债8.81亿元；盘毂动力、康鹏半导体两个项目共获得央补资金9039万元，获得补助项目数和补助金额均列金华第一。

【金建铁路开工】 6月2日，新建金华至建德高速铁路初设，经中国国家铁路集团有限公司与浙江省人民政府共同批复同意；11月6日，新建金华至建德高速铁路金华至兰溪段施工图获中国国家铁路集团有限公司批复（工管设函〔2020〕119号）；12月30日，金建铁路开工。

12月30日，金建高铁开工　（洪恒旋 摄）

【兰溪港铁公水多式联运枢纽列入义甬舟西延大通道方案】 兰溪港铁公水多式联运枢纽，占地面积约102.85公顷（1542.8亩），其中永农93.8公顷（1407亩），6月谋划项目，8月完成铁路专用线踏勘，9月取得上海路局可研审查意见，11月列入义甬舟西延大通道方案，已经由省发展改革委申报至国家发展改革委，力争列入国家铁路专用线规划，戴帽省重点项目，落实土地指标，全面推进兰溪市铁路、公路及港口多式联运枢纽建设。

【项目审批总体情况】 全年共办理企业投资项目备案643个，项目核准20个，政府投资项目审批办件65件，代办中心代办件476件，法院复函46件。

【"交地即开工"项目联审】 召集国土、规划、建设、水务、环保、应急管理等涉批部门，与业主、设计单位共商项目并联审批流程时间表，当场形成会议纪要。集成打包审批时序，上紧发条，与会各部门严格落实推进，对76个项目完成联审，54个产业类项目顺利开工。双向承诺，优化审批节点。会议纪要载明，政府承诺按节点完成所有开工事项的审批，企业承诺在约定时间内完成建筑方案及施工图等的编制，互为契约。并将"信用评价"贯穿项目全生命周期，通过完善容缺纠偏机制，开展项目业主履约情况全过程评价，打造"宽准入""严监管""重承诺"的管理体系。在落实"五减"（"减程序、减材料、减时间、减成本、减跑动"）的基础上，业主单位在取得土地后可承诺容缺办理施工许可证，以最快速度完成项目各项审批。

【推进节能降耗工作】 单位GDP能耗同比下降3.7%，单位GDP电耗同比下降2.4%；规模以上工业企业综合能源同比下降1.9%，单位工业增加值能耗同比下降3.1%；原煤消费总量140.8万吨，比去年下降14.8万吨（不含浙能电厂），彻底扭转了2018年来单位工业增加值能耗不降反升的局面。

【节能保供工作】 节能保供成效明显。审批通过《兰溪市集中供热规划》，建成并投产协鑫到女埠第二热管网，建成并投产北部天然气综合供能站，进一步优化集中供热布局。完成金华下达能源"双控""减煤"目标任务。在金华市第一个全面完成燃煤锅炉淘汰任务。柏社东、西2个综合供能服务站投运，为金华首批投运的综合供能服务站。

体制改革

【概况】 经济体制改革有序推进，重点领域和关键环节多项改革工作取得新成效。布置改革任务18项，其中牵一发动全身重大改革项目3项，包括未来社区建设、推进开发区（园区）和产业集聚区整合提升、深化"两山"转化改革。持续推进打造长三角一流营商环境，完善全市域、全方位融入长三角区域一体化发展机制体制，健全"标准地"事中事后监管改革，深化信用体系建设，打响"兰e办"政务服务品牌、建设全面创新改革体系、推进全国纺织行业智能制造示范市创建、推进省制造业高质量发展示范市创建、建立健全民营经济健康发展工作机制、开展小微企业园三年行动计划、推广"亩均论英雄"改革经验、参与融入义乌国际贸易综合改革试验区、持续推进"凤凰行动"、推广"税银e站"平台。

【营商环境建设】 争取到破除市场准入隐性壁垒国家改革试点。多次召开营商环境对标整改落实会，提出整改措施170余条，由指标牵头单位剖

析指标落后原因,汇报对标提升进展情况,力争营商环境取得实质性优化。争取到全省营商环境线上试评价试点机会,兰溪市在该次模拟评价中排名金华第三,通过一轮模拟测评操练,提高了在年底全省正式评价时的应对能力。制定《营商环境宣传工作方案》,重点围绕砍环节、减手续、缩时间、减成本等方面的做法及成效在《兰江导报》和"兰溪发布"公开,扩大优化营商环境社会知晓率和认知度,已完成对企业开办、财产登记、办理建筑许可、纳税等15项指标的宣传。

【社会信用体系建设】 制定印发《兰溪市公共信用信息需求归集目录(2020版)》《兰溪市气象灾害防御(防雷安全)重点单位信用等级评定实施细则(实行)》等文件,贯彻落实《关于对科研领域相关失信责任主体实施联合惩戒合作备忘录》等44个领域的联合奖惩制度,持续推进联合奖惩措施落地。推进"信用+"产品深化和拓展,实施"信用+标准地""信用+居住""信用+中介""信用+政务服务"等信用场景应用。已将包含公共资源交易系统、权力运行系统、一窗受理系统这3个业务系统与信用系统进行嵌入式对接,形成信用业务政务协同,实现在线信用查询,措施实时反馈。出台《兰溪市公共信用修复管理暂行办法》,开展信用修复工作。对失信市场主体定期开展信用修复培训,提高企业思想认识和情况认知,引导企业积极进行信用修复。

【开发区整合提升】 落实省委省政府文件精神,完成开发区整合提升工作方案编制工作,争创省级高新区,争列"万亩千亿"新产业平台,精准规划布局园区产业,指导推进园区二次开发。

【特色小镇培育】 9月,兰溪电驱装备小镇成功列入第六批省级特色小镇创建名单。电驱装备小镇定位为高端装备制造业,以电驱动装备为核心产业,预计通过3年建设,打造成为全国智能制造示范区和国际化的电驱动系统产业基地。兰溪光膜小镇作为环保类小镇,已有入驻企业15家,已累计完成固定资产投资32.48亿元,其中特色产业投资累计25亿元。

【桃花坞社区被纳入省级未来社区试点】 8月11日,金华兰溪桃花坞社区被纳入第二批省级未来社区试点之一,为金华四个试点之一。该试点为全拆重建类,核心区位于上华街道马公滩区块,规划单元149公顷,实施单元22.2公顷,新建面积约44.8万平方米,将构建未来邻里、教育、健康、创业、建筑、交通、低碳、服务和治理九大场景,跨越式提升兰溪产业、生态、文旅、人居环境,打造具有归属感、舒适感和未来感的新型城市功能单元,力争打造诗画浙江大花园城市版"五养"未来社区,并为浙江省老工业基地二次复兴提供未来社区的可持续样本。

物价管理

【概况】 全年核定政府定价项目文件7件,涉及兰溪杭州育才中小学学费、人民医院停车收费等项目。开展粮食、蔬菜和肉类等重要商品价格的监测任务,及时开展采集各价格监测点各类商品价格信息,梳理价格波动情况,分析变动原因,撰写相关价格信息进行网上信息公布,并及时上报上级发改部门,保障重要民生商品市场供应充足、价格稳定。

【阶段性降低水电气价格】 在疫情防控的特殊时期,根据《浙江省发展改革委关于新冠肺炎疫情防控期间临时降低企业用气用水用电价格的通知》(浙发改价格〔2020〕22号)等要求,出台了一系列降低企业用气用水用电价格的优惠政策，全年为企业减轻成本近1.3亿元。

【有序推进政府定价工作】 完成北部管道天然气定价工作，最高销售价格按照城区管道天然气价格执行；完成杭州育才小学及中学收费定价工作，助推教育行业发展；完成人民医院停车收费定价工作，新院老院统一收费标准；开展天下江南景区门票价格定价工作。

【开展相关行业成本监审（调查）工作】 根据省发展改革委工作部署，开展了供水、污水处理、管道天然气配气成本、机动车检测收费、景区、民办养老机构等成本监审（调查）工作。按照相关行业成本监审办法等有关规定严格审核，确保数据准确、真实、有效，为今后的供水、污水处理、管道天然气配气等定价提供基础数据及参考依据。

【价格认证情况】 全年共受理涉案价格认定案件195件，其中盗窃案139件，损坏公私财物案31件，诈骗案7件，涉纪案件2件，失火案件2件，侵权案件2件，其他案件12件，涉案金额达788余万元，为司法机关有效打击犯罪提供及时准确的价格依据。

东西部扶贫协作

【产业合作再深化】 自签订"飞地园区"框架协议以来，市兰创集团紧盯目标任务，在保证质量的情况下倒排计划，园区厂房已基本完工，顺利揭牌。

【农业扶贫补短板】 继去年1500余株枇杷苗送往汶川后，4月兰溪农业部门又精心挑选2400棵杨梅大苗送往汶川，并派遣技术人员进行种植培训指导，丰富汶川的特色水果产业，为汶川果农搭建增收新平台。受新冠肺炎疫情影响，汶川县甜樱桃产销对接渠道受阻，果农损失较大。兰溪市发出《关于党员干部带头支持东西部扶贫协作消费扶贫的倡议书》，号召各单位党员干部发挥头雁作用，积极认购汶川甜樱桃，共认购3万余斤，共计金额100万元。

【人才教育助发展】 组织部门牵头，教育、卫生等部门积极配合，选派了29名专业技术人才（包括教师、医生、护士等）赴汶川开展挂职，开展专业技术人才培训380人次。兰溪—汶川"中医专家大型义诊暨中医适宜技术推广"活动在汶川再次开展，现场咨询达上千人。行政服务中心围绕"深化最多跑一次改革，打造最优营商环境"，在汶川召开了一期"汶川大讲堂"，共培训了400多名党政干部。在兰溪职业中专就读的"汶川班"15名汶川学子4月到兰溪就读，学校在生活上及学习上提供帮助。

【多元帮扶创亮点】 围绕项目的后续服务和延伸内容继续深化，定期举办心理健康讲座、心理团辅、个案辅导、线上培训等，为学生、老师、家长提供全方位的心理健康服务，以辐射带动整个阿坝州的特殊儿童心理健康教育工作。兰溪妇联、民政局牵线的"爱的守护包"活动，已经筹集到价值70余万元的"守护包"（包括护眼台灯、儿童书籍、跳绳等），9月底送至汶川。

（何　娜）

审计监督

【概况】 2020年，市审计局共完成审计（调查）项目23个，查出主要问题金额63504.07万元,其中违规金额227.37万元、管理不规范金额63235.58万元,促进增收节支5106.71万元,促进市政府及相关部门出台政策措施33项。共上报审计信息、专报、论文等180余篇,被国家级刊物采用9篇,省审计厅、金华市审计局采用67篇次。2020年获金华市审计机关考核第一名,并连续第十年获评为浙江省审计机关考核优秀单位。

7月8日,市审计局全体审计干部进行干部作风建设"知行合一"专项教育　　（许秋婷 摄）

【预算执行审计】　充分借助大数据技术,形成四项清单,即共性问题清单、具体操作清单、重点单位审计顺序清单、审计困难清单,全力推进全市77个一级预算单位审计全覆盖。通过审计,推动9427.17万元非税收入上缴国库,推动收回租金39.27万元、污水处理费3.56万元、罚没款1.21万元;推动全市加强行政事业国有资产规范管理;推动全市乡镇（街道）进一步加强公务用车管理;推动市人社局、编办出台办法规范编外用工管理,推动2家单位重新制定考核办法。

【政府投资审计】　完成兰溪市云山派出所业务综合用房建设项目预算执行审计,揭示未按照合同约定收取履约保证金、设计不到位导致损失浪费等问题;完成杭金衢兰溪南入口、迎宾大道景观改造工程项目管理情况审计,其中在迎宾大道工程项目中,净核减造价3116.5万元,净核减率为23.19%,在杭金衢兰溪南入口工程项目中,净核减造价1739.61万元,净核减率为39.63%;完成兰溪市2017—2019年农村中小学建设改造情况专项审计调查,揭示了部分学校多计工程款、部分施工内容未实施、建设单位未经审核出具签证单、塑胶跑道建设偷工减料等问题,并移送相关线索至纪检和主管部门。

【经济责任审计】　以经责审计新规为指导,分类分专题落实组团作战,实行"1+N"审计模式,即在开展领导干部经责审计的同时,同步实施自然资源资产离任审计、财政决算审计等项目,进一步整合审计资源,提升审计效率。全年共开展了13家单位17位领导干部的经责审计项目,推动相关被审计单位收回多付工程款、完善内部管理制度等。

【政策跟踪审计】　完成防疫物资专项审计,推动防疫人员临时性工作补助发放到位、物资领用程序进一步规范、非定向捐赠结余资金及时拨付;同步完成全省扶贫专项审计,推动11个农村饮用水项目工程完成验收,3个单村水站完成水

3月20日,审计人员在市疫情防控指挥部物资管理现场,对疫情防控库存物资进行核实盘点　　（市审计局 提供）

质提升，扶贫审计纪实《让广大农民喝上干净的水》获《浙江审计》杂志专版报道；开展市2019年度财政扶贫资金和项目管理情况专项检查，推动市扶贫办进一步规范扶贫项目变更及资金拨付手续等；同步完成企业职工养老专项审计，推动兰溪市进一步规范企业基本养老保险参保、待遇政策执行；同步完成"两直"资金专项审计，推动国有房屋租金减免政策执行到位。

【深化项目比拼竞赛】 在项目组织实施中，坚持实行每周一汇报、每月一推进、每季一通报，就审计发现问题、调查取证、项目进度、信息专报、审计成果等内容开展比拼竞赛，推动形成比学赶超、勇争一流的浓厚氛围。

【强化纪审融合监督】 加强与市纪委监委的协作沟通，派驻纪检组与审计组同步互动，形成以"三会一单"为依托的融合监督机制，即在审计项目前期召开一次碰头分析会、中期召开一次研判会商会、后期召开一次成果运用会，最终形成一张融合监督报告单。双方实现信息互通、资源共享、优势互补，有效推动问题发现、线索移送、案件查处。全年共移送案件线索15起，线索立案率达100%。

【完善审计整改机制】 积极完善审计整改联动机制，通过审计组日常跟踪、各成员单位同向发力、市政府联合督查、年终开展考核打分等形式，完成了由审计部门"单打独斗"到多部门全面参与、联手推进审计整改的转变。全年共推动审计整改事项254个，推动相关单位出台政策制度33项。如推动市人力社保局印发《关于严格通讯补贴发放规范意见的通知》；推动市水务局印发《关于加强水利行业涉农资金规范使用的补充规定》；推动马涧镇人民政府出台《"三重一大"事项集体决策实施细则》；推动柏社乡出台《广告投放及宣传制作费用管理办法》《食堂管理制度》等制度。全年审计查出问题的整改率达98.6%，获市人大充分肯定。

7月29日，审计人员对国际杨梅研究中心工程项目中的主干道、护坡及渠道等工程量进行现场测量 （金建飞 摄）

（许秋婷）

统计工作

【概况】 2020年，兰溪市统筹推进疫情防控和经济社会发展工作，经济运行呈现稳步恢复态势。初步核算，2020年全市生产总值（GDP）400.16亿元，按可比价格计算，比上年增长3.4%，其中：第一产业增加值28.30亿元，同比增长0.5%；第二产业增加值198.23亿元，同比增长0.1%；第三产业增加值173.63亿元，同比增长8.0%。三次产业增加值比例为7.1∶49.5∶43.4。GDP累计增速一季度、上半年、前三季度和全年分别为-8.2%、0.0%、2.0%、3.4%，经济增速稳步回升。

全年编印《兰溪经济月报》和每月主要经济指标44期，编发《兰溪统计视窗》1期，主动公开信息310条，报送各类信息124条，在"兰溪统计"官方微信公众号推出信息279条，编印出版2020年《兰溪统计年鉴》和《浙江省61个县市（区）主要统计指标排序》。完成《加强新增入库统计监测 推动新动能经济加快发展》等调研文章5篇。

【召开全市统计工作会议】 4月8日，市政府召开全市统计工作会议，贯彻落实上级经济和统计工作会议精神，总结2019年全市统计工作，部署2020年统计重点工作。会议通报表扬了第四次经济普查省级、金华市级先进集体与个人，通报表扬了兰溪市2019年度乡镇（街道）、开发区统计工作先进集体和星级统计工作者。市政协副主席、统计局局长严赛虹作总结部署，副市长于纲出席会议并讲话。各乡镇（街道）、经济开发区统计工作分管领导、统计员，相关部门统计工作分管领导，及统计局全体干部100余人参加会议。

【开展数据质量自查自纠专项行动】 7月23日，市政府召开全市统计数据质量自查自纠工作动员部署会和统计业务培训会，研究部署防范和惩治统计造假专项工作，指导乡镇（街道）、开发区对辖区内所有统计调查对象开展数据质量自查自纠，遏制统计造假弄虚作假，加强和改进兰溪市的统计工作。

【举办两期统计系统干部综合素质提高班】 8月，在宁波大学商学院高级培训中心举办两期兰溪市统计系统干部综合素质提高班，全市统计系统领导干部和业务骨干共计80余人参加培训。副市长于纲出席开班典礼并作开班讲话。培训期间，宁波大学教授为学员们讲授了《高质量区域经济发展与创新创业产业转型升级》《统计方法的运用与案例分析》《区块链经济与人工智能》《中华传统文化解读》《统计干部阳光心理与压力调试》等课程，内容丰富，主题鲜明，与统计工作实际结合紧密，针对性和实用性很强。

【举行宪法宣誓仪式】 12月4日，市统计局在局会务室举行宪法宣誓仪式。局党组书记叶有余监誓，局党组成员、调查队队长杨永领誓，近期新任命中层干部参加宣誓。局党组成员、副局长倪根谷同志主持宪法宣誓仪式，其他班子成员、中层干部及新进干部共同见证了宣誓活动。

新任命的中层干部举行宪法宣誓

（市统计局 提供）

【开展统计法治知识竞赛活动】 12月8日，组织开展2020年兰溪市统计系统统计法治知识竞赛，全市统计系统16个乡镇（街道）和经济开发区共60余人，组成17支代表队参加比赛。最终横溪代表队夺得冠军，兰江代表队和水亭代表队获得亚军，游埠代表队、上华代表队和灵洞代表队获得季军。

统计法治知识竞赛获奖单位（市统计局 提供）

【开展人口普查质量检查】 12月14—17日，国家七人普事后质量检查组一行到兰溪开展第七次人口普查事后质量检查。随机抽取了兰江街道排岭社区第019普查小区、永昌街道胜岗村第003普查小区、香溪镇东升村第005普查小区开展入户登记核查。

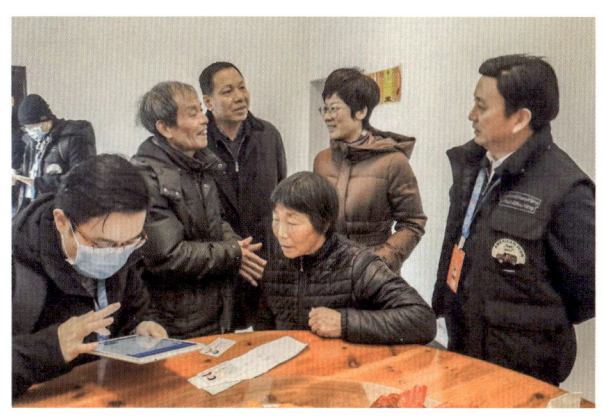

检查组深入普查小区入户登记核查

（市统计局 提供）

【开展统计"三服务"活动】 开展统计"三服务"活动，全年服务基层42次，走访规模以上企业146家、投资项目136个；赴基层上门开展统计辅导8次，组织开展业务培训48次共计3000余人次。利用调查数据资源，发布"米袋子""菜篮子""果盘子"数据85组、工业产品出厂价格11组，服务民计民生。

【统计执法检查实现专业全覆盖】 加强与市纪委对接联系，配合开展经济工作专项监督，强化统计执法检查，依法依纪查处统计违法行为，追究统计造假、弄虚作假责任人的党纪政纪责任，防范和惩治统计作假弄虚作假，全年累计完成统计稽查66家，立案5家，结案5家。

【第七次全国人口普查取得阶段性成果】 3月8日，市人民政府成立兰溪市第七次人口普查领导小组，副市长于纲任组长；各乡镇（街道）、开发区相继组建人口普查机构。全市完成第七次全国人口普查阶段性任务，共培训2958人次，绘制建筑物213925个，划分普查小区2791个，登记上报人口普查短表30多万户、长表2万多户数据，完成比对复查工作10多万人口，顺利通过划区绘图、摸底调查金华市级数据质量交叉检查和国家七人普事后质量检查，工作得到了金华、省局、国家检查组的肯定。

【完成2020年群众安全感调查工作】 10月23—30日，根据全省群众安全感调查方案，兰溪市被抽中调查乡镇（街道）13个、调查小区16个、调查户400户，采取入户调查、电话调查和路人拦访相结合的方式测评人民群众安全感满意率、平安建设群众参与率和防范电信网络诈骗犯罪知识知晓率。

【4家单位获评"第六批金华市级统计诚信示范单位"】 根据金华市统计局《关于公布金华市第六批市级统计诚信示范单位的通知》（金统〔2020〕22号）文件，兰溪市一鸣织造有限公司、浙江蓝宝机械有限公司、浙江威臣纺织股份有限公司、浙江凤登环保股份有限公司4家单位被评为金华市第六批市级统计诚信示范单位。截至年底，全市共有12家企业获评金华市级统计诚信示范单位。

【获评金华全市首批基层清廉建设示范单位】 市统计局健全系列清廉制度，完善清廉资料台账，清廉统计建设取得实效，根据中共金华市纪委机关《关于全市首批基层清廉建设示范单位综合考评结果的通报》（金纪通〔2020〕12号），兰溪市统计局被命名为"金华全市首批基层清廉建设示范单位"。

（市统计局）

市场监督管理

【概况】 2020年以来,兰溪市市场监管局深化商事领域改革组合推进,拓展"放、管、服"商事制度三维立体空间,优化市场准入机制,大力提升企业开办便利度,服务民营经济发展,从降低准入门槛、简化审批许可、畅通退出渠道上想办法,在事中事后监管、促进正向激励和优胜劣汰上下功夫,努力营造宽松积极的营商环境,实现大众创业万众创新,各项工作取得了丰硕成果。

【工商行政管理】 截至2020年12月31日,兰溪市场主体总量为55939户,与去年相比增长17.25%,注册资本为1130.11亿元。全年新注册登记市场主体11647家,存量企业13653户,存量个体工商户41635户。全市新增小微企业2418家,比上年同期增长44.5%,其中重点八大产业(信息、环保、健康、旅游、时尚、金融、高端装备、文化创意)新增579家,累计完成商标12772件,其中商品商标8238件,服务商标2188件,农产品商标2346件。行政认定驰名商标10件(见表18),地理标志证明商标2件,分别是兰溪大红柿和兰溪杨梅。全年办理新申报注册商标4394件,成功注册数2629件,比去年增加31%。2021年3月,浙江威臣纺织有限公司持有的"日日缘"商标被认定为中国驰名商标,驰名商标实现"六年连续增长",为企业办理知识产权质押累计2.05亿元。

全市有国家级"重合同守信用"企业2家,AAA级企业31家,AA级60家,A级89家。全年公示浙江省AAA级"守合同重信用"企业18家,其中首次公示企业4家,继续公示企业14家;公示AA级"守合同重信用"36家,其中首次公示企业9家,继续公示企业27家;公示A级"守合同重信用"54家,其中首次公示企业28家,继续公示企业26家;全年办理格式合同备案35份,办理动产抵押登记217笔,累计助企融资金额33亿元,较去年同期增长66.16%。

开展市场主体清退工作,吊销长期未开展生产经营活动企业95家,强制注销吊销企业89

表18 行政认定驰名商标

序号	认定时间	商标	注册人
1	2012	兰江	浙江华东铝业股份有限公司
2	2012	前列康	浙江康恩贝制药股份有限公司
3	2012	萬盛達	浙江万盛达实业有限公司
4	2013	双灯	浙江双灯家纺有限公司
5	2015	天一堂	浙江天一堂药业有限公司
6	2017	金梭牛仔	浙江金梭纺织有限公司
7	2017	天保宁	浙江康恩贝制药股份有限公司
8	2018	XINLAN	浙江鑫兰纺织有限公司
9	2019	三冠SANGUAN	浙江巨江电源制造有限公司
10	2021	日日缘	浙江威臣纺织有限公司

家。依托"互联网+监管"改革，全市共制定抽查任务292个，其中本部门55个，检查对象1608家（次），其中未发现问题的1488家，占总数的92.54%，检查完成率、检查结果公示率均达到了100%；全市开展跨部门"双随机、一公开"检查24次，检查单位161家（次），实现"进一次门、查多件事"。

兰溪永昌商贸城、兰溪市石龙头菜市场和兰溪市墩头农贸市场3家农贸市场顺利通过省级放心市场考核验收。全市有市场名称登记证且正常经营的农贸市场共27家（见表19），有"五化"市场2家、省放心农贸市场9家、星级文明规范市场19家。

全年受理消费投诉举报案件2781件，比去

表19　兰溪市有市场名称登记证且正常经营的农贸市场

序号	市场名称	所在地	星级市场	放心市场
1	兰溪市青松市场	兰江街道	★★	是
2	兰溪市溪西蔬菜水果市场	兰江街道	★★	
3	兰溪市兰花社区教师村菜市场	兰江街道	★	是
4	兰溪市丹阳综合市场	兰江街道	★	
5	兰溪市排岭综合贸易市场	兰江街道	无	
6	兰溪市厚仁农贸市场	兰江街道	★★	
7	兰溪市殿山菜市场	兰江街道	无	
8	兰溪市黄龙洞菜市场	云山街道	★★★	是
9	兰溪市北门菜市场	云山街道	无	
10	兰溪农产品交易城	开发区	★★★	
11	兰溪市大阜张农贸综合市场	开发区	★★	是
12	兰溪市兰江街道大路口村农贸市场	开发区	★★	是
13	兰溪市清胜塘综合市场	开发区	★	
14	兰溪市马达农贸市场	上华街道	无	
15	兰溪市上华街道瓦灶头农贸市场	上华街道	无	
16	兰溪永昌商贸城	永昌街道	★★★	是
17	兰溪市女埠街道综合市场	女埠街道	无	
18	兰溪市石龙头菜市场	赤溪街道	★★★	是
19	兰溪市墩头农贸市场	梅江镇	★★★	是
20	兰溪市横溪农副产品综合市场	横溪镇	★★★	
21	兰溪市马涧农贸蔬菜综合市场	马涧镇	★	
22	兰溪市香溪镇农贸市场	香溪镇	★	

续 表

序号	市场名称	所在地	星级市场	放心市场
23	兰溪市游埠农贸综合市场	游埠镇	★★★	是
24	兰溪市诸葛蔬菜市场	诸葛镇	★	是
25	兰溪市水亭农贸综合市场	水亭乡	★	
26	黄店镇农贸综合市场	黄店镇	无	
27	兰溪市柏社乡农贸综合市场	柏社乡	无	

年同期增加了55%，其中投诉件999件、举报1782件，已处理2764件，办结率为99.39%，涉及争议金额147.38万元，为消费者挽回经济损失120.42万元。"放心消费在兰溪"建设不断深入推进，创建放心消费商圈1个（街区）、放心消费高速服务区1个、放心景区1个，放心消费单位7812家，其中无理由退货单位1352家，放心工厂790家，市场消费环境进一步优化，消费者的满意度和获得感明显提高，逐步形成了社会多元共治的良好局面。

【推进"两直"补助顺利下发】 全面贯彻中共中央政治局提出的"六稳六保"任务（稳就业、稳金融、稳外贸、稳外资、稳投资、稳预期；保居民就业、保基本民生、保市场主体、保粮食能源安全、保产业链供应链稳定、保基层运转），以及"两直"（新增财政资金直达市县基层、直接惠企利民）补助工作完成兑付率100%的目标要求，共发放资金2506.5万元，其中惠及小微企业1462家（线上1409，线下53），个体工商户2507家（线上2462，线下45），共计3969家。

【市场主体"增量提质"百日攻坚】 2020年，通过开展"增量提质"百日攻坚行动，全市新增市场主体11647户，同比增长38.51%，增幅列金华各县（市、区）第一，4—6月份连续3个月市场主体增量增幅位列金华第一，实现全市市场主体在疫情背景下数量、质量逆势双提升。

【取得金华首张医用防护服生产许可证】 3月9日，浙江百浩工贸有限公司通过省药监局防疫医疗器械应急审批程序，取得医用一次性防护服《第二类医疗器械生产许可证》及医用防护服产品注册证，成为金华地区首家医用防护服生产企业。

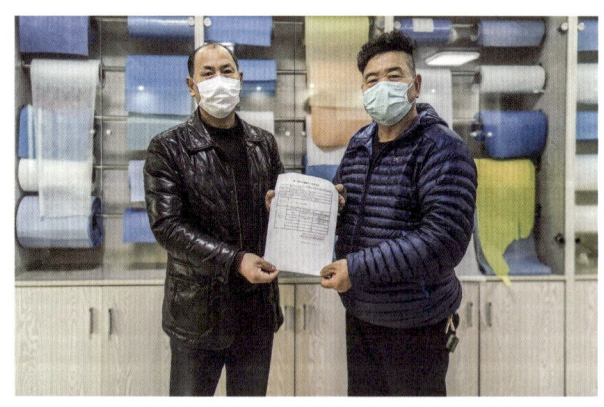

金华首张医用防护服生产许可证

（市市场监管局 提供）

【出台全省首个市场监管领域减轻处罚幅度清单】 3月，兰溪市市场监管局会同市检察院、市司法局联合出台《关于细化市场监管领域自由裁量标准的指导意见》及配套的全省首个《市场监管领域部分违法行为减轻处罚幅度清单》。4月12日，金华市委书记陈龙作批示肯定，并抄送金华各县市借鉴学习，《中国食品报》等媒体纷纷报道该做法。全年根据该意见对17起情节较轻的案件予以减轻处罚，对8起情节显著轻微的案件免于处罚，共计减免罚款金额186.69万元。

【"证照分离"改革持续深化】 4月27日，在金华地区制定首个《兰溪市市场监督管理局落实"证照分离"改革全覆盖试点工作方案》，首推食品经营许可"全流程"网办，实现食品经营许可"零跑次"办理。全年共办理市场监管领域"证照分离"改革事项819项，"全流程"网办食品经营许可314件，减少书式材料1200余份。

【入选金华消费品牌50强4个】 7月6日，2020年金华消费品牌50强名单公布，其中兰溪入选4个，分别是浙江万盛达扑克有限公司"万盛达"商标、浙江康恩贝制药股份有限公司"天保宁""前列康"商标、浙江博爱家纺有限公司"博爱"商标。

【实施新开办企业首套公章免费刻制】 9月起，通过政府购买服务方式解决企业开办环节产生的首套公章刻制费用，新设企业可通过"企业开办全程网上办平台"申请企业设立，执照生成1个小时内，可免费领取含企业公章、发票专用章、合同专用章、财务专用章等在内的4枚企业首套印章，并赠送法定代表人私章1枚，全年为全市2000家企业优惠32.4万元。

【完成综合行政执法改革】 9月，按照兰溪市委机构编制委员会核准的159个编制，13个执法中队的设定调整人员到岗。其中，4个直属中队聚焦工商、食药、质检、网络交易等四大领域，9个基层派出中队发挥属地优势，负责范围内市场监管综合行政执法稽查办案工作，实现一支队伍管执法，不断探索完善综合行政执法工作新监管模式。

【新增2家"五化"市场】 11月25日，浙市监市〔2020〕13号文件认定全省完成第一批农贸市场和专业市场"五化"改造任务，260家市场通过验收，其中兰溪2家，分别为兰溪永昌商贸城、兰溪市排岭综合贸易市场。

【新增3家放心市场】 12月31日，浙市联〔2020〕4号文件认定杭州翰林农贸市场等483家市场为2020年度省放心农贸市场，其中兰溪创建放心市场3家，分别为兰溪永昌商贸城、兰溪市石龙头菜市场和兰溪市墩头农贸市场。

【新增省三星级文明规范市场1家】 2020年共创建星级文明市场9家，其中兰溪市石龙头菜市场为省三星级文明规范市场。兰溪现有各类星级市场19家，其中省三星级文明市场7家，另外6家分别为兰溪市黄龙洞菜市场、兰溪农产品交易城、兰溪永昌商贸城、兰溪市墩头农贸市场、兰溪市横溪农副产品综合市场、兰溪市游埠农贸综合市场。

【动产抵押、专利质押助企融资35亿元】 大力支持企业以动产抵押、商标质押盘活存量资产、拓宽融资渠道，积极应对疫情影响，帮助解决资金周转和融资难题。全年累计办理动产抵押217笔，助企融资33亿元，较去年同期增长66.16%；办理商标、知识产权质押授信2.05亿元。

【浙江省商标品牌示范企业】 通过阶梯培育、个性指导、政策扶持，着力开展有针对性的商标品牌指导和培育服务，引导企业确立品牌意识，培育品牌、提升品牌、经营品牌、延伸品牌。1月20日，经浙江省市场监督管理局认定，浙江金梭纺织有限公司获2020年"浙江省商标品牌示范企业"荣誉称号，为金华全市4家获批企业之一。

【第二十一届中国专利优秀奖】 2020年，国家知识产权局和世界知识产权组织公布第二十一届中国专利奖，浙江风登环保股份有限公司的"一种阿米卡星生产过程中产生的氨氮废水的处理方法"发明专利获中国专利优秀奖。

【食品药品监督管理】 全市共有食品生产经营主体5710家，其中食品生产企业121家涉214个类别，新设立3家，变更3家，注销2家2个类别；食品添加剂生产企业4家；保健食品生产企业3家；食品小作坊412家，2020年新登记49家；食品经营单位2500家（流通领域），新许可203家；小食杂店3025家，新登记264家。保健食品等特殊食品生产企业的年度自查报告率达100%，其余企业年度自查率达到95%以上。

餐饮服务单位3032家，全部持证（含备案登记），登记备案率为100%，其中学校和托幼机构食堂共194家，大中型餐饮单位190家，中小型和小微等其他餐饮2597家，食品安全量化等级评定和信息公示率达100%。新建阳光厨房172家，其中建成智慧阳光厨房70家，推动农村家宴放心厨房改造提升16家。

完成重点餐饮单位食品安全管理员非现场抽查230人次，公示率达100%。近3年来共保障重大活动总餐次170次，含国家级活动2次，省级活动16次，保障人数达8万余人，进行食品及相关产品快检934批次，及时排除风险隐患21个，未发生食品安全事故，保障成效显著，获得2020年度省市场监管局重大活动食品安全保障先进集体荣誉。

全市共有药械生产、经营、使用单位988家，其中药品生产企业5家，医院制剂1家、药包材生产企业2家；药品批发企业7家，医药物流企业1家，药品零售连锁企业5家，药品零售企业171家；医疗器械生产企业10家，医疗器械经营企业264家；医疗机构522家。

疫情期间，围绕"一手抓防控、一手保供应"核心任务，常态化开展市场、餐饮等重点领域疫情防控工作，实现对农贸市场全覆盖驻点监管，其间共查处相关案件302起，其中一般程序立案97起、简易程序156起、零口供案件49起。针对防疫物资短缺问题，市市场监管局派驻12名干部对3家口罩厂进行24小时驻点管控，累计抽检口罩46批次。对各类扰乱市场的违法行为形成有力的震慑。

【零售药店疫情防控管理】 1月27日，开展全市药品零售企业防疫用品库存摸底调查，发出《防疫用品价格提醒告诫函》，全市158家药店签订"绝不违法涨价、绝不售假"的公开承诺书；2月13日—3月10日，协助融媒体开展口罩"网上订购，药店领取"便民服务，共计发放41万只。

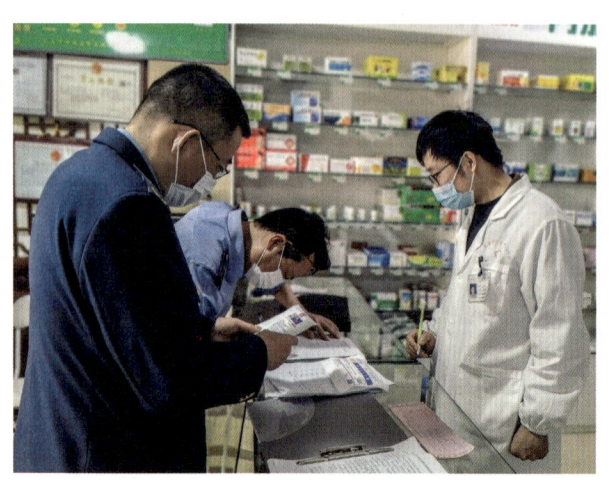

药店检查　　　　（市市场监管局 提供）

【开展防疫物资专项行动】 4月25日，开展防疫物资专项行动，形成"每日一会商，每日一推进，每日一通报"工作机制。共查处相关案件39起，查扣熔喷布约1.3吨，查扣成品、半成品口罩约311万只，监督销毁不合格口罩6.5万只，查扣熔喷机器8台，防护服1440件，无纺布2吨。

【建设送药上山进岛便民服务点4家】 2020年5—7月，分别于越龙山国际旅游度假区、诸葛镇厚仁方村、高速服务区、诸葛八卦村景区建成4家，全市共计9家"送药上山进岛"便民服务点（见表20）。

【24小时"网订店送"药房建设】 根据上级局统一部署，兰溪市老百姓大药房灵洞连锁店纳入24小时"网订店送"药房建设，2020年7月初建成并运行。

【食安办星级分类管理建设】 建立市食品药品安全委员会、乡镇（街道）、行政村（社区）三级基层监管责任网络，实现食品药品安全网格化监管。全市16个乡镇（街道）食安委（食安办）全部组建到位，建立了《地方党政领导食品安全责任清单》，配备专兼职人员16名，327个行政村、30个社区（居委会）配备协管员350名，实现了"基层治理四平台一张网"。

【新建39家网络订餐线上阳光厨房】 7月，确定实施与外卖平台合作的全新方案，实现外卖餐饮单位后厨直接在"饿了么"外卖平台上进行直播，全年度新建网络订餐线上阳光厨房39家。通过政企合作，兼顾平台商业利润和商家最大受

网络订餐线上阳光厨房（市市场监管局 提供）

表20 兰溪"送药上山进岛"便民服务点名单

序号	便民服务点名称	建成年份
1	兰溪市柏社乡下陈村卫生室"送药上山进岛"便民服务点	2019
2	兰溪市水亭畲族乡西方坞村卫生室"送药上山进岛"便民服务点	2019
3	六洞山风景区便民服务点"送药上山进岛"便民服务点	2019
4	金华国控大药房殿口连锁店"送药上山进岛"便民服务点	2019
5	兰溪市柏社乡白鸠村卫生室"送药上山进岛"便民服务点	2019
6	杭金衢高速兰溪服务区北区"送药上山进岛"便民服务点	2020
7	诸葛八卦村景区"送药上山进岛"便民服务点	2020
8	诸葛镇厚伦方村"送药上山进岛"便民服务点	2020
9	越龙山国际旅游度假区"送药上山进岛"便民服务点	2020

益，接通"线上阳光厨房"的商家每月可享受约500元的平台补贴，设备安装价格下降85%，有效减轻推广阻力。

【**金华市食品安全民生实事现场会**】 7月28日，金华市食品安全民生实事现场会在兰召开，兰溪就"两厨"的规范、高效建设作先进代表发言。

【**成立冷链食品物防专班**】 9月27日，市场监督管理局冷链食品物防专班成立，由局长任组长、相关分管领导任副组长，下设综合协调组、督查检查组、信息报送组等5个工作组。12月23日，对专班人员进行了调整，首次提出专班实体化运行要求，并安排人员集中办公。

【**成立金华首个乡厨协会**】 12月17日，作为农村家宴产业化省级试点建设县市，兰溪深入推进农村家宴转型升级，成功注册金华地区首

检查冷链食品　　　　　（市市场监管局　提供）

家乡厨协会并召开兰溪市乡厨协会成立大会，审议、表决通过相关文件规定，选举第一届理事会成员。

【**新增农村家宴放心厨房16个**】 12月，赤溪街道山背村等16个行政村农村家宴放心厨房通过了市安办、市市场监管局的联合验收。2018—2020年全市共建设农村家宴放心厨房48家（见表21）。

表21　2018—2020年农村家宴放心厨房建设清单

序号	农村家宴放心厨房建设点名称	地址	等级
1	兰溪市马涧镇严宅村家宴厨房	兰溪市马涧镇严宅村村民活动中心	B
2	兰溪市柏社乡洪塘里村家宴厨房	兰溪市柏社乡洪塘里村祠堂	B
3	兰溪市梅江镇民益村家宴厨房	兰溪市梅江镇民益村办公楼	B
4	兰溪市横溪镇城头村家宴厨房	兰溪市横溪镇城头村村民活动中心	A
5	兰溪市香溪镇西章村家宴厨房	兰溪市香溪镇西章村文化礼堂	A
6	兰溪市黄店镇上包村家宴厨房	兰溪市黄店镇上包村祠堂	A
7	兰溪市云山街道蒋里村家宴厨房	兰溪市云山街道蒋里村村民活动中心	A
8	兰溪市女埠街道楼塘村家宴厨房	兰溪市女埠街道楼塘村祠堂	B
9	兰溪市上华街道横山村家宴厨房	兰溪市上华街道横山村村民活动中心	A
10	兰溪市水亭畲族乡西姜村家宴厨房	兰溪市水亭畲族乡西姜村办公楼	A
11	兰溪市游埠镇金湖村家宴厨房	兰溪市游埠镇金湖村倪家自然村村民活动中心	A
12	兰溪市诸葛镇厚伦方村家宴厨房	兰溪市诸葛镇厚伦方村村民活动中心	A

续　表

序号	农村家宴放心厨房建设点名称	地址	等级
13	兰溪市灵洞乡西山寺村家宴厨房	兰溪市灵洞乡西山寺新村文化礼堂	A
14	兰溪市赤溪街道利民村家宴厨房	兰溪市赤溪街道利民村鸭塘自然村祠堂	B
15	兰溪市永昌街道百凤林村家宴厨房	兰溪市永昌街道百凤林村村民活动中心	A
16	兰溪市兰江街道大阜张村家宴厨房	兰溪市兰江街道大阜张村白山村民活动中心	B
17	兰溪市赤溪街道上下汤村农村家宴厨房	赤溪街道上下汤村村委会办公楼	A
18	兰溪市柏社乡钟王村农村家宴厨房	柏社乡钟王村王宅祠堂	A
19	兰溪市香溪镇富民村农村家宴厨房	香溪镇富民村上莲塘村	A
20	兰溪市灵洞乡烟溪村农村家宴厨房	灵洞乡烟溪村居家养老中心	A
21	兰溪市上华街道大园畈村农村家宴厨房	上华街道大园畈村居家养老中心	A
22	兰溪市游埠镇里郎村农村家宴厨房	游埠镇里郎村	A
23	兰溪市梅江镇镇溪村农村家宴厨房	梅江镇镇溪村	A
24	兰溪市诸葛镇双牌村农村家宴厨房	诸葛镇双牌村	B
25	兰溪市马涧镇红卫村郑村农村家宴厨房	马涧镇郑村自然村	B
26	兰溪市女埠街道焦石村农村家宴厨房	女埠街道焦石村	C
27	兰溪市黄店镇范宅村农村家宴厨房	黄店镇范宅村	A
28	兰溪市横溪镇国庆村集体聚餐家宴厨房	横溪镇国庆村	B
29	兰溪市永昌街道沈家村农村家宴厨房	永昌街道沈家村	A
30	兰溪市云山街道永丰村农村家宴厨房	云山街道永丰村	A
31	兰溪市兰江街道厚仁村农村家宴厨房	兰江街道厚仁村祠堂	B
32	兰溪市水亭乡西方坞村农村家宴厨房	水亭畲族乡西方坞村	B
33	兰溪市赤溪街道山背岗村农村家宴厨房	兰溪市赤溪街道山背岗村	A
34	兰溪市马涧镇郑宅村农村家宴厨房	兰溪市马涧镇郑宅村	A
35	兰溪市香溪镇将军村农村家宴厨房	兰溪市香溪镇将军村	A
36	兰溪市诸葛镇新塘胡村农村家宴厨房	兰溪市诸葛镇新塘胡村	A
37	兰溪市女埠街道下潘村农村家宴厨房	兰溪市女埠街道下潘村	A
38	兰溪市黄店镇佳泽坞村农村家宴厨房	兰溪市佳泽坞村办公楼	A
39	兰溪市永昌街道太平祝村农村家宴厨房	兰溪市永昌街道太平祝村	A
40	兰溪市游埠镇潦溪桥村农村家宴厨房	兰溪市游埠镇潦溪桥村	A
41	兰溪市灵洞乡上下郭村农村家宴厨房	兰溪市灵洞乡上下郭村	A

续 表

序号	农村家宴放心厨房建设点名称	地址	等级
42	兰溪市柏社乡新里胡村农村家宴厨房	兰溪市柏社乡新里湖行政村	A
43	兰溪市横溪镇新联村农村家宴	兰溪市横溪镇新联村	B
44	兰溪市兰江街道溪西村农村家宴厨房	兰溪市兰江街道溪西村	A
45	兰溪市梅江镇群声村农村家宴厨房	兰溪市梅江镇群声村	A
46	兰溪市上华街道缸窑村农村家宴厨房	兰溪市上华街道	C
47	兰溪市水亭畲族乡金印村农村家宴厨房	兰溪市水亭畲族乡金印村	A
48	兰溪市云山街道岩头村农村家宴厨房	兰溪市云山街道岩头村	A

【成立梅江烧和杨梅酒行业协会】 围绕梅江流域白酒行业规范化、规模化、标准化、品牌化建设，深入实施梅江烧·杨梅酒行业培育三年提升工程，12月4日，梅江烧和杨梅酒行业协会成立，全面加强相关从业者食品安全意识和品牌意识。成员涵盖酒类生产企业、小作坊、大型商超、土特产店、大中型餐饮店等100余家。

【落实进口冷链食品"全受控、无遗漏"闭环管理】 实行进口冷链食品从业人员名单制管理，对全市进口冷链食品企业进行排摸并建立从业人员名单，与卫健部门定期反馈的人员核酸检测情况相比对，精准锁定未按期进行核酸检测的人员。推行进口冷链食品消费实名制，凡是向经营主体以外的消费者销售进口冷链食品的，需登记购买者的姓名、联系方式等信息，以形成完整的追溯链。

【质量技术监督】 全年共计检查特种设备生产单位、使用单位805家，开展停用设备专项清理整治工作，严格落实隐患闭环管理工作，发现隐患156项，闭环156项；开展特种设备超期未检、未登记在使用的隐患治理，共清理检查设备500多台，兰溪市连续17年未发生含有直接责任的特种设备安全事故，特种设备万台设备死亡率为零。

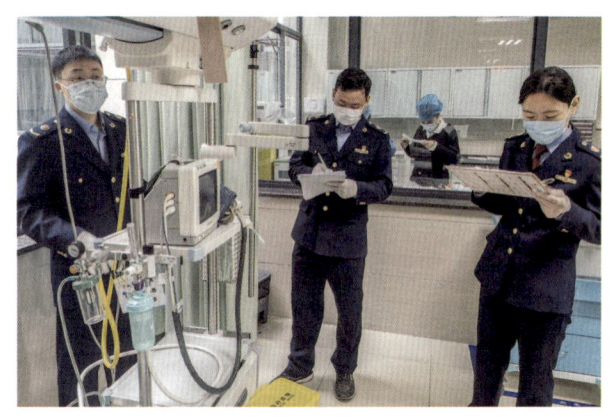

疫情期间到人民医院检定医疗设备
（市市场监管局 提供）

开展纺织品和食品安全专项监督抽查、完成兰溪市2020年工业产品定检计划，共抽检产品246批次，其中执法抽样33批，合格率达87.4%。

全年共检定计量器具9156台件，其中涉及农贸市场、商超、加油站、医院、交通、能源企业等重点行业的5071台件，其他4085台件，合格率96.97%。抽查定量包装商品净含量监督抽查3批次，合格3批次，合格率100%。严格执行停征强制检定计量器具检定费政策，着力减轻企业负担，截至12月底共开展强检计量器具5640

台，免收检定费64.59万元，服务企业407家。

全年主导制定并发布"浙江制造"标准7项，兰溪共有21项"浙江制造"标准项目获批立项，其中20项标准已正式发布。全市现有680家企业在标准信息公共服务平台公示企业产品标准1681项，涵盖1922种产品。7家企业7个产品获得"品字标"认证。

【成立全省首个质量提升党建联盟】 1月7日，举行签约仪式，成立全省首个质量提升党建联盟。该联盟由浙江省轻工业品质量检验研究院、中共浙江师范大学行知学院委员会、中共浙江浙能兰溪发电有限责任公司委员会、中共兰溪市两新工委、兰溪市质量发展委员会办公室5家单位共同发起成立，旨在发挥基层党组织在质量提升行动中的战斗堡垒作用和党员在质量建设中的先锋模范作用。联盟首批成员单位有36家基层党组织，涵盖国有企业和新经济、新社会组织的基层党组织以及科研院所和大专院校党组织。

【新增"品字标浙江制造"企业4家】 结合"三服务"活动开展品字标浙江制造培育，加强对重点企业的精准对接，全年新增培育企业7家，累计入库培育企业47家；组织10家龙头企业赴永康市开展"品字标"调研工作，交流"品字标"先进工作经验。加强和兰溪相关浙江制造标准发布企业对接，在质量基础工作进行帮扶鼓励企业积极开展品字标认证，兰溪市天信新型建材有限公司、浙江交联辐照材料股份有限公司、浙江云山纺织印染有限公司、兰溪市越强电器有限公司完成"品字标"认证工作。

【5家企业获政府质量奖】 9月8日，根据《兰溪市人民政府质量奖评审管理办法（2015年修订）》启动政府质量奖的申报评审工作，浙江凤登环保股份有限公司、兰溪市同力铝业股份有限公司、浙江恒搏钢结构有限公司3家组织为2020年度"兰溪市人民政府质量奖"获奖组织；浙江七星纺织有限公司、浙江金立达新材料科技股份有限公司2家组织为2020年度"兰溪市人民政府质量奖'提名奖'"获奖组织。

【《生产设备互联互通标准化试点》获批省级试点】 9月29日，兰溪企业报送的《生产设备互联互通标准化试点》获批省级标准化试点项目。试点主要针对织造车间生产设备间互联、互通及互操作。预期目标为通过该标准实施的织造企业信息网的建立，使企业的决策科学化、规范化，充分实现企业内部各类信息的共享，提高企业的工作效率、管理水平和长期盈利能力，实现企业的高速可持续发展。

【企业质量管理工作】 兰溪共有14个参赛小组在2020年度金华市优秀质量管理小组及质量信得过班组成果发布会中获得荣誉，获奖数量在金华各县市中排名第一。

【汇编牛仔面料标准集】 8月，收集了涵盖国际生态标准、面料标准、成品标准、实验方法等7个方面135项标准，共1411页，汇编成册免费赠送给牛仔面料生产企业。

【兰溪市产品商品质量检测研究院成立】 7月17日，兰溪市产品商品质量检测研究院挂牌成立。该研究院由原兰溪市质量技术监督检测中心和兰溪市食品药品检验检测中心合并而成，并加挂浙江省棉纺织品质量检验中心牌子，为兰溪市市场监督管理局下属全额拨款公益一类事业单位。

【成立浙江省棉纺织产业质量基础"一站式"服务平台】 8月12日以兰溪市棉纺织产业质量基础"一站式"服务平台为依托,成立浙江省棉纺织产业质量基础服务平台。该平台整合计量、标准、检验检测、认证认可等质量基础设施,以及知识产权、品牌建设和市场监管部门其他职能,为产业提供"一站式"综合服务的公共平台。

【兰溪特色农产品品牌商标培育】 兰溪小萝卜、兰溪风腿、兰溪红糖、兰溪土索面是兰溪特色农产品,市政府授权兰溪市食品行业协会开展商标注册工作。"兰溪小萝卜"的申请,国家商标局已受理,其他的逐步实施。兰溪风腿以金华"两头乌"的前腿为原料,皮色淡黄,肉面油润,肌肉切面呈玫瑰色或桃红色,脂肪切面呈白色或浅色,有光泽,并具有独特的香味,贮存方便,冬、春二季食用较为普遍。据兰溪史料记载,"风腿,产兰溪者佳"。2018年兰溪风腿年产18万只,2020年,兰溪风腿生产厂17家,年产近20万只,其中3万只以上的就有3家。兰溪风腿2016年在兰溪市农展会参展获金奖;2017年在浙江省农业博览会获金奖,同年获得浙江省金华市名特优产品称号及非物质文化遗产。兰溪土索面,主产于金华地区兰溪市白露山下"土面之乡"下潘,历史悠久,具有浓郁的地方特色,天然清香,口感纯正,特点柔、滑、韧、软、细、淡、鲜。明成化年间,章枫山致仕回乡,以素面飨来客。2019年,兰溪土索面产量30万公斤,产量达到60万公斤。2020年,兰溪土索面生产厂家年产土索面10万公斤以上的有9家,其中年产50万千克的厂家有3家。2020年,兰溪土索面获得浙江省金华市名特优产品称号及非物质文化遗产。兰溪红糖以甘蔗为原料,是采用传统工艺且不添加任何化学添加剂加工制作而成的特色产品,外形色泽嫩黄而略带青色,质地松软,散似细沙,纯净无渣,甘甜味鲜,清香可口。据《兰溪县志》载:"糖蔗,俗呼砂糖。其蔗似黍,秆可啖,俗称糖梗。"2016年产红糖已达32万吨。截至2020年,兰溪甘蔗的种植面积已经超过了4000公顷,年产红糖高达40万吨。红糖作坊有100多家。2018年获得浙江省金华市名特优产品称号及非物质文化遗产。

(谭 飞 林晓海)

城乡建设·环境保护

住房和城乡建设

【概况】 2020年,市建设局围绕市委、市政府提出的"四大战略",围绕"项目招引建设年""干部作风提升年"两大主题,干在实处,拼争抢创,疫情防控和复工复产同步推进,取得一定的成效。成功创建全国首个"中国传统建筑之乡",中国人居环境(兰溪)学术论坛永久落户兰溪;诸葛-长乐村、芝堰村被授予"全球人居环境村落范例";成功申报马涧镇横木村、兰江街道上戴村、黄店镇刘家村3个村为2021年度省级美丽宜居示范村;马涧镇东叶村、诸葛镇孤塘畈村等6个村入选金华市传统村落;成为2019年度全省农村危房改造治理绩效评价优秀县(市、区);扬子江入选浙江省"美丽河湖";香兰村入选浙江省2019年度老旧住宅区改造样板工程;获浙江省第二届"绿道健走大赛"区县优秀组织奖;被评为金华市2019年度保护通信线路安全表现突出集体;在"万佛塔"杯金华市第一届传统建筑工匠技能比武大赛团队二等奖;2020年度全市建筑节能与绿色建筑及勘察设计工作综合检查中获表扬。

【疫情防控】 成立建筑业和房地产专班,一手抓疫情防控,一手抓复工复产工作。实行网格化管理。分成20多个小组,分别由班子成员带队,对房地产企业、建筑业企业、建筑工地开展"地毯式"排查。严格建筑工地人员管理,扎牢物业小区"关口"有序复工。按照"两手抓、两不误"原则,全力推进企业复工复产,坚持做好外地来人报告和"一人一档"身体健康监测,建立了完善的疫情防控体系。2月中旬

2020年,兰溪市被授予"中国传统建筑之乡"称号　　　　　　　　　　（市建设局　提供）

工作人员在公租房检查疫情防控情况
（市建设局　提供）

举办房地产业建筑业用工现场招聘会及各乡镇（街道）游车巡展活动，帮助企业解决用工需求。派车到外省接回工地民工。全市47家在建工地、32家房地产企业、95家房地产中介，门店107家按时复工。加强扬子江公园、液化气行业、污水处理设施监管，保障市民正常生活秩序。

乡村建设

【概况】 2020年，市建设局狠抓"农村危旧房治理、省级美丽宜居示范村建设、历史文化名城名镇名村和传统村落保护"四块工作，并取得一定的成效。成功创建"中国传统建筑之乡"，诸葛-长乐村、芝堰村被授予了"全球人居环境村落范例"。

【危旧房治理】 兰溪市危旧房治理实行属地管理，指导各乡镇（街道）因地制宜，通过修缮加固、腾空防控、置换、拆除、翻建、新建等措施快速、高效开展危旧房整治工作。全市915户C、D级危房全部完成治理改造。会同民政局、农业农村局出台了《兰溪市农村困难家庭危房改造信息共享制度》，建立信息共享会商制度，实现每月交换信息。发布全市农村困难家庭危房改造即时救助补充通知，采取"发现一户、动员一户、救助一户"的形式，实施农村困难家庭危房即时救助，对发现疑似危房在1个月内完成鉴定，在确认危房之日起6个月内完成治理改造。2020年已排查新增低收入家庭住房435户，鉴定为C、D级危房41户，并同步开展治理改造。12月11日启动了农村房屋隐患排查整治工作，先行对农村经营性用房、人员集聚公共用房进行全面排查。全年完成经营性用房、人员集聚公共用房615幢。

【传统村落保护利用】 截至2020年底，兰溪市有20个中国传统村落、28个金华市批传统村落，国家级传统村落数量位居金华大市第一。马涧镇东叶村、诸葛镇孤塘畈村、柏社乡洪塘里村、游埠镇郎家村、梅江镇龙门大源村、梅江镇桃源溪村6个村入选第三批金华市传统村落名录，加强传统建筑技艺的传承，提高古建筑传统工匠水平，组织15名农村工匠参加金华市首届传统建筑工匠技能比武，取得了团体赛第二的好成绩。有序推进历史建筑测绘工作，完成测绘180处。

【全球人居环境村落范例】 诸葛-长乐村、芝堰村凭借优美怡人的人居环境和保护良好的建筑群在深圳举行的2020可持续城市与人居环境颁奖盛典上被授予"全球人居环境村落范例"村，也是该届全球参赛村落中唯一获得该称号的两个村落。

【省级美丽宜居示范村建设】 游埠镇潦溪桥村、梅江镇石埠村、永昌街道下孟塘村、灵洞乡洞源村等4个村成功创建为省级美丽宜居示范村，数量位列金华市前茅。潦溪桥村获省级优秀美丽宜居示范村、传统村落风貌保护提升村殊荣。潦溪桥村、石埠村验收通过仅用了1年时间，洞源村当年申报当年通过考核验收。

游埠镇潦溪桥村 （王恩贶 摄）

行政审批

【审批办证】 完成民用建筑节能审查20件，面积54.82万平方米，建筑工程施工许可证114件，建筑面积234.61万平方米，建筑工程竣工验收备案52件，建筑面积107.54万平方米；房地产开发企业资质申报29件，房地产估价机构备案2件，商品房预售证56件，面积106.37万平方米，商品房现售备案3件，面积2.21万平方米，商品房综合配套交付验收备案11件，面积67.79万平方米；消防验收28件，消防验收备案54件；污水排入排水管网许可证核发115件。做好"无证明城市"改革工作，共涉及办理事项22项，证明数量35项。

【"标准工地"建好就验好机制】 在全省范围内率先实行"标准工地"建好就验好。对符合国家基本建设程序，工程建设各方主体市场行为规范的新建房屋建筑和市政基础设施工程，即取得土地使用权、规划许可、施工图审查、施工许可后开工建设的房屋建筑和市政基础设施工程，将原来属于自然资源和规划、建设、水务、人防、市场监管、民政等多个部门各自独立组织实施的建设工程规划核实、建设工程竣工验收监督、建设工程消防验收（备案）、建设工程档案验收、人防工程竣工验收质量监督、特种设备使用备案、节水设施验收、地名核准（验收）等专项验收备案流程，变为并联审批，将分散验收变为联合验收。实行"四个一"（一个"标准工地"指导员、一张提醒单、一张整改表、一张告示牌）、"一员三边"（一个指导员全程服务，边建设、边检测、边准备竣工资料）精准服务，竣工验收一次通过，整个流程从46个工作日缩短为不超过5个工作日，金华市瑞通塑料科技有限公司等4家企业进行了建好就验好的试点。

项目建设

【概况】 "拥江兴城"战略初见成效。引进伟光汇通古城文旅开发项目，完成三江六岸灯光演绎一期、夜游景观营造、天福山区块景观整治改造一期。完成上园路北延、兰江大桥西桥下道路微循环。小区改造稳步实施。完成章府里、铁路新村等小区有机更新。对古城天福山等区块管线入地，缓解了小区飞线问题。海绵城市试点工作通过省级绩效评价考核，建成海绵示范区面积11.36平方千米，绿道9.4千米。新建停车泊位1084个。兰江大桥维修加固完工。马涧、梅江污水处理厂扩建顺利试通水，完成城区污水处理厂清洁排放等项目。改造衢江路、曹家路立交等5个积水点，创建铁路新村、西山花园等污水零直排小区20个，完成509个农村污水设施标准化运维。

【古城保护】 桃花坞、费龙口古城保护性开发项目，包括桃花坞、费龙口两个地块，项目用地面积为29.4公顷（441亩），区块内拥有省、市文保单位、历史建筑等共有42处，占地面积2.43公顷（36.48亩），其中省保单位4处、市保单

试点标准工地"建好就验好"新模式

（市建设局 提供）

位4处；登录点17处、信息点11处；其他老建筑6处。2017年兰溪市启动了桃花坞区块棚户区改造，对国有土地上房屋进行征收，对腾空的房屋进行大规模拆除，仅保留了省、市级文保建筑及有价值的历史建筑。2017年起，着手谋划桃花坞区块保护性开发，多方对接、比选相关投资主体。2019年始，市领导陈峰齐、王新锋、章丽清等与蓝城集团、伟光汇通等有关投资主体开展多轮的对接及洽谈，就项目开发模式、概念性设计方案等进行了研究、对选。其间积极对接杭商旅等第三方投资公司，优化资金投入、提升项目质量、强化后期运营。

2020年9月27日，召开市委全委扩大会议就古城开发招商洽谈的两家意向单位，即蓝城佳境、伟光汇通的方案进行比选，经现场投票，最终确定与伟光汇通进行战略合作。10月1日，在发展大会上与伟光汇通签订框架协议。12月10日，与伟光汇通签订了《"兰溪古城"文化旅游项目建设投资协议》。

【上园路北延工程】 上园路为兰溪市南北向的一条城市主干道，南起丹溪大道，下穿铁南路、金千铁路及铁北路，北接金角村，主线机动车为双向6车道，路幅宽41.2～50.0米，道路全长720.7米，总投资为2.26亿元。该工程由杭州地方铁路开发有限公司代建。2019年8月开工，2020年10月完工通车。上园路向北延伸后，有效打通交通堵点，切实优化居民出行条件。

【兰江大桥西桥下道路微循环】 下龙滩道路微循环工程位于兰溪市兰江街道滨江社区下龙滩区块，西起三江路，东至滨江路，全长约340米，宽8～12米，占地6000平方米，总投资约460万元。实施内容包括道路拓宽、路面翻新、新建雨污水管道、绿化提升以及新增小游园等。项目实施后，新建道路连通三江路、滨江路，改善交通状况，方便小区居民出行，提高出行效率，提升小区品质。工程于4月份开工，7月份完工。

【兰江大桥维修加固工程】 兰江大桥维修加固工程是兰溪市民生实事项目之一。兰江大桥建于1975年，东起云山街道劳动路，横跨兰江，西至兰江街道丹溪大道，分为南北两幅桥梁，全长829米，宽24米。2020年8月，启动兰江大桥进行维修加固工程，10月完工通车。维修加固包括：常规病害修补、钢板加固、超高韧性水泥基复合材料喷涂加固、护栏提升等，其中南北两幅桥梁共新增防撞护栏安装及涂装1643米，同时，桥梁路面将从水泥改为沥青，沥青摊铺面积达14800平方米。

【排涝防汛】 全年累计完成雨水管网建设5千米，雨污分流改造管网10千米，已提前完成目标任务；清淤排水管网170千米，完成目标任务的113%；应急设备增加0.1万立方米/小时；衢江路、曹家路立交等5个积水点改造。制定建设系统防汛应急预案，汛前对所有泵站（兰荫排涝站、兰荫立交泵站、黄龙洞立交桥泵站、工人路立交桥泵站、人民北路立交桥泵站、城中排涝站）的设施进行检查和整改，确保泵站实施运行正常；针对汛期的极端天气造成城区内涝的情况，委托专业施工队伍对易涝点周边管网进行专项清淤疏通，共清理疏通渠道及管道公里，完成衢江路、曹家立交、华丰路等易涝点整治5个。梅雨季节的强降雨均无严重内涝。

【污水处理】 与中山公用签订《兰溪市城乡排水一体化特许经营协议》，马涧、梅江污水处理厂扩建顺利试通水，完成城区污水处理厂清洁排放等项目。创建铁路新村、西山花园等污水零直排小区20个，完成509个农村污水设施标准化运维。

【马涧污水处理厂提标改造工程】 为彻底解决现有马涧污水处理厂进水浓度低、超负荷的问题，实施马涧污水处理厂扩建工程，即将原有马涧污水处理厂设计1000吨/日的处理量扩建至3000吨/日。出水从《城镇污水处理厂污染物排放标准》（GB18918-2002）的一级A标准，提升到出水执行《城镇污水处理厂主要水污染物排放标准》（DB33/2169-20180）表1标准。该提标改造项目总投资约3275.89万元。2020年3月开工，12月完工并试通水。

【梅江污水处理厂提标改造工程】 梅江污水处理厂扩建项目，规划远期处理能力20000吨/日，近期建设处理能力10000吨/日，出水执行《城镇污水处理厂主要水污染物排放标准》（DB33/2169-2018）表2标准分二期建设，一期工程总投资约16857.63万元，2020年3月开工，12月完工并试通水。

梅江污水处理厂试通水　　（市建设局 提供）

【城乡排水一体化合作项目】 7月，市建设局与中山公用事业集团有限公司完成签订《兰溪市城乡排水一体化特许经营协议》，引进中山公用集团，对1个城区污水处理厂和6个城镇污水处理厂实行一体化运营，即投资、建设、运维乡镇污水处理厂。协议规定：项目总投资：5亿元（不包括市污水处理厂清洁排放及污泥减量化及绿化工程）。合作范围为兰溪市城市污水处理厂（10万吨/日）特许经营权转移，及提标改造。兰溪6个乡镇污水处理厂（游埠、诸葛、黄店、香溪、马涧、梅江，合计1.2万吨/日）存量项目委托运营；各乡镇（街道）污水厂技术改造、提标改造及扩建项目（建设规模2.6万吨/日，规划设计规模5万吨/日）。兰溪市污水零直排涉及的管网新增和改造工程及小区零直排建设。

城乡住房保障

【概况】 高效推进公租房申请"一件事"数字化改革，提高审核效率。新增城镇住房租赁补贴1636人，保障覆盖率达到2.05%。出台发放疫情期间医护、环卫等特定人员公租房租赁补贴政策，1217人通过审核。助力"聚兰工程"人才购房补贴政策，32名各类人才兑现购房补助，总金额达349万元。小城镇综合整治顺利收官，女埠街道、赤溪街道、游埠镇、诸葛镇被评为省级样板镇，香溪镇、柏社乡、横溪镇被评为金华市级样板镇。启动美丽城镇建设，诸葛镇率先达到省级美丽城镇样板要求，黄店镇、柏社乡成为省美丽城镇达标乡镇。

【公租房申请"一件事"】 针对申请公租房手续复杂、时间长、环节多的情况，围绕住房保障领域的"重点小事"，与省建设厅加强沟通，接入省厅公租房一件事系统，实现了申请公租房、审核、发放补贴"一站式"联合办公。不仅审批速度加快，而且审核速度更快，流程简化，群众不再多次跑腿。

【公房管理数字化】 通过实地勘察，制作全市直管公房分布平面图，并形成电子图册；开展入户调查，完善承租户信息，将1144户直管公房建立一户一档，实现公房信息化管理。

【美丽城镇建设】 自全面启动美丽城镇建设以来，以实施"强工兴市、拥江兴城、文旅兴兰、环境兴人"四大战略为抓手，打造以功能为要、服务为本、产业为基、文化为魂、治理为纲的"五美与共"的新型美丽城镇，计划三年实现4个小城镇达到美丽城镇省级样板乡镇标准，4个小城镇完成金华市级美丽城镇样板乡镇创建，其他5个小城镇达到美丽城镇的基本要求。2020年诸葛镇率先达到省级美丽城镇样板要求，黄店镇、柏社乡成为省美丽城镇达标乡镇。

建筑业管理

【概况】 全市建筑业总产值65.18亿元，同比下降3.6%；省内产值42.61亿元，同比增长6.75%。出台建筑业扶持政策，推行容缺承诺办理施工许可，43个项目通过容缺承诺办理施工许可迅速落地，开工合同额达39.62亿元。加强工程项目税源属地化管理，宝龙城市广场、马涧精品杨梅风情园等项目在兰设立分公司。引进浙江三久钢结构有限公司等建筑业企业7个，预计年产值4.5亿以上。推行新型建筑工业化，装配式面积51.29万平方米。公共建筑节能改造完成1.72万平方米，可再生能源应用完成73.33万平方米，高星级绿色建筑示范工程1项。打好质量安全整治、扬尘治理和无欠薪工作组合拳，通过整治，全市未发生较大以上安全事故。2020年以来全年共立案3件，结案3件，结案率100%。

【容缺承诺办理施工许可】 为破解企业项目落地的"堵点"，市建设局结合疫情期间的实际，打破办理常规，试行容缺承诺办理施工许可新政策，即在相关条件满足的情况下，只要对相关欠缺的前置条件作出书面承诺，便可以顺利拿到施工许可证。其中，国有投资项目的用地批准手续、建设工程规划许可、施工图审查合格证明均可实行限期承诺方式；非国有投资项目的建设工程规划许可、施工图审查合格证明可实行限期承诺的方式。在条件具备情况下，实现秒办。已有通过告知承诺制办理施工许可证项目43个，开工合同额39.62亿元。该项政策根据省建设厅要求于2020年12月底结束。

【施工图自审承诺备案制】 深化施工图审查制度改革。在满足建设工程项目清单范围及审批条件情况下，部分施工图取消图审，实行"自审承诺备案制"，直接核发建筑工程施工许可证，一年节约费用约100万元。

【建筑业资质承诺制审批制】 秉着"能减则减、能快则快、能优则优"的原则，做好"证照分离"改革"减法"和"加法"。减法是：企业只需对符合资质标准的人员、设备、既往业绩清单作出符合审批条件的承诺，不再提交相关证明资料。缩减材料（材料申报由10余项缩减为2项）、缩减时间（资质证书取得时间由20天缩减为1天），加法是：实行"事中事后监管"，实现监督全覆盖。已有5家建筑业企业通过承诺制完成资质审批，其中，资质升级2家，新增劳务企业3家。

【工程保函方式替代保证金】 实行以工程保函方式替代投标保证金、履约保证金和工程质量保证金，并减低缴纳额度，切实减轻企业负担。目前已有40多个项目采用保险形式缴纳保证金，为企业缓解资金压力3个多亿。

房地产业开发

【概况】 全市房地产销售面积44.19万平方米，同比增长64.2%。全市房地产投资额38.4亿元，同比下降17.6%。举办2020中国·兰溪城市发展环境推介会，召开房地产展示会，成交商品房104套，面积10277.74平方米，销售额达1.12亿元，成交面积和销售额超前年35%和33%。实行商品房"最高价和最低价"双控，引导开发商合理定价。出台"降低商品房预售条件"等多条举措，预售商品房工程形象进度从1/3降为完成施工进度±00。完善商品房预售资金监管办法，试行国有商业银行保函制度。探索工业地产销售新模式，为赤溪、永昌等小微工业园区建设服务，拉开工业地产序幕。完成物业管理"信义居"建设，全市30家物业服务企业、55个物业小区全部纳入平台。

【智慧审批】 房地产开发企业资质实现"智慧审批"。申请、受理、审核、审定等环节办理完后，由审批系统进行短信提醒，网上实时查看。同时土地证、建设用地规划许可证等实行系统内部共享审核。已有溪西商圈开发建设有限公司、金庄房地产开发有限公司办理了资质。

【信义居平台】 完成智慧物业管理服务平台"信义居"的构建，打通业主、物业、政府三方之间数据链，破解物业服务不到位、物业费收缴难等难点、痛点。一期将开发10个子系统：信息管理、在线缴费、在线备案、在线投诉、通知公告、物业服务管理、政府智能管理、在线投票、隐患上报、接口管理。建成后基本实现物业费在线缴费、业主在线投诉、业主在线投票、物业管理智能化、政府智能监管等功能，开启物业管理服务专业化、智能化时代。全市30家物业服务企业、55个物业小区全部入驻平台，物管小区面积达514.59万平方米，房源总数达50379套；实现了在线管理、在线备案、在线缴费、在线投票、在线投诉等十大功能。自2020年10月平台上线运行以来，短短两个月物业费线上缴纳金额达89.4万元，收缴率达83.3%。同时，利用平台对物业服务企业及其从业人员、业主进行信用管理和信用评价，形成信用报告，规范物业服务企业经营行为和业主缴纳物业费行为。

工作人员在小区内推广"信义居"

（市建设局 提供）

液化气监管

【概况】 委托浙江高鑫安全检测有限公司对全市6家瓶装燃气企业、19家燃气供应点进行了安全检查，对90多处安全隐患督促企业即时整改。制定天然气"村村通"试点实施方案，确定上华街道沈村村、云山街道岩头村作为管道燃气和LNG天然气试点村，以点及面，逐步完成天然气"村村通"试点。

（徐旭映）

自然资源和规划

【概况】 2020年，市自然资源和规划局积极推进自然资源质量和效率变革，提高资源供给水平，优化资源供给结构，完善自然资源管理体系，优化城市空间布局，强化要素保障，全力服务民生。

5月8日，"2020中国·兰溪城市发展环境推介会"召开　　　　　（市自然资源局　提供）

【土地要素保障】　加大指标争取力度，全年共争取用地指标130.65公顷（1960亩），保障新增建设用地项目16批，保障农民建房4批，低效用地再开发1批，跨省城乡建设用地增减挂钩1批。经营性用地出让工作有序开展，完成11宗城区经营性用地出让，总面积43.94公顷（659.05亩），出让金总额29.02亿元。

【节约集约用地】　牢固树立资源节约集约利用理念，积极探索资源高质高效利用新路径。兰溪低效用地整治成效显著，获省级领导（高兴夫副省长、彭佳学副省长）、金华市主要领导（陈

9月2日，金华市低效用地再开发现场推进会在兰溪召开　　　　（市自然资源局　提供）

龙书记、祝伦根副市长）批示肯定，并承办了金华市低效用地再开发现场会。全年完成消化批而未供260.56公顷（3908.45亩），其中，消化2009—2017年批而未供44.49公顷（667.4亩）；盘活存量建设用地225.2公顷（3378亩）；低效用地再开发152.47公顷（2287亩）。

【土地执法监察】　立案查处违法用地案件27起（其中移交4件刑事案件），共涉及土地面积18.49万平方米，其中耕地4.29万平方米，罚没款155.81万元；立案查处矿产方面违法案件3起。全力配合推动第二轮中央生态环境保护督察。开展乱占耕地建房专项整治行动，发现并上报乱占耕地建房问题119宗，总面积31251.8平方米。

【矿政管理】　组织专家划定兰溪地质灾害风险防范区183处，影响户数649户，常住人口1729人。开展183处风险防范区内转移人员基础信息排查，同步完成"浙江安全码"赋码工作，录入人数1770人。2019年新发生的2处地质灾害隐患点完成治理，并通过初步验收。完成9处废弃矿山生态修复任务，并通过专家验收。香溪镇竹丝岩矿地综合利用项目采矿权以总价8.41亿元成功出让。

【土地整治】　2020年验收垦造耕地项目13个，面积60.55公顷（908.31亩）；验收旱改水项目15个，面积76.53公顷（1147.88亩）；验收建设用地复垦项目42个，面积33.93公顷（508.92亩）。补充耕地完成数为94.48公顷（1417.23亩），水田完成任务数为119.26公顷（1788.87亩），建设用地复垦完成数为33.93公顷（508.92亩）。

【全域土地综合整治与生态修复工程】　全域土地综合整治与生态修复工程方面获省政府通报表

彰，获得正向激励指标6.67公顷（100亩）。3个全域土地综合整治项目获省政府批复，8个全域整治项目推进有序，灵洞乡洞源村全域土地综合整治与生态修复工程已完成主体工程。

灵洞乡洞源村全域土地综合整治与生态修复工程　　　　　　　　（市自然资源局　提供）

【不动产登记】 推动"互联网+不动产登记"应用，通过"掌上办、网上办"等形式，切实优化营商环境，助力推进政府数字化转型和政务服务2.0建设工作，全年总办件量达84527件，"网上办""掌上办"办结率为100%。坚持推进"不动产"登记全流程改革，创新并常态化做好"交地即发证"工作，已办理86宗。司法拍卖一件事完成183宗，抵押登记协同办理5645宗。

6月15日，市自然资源和规划局开展"交地即发证"改革，颁发兰溪第一本不动产权证书
　　　　　　　　　　（市自然资源局　提供）

【城乡规划】 建立市规划集体会审制度，将重大规划、重要地段等项目列入会审范围，召开了8次规划集体会审会议，审议通过23个建设项目的相关议题。完成项目规划选址31个、正式出具规划设计条件41个。出具了40个项目的规划意见。发放建设用地规划许可证25个，建设工程规划许可证28个，零星管线项目7个。加强建设项目批后监管，开展对在建14个项目的竣工规划核实工作。金兰同城专项规划编制已完成初步方案。完成原兰溪市佳尔包装有限公司地块等18个控规编制工作。

【推进国土空间规划】 市国土空间规划中两个专题规划分别获浙江省规划科学技术进步奖二等奖、三等奖，兰溪市既是金华地区唯一获奖县（市、区），也是全省唯一同时获两个奖的县级市。《国土空间总体规划水利水生态专题——基于韧性城市理论的水域空间协同提质规划研究》获二等奖，《高质量发展背景下存量建设用地潜力和再开发利用研究》获三等奖。16个乡镇（街道）已全面启动乡镇级国土空间规划编制，5个试点编制工作稳中有序。游埠、灵洞已全面摸排资源潜力。

【数字兰溪运维】 完成1162平方千米1∶2000（3D）数据更新及入库工作；基础测绘"十四五"规划已通过专家评审；完成城区25平方千米的地名地址及兴趣点的数据采集更新、天地图兰溪的数据融合更新工作、2019年度兰溪市"一区两率"监测项目。

（唐舒颖）

住房公积金管理

【概况】 金华市住房公积金管理中心兰溪分中

心是金华市住房公积金管理中心的派出机构，负责全市住房公积金的归集、提取、住房公积金贷款、住房公积金行政执行、报表编制等具体管理工作。截至12月底，全市归集住房公积金60836.27万元（含利息），全年办理新增单位缴存业务159笔（家），新增职工缴存业务3801笔（人次）。累计缴存总额为55.30亿元，缴存余额为166743.75万元。

【提取住房公积金57002.78万元】 全年提取住房公积金57002.78万元，其中：离休、退休提取8144.65万元；购建、翻建、大修自住住房支取公积金18579.23万元；与单位解除劳动合同及其他支取782.9万元；户口迁出所在市、县或出境定居提取公积金1628.38万元；偿还购房贷款本息提取26383.62万元；租房提取1312.72万元；死亡或者宣告死亡提取公积金171.28万元。

【住房公积金使用】 当年使用住房公积金为971户，发放住房公积金贷款30599万元。住房公积金累计放贷13698户，累计放贷金额33.83亿元，逾期率万分之0.027。个人住房贷款余额占归集余额比例91.08%。

【抓好落实上级政策】 配合疫情防控，按照金管委〔2020〕1号、3号文件精神，做好疫情防控期间住房公积金阶段性政策支持和服务保障，实施企业缓缴政策并主动上门指导业务办理。做好住房公积金贷款调控，按照金管委〔2020〕6号文件精神，结合兰溪市住房公积金运行情况，调整购买首套住房、二套住房贷款首付款比例（首套房不低于房价款的30%，二套房不低于60%）和贷款比例（首套房不高于房价款的70%，二套房不高于房价款的40%）；调整存贷挂钩倍数，在规定的贷款比例和最高贷款限额内，住房公积金贷款额不超过贷款申请时申请人及配偶各自公积金账户余额的20倍；新增二手房申请公积金贷款，二手房房龄与贷款申请人的申请年限相加不超过40年的规定。调整一年一次提取的额度计算时间为近12个月。

【履行管理职责】 分析和整改省建设厅、省财政厅《关于全省住房公积金行业2019年度专项监督检查的通报》发现的问题，结合电子化风险隐患排查工作，与社保部门深入对接，扎实开展数据信息校补整改，努力提高公积金管理的科学性和完整性，共完成身份证、证件类型修复5574项，封存非零余额账户（睡眠户）整改382项，完善信息不全人员5956项。配合审计部门开展2019年度归集、使用住房公积金的情况及其财务收支和管理费用支出情况审计工作。落实行业监管责任，抓好扫黑除恶专项斗争，加强业务审核，重点审核购房提取、自建房提取、异地贷款提取等骗提行为高发事项和提取金额较大的业务，防范骗提风险，共发现并处置1例伪造材料骗提公积金案件；抓好个职人员贷后停缴排查整改，共排查贷后停缴17户，通过电话催缴13户，发送律师函4户（含起诉1户）。推进扩面工作，补齐短板，加强宣传和部门联动，有针对性地深入生产规模稳定、经济效益良好的企业开展宣传建制，截至12月底，完成实缴人数净增1596人，超出年度目标18.3个百分点。对照《浙江省住房公积金档案管理目标考核标准》做好档案管理，于12月通过了省厅档案管理目标考核二级复评。

【深化落实改革工作】 全面推行网上办事，所有业务均已实现浙江政务服务网、浙里办App"一个入口"全程网（掌）办，配合做好浙江政务服务2.0建设，扎实做好办事大厅"受办分离"和业务直办、秒办，全年网办率90.29%（其中12月93.79%）。配合做好便民利企"一件事"改革，对接"公务员一件事""退休一件事""贷款一件事"等改革工作中有关联的职能部门，做到响应迅速，联动及时，共办理"一件事"4259件；加强与不动产登记中心协调合作，于10月份在金华地区率先实现公积金贷款提前还贷、他项权证注销业务在公积金窗口"一窗受理、一次办结"。深化"就近办"布局，有序推动"窗口延伸"，在市区工行、农行、中行、建行、农村合作银行和金华银行相关网点设置住房公积金贷款窗口，延伸网点提取量48件，贷款受理量955件。

【提升服务水平】 常态化推进"三服务"活动，结合"周一夜学"在乡镇（街道）开展住房公积金业务、政策宣讲，在疫情防控期间送政策上门，为相关企业现场讲解省、市关于疫情防控期间住房公积金阶段性支持政策和办理流程。及时回应群众关切，做好"浙里访"平台咨询投诉件和"好差评"平台负面评价的回访答疑，主动紧盯办事群众的不满意因素，提升业务水平，妥善解决办事需求，实现"零差评"。践行"延时服务""微信服务"，利用休息时间及时、高效为办事群众办结业务，受到办事群众点名表扬。

（胡　晓）

生态环境保护

【概况】 2020年，兰溪市环境空气质量状况：1—12月空气质量综合指数2.98，同比2019年下降16.3%，排名金华第二位；$PM_{2.5}$浓度均值26μg/m³，同比2019年下降18.8%，排名金华第五位；空气优良率为98.1%，同比上升7.7%；空气质量六项指标全面达到国家二级标准，是兰溪有监测记录以来空气质量最优的一年。被省美丽浙江建设领导小组大气污染防治办公室评为清新空气示范区。水环境质量状况：全年水环境质量持续改善。全市县级饮用水源保持Ⅱ及以上水质，达标率100%，境内金华江、衢江、兰江达到Ⅲ类及以上水质（兰江将军岩断面有检测数据以来，第一次达到Ⅱ类）。全市44条小流域75个考核断面全部达到Ⅲ类及以上水质。兰溪市2019年度全省跨行政区域河流交接断面水质保护管理考核优秀，是金华市唯一一个自2013—2019年连续7年获得优秀的县（市）。

城市声环境质量：2020年，兰溪市区域环境昼间噪声Leq为52.1分贝，比2019年下降2.4分贝；城市功能区声环境中居民文教区昼夜间噪声均符合GB 3096-2008《声环境质量标准》；兰溪市城市道路交通噪声路长计权平均等效声级为67.4分贝，低于国家70分贝的控制值要求。土壤环境质量：2020年无因土壤污染引发食用农产品超标事件，年度污染地块安全利用率100%。

【大气污染防治】 2020年高标准开展$PM_{2.5}$、臭氧双控双减工作，通过采取源头替代、减排削峰等措施，开展了水泥行业错峰生产和超低改造、挥发性有机物源头替代及涂装行业错峰生产、建

管理干部在兰溪电台部门与您零距离栏目，介绍公积金政策变化和疫情期间出台的帮扶政策
（金华公积金管理兰溪分中心　提供）

设完成秸秆焚烧高空瞭望台等工作，较好地完成了$PM_{2.5}$和臭氧"双控双减"攻坚行动。6—9月，臭氧污染天数同比减少10天（去年同期21天），同比下降47.6%。完成50台燃气锅炉和66台生物质锅炉的改造任务；完成11家碳交易重点企业和37家非碳交易企业碳报告初审，完成温室气体清单报告编制初稿和部门评审工作。实施黑烟车抓拍联网，加大监测力度并及时向公安部门进行通报。

【水污染防治】 深入推进"污水零直排区"建设，经济开发区及游埠镇、水亭乡、永昌街道、赤溪街道、上华街道、黄店乡、香溪镇7个乡镇（街道）"污水零直排区"完成深化整治提升，整改问题30余个。完成马涧、梅江2个工业园区的"污水零直排区"建设，横溪工业园区"污水零直排区"建设完成50%；9个千吨万人集中式饮用水源地已完成评估；双牌、洪垅水库已完成物理隔离建设；对接做好梅江、马涧、柏社污水厂（站）新扩建工程环保服务工作。

查看污水管网水质情况　　（市环保局　提供）

【土壤污染防治及治废工作】 推进"无废城市"创建工作，牵头制定《兰溪市固体废物长效管理制度》，推动建成小微企业危废集中收贮转运平台并投入试运行，推进省固体废物信息化管理平台建设，现已有2339家企业完成平台在线注册，基本实现辖区内工业固废全过程闭环管理；按时完成土壤详查任务，30个地块全部完成采样，污染地块调查工作有序推进中，全市25个疑似污染地块中有8个通过场调评估后移出疑似污染地块名录。

【生态文明建设及宣教工作】 推进省级生态文明示范市创建申报工作；配合自然资源和规划局开展生态红线的勘界定标工作。实地走访全市多个点位，形成反馈意见；拍摄生态环保宣传片，全面展示近年来在环境保护方面所做的工作及取得的成绩；环保宣传进校园，传递绿色文明，邀请市民代表参与企业环保设施向公众开放活动；"六·五"世界环境日当天，设立现场环保咨询服务点，通过与群众互动答题的形式开展宣传纪念活动，共设置宣传条幅9条、宣传展板40幅，发放6000余份宣传资料及小礼品，宣传受众达3000余人次。

【环境监管与执法】 深化"互联网+监管"执法应用，运用掌上执法系统将"双随机"检查、日常巡查、专项执法检查等工作有机结合，掌上执法实施检查率100%。完善污染源日常监管"双随机"工作机制，建立健全发现问题机制，完善与公检法联动协作机制，建立媒体曝光案件的快速响应查处制度。全年出动执法人员10171人次，检查企业3420家次，下达责令改正违法行为决定书83份，行政处罚案件79起，刑事移送1起，行政移送2起，行政拘留3人。完善风险防控管理体系，强化环境安全隐患排查治理，提高环境应急响应能力，发现并整改环境安全隐患93处，完成46家重点企业的应急预案编制和更新。畅通群众表达环境诉求的通道，及时依法依规解决生态环境信访问题，促进社会和谐稳定。受理信访537件，同比下降14.9%。

8月26日，开展零点亮剑行动　　　（市环保局　提供）

【生态环保领域改革】　贯彻落实最新政策要求，用足政策红利，对与疫情控制相关的项目实施"告知承诺制"，报告书项目即到即办，缩减到材料当天送达，当天完成审批，大大缩短审批时限；全面开展固定污染源排污许可证清理整顿和发证登记工作，已完成第一批33个行业1703家企业的排污申报及清理整顿工作，和第二批二污普数据清单91个行业3575家企业排污许可证发证登记。完成项目审批76个（报告书13个、报告表63个），区域环评登记表58个，网上登记表备案149个，核发辐射安全许可证49本，为企业发展和产业振兴松绑提速。

（李燕聪）

城市管理

【概况】　2020年，市综合行政执法局紧扣"环境兴人"战略，加强城乡环境治理，牵头开展发展大会环境整治，推进深化"八有八无"创建、垃圾分类、违建管控等工作；深耕综合执法主业，推进综合行政执法体制改革，加大规范化建设和执法实践力度，执法办案量突破4万起；履行城市管理主责，提升城市精细化管理水平，依法推进乱停车、规范养犬管理、城区渣土运输规范化等工作；提升公共服务质量，不断提高公园服务半径覆盖率，完成中洲公园服务大提升，引进觅马出行共享电单车，城市品质和人居环境得到提升。

【牵头开展发展大会环境整治】　制定《2020年兰溪发展大会环境整治方案》，开展农村环境整治提升、高速出口整治提升、主干道两侧环境提升等"六大整治"行动，拆除改造丹溪大道沿线存量违建90余处，绿化改造横山路、迎宾大道等城市道路5条，整治考察路线沿线、"两路两侧"问题点位310多处，查处乱停车、道路遗撒等违法行为1万多起，营造起和谐有序的发展大会环境。

【深化"八有八无"创建】　按照"两年深化"要求，制定《2020年深化农村"八有八无"创建实施方案》，开展"八有八无"全域提升行动，统筹打好"巡回检查、服务指导、创建验收"组合拳，固化"八有八无"机制，落实常态创效治理，整改环境乱象反弹问题4600余个，降格环境乱象反弹"合格村""优秀村"14个，全覆

工作人员为企业送服务　　　（市环保局　提供）

盖完成324个"合格村"复核,创建验收"优秀村"164个、"示范村"10个,推动基层环境治理能力和农村人居环境提升。

【纵深推进违法建设治理】 落实新增违建网格化巡查机制,开展高层违建专项整治等系列行动,对发现新增违建严格落实"即查即拆",共拆除新增违建400多处,有力震慑违建行为,违建投诉同比下降43%。紧抓老旧小区有机更新、铁路沿线安全隐患整治等契机,全面推行"拆改结合"存量违建处置模式,累计拆除五里亭、四号区等历史遗留违建"硬骨头"340余处,确保城市有机更新工作顺利推进,相关工作得到市委、市政府主要领导批示肯定。配合各乡镇(街道)拆违222万平方米,持续优化人居环境。

【深化人行道乱停车治理】 牵头制定《兰溪市城区乱停车专项整治方案》,加大对主干道、商贸中心等重点区域人行道违停处罚力度,新增抓拍探头8路,查处乱停车行为3.7万余起,城区人行道停车秩序得到规范。联合公安发布《关于实施城区违停车辆专项治理工作的通告》,于6月10日启动城区违停车辆拖移工作,共拖离人行道违停汽车410辆。疏堵结合,协同公安、城投等在兰花路、上园路施划机动车位900个、非机动车位2000余米,推动部门单位错时开放停车位1000余个。

【深化规范养犬管理工作】 深化"三全一关爱"犬类管理,采用"执法+社区+物业"联管模式,全域推进文明养犬示范小区创建,完成金华养犬码登记5854只。开展犬类集中免疫、登记上牌和流浪犬抓捕工作,共抓捕收容流浪犬、无证犬700多只,立案查处不文明养犬行为173起,规范养犬成果得到巩固。主动服务,推行免疫登记"一站式"便民服务,在城区小区、公园广场等处投放175套宠物拾取工具箱。

【开展户外广告专项整治】 制定《兰溪市户外广告整治工作方案》,对存在影响市容市貌、侵占绿地或遮挡绿化景观及未经批准擅自设置等问题的户外广告进行"排罚拆",拆除楼顶大型户外广告3处,清除破损广告、户外广告牌等1800余处,面积5000多平方米,立案查处122起,罚款金额7万余元,助推城市整体形象和品位提升。

【做强综合行政执法主业】 按照《浙江省综合行政执法事项统一目录》,完成水行政、人防、教育等300项执法事项划转。完成马涧、永昌等4个基层中队规范化建设,兰江、云山、横溪等3个中队顺利通过省级规范化建设验收。创新推行教科书式执法、"三色单"三步工作法等执法模式,提升了执法规范化水平,执法冲突、行政争议同比下降64.7%、92.3%,相关做法获金华市委书记陈龙批示肯定。2020年,共实施各类行政处罚数43639件,其中一般程序案件2575件,同比分别增长49.57%和22.27%,实现执法效能和办案质量双提升。

执法　　　　　　　（市执法局 提供）

【提升公共服务质量】 深化"最多跑一次"改革，推行建设项目"打包式"服务，简化店招办理审批，网上办、掌上办实现100%，办结各类审批1321件。浓厚创建和节庆氛围，布置各类草花80万余株，设置"疫情防控"等公益广告340余幅，安装国旗1000余面、红灯笼5400余串。处置8890、智慧城管、信访等民生问题4.4万余件，处理信访件3025起，信访数同比下降21%，群众满意度进一步提升。引进觅马出行共享电单车，提升公共自行车服务水平，为市民"最后一公里"出行提供便利。

共享电单车　　　　　　　　（市执法局　提供）

城市绿化

【概况】 以发展大会召开等为契机，持续提升公园绿化服务半径覆盖率，提高园林绿化精细化管理水平，不断擦亮城市生态"底色"，提升市民群众获得感。因地制宜建成城区"口袋公园"6处，绿化提档城市道路4条，完成老农药厂地块覆绿工程，新增绿化面积近8万平方米，举办第九届郁金香花灯展，城区生态环境得到优化。

【建成6处城区"口袋公园"】 以城区裸露地块问题为导向，结合群众绿地服务需求，对横山路与金角路交叉口、紫金嘉苑旁绿地、凯旋路城北安居苑旁3处裸露地块进行覆绿美化，将下金新村北侧、金圆上都北侧、凯旋路天一堂边地块等3处建设为功能性游园，配套停车位等便民服务设施，共建成"口袋公园"6处，提升了公园服务半径覆盖率，为周边居民提供休闲娱乐好去处。

口袋公园　　　　　　　　（市执法局　提供）

【完成老药厂地块覆绿工程】 聚焦城区公园分布不均衡问题，将老城原农药厂地块建设成为一座生态、环保、低耗能的体育文化主题公园。公园面积约8.3万平方米，绿化面积4万余平方米，共分为休闲健身区、背景林、花卉商业区和含304个停车位的社会停车区"四大功能区"，有金华地区现有公园里最大的阳光草坪与首个极限运动场，配套荧光跑道、老年门球场和篮球场、足球场等，可满足市民多层次休闲健身需求，改善城区生态环境的同时，提升了周边住户幸福感。

【打造4条城市"网红示范路"】 采取花化和彩化相结合，以园艺大道和彩乔大道为主题，上层搭配种植色叶植物、花灌木和开花乔木，引入紫薇花瓶、金禾锥等造型植物，下层种植色泽鲜艳的宿根花卉并搭配佛甲草、白砂石、陶罐组景，将兰荫路、横山路、人民路、延安路4条道路打造为"网红示范路"，使城市道路风景更加靓丽。

网红示范路　　　　　　　（市执法局 提供）

【举办第九届郁金香花灯展】 春节期间，中洲公园举办了第九届郁金香花展，共布置"红灯笼""道琼斯""王朝"等10余个开花效果好的郁金香花16万株，配以报春花、羽衣甘蓝等10万余株草花，设置迎春屏风、相亲相爱、佩奇魔法屋等创意小品，打造3.5万平米满天星"梦幻大道"，首次设置网红打卡点和近距离赏花区，为节日期间的市民游客奉上了一场盛大的视觉盛宴。

【重建中洲儿童乐园】 儿童乐园于10月1日正式向市民游客开放。乐园依托中洲公园园林景观特色而建，面积约30万平方米，内设摩天轮、过山车、激流勇进等16个游乐项目，搭配不同造型卡通小品，打造起疏密有致、亲和宜人组合空间，让市民游客在游玩的同时，获得最大休闲体验。

中洲乐园　　　　　　　　（市执法局 提供）

环境卫生

【概况】 扎实推进城乡生活垃圾分类工作，做好疫情期间环卫消杀工作，加大对锦江生态市场化运营公司的监督指导，提升公共服务水平，2020年共无害化处置22.43万吨生活垃圾，资源化处置建筑垃圾7.67万吨，清理"牛皮癣"4.8万余处，免费清疏化粪池2827只，处置大件垃圾10249件，持续提升城乡人居环境。

【做好疫情期间环卫消杀工作】 设置"废弃口罩"专用垃圾桶、居家隔离点专用垃圾桶173个，每日对城区130余座四分类亭、370余座垃圾房、3800余只垃圾桶（箱）等开展消杀，分3条线路对各乡镇（街道）隔离点生活垃圾进行统一运输，共无害化处置隔离点生活垃圾67吨。环卫处党支部被金华市委、市政府评为"金华市抗击新冠疫情先进集体"。

环卫作业　　　　　　　　（市执法局 提供）

【深化城乡生活垃圾分类】 制定《兰溪市2020年城乡垃圾分类工作实施方案》《兰溪市城区生活垃圾分类"两定四分"实施方案》，建成餐厨垃圾处置中心并投运，城区实现"两定四分"模式全覆盖，农村易腐垃圾就地处置率达85%以上，创建世贸151公馆等省高标准示范小区4个，实现城乡垃圾总量"零增长"，《浙江兰溪：

剩菜变宝 打通田间垃圾分类"最后一公里"》被CCTV2、CCTV17频道报道。

垃圾分类　　　　　　　　　　（市执法局 提供）

【开展城市公厕服务大提升行动】 深化"厕所革命",制定《兰溪市城市公共厕所服务提升行动方案》,新建改造二号区、丰登小区城区公厕2座,推动社会公厕对外开放4座,按照便利化、智慧化、人性化、特色化、规范化"五化"改造上园路、九如街、西山路等公厕20座。

（杨伟东）

城投集团

【概况】 2020年,城投集团围绕战略发展要求,整合资源,围绕基础设施建设、公共服务、房地产开发、绿色矿山开发、文旅开发等五大业务板块,统筹推进集团工作。

【金兰创新城路网工程开工仪式】 2月26日,兰溪市2020年重大项目集中开工暨金兰创新城路网工程开工仪式举行,市领导陈峰齐、王新锋、刘成芝、徐建祥、林纪平、张卫平、胡作滔,市直属有关单位负责人,各乡镇（街道）党（工）委或政府（办事处）主要负责人,城投集团班子成员及相关工作人员,各参建单位相关人员参加。

2月26日,金兰创新城路网工程开工
（市城投集团 提供）

【完成公款竞争性存放招标工作】 4月1日,在集团纪委的监督下,由国资办、集团董事会、监事会及招投标小组成员组成评审会,对参与招投标的银行进行评分,中国农业银行股份有限公司兰溪支行、中国农业发展银行兰溪支行、宁波银行股份有限公司金华分行等3家银行入选集团公款竞争性存放战略合作银行。

【组织开展防汛排涝抢险演练】 4月1日,城投集团组织下属聚匠公司等单位的应急抢险队员和工作人员50余人进行防汛抢险应急排涝演练,活动还邀请了市建设局、市融媒体中心人员参加。

【聚能矿业公司获2019年度4项市级荣誉】 在4月3日召开的兰溪市制造业高质量发展大会上,城投集团下属聚能矿业公司获兴兰工程企业、全市安全生产工作先进企业、首次超亿元（税收300万元以上）企业、工业和金融业纳税50强企业等2019年度4项市级奖项。

【举行成立兰溪市城投绿城物业服务有限公司签约仪式】 4月15日,城投集团与绿城物业服务集团有限公司举行成立兰溪市城投绿城物业服务有限公司签约仪式,城投集团党委书记、董事长、总经理仇亮，绿城服务集团副总裁方敏青共同签署合作协议，双方拟派驻联营公司主要负责人共同见证友好合作签约仪式。该次签约进一步深化了兰溪市城市投资集团有限公司与绿城物业服务集团有限公司之间的战略合作关系，能有效发挥城投集团本土规模企业经营优势、绿城物业服务集团有限公司品牌资源及经验优势，不断拓展物业服务市场，全面优化城市综合服务水平，共同为人民群众的幸福生活砥砺前行。

【兰溪市人才特供房专场推介会】 5月22日，举行2020年度兰溪市人才特供房专场推介会暨"聚兰工程"首张房票发放仪式，作为兰溪"聚兰工程"引进的人才，兰溪市中医院小儿科副主任石显明和夫人共同拿到了价值30万元的人才购房房票凭证。这也是兰溪发放的首张人才房票。2020年兰溪市"聚兰工程"合作房源共有16个楼盘。在活动现场，兰溪还发布了200套人才特供房源，分别位于上尚城南侧地块——尚品居、黄大仙路5#地块——熙华府、盛世闲庭西侧地块——陶然居。

5月22日，市人才特供房专场推介会上发放首张"聚兰工程"房票　　（市城投集团　提供）

【备战防汛抗洪前线】 6月初，城投集团认真贯彻落实省、市领导关于梅雨防御工作的重要批示精神，联合市建设局排查城区主路段，进行积水点改造、管网系统检修清淤和更换等工作，在强降雨来袭后，立即启动防汛应急预案，相关单位实行24小时值班制度，迅速落实人员、设备、设施，备齐抗洪物资，及时深入防汛抗洪一线。

奋战防汛抗洪前线　　（市城投集团　提供）

【上园路北延工程提前90天建成通车】 10月1日，上园路北延工程比计划提前90天完成主体工程建设实现通车，连通丹溪大道、金角路两条主干道，进一步完善我市城区路网，有效缓解丹溪大道等城市主干道路的通行压力，改善出行环境。

【永进路于10月1日通车】 10月1日，城投集团在短短16天内保质保量完成永进路通车任务，打通"断头路"，方便市民出行。

【兰江大桥恢复通车】 10月24日，兰江大桥恢复双向通车，时间比计划足足提前了20余天。

通车后的兰江大桥　　（市城投集团　提供）

【城投合力公司第一次试生产成功】 11月26日,浙江城投合力新型建材有限公司11月26日第一次试生产成功。浙江城投合力新型建材有限公司位于浙江省兰溪市灵洞乡杨青桥村。公司成立于2020年4月1日,注册资本4000万元,占地面积2.418公顷(32.22亩),拥有各种混凝土专业设备32台,主要从事水泥制品制造(商品混凝土制造)、水泥制品销售(商品混凝土销售)、道路货物运输,建有完善的质量管理体系和行之有效的管理制度,能独立承担各种通用品及特制品商品混凝土的生产、运输、泵送一条龙服务。

【"为才筑家"特供房盛大开盘】 12月27日,城投集团"为才筑家"特供房开盘销售。人才供房是兰溪为引进人才、留住人才而推出的一项惠民政策,城投集团以筑美好人居的传承者、践行者的身份,积极响应兰溪市政府"环境兴人"战略。

(黄思尘)

交通运输

综 述

【概况】 2020年，市交通运输局加快推进"8313"工程，临金（建金）高速11月18日通过交工验收，12月22日顺利通车；杭金衢高速改扩建二期金华江大桥左幅完工，衢江大桥右幅拆除完毕，主线建设稳步推进；S313（45省道）婺城至兰溪段改建工程（金兰快速路）铁路以南段建成通车，351国道改建段局部路段进场施工，330国道改建段主线诸葛段已进场施工，先行段水亭支线建成通车，实现了各乡镇（街道）全部通达二级以上公路目标，上华至琅琊公路兰溪段已进场施工；完成了"四好农村路"三年行动收官年工作，创建完成"四好农村路"示范乡镇1个（马涧镇）、乡级农村公路管理站建设规范化2个、农村公路服务站5个；新建乡镇客运服务站3个，新建港湾式停靠站70个；新建村级物流服务点42个，超额完成三年浙江省交通运输厅下达的210个任务指标；新增村道约14.0千米，全市16个乡镇（街道）全部通二级及以上公路。全年完成美丽经济交通走廊建设29条，创建里程91.8千米，完成省万里美丽经济交通走廊达标县的创建验收。在公路养护管理方面完成普通国省道大中修工程27.7千米，大中修路段路况指标达到93%以上。完成农村公路大中修149.05千米，农村公路新改建26.4千米，公路安防工程6.0千米，病旧桥梁改造4座。积极整治省级挂牌的治理路段2处、金华市级事故多发点段5处。在港口水运建设方面，总投资估算为12228.9万元，拥有4个500吨级内河泊位的香溪下杨货运码头开工建设；完成兰溪三江口航道专项养护工程工作，确定内河船舶防污染应急物资储备点3处，完成航道清淤5万余立方米。

交通治理能力方面，顺利完成交通综合执法改革。10月份，兰溪市交通综合行政执法队、兰溪公路与运输管理中心完成人员划转、干部任命、场地搬迁等工作全部到位，顺利完成交通综合执法改革。在金华各县市区内，率先改革到位，形成了权责统一、权威高效、监督有力、服务优质的交通运输综合行政执法体制。深化最多跑一次改革。2020年度，交通运输窗口累计收件量4819件，答复许可对象咨询1980次，办结率达到100%。办事群众满意率为100%，政务网好评率100%。进一步优化审批流程，压缩审批时间，精简申报材料。利用政务服务网、浙里办App交通专区等，大力推行"掌上办"，实现办事一次都不跑，交通运输事项网办率到达84%，居金华地区交通系统前列。落实交通行业科技化管理。积极推广"互联网+"，依托综合交通指挥中心，建立立体式安全监管保障体系，推广应用非现场执法系统，逐步实现进出兰溪重要路段、重要卡口有效覆盖。全面提升行业监管信息化水平，将全市17家危化企业接入大数据平台，并实行实时数据互联，危化监管信息系统线索及处置率达100%以上，化"人海战术"为"科技战术"。

【举行交通大会战誓师大会】 5月23日，举行交通大会战誓师大会暨省重点工程上华至琅琊公路（兰溪段）开工仪式。根据行动方案，兰溪将大力实施"8313"工程，包括8条与相邻县（市、区）的对外通道工程，市域范围内市区到乡镇（街道）、市区到工业园区、市区到主要景区建设二级以上高等级公路等3类重要节点联通工程，1项港航复兴提振工程和城区3大片区路网提升工程，努力打造与金兰同城互联互通，与金义都市区高度匹配，与长三角无缝对接的现代综合交通体系。为打好这次交通大会战，兰溪成立了"交通大会战五年行动"领导小组，并配套成立交通大会战指挥部和推进重大交通项目前期工作专班。誓师大会上，兰溪市领导为高铁指挥部、高速指挥部、国省道指挥部、港航开发指挥部、建设局、经济开发区、金兰创新城开发建设中心、公安局等8个交通大会战攻坚指挥部、相关单位授旗。

【兰溪至建德水上诗路复航工作获省长肯定】 10月12日，浙江省诗路文化带建设暨浙东唐诗之路启动大会在天台县召开，省长郑栅洁充分肯定

兰江水上游启航仪式　　　　　（王萍　摄）

了诗路文化带前期工作，其中就对兰溪至建德水上诗路复航工作表示肯定。5月1日，首艘满载乘客的游船从兰溪码头缓缓驶向梅城。与此同时，梅城游客也踏上了寻找兰溪古城之美的旅途。这意味着兰溪、建德两地共同举办的"游钱塘诗路 寻富春山居"——兰江水上游正式启航。于7月下旬进入常态化运营，于每周三、四、五、六7时30分定时发班。

【公路与运输管理中心举行揭牌仪式】 10月30日，兰溪市公路与运输管理中心举行揭牌仪式并召开了成立动员大会。新成立的兰溪市公路与运输管理中心整合了原兰溪市公路管理段、市道路运输管理局和市港航管理所3家单位除执法职能外的主要职能，为兰溪市交通运输局所属公益一类事业单位，机构规格为副局级，下设8个内设机构。兰溪市公路与运输管理中心与2019年10月份揭牌成立的兰溪市交通运输综合行政执法队的正式运行，标志着原兰溪市公路管理段、市道路运输管理局、市港航管理所、市交通工程质量安全监督管理站4家单位已经成为历史。

公　路

【概况】 2020年，全市共有公路623条，总里程1515.018千米，其中，高速公路2条36.275千米，国道2条84.236千米，省道4条47.327千米，县道34条349.668千米，乡道80条303.602千米，专用公路5条3.853千米，村道496条690.057千米。高速36.275千米，一级55.526千米、二级198.691千米。二级及以上里程290.492千米，占里程总数的18.06%，高级与次高级路面1515.018千米，占里程总数的100%，公路密度115.39千米/每百平方千米，比2019年同期增加1.03个百分点；新增村道11.079

千米，乡镇（街道）通畅率100%，行政村通畅率100%，乡镇（街道）和行政村通畅率均达百分之百。建设改造完成农村联网公路13条，共计22.638千米。自2007年开始进行农村联网公路建设以来，已建设完成联网公路238条，总里程380.28千米，合计总投资29240.2万元。其中，获得中央补助资金3387.2万元、省补助资金3027万元。

全面提升全市公路完好率，改善群众出行条件。投入6215万元，完成了国省道大中修27.7千米。自筹资金约350万元，对S314浦兰线采用路面碎石化加铺4cmAC-13C+6cmAC-20C两层沥青修复路面，共修复碎石化路面5162平方米；对S313骅骝黄圆盘左侧白改黑2174平方米；对G330国道沈村至雅园段进行沥青修补，铣刨并加铺4cmAC-13C改性沥青共计41073平方米，铣刨并加铺6cmAC-20C沥青共计1714.9平方米，粘层共计42787平方米。完成农村公路大中修149.05千米，新改建农村公路26.4千米，其中新建12千米，改建14.4千米，公路安防工程6千米，危桥改造4座，其中2019年续建1座，2020年改建3座，建设农村公路服务站5个，建设规范化乡级农村公路养护管理站2个，开展了1个"四好农村路"示范乡镇（马涧镇）创建工作。

【建金高速通车】 12月22日，浙江"县县通高速"集中通车暨"十四五"综合交通重大项目开工仪式举行，9条高速公路集中通车，20个公路、水运项目集中开工。建金高速公路正式通车。建金高速全长58.09千米，总投资93.76亿元起自建德市杨村桥镇北，终于金华市二仙桥东，涉及建德、兰溪、金东区3个县（市、区）的10个乡镇（街道）50个行政村，共有大小桥梁42座、隧道9座，沿线自北而南依次设杨村桥、梅城、大洋、兰溪北、马涧、二仙桥东等6处互通立交，以及兰溪服务区、建德停车区，采用双向四车道高速公路标准建设，设计时速100千米。

3月18日，建金高速路面施工 （项早伟 摄）

【召开351国道改建段征迁工作动员大会】 1月15日，兰溪市召开351国道改建段征迁工作动员大会，标志着351国道改建段征迁工作启动。351国道是《国家公路网规划（2013—2030年）》中的一条重要国道，起点位于浙江省台州市，终点位于四川省小金县，全长约2500千米，在兰溪范围内长约63千米，贯穿9个乡镇（街道），是兰溪东西向的重要通道。该国道建设在兰溪境内分成改建段和新建段两个项目实施。改建段沿线经过，该次启动征迁的改建段主线起于兰溪市与浦江县交界处隧道内，途经横溪镇、梅江镇和马涧镇等3个镇，终点位于马涧镇翁月村附近，工程线位走向与原314省道基本一致，全长30.2千米，工程估算投资27.6亿元。主线按一级公路标准设计，双向六车道，越龙山支线按二级公路标准设计，双向两车道。项目2020年开工，计划2023年建成通车。征迁工作涉及3个镇的29个行政村，占地约170.8公顷（2562亩）。

【重点道路建设全面开工】 351国道改建段越龙山连接线建成通车，年内完成投资额3.75亿元，完成年度目标占比125%。330国道兰溪永昌至建德交界段改建工程水亭连接线夏李段于9月底实现通车，提前100多天完成既定任务；水亭段于11月底建成通车，完成年底前建成通车任务，彻底解决省委巡视反馈乡镇未通二级公路的问题。年内完成投资额1.2亿元，完成年度目标占比120%。上华至琅琊公路10月27日进场施工，年内完成投资额3480万元，完成年度目标占比115%。

【老横山大桥主桥拆除完毕】 10月19日，兰溪市老横山大桥主航道上3跨连续箱梁拆除完毕。老横山大桥主桥的拆除，标志着影响钱塘江中上游衢江航道建设的瓶颈彻底被打通。老横山大桥于1992年底建成通车，主跨为52米加80米加52米的连续箱梁桥，桥梁全长390.9米，全宽16米，净宽12米。新横山大桥于2013年7月24日动工建设。新桥桥梁全长487.66米（净跨471米），全宽32米（净宽24米），桥梁分布为主桥双跨80米、两边跨各50米计260米的变截面连续梁，南北引桥各为4跨混凝土小箱梁，于2015年8月建成通车。2020年9月上旬，老横山大桥开始拆除。拆除工程主要拆除大桥的主桥部分，即拆除大桥中间的三跨连续箱梁。

10月19日，老横山大桥主桥拆除工程现场 （项早伟 摄）

【普通国省道桥梁隧道维修加固】 完成普通国省道桥梁维修加固工程中的金龙桥、赤溪公路立交桥、黄湓大桥、徐尚源通道桥、梅溪口桥5座桥梁限高门架改造。完成普通国省道桥梁维修加固工程中的黄湓大桥、徐尚源通道桥桥梁维修加固和桐坞岭隧道维修加固工程。

【国省道开展绿化提升工程】 自筹资金约487万元对国省道开展绿化提升工程，分别为兰溪市S313、S315绿化提升工程、兰溪市330国道洪大塘至诸葛段绿化提升工程和兰溪市国省道绿化提升工程。其中兰溪市330国道洪大塘至诸葛段绿化提升工程已于4月底前完工、S313、S315绿化提升工程已于12月7日完工。

【水亭畲族乡、诸葛镇被评为"四好农村路"示范乡镇】 9月份金华市高水平建设"四好农村路"工作领导小组办公室公布的第二批（2019年度）"四好农村路"示范乡镇名单中，水亭畲族乡、诸葛镇名列其中。

【"四好农村路"三年行动计划收官】 2018—2020年，兰溪市实施创建"四好农村路"三年行动计划，建好、管好、护好、运营好"四好农村路"，全方位打造"畅、安、舒、美"的兰溪特色美丽公路，助推乡村振兴。通过"四好农村路"建设，全面提升二、三级公路占比，改善农村交通状况，有效推进了乡村旅游、农业特色产业基地的发展。总投资6.7亿元的"四好农村路"三年行动计划已完成，兰溪农村道路有了实质性的突破。其中，完成农村公路大中修167条，约402.06千米；低等级公路提升22条，约54.78千米；新建通自然村、通乡镇、通景区等公路21条，约38.02千米；港湾式停靠站200座；农村危桥改造工程10座，完善农村公路安保工程302

美丽的排芝线　　　　　　　　（汪健 摄）

千米等工程，以及农村公路指路体系的建设。

【3座乡镇运输服务站主体完工】 截至12月末，"四好农村路"项目水亭、柏社、香溪等3个乡镇运输服务站主体建设已全部完工，完成年度市级民生实事任务目标。水亭、柏社、香溪等3个运输服务站总投资约1200万元，用地面积3044平方米，站房建筑面积717平方米，站内均配置充电桩，具备售票候车、公交充电等功能。

【马坞杨梅环线路面拓宽白改黑工程提前完工】 5月31日，兰溪市马涧镇马坞杨梅环线路面拓宽白改黑工程提前完工，为兰溪市杨梅节的开摘仪式顺利进行提供了安全舒适的道路通行条件。

【浙江省万里美丽经济交通走廊工程完工】 截至8月底，由交投集团参建的万里美丽经济交通走廊工程累计完成S315、宾虹物流连接线、G330外迁、丹溪大道（洪大塘）、S313、排芝线、殿下线、黄楼线、排芝线精品示范公路9条，共计50千米，总投资约110万元。

【351国道兰溪横溪至马涧段改建工程全线开工建设】 351国道兰溪横溪至马涧段改建工程于6月进场清表，11月正式进场施工，建设工期3年。项目主线起点位于兰溪市与浦江县交界处隧道内，过冷水湾后，利用S314省道拓宽，途径下陈坞、施宅村等，在横溪镇附近与义兰公路交叉，后穿越横溪镇向西，经梅江、石埠、横木等村镇后，在翁月村附近与临金高速连接线相接，而后经下盘山、马涧等村镇，终点与马墩线相接。全长约30.5千米，其中新建段长约6.9千米，利用老路拓宽改造段长约23.6千米。设主线桥梁（含互通区主线桥）1428米/21座（其中大桥519米/4座、中小桥909米/17座），互通区匝道桥222米/7座，线外桥梁195米/3座，隧道955米/0.5座，互通式立交5处，公路养护站（结合公路服务站功能）1处、普通公路服务站1处。该项目的实施将提升兰溪东北部的交通服务能力，解决原47省道交通拥堵的问题，改善道路通行条件，提高现有公路等级。

【上华至婺城琅琊公路工程兰溪段项目开工建设】 10月27日，金华新兴产业集聚区兰溪上华至婺城琅琊公路工程兰溪段项目进场施工，年内累计完成投资额3443万元。该项目兰溪段总长8千米，其中完全利用老路段3.638千米，新建段4.362千米，总投资约2.26亿，计划2022年建成通车。

【330国道兰溪永昌至建德交界段改建工程开工建设】 330国道兰溪永昌至建德交界段改建工程于10月完成施工招标，11月4日开始政策处理，局部路段开工建设。该项目主线起于兰溪市金桥村，顺接已建成的330国道兰溪市区段，路线向西经永昌街道、诸葛镇，终点位于诸葛镇兰溪和建德交界处诸葛南方水泥公司附近，与330国道建德段相接。主线长约18.6千米，其中新改建段约13.5千米，利用现有道路约5.1千米。

【建金高速兰溪北互通连接线建成通车】 11月，建金高速兰溪北互通（大丘田）连接线官路边村至西章村道路线段工程建成通车。该路线全长1.715千米，连接官路边村、上坟头村和西章村，全线采用三级公路技术标准设计，路面宽度8米，路基宽度12米，设计速度60千米/小时。

道路运输

【概况】 全市有班车客运经营企业1家，城市公交经营企业1家，旅游包车经营企业3家，出租车客运经营企业1家。有班线118条，其中省际班线2条，市际班线11条，县际班线11条，城乡公交班线86条，城际公交2条；有班线客运车辆259辆（含城乡公交班车），旅客座位12537个，省、市、县际包车33辆。客运车辆日总发班次1160班，全年客运量945.67万人次，客运周转量20524.42万人千米。有城市公交车75辆，运营线路13条，线路总长304.2千米，日发班次611班，全年客运量392.89万人次。

全市建有二级客运站（汽车西站）1个，城北公交中转站，农村四级客运站10个；城市公交始发场站4个，公交首末站1个，公交停靠站点532个，其中港湾式停靠站46个；城乡公交停靠站点2044个，其中港湾式停靠站681个。出租汽车216辆。

有货运物流企业（包括站场、货运配载、货运代理、仓储等）151家，危险货物运输企业14家，货车1421辆，总计17779吨位，全年道路货物运输量789万吨，公路货运周转量127591万吨千米。

【推进"绿色交通"建设】 2020年度共淘汰老旧营运车辆132辆，发放政府补助269.72万元，超额完成上级下达的"打赢蓝天保卫战"三年行动计划指标。新增更新清洁能源公交车5辆；更新农村客车4辆；全市出租汽车新清洁能源改造已全部完成。

【成功申建汽车尾气排放治理维护站M站】 全市有4家二类以上规模且信用评价2A级以上汽车维修企业成功申建了汽车尾气排放治理维护站M站，实现线上闭环，维修类型覆盖大客大货和小车。至12月底已有800余辆次车辆通过M站维修。

【组织开展全省道路危险货物运输安全"雷霆整治"行动】 充分吸取温岭"6.13"事故教训，组织开展了全省道路危险货物运输安全"雷霆整治"行动，推进危险货物运输挂靠车辆清理，兰溪市涉及挂靠危化运输车辆共有62辆，截至12月底，全部完成挂靠清理工作，挂靠清零比例为100%。同时对全市14家危化品运输企业开展资质复核工作，有9家危化品运输企业已开具出审计报告。

【推进城乡公交一体化建设】 推进城乡公交一体化建设，至2020年12月底，共计完成建设农村港湾式停靠站70只，城市公交站点4只，更新清洁能源公交车5辆，更新农村客车4辆，新建公交电子站牌2个，新增或优化公交线路2条，公交车安装安全隔离护栏117辆。另完成农村物流网点建设40个，新建水亭、香溪、水阁等3个乡镇农村客运站，至此，兰溪市完成2018—2020年实施创建"四好农村路"3年行动计划之建设农村客运站任务。

【越龙山公交专线开通】 10月26日，兰溪至越龙山公交旅游专线开通，首发站位于城北公交中转站，终点站位于越龙山度假区旅游集散中心，每日2班，线路长度35千米。

【兰溪至杭州便民直达班线开通】 10月10日，兰溪至杭州便民直达班线开通，该班线可直达邵逸夫医院、浙一、浙二、省妇保、省儿保、117医院等杭州部分省城大医院。始发站：兰溪汽车西站；终点站：杭州石德立交桥地面停车场。每周一至周五发班，每日1班。

【"进校园"定制公交开通】 自3月份以来，兰五中、兰一中、兰荫中学、兰花小学、兰三中、金华市技师学院和金华市第一中等7条定制公交陆续开通，缓解高峰时段乘车压力，让学生来返家校更安全便捷。

定制公交　　　　　　　　　　（田虹 摄）

【"盘毂动力"新能源公交车更新】 交投集团投资400万元采购盘毂动力新能源公交车5辆，于8月14日投放22路公交线路运营。截至年底，长风公司共有新能源公交车176台，其中城市公交75台（100%新能源车）、城际公交23台（100%新能源车）、城乡公交78台（适合新能源车运营车辆数为110台，占比70.91%）。

【清廉红色公交专线开通】 10月16日，浙江长风运输公司三条清廉主题红色公交专线，分别为市区1路公交车"清风号"；兰溪至诸葛城乡公交车"家风号"；兰溪至马涧城乡公交车"正风号"。同时设立共产党员驾驶员示范岗，传播廉政文化，提供优质服务。

清廉公交上线　　　　　　　　（许倩 摄）

【民工返岗包车开通】 疫情期间，浙江长风汽车运输有限公司设立民工返岗包车，累计出车41辆次，接送回兰返岗民工2000余人，实现新兰溪人"点对点、一站式"直达兰溪。

【车检"一件事"集成改革推进】 自9月以来，兰溪市安顺机动车安全检测有限公司全面落实车检"一件事"集成改革工作，加快'最多跑一次'延伸覆盖，推动公共场所服务大提升。车主只需通过线上浙里办App或现场完成预约，将车钥匙交至检测人员，无须参与车检过程，便可坐等缴费、取车，半小时轻松完成车检，为广大车主带来极大便利。

航道·港口·枢纽·渡口

【概况】 兰江航道上起兰溪城区"三江口"，下至建德梅城"三江口"，全长45千米，兰溪境内22.55千米，建德境内22.30千米。衢江航道金华段（兰溪段）全长22.49千米，均已达到四级航道标准（通航500吨级船舶）。金华江航道全长

26.55千米，兰溪段全长10千米，三江口至方下店约3.67千米航道经疏浚后，已经达到四级航道标准，基本能满足500吨级船舶通航要求，其余航道处于断航状态。全市渡口为4个，分别为施家、汇潭、中洲公园和兰湖渡口。

2020年完成港口货物吞吐量85.5151万吨，增长20.37%，船舶进出港8474艘次。完成货运量38.0061万吨，货运周转量7346.047万吨千米。2020年共完成船舶检验41艘次，7824总吨；换发船舶登记证书24本，办理船员适任证书11本。按实发放2019年农村水路客运（渡船）的成品油补助款120526元。

兰江航运忙　　　　　　　　　　（郎建军 摄）

【港区建设项目进展有序】 女埠综合作业区一期场地建设和设施设备进一步完善，全年实现营收近600万元，利润近200万元；方下店作业区一期确定7个500吨级内河泊位码头以及后方陆域配套相关设施的建设规模，完成了一期项目初步设计方案批复，用地红线放样等工作，准备招投标前期工作；总投资估算为12228.9万元，拥有4个500吨级内河泊位（水工结构按照1000吨级船舶设计和建设）的香溪下杨货运码11月上旬开工建设。

【女埠锚地工程建设完成】 女埠锚地工程建设完成，女埠水上服务区完成提升改造，保证了待过闸和待作业船舶的安全停靠；兰溪港女埠作业区（一期）集装箱专用装卸设备调试完成，为兰溪港的航运发展翻开了新篇章。

【兰溪城区老客运码头重新起用】 兰溪市水上游船舶有限公司注册成立，并重新起用兰溪城区老客运码头，开通了兰溪至建德梅城的旅游专线，重新恢复兰溪市水上客运和旅游业务。

【水上交通应急指挥艇浙海巡0518投入使用】 5月25日，由兰溪市港航管理所投资建造的浙海巡0518水上交通应急指挥艇投入使用。浙海巡0518总长35米，总宽6.75米，最高航速可达27千米/小时，续航力达到480千米，抗风能力8级，航行B级航区。该船为主要用于水上重大交通事故、污染事故等突发事件的现场应急指挥，水上重点工程和重大活动的现场调度指挥，以及复杂繁忙水域交通的现场组织指挥，同时兼顾检查水上安全生产的要求。具备夜间、雾天等恶劣状况下实施搜救及现场指挥中心功能。

【金华首艘航道综合养护艇在兰投入使用】 5月29日，一艘长27.4米、宽6.5米，集航道维护、应急测量、日常巡航执法、疏航、消防、抢险等功能于一体的航道综合养护船"浙海测0501"船

10月30日，兰溪港女埠作业区正在安装龙门架　　　　　　　　　　　　　（项早伟 摄）

投入使用。"浙海测0501"船安装先进的多波束测深仪、声速剖面仪、单波束等先进智能化测量设备，另外在船艉设置4吨吊机和行程50米的遥控消防炮1门，首艘综合养护艇投入使用，这标志着金华航区高效率开展航道管理、测绘，航标的巡检、维护管理作业等迈进坚实一步。

航道养护艇在兰江上　　（项早伟　摄）

【**姚家枢纽累计发电突破亿度大关**】　自2018年12月9日并网发电至2020年12月底，姚家电站累计发电量已突破亿度大关，达到1.17亿千瓦时。与火电相比，相当于节约了标煤4.3万吨，减少排放二氧化碳6.8万吨、二氧化硫0.76万吨、氮氧化合物0.41万吨、粉尘约0.03万吨，节约用水2287万立方米。

【**姚家枢纽船闸"一键过闸"服务开通**】　4月起，姚家船闸正式接入"浙闸通"一键式过闸服务。船户只需要一次申报即可在杭州、金华、衢州港区范围内9座船闸间实现"一键式"过闸。

【**女埠水上服务区服务提升**】　11月30日，女埠水上服务区完成服务提升工作。按照省交通运输厅将"最多跑一次"向公共服务场所延伸的服务大提升要求，服务区在原有岸电充电桩、垃圾房、船舶油污水收集设备的基础上，增设了餐厅包厢、健身室、超市、自带烘干功能洗衣机、免费Wi-Fi、小型维修、加水加油、公共卫生间等多项配套设施，为广大船户提供更加全面、舒适的港区服务，满足广大船户购物、娱乐、出行、休憩等需求。同时兼具航运管理、环境保护、行业管理、救灾抢险、交通战备等功能。

交投集团

【**概况**】　兰溪市交通建设投资集团有限公司于2019年4月份开始组建，同年6月28日挂牌，属市政府直属一类国有企业，注册资金1亿元。集团下设一室五部（办公室、党建人事部、计划财务部、安全生产和工程建设部、经营发展部、监察审计部），所属全资子公司13家，控股公司1家，共有员工1055人（其中在职员工845人，劳务派遣工210人）。经营业务涉及工程建设、公路养护、道路运输、港口贸易、枢纽发电、汽车检测、沥青生产、矿山开采、碎石加工、资源贸易等领域。

351国道改建段、330国道外迁段、上华至琅琊公路、S314省道拓宽等"十四五"重点项目全面超额完成年度工作目标，迎宾大道、越龙山连接线、水亭连接线、大丘田连接线提前建成通车，"四好农村路"三年行动计划收官；紧跟兰溪港区规划发展脚步，女埠综合作业区一期年初建成投运，方下店作业区一期前期处理工作稳步推进，香溪下杨货运码头对标任务节点顺利开工。

3月参股"来龙矿"控股成立矿业公司，拓展矿山开采业务；年内以交工公司为基础的碎石加工生产线项目投产，并顺利完成年度生产目标；6月注册成立致达建筑材料贸易公司，构建建材资源综合销售供应平台，为集团项目建设提供优质资源保障。实现集团矿山开采、碎石加工、沥青生产、路面铺设以及资源建材销售的道路建设全产业链布局真正打通。10月成功招引浙中钢材市场项目，助力兰溪市经济发展提级加速。

柏社东、柏社西综合供能站项目顺利建成投用。年初以长风公司为主体，对所属运输企业进行优化整合，综合降低年运营成本约600万元，推出返岗包车、厂企班车、"定制公交"等业务。

该集团6月起启动2A评级工作，8月向上争取完成了兰溪市丰源原水有限责任公司资产划转，补齐评级前置条件；12月28日获评2A主体信用等级，为集团降低融资成本、拓展融资渠道、提升资本市场议价能力等提供良好信用支撑。成功获批农发行5.3亿"四好农村路"项目贷款，开创金华地区利用公司综合收益覆盖平衡还本付息的项目贷款先河，有效解决国企公益性项目融资难问题，为国企贷款开辟了新模式。

2020年度集团账面总资产107亿元，较去年增加47%。累计完成有效投资9.49亿元，完成目标任务110.35%；实现营收4.4亿元，完成目标任务110%；竞争性企业实现利润6600万元，完成目标任务110%；完成融资10.27亿元，完成目标任务146.71%，各项经济指标全面超额完成年初既定目标任务。

【交投人力资源公司注册成立】 9月14日经市人社局批准，交投集团出资200万元注册成立兰溪市交投人力资源有限公司，主营业务包括劳务派遣（不含涉外业务）、招聘信息发布、人力资源外包等业务。

【全域土地整治项目持续推进】 全域土地整治项目是促进乡村振兴和生态文明建设的重要举措。集团以横溪全域土地整治项目为契机，成功取得土地整治项目的主导权，注册成立土地整治公司全力推进项目落实，并获得1亿元启动资金。10月份，横溪西塘下项目进场施工，年内完成投资额545万元。为与女埠、梅江、黄店、游埠等乡镇街道共垫付资金5900万元用于土地整治项目政策处理费用。

栖塘下全域土地综合整治现场土石挖方作业
（李超群 摄）

【横溪北综合供能站建设用地竞拍成功】 9月28日，兰溪致达建筑材料发展有限公司成功竞拍横溪北综合供能站建设用地，成交价5101元/平方米，面积为3144平方米。该地块位于横溪镇渔塘村，紧邻351国道，交通便利，区位优势较为明显，开发潜力较大。

【启动长风、顺达两个"清廉国企"示范点建设】 以创新载体、优化宣传为出发点，充分利用公交车"流动课堂"的优势和特点，打造上线"清廉主题公交专线"；以"阳光工程"为特色，从廉洁从业、招标工作、设计变更、履约行为、工程进展、质量管理、安全管理、监督服务八个方面打造"阳光八公开"，让权力全方位运行在阳光下。

【年产100万吨碎石及制砂项目投产】 11月20日，兰溪市交投工程建设有限公司年产100万吨碎石及制砂项目正式投产。该项目总投资3800万元，设计产量每小时500吨。

【金华首批新建综合功能服务站投入运营】 金华

首批新建综合功能服务站柏社西、柏社东，分别于8月31日和11月30日投入运营，实现集团石油、天然气等自然资源贸易业务拓展。

（项早伟 童方翔 李超群 赵益晨 方旭明 童卫仙 徐赞）

铁路运输

【概况】 2020年，兰溪市境内有功塘站、兰溪站、永昌站3个火车站，位于金千线，属中国铁路上海局集团有限公司金华车务段管理。主要担负旅客运输、列车解编、接发列车会让等作业，其中兰溪站办理客运作业。兰溪站办理T7785/T7786兰溪至杭州旅客列车1对，沿途经停金华、义乌、诸暨、杭州站。2020年旅客发送6.2万人、到达7.5万人。

【运输组织】 以服务地方经济建设为目标，实施铁路运输提质计划，推进运输经营工作高质量发展。加强运输动态分析，实时掌握运能动态，积极组织有效运能供给，针对功塘货场、浙江浙能兰溪发电有限责任公司、国家物资储备局浙江七六三处、浙江嘉宝化工铁路专用线等企业运输特点，及时调整优化运输组织方案，实现既有运能效益最大化，积极发挥区域联劳作用，确保日常运输生产畅通高效，大力实施货运增量行动，为货运上量提供运力保障，运输保障能力明显增强。2020年日均开行货物列车15对，货物到达515.6万吨，货物发送11.7万吨。

（铁路兰溪站）

信息产业

邮 政

【概况】 2020年，中国邮政集团公司浙江省兰溪市分公司正式改制更名为中国邮政集团有限公司浙江省兰溪市分公司，以着力建设普遍服务、寄递业务、金融业务、农村电商改革发展"四梁"推动全市邮政综合服务高质量发展，围绕"五位一体"总体布局和四大战略服务兰溪经济社会发展，全年完成邮政业务总量4.8亿元，业务总收入在全省62个县（市）邮政公司中排名第12位。

金华市邮政局长向兰溪各快递企业负责人部署"两进一出"工作　　　　（市邮政局 提供）

【普遍服务】 持续优化普遍服务和特殊服务，推进"两进一出"工程和便民代办服务。灵洞邮政代办所转为自营网点，成为金华全区率先完成"代办"压减工作的县市；全市邮政局所覆盖率100%，原五里亭网点迁址更名为黄大仙路网点，邮政网点增至30个；完成溪西、人民北路网点集邮业务叠加工作，全年完成"警医邮"办件量2.32万件，累计7万件，并在金华全区首个上线试点新证体检业务。

【防疫复工】 以"防控保畅结合"为方针推出了系列举措，确保邮政工作队伍内部防控万无一失，承诺"四不中断、四免费办"全员坚守岗位确保金融、寄递、代办业务等社会基本公用服务运转，落实指示批示承接快递行业集中压力做到防疫、畅通两不误。启动中小学校教辅材料配送、医药配送、"菜篮子"配送及预约口罩免费配送等项目，全面服务兰溪居民和单位复工复产需求。

【惠农共建】 邮政公司、邮储银行与农业农村局合作开展"惠农优惠季"项目对13家重点合作社及目录外家庭农场开展协同走访，共计为11家合作社提供服务，已开展业务合作21项，打造杨梅扶贫万单工程；解困香溪将军村橘农滞销和屠妈妈采摘难题，通过邮政农村电商渠道上门助销椪柑逾1000斤、采摘助销杨梅500余斤，联合民政局、农业农村局、供销社在邮善邮乐慈善超市举办爱心义卖活动，惠及兰江街道及云山街道的476户共计633名低保人员；将邮政力量融入青松社区，共同开展区域党建联盟志愿服务活动。

兰溪邮政电商上门为香溪镇将军村椪柑滞销农户服务　　　　　　　　（市邮政局　提供）

【寄递业务】　根据兰溪工业企业和居民网购进出口规模，完成了邮件处理中心分体运营和优化升级，邮件处理效率与运能进一步提升；协同运作"极速鲜"枇杷、杨梅等项目，严格推进"9571"工程，全面使用可循环邮袋和小面单，包裹电子运单使用率达100%；在"最多跑一次"政务改革中，持续做好"警医邮"、身份证办理、办税等"最多跑一次"寄递支撑，于6月上线法院"E键达"业务。

兰溪邮政"极速鲜"枇杷寄递

（市邮政局　提供）

【代理金融】　邮政储蓄余额规模达46.93亿元，在全市金融机构中市场占有率12.51%，持续推进云闪付、手机银行、商户收单、第三方快捷支付绑定等电子支付工程，完成全市80%的邮政代理金融网点系统化转型工作，所辖网点全面启动每月25日"邮政敬老日"公益活动，保险、理财、中间业务等稳步发展。

（胡丹宁）

电　信

【概况】　2020年，中国电信兰溪分公司坚持党建统领，推进党的建设与企业生产经营深度融合，以移动5G、大数据、云计算、物联网等新技术助推"智慧兰溪"建设。面对新冠疫情勇于担责，全力参与市政府领导下的抗疫战，以远程监控、健康码平台、视频会议等技术为防疫抗疫做贡献。

【助力防疫抗疫】　疫情防控期间快速响应，组建党员突击队和应急通信保障队，全力参与抗疫防疫。完成兰溪6个出入主卡口公安网延伸及监控安装，协助卡口扫码现场支撑9处，安装医学监控点应急电话11部、宽带10条、防疫监控150余个，保障专线电路9条，视频会议15条。参与抗疫防疫保障536人次；参与社区疫情联防联控160余人次。复工复产期间组织三返平台培训98场次、进企业辅导390余场次；翼学云健康

兰溪沈村高速路口卡口光缆布放

（市电信局　提供）

码为市教育系统提供师生健康数据，实现"一人一码、一校一指数、一区一图谱"，保障兰溪市近7万师生顺利返校复学。配合政府设立心理援助服务中心，面向全市市民提供心理辅导。

【助力扶贫攻坚】 落实地方市委市府扶贫攻坚专项工作，与扶贫结对村香溪镇双溪村开展扶贫村平安乡村建设、4G网络弱信号优化、优惠安装天翼看家35户、参与美丽乡村创建等工作，启动美丽乡村建设、为扶贫村53户低保户送温暖。12月3日省公司副总经理王淑春到香溪镇双溪村进行扶贫调研，走访慰问低保困难户。党员干部带头支持西部扶贫协作消费扶贫购6.5余万元。

【助力智慧兰溪创建】 继续发挥ICT技术优势，对接雪亮工程项目新建监控点位线路500条，建设兰溪市智慧城管中心的监控平台升级改造项目，金华生态环境局兰溪分局污染源在线监控升级项目，市综合行政执法局垃圾分类项目，市人民政府办公大楼内部弱电改造和会议室改造等项目。签约电子税务局系统20台云桌面、兰溪市土地流转中心搭建土地资源云平台、文化和旅游局数字化云平台、市政府招标办的云桌面、教育局招生办小程序上政务云、自然资源和规划局政务云。参与智安街区建设，承建的16家智安小区已完工验收。

【5G建设及智能制造应用】 完成主城区和开发区的105个5G机站建设开通；完成兰溪市人民医院住院病区信息化应用的5G覆盖；完成红狮集团公司信息化应用的5G覆盖。兰溪市人民医院医共体5G远程会诊项目完成建设并投入使用。和兰溪天纵公司成立联合团队，共同推进纺织互联网去平台的建设实施工作，电信公司主要负责计算底层、网络覆盖和机器联网工作。浙江广华纺织有限公司、浙江文荣纺织有限公司、浙江瑞域纺织有限公司已经在试点部署。

【助力打造智慧校园】 智慧校园成为发展新趋势，兰溪电信联合兰溪杭州育才小学全力打造智慧校园的试点。将学生智慧卡与校门口的人脸识别系统、教室门口的电子班牌相结合。做到学生刷脸进出校园，家长可以在手机端收到进出校信息。电子班牌展示各个班级的风采，同时与学校的德育系统相结合。全面提升学校的管理能力和家校沟通渠道。

【助力建设美丽乡村】 兰溪电信作为美丽乡村弱电架空管线整治的实施主体，牵头对电信、华数、移动、联通等各类架空管线、设施箱和杆路进行清理。完成女埠街道穆坞村、虹霓山村、永昌街道夏李村等美丽乡村建设整治11个；完成城区农灵邨、金信邨、青松邨的"蜘蛛网"线路整治。

（李继峰）

中国移动兰溪分公司

【概况】 2020年，中国移动兰溪分公司着力推进信息化基础设施建设和现代信息服务发展，以

应急监控安装　　　（市电信局 提供）

全新的移动互联网、云计算、大数据、物联网为代表的信息技术手段，加快推进全市信息化建设，助力"智慧兰溪"建设，促进兰溪信息经济发展。兰溪分公司获评"2020年度省级明星县市"；获得"2020年年度消防安全工作先进集体""2020年度消费者信得过单位"等称号。

【打造双千兆网络】 2020年，共投资1.3亿元用于网络基础设施建设与升级，持续扩大网络覆盖范围，不断优化网络使用体验，加快促进网络资源共享，充分满足用户低时延、高可靠、广覆盖的网络需求。推进5G网络建设，完成26个5G信息机房的规划建设，完成管道建设91.23千米，开通5G站点超200个，主要覆盖兰溪城区和16个乡镇（街道）区域，并实现"乡乡通"。加快宽带覆盖建设，行政村覆盖率达到100%，兰江、云山城区范围实现千兆宽带网络覆盖。

【打造预防式网络维护体系】 在汛期来临前，开展预防式主动维护，联合消防、铁塔等单位开展防汛联合演练，在汛期前针对江边50米距离内的47个宏站、16个微站分布区域以及沿江易淹没路段开展巡逻，发现并解决29处隐患。在启动防汛应急响应期间，高效调度抢修物资、人员、设备，有力保障网络安全，根据应急预案及时响应，组织力量抢险，实现汛期零故障。在集会通讯保障方面，通过保障信息提前收集，制定合理保障方案，定人、定点监控重点区域通信状况，根据负荷和性能及时进行调整优化，完成各类集展会保障47次。

【优化服务提升用户满意度】 持续开展营业厅线上运营模式，通过服务号和移动微管家构建线上服务体系，规范线上服务动作、服务内容和服务主题，打造贴心顾问服务形象，截至12月底线上覆盖用户数超2万户；多方式开展公益宣传，强化移动服务形象，通过建设5G体验实践基地、开展老年人智能机使用培训和免费宽带入户检测等公益活动，覆盖中小学生、老年人和社区居民等群体，提升客户服务感知。

【打造5G行业应用标杆】 以5G专网为核心抓手切入工业行业，建设5G智慧工厂车间，以集团和自主研发产品打造具有移动特色的5G智慧工厂和智慧能源解决方案，在红狮控股集团有限公司、浙江新辉五金科技有限公司、浙江威臣纺织有限公司、浙江兰溪市金昌矿业有限公司、兰溪兰创鸿图产业园区等企业积极开展5G+工业互联网新实践，数字赋能千行百业；成功签约全省首个超千万的5G+智慧园区（兰溪兰创鸿图产业园）、全省首个5G+智慧矿山（浙江兰溪市金昌矿业有限公司）、全省首个5G+MEP边缘云部署（浙江新辉五金科技有限公司）项目。

（席　旦）

中国联合网络通信有限公司兰溪市分公司

【概况】 中国联合网络通信有限公司兰溪市分公司（简称兰溪联通），下设市场部、政企部、办公室。2020年，坚持党建统领，坚持高质量发展积，加快创新转型，聚焦人才队伍建设，以金华联通"1517+"战略指引，在疫情防控、降本增效、存量市场、5G工业互联网、智慧校园等工作中均取得较好成绩。

【基础设施建设】 兰溪联通根据总部提出"移动宽带领先与一体化创新"战略方针，持续推进创新转型，聚焦客户感知，提升内部服务支撑能力。截至2020年底，完成5G基站安装99个，开通91个，固定宽带出口（至金华）带宽100G。

【**经营亮点**】 2020年，兰溪联通围绕存量价值提升工作要求，重点从流量包、5G升套、增值业务、融合等产品入手，每月开展存量维系活动，同步易购小店线上活动同时进行。截至12月，收保率为87.6%，客保率为62.8%。

（钱　路）

科学技术

综 述

【概况】 2020年，市科技局深入学习贯彻习近平总书记关于科技创新重要论述和省委、金华市委相关会议精神，全面落实科技强市首位战略，切实把科技创新摆在发展全局的核心位置，全力实施创新驱动发展战略，为"重要窗口"建设提供科技支撑。

科技管理

【概况】 2020年，市科技局围绕市委市政府中心工作和金华市科技局考核目标，深入实施"拼搏实干、争先进位"干部作风提升年活动，对标对表，以目标为导向，以问题为突破口，全力实施创新驱动发展战略，为"重要窗口"建设充分发挥科技力量。

【落实财政奖补政策】 发挥财政杠杆作用，引导企业加大研发投入，鼓励企业自主创新。发放2019年度财政奖励补助资金3294万元，比上一年度增长51.1%，其中研发经费1397万元，占奖励金额的42%，比上一年度增长105.7%，翻了一番还多，企业创新积极性不断增强。2020年落实企业研发费用税前加计扣除6.4亿元，高新技术企业所得税减免5687万元。

【企业家再次入选"科技婺商"】 10月30日，由金华市科技局、市委人才办、市工商联、市场监管局、市税务局主办的第四届"科技婺商"评选活动结果揭晓，浙江凤登环保股份有限公司总经理章磊获得"科技婺商"称号。至此，已连续三届共4位企业家获此殊荣。

【科技助企战"疫"】 疫情期间，市科技局切实贯彻落实上级关于坚决打赢疫情防控阻击战的各项指示、措施，配合支援共建社区联防联控。面对企业订单同比大幅减少，局干部职工化身"业务员"，与企业携手破难题。多次组织相关企业奔赴绍兴浙江中国轻纺城，一边招引采购商、销售团队，一边优化纺织发展政策，进一步助力纺织行业拓宽产品销售渠道。同时发挥科技优势，紧急启动科研攻关专项，助浙江康恩贝制药股份有限公司成功申报浙江省和金华市新型冠状病毒肺炎疫情紧急防治科研攻关项目。2月中旬，市科技局获悉浙江省口罩用鼻梁条出现货源紧张的情况后，立即着手排摸兰溪市相关数家此类材料生产企业，了解到浙江金立达新材料科技股份有限公司有能力开发并生产全塑料鼻梁条，随即与浙理工大联络沟通，促成校企合作，并在2月底开发成功。

科技创新

【概况】 2020年，"兰溪杨梅专业农业科技园区"

被列入省级农业科技园区创建名单，实现了兰溪市省级农业科技园区零的突破。杨梅农业科技园区位于马涧镇，总面积159平方千米，其中核心区面积约18.18平方千米，核心区杨梅栽种面积666.67公顷（1万亩），2019年杨梅产量5000吨，产值1.1亿元。

【产业创新服务综合体】 兰溪棉纺织产业创新服务综合体列入省级综合体创建名单，获得省创建经费2000万元，机构入驻22家。创建一年来，综合体积极参与并推动纺织行业智能制造示范市创建，聚力做好"智造赋能""平台赋能""机制赋能"3篇文章，助推纺织业高质量发展。依托综合体，智能制造领域专家为企业制定诊断改造方案14个，提供技术咨询、智能制造方案评审50多次，培训授课20余次。30家纺织企业智能化改造试点完成验收，效益平均提高12.3%，差错率平均下降至1%，织机效率最高提升5%，生产设备联网率达到98%，水、电、汽能耗分别下降9.8%、1.6%和5.6%。着力打造纺织云平台，支持鼓励企业、科研机构、行业组织共建共用，实现创新资源共享。综合体公益性科技资源平台建设初具规模，累计导入创新资源16个，引进高校院所6个，集聚高层次人才836名，建有1个省级检验检测平台和2个工业设计中心。棉纺织综合体建有12个院企共建研发中心，建成1个"人才飞地"。2020年5月，面向全省的纺织行业工业互联网云平台落户兰溪，该平台是全省"1+N"平台体系应用的标杆。兰溪协同创新服务平台投入运行，整合高校资源建起智能制造、数字经济等8支专家服务团队。是年，累计承担关键共性技术项目18项，攻克企业技术难题81个，全年累计服务企业1563家次。成功培育国家高新企业11家、省级高新企业研发中心2家、省级企业研究院2家、省级企业技术中心3家、省级科技型中小企业10家。纺织行业智能制造示范市创建工作得到了省长郑栅洁、副省长高兴夫的批示肯定。30家纺织企业智能化改造试点全部通过验收，兰溪纺织产业正阔步向"智造"升级。浙江鑫兰纺织有限公司列入全省首批智能工厂。

【培育创新主体】 新增国家高新技术企业33家，总量达137家。新增省科技型中小企业54家，总量达329家。新增省级高新技术企业研发中心11家、省级企业研究院4家，金华市级企业研发中心30家。

科技合作与交流

【概况】 与浙江工业大学合作成立了浙江工业大学兰溪研究院，省农科院在兰溪市建立技术转移中心，与浙江师范大学行知学院合作成立兰溪行知校地协同创新中心，协同创新进一步深化，校地合作纵深推进，全年共开展对接活动30多次。

【浙江工业大学兰溪研究院成立】 5月27日，兰溪市人民政府与浙江工业大学签署共建浙江工业大学兰溪研究院协议，浙江工业大学兰溪研究院落户光膜小镇。双方将打造共性技术攻关平台和科技创新交流平台，转移转化科研成果，为兰溪创建省级功能性新材料高新区提供科技支撑。

【省农科院兰溪技术转移中心】 5月11日，兰溪市科技局与浙江省农科院举行共建浙江省农业科学院兰溪技术转移中心签约仪式。这是兰溪市引进的第7家高校、科研院所技术转移中心。省农科院技术转移中心的引进，将为兰溪市农业科技发展提供坚强的科技支撑。

【兰溪行知协同创新中心成立】 7月3日，由兰溪市科技局与浙江师范大学行知学院合作共建的"兰溪行知协同创新中心"在行知学院揭牌。

【技术难题"揭榜挂帅"】 7月3日，由市委组织部（人才办）、浙江师范大学行知学院、市科技局主办，市兰创科技创新服务有限公司、金华科技大市场、兰溪科技大市场协办的金华市"揭榜挂帅"全球引才发布会（兰溪专场）举行，兰溪市政府面向天下英才广发"英雄帖、招贤令"，期望借助"全球大脑"帮助企业解决一批"卡脖子"的技术难题，首批榜单共发布技术需求103个，榜额超2.5亿元，涉及现代纺织、新能源交通装备等兰溪重点产业。是日，6支涉及现代纺织、光电信息新材料、医药健康、新能源交通装备、节能环保、数字经济等领域的行知学院专家团队正式授旗出征，他们将奔赴全市各乡镇（街道）、开发区的企业，发挥智力优势助力企业解决人才培养、技术攻关等难题。

【第八届人才科技月活动】 10月中旬至11月下旬，由市人民政府主办，市委组织部、市科技局等单位承办的"兰溪市第八届人才科技月活动"在兰溪逐项有序开展。11月11日，由市科技局和兰溪行知校地协同创新中心联合举办"浙江师范大学行知学院专家教授兰溪科技人才对接交流活动——纺织行业专场对接"。行知学院各专家团队分别与金梭纺织、九舜纺织达成初步合作意向。11月18日，由兰溪市人民政府、浙江工业大学材料学院主办，市科技局、市塑料协会、光膜小镇承办的"浙江工业大学专家教授兰溪科技对接活动暨高分子材料学术报告会"在企业服务中心举行。市有关市领导、浙工大科研院负责人和专家教授及市塑料协会、光膜小镇，高分子材料相关80余家企业参加活动。会上，浙江玉帛纺织有限公司、浙江甬金金属科技股份有限公司、浙江兴顺新材料有限公司、兰溪兴业压力容器制造有限公司和浙江金立达新材料股份有限公司分别与浙工大兰溪研究院签署了合作协议。

【校企人才合作"新模式"】 兰溪光学膜产业园是一家以光学膜材料、新型半导体材料为主要产业的高新技术产业园区，已吸引20多家光膜及其他高分子塑料膜产业研发和生产企业入驻。随着企业的陆续投产，对于人才的需求日益扩大，尤其是化学、机械等工科人才相当缺乏。市科技局积极探索多层面、多形式、多方位、协同化的创新人才培养体系和紧密型产学研合作模式，10月下旬牵头与浙师大行知学院一起组织100多名大四学生到光膜小镇参观学习，实现企业与高校师生之间的无障碍交流，不仅推出校企合作的新模式，更为入驻小镇的高新企业拓宽了人才储备"渠道"。

科技项目

【概况】 全年列入金华市级以上科技项目38项。分别是国家级项目4项：浙江盘毂动力科技有限公司"科技助力经济2020"重点专项，盘毂动力增强制造业核心竞争力项目，浙江康鹏半导体有限公司关键核心技术攻关项目，浙江风登环保股份有限公司有机固废高效气化及产品深度利用技术与装备项目；省级重点科技项目1项浙江风登环保股份有限公司"大宗固废协同制备水煤浆气化关键技术及应用示范"；省级新产品试制计划项目27项；省级科技特派员项目4项，分别为池塘养殖尾水处理技术集成与示范、特色水果（杨梅、枇杷）产业提升、高糖优质柑橘新品种引进与示范、可持续改善景区污染水体生态修复关键技术研究与示范。金华市级科技特派员项目2

项，分别为葡萄园节肥节水管理技术示范应用、一蚌二渔三连收模式集成及示范推广；兰溪市级科技特派员项目9项。

科技成果

【概况】 全年技术合同交易额达3.96亿元。浙江康恩贝制药股份有限公司参与研发的"浙江中药饮片炮制规范关键技术研究与应用"和兰溪市苗圃参与研发的"木荷育种体系构建、良种选育和高效培育技术"等2项成果获得2019年度浙江省科学技术进步二等奖。

【参加第19届金华工科会】 11月26日，以"科创引领、智汇金华"为主题的第19届中国·金华工业科技合作洽谈会暨首届长三角G60（金华）科创大会开幕。市科技局组织56家企业参加了百城百园成果直通车、院士走进金华、两用技术对接、氢能发展合作论坛等专场活动。完成科技合作协议签约16项，其中主场签约1项。

农业科技

【概况】 2020年，农业科技工作以科技为引领，以实施乡村振兴为目标，全面开展农业现代园区建设，切实推进科技特派员工作，创建金华市级星创天地2家。

【科技特派员】 科技特派员制度逐步深化，全年实施省级科技特派员项目4个，金华市级项目2个，兰溪市级项目9个。开展林下经济科技攻关，实施高效水产养殖30公顷（450亩）；开展农业核心关键技术攻关1项：杨梅凋萎病防控和杨梅促成栽培；引进水稻、油菜、蔬菜等农作物新品种80余个；同时持续开展"三联三送三落实"活动，动员"三农"力量，发挥职能作用，共计组织"三农"服务队101支，服务农业企业80家，基地38个，累计赴服务点服务803人次，服务村616次，企业721次，基地350次，共收集问题291个，解决问题272个。

【打造农业创新平台】 围绕科技特派员创业和服务过程中的关键环节和现实需要，积极推进农业科技创新。完善新型农业社会化科技服务体系，打造农业农村领域创新平台，为科技特派员开展农村科技创业营造专业化、便捷化的创业环境，创建金华市级星创天地2家，分别是兰溪市鸿香生物科技有限公司的鸿香源生物·星创和浙江新天地现代农业开发有限公司新天地农旅·星创。

（王国辉）

市科协

【概况】 2020年，市科协管理市级学（协）会13个，乡镇（街道）科协16个，社区科协24个，村级科普服务站330个，企（事）业科协7家，学校科协2家。汪高中心小学、马达中心小学获金华市级科普教育基地授牌。"2020年兰溪市全国科普日暨金华市乡村技术首席兰溪行启动活动"获中国科协办公厅授予的"2020年全国科普日优秀活动"荣誉称号；兰溪科协获评金华科协系统2020年度工作突出单位。

开展"老科学家进校园"活动，邀请中科院科学家刘大禾老师前往汪高中心小学、兰溪市第一中学等9所学校开展巡回宣讲，累计2000余名师生参与。以"翻筋斗的纸飞机""漂浮的图像"等为主题开展流动青少年宫"云"活动，累计参加学生3000人次。与兰溪市青少年宫联合在汪高中心小学等学校开展青少年科技大讲堂，共12场，累计2000名学生参与。与浙江经视联合开展以"共创新未来"为主题的2020年《冲刺！科学+》兰溪选拔赛，通过近4个月的时间，采取"线上答题+线下比赛"的模式从1700多组亲子家庭中，角逐出5组家庭参加金华市复赛。

多领域开展科普宣传。在《兰江导报》开设科普专栏，定期宣传兰溪市科协重要工作、重大科普活动、科普示范基地、优秀科技工作者。在兰溪新闻综合频道、生活娱乐频道打造《科普在线》栏目，宣传科协形象。充分利用科普e站、"兰溪新闻客户端""兰溪发布""兰溪新闻"等微信公众号、美篇等新媒体平台，多角度宣传科协工作。同时指导全市社区科协自行开展各类科普活动，累计开展科普活动200场。

9月22日，2020年兰溪市全国科普日暨金华市乡村产业技术首席兰溪行活动（市科协 提供）

【创建院士专家工作站2家】 完善院士专家站管理，制定出台《兰溪市院士专家工作站管理细则》。全年共创建院士专家工作站2家，分别是兰溪市人民医院医共体专家工作站（吴息凤专家），浙江金华味海食品股份有限公司专家工作站（张卫明专家）。

【发挥兰溪纺织产业学会企业联合体作用】 联合体组建了一支由64名专家组成服务团队，与兰溪市23家企业建立了技术攻关和新产品研发等产学研合作，解决企业技术难题43个。完成浙江玉帛纺织股份有限公司"全淀粉浆料上浆技术"关键技术科技攻关，浙江鑫兰纺织有限公司"靛蓝染色面料湿摩擦牢度差"行业共性问题科技攻关。为企业提供了相契合的技术成果，促进了浙江理工大学科技成果在兰溪转化3项，完成管理人才培训1次、技术人才2次、产品研发人才2次，累计培训人员达448人。在浙江鑫兰纺织有限公司建立研究生、本科生实习基地。为了培养兰溪纺织企业本土人才，联系浙江理工大学和浙江纺织服装职业技术学院的继续教育学院，开设兰溪纺织班，有30余名企业员工攻读专升本、40余名企业员工攻读专科。

【举办省级学会学术论坛】 承办"智能制造（纺织）浙江省学术交流活动暨第十七届长三角科技论坛纺织分论坛"，中国工程院院士，浙江理工大学校长陈文兴，浙江省纺织工程学会、上海市纺织工程学会、江苏省纺织工程学会专家教授等150余人受邀出席论坛。论坛的主题是"加强合作交流、推广智能制造"，论坛对当前纺织行业形势进行分析，为兰溪纺织产业发展、智能化改造把脉问诊，提出具体方案。

11月5日，举办"智能制造（纺织）浙江省学术交流活动暨第十七届长三角科技论坛纺织分论坛" （市科协 提供）

【举办"赋能兰溪高质量发展"院士专家兰溪行活动】 邀请龚晓南等7名院士专家走进兰溪，以"赋能兰溪高质量发展"为主题，为兰溪发展出谋划策。院士专家们实地考察了兰溪光膜小镇，并召开座谈会。会上，7位院士专家围绕人才培养、城市发展、创新创业、生态建设、特色资源等方面，提出了不少宝贵的意见和建议。会后，兰溪相关部门、企业与院士专家进行了交流对接。

【举办"金华市乡村产业技术首席兰溪行"活动】 9月15日，邀请6名行业专家到兰开展"金华市乡村产业技术首席兰溪行"活动，并聘请他们为兰溪市农业科技顾问。召开洽谈会，让6名专家与10名种植大户代表建立一对一联系，走到田间地头开展技术指导帮扶活动。提高农户农业生产技术，帮助大户进行基地创建。

【科普窗（栏）村村全覆盖】 以省文明城市创建为契机，市科协挖掘资源，投入专项经费帮助行政村（社区）进行科普窗（栏）建设及改造，实现全市行政村、社区科普窗（栏）全覆盖。市科协统一每两个月制作一期科普海报更新科普内容。结合新时代文明发展需要，打造科普文化礼堂，做好科普内容精细供给和精准推送，全年进农村科普文化礼堂开展各类科普宣传活动21场，发放宣传资料12000余份。

【举办名点名小吃制作技艺培训班】 为挖掘发扬兰溪传统小吃文化、打造兰溪传统小吃金招牌，助力兰溪"文旅兴兰"战略，市科协以农函大培训班为抓手，主动作为，组织开展鸡子粿、牛肉面、小笼包等兰溪特色小吃制作技艺培训班，全年开展培训班7期，累计培训结业学员230人。为兰溪小吃"传下来、走出去"培养了一批人才。

【农村科普示范基地建设】 2020年评选培育金华市级农村科普示范基地2家，分别为浙江逢源农业开发有限公司杨梅种植示范基地、兰溪市君恋生态农业科技有限公司菌菇种植示范基地。农村科普示范基地的评选有利于发挥基地的示范、引领和辐射作用，助推兰溪农业产业转型升级，促进农业增效、农民增收。

【青少年科技创新类竞赛】 举办了兰溪市第26届青少年科技节，共开展第35届兰溪市青少年科技创新大赛、兰溪市第五届"七巧科技"竞赛、兰溪市第十一届青少年橡筋航模、第九届F1空气动力赛车比赛等17项活动；组织学生参加全国、省、金华市各类科技创新大赛，并取得优异成绩，其中获得浙江省级一等奖7项，二、三等奖14项，金华市级各类奖50余项。

【实现学会党建全覆盖】 在全市所有学会建立党的组织或党的工作小组，将党建工作与协会业务紧密结合起来，实现党的组织和党的工作全覆盖。完成学会年检和换届工作，充分发挥全市学（协）会、研究会的功能，指导相关学会开展技能比武、竞赛和社会服务等活动，使他们成为全市科普工作的生力军。

【打赢疫情防控战】 面对疫情，通过美篇、公众平台等途径第一时间发布《致兰溪市各级科协组织和广大科技工作者、科普工作者的一封信》，并立即开展应急科普，通过微信公众号等累计发布疫情科普文章60余篇，进社区、进企业发放疫情防控宣传资料8000余份。及时挖掘推荐抗疫优秀组织和先进个人，浙江康恩贝院士专家工作站获评"金华市抗疫先锋工作站"，兰溪市人民医院感染科主任冯文辉获评"金华市最美抗疫科普人"。

【做好"5·30全国科技工作者日"活动】 发布《致全市科技工作者的一封信》，邀请抗疫一线的医护工作者、抗疫企业工作者、兰溪引进高端人才，本土农技专家等优秀科技工作者代表10人召开科技工作者代表座谈会，并在《兰江导报》对10名优秀科技工作者代表进行专题宣传。

（赵 毅）

教 育

综 述

【概况】 2020年,市教育局紧紧围绕"强工兴市、拥江兴城、文旅兴兰、环境兴人"四大战略,坚持疫情防控和教育教学两手抓,全市教育事业平稳健康发展,为打响"学在兰溪"教育品牌奠定坚实基础。

疫情期间,坚持成立疫情防控工作领导小组,组建工作专班。局、校层面分别建立防疫应急预案。严格落实"日报告""零报告"制度,启动"复学码"系统,智控校园疫情,确保师生信息及时掌握,该做法得到副省长成岳冲批示肯定。

3月,出台《关于进一步加强兰溪市中小学"三爱三立"思政教育品牌建设行动方案》《关于加强兰溪市中小学"三爱三立"思政教育研究与实践的指导意见》。组建"德耀兰溪"思政教育讲师团,聘请200余名模范先锋担任讲师团成员。推出"校长园长话思政""我们在浸润中茁壮成长"系列专题。《兰溪最亮的星》《点亮育人心灯,看兰溪如何"三爱三立"育新人》被《人民日报》等媒体关注报道。"区域推进中小学'三爱三立'思政教育探索"理论文章被《教育家》杂志收录,《兰溪市创新"三爱三立"思政教育体系点亮育人心灯》得到省委常委、宣传部部长朱国贤批示肯定。9月,兰溪杭州育才小学、初中完成第一批招生工作并开学。10月16—18日,承办首届童诗中国(兰溪)论坛。11月21—22日,承办人民研学网首届研学旅行创新与发展峰会。12月10—11日,承办全国中医药文化进校园现场会。《重拾中医瑰宝 弘扬传统国粹——兰溪市"三个突出"推动中医药文化进校园纵深发展》获得副省长成岳冲批示肯定。

3月17日,兰溪市"三爱三立"思政教育中,8万多名中小学生在家中上了一堂特别的思政课,他们网上对话中国工程院院士陈薇少将、赴武汉医疗团护士长张园园和志愿者胡芳等3位战"疫"在一线的老乡。当晚的云课堂视频点击量高达22.08万人次,在线聊天互动3143条。这是学生在家中上课　　　　　　(王恩贶 摄)

学前教育

【概况】 2020年兰溪市有幼儿园88所,其中一级幼儿园5所,二级幼儿园30所(含预评估二级4所），三级幼儿园51所，准办级幼儿园2所，等级幼儿园招生覆盖面为99.3%，普惠性幼儿园覆盖面为96%。在园幼儿人数17600人，学前三年入园率达99.45%。全市公办园36所（含18所公办中心园分园或教学点），乡镇100%建立公办中心幼儿园，公办园在园幼儿5993人，覆盖面34%，一二级幼儿园覆盖面60%。全市幼儿园教职工总数2234人，其中专任教师数1180人，有教师资格证1158人，持证比例为98.2%，专任教师大专以上学历人数1132人，大专以上学历人数比例95.9%，在职在编教师数240人。11月29日《中国教育报》以《浙江兰溪：为农村幼儿打造金色童年》为题刊发兰溪市扩容新增公办园、整顿低小散园、改造薄弱园的典型工作经验做法的报道。12月，兰溪市教工幼儿园被浙江省教育厅教研室评为浙江省先进教研组。

制定出台《兰溪市学前教育布局专项规划（2019—2025年）》《兰溪市创建学前教育普及普惠县工作实施方案》《兰溪市学前教育深化改革规范发展的实施意见》（兰政办发〔2020〕44号）等相关文件推进学前教育发展。

"学前教育补短提升工程"列为2020年市政府民生实事项目。3月22日，召开研究学前教育补短提升工程项目事宜，会议对学前补短九大幼儿园建设项目逐一研究，共同解决存在问题困难，推进项目进度。3月下旬，学前补短提升工程项目申报争取中央投资的工作。5月中旬，学前补短提升工程项目申报争取国家专项债的工作。7月23日，金华市城镇小区配套幼儿园治理工作领导小组组织到兰溪督查2020年学前教育补短提升工作，听取工作汇报，查阅相关资料，实地查看幼儿园建设项目，肯定兰溪市公办幼儿园扩容建设、城镇小区配套园整治、"低、小、散"幼儿园撤并及省二级以上幼儿园招生覆盖面提升工作。

幼儿园发展稳中有进。1月9日，云山街道东方名都幼儿园新评为省二级幼儿园（金市教办督〔2020〕1号）。2月初，经对全市23所共同体引领幼儿园2019年度帮扶工作进行考核测评，"兰溪市教工幼儿园、实验幼儿园、蓝天幼儿园、西山幼儿园、黄店镇中心幼儿园"共5所共同体引领园被评为兰溪市2019年度优秀共同体引领幼儿园。8月3日，浙江省教育厅办公室确定永昌街道中心幼儿园、蓝天丫丫幼儿园为浙江省安吉游戏第二批实践园（浙教办函〔2020〕175号）。8月28日，确定赤溪街道中心幼儿园、教工幼儿园等10所园为专业知识测试优秀幼儿园；教工幼儿园孙淼纹、实验幼儿园柴筱英等70名教师为专业知识测试优秀教师。11月4—12日，全市民办幼儿园进行2020年度年检，兰溪市锦绣幼儿园、兰溪市蓝天幼儿园等9所幼儿园被评为优秀单位，兰江、凯旋幼儿园等67所幼儿园被评为合格单位，横木星星、横木飞芬、云山街道新苑和兰江街道府前路4所幼儿园为不合格单位。

基础教育

【概况】 2020年，全市有独立设置初中18所（其中含民办初中2所），九年一贯制学校5所。在校初中生17392人，其中省外务工人员随迁子女1292人，占7.43%。独立设置小学45所，（含民办1所），在校小学生30353人，其中外来务工人员随迁子女4720人，占15.55%。6月外国语小学停止招生，由政府回购，原校区用作兰花小学校园，兰花小学当年招生的6个班，原兰花小学2~4年级学生从振兴小学临时借用校区搬入兰花小学校区。杭州育才小学投入使用，当年招生4个班，原外国语小学2~6年级学生由其托管。

根据《德育工作指南》和《关于加强兰溪市中小学德育工作的指导意见》，以新时代加强学校思政教育要求为指针，根据学校实际，教育局继续加强、完善、深化以"三爱三立"为主题的思政教育和劳动实践教育，各中小学充分挖掘校本育人素材，构建丰富多彩的思政教育德育教材、课程，努力创新德育工作的路径、方法和机制，打造可学、可看、可推广的思政样板，促进学生道德发展与素养提升。坚持"立德树人"的根本目标，认真贯彻落实习总书记在思想政治理论课教师座谈会上的重要讲话精神，全面推进思政教育工作。继续深化以"爱国爱党爱家乡 立德立功立言"为内容的"三爱三立"思政教育体系，下发《关于加强兰溪市中小学"三爱三立"思政教育研究与实践的指导意见》《关于进一步加强兰溪市中小学"三爱三立"思政教育品牌建设的行动方案》，注重思政教育的顶层设计，明确思政育人的目标定位，以"打开校门、走出课堂、踏入社会"为途径，让思政教育"新"起来、"活"起来、"实"起来，重点从文化思政、课程思政、活动思政、行走思政、管理思政、协同思政、榜样思政、融媒思政等八大行动路径去实践，突出体系化、项目化、体验化和品牌化，寓教于乐，让学生在亲身实践体验中内化于心、外化于行，推动"三爱三立"思政教育的具体化、本土化、情感化和细微化，受到省委常委、宣传部部长朱国贤的批示肯定。

课堂改革继续向着低碳、高效方面探索。一方面完善初中教育教学质量考核机制，不断提高义务教育学校办学水平和教育教学质量；另一方面从课堂、资源、作业等3个环节向纵深推进：提高45分钟课堂效率，打造高效课堂；进一步完善"互联网+义务教育学校"课程建设，利用"之江汇广场"等教育资源，探索教育资源共享的实践路径；推动作业校本化改革；继续加强音乐、体育、美术、技术等学科教学，促进学生全面发展。多管齐下，努力提高教育教学质量。2020年中考普通高中最低控制分数线为435分。

为了强化对学生的关爱，增强教师的服务意识，2020年全市教师继续开展的联村导师走村入户工作，加大了对留守儿童、外来务工人员子女、贫困生的关爱力度，全市16个乡镇（街道）8万多儿童受益。

普通高中教育

【概况】 2020年，全市有普通高级中学7所，教学班221个，在校学生9198人；招收新生3254人，毕业生2883人。全市有3088名考生报考高校，一段上线1189人，二段上线1870人。兰溪一中叶梦超同学被北京大学录取。

中等职业技术教育

【概况】 全市有中等职业学校3所，在校学生7586人，当年招收新生3108人，毕业1608人。2020年，职业中专获得金华市第十届教科研先进集体、浙江省教师发展学校优秀等级，优秀毕业生典型案例入选2020年省中职质量提升计划。2020年，职业学校继续与兰溪市时尚纺织局、浙江康恩贝制药集团、兰溪市光学膜产业园、浙江立新珠宝科技公司、普惠（兰溪）农业发展有限公司、兰溪诸葛旅游公司等市重点企业开办了10个企业冠名班。

【两所职业学校动工】 2020年，投资7.9亿元的兰溪市中德职教中心改扩建项目破土动工，该项目占地13.07公顷（196亩），办学规模120个班，容纳人数6000人，总建筑面积119300平方米；江南职业技术学校扩建项目如期动工，该项目投资8000万元。项目完成后该校总占地5.27公顷（79亩），办学规模100个班，容纳人数4500人，总建筑面积48000平方米。

特殊教育

【概况】 兰溪市现有义务教育阶段三类残疾儿童少年237人，其中随班就读学生124人，特殊学校就读64人，送教上门38人。兰溪市曙光学校是兰溪市唯一一所公办特殊学校，有在校生84人，在编教师22人，职工5人。兰溪市共建设随班就读资源教室19个（资源教室即在普通学校或特殊教育学校建立的集课程、教材、专业图书以及学具、教具、康复器材和辅助技术于一体的专用教室。资源教室具有为有特殊教育需求儿童提供咨询、个案管理、教育心理诊断、个别化教育计划、教学支持、学习辅导、补救教学、康复训练和教育效果评估等多种功能），完成每个乡镇（街道）资源教室全覆盖。普通学校中资源教师19人（资源教师即是在资源教室工作的教师。承担对本学校或区域内有特殊教育需要儿童的评量、咨询、教育、教学等任务的特殊教育教师。这些教师既可以是特殊儿童的直接教育者，如：文化补救的普通教师、特异行为训练者，也可以是辅助教师，即在普通班级上课时是普通老师的助手，也可以是其他老师的咨询者、特殊儿童及其家长的咨询者，等等），普通学校卫星班1个（卫星班是指特殊教育学校附设在普通学校、服务于特殊教育需要学生的班级、是促进特殊教育走向融合教育的一种教育安置方式），卫星班设在行知小学，现有6个学生参与融合教育。

为了提升特殊教育学校教师、资源教师、送教上门教师、卫星班教师专业能力，指导中心共组织或参加省市培训8次，有全市资源教师培训、金华市融合教育推进会、浙江省巡回指导教师培训、五校教研、90学时培训3次、龙游教研活动等。

落实特殊教育政策，随班就读工作常规化、常态化，组建送教队伍，送教上门工作全面铺开。16次组织巡回指导小组进行巡回指导，完善全市送教上门学生基本资料；全市普特学校组织送教上门服务总计110次。

【曙光学校迁址】 因中德职教中心项目建设的需要，曙光学校计划搬迁至原城北初中校园，搬迁工程一期投入400余万元，历时4个多月，于12月初顺利搬入新校址，学校硬件设施得到较大改善。

【实现"两个全覆盖"】 全年新增资源教室11个，全市资源教室数量达到19个。截至12月底，全市16个乡镇（街道）和上学年特殊需要儿童5人以上的学校均已建成了资源教室，实现了"两个全覆盖"。

【成立兰溪市特殊儿童教育康复专家委员会】 落实《金华市教育局等七部门关于印发〈金华市第二期特殊教育提升计划（2018—2020年）〉的通知》（金市教基〔2018〕25号）文件要求，11月中旬由教育局联合财政局、残联、卫生局成立了兰溪市特殊儿童教育康复专家委员会。

【参加浙江省首届资源教师基本功大赛】 11月，组织2名资源教师参加金华市首届资源教师基本功大赛，香溪中心小学姚梦璇老师获小学组一等奖、女埠中心小学楼利康老师获小学组二等奖。12月，姚梦璇老师参加了浙江省首届资源教师基本功大赛，获三等奖。

成人教育

【概况】 2020年,兰溪市有成人技校总校1所,乡镇(街道)成人学校16所,覆盖率100%,标准化率100%。全市学分银行学习成果数为132631人次,比例达到常住人口数的23.43%,新增老年学位6813人,超额完成1813人。全年全市成人学校服务农村文化礼堂、举办各类学习活动6次以上。乡镇(街道)成人学校完成各类培训132631人次,其中完成扫盲782人,占常住人口的0.139%。全市完成各类培训172920人次,参与社区教育132631人次,老年人参与社区教育60650人次,劳动力人口参与技能培训96523人次。农村预备劳动力培训3288人次。社区学院培训5100人次。

在兰溪市百城医院建立了兰溪市老年大学百城分校。9月,反左书非遗教学传承基地被浙江省社区教育指导中心评为"浙江省市民终身学习体验基地"。该基地坐落兰溪古城,占地面积1500多平方米。开展了兰溪市第四届全民终身学习周活动。开展"百姓学习之星""学习型家庭""学习型社区""学习型社团"的评比工作,先后评比出"百姓学习之星"15名,"学习型家庭"16个,"学习型社区"8个,"学习型社团"8个。兰溪市范浚研究会会长范国梁先后被评为金华市"百姓学习之星""浙江省百姓学习之星"。吴晓兰家庭被评为金华市学习型家庭,兰江街道青湖社区被评为金华市学习型社区,李渔研究会被评为金华市学习型社团,浙江美丽华科技有限公司被评为金华市学习型企业,"乐学马涧"春泥学堂被评为金华市学习品牌,并成为浙江省2020年度社区教育进农村文化礼堂学习品牌。

由刘鑫老师主编的《金华名人与家训》《兰溪唐氏文化》《文化芝堰》《走笔四十六村》《兰溪故事》《民俗文化埂坛》《白露遗韵》7门乡土课程被中国成人教育协会农村成人教育专业委员会认定为2020年精品乡土教材,并在全国农村成人教育网平台展示。马涧成技校成为全国"提升农民精神风貌"实验项目。马涧成技校案例《联村导师——传播传统文化的新时代领路人》被评为全省社区教育优秀案例二等奖。《"流星雨文化"助推农村文化礼堂》获得2020年金华市社区教育进农村文化礼堂学习品牌。刘鑫老师的《灏水秘境》一书由出版社正式出版发行。

【成人高等学历教育】 浙江广播电视大学兰溪分校是由兰溪市人民政府领导,市教育局主管,业务上接受上级电大指导的分级办学、分级管理的成人高等教育学校。浙江广播电视大学兰溪分校2020年在籍学生839人:电大开放教育716人,浙大远程教育31人,奥鹏远程教育92人。全年(2020年)招生173人:电大开放教育156人,奥鹏远程教育17人。2020年度毕业生374人:电大开放教育298人,浙大远程教育34人,奥鹏远程教育42人。

【成人"双证制"学历教育】 推进成人"双证制"教育培训工作。全年有1125人完成培训,拿到成人职业高中学历证书,完成计划数(600人)的187.50%。

12月30日,教育局社区学院兰溪市第四届全民终身学习活动周启动　　　　(王萍 摄)

教师队伍

【概况】 全市有在编教职工4809人，专任教师4462人。全年共招聘中小学、幼儿园教师199名，另引进正高级教师1名，高水平退役运动员2名。2020年全市教师获正高级教师1人，高级教师职称86人，中级职称237人。完成教师资格认定203人，其中初中41人、小学136人、幼儿园26人。

切实加强师德建设。印发兰溪市教育局加强师德师风建设"三条高压线、八项注意"，开展师德师风专题教育活动，强化师德师风教育。注重正面宣传教育，开展兰溪市最美教师和优秀班主任评选工作，20位教师评为兰溪市最美教师，1位教师获金华市最美教师称号，2位教师获金华市最美教师提名奖，47名教师评为兰溪市优秀班主任，22位教师获金华市优秀班主任，4名教师获评浙江省春蚕奖，1名教师获评浙江省绿叶奖。

全面实施"县管校聘"人事制度改革。努力探索"县管校聘"与义务教育段教师交流工作的融合，引导优秀教师向农村学校、薄弱学校流动，促进全市师资均衡配置，推进教育公平。暑期开展"摘牌选岗"活动，该活动与"县管校聘"互为补充，能让农村教师在城区学校接受锻炼，提高教师综合素养。同时开展中高考学科教师、幼儿教师专业知识考试。

注重教育人才队伍建设。制定《兰溪市乡贤基金教育人才奖励办法》（试行），制订教育人才培养工程实施方案，通过引进优秀毕业生，加大教育人才引进力度和教育人才培养力度，提高教师队伍整体素质。2020年通过委托培养、人才直通车、院校招聘、公开招考等方式招聘199名新教师，缓解音乐、体育、美术、特殊教育、职教专业课等紧缺学科教师短缺的状况，优化师资结构，同时通过岗前培训和市级名师、骨干教师与新教师结对帮扶，有效提高新招聘教师的整体素质。

开展第三批名师工作室申报评选和高层次专业技术人才公积金申报工作，新增第三批20个名师工作室，继续保留第一第二批15个名师工作室，72位教师享受高层次专业技术人才公积金。发挥名师名校长引领示范作用，采用专题报告、名师讲学、教学观摩、说课评课、交流互动等形式，加大对薄弱学校的支持力度。举办"学在兰溪走进经典"校长读书活动。提高教师工资待遇，积极落实好义务教育教师工资不低于公务员的政策，全市义务教师人均收入水平有了较大幅度的提高。

师干培训

【概况】 2020年，教师进修学校各项工作在"统筹规划，传承创新，提升品质"的思路引领下扎实、有效地开展，共开设13个90学时培训，全市90分及以上学分合格有1138人次，教师参加90学时项目匹配率达到91.02%，其他短中期培训78个项目，培训13881人次；市外培训人数3385人次；新教师培训199人次。全市教师培训人均完成92.5学分，教师通过培训管理平台自主选择培训项目的学分数占总培训学分数的75.19%，教师自主选课后实际参训率98.85%，满意率99.54%。教师参加省级及以上培训完成率达到246.15%。开展近两年新提拔任命的校级领导和局管后备干部培训，遴选各学科业务骨干67人组成第二批青年骨干教师高端研修班开展系列培训。进修学校连续4年被评为金华市先进集体。

教学研究

【概况】 2020年，以切实提高教育教学质量为中心，积极履行研究、指导、服务的教育教学职能，促进教师专业成长，在课改、教研、管理等方面取得明显的成效。10余人次获金华市教学评审活动一等奖。1所幼儿园教研组被评为浙江省先进教研组，2所幼儿园教研组被评为金华市先进教研组。承办金华市级以上教研活动11次。

【停课不停学】 疫情防控期间，根据上级文件精神，延迟开学，全面开展线上教学，通过华数电视直播、钉钉课堂、枫山网校等途径，向全市开设公益课程，为全市6万多名中小学生线上教学提供了强有力的保障。该次线上教学行动迅速、全科参与、覆盖面广，全市近两百位骨干教师上了1141节公益课，其中小学96名教师录制420节课，通过华数电视播出；初中51位教师上课420节，通过枫山网校直播；高中46位教师上课301节，通过枫山网校直播。3月20日的《人民日报》点赞"兰溪发挥融合优势，汇聚战疫力量"，对"停课不停学"的做法给予高度评价。

【教学调研视导】 分学段对学校进行听课调研，指导学校因地制宜制定教研计划、落实课程方案、推进教学改革。小学段对所有学校开展集体深入调研，初中段针对构建"高效课堂"的推进作专题调研，高中段分别到各中学进行为期3天的全程跟进式深度调研。各段巡查学校教育教学常规，从学校管理、教师教学、学科教研、学生学习等层面全方位视导。

【党建+"深耕式"教研】 本年度根据"深耕式教研基地校申请表"的上报情况，有针对性地选取实验幼儿园、永昌幼儿园、兰花小学、黄店小学、横溪小学、实验初中、马涧初中、兰三中为新一轮的深耕基地。开展基于学校、老师、学情的"区域推进深耕式教研的路径研究"，有效开展深耕教研，每次调研有集体反馈，列出问题清单，第二轮深耕手持清单深入调研，持续发力，帮助和指导教师改进教学行为，增强教师的主动反思能力，提升教师执教能力，提高课堂教学效率，打造适合校情的教研文化。

【"卷入式"教研】 该年度"卷入式"教研模式全学段、全学科、全面铺开。（卷入式教研是以增强一线教师教研活动的主体性、主动性为目的，从教师日常教学中存在的真问题出发，以"课例+现场互动"的组织形式，将学科教研组或共同体成员自下而上全员卷入、全程卷入，通过全员议课、人人备课、抽签上课、集体辩课、改课展示和总结反思六步完成活动的一种新型教研活动。）开学初，小学语文、小学科学、小学道德与法治、初中语文、初中数学、初中科学、高中语文等学科的教研组长和小学数学青年教师、幼儿园骨干教师首先开始"卷入式教研"模式展示，明白"卷入"的操作步骤和具体实施注意事项，做足市级层面示范引领工作。在此基础上，"卷入式"教研方式的重心下沉到学校，以学校为主阵地开展实施，全市学校积极尝试卷入式校本教研。切实树立老师们的"卷入"观念和"群研"意识，实现从思想到行动的转变，完成从"自我"到"群我"的升华，最终实现由"事不关己的看课"向"全身心投入的主体"转变和由"消极的抱怨者"向"积极的实践者"转变，提高校本教研的实效性，实现课堂教学的高效化。该模式被金华多个县市学习效仿。

【新教材培训】 全面铺开普通高中新课程，9月12日、19日，举办"新课标、新教材、新教学"集中研训，落实组织新课程实施中"教学活动""教学任务"开展和教学策略运用的任务。全市高中11门学科共700多位教师全员参加培训。该次活动体现三大特点。邀请了浙江省教研员、教材编写组成员以及省内各科领域专家到兰讲座和课堂诊断。各学科精选优秀骨干教师、教研员上研讨课，试水新教材，共研新教法，做到"教""学""评"一体。

语言文字工作

【概况】 坚持政府主导、语委统筹、部门支持、社会参与的语言文字工作原则，大力推进语言文字工作。严格对照《浙江省语言文字规范化县（市、区）考核验收标准》，明确目标，制订计划，分解任务，责任到人。截至目前，兰溪市88所学校全部完成兰溪市级语言文字规范化学校创建，其中有17所学校被评为金华市级语言文字规范化示范校。已完成全市16个语言文字规范化乡镇（街道）的验收，实现了创建全覆盖。2020年兰溪市通过区域推进语言文字规范化验收评估，完成语言文字规范化市创建。

【举办公务员普通话测试】 在普通话测试定点单位教师进修学校举办公务员普通话测试，邀请兰溪普通话测试员对参加普通话测试的国家工作人员进行普通话考试培训。来自全市各机关部门、乡镇（街道）的279名国家工作人员参加了测试，271人取得了三级甲等及以上的成绩，参考人员合格率达到97%。

【开展"推普"调研】 暑期市语委开展全市普通话大调研活动，结合社区访谈、入户调查、街头访问等多种方式进行测试。测试结果，农村居民普通话普及率（高水平）达到85%，城区居民普通话普及率（高水平）达到90%，全市形成"人人都讲普通话，人人会讲普通话"的良好氛围。

【开展语言文字规范化示范校创建活动】 营造健康和谐的校园语言文字环境，将普及普通话和语言文字规范化的要求纳入学校培养目标和日常管理，将师生语言文字规范化训练渗透到德智体美和社会实践等各项教育教学活动中。各学校每年利用全民阅读月、世界读书日等契机，开展校长读书会、师生读书会、亲子阅读节等各类阅读活动，推进学习型教师队伍建设，培养学生读书习惯。积极组织开展征文、演讲等各类比赛来提升师生诵读经典和规范字书写水平，提升广大师生语言文字规范意识。组织开展"啄木鸟纠错"活动，让学生们走上街头寻找不规范用语，助力语言文字规范化市的创建。

【开展"推普周"活动】 组织开展"推普周"活动。每年9月第三周是全国推广普通话宣传周，各单位将推普周作为推广普通话和规范字的重要契机。全市各中小学、幼儿园将"推普周"活动作为校园文化建设的重要组成部分，开展了形式多样的推普活动；各乡镇（街道）开展了"推普进社区""中华经典诵读"等一系列活动；全市各成员单位结合推普周开展了形式多样的语言文字活动，形成了政府牵头、部门联动、学校引领、社会参与的推普格局。

教育研究

【概况】 2020年，《三爱三立：中小学思政协同教育的兰溪实践》获人民日报社举办的全国第八届（2020）民生示范工程奖。

全市获浙江省教育科研优秀成果奖三等奖1项、金华市一等奖2项、二等奖11项、三等奖17项。有4项课题立项为省级教科研规划课题。自主研发的地方课程《研学兰溪》由浙江科学技术出版社出版并在全市小学使用。"三爱三立"思政教育得到省委常委、宣传部部长朱国贤的批示肯定。策划的3期思政特别直播节目《兰溪最亮的星》《致敬逆行者——开学第一课》和《浪费可耻 节约为荣》，引起国内外80多家媒体转播，200多万人点赞。《人民日报》报道了《浙江兰溪创新思政教育》。《浙江日报》深读专栏全版刊发了题为《兰溪中小学创新思政教育——在孩子心中种下真善美》专题报道。光明日报主管的《教育家》探索专栏专门刊发了兰溪市中小学"三爱三立"思政教育的探索等8篇文章，全方位介绍了兰溪思政教育的实践样本。与教师进修学校合作开展了金华市级课题精品培育工程。编辑刊发了两期《兰溪教育学刊》。

招生考试

【概况】 兰溪市教育考试院是公益一类全额拨款事业单位，隶属兰溪市教育局管理，在兰溪市招生委员会和兰溪市教育局的领导下开展工作。考试院现有院长1名，副院长1名，在职在编人员8名。教育考试院重点工作是做好中考、高考、学考、选考、自学考试的报名工作，考试的组织与实施工作，高中招生、高校招生志愿填报的指导与服务工作等。总体工作目标是实现招考工作的安全、平稳。

受新冠肺炎疫情影响，高考体检、中考、高考、高等教育自学考试的时间都相继延后。学考、选考分别设在1月和7月各2次，其中7月份的选考与普通高校招生考试同步进行。取消了四月份的学考、选考。成人高校专升本招生考试报名人数呈逐年上升态势。全市高中段招生考试报名人数达6091人，设208个考场，在10个考点的标准化考场进行。全年各类招考工作安全、稳妥、有序，实现零失误、零差错、零投诉、零事故的平安招考工作目标。

实行高中段学校招生改革，城区三中、五中、兰荫中学3所学校高中招生实行平行志愿录取。2名飞行员分别被空军航空大学和北京大学录取。中考政策性加分首次实行网上申报、网上审核。12月底，一中、三中、五中、兰荫中学、教育考试院指挥中心5个点的高考网络巡查系统全面改造升级，增加了网络屏蔽及身份识别功能。2020年6月，浙江省教育考试院授予兰溪市教育考试院"浙江省招生考试工作先进集体"称号。

【普通高等学校招生】 全年普通高校招生考试报名人数3324人，其中艺术类1101人，高职单招单考156人，体育类100人。（见表22）

【学考选考】 全年度有2次学考2次选考，1月学考参报有10600人次，7月学考有16803人次，7月选考有11188人次。（见表23）

【成人高校专科招生考试】 全年成人高校招生报名人数947人，比2019年增加396人，录取783人，录取率为82.7%（见表24）。

【高中招生考试】 全市报名人数6091人，比

表22　2020年普通高校招生考试兰溪市报考人数　　　　　　　　　　　　　　　　单位：人

年份	报考人数				
	普通类	体育类	艺术类	单招单考	合　计
2020	1887	100	1101	156	3324

表23 2020年兰溪市普通高中学业水平考试和高考选考科目考试　　　　单位：人

年份	报考科次				
	一月学考	七月学考	一月选考	七月选考	合计
2020	10600	16803	12099	11188	50690

表24 2020年兰溪市参加全国成人高校招生专科考试报名情况统计表　　　　单位：人

年份	报考人数				录取人数
	文科	艺术（文）	理科	合计	783
2020	480	17	450	947	

2019年增加199人。全市设10个中考考点，208个考场，实行标准化考场考试。（见表25）

【高等教育自学考试】 上半年报考241人，其中新生67人，共737理论课次；10月份考试235人，其中新生134人，共627理论课次。全年共报考476人，其中新生134人，共1364理论课次。（见表26）

【英语等级考试】 9月，全国英语等级考试中的一级笔试369人参考，设置13个试场；二级笔试76人参考，设置3个试场。（见表27）

教育督导

【概况】 2020年，初步构建了兰溪市"督政""督学""评估监测"三位一体的教育督导体系。以督学监督指导各级各类学校规范办学行为，全面提高教育质量；以督政引导各相关部门和乡镇（街道）全面支持教育事业发展，提高公共教育服务能力和水平；以评估监测摸排全市教育情况，为改进教育教学、管理、决策提供依据

表25 2020年兰溪市高中段招生考试录取情况统计表　　　　单位：人

年份	报名数	录取情况	
		学校类别	录取人数
2020年	6091	兰一中	640
		其他普通高中	2614
		职业教育	3108

表26 2020年兰溪市高等教育自学考试报名情况统计表　　　　单位：人

年份	上半年		下半年		全年合计	
	人数	科次	人数	科次	人数	科次
2020	241	737	235	627	476	1364

表27　2020年参加全国英语等级考试报名情况统计表　　　　　单位：人

年份	一级笔试		二级笔试		合计	
	人数	试场	人数	试场	人数	试场
2020	369	13	76	3	477	18

和支撑。顺利通过省政府对兰溪市履行教育职责督导评价。

【督政工作】　10月27日，浙江省政府对兰溪市人民政府履行教育职责评价实地考核，专家组在兰溪市进行了为期两天的政府见面会、资料查阅和实地考察等考核流程，最后给予兰溪市履行教育职责督导89.9分B等的评价。完成了2019年度义务教育教师工资待遇落实情况专项督导、提交兰溪市教育现代化发展水平监测、金华市综合考评教育现代化部分考评模拟考核结果分析和梳理等工作。

【督学工作】　市人民政府教育督导室和市教育局成立7个评价组，对全市18所幼儿园、58所中小学进行发展性评价考核，同时形成督导报告。启动高中三年发展规划评审，邀请金华教育评估中心专家对兰溪市7所高中进行三年发展规划评审和发展性评价。完成每月一次的责任督学挂牌随访督导。完成疫情防控、校园复学码、暑期防溺水、考风考纪、幼儿园办园、暑期校外培训机构等方面的专项督导。

【评估监测工作】　5月，初步完成委托第三方进行全市学校满意度测评；8月，完成所有义务教育段学校优质均衡评估监测系统的数据填报与修正，分析全市均衡状况；11月，协助省教育现代化研究与评价中心完成县域基础教育生态监测评价工作；12月，完成省教育现代化发展水平监测数据分析和反馈报告撰写、满意度测评分析工作。启动行知小学、永昌成技校、梅江成技校3所学校的现代化学校申报审核工作，10月完成现场评审，梅江镇成技校成功通过浙江省现代化学校评审。

教育技术装备

【概况】　全年完成1460万元教育装备专项资金项目的采购实施工作。共计采购计算机336台、智能黑板113套（希沃黑板4套）、常态录播33个、创新实验室充实2个、中小学新型教学空间有《新六艺馆》《动商教学互动空间》等共38个。中小学新型教学空间投入共计890万元，采购了码洋50万元的图书和110万元的LED大屏，进一步改善了兰溪市中小学的基本办学条件。

学校基本建设

【概况】　2020年对中小学（幼儿园）进行校舍维修、校园改造、雨污水分流改造等项目建设等，涉及59所学校（幼儿园）、63个项目（包括永昌初中等2只拆装式游泳池），总投资额约1625万元。

【新（续）建项目】　中德职教中心改扩建工程总投资约8亿元，已完成投资约8600万元；兰溪杭州育才中学迁建工程总投资约3.28亿元，已完成投资约2100万元，总建筑面积约44000平方米；

兰一中扩建工程总投资约6600万元，已完成投资约1000万元，总建筑面积约16000平方米；兰花小学（开发区小学）于2020年8月竣工，投资额1.79亿元，建筑面积3.68万平方米，该校由民办的兰溪杭州育才小学使用，原民办外国语小学改为公办的兰花小学；永昌小学教学楼3647平方米已完成投入使用；振兴小学教学楼和体育看台改扩建工程已竣工，总投资850万元，总建筑面积3023平方米；因中德职教中心改扩建，曙光学校迁建至原城北初中，项目总投资约600万元，教师进修学校暂安置到行知小学过渡办学；改扩建梅江镇、上华街道公办中心幼儿园和大阜张、灵洞烟溪村集体办幼儿园，主体工程基本完成；完成横溪镇和赤溪街道公办幼儿园招投标并进场施工。

（余彦利）

浙江师范大学行知学院

【概况】 2020年浙江师范大学行知学院围绕建成特色鲜明的一流应用型本科高校发展目标，在深入推进党建引领、深化教育教学改革、提升人才培养质量等方面均取得了显著成效，学院综合实力明显提高。在2020武书连版高水平独立学院排名和中国校友会团队排行榜中均列省内第一。

2020年学院面向全国12个省（市、自治区）共录取本科生2725人，其中普通本科生1858人、专升本867人。毕业本科生2056人，毕业生初次就业率91.06%。截至2020年底，全日制在校本科生总数8293人。

学院积极开展教育教学改革工作，精准聚焦一流本科专业建设，确定院级一流本科专业培育建设项目10个，推荐报送国家级和省级一流本科专业建设点各1个。重点培育2项教学成果；打造线上线下混合式"金课"，疫情期间开设线上课程327门，组织开展了33个在线教学示范课堂展示活动，获2020年院级一流本科课程培育项目10门，获2020省"互联网+教学"优秀案例特等奖1门、一等奖2门、二等奖3门。新修订实验室管理制度12个，新建、改造实验室29个，省级虚拟仿真实验教学项目立项3项，省高校实验室工作研究项目1项，校级实验室教学示范中心软件建设项目常规项目16项，网络教学开发项目8项。2020届考研（含出国境）录取率为9.09%，较去年上升2.22个百分点。

学院坚持以学科竞赛为突破口，贯彻以赛促学、以赛促教的理念，强化竞赛在应用型人才培养中的积极作用。自2017年中国高等教育学会首次发布全国普通高校大学生竞赛排行榜以来，连续五年入选全国"民办及独立学院"大学生竞赛排行榜前20名。

学院不断提高科研服务能力，大力推进硕士点建设，增设了汉语国际教育、农业（农业管理领域）、材料与化工、电子信息4个专业硕士学位定向培育建设项目。强化科研指导力度，科研项目纵向立项25项，省部级以上项目4项，厅级11项；横向立项140余项，年度到款经费达900余万元；发表学术论文160余篇，其中SCI、EI源刊论文28篇，CSCD、CSSCI源刊论文34篇；授权专利41项；软件著作权6项，出版专著3部。获得首个浙江省国际科学技术合作奖一项（2020年浙江省唯一）。持续深化校企合作，组织学院专家团队200余人次入企对接技术难题和需求，举办成果发布会5次，与康恩贝开展联合技术攻关已取得阶段性成果、辅导甬金科技参评金华市政府质量奖，科技协同创新中心、公益助农、美丽乡村建设等落地见效项目已有10余项，顺利举办第十四届浙江省中小企业峰会，与10余家企业签订战略合作协议，浙江省网络空间安全实训基地、网络空间安全运维实验室挂牌；新聘143位兼职教授，开设"行知论坛"13讲，举办特色班2个，新增奖教奖学基金1932万元；培训项目共80多期，培训人员7000余人次。为深入推进校地合作，2020年以"共聚兰溪、共谋发展、共创辉煌"为主题的首届兰溪发展大会在学院图书馆大礼堂举行。

【设立浙江省网络空间安全实训基地】 6月，经中共浙江省委网络安全和信息化委员会办公室批准，"浙江省网络空间安全实训基地"在浙江师范大学行知学院设立。网络空间安全实训基地在网络安全科普宣传、网络空间安全职业体验、网络空间安全攻防演练、网络空间安全技术实训等方面发挥重要作用。通过政府、企业、学院、科研机构的通力合作，网络空间安全实训基地依托学院现有的"浙江省重点建设实验教学示范中心""网络空间安全实验教学中心"，整合合作企业资源，组织开展技术培训与合作，致力于打造"政产学研用"一体的人才培养高地。

实训基地揭牌　　　　（行知学院 提供）

【金华市"揭榜挂帅"全球引才发布会】 7月3日，金华市"揭榜挂帅"全球引才发布会（兰溪专场）暨兰溪行知协同创新中心成立大会在学院行政楼报告厅举行。市委常委、组织部部长郭亮，学院副院长郑荣泉，市政府党组成员、学院副院长黄凯声，相关领域专家学者、企业家代表及相关职能部门负责人参加活动。首批榜单共发布技术需求103个，涉及现代纺织、新能源交通装备等兰溪重点产业，榜额超2.5亿元。会上，兰溪行知协同创新中心揭牌成立。

发布会现场　　　　（行知学院 提供）

【转设背景下独立学院实践教育体系建设研讨会】 由浙江省高等教育学会独立学院分会主办、行知学院承办的"转设背景下独立学院实践教育体系建设"研讨会于11月27日召开。浙江师范大学副校长、行知学院副董事长李伟健教授，浙江大学机器人研究院常务副院长陆国栋教授以及省内19所独立学院领导、教务部人员出席了会议。李伟健发表致辞，他认为研讨实践教育是转设背景下独立学院发展的应有之义。从高水平人才培养体系建设角度指出，实践教育是应用型本科高校教学体系的重要组成部分，并特别指出，

研讨会上颁发荣誉证书　　（行知学院 提供）

在实践和经验的基础上反思，不仅是培养工匠精神的方法，也是提升教学质量最重要的路径。

【第十四届浙江省中小企业峰会】 12月5日，第十四届浙江省中小企业峰会在行知学院兰溪校区举行。峰会以"聚智聚力融合发展，创新创业共创未来"为主题，立足疫情常态化防控背景下国内外经济形势，助力企业家抢抓"双创"机遇，融入国内国际"双循环"经济发展新格局。浙江师范大学副校长、行知学院副董事长李伟健，浙江省委网信办网络安全和技术处处长吕勇刚，兰溪市委副书记、市长王新锋等出席了大会。峰会通过共同探讨在机遇与挑战并存的时代背景下，加强中小企业风险应对能力、促进企业转型升级与高校协同育人进一步融合发展的新想法、新举措。

（朱文品）

文化·体育·传媒

文化综述

【概况】 2020年以来，兰溪市文化和广电旅游体育局留住文化根脉，一年来各项工作成果丰硕。举办了古村落保护与利用发展论坛；发现千年古墓葬，该墓葬属浙江地区发现的第二例壁画墓；香山寺塔、曹聚仁故居之慈母园两处建筑获评优秀案例；游埠早茶等19个项目列入兰溪市级第十批非遗项目名录，41人入围兰溪市级第六批非遗代表性传承人。组建"文艺轻骑兵"，"文化菜单"更加丰盛；剧团改革重焕新生，入选省文化和旅游系统全面深化改革优秀典型案例；精品创作获得大丰收，文艺作品获省级奖项3个，获金华市级双金奖2个、金奖1个。

（汪枭意）

群众文化

【概况】 实施推进"五个百分百"［100%的市、县（市、区）完成规定场馆建设要求，100%的市、县（市、区）建有城市书房、完成县级图书馆文化馆法人治理结构改革和图书馆分馆建设任务，100%的乡镇（街道）建有省定三级以上综合文化站、按要求组建乡村文艺团队，100%的省级中心镇和人口5万人以上的乡镇（街道）落实文化下派员制度、建有文化馆分管，100%的农村文化礼堂按照省定标准规范运行］建设工程，建成"芥子书屋·兰创自助分馆"，新建3个乡镇（街道）图书分馆。举办了乡村旅游文化节活动、非遗主题日活动、国庆中秋"双节"古城活动、第七届兰溪"兴"舞台，参与或承办了第二届中国（金华）李渔戏剧汇、浙江省文化馆群文摄影工作发展研讨会暨采风活动、浙江省词曲作家文艺创作采风活动、杨梅节、枇杷节、赤溪荷花艺术节、栖真寺晒经文化节等节庆文化活动。组织兰溪各界文艺人士以歌曲、书画、非遗多种形式创作33组抗新冠肺炎疫情文艺作品。完成2020年完成送戏下乡218场、送书下乡15378册、送电影下乡4501场次、送展览讲座82场次。

【文化惠民】 全年开展送书下乡15379册、送电影下乡4501场次、送戏下乡218场、送展览讲座82场，非遗展示展演49场次。开展杨梅节、枇杷节、赤溪荷花艺术节、栖真寺晒经文化节，专业干部下基层指导共计60场次，累计培训辅

李渔剧场文化惠民演出 （市文旅局 提供）

导近12000名文艺骨干，为全市16个乡镇（街道）、企业、部队及学校配送服务超600场次。启动文化大讲堂云课堂直播教学工作，开展培训58场，累计在线观看人数4.25万人次，收获点赞数6万；

【文化设施建设】 建成"芥子书屋·兰创自助分馆"，藏书6697册，内设70余阅览座位，并配备有声图书馆图书2万余册、少儿阅读区、朗读亭、自助借阅机。新建成3个马涧、黄店、柏社乡镇（街道）图书分馆，截至2020年末，共建成7个乡镇（街道）图书分馆。

【抗疫专题】 2020年新冠肺炎疫情期间，组织各界文艺人士以歌曲、书画、非遗等多种形式共创作33组文艺作品，在微信平台推出"以艺抗疫"专题，以群众喜闻乐见的防疫宣传节目，通过网络灵活宣传科学防疫知识，其中创作抗疫歌曲《为爱隔离》登上《光明日报》《人民日报》等媒体，并在美国纽约时代广场大屏滚动播出72次；在中国国际教育电视台发起"天佑中华 全球联播"行动中，以参加防疫工作的医护人员为原型创作的抗疫歌曲《没有你的夜晚》获"优秀国际展播奖"。

【成立首批文旅轻骑兵】 6月13日，打造兰溪首批统一Logo、统一标识的文旅轻骑兵，该队伍拥有3支市直总队、16支"能说会道"小分队、16支"能歌善舞"小分队、16支"能写会画"小分队，共计51支文旅轻骑兵团队。涵盖音乐、舞蹈、书画、摊簧、说书、道情、朗诵、摄影等形式的文旅轻骑兵，以党委政府中心工作、时代主旋律和地方特色文旅内涵为主题，依托各乡镇（街道）文化站、农村文化礼堂等文化阵地，在基层一线丰富群众精神文化生活。

【文艺精品创作】 围绕全面建成小康社会、全省"三个地"等主题开展艺术创作，原创作品在各类比赛中获得好成绩。歌曲《诗路钱塘》获第十一届浙江省音乐舞蹈节浙江舞台艺术兰花奖优秀奖，金华市第二届音乐新作大赛创作、表演双金奖；歌曲《爷爷的手艺》获浙江省第十九届音乐新作大赛入围奖，金华市第二届音乐新作大赛创作银奖、表演铜奖；歌曲《瀫纹漾月》获金华市第二届音乐新作大赛创作铜奖。舞蹈《一直都在》获金华市第六届舞蹈大赛创作、表演双金奖；改编传统舞蹈《断头龙》获省级奖项入围2021浙江省大型民间舞蹈展演；由金华市文化馆创作兰溪市文化馆参与演出的舞蹈《我和我的母亲》获浙江省群众舞蹈大赛金奖。摊簧新作《渡考》受邀参加全国非遗曲艺周闭幕式展演及第二届"浙江曲艺奖"颁奖典礼演出。围绕游埠、嵊泗人文风情为题材创作参展组照筹备参加浙江省旅游风情小镇专题展览。创作国画《豌豆花不是玫瑰》备展第五届"红船颂"全国美术作品展；国画《四月天2》备展第二届"乡风墨韵"全国中国画作品展；白描《提线木偶》《美人蕉》入选"诗画浙江 康旅泰顺"浙江省群文美术写生创作系列活动作品展。书法《次韵杨宰汲泉浸栀子花》入选"寻源"2020金华市第六届视觉艺术联展（书法）。

【第七届兰溪"兴舞台"】 围绕市委市政府"强工兴市、拥江兴城、文旅兴兰、环境兴人"战略为主题，该次活动由中共兰溪市委宣传部、兰溪市文化和广电旅游体育局主办，兰溪市文化馆、各乡镇（街道）文化站、李渔戏剧研究院共同承办。共有215个动态类表演节目，近300幅视觉艺术类作品，2300多位文艺爱好者参与，80幅优秀视觉艺术类作品在市博物馆展出。歌曲《爷爷的手艺》、双人舞《你》等10个优秀节目入选兰溪"兴"舞台年度十强，兰江街道、灵洞乡等8个文化站获优秀组织奖，颁奖晚会视频直播点击量达60.30万人次。该次活动挖掘优秀群众文化艺术人才120人，优秀文艺演出团队38支，对繁荣基层公共文化服务储备了人才队伍。

12月8日晚，第七届兰溪"兴"舞台总决赛在兰溪剧院举行　　　　（朱彦轩　摄）

【开展特色活动】 4月，组织开展全省词曲作家文艺创作采风活动；5月，开展"闲情偶寄 诗意兰溪"乡村旅游文化节活动；6月，开展非物质文化遗产主题日活动；7月，承办为期五天的浙江省文化馆群文摄影工作发展研讨会暨采风活动，全省各市县共70余名专职摄影干部参加活动。8月，组织开展《清风满家》清廉微视频拍摄并参加第二届"玉琮杯"清廉微电影微视频大赛；9月，开展"寻找老字号 复活旧味道"国庆中秋"双节"古城活动。12月，与浙江音乐学院国乐系联合开展"红色乐音"民族室内乐音乐会。

【李渔戏剧研究院成立】 4月10日，兰溪市李渔戏剧研究院、浙江婺剧艺术研究院兰溪分院挂牌成立，研究院承担婺剧艺术的研究、传承和发扬，及对外、对内的文化交流、挖掘、宣传和推广工作，面向市民群众积极开展公益性演出、主题宣传等惠民演出、商业演出、精品创作等艺术性活动。2020年，李渔戏剧研究院编排复排新排创排剧目26台，"李渔剧场"文化惠民活动自5月重启，惠民演出218场；开展《白蛇传》巡演17场，在金华市婺城区开展廉政婺剧《爱莲说》巡演20场；文化走亲到东阳剧院、中国婺剧院演出了36场；参与红色电影《井冈山道路》《血兰花》拍摄，12月登上央视《乡村大舞台》栏目获出彩乡村之星称号；成功承办第三届"婺星争辉"青年演员挑战赛；新版《李渔别传》作为中国戏剧家协会指定剧目在第二届中国（金华）李渔戏剧汇闭幕式上成功首演。

（刘　莹）

文物管理

【概况】 2020年，组织举办中国古村落保护与发展论坛活动；制定《兰溪市古建筑认养使用实施意见（试行）》；开展天福山历史文化街区环境整治及章懋故居、胡应麟故居修缮与展陈工作；发现上华街道皂洞口村黄泥水山史前文化遗址；文物保护单位香山寺塔、曹聚仁故居修缮工程获金华市优秀案例；全年开展省级以上文保单位消防安全重点督查150余次，抽查文物建筑200余处。

完成长乐村亦本堂、芝堰村建筑群陈玉春辅房、诸葛村消防工程等竣工验收；完成长乐村消防工程、芝堰村建筑群消防工程；完成赫灵寺等2处省保单位修缮、曹聚仁故居之慈母园等6处市保单位修缮；实施施宅新厅等9处省保单位修缮，已验收6处；完成市级视频监控工程系统数字化平台验收；报送洪塘里蒋氏宗祠周边环境整治方案、兰溪城墙修缮加固修改稿及展示利用方案等工作请示。

市博物馆举办"圣贤之道——阳明的故事"

"江南晨曦——良渚文化展""海岳外史——米芾书画展"等临时展览8场，举办馆际外展2场，走进校园展览7场。完成北宋晚期夫妻合葬壁画墓的迁移和陈列展示。与融媒体合作，开设"兰溪藏宝"栏目。举办2020年环球自然日活动。设计制作文创产品7件（套），并与金华市博物馆联盟其他成员一起参加义乌国际博览会。全年免费接待参观17.24万人次，接待27个学校学生团队到馆研学。

【举办中国古村落保护与发展论坛活动】 9月18—20日，中国古村落保护与发展论坛在兰溪举办，论坛由中国传统村落保护与发展研究中心、兰溪市人民政府主办，浙江省文化和旅游厅指导，中共兰溪市委宣传部、兰溪市文化和广电旅游体育局、兰溪市住房和城乡建设局承办。论坛以"论古村保护·道融合发展"为主题，旨在展示兰溪在保护古村落方面的工作成果，助推兰溪市乃至省内外古村落保护与传承发展事业，同时为全国古村落传承发展出谋划策。论坛邀请了同济大学建筑与城市规划学院教授、博导张松，中国传统村落保护与发展研究中心成员、天津大学副教授唐娜等多位专家学者；山西省高平市原村乡良户村、贵州省黔东南苗族侗族自治州小河村、东阳市郭宅村、永嘉县芙蓉村等10家中国传统村落代表。会上，全国各地古村落代表共同发起并成立了古村落保护与发展联盟。

【发现史前文化遗址】 11月24日，在上华街道皂洞口村南，沪昆高速公路北侧黄泥水山东坡发现史前文化遗址。具体面积尚不清楚。文化层堆积厚约50～100厘米，地层中出土的陶片主要为夹砂灰褐陶。经浙江省文物考古专家现场勘察分析，初步判断为新石器时代晚期遗址，年代距今5000年左右。这是兰溪市首次发现史前文化遗址，市文物部门已向浙江省文物局申请对遗址进行考古发掘。

文化层中的石锤　　　　（市文旅局　提供）

【发现浙江省第二例北宋晚期夫妻合葬壁画墓】 7月31日，在兰溪市柏社乡胡联村发现一处无名古墓葬，经省文物局考古专家现场勘查确定，确

王新锋市长在论坛上致辞　（市文旅局　提供）

墓葬壁画　　　　　　　　　（张旭晖　摄）

定墓葬为北宋晚期夫妻合葬墓，坐东朝西，砖砌结构，内宽约1米，高2.1米，封土高1.4米，内壁用石灰粉刷，有卷草纹墨绘，壁画保存情况较好。该墓葬是浙江地区发现的第二例壁画墓，具有重要的科学、艺术、历史价值。为切实做好墓葬的保护利用展示工作，在上级文物部门的工作指导下，市文物部门将墓葬整体搬迁至市博物馆保护，并针对墓葬壁画特性开展展示利用工作。

【香山寺塔等文物修缮工程被评选为优秀案例】12月1日，省级文物保护单位香山寺塔修缮工程、市级文物保护单位曹聚仁故居之慈母园修缮工程获评金华市不可移动文物保护工程优秀案例。香山寺塔，又名香山宝塔、香溪宝塔，位于兰溪市香溪镇香山之巅，山脚有寺院曰"香山寺"，塔以寺名，故称"香山寺塔"。香山寺塔六面七层，砖石结构，由塔刹、塔身、塔基三部分组成，总高26.7米。在设计方案及实施修缮过程中，采用无人机测绘等现代科学手段与传统工艺相结合模式。慈母园，位于兰溪市梅江镇聚仁行政村蒋畈村，由民国著名记者、作家曹聚仁及胞弟曹艺为母亲刘香梅所建。慈母园坐北朝南，面阔三间，砖木结构，外墙西洋式格局，采用黄色土烧砖。在修缮过程中，严格遵循最少干预原则，墙体采用局部修补；在砖块选材上，寻找同时期、同材质砖块进行修复。现慈母园以作为陈列展览使用。

【完成实施诸葛、长乐村民居消防工程】 诸葛、长乐村民居是1996年11月20日公布的全国重点文物保护单位，位于兰溪市诸葛镇，由诸葛村和长乐村组成。其中，诸葛村有文物本体163处，长乐村有文物本体61处。诸葛村消防工程主要包括火灾自动报警系统、室外消火栓系统工程、消防水池工程、消防泵房工程建设。8月27日，浙江省文物局组织专家对诸葛村消防工程开展竣工验收，参加验收的人员认为本工程对诸葛村的传统风貌影响小，总体感观良好，已达到设计目标，验收合格。12月1日，兰溪市文物部门组织对长乐村消防工程初步验收。参加验收的人员认为长乐村消防工程施工内容基本与诸葛村消防工程一致，但还存在需要整改的地方。文物部门限期施工单位完成整改，此后将请省文物局组织正式竣工验收。

【完成章郭巷9号等文物保护单位修缮工程初验】 章郭巷9号、陶宅陶氏宗祠、兰溪商埠地方会所之越郡公所、兰溪商埠行业会所之米业公会、耕读居、施宅新厅为兰溪市第七批省级文物保护单位，修缮项目经浙江省文物局批准项目立项及设计方案，由各文物建筑产权单位负责修缮。10月14日，市文物部门组织对章郭巷9号、陶宅陶氏宗祠、兰溪商埠地方会所之越郡公所进行了初验；12月9日，市文物部门组织对兰溪商埠行业会所之米业公会、于街耕读居、施宅新厅修缮工程进行了初验。施工单位在规定的时间内完成整改。12月28日，市文物部门请示省文物局对上述6个修缮项目进行正式竣工验收。

【兰溪市召开文物数字化服务平台发布暨使用培训会】 12月28日，兰溪市文物数字化服务平台发布暨使用培训会在市博物馆召开，全市文物系统工作人员及16个乡镇（街道）文化站人员参加。金华市文化和广电旅游局党委委员吴志明等出席会议。兰溪市文物数字化服务平台是金华首个用于文物管理的数字化平台，可通过App实时监控各级各类文物、发布工作，文保员可通过系统进行日常检查打卡、情况上报。该平台从根本上改变了文物保护和管理的方法，极大地提高了不可移动文物保护效率。

【举办"圣贤之道——阳明的故事"展览活动】

5月18日，市博物馆举办"庆祝5.18国际博物馆日·圣贤之道——阳明的故事"专题展览。活动由绍兴市文化广电旅游局、中共兰溪市委宣传部、兰溪市文化和广电旅游体育局共同主办，绍兴博物馆、兰溪市博物馆承办，展期两个月。展览以阳明先生的生平和思想解读为主线，以其书法作品及拓片展示为辅线，集中展示阳明先生不负初心的一生及其"知行合一"的心学理念。展览共展出故宫博物院、上海博物馆等20余家文博单位收藏的王阳明先生书法作品、拓片及著作复制品共50余件（组）。市博物馆在展览期间与市纪委监委、市作风办联合举办"全市党员干部作风建设'知行合一'专项教育活动"。全市117个党委和支部，2800余名党员干部到博物馆开展教育活动。活动得到国家级媒体《中国纪检监察》杂志的报道，并作为建设清廉浙江机关先行、当好清廉建设"示范生"典型推广。

【举办"海岳外史—米芾书法拓片迎春展"活动】

1月17日，由中共兰溪市委宣传部、湖北省襄阳市博物馆、兰溪市文化和广电旅游体育局共同主办的"海岳外史——米芾书法拓片迎春展"在兰溪市博物馆开展。该次展出的藏品为湖北省襄阳市博物馆收藏的襄阳米公祠碑刻拓片，这批碑刻完成于清康熙至雍正年间，由米芾后裔请广东工匠雕刻完成，共35碣。

【开设"兰溪藏宝"栏目】

市博物馆与市融媒体合作，开设了"兰溪藏宝"栏目，以"一物一故事"的形式，讲述馆藏文物的前世今生。其中，7期节目被"学习强国"采用。

【组织举办环球自然日活动】

市博物馆牵头组织举办了环球自然日活动，兰溪市共22支代表队晋级浙江省赛，3支队伍获省决赛一等奖、7支队伍获省决赛二等奖、12支队伍获省决赛三等奖。10支队伍晋级全球总决赛，共荣获2个一等奖、4个二等奖和2个三等奖。

（姚力源）

文化市场管理

【概况】 截至2020年底，全市共有各类文化经营场所346家，其中网吧30家、歌舞娱乐场所18家、印刷企业156家、出版物经营单位48家、电影院4家、广播电视单位4家、网络文化经营单位12家、文艺表演团体18家、演出场所1家、文物经营单位1家。全年共出动检查执法人员3128人次，检查各类文化经营单位2336家次，受理举报4件，查处违规经营行为案件17件，拆除地面卫星接收设施（小锅盖）30套，取缔无证书店14家，无证黑网吧1家，收缴各类出版物807册、电脑设备4套、路由设备1套，并查处金华地区首例旅游领域案件。联合相关职能部门开展各类专项检查行动14次，召开全市各经营单位业主培训及工作会议7次，圆满完成了全年任务。

观众在展馆中学习拓片　　　　（胡军 摄）

【抓好疫情防控与复工复产】 严格落实新型冠状病毒肺炎防控关停举措。1月24日至3月25日共计关停网吧30家、歌舞娱乐场所18家、电影院4家。出动检查219人次，督查各类文旅经营场所519家（次），确保了全市所有网吧、歌舞娱乐场所、电影院、旅行社等实施暂停营业的文旅经营场所无一在疫情防控阶段擅自营业。在疫情防控取得阶段性胜利后，指导各场所做好日常消毒、员工岗前防疫培训、进出人员体温测量登记、健康码检查等疫情防控工作，并与各场所签订《文旅市场经营场所新型冠状病毒感染的肺炎疫情防控责任书》；主动了解场所遇到的困难和问题，联系电信等相关部门对接做好帮扶工作，帮助场所渡过疫情难关。

（盛 浩）

图 书

【概况】 受新冠病毒疫情影响，为降低疫情传播风险，配合做好疫情防控，兰溪市图书馆自1月23日起闭馆，其间积极开展线上数字阅读推广活动，用数字资源与线上活动陪伴全市人民共同战疫。在疫情防控取得阶段性胜利后，积极组织复工复产，开展场馆全面消杀、应急演练，于3月27日恢复开馆。全年累计到馆45万人次、文献外借9万人次、17万册（次），新办借阅证1100本，开展各类阅读推广活动63场次，其中公益培训、讲座、展览29场次，送书下乡15次共计15379册。

【助力防疫，以"读"攻毒】 积极配合做好疫情防控，开展线上数字阅读推广活动，让市民足不出户体验多种线上阅读方式，用阅读丰富市民的生活，增强战胜疫情的信心。先后开展了"我的战疫"长三角地区阅读马拉松线上快闪赛、品读经典，全民战"疫"、分享阅读战"疫"、"天籁浙江 印象诗路"朗读赛、少年诵读力等活动，全年累计开展线上阅读推广活动30多场次。

【第二家芥子书屋完成建设】 与社会力量合作，新建了一家芥子书屋。兰创自助分馆是兰溪市第二个以"全民阅读、品质生活"为理念设计建造的城市公益性自助图书馆。该馆坐落于兰溪市西山路1108号，面积约256平方米，读者可使用市民卡、身份证、借阅证等进入场馆免费借阅。内部设置70余个阅览座位、专设少儿阅读区、朗读区、听书区等区域，配有藏书6697册，内容涵盖人文、社科、历史、文学、少儿图书等领域，同时配备有声图书馆、朗读亭、自助借阅机、听书设备等。为周边学生和群众提供了丰富的馆藏资源。

【开展阅读推广】 积极开展全民阅读推广活动，通过4.23世界读书日系列活动、阅读马拉松赛、未成年人读书节系列活动、蒲公英故事会、展览、讲座、演出等活动，丰富活动内容，提升文化品位，引领读者广泛参与，形成浓厚的书香氛围。此外，还开展送书进校园、进社区、进农村、进军营等活动，把知识和文化送到读者身边，传播给千家万户。

10月26日，"数字文化结伴礼堂"阅读推广活动中图书馆向柏社乡赠书 （张跃江 摄）

【"信阅"平台全新升级】 自2017年开始与市新华书店"联姻"推出"周末图书超市"活动以来,深受读者好评,但活动地点仅限老城新华书店(同庆街)。经争取,6月5日,兰溪市新华书店(溪西兰荫路门市)加入"浙江省公共图书馆信用服务平台",进一步方便了读者,读者只需在店内通过"借阅"线下借阅功能,挑选心仪的新书,便可完成免费借阅。

【新建3个乡镇(街道)分馆】 加快实现总馆、乡镇(街道)图书分馆、村级分馆(流通点)三级图书馆通借通还和图书资源的有效对接,最大程度实现图书资源共建共享,新建成黄店、马涧、柏社3个图书分馆。

(张跃江)

体 育

【概况】 2020年,兰溪体育工作以担当追赶为新使命,坚决贯彻"拥江兴城、文旅兴兰"战略,发挥体育集聚优势,助推全域旅游发展。2020年被金华市体育局评为群众体育先进单位;兰溪马拉松赛事被浙江省路跑协会评为浙江省铜标赛事;马拉松赛与古道毅行活动同被评为金华市首届生态廊道"四大名品牌"全民健身赛事活动;金华市智博护具有限公司被评为金华市体育产业(运动休闲)示范基地;永昌街道百凤林村汽摩托车越野基地列入兰溪市"十四五"发展规划,浙江省体坛报专门进行独家采访报道。

【举办"庆祝全国第十二个全民健身日系列活动"暨兰溪市机关运动会】 8月,举办"庆祝全国第十二个全民健身日系列活动"暨兰溪市机关运动会。运动会设有全民健身走活动、拔河、跳绳、定向赛、羽毛球、动感单车比赛等项目,其中定向赛由诸葛镇承办,羽毛球、动感单车比赛由总工会承办。参赛运动员近9000人,观众10万人。

浩浩荡荡的健身走队伍　　(郑明 摄)

【开展省文化礼堂运动会预选赛、参加片区文化礼堂运动会分站赛和总决赛】 8—11月,全市16个乡镇(街道)有210个行政村近10万人参加了中国象棋、拔河、乒乓球、体能4个项目的预赛,象棋预赛取得片区总分第二进入决赛。灵洞乡与登山协会共同举办了黄大仙(霞客)古道毅行活动;老年体协举办了婺源广播操、金华地区棋类交流比赛活动;武术协会举办了全市第三届"江南英雄"武林大会。参与人数达10万多人,涵盖了整个兰溪16个乡镇(街道)、机关部门、企事业单位。

【少体校改革】 兰溪少体校改革继2019年度挂牌和解决组织机构代码后,2020年度6月份完成了5个运动项目招生工作,安置省队优秀退役运动员滕孙燕、朱玲慧、于思龙为体校专职教练员,另从教育系统聘请2名有教练员证体育老师担任少体校足球、羽毛球专职教练。

【备战省运会】 浙江省第十七届运动会2022年在金华市举行。兰溪市承办柔道、摔跤两项目比赛,分配金牌任务21枚。体育积极备战省运会,承办了金华市青少年柔道、摔跤比赛。9月19—20日举办了摔跤比赛、9月25—26日举办柔道比赛，地点均在行知学院。

【体育馆改造工程】 体育馆改造工程于9月10日开工，至年底完成了工程量的79%。体育馆总占地面积约19300平方米，项目总建筑面积9925平方米，其中原体育馆改造8280平方米、新建训练馆1223平方米、新建辅房422平方米。工程投资额3631万元，其中建安工程费2867万元。

【社会力量办体育成果显现】 2020年度永昌街道百凤林汽摩托车越野基地建设更上一层，月客流量达2万人，被列入兰溪市政府"十四五"发展规划，浙江省体坛报对其进行了独家采访报道。金华市运动护具有限公司成功创建为金华市体育产业（运动休闲）示范基地。

【老年体协会成功换届】 9月18日兰溪市老年体协成功换届，换届后兰溪市老年协会并入老年体协，新名称为：兰溪市老年人体育协会（老年协会），财务统一使用一个账号。换届后由邵茂良担任新协会主席，由金建清担任新协会秘书长。

（胡顺洪）

融媒体中心

【概况】 2020年，市融媒体中心围绕全市疫情防控与经济复苏，高质量推进"四大战略"，被评为全省媒体融合示范单位。成功举办全省县级融媒体中心建设专题培训班，受邀参加"江西融媒大讲堂"，与江西媒体界同仁分享兰溪媒体融合工作的做法与体会。内宣、外宣、网宣齐头并进，先后推出了"三服务""四大战略""乡风革命""拼搏实干强作风 争先进位创辉煌""三百攻坚""东西部扶贫协作""垃圾分类"等主题（系列）报道40多个，呈现多角度、全方位、立体化的全媒体宣传阵势。在外媒刊发正面报道5000余篇，其中《人民日报》等国家级媒体刊发500余篇，《浙江日报》等省级媒体1700余条，《金华日报》等市级媒体2700多篇。学习强国用稿260篇，排名位列金华各县市第三。网络外宣实现新突破，形成以学习强国为核心，人民日报客户端、央视客户端、中国蓝新闻客户端、天目新闻客户端、美丽浙江抖音号等为平台的网络外宣矩阵。浙江在线用稿名列前茅。《"一刀切"引发的思考》获2019年度浙江广播电视新闻奖内参作品一等奖；老牌对农栏目《兰溪新农村》节目获2020年度广播电视对农节目服务工程建设考核优秀奖，同时获2020年度省广播对农栏目三等奖。

竭尽全力服务中心。参与策划实施全市性重大活动，摄制《当好新时代兰溪答卷人——兰溪市"不忘初心、牢记使命"主题教育工作纪实》《只争朝夕 不负韶华》《为了相见在春天》以及发展大会、垃圾分类等近70个宣传片、专题片。完成市委书记开学第一课、全市干部大会、兰溪建德水上游、兰溪童诗中国（兰溪）论坛云新闻发布会、爱上钱塘江、首届兰溪发展大会等全市性重大会议、活动的电视（网络）直播、录播工作共计60场次。与市纪委监委联合推出"纪小兰"诵清风系列诵读活动，共录制推出29期。完成全国"两会"、省"两会"等重要保障期的报纸出版、广播电视、网络安全刊播工作。

移动优先打造热点。围绕"做大兰精灵App、做精三大公号、做优短视频、做强网络外宣"四大战略开展工作。《兰溪新闻》《微视兰溪》《兰溪发布》3个微信公众号深化错位发展战略，以头条工程为抓手，实现天天有过万点击数的微信。组建专门团队以项目考核制运营短视频，短视频实现数量与质量齐头并进的局面。每周原创短视频都在10个以上，"古韵兰溪""两山理论"系列短视频逐步打响，陈薇、李兰娟给兰溪中小学生开学第一课的短视频在抖音上播放量都超过500万次。在"兰精灵"App客户端开设"融媒优品"板块，服务本地企业和群众，开展"你宅我送"公益配送行动；推行"兴兰助企"网络直播招聘会，实现"云招工"；上线名师"掌上课程"，打造"云课堂"；开发建设的"网上矛调中心""兰精灵"App下载量达到24万次，实名注册用户3万多。

新闻+服务聚焦民生。与矛调中心联手开发建设"网上矛调中心"，嵌入"兰精灵"平台，创新基层社会治理模式。首次采用异地视频连线的云端直播技术，完成童诗论坛新闻发布会。上线"玩诗"小程序测试版，融入童诗中国论坛、浙江诗路文化带建设。开展直播带货，实现直播间和线上商城完美结合。"兰精灵"App开发网络投票小程序，通过《兰江水》K歌大赛网络投票、公积金人才投票等活动，扩大"兰精灵"App的日活量和用户参与热度。同时，完成广播系统新直播间的改造，启用全新的音频制播网络，试水广播轻视频直播功能。

多元经营稳步发展。教育工作室努力办好3张报纸——《同学》月刊小学版、初中版及《萌娃画报》，打造学生自己的报刊；文创中心推出《天下兰溪人》双月刊杂志，以乡贤为主基调，宣传在外兰溪籍优秀人才和杰出新兰溪人，在弘扬主旋律的同时实现经济和社会效益双赢；活动策划部积极承接市场化活动、拍摄制作宣传片，先后成功举办"三月三"风情节、樱花节、枇杷节等赛事活动30余场，承接经营性宣传片专题片摄制10多个；与北京中坤集团合作，挂牌成立丹曾人文（兰溪）学校，打造线上线下人文教育特色品牌；与浙江江泉盛景文化影视公司合作，电影《兰湖水畔》《血兰花》开机拍摄。积极谋划兰溪市青少年素质成长中心项目，打造兰溪艺术培训航母；与住建局合作打造兰溪房产超市项目，培育新兴产业市场。

技术赋能引领创新。与浙江广电集团成立全省首家"蓝媒学院"兰溪实验室，与浙江日报集团共享联盟成立兰溪工作站，广泛开展技术交流，充分利用省级平台的技术优势，提升技术素养。启用"中国蓝云"稿库系统，倒逼流程再造。通过实行每日晨会、"项目化"采集、新媒体平台首发、差异化二次编辑、内外宣联动等制度，形成"全媒策划、一次采集、多种生成、差异化传播、全网覆盖"的策采编发内部流程。参与金华市委宣传部牵头开展的县级融媒体中心建设策采编发标准化建设，开展新闻+服务标准化立项申报工作，在媒体融合发展中总结提炼兰溪元素，打造"兰溪样板"。

东西协作深化交流。多次接待外地融媒体中心（广电集团）考察学习团，就融媒体中心体制机制改革、产业经营拓展等方面的经验、做法进行座谈交流。10月，2020县级融媒体中心东西协作交流公益项目启动。兰溪市融媒体中心与略阳县融媒体中心代表秦巴山区集中连片特困地区开展东西协作交流，通过一对一结对、互派代表驻点交流的方式，开展在内容生产、管理方法、运营经验、经营模式等方面深度交流协作。

【获取互联网新闻信息服务许可证】 1月6日，市融媒体中心取得《互联网新闻信息服务许可证》。浙江省互联网信息办公室根据《互联网新闻信息服务管理规定》，向新一批申请单位授予互联网新闻信息服务许可并举行颁证仪式。

【打造思政教育新模式】 发挥媒体策划、传播优势，紧扣"爱国爱党爱家乡、立德立功立言"

主线,挖掘疫情防控期间涌现出的各类感人事迹、先进典型等鲜活教育素材,创新思政教育新模式,推出《兰溪最亮的星》《开学第一课》。《兰溪最亮的星》引爆收视热潮,超30万人次在兰精灵App上观看,5万余人次通过华数云课堂观看,节目获143万次点赞。《开学第一课》全网点击量近亿次。

【打造"网上矛调中心"】 6月23日,"网上矛调中心"开通,网上矛调中心是市融媒体中心探索媒体参与基层社会治理的新方式。依托"兰精灵"App客户端,按照"融媒体中心管前端、矛调中心管后台"的思路,融媒体中心负责宣传推广和媒体监督,矛调中心负责业务处理,双方进行资源互补、功能互补、优势互补,积极探索"线上服务""线上解纷"工作机制。该中心有"便民生活""心理咨询""矛盾调解""兰溪随手拍""兰江论坛""未成年人关爱"六大功能板块。上线以来,共收集各类诉求1640多件,实现100%流转。兰溪市网上矛调中心建设做法得到上级媒体的广泛关注,先后被省委宣传部《半月刊》《浙江日报》等媒体聚焦报道。

【丹曾人文(兰溪)学校挂牌成立】 7月25日,丹曾人文(兰溪)学校揭牌仪式在市融媒体中心举行。中坤集团创始人、丹曾文化总策划黄怒波,市委书记陈峰齐出席仪式并共同揭牌。丹曾人文(兰溪)学校以高校学院制管理模式开展学科教育建设,通过"线上+线下"的对话互动方式开展教学,以不断满足大众对知识主动进步、进化的需求,并通过互联网最新技术,打造精品"鲜活"课程。

【浙江省县级融媒体中心建设专题培训班在兰溪开班】 7月27日,浙江省县级融媒体中心建设专题培训班在兰溪开班。省市县三级宣传部门有关负责人、各县级融媒体中心主要负责人共140余人参加培训。兰溪作为县级媒体融合省级示范,在开班仪式上以《改革再出发 融合再深化 兰溪真融深合推进融媒体中心建设》为题作了经验介绍。当天,与会人员还实地观摩了兰溪市融媒体中心、兰溪市矛盾纠纷调处化解中心,详细了解了兰溪媒体融合发展历程、融合情况以及"新闻+"创新做法等方面的内容。

丹曾人文(兰溪)学校揭牌
(市融媒体中心 提供)

省县级融媒体中心建设专题培训班开班
(市融媒体中心 提供)

【服务保障全市首届发展大会】 为确保首届兰溪发展大会圆满举行,市融媒体中心群策群力,做好服务保障工作。在大会前期启动"天下兰溪人"异地采访,推出乡贤报道33人;创办《天下兰溪人》杂志，出刊4期；协调摄制《兰江水》MV宣传片，策划组织《我对家乡说句话》《一城同唱一首歌》《全民K歌大赛》等活动，创作《叮嘱》《回家》《乡音》《团圆》《期待》等短视频，制作城市形象宣传片《在兰溪为将来》，为兰溪首届发展大会造势。在发展大会期间承担兰溪城区户外氛围营造，大会现场布置及现场网络直播工作；同时，充分发挥融媒体中心内外宣传播矩阵，全力做好大会新闻宣传报道，加强与上级媒体联动，扩大社会影响。

【兰溪与略阳两地媒体建立协作共建机制】 10月，融媒体中心与对口扶持单位陕西省汉中市略阳县融媒体中心签订协作共建协议，并开展为期一个月的业务骨干互换交流活动。11月2—4日，省记协副主席周咏南，市融媒体中心党委书记、主任徐文相一行，前往陕西略阳融媒体中心开展走访调研。通过座谈交流、实地考察等形式，深入了解帮扶需求，进一步深化了兰溪、略阳两地媒体的交流协作关系。

兰溪融媒体中心与对口扶持单位陕西省汉中市略阳县融媒体中心签订协作共建协议

（市融媒体中心 提供）

【举办媒体融合工作提升研讨会】 11月7日，融媒体中心召开工作提升研讨会，邀请浙江传媒学院以及金华广电总台的专家学者、资深媒体人员进行交流座谈，把脉问诊，寻找短板和不足，提升融媒体中心建设水平。与会专家教授围绕体制机制深化、流程管理再造、人才技术引进培养等方面进行了深入的交流研讨，并着重就加快融合步伐，建立以内容建设为根本、先进技术为支撑、创新管理为保障的全媒体传播体系提出了不少好的意见建议。

兰溪融媒体中心召开工作提升研讨会

（市融媒体中心 提供）

（来 意）

兰溪新华书店

【概况】 浙江兰溪市新华书店有限公司始建于1950年5月4日，是浙江省新华书店集团有限公司下属的子公司。是通过集团公司统一的计算机网络平台全品种配送经营图书出版物（包括大中专教材、中小学课本等）、音像制品、电子出版物、文化体育用品、教学仪器设备、数码电子产品等其他非图商品的国有独资文化企业。拥有购书中心（同庆街一号）、兰荫门市（兰荫路100号）两个自营卖场，拥有小连锁5家（诸葛店、水亭店、三中店、府前店、殿山中心学校店）。2020年，全店共实现销售4706万元，利润总额约218万元。

【举办名家签售活动】 12月15—17日，邀请知名儿童作家任小霞到兰溪，在兰江小学、杭州育才小学、云山小学、行知小学、殿山中心学校、延安路小学开展讲座签售活动。

【开展暑期读书活动】 4—6月，配合市文明办、市教育局开展第十一届"温暖的旅程"未成年人亲子读书活动。活动围绕"快乐阅读和谐成长"这一主线，以传承中华传统美德和践行社会主义核心价值观，弘扬爱国主义精神，助力金华市全国文明城市创建和兰溪市创建省文明市为重点，结合"做文明有礼兰溪人"、中华经典诵读等主题教育活动，开展读书感悟文章征文和"亲子朗读"2项比赛。为全市参与读书活动的78所学校送书上门，该次活动共发行图书码洋74万余元，册数2.4万册。

【强化线上业务】 2020年受疫情影响，兰溪市店开通京东线上直播和抖音公众号，探索新媒体运营模式。2020年，为满足读者的阅读需求，开展京东线上直播12场，京东线上销售共28.8万元。同时，为满足读者的购书需求，加盟"美团"平台，开通同城配送图书业务。

（郝国媛）

兰溪华数广电网络公司

【概况】 兰溪华数广电网络有限公司由原兰溪市广播电视台有线网络转制而来，是浙江华数广电网络股份有限公司的全资子公司。公司注册资本金8000万元，主要经营兰溪区域内的有线数字电视、数据通信等业务，现有员工180人。2020年，兰溪华数公司总收入完成11014万元。大众互动完成净增7410户，商业基础用户净增659个终端，商业宽带净增1058条。兰江营业厅获市级三八红旗单位。实施了经济开发区红绿灯信号和电子警察及智能化项目、云山派出所（交警中队）业务综合用房建设项目（智能化）工程设备采购项目、市防汛机动抢险及物资储备中心仓库智能化管理项目、游埠镇矛调中心智能化项目等优质项目。

【开设空中课堂】 为落实教育部、省、市、区对新冠疫情的防控工作，联合市教育局开设了电视教育课堂，小学六个年级分别开通了6个频道240节课时，优秀老师齐聚电视大屏，精品公开课在家轻松学，收获了良好的社会效果。

【发展信息化村】 新发展信息化村12个，共发展宽带+4K用户约4000户。同时深化与各乡镇（街道）在美丽城镇中的信息化合作，已经在游埠镇、黄店镇落地4K终端信息化建设，实现了"最多跑一次进客厅"，采用"镇政府补贴一点，华数优惠一点"的方式，发展了4K终端建设3500户。

【网络升级改造】 全年投入资金1770万元，新建了600个光接点，完成了10000多户的光纤入户改造工程，新增设50个交接总箱，完成新建房地产地埋预埋工程建设及新建道路地埋工程建设。市级重点工程建设中的金兰中线和330国道水亭连接线已完成线路改造，完成美丽乡村建设和整治中广电线路上改下工作。

【华融公司工作】 由兰溪华数与市融媒体中心合资创办的兰溪华融信息科技有限公司，自成立以来，重点利用政策资源和技术网络资源，投身兰溪市的智慧城市建设和信息化建设，主动参与新闻政务、新闻+服务。参与了多个智慧城市项目，包括校园人员热成像人脸体温检测项目、校园阳光厨房防疫项目等;户外广告项目方面包括金兰创新城、城市发展大会等户外宣传工作。从传统广告初步过渡到户外综合性创意销售,公益与商业广告的相互结合的运营模式,并在行业内初显品牌竞争力。

(王一骱)

医疗卫生

综述

【概况】 2020年,兰溪市医疗服务体系不断健全,医疗服务能力稳步提升,城乡居民健康水平明显提高。全市共有医疗机构530家,全市公立医院22家(见表28),其中:二级甲等综合性医院1家,二级甲等中医医院1家,民营综合性医院12家,民营(中医)综合性医院4家,妇幼保健计划生育服务中心1家,皮肤病防治站1家,疾病预防控制中心1家,兰江医院、人民医院城东院区、急救中心各1家,社区卫生服务中心6家,乡镇卫生院10家、社区服务站22家、口腔门诊部3家,民营中医门诊部4家,个体诊所130家,卫生所1家,医务室19家,村卫生室311家;卫生技术人员4503人,其中执业(助理)医师1971人,注册护士1656人,全科医生331人,村医367人;每千常住人口卫生技术人员数7.93人,每千常住人口执业(助理)医

表28 全市公立医院一览表

机构名称	机构第二名称	负责人姓名	机构类别	机构级别	机构等次
兰溪市人民医院	浙江大学医学院附属第二医院兰溪分院、兰溪市人民医院互联网医院	屠元星	综合医院	二级	甲
兰溪市中医院	兰溪市张山雷中医医院	郭 峰	中医(综合)医院	二级	甲
兰溪市疾病预防控制中心		胡正芳	疾病预防控制中心	未定级	合格
兰溪市妇幼保健计划生育服务中心	兰溪市妇幼保健院	张友明	妇幼保健院	未定级	合格
兰溪市皮肤病防治站	兰溪市中医院医共体皮肤病院区	章广庆	皮肤病防治所(站、中心)	未定级	合格
兰溪市医疗急救指挥中心		吕红波	急救中心	未定级	
兰溪市兰江街道社区卫生服务中心	兰溪市人民医院医共体兰江院区	郑卫方	社区卫生服务中心	未定级	合格
兰溪市云山街道社区卫生服务中心	兰溪市中医院医共体云山院区	程 韬	社区卫生服务中心	未定级	合格

续 表

机构名称	机构第二名称	负责人姓名	机构类别	机构级别	机构等次
兰溪市上华街道社区卫生服务中心	兰溪市中医院医共体上华院区	张健雄	社区卫生服务中心	未定级	合格
兰溪市永昌街道社区卫生服务中心	兰溪市人民医院医共体永昌院区	徐锡丰	社区卫生服务中心	一级	甲
兰溪市赤溪街道社区卫生服务中心	兰溪市人民医院医共体赤溪院区	余晓军	社区卫生服务中心	未定级	合格
兰溪市女埠街道社区卫生服务中心	兰溪市人民医院医共体女埠院区	董浩	社区卫生服务中心	未定级	合格
兰溪市灵洞乡卫生院	兰溪市中医院医共体灵洞院区	陆雄海	乡卫生院	未定级	合格
兰溪市游埠镇中心卫生院	兰溪市人民医院医共体游埠院区	宋壮志	中心卫生院	一级	甲
兰溪市水亭畲族乡卫生院	兰溪市人民医院医共体水亭院区	水利民	乡卫生院	未定级	合格
兰溪市诸葛镇卫生院	兰溪市中医院医共体诸葛院区	陈晓华	乡卫生院	未定级	合格
兰溪市黄店镇中心卫生院	兰溪市中医院医共体黄店院区	陶向东	中心卫生院	未定级	合格
兰溪市香溪镇中心卫生院	兰溪市中医院医共体香溪院区	陈卫芳	中心卫生院	未定级	合格
兰溪市马涧镇中心卫生院	兰溪市人民医院医共体马涧院区	童健	中心卫生院	未定级	合格
兰溪市柏社乡卫生院	兰溪市人民医院医共体柏社院区	张卫江	乡卫生院	未定级	合格
兰溪市梅江镇中心卫生院	兰溪市人民医院医共体梅江院区	钟新满	中心卫生院	一级	甲
兰溪市横溪镇卫生院	兰溪市人民医院医共体横溪院区	周家风	乡卫生院	未定级	合格

师数3.47人，每千常住人口注册护士数2.91人，每万常住人口全科医生5.83人；中医类别执业医师（含助理执业医师）394人，中医类别执业医师（含执业助理医师）占执业医师比例19.99%；拥有病床2311张，其中：市人民医院600张，中医院440张，乡镇卫生院（社区卫生服务中心）379张，民营医院800张，皮防站30张、妇幼保健计划生育服务中心62张，平均每千人病床数4.07张。"十三五"以来，居民平均期望寿命从2015年的78.04岁提高到79.59岁，婴儿死亡率从4.06‰降低到2.20‰，五岁以下儿童死亡率从5.86‰减少到3.85‰，2020年居民健康素养水平为30%，比2019年提高了2.1个百分点。2020年，全市助产机构共出生2725人，同比减少659人，减幅为19.47%；卫生国统报表出生3629人，其中男婴1920人，女婴1709人，计生口径性别比为112.35，比去年同期增长8.02个比值。

【卫生改革】 持续推进医共体建设，按照县乡融合，医防整合，医保协同的要求，卫健局全面完成角色转换，由"直接管理"转向"行业监管"，将人事管理、财务管理、资源配置、综合保障、党群服务等权力充分下放，持续推进医共体内部人力资源、财务、医保、公共卫生和信息化等实体化、同质化管理，完善运行体系。医共体实行同质化、扁平化管理，统一技术标准，资源共建共享，总院充分发挥龙头带动作用，带出成员单位的管理能力、服务水平。医共体专家实行垂直排班，每周到院区坐诊，开展教学查房、专科手术指导等工作，院区定期选派专技人员到总院进行3—6个月的轮训。全面推进"两卡融合、一网通办"，2家医共体牵头医院及17家医共体成员单位均已完成了相关系统的改造，且根据浙江省和金华市的相关要求，完成了相关系统的测试和验收工作。医共体检查检验信息通过金华市区域平台上传到了浙江省检验检查共享平台，个人可以通过浙里办查询到个人的检验检查结果。全市电子健康档案系统质控平台已经于11月份完成了相关改造，并对档案进行了开放，全市已经开放电子健康档案314842份，达到52.23%。推进分级诊疗，完善"基层首诊、双向转诊、急慢分治、上下联动"的分级诊疗制度，医共体牵头医院向下转诊1053人次，同比增长57.16%；成员单位向上转诊12687人次，同比增长9.93%。继续深入推进医疗服务领域"最多跑一次"改革，提供诊间结算、床边结算、自助结算、移动终端结算多种结算方式；实施"两卡"融合、"医后付"、"刷脸付"等智慧结算，解决反复排队缴费的问题。医共体所有成员单位号源纳入浙江省健康导航平台；市级医疗机构全面开展分时段精准预约，市人民医院、市中医院接入全省互联网医院平台，手机端实现诊前预约挂号、在线取号、诊间报到、移动支付、医保结算、诊后扫码检查、扫码取药、检验检查报告查询等功能全覆盖。创新推出"移动诊室+药房"服务举措，由家庭医生提供上门随访、诊疗、送药和收费服务，让患者足不出户完成就诊、配药、医保实时结算的就医全流程，实现上门慢病随访、居民健康档案维护和诊疗服务的有机结合，该举措已计划在全市进行推广。7月，设立在金华英特医药物流仓储内的兰溪市中医院医共体共享药库投入使用，成为省第一个整合医疗、医药资源，实现真正意义上的药品统一账户、统一目录、统一采购、统一配送、统一管理、统一支付的医共体药库。

【社区（农村）卫生】 市人民医院医共体以医共体公卫中心为主导，采用总院的"会诊"模式，由各院区分管院长、公卫科长按照基本公共卫生服务规范内容对被指导的院区开展全方位的公共卫生问题挖掘，现场反馈问题并提出下一步的整改建议。开展基层管理骨干培训班，采用模块化教学，利用40个学时，对各院区公卫、医疗、护理、院感、后勤等管理骨干开展针对性的培训，均有总院各条业务线综合能力强的管理人员进行授课，提高了管理骨干的综合能力。中医院医共体每季度对各院区家庭医生团队成员、公共卫生人员、专科医生进行基本公共服务项目理论进行测试，有效地推进了院区基本公共卫生服务项目人员对规范和相关业务知识的掌握；中医院医共体4个院区开设"移动诊室药房"，家庭医生提供上门服务时可在签约服务的手提电脑上开方、收费、配药，村民们只需要带上社保卡，即可在家门口实现开方买药，享受医保报销的便捷服务，将服务延伸至"健康末梢循环"的最后一公里。开展的民生实事项目有重点人群结直肠癌筛查、肺癌筛查、白内障筛查、0～3岁儿童发育筛查、"两癌"筛查、浙大多维队列调查等，将各项工作与家庭医生签约服务、居民健康体检、老年人免费流感接种、健康教育大讲堂等活动融合开展，减轻基层院区宣传、组织、发动负担，提高工作效率，起到事半功倍的效果。

【公共卫生服务】 2020年，家庭医生签约服务持续推进，全市共签约286845人，规范签约率43.6%，其中重点人群签约率达89.0%。建立规范化健康档案60.94万份，高血压管理人数61448人，糖尿病管理人数15956人。全市城乡居民医保参保人员健康体检210482人次，其中：60岁以上老年人体检78556人，0~6岁儿童及中小学生体检94330人。体检结果异常人数144369人，其中：高血压44188人、糖尿病15718人、高血脂33784人、肝功能异常9931人、肾功能异常12055人、疑似恶性肿瘤103人、良性肿瘤3045人、胆石症9697人、泌尿生殖系统疾病14049人、慢阻肺374人、严重精神障碍1226人、肺结核199人。传染病疫情和突发公共卫生事件规范化报告率100%、及时率100%。

【卫生应急】 新冠疫情发生后，卫健系统与各部门密切配合，万众一心，严防死守，科学处置，各项防控举措严格落实，迅速扑灭疫情，未发生二代病例。卫健系统毫不松懈地抓好常态化疫情防控：做好应急物资储备，已储备一次性医用口罩30.13万只、医用防护口罩（N95）0.55万只、隔离衣0.39万套、防护服0.216万套，相关医疗物资、各类医疗防控物资实际储备量均超过30天满负荷需要量；做好集中隔离点准备，原国际大酒店集中隔离点的房间从55间扩容到105间；加强医务人员专业培训，各医疗机构开展发热门诊筛查、新冠肺炎医疗救治、核酸检测、流调消杀技术等相关培训，全面增强医务人员应对新冠疫情诊疗能力；提升核酸检测能力，兰溪市两家开设发热门诊的二级医疗机构和疾控中心均具备自主核酸采样和检测能力，共有核酸提取仪6台、PCR扩增仪6台（市中医院正在采购1台98孔核酸检测设备），核酸检测人员18人。市核酸检测能力日最大负荷达1612剂次/日，可以实现在突发情况下，一周内完成最大乡镇（街道）——兰江街道全部人员的检测；提升医疗救治服务能力，两家市级医院已规范设置发热门诊，市域内所有医疗机构设立预检分诊点，确定市人民医院为新冠肺炎定点救治医院，按照呼吸道感染性疾病防控要求落实病房"三区两通道"、供氧、通风、污水污物处理等设施改造，独立设置感染病区，配备了一支90人的包含呼吸、感染、重症医学等多学科组成的成建制救治团队，明确市中医院为后备医院。方舱医院已完成场所选址和建设方案制定，并签订了协议书，计划建立一个可容纳200张床位，配备156名医护工作人员的方舱医院；加强应急演练，提升疫情应急处置能力，加强了流调和消杀队伍建设，已制定新冠疫苗紧急接种方案，确定了接种点，对接种对象进行摸底，对重点保障对象、重点推荐对象已有序开展疫苗接种；已开展进口冷链食品新冠病毒污染引起的新冠肺炎疫情应急处置演练和新冠疫情防控社区大规模核酸采样检测应急演练；提升监测预警能力，加强公共场所监测，火车站以地方与车站协同专班形式开展监测工作；食用农产品集中交易市场、商场、超市、宗教活动场所等各类人群聚集公共场所都明确行业主管部门督促相关市场主体落实健康码+体温监测等防控措施；持续对人民医院、污水处理厂等重点单位做好污水处理的病毒消杀；监测市定点监测药店的防疫用品和"发热、咳嗽"适应证药品的销售价格和供应情况；对重点人群进行疫苗接种，对1200名重点保障对象（医务人员）的新冠疫苗接种，对公安、教育、养老、城市运营、出国等重点推荐对象的接种工作还在持续进行中，已完成70岁以上老年人免费接种流感疫苗21403人次。

健全区域内急救站点设置和院前急救网络体系，区域内急救信息系统和医院急诊室实时联通，由市医疗急救指挥中心，市人民医院、市中医院、瑞康医院3个急救站，游埠、梅江、马涧3个院前急救点等组成院前急救体系，严格按照"患者意愿、就急、就近、就专科"原则调度急救车辆，确保"120"急救电话24小时畅通，能够有效应对各类突发事件（事故）及其他危害的医疗救援工作。全年共接到"120"求助电话34169次，急救派车10794次，有效出车8662次，救治病人数8984人次。求救电话接起时间平均4秒；求救电话派车时间平均47秒；接到出车指令后，急救站点出车时间平均1分4秒。第十届金华市院前急救技能竞赛，兰溪市代表队获团队一等奖。

2月8日，市疾控中心传防科人员对疑似患者的密切接触者连夜开展摸排　　（徐亚　摄）

【卫生执法】 以"强化内部管理，规范监督行为，加大执法力度，推进依法行政"为主线，严厉打击违法行为，有序推进卫生执法工作的有效落实。2020年立案512件，罚款金额47.31万元，没收违法所得2.6万元，查处非法行医窝点8处，没收药品、器械8件，涉及罚款金额2.5万元，违法所得1.1万元。对5家医疗美容机构以及53家生活美容场所开展医疗美容综合监管检查。开展新型冠状病毒疫情防控监督检查，对全市医疗机构、观察对象隔离点、安装有集中空调通风系统的公共场所、学校、商场店、消毒产品生产企业等场所的疫情防控工作落实情况进行检查，确保疫情防控措施落实到位。以网格化、无死角管理为要求，对辖区内小浴室、小美容美发、小歌舞厅、小旅店等"四小行业"以及各类经营单位进行全方位无死角巡查。充分利用"智慧卫监"综合管理平台，对餐饮具集中消毒企业、医疗废物管理、口腔器械消毒、生活饮用水水质、放射防护进行在线视频监控和数据监测。完成214家国家级、176家省级双随机抽检任务和20家跨部门联合执法检查工作任务。

【妇幼保健】 2020年兰溪市本地户籍产妇数3583人，活产数3629人，孕产妇建册率98.65%，早孕建册率98.21%，系管率96.03%，住院分娩率100%，访视率98.59%。兰溪市助产机构（兰溪市人民医院、妇计中心、瑞康医院）分娩活产数2725人。3岁以下儿童系统管理率96.75%，新生儿访视率98.54%，母乳喂养率92.43%，新生儿死亡率0.83‰，婴儿死亡率2.20‰，5岁以下儿童死亡率4.13‰，7岁以下儿童健康管理率97.47%。全市高危孕产妇橙色高危963例，红色高危37例（含外来人口），孕产妇零死亡。2020年兰溪市"两癌"检查任务数为15000人，实际完成"两癌"检查项目：宫颈癌检查15536人，完成率103.57%，查出CIN Ⅰ 211例，CIN Ⅱ 42例，CIN Ⅲ 54例，确诊宫颈癌7例；乳腺癌检查15524人，完成率103.49%，确诊乳腺癌14例；检查对象建档率100%，系统录入率100%，两癌防治知识知晓率85%，两癌检查人员培训覆盖率100%。0～3岁儿童发育筛查共完成12526人，完成率100.25%；完成发育监测13529人，完成率95.86%；孕产妇抑郁焦虑心理评估

3536例，筛查出异常人数46例；免费产前筛查率95.71%，产前诊断率94.05%；4月1日全面实施免费新生儿先天性心脏病筛查和免费产前诊断项目，2020年完成新生儿先天性心脏病双指标筛查2495人，产前诊断转诊率100%，产前诊断率95.11%，免费产前筛查率96.24；开展0～6岁儿童眼保健和视力检查工作，共筛查35185例，筛查率95.83%。常住儿童一类苗全程接种率为98.33%。完成麻疹脊灰疫苗查漏补种工作。

【疾病防控】 利用传染病网络直报开展传染病网络运行工作，做好传染病监测预警和调查处置，做好艾滋病、结核病等重点传染病，肠道传染病、登革热、狂犬病、H7N9流感等其他传染病防治工作，开展鼠疫、疟疾、手足口病病原学监测工作，做好新冠流行病学调查、新冠病毒PCR检测、消杀等疫情防控工作，有效防控疾病扩散。强化疫苗管理，做好麻疹脊灰疫苗查漏补种、流动儿童接种率调查、疑似预防反应监测工作。2020年，无甲类传染病报告，乙类传染病共报告新冠肺炎、病毒性肝炎、肺结核核等10种826例，丙类传染病共报告流行性感冒、手足口病等4种3168例，报告发病率位于前三位的乙类传染病分别为：肺结核病（462例）、病毒性肝炎（119例）和梅毒（107例），报告发病率分别为81.47/10万、20.98/10万和18.87/10万，占乙类传染报告总数的88.77%，较2019年同期下降2.52%。慢性非传染性疾病，慢性病社区综合防治工作继续巩固，死因监测工作稳步推进。高血压管理患者数61448人，高血压规范管理患者数43014人，规范管理率为70.00%，血压控制患者数为35473人，血压控制率为57.73%。糖尿病管理患者数15956人，规范管理糖尿病患者数10463人，糖尿病患者规范管理率为65.57%，糖尿病患者空腹血糖控制患者数8150人，血糖控制率为51.08%；全年死亡4728人，年死亡率为7.16‰。肿瘤发病率332.06/10万，糖尿病560.24/10万，脑卒中348.26/10万，冠心病61.93/10万；查灭螺工作顺利进行，全年共对61个村开展查螺，查螺面积303.536万平方米，查螺任务完成率101.18%，对16个村开展灭螺，血清学查病3754人；完成270人成人行为危险因素监测工作。规范饮用水监测，检测了56份农村集中式供水水样，合格率为83.92%，12份城市集中式供水水样，合格率为100.0%，20份分散式供水水样，合格率为55.0%，完成99份水源水的采样工作，合格率为98%；严格进行食品安全风险监测工作，开展食源性疾病监测，持续碘营养水平监测，做好学生窝沟封闭工作；完成全国典型地区农用地土壤质量对人群健康影响调查工作，积极开展国卫复审指导，开展国家级健康素养监测工作，15岁以上成人吸烟率为18.1%。

3月31日，市疾控中心人员在查螺
（张美田 摄）

【中医药】 新冠肺炎疫情期间，充分发挥中医药特色，两个集中医学隔离点使用省推荐方银翘散1号方汤剂1031人次。中医药学科建设见成效，2020年金华市公益类科研项目立项3项，开展2020年新项目新技术6项；申报2021年金华市中医药科技计划项目9项，立项6项。市中医院医共体充分发挥中医特色专科优势，建立了中医诊疗中心、中医治未病中心等中医特色诊疗中心，组建跨医共体中医特色专科联盟，以"基层常见病多发病中医药适宜技术推广兰溪基地"为平台，开展中医骨伤、敷烫熏浴、针刺、拔罐、刮痧、推拿等六类中医药适宜技术培训，全市各医共体成员单位489人参与技术培训。医共体成员单位100%完成规范化中医馆建设，市中医院门诊中药处方比例43.75%，同比增长0.17%，出院患者中药饮片使用率60.67%，同比增长3.01%。东西对口帮扶成效显著，继续派出第三批援川医疗队员4名，对汶川县中医院开展对口医疗帮扶工作；开展兰溪-汶川中医专家大型义诊暨中医适宜技术推广活动等，加深兰溪-汶川两地医疗卫生的学习交流，使中医-羌医在碰撞中不断发展壮大。

12月11日，全国中医药文化进校园现场会暨兰溪第四届张山雷中医药文化节开幕。来自全国各地的中医药行业、教育界专家学者和嘉宾齐聚"江南药都"浙江兰溪，共商中医药文化的传承与发展，推动中医药文化进校园工作深入开展，加快"康养兰溪"建设步伐。该次活动由《中国中医药报》社有限公司、中华中医药学会、兰溪市人民政府共同主办，以"抗疫有岐黄 传承自少年"为主题，组织开展全国中医药文化进校园工作研讨会及经验分享交流活动、中医药文化养生旅游展示、中医药文化进社区、膏方节、中医专家义诊、健康养生专题讲座等系列活动。浙江中医药大学与兰溪市人民政府签订战略合作协议；中医药文化进校园示范单位授牌仪式举行，兰溪市行知小学获该项称号；全国中医药文化进校园学校联盟向兰溪市振兴小学、兰溪市实验中学捐赠中医药文化角物资。

【医政管理】 紧抓常态化疫情防控、医共体建设、"最多跑一次改革"等重点工作，统筹推进县域医共体建设，按照县乡融合，医防整合，医保协同的要求，建立完善医共体领导班子任期制、任期目标责任制和年度目标责任制，强化绩效考评，落实基层医疗卫生机构补偿机制改革工作，薪酬分配由"按人分配"向"按劳分配"转变，构建医共体绩效评价"兰溪做法"，副省长成岳冲专门批示肯定，该做法还在省卫健委医共体推进现场会作典型发言。人民医院医共体开展县级强院建设，结合医共体"一院一品"建设方案，10家院区已完成重点学科、特色专科遴选，制定完成了建设方案和规划。中医院医共体加强浙江名中医馆兰溪分馆的建设，开展针灸、推拿、骨伤、肾病科工作室建设，并与浙江省中山医院等三级城市医院建立紧密型合作，进一步提升各专业的医疗服务技术水平。医共体派驻专家协同院区全科医生设立全-专科联合门诊，通过联合坐诊，确保老百姓在基层就能得到更优质的医疗服务。16家院区已设立20个全-专科联合门诊，14家院区设立慢病联合病房，建立医共体总院专家下基层查房以及远程会诊制度，80%的基层医疗卫生机构能提供住院服务、能开展适宜手术。村卫生室已纳入医共体一体化管理，全市312家村卫生室已有111家村卫生室开通医保。规范设置发热门诊，医共体各院区已规范设置预检分诊、传染性诊室和隔离留观室。两家医共体合力推进民生实事项目——兰溪市城乡居民的大肠癌、甲状腺癌、乳腺癌、肺癌、白内障筛查工作。多维队列调查累计完成22801人；完成16个乡镇（街道）大肠癌筛查，初筛32500人；完成白内障筛查20825人，占工作任务的104.13%，完成肺癌筛查CT检查2272人，查出肺癌16例，结节770例，其他疾病1193例，占全年工作任务的126.22%。在省、市各级工作会议中，兰溪大肠癌筛查工作经验都作为典型进行了发言。

【卫生科教】 2月11日，根据新型冠状病毒感染的肺炎疫情防控工作需要，市继续医学教育中心组织医务人员进行新型冠状病毒感染的肺炎医务人员线上培训，确保落实全员培训，提高医务人员疫情防控工作能力，并将培训列入2020年省级继续医学教育必修项目，未完成人员视为该年底继续医学教育学分不合格。2020年度参加初级卫生技术人员继续医学教育1411人，其中护理752人，临床309人，预防25人，中医48人，口腔43人，影像28人，西药102人，中药40人，检验64人，共有23家公立医疗卫生机构、20家社会办医疗机构、30家个体诊所参加。继续医学远程学习全面放开，符合省里要求的两个学习平台为好医生网和华医网；远程I类继教项目合格人数781人；远程II类合格人数1437人。各医院积极开展继教项目培训工作。国家级继教项目1项，培训人次200人；省级继教项目12项，培训人次901人；市级继教项目13项，培训人次1837人，继教项目培训共计2938人次。2020年全市公立医疗卫生单位继续医学教育对象中，初级职称人员1329人，学分达标率96.01%，中高级职称人员1118人，学分达标率98.39%。继续医学教育覆盖率100%，继续医学教育合格率100%。组织开展"三服务"、医师节、服务百姓健康行动、世界卫生日、全国扶贫日等主题义诊活动20次。通过多平台、多渠道深入开展"健康大讲堂"活动449次，受益人数19626人次；公众健康咨询活动12次，受益群众23720人次；完成健康促进铜牌学校9所，健康促进银牌学校2所，健康促进金牌学校1所的指导工作，健康社区（村）2个，健康家庭708户创建工作；健全健康教育网络，对网络单位共指导98次；全年共编制健康教育宣传折页11万余份，宣传栏画报6期，展板40块，收集下发健康教育视频38种。持续深入推进中医药文化进校园活动，开展流感等传染病的中医中药防控科普宣教，受益人数15000余人；借助农村文化礼堂"建管用育"长效管理机制，结合万名学生进文化礼堂活动，开展中医养生、中医康养运动、现场心肺复苏等科普讲座、技能示教23次，受益学生2470人；进一步完善中医药师承和继续教育制度，全年共有23对师承人员进行了师承公证并全部备案在册，定时开展日常监督检查。完成2020年中医确有专长人员报名审核工作，共有30名中医确有专长人员通过初审。

【基本建设】 兰溪市防疫应急医院（兰江街道社区卫生服务中心）建设工程项目位于金角路以北、上园路以东、经一路以西地块，总投资1亿元，占地面积15779平方米，总建筑面积17146平方米，其中地上面积11650平方米，地下面积5496平方米，按五级抗震设防，建设期限2020年12月至2022年8月。该项目建设秉承平战结合的理念，在建设国家级示范社区卫生服务中心的基础上，结合防疫应急需求，旨在建设一家平时能全面改善辖区内的医疗条件，为患者提供方便舒适就医环境的社区卫生服务中心，战时能转换为符合防疫应急保障需求的平战结合医院，为兰溪市经济社会全面发展提供必要的保障。张山雷中医药文化研究中心（市中医院迁建工程）项目取得新进展，建筑面积98900平方米（含地下27500平方米），投资7.4亿元，项目规划床位600张，以三级乙等综合性中医院为标准建设，2020年8月份破土动工。中医院医共体上华院区的新院区已完成建设并投入使用。市人民医院感染病房设备技术投入项目、兰江街道卫生服务中心（防疫应急医院）建设项目纳入中央投资项目库，香溪镇中心卫生院、梅江镇中心卫生院整体搬迁项目、马涧卫生院住院病房大楼建设、精神病专科医院等项目正在积极筹划，预计总投资3.2亿元。

【职业安全健康】 开展了兰溪市职业病危害现状调查、职业病危害因素监测工作，对矿山、水泥、印刷等重点行业的27家企业进行工作场所危害因素检测，对其中的6家企业进行危害因素风险评估，提出整改建议。做好重点职业病的监测工作。对全市网络直报中各类农药中毒信息进行了审核和上报工作，农药中毒19例，其中非生产性中毒15例，生产性中毒4例，死亡率0%。引起中毒的农药品种：其他杀虫剂8例，有机磷类6例，拟菊酯类2例，抗凝血杀鼠剂2例。做好职业性尘肺病患者随访与回顾性调查，与公安等相关部门密切配合，核查已报告职业性尘肺病患者的信息，并对生存质量进行了问卷调查，共报告职业性尘肺病198例，随访到位140例，死亡96例，存活32例，外迁12例。

【老龄工作】 在国家卫健委老龄健康司组织的"2020年全国敬老爱老助老活动"评选中，市老年协会入选全国"敬老文明号"表彰单位名单，游埠镇老年协会水敏尧入围全国"敬老爱老助老模范人物"表彰名单；由省卫健委（省老龄办）举办的"奔向我们的小康生活——浙江省首届老年主题摄影大赛"中，选送的两幅摄影作品分获银质奖章和铜质奖章，其他还有69件作品获入围奖，参与人数和入围人数居金华市首位；兰溪市云山社区老年电大教学点被评为2020年"老年电大省级示范教学点"。

【百岁老人】 2020年兰溪市百岁老人共有25人（见表29），其中100岁的9人，101岁的10人，102岁的4人，103岁的2人。

（周锡安）

表29 2020年兰溪市百岁老人

序号	姓名	性别	家庭住址	出生年月
1	郭庆余	男	兰江街道横山社区殿下应新村221号	1917.10.02
2	汪根英	女	兰溪市沿江路20号	1917.11.26
3	徐卸英	女	兰溪市兰江街道溪西村	1918.05.12
4	叶根英	女	兰溪市上华街道黄家村	1918.01.17
5	徐秀兰	女	兰溪市永昌街道永昌社区	1918.04.08
6	王金花	女	柏社乡塘边村	1918.11.06
7	陈卸凤	女	云山街道金钟岭社区	1919.02.12
8	冯珍珠	女	云山街道黄泥岭村	1919.02.10
9	黄彩云	女	黄店镇黄店村	1919.03.23
10	姜梅弟	女	游埠镇梅屏村	1919.06.10
11	宋卸奶	女	游埠镇伍家圩村	1919.09.11
12	金根招	女	永昌街道高端村	1919.11.14
13	周赛香	女	常青颐养院	1919.10.19
14	张绍凤	女	兰江街道石宕坞村	1919.09.03

续　表

序号	姓名	性别	家庭住址	出生年月
15	徐翠琴	女	兰溪市香溪镇官塘村	1919.11.07
16	汪菊花	女	上华街道中吴村	1919.10.22
17	朱筱玉	女	诸葛镇天宝路	1920.02.02
18	陈秀妹	女	兰江街道府前路	1920.09.19
19	唐雪明	男	黄店镇三泉村	1920.12.08
20	舒爱香	女	柏社乡钟王村	1920.12.21
21	董宝英	女	上华街道马鞍徐村	1920.08.18
22	范秀琴	女	游埠镇郎六里６７号	1920.12.31
23	郭采芹	女	丹溪大道１６８号	1920.11.27
24	董雪花	女	爱心敬老院	1920.10.15
25	邵安常	男	女埠街道焦石村	1920.11.21

医疗保障

【概况】　全市基本医疗保险一档参保人数13.85万人。基本医疗保险二档、三档参保人数42.56万人。全市户籍人口参保率达99.96%，基本实现全民参保的目标。全市医保定点医疗机构49家、医保定点零售药店100家。

【抗击疫情】　推出多项便民举措，做到"保疫情防控""解群众之需"两手抓。推行日常业务"掌上办"、企业申报"网上办"、紧急业务"致电办"、不急业务"延后办"的服务模式。会同卫生健康局推出签约家庭责任医生送药上门服务，有配药需求的市民通过医保局微信公众号后台留言、联系签约家庭责任医生等方式就能享受到足不出户送药上门的服务体验。临时调整规定病种审批流程，改为由市人民医院和中医院直接上传审评材料至市医保中心办理，减少患者或家属跑社区卫生服务中心（乡镇卫生院）的流程。针对慢性病长期在服药的人员，市定点医药机构可根据病人实际情况，增加单次处方用药量。规定病种和高血压、糖尿病等12个慢性病种，在所有定点医疗机构的单次处方用药量延长到12周，以减少病人到医疗机构配药次数。同时，对提前取药、用量限制等医保审核规则在疫情期间暂时放宽，支持全市定点医疗机构开展以流动药房等形式上门给患者配药服务。成立企业服务小组，通过实地走访，详细了解企业运行情况及应对疫情防控情况，针对性地帮助企业解决医疗保障方面的问题。对企业（不含机关事业单位）和以单位形式参保的个体工商户减半征收基本医疗保险的单位缴费，2—6月实际减征4958万元，其中企业4891万元、个体工商户67万元。

【医保经办服务全省"领跑"】　打造出医保服务"百米服务圈"，大幅提升群众满意度和获得感。实行"3+N"刷卡"无感办"，即基本医疗保险、大病保险、医疗救助及工会互助、抚恤优待对象医疗补助、公务员医疗补助等医疗费用报销事项一站式实时结算。聚焦医保办事大厅辐射有限，重点针对老弱病残等群体网办普及性较差的现状，在全省率先下放所有医保服务事项至各村便民中心、村丰收驿站。在全省率先使用移动办公终端设备，将"金华E人社一体化平台"从"电脑端"搬到了"移动端"，实现所有医保事项"移动办"，不仅解决了以往医保代办员下村入户不能及时查询、办理居民参保问题的弊端，也为行动不便的残疾人、高龄老人、孤寡老人等群体提供了上门服务。

【医保支付进入"扫码"新时代】 全市所有定点医药机构均已实现医保电子凭证结算，医保结算从"卡时代"迈入"码时代"。截至2020年底，全市共有14.26万市民申领电子医保凭证。

【支付方式改革】 实施DRG（住院病组点数法）和APG（门诊病例点数法）付费方式改革，实现医保支付方式闭环管理。其中，DRG分组按浙江省医疗保障疾病诊断相关分组（ZJ—DRG）细分组目录（1.0版）执行，实际可入组数增至970组。

【医保长三角一体化】 融入长三角医保一体化结算网络，在住院全国联网结算的基础上，实现36家定点医疗机构长三角地区门诊联网结算。

医疗保险

【概况】 出台《兰溪市城乡困难群众医疗救助实施办法》，全年医疗救助20.77万人次，救助金额2281.18万元；资助参保1.4万人，资助金额3521.04万元。实现资助参保、医疗救助两个100%。

医疗救助

【概况】 2019年资助14155名困难群众参加医保和大病选缴，累计资助金额3278万元，有65184人次困难人员享受医疗救助金1470.78万元。

基金监管

【概况】 积极开展打击骗保工作，护好百姓"救命钱"。全年共拒付和追回医保基金580.62万元。实地稽查医保定点医疗机构69家次（包含医务室）、定点零售药店140家次（包含双随机检查）。对34家定点医疗机构（其中2家医务室）、41家定点零售药店给予警告处理和扣除2020年度相应医保日常积分，并责令限期整改；解除金华国控大药房殿口连锁店医保服务协议；暂停兰溪第二医院、兰溪市溪西九德堂医药零售有限公司、金华市九德堂医药兰溪下潘连锁店、金华市民众医药连锁有限公司兰溪永昌药店（原兰溪市爱康大药房有限公司）4家医药机构医保服务协议1个月；暂停金华国控大药房连锁有限公司永进路连锁店、浙江康恩贝大药房有限公司沈村连锁店、金华市太和堂医药兰溪丹阳连锁店3家药店医保服务协议15天；暂停中国邮政集团公司浙江省兰溪市分公司医务室医保服务协议（6月份起暂停）。同时，完成7家定点零售药店和2家定点医疗机构暂停期满的整改验收工作。

药械集中采购和医疗服务价格管理

【概况】 积极落实国家、金华市带量采购，全市有7只药品中标金华市第二批带量采购。同时，出台《兰溪市县级公立医院部分医疗服务价格调整方案》，合理调整了体现医务人员劳务价值、高难度手术项目的医疗服务价格，优化了医院效益。

（傅乔楠）

乡镇（街道）

兰江街道

【概况】 兰江街道辖区有24个行政村、11个社区，区域面积约90平方千米，人口12万。2020年度综合考核列全市各乡镇（街道）第一名。新冠疫情以来，兰江街道累计排查15万余人，落实居家隔离5000余人次，坚决隔断新冠疫情传播，保障人民群众生命安全，街道党工委被评为金华市抗疫先进集体。

2020年实现财政总收入4.36亿元，同比增长13.8%；完成规上工业产值47.89亿元，同比增长2.7%，规上工业增加值10.31亿元，同比增长11.2%；全年工业亩均税收达16.25万元，较上年增长7.8%；完成固定资产投资26.05亿元；完成外贸出口额6.27亿元；限上批发销售额达到34.4亿元，同比增长184.5%，限上零售额达5.28亿元，同比增长10.4%，限上住宿餐饮销售1.32亿元，同比增长2.9%。万舟三期项目设备全部投产，四期项目主体建筑完成结顶；合星照明项目厂房已浇筑至三层；宝龙城市广场、汽车城2个服务业项目快速推进。引进亿博电器年产300万只电子电器元件及研发10套智能家居电器项目、永康得诚机械年产180套自动化设备项目。街道顺利攻克后陆低效用地整治项目，腾退企业52家，收回土地24.13公顷（362亩）；有效保障金角区块、何村B-1地块顺利出让。稳妥完成欣旺达项目、兰花路北侧2号地块、街道社区卫生服务中心（市红十字医院）迁建等项目（地块）政策处理，有效确保市级重点项目有序推进。

三改一拆强势推进，全年累计拆除大刀片、丹溪大道精品道路沿线等违章299处，拆除各类违法建筑12.3万平方米，完成当年任务数的123%，完成旧厂区改造6.1万平方米，完成当年任务数的156.68%。

加强河道综合治理、门口塘改造、清淤，累计清淤1.59万立方米。投资300余万元启动漾溪整治（姚村生活污水治理）项目。"八有八无"取得实效。设立"八有八无"创建保障金，"以奖代补"累计发放奖励金1040万元。21个村全部通过"八有八无"合格村复核验收，后陆、厚仁等11个村成功创建优秀村。

持续加大教育投入，有序推进大阜张、汪高村集体幼儿园建设。全域实施垃圾分类，各社区拟设垃圾分类点位161个，完成138个点位基础设施配套，运行点位131个。兰荫新村、里范村创建A级景区村，兰芝风情线A级景区村创建全覆盖；新建兰纺、大路口、万和新村3家文化礼堂，完成大阜张文化礼堂提升工程。全域建成"扫黄打非"工作站点。扶贫攻坚完成"一户一策"干部结对工作。加大医疗救助保障力度，累计发放医疗救助资金19.68万元，救助困难群众79户。经过多轮排查，完成71户低收入农户危旧房整治，在全市率先实施低收入农户"电力线套管暖心"工程，共完成263户。全年累计取消证明2000余件。

全面启用90个全科网格，累计采集有效信息18442件。一线窗口解决群众诉求，共受理"8890"（便民电话）1964件，办结1964件；来信来访61件，办结61件；网上投诉187件，办结187件；民情民访代办331件，办结率均达100%，群众满意度较高。推行"1+1+1"信访化解工作机制，23件信访积案已化解20件，化解率达86.96%。高标准建成街道矛调中心，推行信访、全科网格、便民服务等"一站式"综合治理体系建设。组织多轮次消防安全大检查，共排摸安全隐患2457个，已整改2194个问题，整改率89.29%。安全生产形势持续稳定，没有发生一般以上安全生产事故。构建互联网联动执法机制，网络安全得到有力保障。

【兰溪首家汽车专业市场落户】 1月16日，亿坤·元通国际汽车城项目举行开工奠基仪式，正式落户兰江街道。兰溪亿坤·元通国际汽车城项目占地7.8公顷（117亩），位于兰江街道西环路西侧、农产品批发市场南侧，总投资3.5亿元，项目容积率1.1，总建设面积逾9万平方米。项目规划完全实践国际化标准模块功能单元，融合汽车综合展销（含4S店及新车零售）、汽车后市场、二手车市场、政府管理服务、社会公共服务、商务商业综合配套服务等六大功能区块。

【宝龙广场项目开工】 2月26日，宝龙广场项目举行开工奠基仪式，正式落户兰溪市兰江街道何村区块。宝龙广场项目总投资23.52亿元，建筑面积约35万平方米，涵盖商业综合体、高阶住宅、特色商业街等高端业态。宝龙地产将在保持"宝龙广场"品牌精髓的基础上，与兰溪本地区域文化与消费群体特性充分融合、碰撞，将该项目打造成兰溪首屈一指的商业综合体项目。

【大肠癌、肺癌、白内障筛查顺利推进】 4月，兰溪市人民医院医共体兰江院区的医生们为街道辖区居民进行大肠癌、肺癌、白内障筛查。该次大肠癌筛查是2020年浙江省民生实事项目，采用大肠癌筛查+肺癌筛查+白内障筛查，采用进村入户方式，结合农民健康模式开展，把所有的初筛项目送到村里进行。

兰江街道毕家村村民正在接受大肠癌免费筛查
（徐桢瑾 摄）

【举办大阜张首届K歌美食节】 9月26—29日，兰江街道举办了2020首届大阜张K歌美食节。大阜张村附近聚集着大量外地少数民族"村民"，登记在册外来人员4218人，其中少数民族人员1278人，周边开发区打工的少数民族人员有5417人，涉及彝族、苗族、布朗族、白族、傣族满族等31个民族。人口最多的是彝族，有489人。举办该次活动旨在促进民族之间的文化交流，带动大阜张及其周边地区经济发展。

【兰江街道发布全新logo】 为进一步提升兰江街道的整体形象，以更直观的方式展示街道的独特魅力和文化内涵，兰江街道自2020年11月24日至12月8日开展街道logo征集活动。活动自开展以来，得到了社会各界的大力支持和热情参与，共收到167份参赛作品。经相关领导及专业人士评审，确定了兰江街道的全新logo。

（朱之辉）

云山街道

【概况】 云山街道地处兰溪市老城区，辖9个社区，15个行政村，地域面积42.7平方千米，人口逾10万人，其中农业人口2.5万余人，居民人口约8万人。辖区内二、三产业比较集中，行业门类齐全，有黄龙洞市场、温州商贸城等综合性市场。工业经济是云山经济的支柱与特色，辖区内有兰溪新力五金工具有限公司、浙江百浩工贸有限公司、兰溪市神雕文具有限公司、浙江交联辐照材料股份有限公司、兰溪市捷克运动器材制造有限公司等工业企业230多家，形成了五金、机械、医疗、服装等主导产业。

2020年实现财政总收入1.38亿元，一般公共预算收入7356万元，规上工业总产值14.89亿元，同比增长21.6%，规上工业增加值1.97亿元，同比增长48.7%，增速均列全市第二，工业投资7654万元，同比增长382.3%，增速全市第三。实现城镇常住居民可支配收入67305元，农村常住居民可支配收入33472元。全年新增规上企业4家，限上服务业7家，盘活土地5.4公顷（81亩）。

疫情防控精准有效。成立防疫专班妥善做好辖区重点地区回兰人员管控工作，配合火车站、派出所常态化开展进出旅客核查，进一步织密疫情防控网络。全年累计管控重点人员4328人，其中境外返兰人员139人。组织千名党员志愿服务队开展疫情防护宣传，落实好商场、超市、医院等重点场所防疫措施，不断提升居民防护意识。制定街道疫情防控应急专案，指导村社做好应急准备，并联合卫生院在和平公园开展大规模核酸采样应急演练，不断提升应急能力。

重点项目全力攻坚。先后完成金建高铁、金兰中线、北门菜场搬迁、中医院迁建、纬四路、永进路、古城改造、农药厂、凯旋路南侧B地块等20余个市级重点项目政策处理，累计征收房屋805户，建筑面积5.74万平方米，征用土地94.2公顷（1413亩）。完成黄大仙宫二期、岩头新时代美丽乡村、西门城楼古城墙段城防标准提升工程，完成了除茆竹园村、永丰陈店村、黎明徐尚源村外所有村的农村饮用水改造提升工程。利用闲置低效工业厂房，实施"腾笼换鸟"，鸿胜铝业地块引进总投资5500万元年产5万套制冷设备项目，恒祥车业地块引进总投资1.1亿元年产1000万个高端相框项目，金叶子地块引进总投资6500万元年产2000平方米医用辅料项目。世纪联华在云山注册成立独立核算分公司，引进兰溪市豪允贸易有限公司，年批发业销售额将新增4亿元以上，增强了服务业发展的后劲。

环境整治成效明显。"五水共治"年度考核并列第一，空气质量保持稳定。常态化开展"八有八无"、垃圾分类工作，所有村全部通过"八有八无"合格村验收，7个村成功创建优秀村，成功创建省垃圾分类标准化小区2个，市垃圾分类示范小区10个，示范商业街2条。持续推进"三改一拆"工作，工人路旁30多年锯板厂顺利完成搬迁拆除，无违建街道创建顺利通过金华考核组验收。

村社换届平静安静。精心组织、扎实推进村级组织换届工作。完成余店撤村并居和桃花坞、云山社区合并，15个村9个社区100%实现"一肩挑"。新班子上任后"开门一件事"一个月内完成率达到100%，展现出了新气象新作为，换届工作达到了预期目标。

平安基础不断夯实。深入推进双民代办制度和"无证明城市"改革，"8890"累计受理办结群众反馈事件1255条，"三百攻坚"期间交办的

17件信访积案化解实现清零。新设立联勤警务站，运行"6+X"入驻模式，全面提升社会精准化服务水平。成立"孺子牛"调解工作室，全年累计排查化解矛盾纠纷212起，调解成功率达到100%。

社会民生不断完善。消薄工作全面完成，村集体经济总收入均超50万元，经营性收入均超10万元。全面落实低收入农户"一户一策一干部"政策，落实菜单式扶贫项目36个，发放资金4.5万元，完成44户低收入农户危旧房整治，救助困难群众101户。完成库区移民项目验收和岩头、蒋里、黄溢3个村A级景区村庄创建提升，新建完成2个村级文化礼堂和1家农村放心家宴厨房。成功举办农民丰收节、黄大仙文化节、摄影大赛，利用彩色稻田，积极开展研学游。开展两癌免费筛查959人、大肠癌免费筛查2263人。深入推进乡风革命，岩头村获评第六届全国文明村，金钟岭社区获评全省第四批"扫黄打非"示范点、全省最美志愿服务社区。

2020年，街道先后被评为平安综治工作先进集体、统战工作先进集体、村和社区组织换届工作先进集体等多项荣誉称号。

【复工复产和稳企赋能】 深化"三服务"和"千名干部联千企"制度，全力推进复工复产和稳企赋能，街道工业经济企稳向好的势头明显。浙江百浩工贸有限公司复产，开足马力，与疫情抢时间，抓紧生产防疫物资，一季度实现了同期产值翻番，半年产值实现去年同期的4.1倍，企业收到了国务院防控专班的感谢信，还获批金华首家防护服出口"白名单"。

【新设立联勤警务站】 新设立联勤警务站，运行"6+X"入驻模式，打通"综治四平台、一警情三推送"系统，充分发挥警务站多部门联勤联动的优势，全面提升社会精准化服务水平。3位经验丰富的老同志组成的"孺子牛"调解工作室，通过"线上+线下"的方式，有效提升了矛盾纠纷化解率和群众满意度。

金华市副市长、公安局局长董旭斌检查云山联勤警务站　　　　　　　（云山街道　提供）

【撤村并居、社区合并顺利完成】 街道集中精干力量对余店村股改问题进行攻坚，先后3次召开股改大会听取意见建议，反复商讨股改方案，最终平稳完成股改，顺利实现撤村并居。同时，针对桃花坞社区征迁完成、辖区内实际住户少的实际，合理优化区划布局，顺利将桃花坞、云山两个社区予以合并。

【助力做好换届"后半篇"文章】 完成15个村9个社区村社组织换届工作，100%实现"一肩

新老书记结对　　　　　　　（云山街道　提供）

挑",换届全程规范有序、平静安静。换届完成后第一时间开展"新老结对"帮扶、赠送《工作宝典》、选派"第一书记"三大活动,用"三大锦囊"为新班子履新"扶上马"。

(何 明)

上华街道

【概况】 上华街道总面积74.33平方千米,街道总户数14224户,总人口45358人,人口自然增长率0.2‰,下辖21个行政村和1个社区。辖区内交通便利,沪昆高速公路沈村互通口位于境内,距金华高铁站24千米,330国道、46省道、迎宾大道穿境而过,交通设施完善,区位优势明显。围绕年初制定的"三服务三推进"工作思路,开展重点工作"晒拼创"活动,周督进度、月度比拼,较好地完成了年度工作任务,市级年度综合考核列全市第三。

全年财政总收入为1.1亿元;一般公共预算收入5811万元;固定资产投资15.4亿元;招商引资内资投资4927万元,引进外资75万美元,浙商回归51万元;规模以上工业总产值6.06亿元,累计增速21.8%,规模以上工业增加值1.32亿元,累计增速8.5%;限上批发业12.56亿元,完成率为125.6%。

农作物播种面积2985公顷(44777亩),其中粮食播种面积1633公顷(24500亩),棉花种植面积29.2公顷(438亩)。油菜籽播种面积370.8公顷(5560亩),油菜籽产量619.8吨。水果总产量285吨,其中柑橘产量208吨。

创新城一期路网、中德职教中心、江南职校扩建、兰溪杭州育才中学、行知幼儿园、五星级酒店等项目顺利开工建设。未来社区征迁工作全面启动,上华港建设顺利推进。顺利完成荷仙山低效用地整治工作,腾出低效用地13.33公顷(200亩)。围绕生物医药产业园建设,顺利引进新明珠药业、华润英特中医项目;助推电驱装备小镇列入省特色小镇创建名单。杭金衢高速拓宽、钱塘江干堤加固项目3个标段、创新城5条框架道路、兰湖大道二期、党校、陈军艺术馆等重点项目政策处理工作全部完成,项目无障碍施工全力推进。

疫情防控方面,仅用72小时就完成了103间房间的配套设施建设,坚守运行66天,累计接收人员336人。街道干部24小时轮班值守在沈村高速、大园畈村46省道等交通要道卡口点、各村(社)主要入口点,卡点辗转搬移7次,投入2500余人次,检查人数占全市入市人数的60%以上。春节刚过,便着手研究谋划规模以上企业和重点工程的复工复产工作,深入3家外贸出口企业,帮助解决防疫物资问题。2月10日,兰溪市明辉光电有限公司发出了浙江省节后外贸出口第一单。

以"一村一策一干部"活动为抓手,对已列入救助的452户低保户和52户低保边缘户开展精准帮扶,因人施策解决群众实际困难。持续深入推进低收入人群危房整治工作,采用C级危房内外兼"修"、D级危房以"换"代"拆"等方式,对鉴定出的112户危房全面整改。完成金兰饮水兰溪段政策处理,9月29日顺利通水,每年可向上华供水1000万立方米。完成17个文化礼堂建设,沈村、雅园正在建设施工,下余、缸窑正在谋划推进。山背—赤山里宅公墓段、聚凤严—姜家段、徐车门—上竹园背段、聚凤严—瓦灶头段等4条农村公路建设全部完成。

在深化"八有八无"创建成效基础上,提档升级城乡环境整治力度和整治成效,全面开展"八有八无"优秀村创建工作,制定《"八有八无"优秀村创建实施方案》,明确创建具体阶段目标任务和举措,年底前完成优秀村创建13个,以点带面推进上华全域整治。垃圾分类全域铺开。全街道212个投放点正常运营，群众垃圾源头分类参与率和正确率达到85%以上，垃圾减量率达到40%，实现村级垃圾分类"两定四分"全覆盖。

【完成村社组织换届试点工作】 全方位谋定人选标准。从农村未来发展大局入手，街道班子和街道干部全员压上，开展"三访三听"夜访夜谈活动，全方位、多层次征求民情民意，收集发展提议累计220余件，全部纳入班子干事创业承诺事项。全过程优化人选排布。注重全过程动态评估研判，坚持"一档一表"，14名班子成员带着联村干部，下沉到村，逐村逐人形成村级班子和村干部评估档案。同时，由街道党工委书记、主任、副书记、纪委书记和组织委员组成"五人研判小组"，反复推演、层层遴选确定村干部人选，真正把党委信任、群众满意的人选找出来。从干事导向出发，明确前三年年度考核成绩排名倒数的3名村书记，不再作为"一肩挑"人选。坚持给村社干部量尺子、压担子、给支持，动态检验村社干部工作实绩，推动形成比学赶超、担当作为的浓厚氛围。

【马达溪排涝站投入使用】 6月20日，兰溪市钱塘江堤防加固工程（二期）马达溪排涝站水泵机组最后一台水泵完成单机调试，标志着该泵站正式具备开机排涝运行功能。马达溪排涝站建成投用和新开河项目完工，上华的防洪能力大大提升，实现马达集镇历史第一次无洪水内涝情况。马达溪排涝泵站位于上华街道东侧，是一座大（2）型排涝站，同时是金丽衢地区最大的排涝泵站。总投资逾7600万元，采用"高水高排，底水强排"的理念，既能排涝，又能改善马达溪水生态环境。该泵站主要由排涝泵站、进水前池、出水池、排涝闸等建筑物组成。排水闸规模为（孔×宽）5m×6m，闸门底高程为22.5m，设计排水流量285m³/s；泵站布置有4台竖井贯流泵，设计流量71.0m³/s，总装机5300kW。

【创新推出"巡回调解"机制】 创新推出"巡回调解"机制，联动综治、公安、矛调等力量组建"和合"巡回调解团，建立村–工作片–街道三级矛盾纠纷排查化解工作机制，一般性矛盾纠纷由村调委会调处，调处结果上报；无法解决的矛盾交由工作片联合调处；重大矛盾纠纷实行挂牌督办，成立专门工作组解决。2020年，共排查调处各类矛盾纠纷144起，调处率100%，调处成功率100%，调解涉及金额为236.88万元，基本实现矛盾不出街道，矛盾化解到市矛调中心数量为零。

【被评为金华市"乐水小镇"】 上华街道通过开展清淤疏浚、沿河绿化、生态修复、滨水绿道、便民设施建设和保洁管护等综合措施，全面落实"河湖长制"，各级河湖塘长均履职到位；全力实施雨污分流改造、入河排污口整治，完成"污水零直排区"建设，河道断面水质稳定达标；钱塘江堤防加固二期工程有序实施，上华片区行洪排涝能力进一步提升。街道被评为全市唯一的2020年度金华市"乐水小镇"称号。

（诸葛韬）

永昌街道

【概况】 永昌街道区域面积84.13平方千米，总户数14336户，总人口44866人，下辖32个行政村、1个社区。2020年，一般公共预算收入增长6.2%，固定资产投资增长3.9%，城镇、农村常住居民可支配收入分别增长28%和2.3%。永昌街道获评浙江省AAA级景区；李渔戏剧小镇获评省AAA级景区村庄。在疫情期间，坚持"精密智控+硬核隔离+暖心服务"，辖区干部群众自觉服从抗疫大局和指挥调度，严格执行各项防控工作要求，实现"零病例"。抢抓发展窗口期，工业用地挂牌金华最早，规模以上企业复产兰溪最快，与建德市大慈岩镇、龙游县横山镇签订联防协议，率先打开外地员工返兰通道，为全市企业用工贡献力量。大力攻坚重大项目、稳企赋能。经济发展办获评全市"战疫先锋"团队，经济工作总体实现"二季红、半年正、三季进"。

实现规模以上工业总产值43.95亿元、规模以上工业增加值9.39亿元，均排名全市第五。纺织行业智能化改造打造全市标杆，试点企业全部通过验收，浙江鑫海纺织有限公司入围全国流行面料企业，浙江赐源纺织有限公司承办全市二季度"晒拼创"现场会。发展大会签约项目4个，引进天祥PI建筑科技产业园、兰溪市绿发饲料厂等重大项目，实到内资3.93亿元，获全市招商引资工作先进集体。兰溪华统牧业有限公司一期投产，吉成小微产业园主体完工，浙江百尚生物科技有限公司、浙江品诚钢结构有限公司实现"当年引进、当年建设、当年投产"，浙江众鑫环保科技有限公司（三期）开工建设，完成固定资产投资5.61亿元。新增浙江众鑫环保科技有限公司、浙江宏峰机械有限公司2家国家高新企业，浙江恒搏钢结构有限公司、浙江恒搏空间结构有限公司、兰溪市鸣远果蔬有限公司3家省科技型中小企业，浙江众鑫环保科技有限公司列入2020年度金华市"隐形冠军"培育名单，浙江恒搏钢结构有限公司、浙江同力铝业股份有限公司获2020年度兰溪市人民政府质量奖。探索技术难题"揭榜挂帅"机制。浙江理工大学纺织学院助力浙江九舜纺织有限公司实施技改。努力做到"要素跟着项目走"，盘活闲置用地10.27公顷（154亩）、消化批而未供5.07公顷（76亩）、争取用地指标7.33公顷（110亩），土地报批执行率100%。

兰溪市华统牧业有限公司项目获金华争先创优行动农业类"最佳实践"奖，承办全省畜牧业农机装备数字化现场会。兰溪市绿原养鸡场获评省级农业"机器换人"示范基地。"旱改水"新增水田14.64公顷（219.64亩），复垦新增耕地5.55公顷（83.23亩），建成高标田300公顷（4500亩）。农业有效投资的总量和增速均列全市第一。通过村企合作、抱团物业、利用移民资金等方式，完成年度消薄任务，各村总收入达到1109.79万元，省定薄弱村下降至18个，百凤林村获评浙江省引领型农村社区，建成夏李乡村振兴示范村。"四好农村路"年度完成投资居全市首位，330国道水亭连接线永昌段通车，永昌至游埠供水干管通水，建成文化礼堂3座。落实"河长制"，完成"污水零直排区"创建，获评全省"五水共治"工作考核优秀街道，兰溪市禾丰养殖场获评省级美丽牧场。创建"八有八无"优秀村15个、示范村1个。百凤林村获评浙江省"一村万树"示范村。

提升"两不愁三保障"水平。实施"菜单式"扶贫产业增收项目158户，农村家庭人均年收入9000元以下全面清零。治理改造农村困难家庭危旧房175户。

完成瑞溪片7个村的农村饮用水达标项目，惠及近1万人。建成沈家居家养老中心，"中央厨房+配送餐"模式实现全域覆盖。成立九三学社同心服务基地，助力养老服务。打造农村家宴放心厨房1家，街道食安办获评省三星。加快基层治理"三治融合"。新增村级乡贤会3个。百凤林村获评省级民主法治村。大力开展"乡风革命"，全面创建"无公共保洁村"，得到市委主要领导的批示肯定。永昌新村获评浙江省文明村。

【首创"两所一庭一室"矛盾联调机制】 为确保小事不出村、大事不出街,2020年上半年,在全市首创"两所一庭一室"矛盾联调机制,即在街道党工委统一领导下,以公安派出所、司法所、法庭、检察室为主体,部门、街、村3家联动、齐抓共管矛盾纠纷化解。一旦遇到村、片区层面无法化解的疑难复杂矛盾,就由街道党工委副书记牵头,组织"两所一庭一室"负责人共同"会诊",联合调解,全力将矛盾化解在基层。

【村社组织换届】 完成村社组织换届选举,全面实现组织意图,村社主职干部调整率达到57.6%,班子年龄、学历结构得到优化。

村社党组织班子成员履新上任
(永昌街道 提供)

【李渔戏剧小镇开园】 4月29日,李渔戏剧小镇开园。李渔戏剧小镇分为夏李印象、先锋迎客、风花雪月、诗路花语等12个景区。包括听雪轩、鹤归楼、流韵台、水街、李渔清廉馆、闲情偶寄植物园等数十个景点。

【举办兰溪市首届越野驾驶运动会】 11月8日,以"一盔一带,守护生命"为主题的兰溪市汽车摩托车运动协会首届越野驾驶运动会在永昌街道百凤林村拉开序幕。该次活动旨在进一步强调"一盔一带"的重要作用,敦促大家在享受驾驶乐趣的同时,将"安全"牢记心中。百凤林村卡丁车越野基地自开放以来,吸引了全省各地的越野车爱好者前来体验,收入已达20万元。

百凤林越野基地举办兰溪市首届越野驾驶运动会
(永昌街道 提供)

【华统项目一期投产】 华统食品加工产业园配套养殖是省级生猪保供重点项目和转型升级产业基金项目,一期投资2.9亿元,11月初投产。企业在生产过程中实现了标准化、绿色化、规模化、循环化、数字化、基地化,于11月9日承办了省级畜牧业农机装备数字化现场推进会。

11月10日,省畜牧业农机装备数字化现场推进会代表考察兰溪市华统牧业新建养猪场
(永昌街道 提供)

【省级"枫桥式"司法所】 永昌司法所坚持党建引领,通过强化队伍建设、创新矛盾化解机制、全方位常态化开展法治宣传等举措,成功创建省级"枫桥式"司法所,是金华地区五家之一、兰溪首家。

【第二届中国李渔戏剧汇】 永昌街道承办了2场主题活动,地点位于李渔戏剧小镇。11月8日,承办"故里寻根·朝圣李渔"活动,全国近百位文艺界人士、戏曲界专家学者在李渔故里开启朝圣之旅,访古人、赏美景、话发展,李渔家班揭牌。11月19日,承办"闲情偶寄·再遇李渔"活动,《中国戏剧年鉴》专家及理事会成员前来参观考察,并在此召开《中国戏剧年鉴》理事会年会。

11月8日,第二届中国李渔戏剧汇在李渔故里夏李村举行　　　　　　　　(王萍 摄)

【330国道二期(水亭连接线)】 项目主要建设区域位于永昌,途径童山、夏李、下畈3个行政村。永昌街道坚决落实属地责任,仅用时一个月,高质量完成了7.33公顷(110亩)土地、108穴坟墓、17口水塘的征迁任务,有力保障了项目无障碍施工。

【"李渔家宴"列入省"诗画浙江·百县千碗"工程成果展示项目】 10月16—18日,"李渔家宴"代表金华参加省"诗画浙江·百县千碗"工程成果展示,"诗画浙江·百县千碗——李渔家宴"的展示菜品由笠翁品香蟹、大仙菜豆腐汤圆(仙乡巧团圆)、畲乡筒骨千张煲、烂生菜烧鱼头、兰花风肉扣蜜枣(香兰映蜜枣)、金秋稚鸟戏蟹园、兰溪素烧鹅(腐皮赛金鹅)、桂花酿山药(金秋凤求凰)、大仙菜八卦羹(仙侣白玉烩)、兰溪红印馒头扣肉等共10道最具代表性的精品菜肴、家常菜肴和素食菜肴共同组成。

(洪　阳)

赤溪街道

【概况】 2020年,赤溪街道区域面积27.6平方千米,下辖11个行政村,1个社区,总户数5300户,195个村民小组,总人口17648人。2020年成功创建3A级景区乡镇。

美丽赤溪　　　　　　　　(郑绍俊 摄)

2020年,面对新冠疫情,一手抓严控,严格落实企业、集镇、学校、医院等重点场所健康监测措施,突出抓好重点人群跟踪管控,全面落实"外防输入、内防扩散"的疫情防控常态化策略,全街道未出现一例新冠肺炎确诊或疑似病例;一手抓复工复产,各项工作有序推进。

完成规模以上工业总产值9.6亿元,工业税收6000万元,固定资产投资4亿元,制造业投资2.7亿元,引进内资2.6亿元,浙商回归2.05亿元,限上批发业6.3亿元,外贸出口5019万元,均超额完成年度任务数。浙江裕欣纺织、浩鑫商务楼一期、小微园一期等项目推进顺利,主体工程完工。迪奥工贸5万平方米厂房装修基本完成。330国道二期改建工程涉及土地33.02公顷、722户农户、546穴坟墓的政策处理全部完成。赤溪中心幼儿园开工。招商引资上会签约项目共5只，总投资约8.7亿元；在谈项目1个，总投资3.5亿元；重大项目3个，其中小微企业园一期已引进企业22家。

赤溪金秋岗工业园区　　　　（郑明　摄）

成功创建"八有八无"优秀村8个，创优率72.73%。常满塘村被评为市"八有八无"、垃圾分类十佳村。街道垃圾分类参与率和知晓率达98%以上，正确率达85%以上。新建6处垃圾分类亭，"两定四分"实现集镇范围全覆盖。街道范围内的35个排污（水）口完成再细化，改造提升4个重点排污口。成功创建省3A级景区街道，后龚村、柳塘村、朱犁村、杨塘村成功创建省A级景区村庄。美丽城镇项目街道迎宾大道、集镇至常满塘道路提升工程开工建设，常满塘、后龚两个美丽乡村提升示范村建设有力推进。

加快水利工程建设，完成小农水利工程、上畈机埠改造以及朱犁畈粮食功能区改造提升项目，提高防汛抗旱能力和农业基础设施水平，受益农田266.67公顷（4000亩）。完成石寺线、章士线道路拓宽改造及"白改黑"工程，完成柳塘村"四好农村公路"建设，打通赤溪迎宾路。新增便民停车场2个，停车位100余处，缓解停车难问题。

11个村全部完成消薄工作任务。街道低收入农户384人完成建档立卡，严格落实帮扶机制，40户低收入农户危旧房全部完成改造工作。2020年低收入农户人均收入同比增长25.2%。"菜单式"扶贫种养殖补助面积达8.83公顷（132.5亩），发放补助资金101695元。

社会治理持续深化。街道全年共受理"8890"（便民电话）107件，同比下降72%；信访件31件，同比下降30%。完成双民代办976件，化解矛盾纠纷55件，完成市交办信访积案12件。山背岗、朱犁、王铁店成功创建金华市民主法治村。

【水产养殖转型初见成效】　2020年，街道坚持"减总量、调结构、提品质、增效益"的原则，对低小散、养殖粗放、品种单一的进行劝导退养；并在杨塘村、上下汤村、石龙头村、利民村等村开展试点，同时街道拿出一部分资金，针对珍珠退养、生态养殖进行政策支持，资金奖励，树立示范户示范村进行推广，推动面上水产养殖的转型升级。共培育兰江蟹、小龙虾、青虾混养和稻鱼、稻虾共养示范户10户，面积63.33公顷（950亩），珍珠生态养殖示范户16户，面积40公顷（600亩）。其中兰江蟹亩均产值达11000元以上，亩产效益7000元以上。实现了水产养殖低排放，大幅减少了农业面源污染，既保障水域生态环境又保障了农民的"钱袋子"，加快解决了原珍珠养殖渔民升级、转产问题。

【20天完成330国道二期坟墓征迁政策处理】　330国道外迁赤溪街道段共涉及金桥、石龙头、常满塘、杨塘、利民5个村坟墓546穴。为确保后期无障碍施工，街道抢抓冬至时间节点，第一时间组建工作专班，压实责任，通过20天努力，完成546穴坟墓搬迁工作。

【完成村社换届工作】　围绕市委提出的"平静

安静、高质高标"的目标，突出党的领导，突出从严把关，突出实干导向，扎实推进村级组织换届工作。通过走村入户广泛听取民意，精心排摸"一肩挑"人选，完成村（居）委会换届和配套组织换届工作，"一肩挑"实行率100%，村（居）民参选率99.6%。

【干部队伍建设】 联合辖区19家单位成立工业功能区党建联盟，资源共享、优势互补，推动区域党建融合，形成块状聚力。深入推进党员"十二分制"量化考核，"小积分"管好"大队伍"。推行"8090"成长计划暨年轻干部"四领"工程，加强年轻干部培养。通过强化人才储备、业务培训、外出考察学习等方式，提升干部整体素质，激发队伍活力。督促指导各党支部严格落实主题党日、民主生活会、组织生活会等党内生活制度。

【党风廉政筑牢藩篱】 制定《赤溪街道廉政分线谈话制度》和《关于建立负面警示清单强化街道干部"八小时以外"活动监督管理的通知》，累计开展廉政谈话150人次，各党支部负责人讲廉政党课20多场次，做到早提醒、早介入、早制止，不断提高干部防腐拒变能力。

（吴泽龙）

赤溪街道工业功能区党建联盟

（赤溪街道 提供）

女埠街道

【概况】 女埠街道总面积67.11平方千米，辖21个行政村、1个居民组、263个村民小组。街道总户数11813户，总人口38463人。山林面积2118.40公顷；耕地面积1742.40公顷（经济作物面积2263.5公顷），其中，水田1513.30公顷。

1—12月，实现财政总收入1.5亿元，同比增长9.8%。规模以上工业总产值53.93亿元，同比增长60.26%；规模以上工业增加值12.25亿元，同比增长54.74%，增幅增速排名均全市第一。工业亩均税收10.29万元。外贸出口（1—11月）

女埠码头

（女埠街道 提供）

6.24亿元，限上服务业批发销售额1.75亿元，同比增长18.5%；两项收入中城镇和农村居民可支配收入分别为42709元和46798元。

第一产业投资21944万元。农作物播种面积2149.8公顷（32247亩），粮食播种面积455.67公顷（6835亩），粮食总产量2370吨。棉花种植面积671.2公顷（10068亩），棉花产量1003.5吨。油菜籽播种面积870.2公顷（13053亩），油菜籽产量2022吨。水果总产量15843吨，其中枇杷7959.6吨，柑橘产量3170.4吨。年内出栏生猪14200头，年末羊存850头，家禽存栏47万只。

完成金建高铁女埠段房屋征迁签约工作。完成6条"四好农村路"建设。完成临时码头专用道21户（宗）土地征用，完成郎山、垾坦、下潘3个村的农村饮用水达标提标工作及黄楼线、女后线自来水主管提升工程，完成民主、下潘示范居养配送中心建设。新建敬老院项目主体工程完工。完成后郑花塘村殿塘山塘、垾坦村凹里山塘、下潘村董凹山塘整治项目。完成第七次全国人口普查工作。完成征兵工作任务。女埠初中兰溪一中录取人数达31人，总人数、班均数均列全市农村初中第一。

引进内资5.16亿元，完成129%；浙商回归3.77亿元，完成104.7%，均全市排名第三。共引进招商项目7个，新落地项目5个，开工建设项目8个，投产项目7个。引才招商活动14次，对接高层次人才16人次，对接客商35人次。新增国家高新技术企业、省级高新技术企业研发中心各2家，省级企业研究院1家。

通过"腾笼换鸟"方式利用低效、闲置用地开展二次招商，完成13家企业10.70公顷（160.61亩）的低效闲置用地处置。推进甘溪流域低效用地整治工作。成功淘汰落后产能3家，完成清洁生产4家，完成23家"低小散"块状行业整治提升，促进企业转型升级。完成园区排水管道提升建设、金兆纺织门口道路建设、创新大道人行道绿化配套、路灯维修工程，完善园区供水管道，配合协鑫环保完成女埠热力复线工程建设。

兰江航运（女埠段） （女埠街道 提供）

通过浙里访信访系统平台处理来信、来访、来电、网上投诉等渠道信访件511件，同比下降11%。平安建设系统累计上报事件8482件，事件办结率100%。受理复杂纠纷调解56件，成功率99%，疑难纠纷案件10件，涉及金额160.5万元，街道层面调解次数同比下降45%。接收民情民访代办件750余件，满意度100%。成功创建浙江省级民主法治村1个，金华市级民主法治村4个。化解国家级信访积案4件、省级信访积案3件，累计签署息访承诺书16份。全年辖区无重大安全事故发生。

完成脱贫攻坚任务。9000元以下低收入农户全部消除。对全街道759户低收入农户开展"一户一策一干部"结对帮扶。全面排查773户四类对象，100%完成C、D级危旧房治理。

完成疫情防控各项任务。检查车辆1.5万余辆，上门及电话核查人员4万余人，共管控入境人员、中高风险地区返兰人员及密切接触者1429人，辖内无感染病例。

全额一次性完成村社的换届选举，选举产生

138名村两委成员。制定出台《作风提升"十六个一律"》，组织街道、村两级党员干部签订"五严格五禁止"军令状、禁赌承诺书。深化"最多跑一次"改革，全年办件量14372件，现场办结12489件。在街道便民服务中心和下潘村设置便民服务终端，实现"就近办、随时办"，月均办件量90件。组织企业参加人才科技月等人才对接活动9场，开展引才招商活动14次，对接高层次人才16人次，引进本科人才18名，硕士以上人才3名。

引进总投资2000万元的云栖精品民宿项目，利用闲置、老旧集体公房进行民宿和旅游接待设施建设，项目一期开业接客。成立旅游办，向社会公开招聘专职人员。完成上新屋村"初心展馆"布展，展示兰溪革命人物童玉堂事迹，接待各级代表团、游客109批，12650人次。

上新屋村初心展馆　　（女埠街道　提供）

"五一"小长假期间，在女埠古街、渡渎村等举办乡村旅游文化节活动，累计游客量超过5万人次。开辟"星光夜市"，通过市场化运作发展地摊经济、夜市经济。十一假期举办兰溪首届枫山童画节，吸引127个亲子家庭走进渡渎绘画写生；和市妇联、文化馆联合举办非遗草编技艺大赛。启动秋季研学游，与3家旅行社合作编撰"国学+非遗"研学课程。甘蔗节期间，面向全市招募20组家庭举办五期"奔跑吧family"活动。

【**再次获评金华市"十强工业强镇"**】完成固定资产投资6.82亿元，其中工业性投入5.5亿元。年内有在建市重大工业项目9只。9月19日，百亿产业项目——兰溪自立环保科技有限公司项目顺利投产。成功申报金华市两化融合重点项目3只，兰溪市两化融合重点项目3只，浙江金兆纺织有限公司、浙江日腾印染有限公司开展智能制造项目，兰溪市博远金属有限公司开展智能化改造项目。新增5家"小升规"企业，新增挂牌企业1家，新增股份制企业1家。

兰溪自立环保科技有限公司（女埠街道　提供）

【**获评浙江省文化礼堂示范乡镇（街道）**】2020年，女埠街道以省"非遗主题小镇"为主题，以文化礼堂为载体，开展非遗主题活动。配合市委宣传部举办2020年兰溪市"文化和自然遗产日"非遗展示（演）暨兰溪市"文旅轻骑兵"启动仪式，在古街打造周末非遗集市，开展非遗主题研学活动20期。新建民主、楼塘、金家3家文化礼堂。

【**获评省乡村振兴示范乡镇**】完成14个村的乡村振兴"示范乡镇"创建项目建设任务。围绕"考神故里、研学渡渎"发展定位，完成渡渎村乡村振兴示范村项目，被列入市一季度"晒拼创"现场会点，结合第三届省大学生乡村振兴创意大赛文化赋能空间项目，植入10组业态。打造穆坞村"乡村振兴"精品村和女后线精品线路。街道被评为省乡村振兴示范乡镇，渡渎村被评为省乡村振兴示范村。

【全域试行垃圾分类"两定四分"】 以"八有八无"创建工作为着力点，全域试行垃圾分类"两定四分"，源头分类正确率90%以上，拆除主要道路沿线露天垃圾池17座，改造露天垃圾池4座，升级改造阳光房3座，完成4座资源化站点及集镇9个集中投放点建设并投入运行，新建35个垃圾分类"四分"亭，累计投入近300万元。月垃圾减量60%，创建"八有八无"优秀村12个。深入推进"三改一拆"，拆除各类违法建筑面积12.52万平方米，完成率113.8%。

（吴　凯）

游埠镇

【概况】 游埠镇总面积65.3平方千米，辖19个行政村、2个社区。全镇总户数13210户；总人口41223人，其中，农业人口38063人，外来人口3160人。山林面积482公顷；耕地面积4135.40公顷。

经济运行稳中向好。着眼降低疫情及国际形势带来的影响，全力以赴抓好稳企赋能，以巨江集团为龙头，推进汽摩配产业链、创新链招商，大力扶持汽摩配产业集聚发展。成立镇级招商服务中心，一手抓招商引资，一手抓服务配套，蓄足工业发展后劲。以巨江电源科技有限公司为代表的企业，乘着"一带一路"建设的东风，正扬帆起航、驶向全球。浙江永泉化学有限公司与传化集团重组，企业正重新焕发生机活力。全年完成规模以上工业总产值33.9亿元，工业税收1.36亿元，固定资产投入2.28亿元。

围绕国家4A级景区、美丽城镇省级样板、省级旅游风情小镇等创建工作，加快文旅业态项目建设。建成永济影像馆、影像兰溪馆，成立段岳衡、黄志强等摄影大师工作室，加速推进倩女幽魂次文化文创园、诗路钱江石文化展览馆、古董相机展览馆二期等项目建设。成功创建浙江省第四批省级旅游风情小镇，顺利通过国家4A级旅游景区景观质量评价。浅塘雅舍获评省金宿级民宿。成功举办首届"海峡两岸影像文化周"兰溪郎静山专场、2020年"浙江发展与影像创作"中青年摄影人才研修班等活动，推出"十一"怀旧之旅。

发展现代农业。投资1500万元开发青龙山农业综合开发项目顺利完工，培育农业主体流转土地153.33公顷（2300亩）。完成焦山、下王两个省级绿色高产水稻示范方70公顷（1050亩），早稻订单164.36吨，面积273.93公顷（4109亩）。范院坞、下王、周门村引进富硒水稻与龙虾、兰江蟹共养项目，被评为市"两进两回"示范基地。成功举办2020年浙江省暨金华市农机事故应急处置演练，全国共有2.41万人次通过网络直播观摩。

"蓝天保卫"严抓到底，全域"双禁"烟花爆竹，严格控制扬尘、餐饮油烟，严禁秸秆、垃圾焚烧。"五水共治"常态推进，围绕金华市大禹鼎争创，突出黑臭水体整治。着力推进兰溪市游埠片灌区干渠改造工程，全面提升游埠溪及周边河道水质。抓紧推进镇污水处理厂扩容提升工程及镇生活垃圾资源化站点建设，全面提升全镇污水及生活垃圾处理能力。污水零直排提档升级。基本完成工业园区和集镇"污水零直排区"创建。持续抓实"八有八无"及垃圾分类工作，上报的13个村全部通过优秀村考核。洋港村通过示范村考核。成功创建金华市"乐水小镇、水美乡村"，高元张村、潦溪桥村成功创建金华市森林村庄，洋港村成功创建省3A级景区村庄。

加紧推进美丽城镇省级样板创建,启动东山项、金湖、范院坞3个村的乡村振兴示范项目建设。民盟助力乡村振兴实践基地顺利揭牌。

开展矛盾化解晒拼创,在全市率先完成首批交办信访积案清零工作,第二批交办信访积案清零工作列全市第一。成功创建"全国示范型"退役军人服务站。加速推进矛调中心建设,该中心集合了镇矛调中心、便民服务中心及游埠法庭、司法所等,实现"矛盾纠纷最多跑一地,便民服务最多跑一次"的目标。强化提前介入严控隐患。常态化开展矛盾纠纷排查,共排查矛盾纠纷72条,村级化解68条,联村跟踪处理4条。疫情期间,《游埠镇"三字三招"全力保障"两战"期间社会有序稳定》相关信息获市委陈峰齐书记批示肯定。针对建房易发多发矛盾信访问题,成立农户建房工作专班,探索建立"一查二访三问四必到"机制,将隐患化解在苗头。探索检举控告公开反馈机制,检举控告明显减少,社会进一步和谐稳定。

大力推进供水干管道工程,兰溪市城市管网西片永昌至游埠供水干管道工程顺利完工。完成西山王村和范院坞村饮用水管网达标提标改造工程。积极与水务部门对接,推进坝路结合工程。石寺线拓宽改造及章士线改造提升工程基本完成。九龙全域土地整治项目基本完成,九龙自然村整村搬迁工程全面实施。认真组织各类疾病筛查。乡风文明持续优化。潦溪桥村成功入选浙江省文明村,金华市总工会授予市公安局游埠派出所"金华市工人先锋号"称号。志愿者服务活动有声有色,游埠派出所辅警吴靖昊、邵家村村委会原主任张永银获评兰溪市第四届道德模范,包建丽被评为兰溪市志愿服务先进工作者。对低收农户逐一建档造册,实行动态管理,全镇74名机关干部及68名村两委干部按"一户一策一干部"工作制度,落实每月不少于一次走访,在前期上报省17户低收入农户危旧房治理的基础上,围绕"两不愁三保障",深入摸排,全年共完成60户低收入农户危旧房治理,低收入农户获得感较高。游埠敬老院公建民营项目顺利实施,洋港幸福家园养老院已投入使用。

梳理编制村规矩集。根据清廉村居工作部署,编制《村社规矩集》,涵盖农户建房、限额以下工程建设、误工工资发放等群众关注、矛盾集中、问题高发的领域,通过定规矩划红线,扎紧制度的笼子,规范小微权力运行,让权力行使有"矩"可循。潦溪桥村入选金华市首批基层清廉建设示范单位。

完成21个村社组织换届选举工作,实现"一肩挑"人选当选、一次性选举成功率两个100%,换届信访量全市面上最低,总体呈现"三高一优"特点。调整率高,坚持干事导向,调整12名村社党组织书记,调整率57.1%。新当选的21名村社书记,大专及以上9名,占比42.9%,较上届提升11.3%;村社书记平均年龄48.1岁,较上届年轻4.5岁,支委平均年龄47.43岁,较上届年轻5.2岁;女委员19名,占比20.2%,较上届提升10.5%。新一届村(居)委会全体成员高中以上学历39人,占比50.0%,较上届提升10.3%。

【海峡两岸影像文化周兰溪郎静山专场活动】 10月20日,首届海峡两岸影像文化周兰溪郎静山

活动现场"影像兰溪"授牌　　（王萍 摄）

专场活动在游埠启动，100多位来自两岸八方的台胞台商和摄影名家齐聚一堂。兰溪郎静山专场活动以两岸著名摄影人郎静山故乡元素为纽带举办系列活动，包括启动仪式、游埠摄影小镇参访、摄影采风创作、金兰创新城发展考察推介等活动。

【民盟助力乡村振兴实践基地揭牌】 9月28日，民盟助力乡村振兴实践基地在范院坞村揭牌，全国人大常委会委员、民盟中央副主席龙庄伟，副省长、民盟省委会主委成岳冲，以及省市各级领导共同为民盟助力乡村振兴实践基地揭牌。民盟和游埠镇携手共建推进范院坞村乡村振兴。

村两委向浙江民盟企业家联谊会赠送锦旗
（王萍 摄）

【双节"怀旧"之旅主题活动】 中秋节、国庆节期间，围绕"静山故里、故事很老，漫步游埠、时光不老"，推出十一项原汁原味的"老"活动，肉沉子跃升网红小吃，双节期间销量破万元，节日期间共接待游客10万余人次，央视《新闻联播》播出《赏风景品民俗 假日生活丰富多样》，重点报道了游埠镇开展的怀旧之旅活动。

【省级旅游风情小镇创建】 12月25日，游埠镇成功创建浙江省第四批省级旅游风情小镇。该镇传统文化活动有盛名，文物古迹颇多。龙灯、花灯、舞狮等村村都有，宗祠、庙宇、牌坊、鼓楼等多数保存完好。横贯镇内的游埠溪上有清代所建的太平桥、永安桥、永济桥、永福桥、潦溪桥，称为"五马归槽"。小天井、马头墙、黛瓦白墙，明清徽派浙西民居是这里的特色，典雅大方，古朴静美。沿水而建古宅、十步一弯拱桥，有别样的江南水乡韵味。

风情小镇游埠　　　　（王恩贶 摄）

（祝俊杰）

"双节"活动上了央视新闻 （游埠镇 提供）

诸葛镇

【概况】 诸葛镇位于兰溪西部，西与龙游县接壤，北与建德市毗邻。全镇区域面积48.55平方千米，辖15个村和一个居委会，总户数9321户，总人口26301人，镇政府驻地诸葛村。330

国道、杭金衢高速游诸互通口、21省道及金千铁路穿境而过。诸葛镇系国家卫生乡镇、浙江省中心镇、浙江省旅游强镇、浙江省文明镇、浙江省美丽乡村示范乡镇和浙江省旅游风情小镇。诸葛镇文化底蕴深厚，旅游资源丰富。诸葛村是全国诸葛亮后裔最大位居住地，国家级文保单位和全国AAAA级旅游景区，素有"华厦一绝，八卦奇村"之称。

2020年，全镇财政总收入1.9206亿元，同比增长-8.20%，完成全年任务167.01%；工业税收1.90733亿元；亩均税收15.55万元。实现规上工业总产值28.85亿元，同比增长8.43%；总部经济4172.3万元，完成全年任务的104.31%。实现招商引资内资2.1341亿元、外资25万美元、浙商回归1.8504亿元，分别完成全年任务的97%、50%、108.8%。完成浙江立马水泥有限公司、溢阳纺织、宝胜纺织、永光业扬、德进工贸5个地块9公顷（135亩）低效用地整治工作，关停整治"低小散"企业和作坊23家，完成淘汰落后产能3家。完成旧厂区的三改一拆面积7万余平方米，完成计划数的312%。招引项目5个，总投资达7.28亿元，其中重点筹建的工业项目有2个，分别为投资3.05亿元的精谊建筑科技项目和投资1.05亿元的正祥车业项目。兰溪诸葛南方水泥有限公司为纳税千万元以上企业，工业和金融业纳税50强企业，被授予兰溪市发展工业突出贡献奖。浙江金泰莱环保科技有限公司、兰溪诸葛南方水泥有限公司、浙江克罗托纺织有限公司3家企业列入兰溪市兴兰工程企业名录。浙江博源新型建材有限公司获亩均税收20强企业，兰溪市康华防护用品有限公司获优秀成长型中小企业。2020年，诸葛镇获招商引资工作先进集体，入围兰溪市2020年度"担当追赶奋斗团队"，为全市工业综合奖优秀单位，科技创新考核先进单位。

受疫情影响，全年共接待游客118万人次，同比下降46%，实现旅游收入13.2亿元，同比下降47%。积极推动文旅产业复工复产，3月举办云上赏花活动，吸引13万人在线观看。各景区和文旅相关企业均展开自救行动，开展各类促销活动以吸引客流。启动了诸葛—长乐湿地公园建设，诸葛果园项目已对外开放。成功举办全国首届研学旅行创新与发展峰会，提升诸葛研学品牌。完成马塘等6个村的A级景区村庄创建，实现景区村庄全覆盖。通过省级以上媒体共对外宣传80余次，影响面超百万人次，获"浙江十佳韵味江南小镇"称号。2020年，诸葛镇获宣传思想文化工作先进集体。

投入200余万元推动"八有八无"创建、垃圾分类工作，创成优秀村8个，合格率100%，优秀率53%。全年开展各类环境整治行动600余次，拆除乱搭乱建250余处，清理乱堆乱放2800余处，农村环境面貌得到持续改善。厚伦方村农村生活垃圾"两定四分"模式得到上级肯定并大力推广。全镇共配置126个"两定四分"点，完成生活垃圾资源化站点建设。对集镇46家六小行业商户的雨污分流进行整治，完成4.6千米集镇雨污水管网清洗，"污水零直排区"创建工作通过金华市验收。小城镇在创成省级样板镇的基础上，按照高质量打造古建旅游风情小镇的目标，美丽城镇创建行动方案获评省级优秀方案。完成东塘下畈275.27公顷（4129亩）高标田项目建设，长乐、万田84.93公顷（1274亩）高标田项目完工。创成5家省级"美丽牧场"。完成横畈等8个复垦项目、管村等2个"旱改水"提升项目和孔塘山垦造水田项目等土地项目建设。新建维修25千米通村公路，完成诸葛—厚伦胡风情线建设，获评金华市"四好农村路"示范乡镇。双牌水库、洪垅水库饮用水源地安装护栏1500米，进行物理隔离，确保用水安全。8月全国爱卫会正式命名诸葛为国家卫生乡镇。

推动新时代文明实践阵地建设，成立各村乡风文明理事会，实现文化礼堂全覆盖。成立长乐、厚伦方、双牌、银塘4处村级乡贤会，夯实基层统战工作。在抗击新冠肺炎疫情期间，诸葛镇从正月初一开始即进入"战疫"状态，迅速成立24小时疫情防控队伍，发动全镇社会各级力量组织抗疫。累计募集资金1200万元，全部用于公益慈善事业（其中锦溪村乡贤叶晓亮就捐献了880余万元）。在市发展大会上叶晓亮先生又为兰溪市人才基金捐款2000万元，长乐村乡贤胡芳获"全国抗疫先进个人"，双牌村党总支书记王李晓获"金华市抗疫先进个人"。长乐村获2020年度疫情防控工作先进集体。对426户低收入农户建立了"一户一策一档"，菜单式扶贫18户农户的种养殖项目，完成26户农村困难群众危房治理，15个村全部完成消薄工作任务。10月被授予全省首批"示范慈善分会"荣誉称号。诸葛中学继续获评"兰溪市教学质量评价农村初中一等奖"，2020年中考共有19人考上兰一中，重点高中上线率36.2%。开展大规模消防安全检查5次，微型消防站建设项目已基本完成。完成镇、村两级社会矛盾纠纷调处化解中心（站）建设，共化解矛盾纠纷48起，完善双民代办制度，共代办159件事项，全科网格办理6005件。不断完善"四个平台"建设，公布234项"最多跑一次"事项清单，简化办事程序，方便群众办事。

村社组织换届顺利落幕，16个村社顺利产生新一届两委成员109人，列出5年干事创业承诺事项149项。2个金华级示范村和5个兰溪级示范村均已完成党建品牌打造。推出党员联系户AB岗制度，确保"服务不漏户，户户见党员"。创设"银龄驿站"，"银雁回巢"志愿服务队被评为浙江省"助力社会治理银耀好团队"。建立"三层级闭门谈话"制度，进一步推动落实党风廉政建设责任制。抓好巡察整改，推动了镇村三资管理问题的有效解决。2020年，诸葛镇获组织工作先进集体，统战工作先进集体，诸葛镇人大主席团获基层人大先进集体，诸葛镇政协工作联络处获"五星级基层组织"。

【诸葛镇获浙江十佳韵味江南小镇】 5月16日，由浙江省文化和旅游厅、浙江省旅游协会、浙江日报报业集团指导，浙江日报、钱江晚报、浙江在线、江南游报共同主办的2019浙江文化和旅游总评榜颁奖仪式在余杭良渚遗址公园举行。诸葛镇作为金华地区唯一的代表，捧回了2019浙江十佳韵味江南小镇大奖。这是诸葛镇继十佳风情小镇后再次获得的省级大奖。

"十佳韵味江南小镇"颁奖 （诸葛镇 提供）

【诸葛镇打好疫情防控战】 从正月初一开始即进入"战疫"状态，迅速成立24小时疫情防控队伍，发动社会各级力量，形成分工合作、沟通协调、联防联控的工作合力。对隔离对象建立"一对一"管控小组，严格做好隔离工作。建立"红色代跑员"制度，切实服务群众。设立人工卡点52个，对车辆人员信息进行严格登记。1—4月共计排摸重点地区返乡人员635人，接触者490人，解除隔离1125人。长乐村乡贤胡芳获"全国抗疫先进个人"，双牌村党总支书记王李晓获"金华市抗疫先进个人"。

万田村卡点执勤　　　　　　（诸葛镇 提供）

【诸葛镇"银龄"工作蓬勃发展】 老干部、老党员、老专家、老模范、老战士这"五老"组成诸葛银龄队伍，通过创设银龄驿站，建立志愿服务制度，积极组织活动，推动诸葛镇"银龄"工作实现规范化、品牌化、示范性发展。诸葛银龄工作得到了多家媒体刊登报道，"银雁回巢"志愿服务队被省委老干部局评为浙江省"助力社会治理银耀好团队"。

银龄志愿者　　　　　　　　（诸葛镇 提供）

【村级组织换届选举】 2020年诸葛镇顺利完成村级组织换届选举工作。该次换届村干部任期5年，书记主任"一肩挑"。16个村社顺利产生新一届两委成员109人，实现"一肩挑"人选当选率100%，一次性选举成功率100%，足额当选率100%。村社新班子当选后"上任就奔跑，开门就实干"，列出5年干事创业承诺事项149项，掀起干事创业的新高潮。

村级换届选举后村干部履职上新

（诸葛镇 提供）

【诸葛-长乐村被授予"全球人居环境村落范例"荣誉称号】 10月17日，在深圳举行的2020可持续城市与人居环境奖颁奖盛典上，诸葛-长乐村被授予了"全球人居环境村落范例"荣誉称号。据了解，"全球人居环境村落范例"荣誉称号为该论坛针对今年新增类别"村落"而颁发的新称号，旨在促进乡村可持续发展和可持续文化遗产保护，而诸葛-长乐村、芝堰村凭借优美适宜的人居环境及保存良好的建筑群成为该届全球参赛村落中唯一获得该称号的村落。

"全球人居环境村落范例"颁奖

（诸葛镇 提供）

【人民研学网首届研学旅行创新与发展峰会在诸葛村召开】 11月21日，人民研学网首届研学旅行创新与发展峰会在兰溪市诸葛镇诸葛村召开。200余名专家学者齐聚兰溪，共探研学旅行未来路径，共商实践育人创新模式。会议由人民日报社《人民周刊》杂志社、人民研学网主办，市委宣传部、市文旅局、市教育局、诸葛镇政府承办，旨在总结经验、展望未来，探讨研学旅行在新形势下加强合作、创新发展，适应教育改革和发展需要。

峰会现场　　　　　　　　　（诸葛镇 提供）

【厚伦方村方赛花获2020年度全省"金牛奖"】 2020年度浙江乡村振兴带头人"金牛奖"评选于年7月启动。经层层筛选评定，全省有20位候选人入选。厚伦方村党支部书记方赛花获2020年度浙江乡村振兴带头人"金牛奖"，成为10位获奖者之一。"金牛奖"评选历经15个年头，已成为宣传"三农"典型、推动乡村振兴的品牌活动。

（雷　翎）

黄店镇

【概况】 黄店镇镇域面积137平方千米，下辖21个行政村。全镇总户数10884户，总人口35009人。山林面积8504公顷，耕地面积2436公顷。2020年，实现地方财政总收入3305万元，同比增长13%；一般公共预算收入1734万元，同比增长5.1%；工业税收3205万元，同比增长12.2%；农村常住居民人均可支配收入31846元，同比增收5.6%；签约亿元项目2个，即总投资1亿元的芝堰旅游项目计划、投资3亿元的白露山旅游项目。美丽华印刷材料科技公司参与制定"水泥包装袋"国家标准，浙江玉帛纺织有限公司通过省科学技术厅复核审查工作，拟建省级高新技术企业研究开发中心，黄店企业家王爱文、汪志平入选兰溪市第十批拔尖人才。

以"干部作风提升年"活动为抓手，全面开展金华市级"五星三强"示范乡镇创建工作。深入实施"星火计划"，开展"传帮带"师徒结对，培养镇村年轻干部30余名。以"大家访、大代办、大接访、大化解"活动为抓手，推动"第一书记"、联村干部驻夜联心，听民生、访民情、解民忧，通过走访8921人次村民群众，解决问题219个，让党建引领基层农村各项事业。高质量完成了村级组织换届工作，实现了"一肩挑"人选100%当选、一次性选举100%成功、成员100%足额当选的"三个百分之百"。深化"三考三比"竞赛活动，通过照镜台、红黄旗等创新制度，开展工作实绩"晒拼创"，进一步提升村干部队伍精气神。

迅速落实"硬核隔离+精密智控"，内防输入、外防扩散，创新制定"十个一"防疫举措，在排查防控、工作覆盖、舆论氛围等重点上精准发力。坚持防疫和复工复产两手抓，深入开展"驻企服务员"活动，班子成员分片包干、上门服务、现场办公，协调解决"红牌塑业"转贷等15个问题，企业复工率和员工返岗率处于全市前列。21个村均组建了红色志愿服务队，为在家隔离人员"代跑"购买各类生活物品1500余次。创新疫情宣传方式，制作"土味"防控日历海报近百张，相关报道在人民网等平台上点击率破百万。

乡村振兴"示范乡镇"建设全面推进，打造了王家村、朱家村等两个省级美丽乡村特色精品村，全长9.3千米的沿溪绿道基本建成，省AAA景区镇完成创建，并获评为2020年度新时代美丽达标城镇，将黄店全域串点成线、连线成片。不断将美丽环境转化为美丽经济，探索建立了"村集体+酒店+旅行社+农户"的共同增收致富模式，王家村由省定经济薄弱村变为了美丽经济样板，村集体收入达40余万元，带动村民共同增收致富。乡贤投资的高端民宿浩欣·塘里居、喜柿山房、朱家村宿正在规划建设中，全镇现有民宿（农家乐）43家，床位600余个，餐位3000个。成立浙江农林大学金华茉莉花茶研究所，与金华农科研究院联合建设省级柿子种质资源圃，创新技术研发、成果转化及人才培养等模式。王家村被认定为首批浙江省职工疗休养基地，芝堰村获全球人居环境村落范例奖。

积极推进"基层党建+社会治理"，以矛调中心试点为契机，建成全市第一个乡镇矛调中心，进一步整合优化各类资源。创新开发"黄小码"小程序，将党建智能化服务与基层社会治理深度融合，形成"15分钟基层社会治理圈"。村务协商委员会制度在全镇各村规范化、制度化、标准化运行，在疫情防控、脱贫攻坚、美丽乡村、乡风革命等方面发挥了重要作用。以"红色网格"管理为抓手，构建基层社会立体化治理体系，充分发挥党员联系户作用，切实做到将基层党建的政治优势转化为社会治理的效能。全年共受理信访件446件，办结率100%，市级交办信访积案化解率为89%。

抓住村社换届契机，不断深化村务协商委员会制度，组织开展村务协商委员会相关内容培训，各村重新梳理成员名单，邀请有家乡情怀的乡贤加入。全面深化"红白喜事"公约十条，有序推进婚丧喜事简化，对承办范围、规模、礼金等进行了界定，2020年共简办红（白）事241场次。完善村规民约，创新设立"福分制"、设置"福气奖"，深入开展"美丽家庭""笑脸墙""红黑榜"等创评活动，开展乡风文明专场演出9场，累计表彰48人次，营造文明和谐乡风。常态化开展志愿服务活动，全年开展活动627场次，在环境整治、垃圾分类、交通劝导等方面发挥了重要作用。

【村务协商"四步法"获市领导批示】 黄店镇围绕"两不愁三保障"即稳定实现农村贫困人口不愁吃、不愁穿；保障其义务教育、基本医疗和住房安全的目标任务，积极探索，主动谋划，通过"望、闻、问、切"四步工作法，用行动消除距离、用脚步丈量民情、用爱心温暖群众，秉承村务协商"遇事讨论、要事协商、难事帮忙"的12字原则强力助推脱贫攻坚。

【"三六"工作法推进村务协商委员会工作】 黄店镇认真落实市委关于村务协商委员会工作精神，敢于创新、善于创新，在总结梳理试点村经验的基础上，提炼形成"三六"工作法：实施"六有"标配，筑实协商阵地。形成"六步"走法，严肃协商流程。提出"六看"标准，巩固协商成果。"三六"工作法推动全镇村务协商委员会工作规范化、制度化、标准化建设，打响了村务协商制度建设的黄店品牌。

【"七一"大党课线上直播】 6月27日，黄店镇组织举办以"不忘初心 久久如一"为主题的纪念建党99周年活动。活动当天，镇党委书记以全新的视频授课形式，为全镇各支部党员集体上了一次生动的党课，让党员坚定理想信念，强化纪律意识。

【"农信杯"第三届浙江省大学生乡村振兴创意大赛】 6月,"农信杯"第三届浙江省大学生乡村振兴创意大赛兰溪文化赋能空间专项赛在黄店镇王家村举办。来自浙江各个高校的优秀大学生们汇聚在兰溪市王家村选取了10个空间,从业态策划、场景营造、空间布置等角度提供了创意方案并进行设计改造,破解了乡村闲置房屋利用率低的难题,探索了乡村空间活化的黄店模式,推动了黄店镇乡村振兴高质量发展。

【王家村被认定为浙江省首批职工疗休养基地】 10月,浙江省总工会下发《关于认定首批浙江省职工疗休养基地的通知》,兰溪市黄店镇王家村被认定为首批浙江省职工疗休养基地。王家村位于风景优美的省级风景名胜区白露山南麓,作为兰溪市乡村振兴"示范乡镇"建设的第一个重点村,总投资600多万元,涉及28个设计节点,包括入村口景观提升、休闲广场打造、景观营造等,同时融入业态布局,王家村已有11家民宿对外营业。

王家村夜景　　　　　　　　（黄店镇　提供）

【芝堰村获得"全球人居环境村落范例"称号】 10月16日,在深圳举行的2020可持续城市与人居环境奖颁奖盛典上,芝堰村被授予"全球人居环境村落范例"荣誉称号。"全球人居环境村落范例"荣誉称号是针对2020年新增类别"村落"而颁发的新称号,旨在促进乡村可持续发展和可持续文化遗产保护,芝堰村凭借优美适宜的人居环境及保存良好的建筑群成为本届全球参赛村落中唯一获得该称号的村落。

芝堰村书记陈宝昌参加2020可持续城市与人居环境奖颁奖典礼　　　（黄店镇　提供）

【黄店镇通过达标城镇考核】 12月21日,浙江省新时代美丽城镇建设工作2020年度样板城镇和达标城镇考核验收结果出炉,经现场检查、资料审查、满意度调查、综合评定等环节,并报省政府同意,确定黄店镇为省新时代美丽城镇建设工作2020年度达标城镇。

【承办金华第四季度矛盾纠纷排查分析研判会】 12月22日,2020年四季度矛盾纠纷排查分析研判

乡镇矛调中心职能整合座谈会（黄店镇　提供）

暨司法所与乡镇（街道）矛调中心职能融合座谈会在黄店镇召开。各县（市、区）实地参观了黄店司法所，汇报交流了调解协会、专职调解员、行业性专业性调解组织作用发挥等情况以及加强矛盾纠纷排查调处的措施。2020年，黄店镇认真贯彻落实司法部、省厅和市委市政府要求，坚持发展"枫桥经验"，对标对表"重要窗口"的新目标新定位，积极打造人民调解工作"金"字招牌，各项工作取得了较明显的成效。

（潘昕敏）

香溪镇

【概况】 香溪镇总面积77.07平方千米，下辖21个行政村。全镇总人口35263人，总户数11036户，外来人口1286人。山林面积3132公顷（46980亩），耕地面积1623.33公顷（24350亩）。

全年实现财政总收入4663万元，同比增长15.5%；工业税收4535万元，同比增长15.7%；固定资产投资6.39亿元；外贸出口额1.36亿元，城镇、农村常住居民可支配收入分别为40324元和30341元。全年出生264人，计划外出生11人，计划生育率95.83%，出生人口男女性别比为0.9412。

香溪文化底蕴丰厚，是著名理学家范浚的故里。范浚被誉为"婺学之开宗，浙学之托始"，范氏家族有着"一门双国柱，十子九登科"美称，香溪有古塔、古刹、古街，更有"一里两贤人，三十八进士"的进士文化。

应对新冠肺炎疫情挑战，全面落实疫情防控、复工复产各项措施，全年管控隔离人员、外来人员902人次，核查数据870余批次，涉及人员11900余人次。落实疫情防控激励关爱11条举措，为一线防疫人员发放口罩8000余只，消毒水1500斤，防寒服200余件，加厚雨衣300余件。联合香溪商会筹备为辖区企业购置口罩、消毒水等防疫物资，确保企业安全复工；线上线下举办专场招聘会，搭建企业与员工之间的用工桥梁；深入企业生产一线解决问题103个，为企业发展保驾护航。

完成双万工程项目一期涉及的1009户农户，3063穴坟墓搬迁，349.73公顷（5246亩）流转土地各项政策处理工作，保障项目一期无障碍施工，项目一期268.53公顷（4028亩）标准农田基本成型，道路、泵站等配套设施正在施工中；项目二期正式启动，涉及土地363.07公顷（5446亩）、坟墓2910穴，农户签约和坟墓搬迁工作进展顺利。完成竹丝岩项目红线内长蛇形自然村的整村搬迁、土地流转46公顷（690亩）、博丰矿产整体收购等政策处理工作，城投集团以8.41亿元拍得该矿采矿权，投资8000万元的配套项目下杨货运码头施工进展顺利。

持续推进低效用地整治，完成三华建材1.23公顷（18.5亩）、鸿运水产2公顷（30亩）两处低效用地收储出让；兴丰日用品通过技改提升亩均税收成功达标；交投矿业、光明电子、科源输送3家企业成功升规。首个房地产项目——香溪御园建设顺利，一期3栋楼顺利结顶，均价4800元/平方米，预售超八成；挖掘双万工程溢出效益，利用双万工程整治土地，引进宏康农业投资5000万种植日本"越光米"品种，20公顷（300余亩）七彩油菜长势良好。引进投资额1.28亿元的兰森食品科技果蔬深加工项目，公司运营食品研发，设备已进场安装中。

深入推进美丽乡村建设，完成前黄新、上李、董宅桥、宝塔等4个村建设，龙港、北山、厚同、富民、官塘等5个村进入收尾阶段，村庄道路、村容村貌提升明显。举办全市"千村整治，万人志愿"八有八无全域提升活动现场会，定期开展"红黄旗"评选工作，累计督察交办问题1250余处，创建"八有八无"优秀村12个。组建28支行动小组，开展"五点行动""岗前一小时"整治行动70余次，顺利通过国家卫生乡镇省级暗访检查。

传承范浚文化，新建范浚纪念馆，完成范浚墓、香溪宝塔的修缮工程，组织成立"范浚讲堂"讲师团，讲好范浚故事；联合岩山中学学子编排《心箴》舞蹈、邀请浙江电视台新闻频道《跟着档案去旅行》专题采访录制范浚文化故事，全方位多渠道宣传弘扬范浚文化。围绕47省道农旅休闲旅游风景线建设，依托北山村现有民宿基础及美丽乡村建设成果，成功引进"无它心舍"高端民宿，项目正式开工建设。以原银台度假区为基础，积极招引项目，谋划陈山文旅项目开发；立足将军岩人文风貌，积极融入"三江六岸""兰溪-建德水上游"发展。

扎实开展低收入农户、住房困难户摸排工作，21村摸排571户，814人，逐一落实"一户一策一干部"扶贫结对帮扶；完成78户农村困难家庭危旧房修缮及重建。完成金建高速连接线5千米、涉及6个村657户农户的政策处理扫尾工作，保障金建高速连接线无障碍施工通车；投资400万元的运输服务站完成施工；全年完成道路"白改黑"12千米，"四好农村路"建设8千米；47省道（城北迎宾大道）改建工程政策处理正式启动。占地1.33公顷（20亩）、投资5000万元的卫生院迁建工程政策处理顺利推进。实施董宅桥、东仓、厚同3村饮用水达标提标工程；完成香溪敬老院提升改造工程建设；实施官塘集镇强弱电、路面综合改造工程；新建上李、上新方、董宅桥、东升4村文化礼堂，全镇各村文化礼堂共举办活动450余场次。圆满完成村级组织换届，21个行政村成功选出128名新任村干部。

【全域土地综合整治与生态修复工程】 4月，香溪镇成功完成全域土地综合整治与生态修复（一期）项目政策处理任务，项目涉及的1009户农户，3063穴需坟墓搬迁，349.73公顷（5246亩）需流转土地均完成处理，项目施工方全面进场施工，至年底，一期268.53公顷（4028亩）标准农田基本垦造成型。12月，项目二期正式启动，涉及土地363.07公顷（5446亩）、坟墓2910穴，农户签约和坟墓搬迁工作进展顺利。

全域土地综合整治与生态修复工程（张慧 摄）

【"千村整治，万人志愿"八有八无全域提升活动现场会】 5月8日，全市"千村整治，万人志愿"八有八无全域提升活动现场会在香溪镇宝塔村松树塘举办。松树塘自然村自2019年以来，通过三改一拆、美丽乡村建设等方式实现村庄环境蝶变，2020年全年有20余户在外乡贤返乡建房，成为香溪镇实施乡村振兴战略的样板村落。

"七一"千人大党课　　（邵欢娴 摄）

"千村整治，万人志愿"八有八无全域提升活动现场会　　　　　　　　　　（张慧 摄）

【"范浚讲师团"成立】 6月，研究传播香溪著名理学家范浚婺学文化的范浚讲师团在香溪镇成立。讲师团聘请了浙江省内关于研究儒学的专家、教授与当地的教师共20人，其中有绍兴市王阳明研究会副会长，金华市婺文化研究会副会长，金华市小邹鲁促进会会长，浙师大、金职院的教授等。范浚讲师团将以香溪镇为重点，着力传播范浚文化，让范浚文化真正成为金华乃至浙江的"浙学之托始，婺学之开宗"。

【无它心舍高端民宿落地】 9月19日，"无它心舍"高端民宿兰溪项目签约，项目落地香溪镇北山村，系由国内知名高端民宿品牌"无它心舍"倾心打造。计划总投资1500万元，将打造兼具民宿客房、民宿配套（餐饮、茶空间、酒吧、多功能室、儿童体验、游泳池以及网红IP等配套）为一体的高端民宿项目，吸引都市中高端人士体验亲近自然、返璞归真的乡村生活，对于北山民宿产业提升及品牌打造具有重要意义。

【推行"周六义务劳动日"】 香溪镇在洲上村自发组织试行两年多的基础上，在全镇各村推行"周六义务劳动日"制度，每周六由村两委干部组织党员群众自愿参加义务劳动，干群合力共同整治提升村庄环境。

（王逸灿）

马涧镇

【概况】 2020年，马涧镇总面积159平方千米，辖33个行政村、1个社区、507个村民小组。全镇总户数14942户，总人口50102人，外来人口4048人。

全年实现规模以上工业总产值8.7亿元，同比增长18.8%；财政总收入9158万元，增长24.4%；上缴税收8613万元，同比增长18%；完成固定资产投资累计7.45亿元；城镇常住居民人均可支配收入44156元，同比增长9.8%，农村常住居民可支配收入34902元。

农业方面，推广设施栽培模式，精品杨梅大棚从46.67公顷（700亩）增至73.33公顷（1100余亩），成为全省最大的设施栽培杨梅基地。金华现代农业产业园、匠康-兰溪现代农业科技园等农业大项目先后入驻马涧，"果园马涧"发展框架基本搭设完成。马涧杨梅成功入驻杭州大厦、世纪联华等大型商超和水果市场，镇域品牌显著提升。

工业方面，年内引进振利服饰年产300万条围巾、头巾生产项目；若沛工艺年产500万件工

无它心舍高端民宿签约　　　　　　（香溪镇 提供）

6月5日，兰溪杨梅红天下2020"兰溪红"杨梅品牌发布暨开摘仪式在马坞花海举行
（马涧镇 提供）

艺品项目；日远万吨杨梅产业项目；骏发紫星广场项目；年产60000立方米高端新型环保建材生产项目。全年实现工业亩均税收11.5万元/亩，同比增长20.4%，相比2018年同期5.75万元/亩，两年翻了一番。

第三产业方面，兰北建材市场牵手国内零售行业巨头苏宁易购，助力消薄联建项目增收，村级消薄任务全面完成；按照扶持"三产"经济、优化"三产"业态的目标，完成低效用地企业出清5.73公顷（85.93亩），完成比例74.7%；限上服务业零售销售额2.7亿元，同比增长4.8%；限上零售业销售额4.06亿元，同比增长48.7%，限上批发业破零；配合市级层面举办一年一度的"六月红"杨梅节，线上线下联动推介杨梅品牌，线下积极赴外地拓展杨梅销路及招商，线上联合专业团队、影视明星组织多场直播推介活动，杨梅相关报道在各级媒体平台刊登100余篇；陶奉源杨梅汁在天猫旗舰店上线；启动横木美丽乡村项目，围绕垂钓休闲主题，规范化打造垂钓竞技池；完成20公顷（300亩）特有水果种植；新增民宿、农家乐及共享食堂16家，多次开展业主培训；东叶村民宿已拥有床位108张，民宿品质进一步提升。

文教卫方面，马涧小学承办童诗中国（兰溪）论坛现场会，开展文艺轻骑兵招募工作，举行兰溪兴舞台马涧海选、海盐－兰溪文化走亲、白蛇传首演、篮球赛、志愿者送春联等群众性文体，开展少儿舞蹈、书画、成人走秀、太极拳等培训，举办西庄斗牛节和五星麻糍节；马涧小学获评全国诗歌校园，横木小学的"行走的思政课"和"草鞋湾"等特色课程成为全市教育新亮点，成人技术学校的春泥学堂获评浙江省走进乡村文化礼堂学习品牌和金华市终身学习品牌；新建4个文化礼堂，25家文化礼堂全年累计开展各

12月22日，建金高速公路通车，兰溪境内两个互通口均位于马涧，马涧迎来交通新机遇（马涧镇 提供）

类活动973场次,辐射群众4万余人;东叶村文化礼堂被评为省五星级文化礼堂,西庄村、溪源村文化礼堂被评为金华市四星级文化礼堂;成立乡风文明理事会、乡风文明志愿者队伍,完善村规民约,常态化开展全民志愿日活动。

环境卫生方面,获评国家级卫生乡镇;马坞村被评为省生态文化基地;完成527户农户、19家企业、88家六小行业、8家机关单位、2个生活小区污水零直排建设,顺利通过省、市、县三级零直排验收;马涧污水处理厂扩建工程已完成进水并投入使用;完成蒋坞机械化处理中心建设,通过机械化设备和压缩车,实现周边村所有垃圾不落地的"一站化"处理;持续深入推进环境整治,33个村皆完成"八有八无"合格村考核,垃圾分类示范区范围内的5个村均成功创建"八有八无"整治优秀村;完成11座太阳能垃圾处理房改造。

【入围国家级农业产业强镇建设名单】 继"中国杨梅之乡"之后,马涧镇将再获国字号招牌,入围2020年国家级农业产业强镇建设名单,也是金华地区唯一一个入围乡镇。杨梅主导、果品多样化、二三产融合并进的马涧现代农业发展目标定位更为明确。

【实现兰溪省级农业科技园区零的突破】 以精品杨梅风情园为主要阵地的兰溪市"杨梅专业农业科技园区"被列入省级农业科技园区创建名单,实现兰溪省级农业科技园区零的突破。园区主要建设科技支撑项目,致力建设杨梅全产业链数字化平台,利用区块链技术实行质量追溯,打造"马涧杨梅"品牌,努力把兰溪杨梅农业科技园区建设成为科技创新要素集聚区、科技成果转化应用示范区、三产融合发展带动区和农业高质量发展领航区,打造成为全国"三农"转型发展

2020年,建成精品杨梅风情园,杨梅节惊艳亮相,成为马涧新地标　　　（马涧镇　提供）

和乡村振兴标杆示范。

【首次实行"数字乡村诚信积分体系"】 联合农行,在精品风情园内实行数字化诚信积分体系,智慧门牌录入1176户共4156名村民的基础信息,将农户信息与村庄环境治理、和谐稳定、民生事业建设、遵纪守法和特色产业发展五大项相结合进行量化排名,以低息贷款等引导农户参与村庄治理。

【率先实行村两委干部"三定四诺"制度】 全镇33个行政村首次实行"三定四诺"制度,浓厚村干部干事氛围,通过村级申报、镇党委审定的方式,督促各村定承诺事项、定责任人、定完成时限,实行年初创业承诺、月度依标践诺、季度按绩考诺、年度述职评诺,有效引导村干部干事创业。

【马涧小学获评全国诗教校园】 10月17日,马涧小学被评为2020年诗教校园。马涧小学传承经典,转型创新,诗教之路已经走过15年。有声有色开展全体师生读古诗、学诗联、创诗作、办诗刊、出诗集等诗教活动。成立了骥溪诗社,编写《骥溪诗诵——小学生古诗读本》收录学生的诗作,已刊出23期。

10月17日,马涧小学被评为全国诗教校园
(张梦静 摄)

(张 滢)

梅江镇

【概况】 梅江镇区域面积126.03平方千米,全镇总户数13633户,总人口43122人,辖26个村。梅江地处丘陵地带,山地资源丰厚,有耕地1591.73公顷(23876亩),山林8603.19公顷(129047.8亩)。2020年,梅江镇成功创建国家级卫生乡镇、浙江省3A级景区镇,获先进武装集体。

2020年,梅江镇经济指标爬坡"有力"。围绕"争先创优"工作目标,推动全年经济运行稳步上升。三、四季度两次获全市"晒拼创"优秀单位,"争先创优"经济考核连获全市第一,获得2020年度担当追赶奋斗团队称号。经济指标做到应统尽统,固定资产投资、外贸出口额、招商引资同比增长率分别为84%、33%和181%,获扩大有效投资工作先进集体。盘活低效用地7.42公顷(111.32亩),综合排名列全市第一。

全年招商引资通过评审项目6个,引进亿元以上项目4个。北部天然气一期工程、镇矛调中心、消防站建成投入使用;兰创吉成产业园、艾力工贸项目、梅江镇中心幼儿园主体建筑已结顶;351国道(梅江段)土地政策处理工作已基本完成。省重点项目——越龙山国际旅游度假区全年累计完成投资9.3亿元,于10月1日试开园。

全域发动,统筹推进"八有八无"、垃圾分类工作。从镇到村,从村到户,层层落实,营造"人人知晓、人人参与"的良好氛围。26个村均已通过"八有八无"合格验收,14个村成功创建优秀村,民益村被评为垃圾分类、"八有八无"创建十佳村;各村垃圾分类均已实现"两分类"全覆盖,集镇已全面启动垃圾分类"两定四分";坚持"有违必拆"原则,大力开展"三改一拆"工作,全年共拆除违建15.69万平方米;高效推进"污水零直排"工作,祝宅工业园区创建污水零直排企业30家;高度重视中央环保督察工作,全面开展环保问题自查自纠,即查即改问题8个;针对污水处理厂二期工程滞后问题,成立政策处理专班,7天完成政策处理工作;专班入驻泽宇塑料包装有限公司,采用"边整改边生产"的方式将11项问题全部整改到位。

打好扶贫"攻坚战"。严格落实"两不愁,三保障"的总要求,做实做细危旧房排摸修缮工作。按照"不落一户"的工作要求,共排查出危旧房209户,全部整治到位。对26个村低保户、低边户、特困供养户开展走访核实,通过核查,注销低保户154户,新增低保户70户,小额临时救助93户,救助资金13.3万元。多渠道开展扶贫救助,通过雨露计划、产业扶贫、专项救助等形式,实现全镇低收入农户救助全覆盖。加大下山脱贫攻坚力度,密溪岩下山搬迁124户搬迁户旧房已全部拆除,安置区新房、基础设施配套已基本完成,预计农历春节前可全面实现入住。做大做强村级集体经济,经济薄弱村全部"摘帽"。充分挖掘各村自身优势,发展经济作物种植、来料加工、光伏发电增加村级收入;通过抱团发展模式投资企业、物业出租等项目,强化输血力度，全面提升村级集体增收活力，全镇实现村级收入5071万元，26个村均实现经营性收入超过10万元的消薄目标。

做实"平安建设"工作，推进"四个平台+全科网格员"管控模式，大力开展"平安三率"宣传工作，加深群众平安创建理念。重视初信初访化解工作，以"民情民访代办日志制度"为抓手、以"庭所一体"矛调中心为平台，统筹发挥综治、司法调解、法庭、公安、便民服务中心等科室作用，打破部门信息壁垒，协同作战，全面加强社会基层防护治理，提升矛盾纠纷基层调处能力，提高信访件办理效率，为推进社会稳定奠定了基础。全年共调处各类矛盾纠纷302起，办结信访件135件，化解信访积案21件，办结率98%。

【越龙山国际旅游度假区建设】越龙山国际旅游度假区地处金华山旅游经济区兰溪境内，占地约23.59平方千米，预计总投资105亿元，已列入省大花园建设十大标志性项目，同时也是兰溪实施"文旅兴兰"战略的重要载体。项目规划四大区块：越龙城综合服务区、越龙东城、越龙西城和越龙云都。随着建金高速通车，交通区位优势凸显，吸引周边县市游客，带动旅游发展。项目自实施以来总体进展顺利，2020年累计完成投资9.02亿元，游客服务中心、花语天街、止观文化园等建筑主体已完成，越龙悬索玻璃桥主塔已结顶，10月完成试开园，预计2021年10月一期正式开园。梅江镇全力以赴做好政策处理，完成了13.53公顷（203亩）土地报批手续，并基本完成14.63公顷（219.4亩）土地征收，龙门征迁评估41户已全部完成，累计签约29户，已腾空房屋拆除25户，保障项目顺利开展。

【创兰溪首家"庭所一体"的镇级矛调中心】12月22日，梅江镇矛盾纠纷调处化解中心暨梅江镇人民法庭揭牌。该中心重新整合资源，打造集综治、司法调解、法庭、公安、便民服务中心等多个科室于一体，最大限度地把矛盾纠纷防范在源头、化解在基层，充分激发乡镇在基层社会治理中承上启下的关键作用，真正实现"一站式接待、一揽子调处、一条龙办理"，让来访群众"最多跑一地"。

矛调中心揭牌　　　　（梅江镇 提供）

【聚仁村乡村振兴项目一期开园】12月26日，以"相约梅溪 点亮聚仁"为主题，举办聚仁村乡村振兴项目一期开园仪式。开幕式上精心安排民谣展演、特色美食小吃街和传统非遗文创体验等活动，吸引周边游客2万余人，取得了较好的反响。该项目挖掘聚仁、石埠、桃源溪等村山水资

建设中的越龙山国际旅游度假区（王恩贶 摄）

源、历史人文优势,按照产业兴旺带动乡村振兴的思路,引进景泰蓝工艺、特色小吃、茶馆等各类文化业态12家,商业美食11家,通过商业落地,激发乡村造血功能。聚仁村成功获评市级乡村振兴样板村。

聚仁园区　　　　　　　　　（梅江镇 提供）

【举办首届梅江烧·杨梅酒开坛节】 12月31日,以"品家乡美酿 助兰溪发展"为主题的兰溪首届梅江烧·杨梅酒开坛节开幕。来自全国各地的兰溪商会代表、部分兰溪乡贤及梅溪流域梅江烧和杨梅酒行业协会成员等齐聚"醉乡"梅江,助力梅江烧、杨梅酒产业发展。当天上午,经过专业品酒师的严格测评,最终评选出梅江烧金奖1名,银奖2名,铜奖3名,优质奖4名。金奖梅江烧拍出了2200元/斤的高价。梅江烧在兰溪民间素有"小茅台"之称,文化根基深、产业基础好、发展预期高。截至年底,梅江共有2家白酒生产企业和25家白酒作坊登记在册建档,其中6家白酒作坊顺利通过5S管理验收,另有5家已在原基础上规范提升,其余16家正在有序推进改造提升中。

（兰溪市梅江镇）

横溪镇

【概况】 2020年,横溪镇总面积82.6平方千米,辖15个村,241个村民小组。全镇总户数7738户,总人口24663人,外来人口4800人。人口自然增长-0.85‰。林地面积4852.5公顷,耕地面积809.3公顷,园地面积417.7公顷。

横溪镇天山公园一角　　　　（柳祖应 摄）

2020年,全镇实现财政总收入6302万元,一般公共预算收入3434万元,同比增长6.3%,规模以上工业总产值13.44亿元,同比增长2.7%,固定资产投资2.96亿元,同比增长31.9%,外贸出口1.1亿元,同比增长10%,工业招商引资1.34亿元,完成年度目标任务的111.9%,年度新增规上企业3家,新增限上批发企业2家,经济社会发展步入快车道。重点聚焦浙江兰锅锅炉有限公司、兰溪市安圣电池有限公司、金华市帮耀日用品有限公司等9家停产闲置企业,盘活低效用地5.73公顷(86亩)。可津产业园项目厂房主

梅江开坛节　　　　　　　　（朱彦轩 摄）

体已结顶，并办理工业地产预售证，三批33家入驻企业已过入园审核。

推进农村环境卫生综合整治，"五水共治"、"低小散整治"、"三改一拆"、小城镇环境综合整治等工作有序推进。严格执行河长塘长制考核办法，基本完成"污水零直排区"创建工作。加大"低小散"整治力度，取缔"低小散"加工作坊38家，燃气锅炉低氮改造5家。紧紧对照"八有八无"创建标准，按照"全域推进、全面提升"的要求，对全域环境进行集中整治，15个村全部通过合格村创建验收，其中宋宅、施宅、西塘下、胡宅、里董金、凤凰等6个村通过优秀村创建。完善"八有八无"长效管理机制，通过招投标，由锦江生态负责集镇环卫保洁、垃圾清运一体化运营，打造整洁有序的全新集镇。

施宅、新联、双溪、西塘下、凤凰等5个村的饮用水达标提标项目通过验收。启动中心幼儿园改扩建工程。完成西塘山塘、园坞山塘综合整治工程。扎实推进扶贫工作，注销低保户68户112人，低边3户4人；新增低保户13户、18人，新增特困户3人，临时救助55户、125人、合计金额90950万元。全面开展危旧房排查，累计排查危旧房434户，完成全镇27户4类人员危旧房修缮。全面落实无证明城市改革各项举措，取消居所证明、死亡证明、收养证明、计划生育证明、亲属关系证明等，为民办事直接取消证明541例，部门审核20例，无证明城市核验系统信息核验26次。农村文化阵地建设进一步加强，新建施宅村、渔塘村、通津桥村文化礼堂，推进"礼堂+"联系机制，开展文化礼堂走亲活动，持续推动乡村文化振兴。继续完善道路交通设施和改善交通秩序，增加车位228个，非机动车停放处11处，增加集镇道路标志标线长约2.6千米、标牌46块，增设、修补减速带71米，排查道路安全隐患路段20余处，对接、上报部门6起。

实施镇综合指挥室建设项目，深入开展矛盾纠纷化解，排查矛盾纠纷103起，化解93起，办理信访件489起，按时办结率100%。以"两推两降一清零"为契机，大力推动信访积案化解，办理各级信访积案17件，已化解13件，化解率76%。积极稳妥、有力有效做好村社组织换届选举期间的矛盾纠纷化解和信访工作，承办换届办交办件12件，核实反馈率100%。深化安全生产工作，累计检查企业285家次，出租房63户，排查整改各类问题500余个，整改率100%。开展电动车专项整治试点工作，推出"共享头盔"便民举措，购置共享头盔60只。

完成15个村党组织和村委会换届选举，面上选情村情稳定，没有出现一起拉票贿选事件，没有出现一起群体性事件，没有一个票箱外跳出的人当选。选举完成后组织召开新一届村两委班子履新培训会，开展基层组织建设、村级财务管理、新农村建设等方面的知识培训，要求新任村干部团结协作、摆正位置，进一步提高了新任干部政治素养和业务能力。

新一届村党组织成员委任　　（柳祖应　摄）

【获评"浙江省消除集体经济薄弱村工作成绩突出集体"】　联购厂房出租消薄项目与金华市泓美工贸有限公司达成租用协议，年租金120万元，并与亩均税收挂钩调整租金，联购项目推进了村集体经济发展，13个省定集体经济薄弱村实现年经营性收入7.5万元，达成消薄目标，获"浙江省消除集体经济薄弱村工作成绩突出集体"称号。

【成功创建"金华市无违建乡镇"】 全力推进乱搭乱建和各村危旧房整治，坚持对新增违建"零容忍"，对重点类型存量违建实行"销号"拆除，对安全隐患违建进行查漏，确保不遗不漏拆除到位，全镇共拆除违法建筑面积12.8万平方米，下发停建通知书35份，责令自行拆除通知书30份，阻止新发违建50余起。强势推进47省道沿线整治行动，拆除或改造影响道路两侧乱搭乱建35处，成功创建"金华市无违建乡镇"。

【启动"151恒享学"干部学习成长提升计划】 按照市委"干部作风提升年"工作要求，着眼干部学习成长，推出"151恒享学"计划，即1个主题、5个载体、1个总结复盘，形成学习成长闭环机制，让干部逐步从"要我学"向"我要学"转变，以勤学之风提升干部作风。

"151恒享学"启动　　　　（柳祖应 摄）

【组织开展"接您回家 春风行动"】 为助力企业复工复产，切实解决企业用工短缺问题，横溪镇与市人社局开展了"接您回家 春风行动"，组织企业远赴贵州、云南、湖北开展专场招聘，累计派出专车5辆，招工120余人。

【兰溪市第一个"标准工地"试点项目落户横溪】 金华市瑞通塑料科技有限公司新建3号厂房项目是兰溪市首个"标准工地"建好即验好联合试点项目。自项目落地，红领服务团就开始代办立项审批、规划施工许可等各项手续，提供精准化、全方位"保姆式"服务。在项目中间结构验收后，积极联系各职能部门提前介入，协助和指导建设单位边建设、边检测、边准备竣工资料，从工程实体量完成到出具竣工验收备案，促进项目早建成、早投产，整个流程总跨度时间不超过10个工作日（原来需要42天），大幅缩短了竣工验收时间。

【9天完成虞街村桐梧岭自然村异地搬迁签约】 横溪镇成立工作专班，开展虞街村桐梧岭自然村异地搬迁工作，经过前期走访调研，摸清情况，制定政策处理办法，9月21日启动异地搬迁签约，经过9个日夜集中攻坚，虞街村桐坞岭自然村异地搬迁63户农户实现100%签约。该项工作获市主要领导批示肯定。

虞街桐梧岭自然村异地搬迁房屋评估

（横溪镇 提供）

【351国道改扩建项目新联先行段率先实现进场施工】 351国道改扩建项目，横溪镇辖区内土地政策处理涉及7个村，1166户，工作量在沿线3个乡镇中最大，任务艰巨，横溪镇率先完成土

地政策处理工作，新联先行段实现全线第一个进场施工。

【建机制夯实党建+社会治理基础】 建立"1+1+1"（即一张督查表、一份整改说明、一次回头看）走亲联心长效机制，落实落细党员联系群众工作，党员走亲联心工作得到有效夯实，强化党建引领，牢牢抓住三个"心"（即以党员率先示范为核心、以党员联系户为轴心、以硬性制度为垂心），以"党建+"为抓手，打好"三张牌"（即宣传牌、活动牌、制度牌），大力推进新时代"乡风革命"行动，促进社会治理水平提升，有效化解矛盾，相关做法在《浙江日报》报道。

（吴　锋）

灵洞乡

【概况】 2020年，灵洞乡总面积67.13平方千米，辖14个行政村、181个村民小组。全乡总户数6610户，总人口22225人，耕地面积943.07公顷，其中水田905.14公顷。

2020年，全乡实现地方财政总收入6.5亿元，同比增长13.2%；外贸出口额2.7亿元，同比增长322%；固定资产投资8.7亿元，同比增长113.3%；规模以上工业总产值63.8亿元，同比增长6.5%；城镇、农村常住居民人均可支配收入分别增长24.2%和12.7%。

积极应对新冠肺炎疫情挑战，精准落实措施，做细做实疫情防控工作。乡村干部、党员志愿者齐心协力，织密防控网络，排摸核查外来及接触人员2389人次，预申报及管控境外返乡人员398人次，落实居家健康观察716人次。在金兰北线卡口和市级集中隔离医学观察点累计检查车辆近七千辆，测量体温万余人次，完成集中医学观察139人次。深化"千名干部联千企"等活动，指导企业主动应对疫情风险，率先实现复工复产。累计收到社会各界防疫捐款捐物850余万元。

规模以上传统建材企业实现产值51亿元，占全乡规模以上工业总产值80%的权重。主体培育不断壮大，全年新增5家规模以上企业。全年实现总部税收1.8亿元，同比增长50%。助推嘉宝化工与物产化工整合重组，实现"凤凰涅槃"，浙江物产生物科技年产20万吨洗衣粉项目落地开工。引导浙江浙能兰溪发电有限责任公司、浙江红狮水泥股份有限公司、浙江牛石水泥有限公司等企业开展技改，全年完成工业投入5亿元。5家D类及低效用地企业完成整治提升，引进小微产业园项目，清理低效闲置用地16.73公顷（251亩）。投资8.6亿元的甬金迁建项目土地征收全面清零，一期项目厂房结顶，二期已落地开工。奥华纺织项目7月1日进场施工，年内一期可达产见效。

甬金迁建一期项目施工现场　　（金毅　摄）

顺利完成洞源村全域土地综合整治项目，并通过初验，共新增耕地19.2公顷（288亩）。协调处置原水泥五厂4000余万元的债务清偿，复垦项目按期完工，新增耕地5.67公顷（85亩）。山塘庵废弃矿复垦项目调整设计方案后加快推进。平园山口复垦项目完成流转并首获水稻收成。保障金兰中线无障碍施工，倒排时间、挂图作战，按期完成金兰中线方下店村11户房屋、6处耕地和耕头畈村5户庭院的征收清零工作。妥善推进费垅口村遗留问题处理，协调完成3处3800平方米村集体资产的签约处置工作；筹借389万元，完成115户房前屋后征地款确认发放；完成9处闲置宅基地补偿工作，实现费龙口地块建设用地政策处理全面清零。

洞源村全域土地综合整治平园山口地段

（金毅 摄）

深化美丽乡村建设。投资1000余万元，开展省级美丽城镇创建，着力补齐入镇口景观、古街改造以及立面提升等短板。投资800万元，开展耕头畈美丽乡村建设，已完成85%。加大生活污水管网提标改造，完成集镇、洞源村等"污水零直排"建设。深化"河（湖）长制"，集中力量开展鹭鸶滩水葫芦专项整治。深化"八有八无"创建，以乱堆乱放、乱搭乱建整治为重点，扎实推进"八有八无"创建，洞源、白坑、西山寺、杨青桥、耕头畈、八石溪、方下店、费龙口等8个村被评为市级优秀村；积极推进撤桶换亭和"两定四分"，开展露天垃圾池集中清零行动，持续深化垃圾分类工作。深化道路环境整治，定期组织力量对金兰北线、金兰中线、灵马公路等道路两侧开展集中专项整治，拆除搭建清除淤泥。乡政府出资100万元购置两辆清扫洒水车，进一步强化主干道洒水降尘和清扫保洁。建立环境整治微信工作群，发现问题及时交办，落实主体整改，推动突出问题及时有效解决。

注重共建共享，带动民生福祉持续增强。开展临时救助23人次，发放救助金4.26万元；122户160人纳入低收入农户建档立卡管理；37户低收入农户落实菜单式扶贫。有效落实119户困难户帮扶工作。鼓励退役军人创新创业和回报社会，成功争创省级新时代枫桥式退役军人服务站，得到省委领导批示肯定。成功试点并在全市推广"中央厨房+配送"新模式，得到金华市民政局肯定。新建烟溪幼儿园，主体建筑已顺利结顶，计划年内开园招生。修复38处水毁点，提高防汛抗旱的能力。推进社会治理工作，强化源头防范，对重点行业、重点领域安全隐患排查处置；扎实开展不稳定因素排摸和信访积案清零，全年共受理办结信访件306件，平安和谐的局面进一步巩固。坚持落实东西部扶贫协作战略部署，灵洞乡和四川省汶川县漩州镇（原龙溪乡）开展对口帮扶，完成脱贫攻坚任务。

【完成金建高铁灵洞段征迁】 金建铁路途经灵洞乡，乡域段全长约9.5千米，征迁涉及9个行政村、11家企业，红线范围内需征迁农户房屋348户，土地征用面积16.67公顷（250亩）。灵洞乡服务大局、合力攻坚，按期实现土地征收、房屋签约、坟墓迁移三个"百分百"。

【新奥华纺织项目进场施工】 新奥华纺织项目是省重大产业项目之一，选址灵洞工业功能区地块，总投资12亿元，占地面积5.4公顷（81亩），项目投产运行后可年产65000吨涡流纺差异化纱线，产值15亿元，实现年税收5000万元。该项目已先后通过环评、能评，并取得施工许可证，于2020年7月1日进场施工。

（王 健）

水亭畲族乡

【概况】 水亭畲族乡总面积46.90平方千米，位于金华、衢州及杭州三地市交界处，距杭金衢高速游埠出口5千米。下辖19个行政村，其中有西方坞、奎塘畈、柳塘章、上朱、下方泉、柳家、周邵汤、生塘胡8个少数民族村，是浙江省18个少数民族乡镇之一。全乡人口2.16万人，其中少数民族3000余人。耕地面积1980公顷（2.97万亩），旱地840公顷（1.26万亩），园地面积153.33公顷（0.23万亩），林地面积580公顷（0.87万亩）。

2020年，财政总收入3476万元，其中一般公共预算收入1747万元；上缴税收3206万元。村级集体经济总收入909.99万元，增长9.46%。实现规模以上工业总产值5.08亿元，下降16.7%；规模以上工业增加值1.59亿元，下降14.10%；固定资产投资12059万元。

坚持"项目为王"理念，建成畲乡创业园。依托丰富的土地资源，快速推进"千千万万"工程（千亩土地综合整治项目、千亩高标田改造项目、万亩中药材种植大健康产业及万亩"柚香畲风"一二三产融合发展示范园项目），初步构建"南果北药"新发展格局，进一步擦亮"畲乡药镇"金名片。

围绕"和美乡村"建设总体目标，水亭畲族乡聚焦"产业、生态、乡风、治理、增收"五点发力，展现出一幅"产业兴旺、农村增美、农民增富"的新时代画卷，2020年被确定为全国民族乡村振兴试点乡镇。依托丰富的土地资源及得天独厚的区位优势，致力于打造"畲乡药镇"金名片，加快推进省级一二三产融合发展示范区、乡村振兴示范区建设。

抓人居环境整治，擦亮乡村振兴底色。以全市"八有八无"创建提升为契机，制定环境整治三年行动计划，全面开展污水整治、公厕革命、卫生保洁、垃圾分类等环境整治行动，清理脏乱差、突出畲乡美，同步推进8个少数民族村村寨建设、美丽乡村建设和A级景区村创建工作。西方坞村获评中国少数民族特色村寨，全乡19个村全部通过"八有八无"创建考核验收，合格率100%，优秀率为63%，垃圾分类考核排名保持前三。持续完善集镇长效管理，文明经营、文明停车成为新风尚，乡村环卫保洁实现常态化，环境品质得到全面提升。

常态推进"五水共治"，不断改善生态环境。河长制作用发挥明显，各山塘水库水质逐步好转，水质达标天数继续提高。污水零直排创建工作快速推进，47家六小行业、15家企业、乡政府、卫生院、医院等全部完成创建，全市污水零直排创建工作现场会在水亭畲族乡召开。农村生活污水标准化运维良好，其中西姜村、珠带式村、上朱村罗坞自然村污水终端管道改造提升情况良好。生猪养殖整治工作全力推进，共创建美丽牧场21家，其中省级14家，市级7家。全乡4个生态廊道项目、治水类项目全部开工，其中，金印、横塘、珠带式等灌溉渠道建设项目及山塘整治项目已按期完工。蓝天保卫工作成效明显，空气优良指数在92%以上。

稳步推进平安建设，营造稳定社会环境。信访积案顺利"清零"，成功化解3起市级信访积案。全年共受理信访件165件，全部得到疏导化解。深入开展平安兰溪法治宣传，共发放资料30000余份，走访群众16000余人，"平安三率"工作成效明显。严格落实网格化管理，通过平安浙江、平安通等App上报事件5870条，网格巡查时长和里程数合格率达98%以上。全面开展扫黑除恶线索排摸、宣传工作，累计开展集中宣传20次，发放宣传手册6000余份，横幅350余条。开展农村实用法律宣传，受众面超过7300人次。强化安全防范，常态化开展企业安全生产检查、食品安全检查、森林消防演练等工作，全年未发生重特大安全生产事故。

全面整合现有的100公顷（1500亩）木芙蓉、200公顷（3000亩）银杏和66.67公顷（1000亩）玳玳、白芍等中草药种植资源，启动了万亩中药材种植大健康产业。现已与浙江省中医药健康产业集团签订《关于扶持兰溪市水亭畲族乡中草药产业发展战略合作框架协议书》，正在编制全域中药材发展规划。同时积极争取民族资金启动畲药（非遗）馆建设，已完成工程量的90%。先后成立了金印村药膳农家乐、中药材种植研学游基地，示范带动周边服务业取得新突破。

【"三月三"畲族风情节开幕】 3月26日，"讲究水亭·'云'游畲乡"——兰溪市水亭畲族乡第十届"三月三"畲族风情节在入乡口团结门开幕。该次畲乡风情节由水亭畲族乡人民政府主办，市融媒体中心承办，运用航拍、跟拍等新媒体技术，打造一台线上"三月三"风情节，通过视频欣赏到敬酒歌舞表演、断头龙表演、竹竿舞表演、畲族对歌等当地民俗文艺表演。

第十届"三月三"畲族风情节在水亭畲族乡团结门开幕　　　　　　（水亭乡　提供）

【省政协副主席陈铁雄到水亭畲族乡调研】 4月29日，省政协副主席陈铁雄一行到水亭畲族乡走访调研，听取少数民族村发展情况汇报。陈铁雄一行到水亭畲族乡西方坞村文化广场、民族馆，详细了解村庄规划和畲族文化。随后前往生塘胡土地综合整治项目、中药材种植示范基地，实地调研少数民族村项目建设、产业发展、农民增收等情况。陈铁雄叮嘱相关负责人要立足当地发展实际，充分整合各方资源，发挥优势、挖掘潜力，传承好、利用好畲族文化，打造畲族文化品牌，大力发展特色产业，带动群众增收致富，推进少数民族村又好又快发展。

省政协副主席陈铁雄在水亭乡调研
（水亭乡　提供）

【签订中草药产业发展合作协议】 5月9日，乡党委与浙江省中医药健康产业集团有限公司就"畲乡药镇"创建、畲医畲药传统文化传承等方面初步达成合作意向，签订《关于扶持兰溪市水亭畲族乡中草药产业发展战略合作框架协议书》。

合作协议签约　　　　　　（水亭乡　提供）

双方达成战略合作共识,共同致力于为中药材产业传承发展贡献更多的力量。

【全国民族乡村振兴试点评审工作】 8月24日,全国民族乡村振兴试点申报专家评审团莅临水亭畲族乡开展专家评审工作。评审团实地走访水亭畲族乡西方坞村广场和民俗馆、生塘胡村全域土地整治项目、柳塘章村的"柚乡畲风"田园综合体项目、西姜村的西姜祠堂,评审团对水亭畲族乡近年来民族特色发展取得的成绩表示肯定,水亭畲族乡相较其他民族地区经济基础发展较好、地理区位优势显著,作为省民宗委的联系点,未来发展潜力与空间巨大。

专家评审团开展评审工作 (水亭乡 提供)

(姚海英 陈 捷)

柏社乡

【概况】 柏社乡位于兰溪市东北部,东靠梅江镇,南邻马涧镇,西与建德市毗邻,北与浦江县接壤,面积121.55平方千米,辖下陈、水阁、柏社3个工作片,20个行政村,现有户籍人口29339人。乡政府驻地百聚社村。马墩线及水里线穿境而过,境内山地资源丰富,适宜种植杨梅、茶叶、香榧、油茶、板栗等经济树种。2020年,柏社乡围绕"禅茶柏社、养心福地"的工作思路,突破创新,攻坚克难,狠抓落实,各项工作稳步推进。

全年实现规模以上工业总产值1.7亿元;外贸出口4823万元,同比增长98%,招商引资5016万元,完成率125%,工业亩产税收17.98万元,总量列全市第一。固定资产投入2.4亿元,其中工业投入6600万元,同比增长86%;实现工业税收2049万元。各项主要经济指标稳中向好,顺利完成了招商引资、工业投入、外贸出口、亩产税收、总部税收等指标,全年共引进总部企业项目5个,引入总部税收1508万元,完成率104%,3个市级重点项目基本建成投产,市"晒拼创"工作一、二两个季度位列良好单位。农业经济扩面增质。"123格局"即"一个园区、两个基地、三个特色"已现成效,杨梅、高山蔬菜、下陈茶叶等特色农产品品牌突显,效益逐步提升,香榧和油茶两大基地均已进入量产。

加强集镇管理。聚力"五美",投入2000多万元,实施下陈游客接待中心、便民服务中心等在内的24个子项目,并成功通过省美丽城镇验收;实行"三色执法",强化集镇管理,集镇容貌得到极大改善。巩固"无违建乡镇"创建成果。加大对违法用地、违法建设的执法检查力度,依法拆除各类违法建筑,成功通过"无违建乡镇"复评。深化"五水共治"。集镇污水处理站已进场施工,污水零直排(一期)建设全面完成,做好大溪、水阁溪等河道整治,进一步优化水质,为农旅开发提供优质"水环境"。全面开展"八有八无"全域再提升,完善制定一系列考核办法,乡村联动,全面掀起新一轮村庄环境大整治行动,创建优秀村4个;以数字乡村试点乡镇建设为契机,建立文明积分信用体系,并在百聚社村设立全乡首个垃圾分类积分兑换点。秸秆焚烧得到有效遏制;"六小"行业整治进一步深入，完成"低小散"整治6家。

积极争取上级资金，投入15万元实现下陈、百聚社、洪塘里等3个村体育设施进公园，投入5万元对白鸠全民健身广场进行小康提升；新建共享图书馆一个，募集图书3000余册，电脑50多台；在新里胡村胡联村发掘宋代古墓一座，现陈列于市博物馆。投入300万元新建文化礼堂6个，其中省级3个，已通过验收；组织文化下乡活动5场；钟王、水阁幼儿园已建成投用。完成乡便民服务中心标准化建设，增设窗口至10个；设立人大代表联络站，民意收集更全面；完成1个乡级和新宅、洪塘里、百聚社、下蒋坞、芝园、钟王等6个村级枫桥式退役军人服务站创建；持续推进自然村下山移民安置工作，农民饮用水达标提标项目率先全面完成，全乡10个村2万多老百姓喝上放心水；"四好"农村路建设进一步完善。开展农村住房大排查行动，排查发现62户困难家庭危旧房，全部完成治理改造。完成社保扩面任务387人，达到应保尽保；城乡居民医疗保险19202人，参保率99.43%，大病选缴保险12149人，参保率63.27%。养老服务设施不断完善，新建示范型居家养老服务中心1家，重新运营居家养老服务中心3家，覆盖率为85%；实行分类施策，对丧失劳动能力的低收入农户应保尽保，全部纳入财政兜底；对有劳动能力的低收入农户，通过党建引领，组织直播带货、技能比武培训班等方式，多渠道拓展低收入农户收益。全乡申报产业扶贫项目3个；低收入农户严格动态管理，新增低保32户55人，取消低保94户143人；累计发放残疾人两项补助150万余元；举办培训班4次120余人次。

构建全域服务平台，一揽子化解百姓难事。新建乡级矛调中心一个，按工作需求划有相应的功能区块，配有2名专职社会治理信息管理员，2名专职人民调解员。两推两降一清零交办的14件信访积案已全部化解，化解率100%，年度处理纠纷165起，成功化解162起，成功率达98.2%。柏社乡是兰溪市首批"数字乡村"试点乡镇，经过前期推广宣传，现用户人数将近2万人。开展"党建+应急管理"单位创建，成立柏社乡应急管理委员会，实现党建牵头，安全生产、消防安全、防汛抗旱、气象灾害等信息网格与基层治理"多网合一"。实行安全生产托管，由第三方提供技术指导，按照"一企一档"要求形成工作记录80余份，完善了生产单位安全生产基本信息。定期组织消防队伍拉练，提高救援能力，柏社消防队参加市里消防安全比武取得二等奖。

完成村级组织换届。严格抓好村居巡察整改工作，乡村两级巡察反馈的154个问题已全部整改到位，对巡察移交的5个问题线索已基本处置到位。大力推进党建引领基层社会治理，发挥"柏家帮"邻里服务中心的阵地作用，秉持"党建引领、社会参与、邻里互助、共享共融"的原则，先后组建了红色代跑、垃圾分类宣讲、助农直播带货、驻企解难题等红色小分队，跑团队伍不断壮大。纵深推进"清廉兰溪"建设，落实"三资"智慧监管，形成市乡一体推进的"四责协同"机制，运用第一种形态处理30人，党纪立案13人，干部作风持续优化。

【**柏社乡通过省级美丽城镇创建**】 12月21日，省城乡环境整治工作领导小组公布了浙江美丽城镇建设工作2020年度样板城镇和达标城镇考核验收结果，柏社乡通过了美丽城镇建设省级基本达标验收。为高质量推进美丽城镇建设，柏社乡充分发挥下陈茶生态圈、水阁禅文化圈、集镇核心圈优势，以省3A级景区乡镇创建、数字乡村试点乡镇创建，以及成功创建小城镇环境综合整治金华市样板为契机，高起点高标准推进美丽城镇建设。投入2000多万元，实施下陈游客接待中心、便民服务中心等在内的24个子项目，使集镇建成区内的200多公顷土地焕发出强大的生机活力。

【柏社乡通过省级森林城镇创建】 完成中央及省补资金珍贵彩色森林建设项目面积158公顷（2370亩），通过省级森林城镇创建。下蒋坞、下陈、洪塘里、百聚社、桥头、新里胡等6个村完成金华市级森林村庄创建，创建率为30.0%；纵深推进百万亩国土绿化行动，2020年新增绿化面积47.73公顷（715.9亩）。

【柏社乡通过浙江省3A级景区乡镇创建】 12月，柏社乡顺利通过浙江省AAA级景区乡镇验收，成功创建浙江省A级景区村庄5家，获评金华市红色教育基地1家，完成年游客接待量128万人次，实现旅游总收入10.31亿元。2020年以来，柏社乡在完善基础配套设施和不断优化环境的同时，进一步深化农旅发展工作机制和工作效率创新，以招商引资为主要抓手，以项目建设为重要目标，高位推进农旅发展平台搭建和优化，树立品牌、提升品质、优化业态、扶贫助农，构建乡村农旅发展新格局。

【创立"红色跑团"党建品牌】 2020年初暴发疫情，在百姓都不能出门购买生活用品之时，柏社乡聚焦群众需求，于2月创立"红色代跑"党建品牌，成员由网格员、巾帼志愿者、中共党员等组成，主要为村里行动不便和居家隔离的村民提供物资采购服务，保障了居民的生活所需，也响应了国家疫情未结束不出门号召，为疫情防控做出柏社贡献。疫情转入常态化之后，柏社乡"红色跑团"继续发挥作用，变身为"助农村播"、"工匠叔叔"等角色帮助低收入农户增收致富。

【举办杨梅竞销大赛】 为农带货拓宽产品销路。搭建"村货直卖"平台、开通线下鲜果部落格、建立微信社群销售等多渠道帮助农户销售特色农产品；2020年6月，柏社乡与专业营销团队合作，成功打造柏社鲜果品牌"柏晓鲜"，开展杨梅竞销大赛，帮助农户线上销售杨梅3000余单，销售额50万余元，有效惠及杨梅种植户。

【芝园矿地征迁实现100%签约】 截至12月25日，芝园矿地综合利用项目所涉及的17户农房征迁签约工作全面完成，已腾空10户，拆除7户，为项目顺利推进扫除了障碍，安置地块及土地流转等后续工作加紧进行中。柏社乡上芝园矿地综合开发利用项目位于矿产资源规划开采区，已设置规划开采区块。项目范围内为砂岩，预估开采资源量2000万吨，开采期5年。

（张胜飞）

美丽柏社乡　　　　　　　　　（王恩贶 摄）

人 物

年度新闻人物

【陈 薇】 女，1966年2月26日出生，兰溪人，中共党员，生物安全专家，中国工程院院士，"人民英雄"国家荣誉称号获得者。疫情期间，兰溪融媒体中心整合兰溪乡贤陈薇的抗疫故事，制作"学在兰溪：'抗疫'特别节目——《兰溪最亮的星》"思想教育大课。直播当天，超29万人收看，获143万人次点赞。浙江新闻客户端第一时间推出新闻时评《夜空中最亮的星》，人民网等媒体纷纷转载刊播。在首批学生复课前一天，陈薇院士给兰溪的学弟学妹来信，分享她在武汉抗疫一线的经历和感悟，勉励大家勇于追梦、敢于担当，成长成才、报效祖国。《人民日报》等34家主流媒体纷纷刊播转载，全网点击量近亿次。《浙江日报》刊登长篇通讯——《浙籍女院士陈薇率队在新冠肺炎疫苗研制上取得重要阶段性成果——亲友眼中的抗疫将军》，介绍了亲人、朋友眼中的抗疫将军陈薇和她的抗疫事迹。

全国劳动模范

【章丽清】 女，1981年9月出生，浙江兰溪市裕欣纺织品有限公司车间主任。她1997年参加工作，从纺织行业最基本的细纱挡车工干起，在这个平凡、枯燥的技术岗位上坚持了20多年，从一名普通的纺纱女工成长为纺织行业的操作能手。她先后获得金华市技术标兵、兰溪市劳动模范、全国女职工建功立业标兵、浙江省棉纺织行业技术能手、全国棉纺行业细纱操作能手、金华市劳动模范等荣誉称号，2020年11月24日，章丽清荣获全国劳动模范光荣称号。

全国抗疫先进个人

【胡 芳】 女，1974年8月出生，无党派人士，公益组织心舞工作室负责人。她搭建多方抗疫网络，帮助多个基金会和多个地方政府从28个国家对接价值上亿元的急缺防疫物资，帮助24个国家的海外捐赠防疫物资回国打通渠道，筹款145万元购买防疫物资，通过心舞工作室向兰溪市政府捐赠价值235812元的防疫物资。积极支援武汉抗疫，建立18个省的133批援鄂医疗队2万多名医护人员的有效连接，努力打通物流发放渠道，通过武汉社会组织展开联动，发放价值600多万元物资。践行"人类命运共同体"理念，帮助各基金会与需求方对接支援11个国家的海外捐赠防疫物资，打通物流渠道，根据需求进行海外疫情相关信息整理传播，筹集价值32万元左右的防疫物资捐赠叙利亚，并对接医院与叙利亚卫生部展开云医疗分享。

浙江省抗击新冠肺炎疫情先进个人

杨　飞（女）　兰溪市人民医院重症医学科副护士长（援鄂）

诸葛文嵩　兰溪市中医院党委副书记、副院长，副主任医师

陈　军（女）　兰溪市兰江街道滨江社区党委书记

王伟平　兰溪市公安局党委副书记、政委、常务副局长

浙江省抗击新冠肺炎疫情先进集体

兰溪市人民医院感染科

浙江好人

【陈良辉】　男，1976年10月出生，中共党员，兰溪市马涧镇西庄村村支部书记。2020年2月9日下午，西庄村一村民家中因液化气泄漏引发大火。陈良辉得知后第一时间赶往现场，果断疏散群众和切断电源。受热后的液化气罐随时可能发生爆炸，他当机立断，夹着一床湿棉被一头冲进火海，将湿棉被盖在燃烧的液化气罐上再移至户外。在村民们的帮助下，火势很快得到遏制。这样的事情，陈良辉做了不止一次。2019年，一农户家由于液化气软管老化，导致煤气泄漏引发火灾，当时也是陈良辉冒着危险将煤气罐抱出来的。他巡逻时勇救落水儿童、疫情期间照顾生病的同事，村民们提起他，总是竖起大拇指，称赞他不光是村里的村书记，更是大家学习的榜样！

【施瑶珊】　男，1967年11月出生，群众，兰溪市横溪镇施宅村村民，现为杭州山青废旧物资回收有限公司总经理、杭州金华商会理事、杭州兰溪商会副会长。作为一名在外创业的乡贤，他始终不忘回馈家乡，十多年来坚持热心公益事业。他心系文教，无私助学，每年出资奖励施宅村学子、结对兰溪五中、云南山区等学校贫困生多达20多万元，资助中国榜书协会浙江分会等文化团体和兰溪北乡缺资文人5万多元完成出书愿望；他情系灾区，奉献爱心，累计出资援助四川汶川地震、杭州春风行动、浙江兰溪洪灾25万元；他尊老敬老，回馈家乡，每年给梅江、横溪等地福利院送慰问物资累计多达30余万元，捐资2万元修建施宅村群胜桥，认领"我为家乡办件事"项目，筹资300多万元用于修建山间游步道项目。先后获得金华好人、杭州市总商会兰溪商会热心慈善先进个人等荣誉称号。

金华好人

【舒淑君】　女，1967年8月出生，群众，兰溪市义工服务队队长，被大家亲切地称为"小草"。作为一名公益志愿者，她从事公益事业已长达12年之久。12年里，3年无私助学济困、10年无偿献血宣传、7年免费义工服务，哪里有需要就出现在哪里，小草义工队也从最初的几个人发展到现在的600多人。她带领小草义工队关爱失独家庭、关怀抗战老兵等，积极参与了十多个公益项目，用心用情把爱带给千家万户。先后获评浙江省最美志愿者、金华市优秀志愿者、兰溪市第三届"助人为乐"道德模范等荣誉称号。

【陈樟琪】　男，1944年8月出生，中共党员，兰溪市黄店镇大坞陈村原支部书记。为控制新冠病毒的传播，大坞陈村对2个主要进出路口进行封闭管控并招募志愿者，这位70多岁已经退休的老书记得知后，立即报名要求坚守一线。"听

我一句劝，为了家人孩子的安全，安心在家待着不要出门，回去吧""小伙子，这段时间隔离，没啥事别进村了，真有事我们帮你传达"，每天重复的劝导讲得他口干舌燥。一杯开水一把椅子，从早7点到晚8点，往往一守就是一整天。作为村里德高望重的老书记，陈樟琪也在村里扮演着"老娘舅"的角色，积极调解邻里纠纷，始终用自己的热心感染着身边的每一个人，用实际行动展现了一名共产党员的"硬核"担当。

【陈良辉】 事迹见430页

【洪国荣】 男，1970年1月出生，兰溪市女埠街道泉湖村洪家自然村村民。2020年2月17日下午，作为泉湖村香泡巡逻队队员的洪国荣在兰江边巡查时，忽然听到有人在相隔150米远的埠头大喊救命。他边跑边脱羽绒服，第一时间冲到江边，发现落水女子已经被江水冲走了10余米，只看见手在水面，洪国荣奋不顾身跳入冰冷刺骨的江水救人。天气寒冷，当时的水温只有零度左右，他顾不得被江水冻得发紫的胳膊和双腿，使尽全身力气把落水女子顶出江面，并让她靠在自己的背上，采用单手划、一手推的办法，逐步往岸边台阶靠，在闻讯赶来的村民的帮助下，最终合力救起了这名体重150多斤的落水女子。

【陈　军】 女，1971年3月出生，中共党员，兰溪市兰江街道华丰社区书记。疫情期间，她一直奋战在疫情一线，累计服务居家观察人员19户、68人，上门代跑80多次，排查在外人员120余人。助力企业复工复产，主动拨打电话关心外来务工人员。由于长期奋战得不到休息，年初三那天视物模糊不清，去医院检查才发现视网膜脱落，但一心扑在工作上的她没有片刻休息，马上回到工作岗位和大家战斗在一起。日常工作中，她履职尽责、兢兢业业，努力将华丰社区建设成为居民满意的和谐幸福小区。她的先进抗疫事迹先后在兰溪发布、浙江之声、新蓝网等主流媒体报道。

【凌　煊】 男，1972年6月出生，民革党员，兰溪市人民法院马涧人民法庭副庭长。2020年3月4日下午，凌煊因连日高强度工作突发脑梗，被紧急送医抢救，至今仍在金华市中心医院住院观察。从事司法工作28年来，他始终秉持司法为民、公正司法。自2001年担任助理审判员以来，他勇于担当，攻坚克难，主动承办了一大批难案要案，想方设法化解矛盾，办结案件3400余件，真正做到了"案结事了人和"。新冠肺炎疫情防控期间，积极投身抗疫，坚守岗位，立足本职工作，2020年2月份以来，凌煊共审结案件32件，办理引调案件42件，办案数居全院第一，维护了疫情期间社会稳定。3月30日，中共兰溪市委作出"向凌煊同志学习"的决定。

【梁　丹】 女，1994年10月出生，中共党员，兰溪市黄店镇人民政府科员、黄店村党支部书记。疫情期间，她作为联村干部深入基层一线，24小时执勤备战，带领黄店村全面筑牢防疫阻击网，被评为金华市第一批"战疫先锋"个人。自年初一以来，她连续51天坚持制作"土味"防疫宣传海报日历，该举措在人民日报客户端、《浙江日报》等媒体平台推广宣传。受疫情影响，部分农户的农副产品滞销情况严重，她通过网络直播方式畅通销售渠道，《浙江日报》等媒体予以宣传报道。自担任黄店村党支部书记以来，抓好党员队伍建设，启动亮化与道路拓宽工程，打造数字经济乡村，赢得村民的广泛认可和好评。

【何惠娟】 女，出生于1983年10月，中共党员，浙江祥嘉纺织有限公司生产调度。2003年以来，何惠娟先后在浙江立马云山、浙江祥嘉等纺织公司担任穿经工。为保证产品质量，何惠娟对自己高标准严要求，立志要成为企业技术能手，争做岗位标兵。她早出晚归、加班加点、连续干12个小时以上成了她的家常便饭。日复一日的艰辛付出终于有了回报，何惠娟先后获得了"浙江省技术能手"、全国"五一"巾帼标兵等多项荣誉称号。在取得成绩的同时，她积极发挥传帮带作用，无私传授技艺给其他员工，带领员工们共同进步。

【丁丽英】 女，1975年4月出生，中共党员，浙江兰溪巨化氟化学有限公司科研质保中心研发实验员、质监中心成品班班长。20多年来，她始终坚守在化工分析岗位，对技术精益求精，在技能比武中，连续7次夺冠，利用业余时间主动学习并参与科研创新。在她的带领下，班组至今未出现一起产品质量事故，达到了"千样无差错"的工作目标。她关心爱护下属，主动上门慰问困难职工并帮其顶班，先后获得"浙江省五一劳动奖章""全国劳动模范"等荣誉称号，并受到习近平总书记、李克强总理等党和国家领导人的接见。

【马庆宏】 男，1975年9月出生，中共党员，兰溪市红十字会应急救援队大队长。自救援队成立以来，累计组织开展救援活动186次，保障大型活动44次，搜救86名失联人员，参与公益活动176场次。2017年兰溪"6.25"特大洪水期间，深入灾区抢险一线，成功转移群众66人。2018年12月8日雪夜，作为公益救援力量，历经11个小时，成功救援被困兰溪三峰山的25名上海旅友，该事迹被《人民日报》报道。疫情期间，马庆宏持续奋战在抗疫一线，每天连续工作长达15个小时，并积极开展应急搜救行动，成功救援失联患病老人4名。

【章丽清】 女，1981年9月出生，中共党员，兰溪市裕欣纺织有限公司车间主任。自17岁参加工作以来，坚守纺织岗位长达22年之久，始终坚持一人顶多岗，每天上班时间常常超过14个小时，凭着吃苦耐劳、甘于奉献的精神，从一名普通的纺纱女工成长为纺织行业的操作能手、车间主任。她对技术精益求精，与时俱进钻研创新纺织技术，注重节能降耗，提升劳动生产率，在她的带领下，裕欣纺织连续多年蝉联全国棉纺织行业百强。同时，她全面关心关爱职工，不仅积极发挥传帮带作用，无私传授技艺带领大家共同进步，而且成立"丽丽民族工作室"，化解疏导外来员工心理问题，关心帮扶维吾尔族工友。她先后被授予"全国女职工建功立业标兵""浙江省劳动模范""全国劳动模范"等荣誉称号。

【倪俊明】 男，1974年11月出生，群众，兰溪市义工服务队网络部长。他是一名身患尿毒症的优秀志愿者。除了去医院做透析他大部分时间都在做公益。从2013年开始，他先后加入兰溪市爱在兰溪助学中心、网兰车友队、兰溪市义工服务队、文明监督团等多家志愿团队。8年间他做过的好事不计其数，帮助失学儿童、慰问失独老人、担任医护向导等。他热心帮助中风的年过七旬的失独老人童大伯，一直守护他出院，并帮其办理医保和联系养老院，让他安享晚年。虽然身患绝症，但他始终用阳光的心态去面对，不管有多困难始终坚持做公益，8年间累计志愿服务总时数达到6115.7小时，服务人数达1万多人。

【童永英】 女，1970年7月出生，群众，兰溪市公安局辅警。她是兰溪户籍登记改革的亲历者，也是兰溪从事辅警年限最长的。1989年高中毕业进入兰溪市公安局，从负责户籍信息录入到一代身份证的办理，再到二代身份证的更新，32

年来，她把自己练成了"活字典"。90%的兰溪人的第一代身份证都是经她手制作；她能一分钟内在40余万张户籍信息底片中找到市民所需要的信息；仅2019年，她就协助民警审核二代身份证4万多张，办理临时身份证共4000多张，查寻一代身份证底卡2100余人次，接待电话咨询3000多人次。她连续多年被局里评为"优秀辅警"，2018年度获得"全省人口管理服务匠人"的荣誉称号。《浙江工人日报》《平安时报》等多家媒体相继报道了她的事迹。

【宋剑威】 男，1975年11月出生，中共党员，兰溪市纪委市监委派驻第六纪检监察组正股级纪检监员。2020年8月15日上午10时30分，宋剑威带着家人在浦江县大畈乡泊隐柳秀游玩期间，遇到有人落水，他一个纵身跃进溪水，一把拉住溺水者的右臂，迅速朝岸边游去。整个过程不到10秒。上岸后，他在旁人的协助下对溺水者及时进行抢救。之后，他没有留下任何个人信息独自离开。后经获救人张鹏多方打听，得知宋剑威单位信息，连夜赶到送上锦旗和感谢信。宋剑威的事迹被《浙江日报》等多家主流媒体报道，赢得社会各界广泛好评。

【胡 新】 女，1978年2月出生，群众，兰溪市锦诚物业有限公司保洁员。2019年12月25日下午，保洁员胡新在浙能兰溪电厂打扫卫生时，发现一个黑色背包遗落在椅子上，打开后发现都是现金，考虑到失主丢失背包的焦急心情，她没有丝毫杂念，第一时间上报公司领导，经清点后发现包内共有现金7万余元和一枚贵重戒指。经过查看监控、发布失物招领启事，终于找到失主。失主看到里面所有的物品齐全，对保洁员胡新及兰溪锦诚公司表示万分感谢。胡新表示这是自己应该做的，以后遇到这样的事情还会坚守诚实守信的原则。

【陈金福】 男，1946年4月出生，群众，兰溪市上华街道黄家村村民。陈金福父亲去世早，家庭经济不宽裕，但他竭尽所能精心侍奉母亲，把家里最好的东西都先让母亲享用。他每天陪母亲聊天，逗母亲开心，让老人每天笑口常开。但凡母亲有一点小病小痛，陈金福都会立即扔下手中的活赶回家里背上母亲到处寻医问药。30多年来，陈金福把孝敬母亲当"主业"。他的母亲叶根英如今已经103岁高龄，依然身体健康、精神矍铄，深得村民钦羡。在他的孝心感召下，他的妻子和子女也都谦恭孝顺，附近的村民也以他为榜样，争相孝顺老人，形成了以善传家的良好风气。

【姚宝熙】 男，1935年10月出生，群众，兰江街道姚村村民，在外乡贤。已高达85岁高龄的姚宝熙乐善好施、慷慨解囊，热心家乡公益事业。老人虽久居外地，仍心系家乡。他支持家乡教育事业发展，先后捐赠100万元用于兰溪一中搬迁，设立助学教育基金帮助家庭困难学子；他关心家乡老年群体生活，累计捐款达450多万元建设兰溪市老年宫，并在村里建立扶贫基金；他不忘祖德祖训，造福乡邻，先后捐资1000万元重修祠堂，现在作为农村文化礼堂为村民开展文化活动提供场地。据不完全统计，他已先后为家乡公益事业捐款达1500万元，自己生活却极端简朴，一根皮带用了20多年，喝的酒是1块钱的糯米酒，衣服也是一穿很多年。

【何利仙】 女，1968年12月出生，中共党员，兰溪市诸葛镇万田村妇联主席。她的丈夫在2017年突发意外，干活时被倒塌的墙体砸伤导致高位截瘫，生活不能自理。为方便照顾丈夫，她辞去工厂工作，悉心照顾丈夫起居，一千多个日日夜夜，从一日三餐到日常起居，从陪丈夫做康复训练到鼓励丈夫重拾生活信心，从不抱怨。同时，她还承担照顾家中90岁高龄老人的责任，送饭端茶、跑前跑后，好吃好用先留给老人，子女在她的带领下也特别孝顺长辈。何利仙还是村里的热心人，邻里有事主动搭把手，照顾小孩、帮助老人是家常便饭，受到村民的一致好评。

金华市优秀共产党员

赵顺金	兰溪市人民医院副院长、医务科长
陈小虎	兰溪市公安局游埠派出所所长
梁　丹	兰溪市黄店镇黄店村党支部书记
江勇钧	兰溪市金融办党组书记、主任

金华市最美公务员

朱吉鑫	兰溪市委办公室副主任、市委保密办公室（保密局）主任
吴　剑	兰溪市黄店镇党委副书记、镇长
柳　力(女)	兰溪市马涧镇党委委员、副镇长
汪望平	兰溪市灵洞乡社会事务服务管理办公室主任、一级主任科员
张晓东	兰溪市综合行政执法大队云山中队中队长
宋剑威	兰溪市纪委市监委派驻第六纪检监察组正股级纪检监察员、四级主任科员
张洁琳(女)	兰溪市医疗保障中心副主任
陈亦蓉(女)	共青团兰溪市委办公室副主任、一级科员
邵黎仙(女)	兰溪市妇女联合会党组成员、办公室主任、四级主任科员
童　敏(女)	兰溪市应急管理局办公室主任、四级主任科员
吴彩风(女)	兰溪市市场监督管理局行政许可服务科科长、四级主任科员

金华市担当作为好干部

赵庆鸿	兰溪市金兰创新城开发建设中心主任
应跃辉	兰溪市人力社保局党委委员、就业和人才管理服务中心主任

2020年金华市五一劳动奖章

胡　芳(女)	国网兰溪市供电有限公司职工
冯文辉	兰溪市人民医院感染科主任
项晓明	浙江红狮水泥股份有限公司机械技术员
陆　英(女)	浙江奇锦纺织有限公司董事长
凌　煊	兰溪市人民法院马涧法庭副庭长

2020年金华市五一劳动奖状

国家税务总局兰溪税务局

2020年金华市工人先锋号

兰溪市机关后勤服务有限公司工程部

浙江康恩贝制药股份有限公司制造一部维修班

浙江交工集团股份有限公司建金高速公路TJ3标项目经理部预制场叶志毫班组

中国农业银行股份有限公司兰溪市支行营业中心

兰溪市公安局游埠派出所

第四批金华市高技能人才（劳模）创新工作室

钱道明高技能人才（劳模）创新工作室
徐建忠高技能人才（劳模）创新工作室
章美华高技能人才（劳模）创新工作室
郑世有高技能人才（劳模）创新工作室

金华市抗击新冠肺炎疫情先进集体

兰溪市中医院党委
兰溪市疾病预防控制中心党支部
兰江街道党工委
上华街道沈村村党支部
市环境卫生管理处党支部
浙江百浩工贸有限公司
浙江长风汽车运输有限公司

金华市抗击新冠肺炎疫情先进基层党组织

兰溪市中医院党委
上华街道沈村村党支部

金华市抗击新冠肺炎疫情先进个人

鲍绪新	兰溪市人民医院呼吸与危重症科副主任，副主任医师（援鄂）
夏鹏飞	兰溪市人民医院心内科主治医师（援鄂）
汪建明	兰溪市人民医院检验科主管检验师（援新疆）
章连新	兰溪市中医院副院长，主任中医师
杨来斐（女）	兰溪市妇幼保健院副院长
方瑞青（女）	兰溪市人民医院医共体游埠院区公共卫生科科长
倪敏相	兰溪市中医院医共体黄店院区副院长
冯亚玲（女）	兰溪市疾病预防控制中心传染病防制科科长
方振强	兰溪市灵洞乡党委委员、副乡长
柳 力（女）	兰溪市马涧镇党委委员、副镇长
潜建新	兰溪市灵洞乡八石溪村党总支书记
王李晓	兰溪市诸葛镇双牌村党总支书记
韦 萍（女）	兰溪市云山街道和平社区党委书记
方东升	兰溪市公安局党委委员、副局长
方锡龙	兰溪市卫生健康局党委委员、副局长
毛跃明	兰溪经济开发区管委会办公室主任
张 玲（女）	兰溪市人民政府办公室党组成员、副主任
周 璇	兰溪市交通运输局党委委员、交通运输综合行政执法队专职副队长
凌 煊	兰溪市人民法院审判管理办公室副主任
洪晓亮	兰溪市大数据发展中心副主任
章晓东	兰溪市市场监督管理局党委委员、副局长
徐小峰	兰溪市中洲公园管理处党支部委员、副主任、工会主席
范小锋	兰溪市网兰车友俱乐部志愿者服务队队长

金华市最美战疫志愿工作者

【陈亦蓉】 女，1992年9月出生，预备党员，共青团兰溪市委干部。疫情发生后，她迅速行动，积极做好疫情防控志愿服务工作的组织和后勤保障工作。一方面凝聚志愿服务力量，组织志愿者筑牢"防护墙"。积极动员全市各级团组织力量，组建战疫青年突击队，开展疫情防控志愿服务工作。动员志愿者2000余名，通过捐款捐物、宣传教育、代购代跑等多种形式开展疫情防控志愿服务。全市共有1200名"红色代跑员"为孤寡老人、行动不便者以及广大市民提供物资采购代跑服务。另一方面，积极做好志愿服务工作保障。切实落实志愿者培训工作，严格执行"培训不合格不上岗，防护不到位不上岗"的工作要求，为每位参与志愿者做好防护培训、配发防护用具。向上级团组织争取到防疫一线志愿者保险2000余份，宣传普及保险领取方式，确保一线志愿者"应领尽领"，解决其后顾之忧。

【鲍绪新】 男，1973年3月出生，群众，兰溪市人民医院呼吸与危重症副主任医师，省援鄂医疗队队员。1月27日，他报名参加支援湖北的行动；2月9日，他随浙江省第三批援鄂医疗队集结奔赴战场。贯彻中央"能收尽收"的原则，到达武汉后，连夜开辟方舱医院。他作为金华第三医疗组长，需要肩负更多的任务。安排工作任务，理顺工作流程，沟通反馈存在的问题，还要关心队员工作状态、心理问题，监督队员每天体温监测。厚重的防护服、模糊的护目镜更增加了工作难度。方舱医院条件有限，一个重要任务就是识别重症，及时转院。每天上班他都坚持不停地观察，患者监测生命体征，稳定血压血糖，翻看CT片。面对病情，帮患者消除顾虑，树立信心也是他作为医护人员的重要任务。不厌其烦地解答患者的疑问，做好心理安抚，都是他每天必做的工作。

【洪增清】 男，1977年10月出生，柏社乡下陈村志愿服务队志愿者。1月22日，洪增清第一时间召集下陈村青年志愿者共10余人参与防疫工作。定人定责有序落实外来人员排查、隔离人员居家观察、防疫宣传、夜间平安巡逻、交通卡点值守等工作。1月25日，柏社乡发出"红色代跑员"召集令，他第一时间主动报名，以网格员身份参与"红色代跑"行动，尽心尽力帮助全村孤寡老人、行动不便人员、居家隔离人员等外出不便的村民代买药品、口罩、消毒酒精、蔬菜、大米以及生活用品等共70余次。2月8日，一居民家中老人去世，特殊时期他跑遍柏社以及周边乡镇的素事店。2月10日凌晨刚值完夜班，得知有本村一外地返乡人员自驾回兰，为此他一直忙碌至凌晨4点才回家休息，天一亮又起来继续代跑服务。在代跑的同时，他还参与交通卡点值守行动，因白天忙于代跑，他主动将值守时间调整至晚上8点到12点。

最美战疫志愿者

【水鸿雁】 男，1981年12月出生，中共党员，我们都是兰溪人QQ群志愿服务队队长。2020年初新冠肺炎疫情来势汹汹，水鸿雁作为党员志愿者积极响应市委市政府号召，积极参与组织疫情防控的公益活动。他不仅做好自我防护，而且发动广大志愿者们通过小喇叭、防疫传单把疫情防控宣传送到千家万户。疫情开始（1月21日）就组织志愿者在十字路口劝市民戴口罩，尽量不出门，劝导市民12000余人次。疫情期间团队参与志愿服务时数2000小时，个人参与志愿服务时数100小时，组织54人次去市场监管局分拣口罩 18 万只。累计免费发放口罩 2500 余只，还拍摄防疫公益微视频 15 部。

【马庆宏】 男，1975 年 9 月出生，中共党员，兰溪市红十字会救援队队长。从疫情开始，在兰溪市红十字会、团市委、民政局的领导下，马庆宏带领兰溪市红十字会应急救援队 65 名队员及 320 名志愿者，协助社区进行疫情宣传工作。他在做好自身防护的同时，为兰溪最大的社区——枣树社区的所有公共区域进行全面的消毒工作，并免费向社区发放口罩 537 个，一直坚守在枣树社区流动人口最多的大公殿卡口。卡点的志愿者时间是早上 7 点到晚上 10 点，普通队员每 5 小时一班，但为了团队能更好地完成卡点任务，他每天都战斗在第一线近 15 个小时，中餐、晚餐都只能吃方便面也毫无怨言。在疫情期间，受失联患病者的家属请求，他还带领救援队出动大型搜救 4 次，成功搜救 4 名失联失踪患病老人。

【方国春】 男，1971 年 1 月出生，无党派人士，兰溪市启程公益服务中心理事长。从疫情开始后一直在组织、联系防护物资，为社区消毒、卡口执勤，抗疫工作低调却切实到位，且从未停止。坚守巡逻在兰花社区等疫情防控一线，多次对金钟岭社区、云山社区、竹园社区以及企业服务中心大楼展开消毒工作。他为驰援武汉医疗物资短缺的天佑医院兰溪同胞们找到 100 套防护服；将 100 套防护服送到医共体游埠院区、兰江院区、云山院区、殡仪馆等工作人员手中。走访慰问困境儿童家庭并宣传防疫知识，送上免费口罩；帮助因喉部问题动了手术的黄店范山头困境儿童办理临时救助；疫情期间累计共发放口罩超 2000 余只。

【邵满荣】 男，1964 年 1 月出生，中共党员，浙江民安公益救援兰溪大队志愿者。新冠肺炎疫情发生以来，邵满荣紧急启动应急预案，发动队员购置防疫所需的口罩、防护衣、护目镜、酒精等各种防护用品；1 月 26 号开始，他和救援队全体队员轮班，和中医院医护人员、警察一起在杭金衢高速沈村收费站、330 国道诸葛上徐观察点执行外来车辆、人员检查体温、登记任务；先后到竹园社区、赤溪、水亭、厚仁等乡镇（街道）以及金兰北线、诸葛长乐等处设立卡点、继续执行检查任务；另外，接到百城医院和市民求助，他带领队员出勤 3 次外出搜寻失踪人员；2 月 10 日支持企业复工，对开发区开心塑化、建海印刷等企业进行消毒。春节期间他在检查卡点共检测人员约 8 万人次以上，免费派发一次性口罩 5000 余只。

【唐文飞】 男，1978 年 11 月出生，群众，兰溪市网兰车友俱乐部志愿者服务队志愿者，也是网兰公益救援队队员。1 月 24 日大年三十，他坚持巡逻在兰溪各个街面，确保没有流浪人员在寒冷的风雨中过年。1 月 27 日，接到两条救援信息，经多方共同努力，成功寻回两位失联老人。1 月 30 日到 2 月 1 日，与民建会员一起去印刷厂帮忙装订防疫情知识宣传手册，再到市区的各个社区以及其他人员密集点借助高音喇叭宣传分发。除了做好常规的巡逻和宣传以外，还开展对整个辖区内每幢每家每户进行排查疫区人员的特殊工作。兰溪第一例新冠患者确诊后全市开始全面设卡，他参加卡点 24 小时值班。他还联系（兰溪速达副食品经营部）赞助网兰 100 箱矿泉水及 50 箱饼干，直接送到 19 个社区。

【张亦平】 男，1976 年 7 月出生，群众，兰溪市义工服务队志愿者。1 月 29 日，与队友一起去和平社区、金钟岭社区、竹园社区、黄龙洞社区、枣树社区、黄溢社区等社区送去消毒水，发放新型冠状病毒防护手册，并组织队员在金角社区和青松社区进行公共场地的消毒工作。2月1日，配合黄龙洞、和平社区开展入户清楼排摸湖北、武汉、温州、台州等外地到兰人员及接触者，并发放疫情宣传资料。2月4日，接到抗战老兵朱炳云女儿电话求助需要口罩，第一时间前往其家中送口罩。从疫情开始就一直忙碌在各卡点负责排查登记、宣传等服务，服务重点在卡点值守、出入证的发放和人员的管控。卡口值守服务每天都在10小时以上。

【赵　锐】　男，1981年6月出生，群众，兰溪蓝天救援队志愿者。在团市委、应急办等部门的指导下，为兰溪市区所有社区进行消毒液的发放工作。1月29日，接到队部的通知在市区两个市民公园进行消杀。为天福山社区、竹园社区、黄龙洞社区各卡点送上勾兑好的消毒水和喷壶，并在现场指导消毒水的使用方法。2月5日，在兰溪出现第一例病例后，救援队又联系化工企业，第一时间前往游埠镇、赤溪街道、永昌街道上石桥行政村以及通往游埠主要路段的卡点送去消毒原液并指导使用方法。在防疫期间，他在多个社区卡点当志愿者，为进出人员进行测温等工作。

【江哲仙】　女，1974年2月出生，中共党员，永昌志愿者服务队队长。疫情期间，作为永昌街道志愿者服务队的队长，江哲仙积极响应号召，在做好个人安全防护的前提下，迅速招募志愿者投入疫情防控战斗。她带领志愿者姐妹们走村入户做疫情防控思想工作，将爱心口罩第一时间送到急需帮助的困难群众手中。她亲自深入村组一线，做好重点疫区及外省返乡人员的排摸工作，切实把"内防输出，外防输入"落到实处，她每天带领志愿者们配合村两委严格把守值班卡点，落实24小时值班制度，严格排查劝返外来车辆及行人。大年初八、元宵节期间，她招募志愿者提前自制肉饼、爱心汤圆等点心，连同消毒湿巾、酒精等物品一起分发给值守人员。

【章建军】　男，1975年4月出生，下潘村清风志愿队队长。下潘村是个集镇村，常住人口达4000人左右，而且人流量大，入村口多，外来商户人数多，村民防范意识淡薄，管控难度大。他请示村两委每天安排30余名队员守卡值勤，其他人员都入村（4人一组）不间断巡逻喊话，引导群众做好防疫抗疫。从2月1日起他组织队员深入各自然村宣传防疫抗疫知识，对各主要进村口进行设卡排查。遇到个别不理解不配合的村民，他苦口婆心进行劝导，用行动感化村民，用真诚感动村民，使防疫抗疫工作平稳推进。他安排队员日夜分班轮流坚守卡点，谢绝外来人员及车辆进入本村。

【王挚诚】　男，1994年2月出生，兰溪市兰江街道志愿服务队志愿者。春节期间一直战斗在安全巡防、防疫知识宣传的队伍中。每日早晚都拿着喇叭穿梭在小区内，排查登记外来车辆，宣传新型冠状病毒的肺炎防控工作。有次在巡逻过程中发现一辆鄂A武汉牌车辆，周边居民纷纷产生焦虑情绪。王挚城得知情况后，第一时间赶到鄂A牌车辆处，他通过询问周边居民，利用114挪车热线、小喇叭喊话功能等方法联系到车主，了解到这是一辆未出过兰溪的武汉车辆，最终消除了居民恐慌。2月3日卡点值守开始，他每天早上7点就在华丰社区兰冶村出口处值班，对进出小区的居民、车辆进行登记排查，然后用额温枪对进出人员进行测温，并主动提出为居家隔离的人员采购生活物资，成为一名"红色志愿"代跑员。

【周洪斌】 男，1971年7月出生，无党派人士，兰溪市弘泽善举堂理事长。从疫情袭来的第一刻起，周洪斌就动员组织发动志愿者、爱心人士和爱心企业捐资，将紧缺的物资分送给兰溪全市16个乡镇（街道）战斗在第一线的干部群众，送到15个乡镇（街道）敬老院的困难群众手中。发动志愿者组成10支宣传车队，在城乡穿梭宣传防疫政策措施。他自购10只喇叭、40箱火腿肠送去社区村落设卡岗亭慰问值守人员。复工复产期间，他又组织人员走进相关企业，慰问企业员工。2月14日下午，周洪斌率弘泽善举堂团队爱心人士与市统战部等部门相关负责人为近56家复工企业送上了进口测温仪、0.7吨84消毒液和1.6万个KN95口罩等防疫物资。

【郑静思】 女，1989年9月出生，群众，公益组织心舞工作室志愿者。自疫情暴发以来，在团队负责人胡芳的带领下，她积极投身抗疫一线。自2020年1月27日起，和团队其他志愿者一样，她坚持每天平均在线工作18个小时，平均每天收发微信超1000条，日均对接资源近800万元。相继对接海外20多个国家的防疫资源，为阿里巴巴公益等20多家基金会及金华、兰溪、武义等政府对接采购海外防疫物资。她协助负责人与18个省的133批援鄂医疗队建立联系，对接捐赠物资，协同各方与武汉社会组织一起，为全国2万多名医护人员提供19种价值600多万元的物资配送服务。随着国内疫情渐渐好转，海外疫情日渐严重，她积极投身帮助对接8个国家的防疫物资捐赠工作，同时通过对接中国驻叙利亚大使馆，与浙江省邵逸夫医院联手为叙利亚卫生部提供云医疗交流分享服务，并为叙利亚捐赠防疫物资。

【姚金妹】 女，1946年9月出生，中共党员，天福山熟人志愿者服务队志愿者。自新冠肺炎疫情突发以来，她主动请战加入抗疫志愿队伍，为构筑起疫情防控的人民防线出一份力。她协助社区负责人做工作，带头挨家挨户上门详细了解天福山社区和平中片264户660人的基本情况，迅速建立住户人员信息表册，做到不漏掉一户一人。她定时上门罗列居民需求物品清单并委托外勤人员购买，赢得了住户对防控工作的理解与支持。设立社区登记点，制作出入登记本和出入证，每户一证，她严格登记程序，非本社区人员及车辆一律禁止进入，并且通过印发倡议书、悬挂条幅等形式宣传疫情防护知识，严格守好疫情防控门。她将口罩、84消毒液等防疫物资送到一线干部手中。她曾在辖区最繁华的路口连续守卡执勤20多天，刮风下雨都不退缩，始终坚守在卡点。

金华市最美战疫组织

【心舞工作室】 疫情暴发以来，心舞工作室志愿者积极投身抗疫一线。自2020年1月27日起，志愿者坚持每天平均在线工作18个小时，平均每天收发微信超1000条，日均对接物资近800万元。相继对接海外20多个国家的防疫资源，为阿里巴巴公益等20多家基金会及金华、兰溪、武义等政府对接采购海外防疫物资。该组织积极与18个省的133批援鄂医疗队建立联系对接捐赠物资，协同各方与武汉社会组织一起，为全国2万多名医护人员提供19种物资价值600多万元的配送服务。随着国内疫情渐渐好转，海外疫情日渐严重，在负责人胡芳的带领下，心舞工作室积极投身帮助8个国家对接捐赠防疫物资的工作，同时通过对接中国驻叙利亚大使馆，与浙江省邵逸夫医院联手为叙利亚卫生部提供云医疗交流分享服务，并为叙利亚捐赠防疫物资。

【兰溪市洪泽善举堂】 疫情期间，弘泽善举堂组织发动志愿者、爱心人士和爱心企业捐资，将紧缺的物资分送给兰溪全市16个乡镇（街道）战斗在第一线的干部群众，送到敬老院的困难群众手中。发动志愿者组成10支宣传车队，在城乡穿梭宣传防疫政策措施，购买10只喇叭、40箱火腿肠送至社区村落设卡岗亭慰问值守人员。复工复产期间，弘泽善举堂又组织人员走进相关企业，慰问企业员工。2月14日下午，弘泽善举堂团队爱心人士与兰溪市统战部等部门相关负责人为复工复产企业送上了进口测温仪、0.7吨84消毒液和1.6万个KN95口罩等防疫物资。兰溪近56家复工企业得到了其筹措的防控疫情物资支持。弘泽善举堂共收到捐款31万余元，购买及发放10万只一次性口罩、2.2吨消毒液、120箱消毒硫磺皂、200把额温枪、120箱饮料等物资。

【兰溪市中医院医共体交通卡口医疗服务志愿队】 1月23日，浙江省启动重大公共突发卫生事件一级响应。院党委立即决定，医院所有医疗行政人员取消春节休假，全力以赴投入抗击新冠肺炎工作。1月25日，大年初一中午，在330国道沈村高速路口、330国道诸葛上徐的交通卡口，设立医疗服务站点，配合街道、公安、运管等部门，做好卡口往来车辆人员体温监测工作。随后330国道诸葛镇、315省道上华兰贺线、灵洞金兰北线、香溪董将线、兰溪火车站等交通卡点，也相继设立医疗服务体温监测点。由于疫情不断扩散，进行全市医疗系统大调兵，涉及全市16家民营医院、市妇幼保健院、金华市中心血站兰溪分站、市卫生学校、卫健局机关、市会计核算中心、民安救援队等多家单位。"四班三倒"24小时全天候勤务运行机制，定岗定人定责，每一位守卫在卡口的医务人员肩上都承载着重担。交通卡点体温检测医疗服务共计时长25天、累计近2000个小时，450位志愿者参与。

兰溪市援助湖北应对新冠肺炎医疗队成员

【鲍绪新】 男，1973年3月出生，兰溪人，兰溪市人民医院呼吸与危重症医学科副主任，副主任医师，兰溪市第二批驰援武汉抗击新冠肺炎医疗队，也是浙江省第三批援鄂医疗队医务人员。2月9日抵达武汉，连续工作49天，先后转战黄陂方舱医院、江夏日海方舱医院、袁家台方舱医院、袁家台医院等。作为一名医务工作者，他深知医者使命与担当。有病魔的地方，就是他的战场，到祖国最需要的地方去。在病毒肆虐的武汉，他每天穿着密不透风的防护服，起雾的护目镜，憋闷的口罩，紧勒的双层橡胶手套，冲向一线，心系病患，不分昼夜连续工作，与来自全国各地援鄂医务人员并肩奋斗，用仁心仁术，上演了一场与时间赛跑、与病魔较量的战疫，为的是让患者找到康复的回家路。鲍绪新用真心、热心、细心、耐心，诠释了作为一名医务工作者敬佑生命、大爱无疆的品格操守，生动展示了新时期医务人员的亮丽风采。

【夏鹏飞】 男，1985年11月出生，兰溪人，兰溪市人民医院心血管内科主治医师，浙江省第四批援鄂医疗队医务人员，2月14日—3月31日坚守协和肿瘤中心ICU及协和西院重症病房。作为一位普通心内科医生，武汉疫情发生后，他积极响应医院号召，支援发热门诊，并主动报名请战，驰援武汉。协和肿瘤中心离最早暴发疫情的武汉华南海鲜市场仅500米距离，是实实在在的疫情"风暴中心"，而ICU收住的均是最严重的新冠肺炎患者。但他用行动诠释医者仁心，用争分夺秒同时间赛跑，用认真严谨与病魔较量，用实际行动践行新时期白衣战士的神圣使命！

【杨　飞】　女，1987年3月出生，兰溪人，兰溪市人民医院重症医学科副主任护师，浙江省第二批援鄂医疗队队员，为兰溪第一批驰援武汉的医务人员。从2020年1月28日至3月19日，坚守在武汉科技大学附属天佑医院ICU52天，用实际行动践行新时代白衣战士的神圣使命，用坚强与刚毅托起战胜疫情的希望，诠释着美好的青春芳华。

【杨巧儿】　女，1983年2月出生，兰溪人，兰溪市人民医院呼吸与危重症医学科主管护师，兰溪市第二批驰援武汉抗击新冠肺炎医疗队、浙江省第三批援鄂医疗队医务人员。2月9日抵达武汉，连续工作49天，先后转战了黄陂方舱医院、江夏日海方舱医院、袁家台方舱医院、袁家台医院等。作为一名白衣护士，她深知丰碑无语、行胜于言。在病毒肆虐时，她毅然决然，冲锋在前对抗病毒，让无数人可以安然进入甜美的梦乡。她用博大的胸怀温暖病人的不理解，用阳光的微笑减缓病人的疼痛，用真诚的爱心抚慰病人心灵的创伤，用火一样的热情点燃病人战胜疾病的希望。

【张林仙】　女，1983年2月出生，兰溪人，兰溪市人民医院感染科总带教老师。2020年2月9日编入浙江省第三批援鄂医疗队驰援武汉执行抗击新型冠状病毒肺炎的任务。援鄂工作的49天时间里，先后历经3次换防，从黄陂方舱医院到江夏日海方舱医院，再到袁家台方舱医院。援鄂期间，她担任医疗队进舱的领队和金华护理1组的组长工作，充分利用ICU和感染科多年的工作经验，有效承担起班内40余名工作人员之间的沟通协调和管理工作，未发生一起不良事件。作为一名护士，她用专业知识，帮助患者解除疾病的痛苦；作为一名领队，她把每一名队员平平安安地带了回去；作为一名援鄂医疗队员，她不辱使命，服从命令，完美完成工作任务。

【李修平】　女，1985年7月出生，兰溪人，兰溪市中医院重症监护室副主任医师，兰溪市第二批驰援武汉抗击新冠肺炎医疗队、浙江省第三批援助湖北医疗队医务人员。先后参与黄陂方舱医院、光谷日海方舱医院、蔡甸袁家台方舱医院、袁家台医院参与抗疫。2月9日，她随兰溪市第二援鄂医疗队编入浙江省第三批援鄂医疗队踏上了援鄂征程。在黄陂区体育中心改造的方舱医院，剪去了自己最酷的发型，第一次尝试穿上纸尿裤，笨重闷热的防护服，起雾的护目镜，进舱没多久就会感觉头晕眼花，走多了就会气喘吁吁、汗流浃背，但她仍每天都扮演医护人员、送餐员、保洁员、按摩师、心理辅导师、搬运工，"有时去治疗，常常去帮助，总是去安慰"在此得到了最好的诠释。经过49个日日夜夜的奋战，终于不负使命，顺利完成任务。

【宋丽霞】　女，1992年11月出生，兰溪人，兰溪市中医院护理部护师，兰溪市第二批驰援武汉抗击新冠肺炎医疗队、浙江省第三批援助湖北的医疗队医务人员。先后在黄陂方舱医院、光谷日海方舱医院、蔡甸袁家台方舱医院、袁家台医院参与抗疫。她是有十年ICU工作经验的老护士，本着对救死扶伤事业的热爱，为了疫区人民的健康，她选择了坚持，将近两小时的通勤、防护服的密闭、护目镜的挤压、6小时滴水不进等重重困难，她都挺住了。她在抗疫一线向党组织提交了入党申请书，以实际行动为抗疫贡献自己的力量。

【郑　虹】　女，1995年3月出生，兰溪人，兰溪市中医院重症监护室护师，兰溪市第二批驰援武汉抗击新冠肺炎医疗队、浙江省第三批援助湖北的医疗队医务人员。先后在黄陂方舱医院、光谷日海方舱医院、蔡甸袁家台方舱医院、袁家台医院参与抗疫。克服重重困难，在抗疫一线经历成长的蜕变，变得更加坚韧不拔，更加无所畏惧。即使再危险，也要往前冲，尽自己的能力帮助病患解除各种不适。她在抗疫一线递交入党申请书，成为一名入党积极分子。

第四届兰溪市道德模范

【水鸿雁】　男，1981年12月出生，中共党员，"我们都是兰溪人QQ群"志愿服务队党支部书记、队长，现就职于兰溪市融媒体中心。水鸿雁和团队策划了"爱心邮差"志愿服务项目，长期坚持在每年节假日为孤寡老人和农民工子女送服务，数年来累计递送"爱心邮件"1.5万余件；组织志愿服务活动7000余次。截至2020年5月上旬，开展文明劝导近1600天。抗疫期间，他积极响应号召，组织志愿团队奋斗在防疫一线，宣传疫情防控知识，提升群众防护意识。2019年4月入选金华好人榜。

【周洪斌】　男，1971年7月出生，兰溪市弘泽善举堂理事长。十余年来，周洪斌从捐款救灾、助学扶困，到专业救援、志愿服务，用行动铺就了一条十载爱心路。仅在2018年，弘泽善举堂成立不到一年的时间里，周洪斌就带领自己的团队资助慰问了近100名学生，给439个低保户送去生活用品，参与救援并资助离家出走的患病男孩。抗疫期间，他和团队积极募集资金，为全市乡镇（街道）和复工复产企业、国外同乡会等提供口罩、消毒液等近50万元。2019年9月入选金华好人榜。

【吴靖昊】　男，1993年11月出生，兰溪市公安局游埠派出所辅警。2016年11月23日下午，水亭乡横塘村一间木质老屋起火，有群众告知吴靖昊，火场内还有一个煤气瓶，他迅速找来一件打湿的破棉被冲进屋内。煤气瓶已经非常烫手，吴靖昊不顾个人安危，将煤气瓶抱出并成功处置，避免了更大的事故发生。从2013年成为一名基层派出所的辅警开始，吴靖昊经历了一百多场失火事故，每次出战都冲在最前，不顾生命危险，竭尽全力帮助群众挽回生命和财产损失。2019年9月入选金华好人榜。

【周祥飞】　男，1976年5月出生，中共党员，兰溪市梅江镇镇溪村村委。2018年8月24日，村民在梅溪岸边发现有人落水，急忙大声呼救。听到呼声的周祥飞马上冲过来 跳入溪水之中，摸索救人，因拦水坝落差较大，水流湍急，面积开阔，过了几分钟后，周祥飞与村民周文斌才从水底下抬起小孩救上岸。他马上清理掉孩子口中污物，打开小孩气道，做胸外按压并进行人工呼吸抢救。经赶到现场的救护医生与周祥飞交替抢救20分钟后，孩子最终脱离了危险。周祥飞平日工作积极，支持集体公益事业，关心困难群众。2015年村里重建凤凰石拱桥，周祥飞捐了1000元。2018年村民周某患病，他听说后捐助了200元。2018年村民陈某家人患病，他捐助了500元。2018年11月入选金华好人榜。

【王爱文】　女，1962年12月出生，浙江博爱家纺有限公司总经理。在长达二十多年的创业过程中，王爱文始终不忘"博众家之长，融人间真爱"的经营宗旨，坚持诚信经营、奉献服务社会，主动践行企业家社会责任；她关心关爱员工，一直跟随企业发展的70%以上都是老员工。在她的带领下，公司规模不断扩大，如今已发展成为年产值近亿元（包括博爱、凯瑞特以及博爱进出口等相关企业）、拥有200余名员工的兰溪市重点企业。"博爱"商标先后被认定为浙江省著名商标，中国驰名商标，"博爱"产品被评为浙江省名牌产品。

【水跃翔】 男，1973年10月出生，中共党员，兰溪市人民医院呼吸与危重症医学科主任。水跃翔是毕业于浙江大学的医学硕士，一腔热血，扎根基层24年；他守护生命、送医下乡、帮扶基层卫生院；他以医疗质量为核心，注重开展新技术培养人才、学科建设、科学管理筑优势；他勇挑突发公共卫生事件重担。在他的带领下，整个科室无一起医疗纠纷，更没有医疗事故。2018年，他获得第二届"宋庆龄最美基层呼吸医生"，在这份全国仅有10人的获奖名单中，全省仅他一人获此殊荣。2018年12月入选金华好人榜。

【张永银】 男，1965年2月出生，中共党员，原游埠镇邵家村党支部委员、村民委员会主任。2019年7月13日下午，年仅54岁的张永银因连续工作突发心脏疾病，生命戛然而止。近一个月的时间他只休息了一天，日记里密密麻麻记录着"八有八无"、百日攻坚、抗洪救灾转移群众、巡查堤坝、查看危房的工作情况。因为他心系群众，百姓才会为他的离去哭成泪人；也正因为他有这样的为民情怀，千名群众才会自发赶来送他最后一程。张永银用自己的责任和担当，深刻阐述了何为忠于党、忠于人民。2019年8月入选金华好人榜。

【赵利平】 女，1967年3月出生，中共党员，兰溪市云山街道金钟岭社区党委书记。自2002年从事社区工作以来，赵利平默默耕耘，无私奉献。在特大洪水面前，赵利平无所畏惧，一往无前；在社区处理问题，赵利平坚决果断，富有魄力；与家人相处，赵利平坦诚以待，构建和谐。奉献是她最大的快乐，居民安居乐业，家人和睦相处，是她最大的追求。2017年获得金华市道德模范提名奖。

【李惠芳】 女，1950年3月出生，兰溪市上华街道下余村村民。2013年，她的前女婿许晓军遭遇重大车祸致残。车祸后，父母双亡的许晓军带着儿子，无人照料。善良的李惠芳承担起了照顾前女婿的重任。从许晓军遭车祸住院开始，李惠芳就一直悉心照料，端水送饭，洗头洗衣，甚至端屎倒尿。八年来，李惠芳帮助许晓军从消沉到振作、从自卑到自信、从自弃到重生，她的故事登上了央视二套《向幸福出发》节目，赢得观众们的交口称赞。2019年8月入选金华好人榜。

【潘雪芹】 女，1972年6月出生，兰溪市黄店镇露源村村民。6年前，潘雪芹的父亲患上了老年痴呆症，失去了生活自理能力，由于母亲多年前已病逝，唯一的兄弟常年在外地，她辞去自己的工作，一人挑起重担，24小时随身照顾父亲，2000多个日日夜夜寸步不离。父亲在她的精心照顾下，身体好了，心情愉悦。虽然得了老年痴呆，但是老人清醒时逢人便夸女儿是贴心小棉袄。潘雪芹也得到村民们的一致称赞。2019年1月入选金华好人榜。

兰溪市第一批"战疫先锋"团队

兰江街道疫情数据统计小组
云山街道青年突击队
永昌街道经济发展办

赤溪街道疫情防控综合协调小组
女埠街道上新屋村"初心利剑"疫情快速应急反应小分队
灵洞乡集中隔离点临时党支部
游埠镇周门村党支部
水亭畲族乡周邵汤战"疫"先锋团队
诸葛镇长乐村党总支
黄店镇企业复工复产工作专班
香溪镇宝塔村两委
马涧镇疫情防控隔离管护服务组
柏社乡卫生健康办公室
梅江镇经济发展办
横溪镇机关党支部
市府办疫情防控工作领导小组办公室
市疾控中心流行病学调查团队
市综合行政执法局金华高铁站疫情防控先锋队
经济开发区疫情防控组
市对外通道防疫管控诸葛卡口工作组
市集中隔离上华观察点工作团队

兰溪市第一批"战疫先锋"个人

胡　芳（国网兰溪供电公司职工、心舞工作室负责人）
胡正芳（市疾控中心主任）
陈卫明（市人民医院医共体兰江院区副主任）
郑曙光（市人民医院ICU副主任医师）
诸葛文嵩（市中医院医共体党委副书记、业务副院长）
陆雄海（市中医院医共体上华院区副主任）
童筱君（永昌街道农业和农村办公室副主任）
蒋红旗（赤溪街道杨塘管理处主任）
戴　璐（诸葛镇党政综合办副主任）
李昕艺（黄店镇党建工作办公室副主任）
陆文伟（香溪镇社会管理服务办公室副主任）
张莎莎（横溪镇经济发展办主任）
王金原（市公安局刑事侦查中心三大队大队长）
胡善骏（市公安局交警大队上华中队民警）
胡晓东（市公路管理段党支部书记、段长）
张大伟（市智慧城管中心副主任）
吕国营（经济开发区专职消防队队长）
陈　超（市公安局民警，市指挥部综合协调组工作人员）
章跃明（市交通局干部，市指挥部综合协调组工作人员）
朱顺刚（市卫健局干部，市指挥部综合协调组工作人员）
王健辉（市委办干部，市指挥部疫情防控组工作人员）
钟　凡（市大数据发展中心干部，市指挥部疫情防控组工作人员）
陈旭翔（市消防救援大队参谋，市指挥部疫情防控组工作人员）
章旭平（市委宣传部网信科科长，市指挥部舆论宣传组工作人员）
徐　珮（市纪委监委派驻第二纪检监察组干部，市指挥部督导检查组工作人员）
郑云仙（兰江街道横山社区党委书记）
张志标（兰江街道大阜张村党委书记）
韦　萍（云山街道和平社区党委书记）
陈一星（上华街道沈村村党支部委员）

何永清	（永昌街道百凤林村党支部书记）
龚正良	（赤溪街道后龚村党支部书记）
郑惠彬	（女埠街道后郑花塘村党支部书记）
徐永忠	（灵洞乡洞源村村委会主任）
徐伟军	（游埠镇焦山村村委会主任）
姜爱仙	（水亭畲族乡西姜村党支部书记）
王李晓	（诸葛镇双牌村党总支书记）
王显高	（黄店镇芝堰村村监会主任）
赵建飞	（香溪镇将军村村委会主任）
何兆华	（马涧镇横木村村委会主任）
何彩华	（柏社乡洪塘里村党支部书记）
黄建红	（梅江镇密溪岩村党支部委员）
陈小娇	（横溪镇渔塘村党支部书记）

道德模范提名奖

【毛红卫】 男，1967年10月出生，中共党员，兰溪市残疾人志愿者服务站站长。1994年，一场突如其来的车祸导致毛红卫成了一名左腿截肢的重度残疾人。安装假肢后，毛红卫走上公益道路，虽然中途被查出膀胱癌，但这条路还是坚持了20多年。2019年1月1日，金华市首家残疾人志愿者服务站——兰溪市残疾人志愿者服务站在他的倡议下成立。服务站通过"以残助残"模式，免费为重度、孤寡残疾人提供助残服务。在他的带领下，服务站招募有35名志愿者，其中有12名为残疾人志愿者。2014年5月获评金华市"最美残疾人"。

【刘伟林】 男，1981年9月出生，丽水云和人，兰溪市"轻舞飞扬"美容美发店总监。开店至今，刘伟林一直致力于公益服务，4家分店的员工都成了"义剪队"的队员。从进社区到进乡镇（街道）、进敬老院、进军营。他不顾路途遥远，带着队员乘坐公交车前往兰溪最远的乡镇（街道）开展义剪活动；他不怕耽误生意，他的这支"义剪队"一直坚持在理发店生意旺季的春节前为空巢老人、困难居民免费理"新年头"。从2005年至今，"义剪队"足迹遍及兰溪大部分乡镇（街道），累计公益服务超过10000人次。2019年10月入选"金华好人榜"。

【朱华华】 男，1965年6月出生，兰溪一净城环卫服务有限公司垃圾清运工人。2018年4月20日晚上7点40分左右，朱华华下班途经溪西村三市街居民楼附近时，看见132号三楼窗户向外冒着滚滚浓烟。他立即折返村口拿来灭火器，冲进了火场。确认屋内没人后，朱华华迅速找到起火点，在几位同行村民的合力救援下，控制住火情，避免了附近村民遭受更大的生命和财产损失。随后消防队员赶到现场，朱华华便安心回家，事后也没有跟任何人说起此事。直到溪西村对这次英勇救火的人员进行通报表彰后，同事们才知道自己单位竟出了一位"救火卫士"。2018年6月入选金华好人榜。

【朱华英】 女，1976年2月出生，中共党员，兰溪市诸葛中学教师。从教以来，她一直认真履行人民教师的职责和义务，用无私的奉献去诠释教师本色。朱华英关注每一个学生的发展和进步，大量的休息时间都是在辅导、家访中度过的；关爱留守儿童和学困生，把学生当作自己的孩子。朱华英扎根农村，在教师的岗位上默默耕耘了20余年，挥洒下了一路的辛勤，不少人劝她可以调往离家近点的地方工作，但朱华英却说，一届接着一届，学生没有毕业就总有牵挂。2016年12月荣登浙江好人榜。

【赵人杰】 男，1948年12月出生，中共党员，兰溪市香溪镇人民调解委员会调解员。赵人杰是镇里出了名的"老娘舅"。赵人杰扎根农村基层，自1995年从事人民调解工作以来，已有25个年头，成功调处化解各类矛盾纠纷1200余件。经过他的调解处理，当事双方普遍信服满意，市司法局和香溪镇专门为他设立了"老赵调解工作室"。他用自己的实际行动维护着街坊邻里的和谐安宁，深受当地群众信任，"有纠纷，找老赵"被当地居民口口相传。2019年4月入选金华好人榜。

【章美华】 女，1983年5月出生，中共党员，浙江金梭纺织有限公司织造厂厂长。37岁的章美华已经从事纺织行业20年。她干遍了公司生产线的所有工种，从一名普通的挡车工成长为行业技术骨干。她每天要提前到车间巡视，排查隐患，强化设备管理、现场管理和质量管理从早上6点到晚上8点，至少要在3个车间里走上近3万步。章美华保持谦逊好学的态度，善于钻研、敢啃硬骨头，不断创新，精益求精，是兰溪纺织女工的榜样和杰出代表。2019年3月入选金华好人榜。

【胡秋香】 女，1943年9月出生，兰溪市上华街道上华村村民。77岁的胡秋香，服侍高瘫卧床不起的丈夫已长达10年之久。每天她忙完家里农活，回家就细心服侍丈夫。久病的丈夫脾气变得暴躁，胡秋香任凭他对自己发脾气，没有一句怨言。丈夫瘫痪的这10年，年迈的胡秋香身体不如从前，却仍一如既往地精心照顾着丈夫，费力打理着家务。80多岁的丈夫在胡秋香的照顾下，虽然卧床不起，但却幸福满足，逢人便夸妻子的好。村民们谈起胡秋香，也都个个竖起大拇指。2019年5月入选金华好人榜。

兰溪市第三届优秀志愿服务集体和个人名单

一、优秀志愿服务集体

兰溪市我们都是兰溪人QQ群志愿服务队
兰溪市爱在兰溪助学中心志愿服务队
兰溪市网兰车友俱乐部志愿者服务队
兰溪市义工服务队
兰溪市红十字应急救援队
兰溪市启程公益服务中心
兰溪市心舞工作室
浙江民安公益救援兰溪大队
兰溪市文明监督团
兰溪市弘泽善举堂
兰溪市蓝天救援队
兰溪市积善堂爱心会
兰溪市爱心女人协会
兰溪市联村导师志愿服务队
兰溪市兰江街道横山社区志愿服务队
兰溪市人民医院志愿服务队

二、优秀志愿者

蓝 亮	兰溪市黄店镇人民政府
陈国航	兰溪市诸葛镇人民政府
王晨之	兰溪市中医院志愿服务队
樊 臻	兰溪市住房和城乡建设局
应卫康	中国人民财产保险股份有限公司兰溪支公司
李晓明	兰溪市钱江水务有限公司志愿服务队
赵 霞	亲青老娘舅工作室（兰溪市美美+家）
蒋竹云	兰溪市爱在兰溪助学中心志愿服务队

周美芬	兰溪市爱在兰溪助学中心志愿服务队	**三、志愿服务先进工作者**	
刘廷哲	兰溪市爱在兰溪助学中心志愿服务队	金晓东	兰溪市兰江街道办事处
		徐胡岚	兰溪市云山街道办事处
		蔡丽霞	兰溪市上华街道办事处
陈国斌	兰溪市我们都是兰溪人QQ群志愿服务队	吴 凯	兰溪市女埠街道办事处
江昆锋	兰溪市我们都是兰溪人QQ群志愿服务队	何亚仙	兰溪市永昌街道沈家村志愿服务队
陆妙妃	兰溪市我们都是兰溪人QQ群志愿服务队	包建丽	兰溪市游埠镇人民政府
		张 航	兰溪市马涧镇人民政府
		蒋增威	兰溪市柏社乡洪塘里村
陈瑞芬	兰溪市我们都是兰溪人QQ群志愿服务队	王瑞旬	兰溪市文广旅游体育局
		唐 沁	兰溪市市场监督管理局
倪俊明	兰溪市义工服务队	章璐芝	兰溪市税务局
陈小荣	兰溪市义工服务队	程骏骏	兰溪市振兴小学志愿服务队
徐 英	兰溪市义工服务队	徐小芳	兰溪市我们都是兰溪人QQ群志愿服务队
郑洪军	兰溪市网兰车友俱乐部志愿服务队	张国军	兰溪市爱在兰溪助学中心
赵跃彬	兰溪市网兰车友俱乐部志愿服务队	唐文飞	兰溪市网兰救援队
鲍彩云	兰溪市网兰车友俱乐部志愿服务队	方国春	兰溪市启程公益社会工作服务中心
胡国龙	兰溪市红十字会应急救援队	陈 芳	兰溪市义工服务队
朱彩莲	兰溪市红十字会应急救援队	郑静思	兰溪市心舞工作室
叶志妹	兰溪市启程公益社会工作服务中心	任建萍	兰溪市红十字会应急救援队
龚德顺	兰溪市启程公益社会工作服务中心	王雪虹	兰溪市弘泽善举堂
		四、志愿服务公益合作伙伴	
陈慧卿	浙江民安公益救援兰溪大队	浙江金梭纺织有限公司	
雷少琴	兰溪市弘泽善举堂	中国人民财产保险股份有限公司兰溪支公司	
姚 伟	兰溪市蓝天救援队	浙江博爱家纺有限公司	
范竹萍	兰溪市心理关爱服务中心	老丁开锁	
吕贤贞	公益顺风车兰溪站志愿服务队	陈永福（个人）	
江作通	兰溪市关工委"五老"志愿服务队		

2020年兰溪市高技能人才（劳模、匠人）创新工作室

徐建华高技能人才（劳模、匠人）创新工作室

方勇军高技能人才（劳模、匠人）创新工作室

朱晓英高技能人才（劳模、匠人）创新工作室

章雪松高技能人才（劳模、匠人）创新工作室

吴晓兵高技能人才（劳模、匠人）创新工作室

第四批金华市高技能人才（劳模）创新工作室

钱道明高技能人才（劳模）创新工作室
徐建忠高技能人才（劳模）创新工作室
章美华高技能人才（劳模）创新工作室
郑世有高技能人才（劳模）创新工作室

附 录

名词解释

1. "四水共盛"：即以水果、水稻、水产、水生蔬菜（花卉）为突破，推动农业产业转型升级。

2. "三大员"：即驻企服务员、民情民访代办员和基层治理网格员。

3. "八有八无"：即有村规民约（居民公约）、有党员联系户制度、有笑脸墙、有垃圾分类、有志愿者队伍、有美丽家园创建基金、有门前五包、有荣辱榜、无暴露垃圾、无乱搭乱建、无乱堆乱放、无乱贴乱画、无水面漂浮物、无散养家禽、无污水横流、无裸露空地。

4. "五条标准"：即信念坚定、为民服务、勤政务实、敢于担当、清正廉洁。

5. "三个区分开来"：即把干部在推进改革中因缺乏经验、先行先试出现的失误和错误，同明知故犯的违纪违法行为区分开来；把上级尚无明确限制的探索性试验中的失误和错误，同上级明令禁止后依然我行我素的违纪违法行为区分开来；把为推动发展的无意过失，同为谋取私利的违纪违法行为区分开来。

6. "四责协同"：即党委（党组）主体责任、党委书记第一责任、班子成员"一岗双责"、纪委监督责任。

7. "一园三区四平台"："一园"是指匠康·兰溪现代农业科技园；"三区"是指白露山省级现代农业园区，水亭省级、香溪省级一二三产融合发展示范区；"四平台"是指黄店农产品加工园区、水亭农业绿色发展示范区、马涧产业特色强镇和马涧现代农业创新园区四个市级平台。

8. "两进两回"：即科技进乡村、资金进乡村，青年回农村、乡贤回农村。

9. "一警情三推送"：即矛盾纠纷类警情，首先推送给接处警民警，力争现场化解；现场无法化解或者虽已化解但存在风险隐患的，推送至责任领导和责任民警落实全程跟进调处化解；需要其他职能部门联合调处的，通过综治"四平台"按职能分工推送到各部门，形成跨部门工作合力。

10. "两所一庭一室"：即公安派出所，司法所，法庭，派驻检察室。

11. "五强"：即打造维护力强、引领力强、担当力强、服务力强、廉洁力强的"五强"领导班子。

12. "五个一线"蹲苗计划：即在农村基层一线、复杂矛盾处理一线、重大项目建设一线、招商引资一线、改革创新一线培养年轻干部。

13. "5+1"工作机制：根据金华市委《关于推行"五个一"工作机制加强"一肩挑"后村级权力运行监督的通知》精神，在"选派一批驻村包村的'第一书记'、构建一系列村务决策的规范流程、探索一组简洁管用的公开办法、形成一个'四位一体'的监督体系、健全一套保障落地的有效制度"的基础上,增加"开拓一条村务协商的有益路径"的内容,形成"5+1"机制。

14."三化五式":即围绕常态化、清单化、可视化的监督目标,开展重要指示批示精神落实"长效式"、重点项目建设"跟踪式"、重大决策部署"专题式"、重点改革领域"点题式"、重要权力行使"护航式"的政治监督。

15."百千工程":即"育百家样本 强千家基础"工程,每年培育100家左右清廉单元样本单位,到2022年底,全市1000家清廉单元细胞基本达到清廉单元指导标准要求,社会整体清廉程度不断提升,着力形成"示范带动+基础强化"的工作格局。

16."六稳""六保":"六稳"指的是稳就业、稳金融、稳外贸、稳外资、稳投资、稳预期工作;"六保"分别是保居民就业、保基本民生、保市场主体、保粮食能源安全、保产业链供应链稳定、保基层运转。

17.一图一码一指数:"一图"就是"疫情图","一码"就是"健康码","一指数"就是"智控指数"。

18.未来社区:是指围绕社区全生活链服务需求,以人本化、生态化、数字化为价值导向,以未来邻里、教育、健康、创业、建筑、交通、能源、物业和治理等九大场景创新为引领的新型城市功能单元。

19."8313"工程:"8"是指开展8个对外通道建设工程;"3"是指围绕城区与各乡镇(街道)集镇、工业园区、主要景区之间3个目标实施市域内高等级公路路网提升工程;"1"是指推进1个港航复兴提振工程;"3"是指实施3大片区(老城、溪西、上华)路网提升工程。

20."八有八无":"八有"指有村规民约(居民公约)、有党员联系户制度、有笑脸墙、有垃圾分类、有志愿者队伍、有美丽家园创建基金、有门前五包、有荣辱榜,"八无"指无暴露垃圾、无乱搭乱建、无乱堆乱放、无乱贴乱画、无水面漂浮物、无散养家禽、无污水横流、无裸露空地。

21."两不一降":上一轮督察反映的重点问题不反弹,不出现典型案例,信访件较上一轮督察下降30%。

22."兰e办":依托浙里办App开发,实现"出生""婚育户""退休""中考加分"等"一件事"事项线上联办的兰溪特色掌上办事模块。

23."1+X+Y"全域规划体系:"1"是指1个集镇,"X"是指中心村,"Y"是指特色村。

24."四水共盛":即以水果、水稻、水产、水生蔬菜(花卉)为突破,推动农业产业转型升级。

25."五有一网格":"五有"是指有疫情防控指南,有防控管理制度和责任人,有适量防护物资储备,有属地医疗卫生力量指导支持,有隔离场所和转运安排准备;"一网格"是指实施网格化管理,组织人员开展重点人群的信息登记、摸排和日常健康监测等工作。

26."两区两镇":"两区"是指兰溪经济开发区、金兰高新技术产业园区(筹),"两镇"是指光膜小镇、电驱装备小镇。

27."揭榜挂帅":就是"把需要的关键核心技术项目张出榜来,英雄不论出处,谁有本事谁就揭榜",具有不论资质、不设门槛、选贤举能、惟求实效的特征。

28."两进两回":"两进"是指科技进乡村、资金进乡村,"两回"是指青年回农村、乡贤回农村。

29."两优一高":营商环境最优、便民服务最优、机关效能最高。

30."10+N":"10"是指营商环境便利化的主要指标,按照企业全生命周期分为企业开办、办理建筑许可、用电报装、用水报装、用气报装、不动产登记、获得信贷、纳税、跨境贸易、企业注销。"N"是指若干个无法很好量化的支撑性指标，具体有惠企政策、执行合同、知识产权保护、办理破产等，是一组动态开放的指标。

31."**两留一引**"：兰溪人留兰溪、新兰溪人留兰溪过年、春节期间外出招引。

32."**1+8+X**" **大救助体系**："1"指浙江省大救助信息系统"浙里救"；"8"即低保、特困、救灾、医疗、教育、住房、就业、临时救助；"X"指多元社会力量参与。

33."**兰花钉**"：兰溪市人民政府与钉钉（中国）信息技术有限公司战略合作，依托阿里巴巴钉钉数字化技术开发搭建的覆盖"市级—乡镇（街道）—村（社区）—网格（小组）—户"五级组织的在线平台。

兰溪市妈咪暖心小屋

表1

序号	单位名称	详细地址
1	兰溪二中	兰溪市云山路大寺前
2	兰溪三中	兰溪市云山街道莲花路
3	兰溪四中	兰溪市衢江路
4	兰溪五中	兰溪市兰花路
5	兰江小学	兰溪市大阙路
6	实验中学	兰溪市铁南路
7	振兴小学	兰溪市丹华路
8	邮政储蓄银行	
9	浙江云山纺织印染有限公司	兰溪市工人路
10	兰溪市妇幼保健计划生育服务中心	兰溪市三江路139号
11	中国农业银行股份有限公司兰溪市支行	兰溪市丹溪大道17号
12	兰溪市总工会	兰溪市兰花路723号
13	浙江长风汽车运输有限公司	兰溪市丹溪大道118号
14	兰溪市第一中学	兰溪市兰花路2号
15	兰合行营业部	兰溪市丹溪大道18号
16	兰合行丹溪分理处	兰溪市丹溪大道5号
17	兰合行兰江支行	兰溪市丹溪大道488号
18	兰合行永昌支行	兰溪市永昌街道镇北路1号
19	浙江省兰溪市聚仁教育集团聚仁学校	兰溪市丹华路69号
20	兰溪市人民医院	兰溪市西山路1359号
21	兰溪市兰江街道社区卫生服务中心	兰溪市兰江街道通州路5号
22	兰溪市云山街道社区卫生服务中心	兰溪市云山街道清河路1386号
23	兰溪市永昌街道社区卫生服务中心	兰溪市永昌街道永杨路9号
24	兰溪市黄店镇中心卫生院	兰溪市黄店镇黄店村
25	兰溪市香溪镇中心卫生院	兰溪市香溪镇环镇路17号
26	兰溪市游埠镇中心卫生院	兰溪市游埠镇坟头背37号
27	兰溪市梅江镇中心卫生院	兰溪市梅江镇墩头村中兴路83号

续表

序号	单位名称	详细地址
28	兰溪市行政服务中心	兰溪市西山路 100 号
29	浙江威臣纺织有限公司	兰溪经济开发区登胜路 283 号
30	中国建行银行股份有限公司兰溪市支行	兰溪市丹溪大道 25 号
31	兰溪市行知小学	兰溪市扬子江路
32	兰溪市女埠中心小学	兰溪市女埠街道上街村
33	兰溪市永昌初级中学	兰溪市永昌街道学府路 1 号
34	兰溪市永昌中心小学	兰溪市永昌街道永杨路 50 号
35	黄店中心小学	兰溪市黄店镇黄店村
36	中国电信兰溪分公司	兰溪市丹溪大道 37 号
37	兰溪市人民法院	兰溪市横山路 60 号
38	中国人民银行兰溪市支行	兰溪市丹溪大道 19 号
39	兰溪市如海超市有限公司	兰溪市通游路 9 号
40	诸葛镇人民政府	兰溪市诸葛镇伏龙路 1 号
41	兰溪市中医院	兰溪市兰荫路 108 号
42	游埠镇人民政府	兰溪市游埠镇人民政府大街里 46 号
43	女埠街道社区卫生服务中心	兰溪市女埠街道上街
44	中国农业银行股份有限公司兰溪市支行梅江支行	兰溪市梅江镇曹聚仁路 59 号
45	诸葛旅游公司	兰溪市诸葛村武侯路 366 号游客接待中心一楼（售票处隔壁）
46	兰溪市云山街道办事处	兰溪市云山街道拥军路 6 号
47	中国邮政储蓄银行兰溪市城东支行	兰溪市延安路 23 号
48	中国邮政储蓄银行兰溪市横溪支行	兰溪市横溪镇国庆路兰浦路 122 号
49	兰溪市综合行政执法局	兰溪市横山路 1 号
50	兰花社区	兰花社区居家养老服务中心
51	灵洞乡人民政府母婴室	兰溪市灵洞乡方下店 1 号乡村影院
52	兰溪市教工幼儿园	兰溪市大寺前 78 号
53	兰溪市张坑中心小学	兰溪市上华街道瓦灶头村 98 号
54	兰溪市青湖社区	兰溪市兰江街道圣罗邨 11 号
55	今朝商厦	兰溪市劳动路 74 号 3 楼童装区

续 表

序号	单位名称	详细地址
56	中洲公园管理处	兰溪市中洲公司中洲乐园正门东侧
57	兰溪市嘉泰商贸行有限公司	兰溪市兰江街道丹溪大道157号二楼
58	杭州联华华商集团有限公司兰溪人民路世纪联华连锁店	兰溪市人民北路131号门店招商区域
59	兰溪市兰湖旅游度假区	兰溪市上华街道皂洞口村88号游客中心（末端）
60	兰溪市兰湖旅游度假区	兰溪市上华街道皂洞口村88号游客中心（入口）
61	永昌街道办事处	兰溪市永昌街道镇前路8号永昌街道办事处内部
62	兰溪市诸葛镇卫生院	兰溪市诸葛镇高隆路5号公卫楼二楼儿保科隔壁
63	兰溪市人民医院医共体水亭院区	兰溪市水亭畲族乡水亭街259号
64	兰溪市延安路小学	兰溪市庙前街18号 学校向善楼后面辅房
65	兰溪市中医院医共体上华院区	兰溪市上华街道横山下杨村，公卫楼一楼大厅
66	兰溪市人民医院	兰溪市西山路1359号，门诊大楼二楼
67	国网兰溪市供电公司	兰溪市兰花路805号，公司副楼职工文体中心

索 引

主题索引

A

爱心捐赠"复学包"助力特殊学子复学…… 170
安全生产宣传教育…… 206
安全执法处罚…… 206

B

白露山风景名胜区…… 261
百岁老人…… 203
百岁老人…… 387
"百县千碗 味道兰溪"品牌凸显…… 264
柏社乡通过省级美丽城镇创建…… 427
柏社乡通过省级森林城镇创建…… 428
柏社乡通过浙江省3A级景区乡镇创建…… 428
办成本土国标网络案1起…… 252
办会…… 144
办事…… 144
办文…… 144
办文工作…… 92
褒扬纪念工作…… 205
宝龙广场项目开工…… 391
保护优良种质资源…… 217
保密工作…… 93
保障春耕备耕应急农资供应…… 251

保障民生事业…… 268
备战防汛抗洪前线…… 326
备战省运会…… 372
被评为金华市"乐水小镇"…… 395
编写《红色足迹兰溪市红色教育基地概览》…… 112
便民服务…… 197
"标准工地"建好就验好机制…… 311
标准化创建…… 233
殡葬改革更深入…… 201
病虫害统防统治与绿色防控…… 214
病毒筛查…… 45
不动产登记…… 317
不断提升产业融合能力…… 219

C

蔡韵平中国花鸟画展…… 175
参加第19届金华工科会…… 347
参加浙江省首届资源教师基本功大赛…… 354
参政议政…… 157
参政议政…… 160
残疾人电商培训…… 178
残疾人基本服务状况…… 178
残疾人家庭收入状况监测…… 177
仓储设施提升改造…… 251
产业创新服务综合体…… 345
产业工人队伍改革…… 163

产业合作再深化	293	山专场活动	175
产业投资	237	城市能级	136
车检"一件事"集成改革推进	334	城市能级不断跃升	87
撤村并居、社区合并顺利完成	393	城投合力公司第一次试生产成功	327
成功创建"金华市无违建乡镇"	421	城乡规划	317
成功创建农业农村部金融支农创新试点	252	城乡建设提挡加速	287
成功创建省级首批"枫桥式"司法所	192	城乡排水一体化合作项目	313
成功申报国家级农业产业强镇建设	220	乘高铁专列做客人文兰溪	265
成功申报国家外贸转型升级基地	257	持续开展惠民服务	159
成功申建汽车尾气排放治理维护站M站	333	持续提升"获得电力"水平	240
成立金华首个乡厨协会	304	持续优化营商环境	188
成立兰溪"小候鸟"驿站	104	筹备兰溪发展大会	161
成立兰溪市美食协会	249	出台扶持办法	263
成立兰溪市特殊儿童教育康复专家委员会	354	出台全省首个市场监管领域减轻处罚幅度清单	300
成立兰溪市乡贤人才基金	103	传统村落保护利用	310
成立冷链食品物防专班	304	创建"枫桥式公安派出所"	184
成立梅江烧和杨梅酒行业协会	306	创建"红色示范所队"	184
成立全省首个省农担公司办事处	252	创建"两所一庭一室"矛盾纠纷联调机制	191
成立全省首个质量提升党建联盟	307	创建"两员融合"机制	191
成立社区矫正心理健康互助员队伍	191	创建省级产业农合联1家	251
成立市社区矫正委员会及办公室	191	创建院士专家工作站2家	348
成立首家干部心理素质提升中心	109	创兰溪首家"庭所一体"的镇级矛调中心	418
成立首批文旅轻骑兵	366	创立"红色跑团"党建品牌	428
成立异地和村级乡贤会	102	创立"巡回调解"机制	120
成立浙江省棉纺织产业质量基础"一站式"服务平台	308	创新"线上+线下"招商模式	256
成立知联智库	102	创新"协调会兜底"机制	120
成立宗教界义务消防队	106	创新社会治理	181
成立总部经济商圈联盟	244	创新推出"巡回调解"机制	395
成人"双证制"学历教育	355	创新执法监督衔接机制	195
成人高等学历教育	355	村级组织换届档案工作	117
成人高校专科招生考试	359	村级组织换届顺利开展	201
承办金华第四季度矛盾纠纷排查分析研判会	411	村级组织换届选举	408
承办全省农机事故应急处置演练现场会	219	村社团组织换届	167
承办首届"海峡两岸影像文化周"兰溪郎静山专场活动		村社组织换届	397

村务协商"四步法"获市领导批示	410

D

搭建"干部作风建设指数测评"体系	96
搭建公益助农平台	168
打击防范	182
打击经济犯罪	182
打响兰溪公益统一品牌——"兴兰公益"	202
打赢扫黑除恶收官战	186
打赢疫情防控战	349
打造"奔跑的工商联"	160
打造"三大实践基地"	121
打造"网上矛调中心"	120
打造"网上矛调中心"	375
打造"研学兰溪"品牌	265
打造4条城市"网红示范路"	323
打造5G行业应用标杆	342
打造民族乡村两条经济带	104
打造农业创新平台	347
打造全市重点项目库	256
打造双千兆网络	342
打造思政教育新模式	374
打造预防式网络维护体系	342
大肠癌、肺癌、白内障筛查顺利推进	391
大力发展农产品电商	258
大气污染防治	319
代理金融	340
丹曾人文（兰溪）学校挂牌成立	375
档案管理工作	93
档案信息化建设	116
党风廉政筑牢藩篱	400
党建+"深耕式"教研	357
党建联盟促发展	258
党史馆被命名为首批"金华市关心下一代教育基地"	112
党校迁建工程开工	110
道路交通安全大会战	183
等级民宿创建	265
堤防管护	233
地理位置	73
地形地貌	73
第26届青少年科技节	167
第八届人才科技月活动	346
第八十八次常务会议	140
第八十次常务会议	139
第八十二次常务会议	139
第八十九次常务会议	140
第八十六次常务会议	139
第八十七次常务会议	139
第八十三次常务会议	139
第八十四次常务会议	139
第八十五次常务会议	139
第八十一次常务会议	139
第二家芥子书屋完成建设	371
第二届中国李渔戏剧汇	398
第二十次常委会议	150
第二十二次常委会议	150
第二十六次常委会议	150
第二十三次常委会议	150
第二十四次常委会议	150
第二十五次常委会议	150
第二十一次常委会议	150
第二十一届中国专利优秀奖	302
第九十八次常务会议	140
第九十次常务会议	140
第九十二次常务会议	140
第九十六次常务会议	140
第九十七次常务会议	140
第九十三次常务会议	140

词条	页码
第九十四次常务会议	140
第九十五次常务会议	140
第九十一次常务会议	140
第六次文代会召开	174
第六十八次常务会议	138
第六十九次常务会议	138
第六十七次常务会议	137
第七次全国人口普查取得阶段性成果	297
第七届兰溪"兴舞台"	366
第七十八次常务会议	139
第七十次常务会议	138
第七十二次常务会议	138
第七十九次常务会议	139
第七十六次常务会议	138
第七十七次常务会议	138
第七十三次常务会议	138
第七十四次常务会议	138
第七十五次常务会议	138
第七十一次常务会议	138
第十四届浙江省中小企业峰会	364
第四届兰溪市道德模范暨第三届优秀志愿服务先进典型颁奖晚会	100
第四十八次主席（扩大）会议	149
第四十次主席（扩大）会议	148
第四十二次主席（扩大）会议	148
第四十九次主席（扩大）会议	149
第四十六次主席（扩大）会议	149
第四十七次主席（扩大）会议	149
第四十三次主席（扩大）会议	148
第四十四次主席（扩大）会议	148
第四十五次主席（扩大）会议	148
第四十一次主席（扩大）会议	148
第五十次主席（扩大）会议	149
第五十二次主席（扩大）会议	150
第五十三次主席（扩大）会议	150
第五十四次主席（扩大）会议	150
第五十一次主席（扩大）会议	149
电力行业	239
电子保函保证金	146
定居台胞去世	119
东西部扶贫工作	258
动产抵押、专利质押助企融资35亿元	301
都市区西部联网供水工程	230
督查"稳企赋能双月攻坚"工作	273
督查考核工作	93
督促抓好农综开发产业化项目	219
督导检查	47
督学工作	361
督政工作	361
对接企业股改上市工作	272
对台工作会议	119
多元帮扶创亮点	293

F

词条	页码
发放文旅消费券	264
发挥产业扶贫带动效应	212
发挥兰溪纺织产业学会企业联合体作用	348
发挥应急武装作用	195
发现史前文化遗址	368
发现浙江省第二例北宋晚期夫妻合葬壁画墓	368
发展信息化村	377
法律援助	123
返家乡社会实践	165
范冬岩一行到兰督导脱贫攻坚工作	213
"范浚讲师团"成立	414
防控风险维护金融安全	275
防控疫情支持复工复产	274
防汛防旱	207

条目	页码
防汛机动抢险队集训	230
防汛机动抢险与物资储备中心项目	231
防汛实战化演练	230
防疫复工	339
防疫抗疫	161
防御部署	230
防灾减灾体系建设	225
纺织行业	239
风雅兰江景区通过国家4A级旅游景区景观质量评价	41
凤凰化工重组成功签约	243
服务"众企业"稳定发展	240
服务保障全市首届发展大会	375
服务保障体系建设	204
服务军人军属	196
服务民营经济	161
服务企业	282
服务企业发展	186
服务社会	283
服务实体经济	283
服务实体深化普惠金融	275
服务乡村振兴	279
服务小微企业	283
服务业强县试点	247
服务业新业态蓬勃发展	247
服务业政策扶持力度加大	247
服务疫情防控大局	187
服务中心工作	151
服务重点项目	284
妇幼保健	383
赴义乌市、东阳市考察美丽乡村建设工作	211
复工复产	165
复工复产复学	48
复工复产和稳企赋能	393

G

条目	页码
改革开放攻坚克难	288
干部队伍建设	400
干部作风明显提升	88
港区建设项目进展有序	335
高潮水库（兰湖）被确定为2020年度省级美丽河湖	42
高等教育自学考试	360
高水平参与社会治理	188
高危行业安全监管	206
高效服务	259
高效服务能源节约型社会建设	240
高新区产教融合示范基地上榜浙江省"五个一批"	243
高中招生考试	359
跟着文旅局长云游兰溪	264
工程保函方式替代保证金	314
工商行政管理	298
工资集体协商	164
公房管理数字化	314
公共法律服务自助机实现全覆盖	193
公共卫生服务	382
公路与运输管理中心举行揭牌仪式	329
公益林天然林管理工作	224
公益募捐	167
公证为民	193
公租房申请"一件事"	313
巩固文明创建成果	39
共建社会服务基地成立	159
供水旧管网改造	235
构建"六调联动"工作格局	191
构建惠企政策服务体系	257
孤困儿童保障有力	202

古城保护	311
古井水源普查	234
《关于制定兰溪市国民经济和社会发展第十四个五年规划和二〇三五年远景目标的建议（征求意见稿）》征求意见座谈会	90
馆藏档案数字化加工	117
规范"三师"标准化服务	97
规范行政执法	253
规范民族项目资金	104
规范先进设施栽培技术规程	214
国家森林城市创建	223
国贸集团入股康恩贝	245
国省道开展绿化提升工程	331
海峡两岸影像文化周兰溪郎静山专场活动	404

H

夯实基层武装	195
行业安全生产	266
行业扶持力度加强	248
行业培训及指导	266
行政复议	123
行政复议规范化建设通过省司法厅验收	189
行政复议业务成建制进驻市矛调中心	189
杭州银行金华兰溪支行开业	274
河道管理范围划界	233
"荷你厢约"文旅后备厢市集	264
横溪北综合供能站建设用地竞拍成功	337
洪水	228
厚伦方村方赛花获2020年度全省"金牛奖"	409
"互联网+营销"模式深入推进	253
护航法治化营商环境	193
护航中小企业	257
华融公司工作	377
华统项目一期投产	397

化工行业	239
化解财政风险	269
环境监管与执法	320
黄大仙赤松园	261
黄店镇通过达标城镇考核	411
回报社会	162
汇编牛仔面料标准集	307
会务工作	92
惠民政策	264
惠农共建	339
获得跨境电子商务发展试点补助资金	258
获评"浙江省消除集体经济薄弱村工作成绩突出集体"	420
获评金华全市首批基层清廉建设示范单位	297
获评省乡村振兴示范乡镇	402
获评浙江省文化礼堂示范乡镇（街道）	402
获评浙江省县乡法治政府建设"最佳实践"项目	195
获取互联网新闻信息服务许可证	374

J

机关事业单位工资制度改革	199
机关事业养老保险制度改革	199
机械行业	239
积极应对中美贸易摩擦	257
基本建设	386
基础设施建设	342
激活市民卡金融功能	283
疾病防控	384
技术创新	237
技术难题"揭榜挂帅"	346
继续开展农业"标准地"改革工作	221
寄递业务	340
加大重点领域机构编制保障力度	118

条目	页码
加快市区域性洗消中心建设	217
加快推进高标准农田建设	218
加强行业性、专业性人民调解委员会建设	192
加强金华山兰溪分区宣传力度	267
加强农业市场监管	221
加强思想政治建设	151
加强文旅项目招商	263
加强制度建设	280
加强宗教领域法治化建设	106
嘉宝化工完成资产重组	273
价格认证情况	293
检察服务	123
检验检疫	259
建成10家示范型儿童之家	172
建成6处城区"口袋公园"	323
建成基层动物卫生监督规范化所站2个	221
建机制夯实党建+社会治理基础	422
建金高速兰溪北互通连接线建成通车	333
建金高速通车	330
建立"健康代跑"机制	121
建立"税银e站"	271
建立"思""心"共参机制	121
建立"巡回调解"	191
建立8890"红十字便民服务驿站"	179
建立多方合作体系	218
建立监督检查"事前事中事后"评估体系	118
建立亲清政商关系驿站	102
建立人大代表任务认领机制	122
建立未成年人关爱工作机制	120
建立未成年人关爱联合工作机制	114
建立志愿者劝调机制	122
建设"兰溪文旅"宣传小矩阵	265
建设送药上山进岛便民服务点4家	303
建设星级"残疾人之家"	178
建议办理	130
建筑业资质承诺制审批制	314
践行企业责任	284
践行乡村振兴战略	277
降低企业融资成本	283
降水	226
降雨量	228
"交地即开工"项目联审	291
交旅融合发展	267
交通管理	183
交投人力资源公司注册成立	337
教学调研视导	357
阶段性降低水电气价格	292
"接轨长三角 融入大上海"——兰溪发展恳谈会	91
节能保供工作	291
节水型社会建设	234
节约集约用地	316
芥子园学堂成效显著	175
金华市"揭榜挂帅"全球引才发布会	363
金华市民生实事	146
金华市食品安全民生实事现场会	304
金华市研学实践教育基地创建	265
金华首家银保调委调解工作室落户兰溪	122
金华首批新建综合功能服务站投入运营	337
金华首艘航道综合养护艇在兰投入使用	335
金华引水工程完工并涌水	42
金建高铁建设动员会暨兰溪枢纽工程开工仪式	90
金建铁路开工	290
金兰创新城路网工程开工仪式	325
金融产品创新	282
金融支持实体经济	281
金融知识进万家	282
金融知识宣传及普及	281
金融智慧化	278

条目	页码
金融助力保工复产渡难关	277
金义都市区共建	125
"进校园"定制公交开通	334
经济发展	135
经济活力持续增强	86
经济开发区举行三季度项目签约仪式	243
经济责任审计	294
经营亮点	343
景区品牌创建	263
警报设施管理	207
酒店管理及培育	266
就业创业工作	204
就业援助	198
举办"赋能兰溪高质量发展"院士专家兰溪行活动	349
举办"公筷公勺 文明大家"系列主题活动	168
举办"海岳外史——米芾书法拓片迎春展"活动	370
举办"金华市乡村产业技术首席兰溪行"活动	349
举办"庆祝全国第十二个全民健身日系列活动"暨兰溪市机关运动会	372
举办"圣贤之道——阳明的故事"展览活动	370
举办2020年度中青年干部培训班	109
举办残疾人种植业培训班	177
举办大阜张首届K歌美食节	391
举办第九届郁金香花灯展	324
举办公务员普通话测试	358
举办瓜果蔬菜观摩会	216
举办来料加工经纪人及创业女性网络直播培训班	171
举办兰溪枇杷标准化生产技术培训班	219
举办兰溪市首届农播大赛	219
举办兰溪市首届越野驾驶运动会	397
举办了第21届中国兰溪黄大仙文化节暨黄大仙宫建宫25周年活动	106
举办两期统计系统干部综合素质提高班	296
举办媒体融合工作提升研讨会	376
举办美食节	249
举办名点名小吃制作技艺培训班	349
举办名家签售活动	377
举办全国中医药文化进校园现场会暨兰溪第四届张山雷中医药文化节	100
举办全市基层优秀妇联负责人培训班	172
举办省级学会学术论坛	348
举办省市县金控联动合作示范县签约仪式	273
举办首届"妈妈的味道"民间面食巧女秀活动	170
举办首届海峡两岸影像文化周兰溪郎静山专场活动	119
举办首届梅江烧·杨梅酒开坛节	419
举办首届母婴护理技能大比武	172
举办首届童诗中国（兰溪）论坛	100
举办汶川·兰溪巾帼主播带货培训班	171
举办杨梅竞销大赛	428
举办杨梅质量安全培训班	219
举办云游畲乡"三月三"畲乡风情节活动	105
举办中国古村落保护与发展论坛	101
举办中国古村落保护与发展论坛活动	368
举行成立兰溪市城投绿城物业服务有限公司签约仪式	325
举行交通大会战誓师大会	329
举行宪法宣誓仪式	296
举行新时代"乡风革命"现场会	99
聚焦民生践行公益	278
聚能矿业公司获2019年度4项市级荣誉	325
聚仁村乡村振兴项目一期开园	418
"卷入式"教研	357

K

开办"金农好好"兰溪旗舰店 252
开办保险试点工作 217
开发区2家企业入选浙商全国500强 243
开发区3个项目入选省重大产业项目 244
开发区6家企业上榜2019年度中国棉纺织行业竞争力百强 242
开发区6家企业上榜棉纺织主营业务收入百强 245
开发区化工园区认定 243
开发区举办百企联盟"闪购"直播活动 244
开发区整合提升 292
开发区整合提升方案获批 243
开启智能办案新模式 188
开设"兰溪藏宝"栏目 370
开设空中课堂 377
开展"残疾人节日"宣传活动 178
开展"法援惠民生 扶贫奔小康"专项法律服务行动 193
开展"法援惠民生 助力农民工"专项法律服务行动 194
开展"芥子园解说竞赛"活动 173
开展"三学三比"活动 102
开展"四访四助"专项行动 177
开展"推普"调研 358
开展"推普周"活动 358
开展"一县一品一策"标准化示范创建工作 212
开展"浙政钉"2.0迁移工作 145
开展"走看促"活动 107
开展城市公厕服务大提升行动 325
开展城乡社区示范创建工作 202
开展初级水产品质量安全监管工作 222
开展传统文化和文明礼仪教育活动 113
开展创建宣传工作 39
开展低收入农户就业创业和技能培训 213
开展第30个"全国助残日"活动 177
开展第九届"完美童年·春泥计划"公益行动和"真善美大实践"活动 114
开展防疫物资专项行动 303
开展关心下一代暖冬行动 113
开展红十字博爱行动 179
开展户外广告专项整治 322
开展婚姻登记工作 202
开展交叉督查推动统战工作"全年红" 102
开展兰溪杨梅和枇杷全程可追溯试点工作 211
开展律师行业"扬帆行动" 193
开展民族工作者专题培训 105
开展民族团结进步宣传月系列活动 105
开展农产品质量安全专项整治"利剑"行动 211
开展农药废弃包装物回收与处置工作 221
开展贫困学生帮困助学活动 113
开展侨爱系列公益活动 103
开展青少年普法教育活动 113
开展人口普查质量检查 297
开展商贸入统工作 248
开展生猪养殖场健康管理码赋码工作 217
开展省文化礼堂运动会预选赛、参加片区文化礼堂运动会分站赛和总决赛 372
开展暑期读书活动 377
开展数据质量自查自纠专项行动 296
开展特色活动 367
开展统计"三服务"活动 297
开展统计法治知识竞赛活动 296
开展违法建筑整治 43
开展系列评残活动 177
开展下乡服务及培训 218
开展线上"三八"节系列主题活动 168
开展相关行业成本监审（调查）工作 293

开展消费扶贫……………………………	276
开展新时代爱国主义教育活动……………	112
开展寻找 2020 年度兰溪市"最美家庭"	
活动……………………………………	168
开展夜市经济试点工作……………………	249
开展渔业技术培训…………………………	222
开展渔业资源增殖放流活动………………	222
开展语言文字规范化示范校创建活动……	358
开展阅读推广………………………………	371
开展浙江省"五园"创建…………………	214
开展支社调整工作…………………………	159
开展执法司法规范化水平提升年活动……	189
开展重点品牌和定制品牌培育……………	253
开展助残日、困境儿童慰问活动…………	113
开展住家船整治工作………………………	222
开展宗教领域建筑安全大排查……………	106
康恩贝获 2019 年度省科学进步二等奖 …	241
康恩贝入选 2019 年中国医药工业百强榜单	241
康恩贝入选中国最具影响力医药企业百强…	242
抗击疫情……………………………………	165
抗击疫情……………………………………	388
抗疫专题……………………………………	366
科技创新……………………………………	245
科技特派员…………………………………	347
科技助企战"疫"…………………………	344
科普窗（栏）村村全覆盖…………………	349
可视化指挥调度系统建设…………………	207
"快乐儿童节"系列活动 …………………	167
快速推进配网智能化进程…………………	240
矿产资源……………………………………	75
矿政管理……………………………………	316
困难职工帮扶………………………………	164
扩大走访交流………………………………	152

L

兰湖旅游度假区……………………………	262
兰花钉工作…………………………………	145
兰花社区创建省级无障碍社区……………	178
兰江大桥恢复通车…………………………	326
兰江大桥维修加固工程……………………	312
兰江大桥西桥下道路微循环………………	312
兰江街道发布全新 logo……………………	391
兰江水上游启航……………………………	101
兰江蟹通过全国农产品地理标志专家评审…	222
兰江蟹养殖情况……………………………	222
兰溪城区老客运码头重新起用……………	335
兰溪发展大会………………………………	142
兰溪港铁公水多式联运枢纽列入义甬舟西延	
大通道方案……………………………	291
兰溪高新区揭牌……………………………	243
兰溪行知协同创新中心成立………………	346
"兰溪红"杨梅节 …………………………	142
《兰溪年鉴（2019）》出版发行 …………	111
《兰溪年鉴（2020）》出版发行 …………	111
兰溪枇杷节…………………………………	141
兰溪市"不忘初心、牢记使命"主题教育总	
结大会…………………………………	89
兰溪市"中国农民丰收节"暨万亩良田水稻	
开割仪式启动…………………………	216
兰溪市被命名为"中国传统建筑之乡"…	101
兰溪市产品商品质量检测研究院成立……	307
兰溪市第一个"标准工地"试点项目落户	
横溪……………………………………	421
兰溪市嘉华塑业有限公司项目开工………	243
兰溪市连续第十五年被命名为浙江省"平安	
县（市、区）"………………………	180

464

条目	页码
兰溪市人才特供房专场推介会	326
兰溪市委农村工作会议暨全市乡村振兴大会	89
兰溪市委十四届八次全体（扩大）会议暨市政府第六次全体会议	88
兰溪市委十四届十次全体（扩大）会议暨市政府第七次全体会议	90
兰溪市委十四届十一次全体（扩大）会议暨市政府第八次全体会议	90
《兰溪市乡村振兴产业高质量发展规划（2020—2025年）》发布	220
兰溪市新型冠状病毒感染的肺炎防控工作会议	89
兰溪市召开文物数字化服务平台发布暨使用培训会	369
兰溪市重大项目	290
兰溪首家汽车专业市场落户	391
兰溪特色农产品品牌商标培育	308
兰溪天下江南	261
兰溪调解工作室揭牌	273
兰溪—汶川飞地产业园揭牌	142
兰溪杨梅苗捐赠	215
兰溪与略阳两地媒体建立协作共建机制	376
兰溪长芯光电科技年产48兆瓦半导体激光器芯片项目开工	245
兰溪至杭州便民直达班线开通	334
兰溪至建德水上诗路复航工作获省长肯定	329
兰溪制造业高质量发展大会	141
劳动竞赛	164
劳动维权维稳工作	199
劳动维权长效机制建设	199
劳动仲裁	122
劳模精神	164
老干部活动中心工作	108
老横山大桥主桥拆除完毕	331
老龄工作	387
老年大学工作	107
老年体协会成功换届	373
离退休干部党建工作	106
"李渔家宴"列入省"诗画浙江·百县千碗"工程成果展示项目	398
李渔戏剧小镇开园	397
李渔戏剧研究院成立	367
连续第7年获优秀	42
联合接访	123
联合接访中心入驻"信访超市"运行良好	115
联合下发低收入农户结对帮扶工作文件	213
粮功区非粮化整治	212
粮食安全质量监管	251
粮食绿色高产高效创建	214
粮食收储	250
粮油购销贷款	279
两所职业学校动工	353
列入金华市重点建设项目45个	290
列入省"4+1"重大项目5个	290
列入省级乡村振兴产业发展示范县建设	221
列入省集中开工项目10个	290
列入省重点建设项目8个	289
林木采伐管理	224
林业产业示范项目建设	223
林业科技发展	223
林业展会参展	224
灵洞乡退役军人服务站获批示	196
零售药店疫情防控管理	302
"流动少年宫"系列活动	167
流浪人员救助多元化	201
六洞山风景区	260
录制朗诵诗《范院坞的早晨》	156
落实帮扶任务	161
落实财政奖补政策	344
落实减费让利	281

条目	页码
落实进口冷链食品"全受控、无遗漏"闭环管理	306
落实税收优惠政策	271
落实为民实事	188
落实再贷款和两项直达实体货币政策	275
落细落实疫情防控各项任务	248
旅游资源	75
履行管理职责	318
履行经理国库职能	276

M

条目	页码
妈咪暖心小屋建设	164
马达溪排涝站投入使用	395
马涧污水处理厂提标改造工程	313
马涧小学获评全国诗教校园	416
马坞杨梅环线路面拓宽白改黑工程提前完工	332
梅江污水处理厂提标改造工程	313
美丽城镇建设	314
美丽河湖创建	234
"美美+家"新模式	157
"魅力金秋 乡约兰溪"文化旅游节活动	264
民法典宣传落地见效	194
民工返岗包车开通	334
"民建会员献爱心"活动	157
"民盟助力乡村振兴实践基地"揭牌	156
民盟助力乡村振兴实践基地揭牌	405
民商诉讼	122
民生福祉不断优化	288
民生事业	137
民生事业长足改善	88
"民主法治村（社区）"创建率达新高	194
民族	77
民族特色文化提升工程有序推进	105
民族团结进步创建工作	105
名优特产	75
谋划省市县长项目工程6个	289

N

条目	页码
年产100万吨碎石及制砂项目投产	337
凝聚文联力量同心抗疫	173
农村承包地确权登记颁证工作	212
农村科普示范基地建设	349
农村融资产品	280
农村饮水安全提升工程	232
"农信杯"第三届浙江省大学生乡村振兴创意大赛	411
农信担保金额较上年增长196.49%	252
农业扶贫补短板	293
农业水价综合改革	232
女埠锚地工程建设完成	335
女埠水上服务区服务提升	336

P

条目	页码
排查监测	44
排涝防汛	312
排涝站管理	233
"盘毂动力"新能源公交车更新	334
盘活闲置空间	211
培训宣导	47
培育创新主体	345
配合筹办兰溪发展大会	102
配强"853"招商队伍	255
平安建设"百日攻坚"专项行动	181
评估监测工作	361
普遍服务	339
普通高等学校招生	359

普通国省道桥梁隧道维修加固……………… 331

Q

"七一"大党课线上直播…………………… 410
企业服务………………………………………… 238
企业复工复产工作会商会……………………… 89
企业家再次入选"科技婺商"………………… 344
企业质量管理工作……………………………… 307
启动"151 恒享学"干部学习成长提升计划… 421
启动"守护童年 完美假期"平安我家实践
　　活动……………………………………… 171
启动"守护童心 相伴悦读"阳光书角公益
　　项目……………………………………… 171
启动"溪心成长"行动………………………… 97
启动全国文明城市创建………………………… 39
启动全民志愿日………………………………… 99
启动长风、顺达两个"清廉国企"示范点
　　建设……………………………………… 337
气候评价………………………………………… 225
气候特征………………………………………… 74
气温……………………………………………… 226
气象现代化建设………………………………… 225
"千村整治，万人志愿"八有八无全域提升
　　活动现场会……………………………… 413
牵头开展发展大会环境整治…………………… 321
签订中草药产业发展合作协议………………… 425
钱塘江堤防加固工程（二期）………………… 231
钱塘江干堤加固工程（一、二、三期）……… 231
钱塘江农防加固工程（一、二期）…………… 231
钱塘坞水厂扩建工程…………………………… 235
强对流…………………………………………… 226
强化村庄业态运营……………………………… 211
强化纪审融合监督……………………………… 295
强化市场主体金融支持………………………… 276

强化线上业务…………………………………… 377
强化正面典型引领……………………………… 189
青兰之约………………………………………… 166
青年人才联谊活动……………………………… 165
青少年科技创新类竞赛………………………… 349
"青腾"社团成立……………………………… 166
清廉红色公交专线开通………………………… 334
清廉民企建设…………………………………… 161
庆祝农工党 90 周年诞辰系列活动…………… 158
取得金华首张医用防护服生产许可证………… 300
全国民族乡村振兴试点评审工作……………… 426
全力保障城乡供水……………………………… 234
全力推进网络协商议政………………………… 151
全面落实司法责任制…………………………… 189
全面推动信访积案化解………………………… 115
全面推行民情民访代办………………………… 115
全民抗疫………………………………………… 48
全球人居环境村落范例………………………… 310
全省"县县通高速"集中通车暨"十四五"综
　　合交通重大项目开工仪式金华分会场活动… 92
全省风景摄影大展在兰溪展出………………… 175
全省青年骨干研修班在游埠举行……………… 174
全域试行垃圾分类"两定四分"……………… 403
全域土地整治项目持续推进…………………… 337
全域土地综合整治与生态修复工程…………… 316
全域土地综合整治与生态修复工程…………… 413
确保社会经济发展用电无忧…………………… 241

R

人才档案管理…………………………………… 199
人才教育助发展………………………………… 293
人才招引………………………………………… 198
人口……………………………………………… 77
"人民币汇率走势分析报告会"召开………… 273

人民防空	207
人民研学网首届研学旅行创新与发展峰会在诸葛村召开	409
容缺承诺办理施工许可	314
入围国家级农业产业强镇建设名单	416
入选金华消费品牌50强4个	301

S

"三江"防洪安全综合提升工程	231
"三六"工作法推进村务协商委员会工作	410
"三月三"畲族风情节开幕	425
扫黑除恶专项斗争	180
森林提质增彩	223
森林资源	75
山洪灾害防治项目（三期）	231
山脉水系	73
山塘综合整治	230
商会党建	160
上华至婺城琅琊公路工程兰溪段项目开工建设	332
上园路北延工程	312
上园路北延工程提前90天建成通车	326
少体校改革	372
设立人才工作站、招商工作站	160
设立浙江省网络空间安全实训基地	363
社工队伍和慈善事业更有规模	202
社会力量办体育成果显现	373
社会信用体系建设	292
社区（农村）卫生	381
深耕普惠助企发展	278
深化"八有八无"创建	321
深化"青兰之约"品牌	97
深化"一户一策一干部"结对帮扶工作	212
深化城乡生活垃圾分类	324
深化公安信访"最多跑一地"	185
深化规范养犬管理工作	322
深化跨区域联合治水	42
深化落实改革工作	318
深化美丽家庭创建工作	173
深化人行道乱停车治理	322
深化拓展委员履职平台	152
深化汶川"童心守护计划"	172
深化项目比拼竞赛	295
深化移动支付便民工程建设	276
深化最多跑一次改革	184
深入开展农产品展示展销	251
审批办证	311
升级"三合一"联调机制	122
《生产设备互联互通标准化试点》获批省级试点	307
生态环保领域改革	321
生态文明建设及宣教工作	320
省办学质量创优评估获优秀	108
省妇儿基金会"守护校园计划"在兰落地	168
省妇联到兰开展"三服务"活动	171
省级"枫桥式"司法所	397
省级旅游风情小镇创建	405
省级美丽宜居示范村建设	310
省农科院兰溪技术转移中心	345
省台办主任庄跃成到兰调研	119
省政协副主席陈铁雄到水亭畲族乡调研	425
"诗画中国行"采风团走进芥子园	175
施工图自审承诺备案制	314
"十四五"规划编制工作	289
实施"日事日清"工作机制	98
实施产业技术项目	214
实施粮食生产功能区提标改造	218
实施社区工作者队伍建设提升行动	202
实施书画精英骨干培育计划	176

条目	页码
实施项目精细管理	208
实施新开办企业首套公章免费刻制	301
实现"两个全覆盖"	354
实现兰江街道社区侨留联分会全覆盖	103
实现兰溪省级农业科技园区零的突破	416
实现学会党建全覆盖	349
食安办星级分类管理建设	303
食品药品监督管理	302
食用林产品监管	223
示范基地创建	222
市病死动物无害化处理厂完成与省数字畜牧应用平台数字化对接	217
市场主体"增量提质"百日攻坚	300
市领导陈峰齐到赤溪街道调研扶贫工作	213
市领导王新峰带领相关部门负责人调研扶贫工作	213
市名由来	76
市内商会建设	160
市人大常委会第二十八次会议	128
市人大常委会第二十九次会议	128
市人大常委会第二十六次会议	127
市人大常委会第二十七次会议	127
市人大常委会第二十五次会议	127
市人大常委会第三十次会议	128
市人大常委会第三十二次会议	129
市人大常委会第三十三次会议	129
市人大常委会第三十一次会议	129
市人大代表视察农产品质量安全工作	211
市十六届人大四次会议	126
市委常委（扩大）会议专题研究扶贫工作	213
市委常委会传达学习省侨联十代会精神	103
市委书记陈峰齐调研扶贫工作	213
市政协十四届四次会议	147
事业、国有企业及编外用工管理工作	199
事业单位人员招录工作	199
试点推行村务"法治委员"	192
视察2020年民生实事项目进展情况	132
视察纺织产业数字化智能化改造工作情况	130
视察金兰创新城项目建设情况	131
视察矛盾纠纷调处化解"最多跑一地"工作情况	131
视察美丽乡村建设情况	131
视察农产品质量安全监管工作情况	130
视察政府重大投资项目建设情况	131
首创"两所一庭一室"矛盾联调机制	397
首创"证明开具一件事"	146
首次实行"数字乡村诚信积分体系"	416
首届海峡两岸影像文化周兰溪郎静山专场活动	101
首届海峡两岸影像文化周兰溪郎静山专场活动	91
首届海峡两岸影像文化周兰溪郎静山专场活动	143
首届兰溪发展大会	91
首届童诗中国（兰溪）论坛	143
首届童诗中国（兰溪）论坛	91
首推"无证明城市"改革向企业和域外延伸	194
梳理兰溪自有招商资源	255
曙光学校迁址	354
数字档案馆（室）创建	116
数字化改造	238
数字兰溪运维	317
率先实行村两委干部"三定四诺"制度	416
双节"怀旧"之旅主题活动	405
"双零"改革试点	166
双随机检查工作	224
水产养殖转型初见成效	399
水电气网通办	146
水库安全鉴定	233

条目	页码
水库山塘运行管理	233
水利工程"三化"改革	233
水泥行业	239
水上交通应急指挥艇浙海巡0518投入使用	335
水亭畲族乡、诸葛镇被评为"四好农村路"示范乡镇	331
水文"5+1"项目	232
水污染防治	320
水域管控	234
水源保护	234
水资源	74
税种管理	270
司法调解	122
思想政治建设	195
"四好农村路"三年行动计划收官	331

T

条目	页码
台胞到兰参访交流	119
台风	226
台风情况	229
探索"五老+社团+志愿者"工作新模式	114
探索施行专职副书记管理办法	97
桃花坞社区被纳入省级未来社区试点	292
淘汰落后产能	238
特色小镇培育	292
提取住房公积金57002.78万元	318
提升"强电网"供电保障	240
提升服务水平	319
提升公共服务质量	323
提升管理效能	269
体育馆改造工程	373
天气	225
停课不停学	357
统筹抓城镇污水处理和疫情防控	41
统计执法检查实现专业全覆盖	297
投身抗击新冠肺炎疫情斗争	152
突破贷款余额80亿元关口	277
土地要素保障	316
土地整治	316
土地执法监察	316
土地资源	74
土壤污染防治及治废工作	320
团结凝聚海外和港澳台同胞	102
推出"精品旅游线路体验游"	264
推出"兰红娘"项目服务青年人才	168
推出"信用付"	271
推出"指间娘舅"	192
推动构建亲清政商关系	160
推行"周六义务劳动日"	414
推行网上办税	271
推进"大众创业、万众创新"	198
推进"两直"补助顺利下发	300
推进"六稳""六保"工作	256
推进"绿色交通"建设	333
推进办事模块进驻"浙里办"平台	145
推进保供替代品转型升级	217
推进陈军美术馆项目建设	174
推进城乡公交一体化建设	333
推进畜牧业"机器换人"示范工作	216
推进大数据共享平台应用	145
推进电商产业园区建设	258
推进法律援助信息化应用	194
推进国土空间规划	317
推进国卫复审工作	39
推进监地帮教衔接	192
推进节能降耗工作	291
推进结对帮扶工作	104
推进兰溪国防教育建设	195
推进旅游富民特色村建设	267

推进消费专班各项工作	248
推进新时代旅游富民讲习所	267
推进住餐业入统	266
拓宽兰溪杨梅市场销售渠道	252

W

外贸经营主体进一步扩大	256
外事工作	93
完成"七五"普法验收	194
完成"银耀兰江·关爱帮扶"活动	114
完成2020年群众安全感调查工作	297
完成村社换届工作	399
完成村社组织换届试点工作	395
完成公款竞争性存放招标工作	325
完成金建高铁灵洞段征迁	423
完成老药厂地块覆绿工程	323
完成全市机关事业单位编外用工指标核定	118
完成全市领导干部五中全会精神集中轮训	109
完成生猪增产保供年度目标任务	217
完成实施诸葛、长乐村民居消防工程	369
完成市政府门户网站迁移	145
完成事业单位清理规范整合任务	117
完成试点乡镇村（社）妇联换届工作	171
完成章郭巷9号等文物保护单位修缮工程初验	369
完成综合行政执法改革	301
"完美童年 春泥计划"	167
完善审计整改机制	295
完善生态环境审判机制	188
完善再生资源回收体系建设	251
完善政策性融资担保体系	274
王家村被认定为浙江省首批职工疗休养基地	411
网络升级改造	377
危旧房治理	310
"为才筑家"特供房盛大开盘	327
维护人民币流通秩序	276
维护社会稳定	180
维护社会稳定	186
"卫爱前进"社会服务品牌	158
卫生改革	380
卫生科教	386
卫生应急	382
卫生执法	383
慰问帮扶工作	197
慰问关爱兰溪援鄂医护人员	170
文化惠民	365
文化设施建设	366
文化阵地建设	164
文旅发展	136
文旅工作考核	263
文旅融合加快发展	87
文史资料收集和成果汇编	100
文艺精品创作	366
文艺志愿者开展系列活动	173
污水处理	312
无它心舍高端民宿落地	414
无信访积案市创建	181
五四定向赛	166
"舞拾吾"畲族文化帮扶项目落地兰溪	105
物流业呈现新业态	248
物资储备	230
物资供应	47

X

西门城墙段城防提升工程	231
先进典型宣传	205
先进典型选树工作	107

词条	页码
"闲情偶寄 诗意兰溪"兰溪市乡村旅游文化节	264
线上普法载体不断丰富	194
乡村金融服务点全面覆盖	278
乡村振兴	136
乡村振兴提质提速	87
乡镇干（支）管提升改造工程	232
香山寺塔等文物修缮工程被评选为优秀案例	369
项目审批总体情况	291
项目资金争取	290
消防队伍建设	197
小水电清理整改	233
小型水库除险加固工程	232
小型水库除险加固竣工验收	233
校企人才合作"新模式"	346
协会完成换届调整	173
协调推进民生项目	39
携手协会开展各项活动	174
心理服务	123
欣动能源项目投产	242
欣旺达锂离子电池项目签约	245
欣旺达锂离子电池项目签约落地	141
欣旺达锂离子电池项目签约仪式	91
新（续）建项目	361
新奥华纺织项目进场施工	423
新冠疫情防控	180
新建39家网络订餐线上阳光厨房	303
新建3个乡镇（街道）分馆	372
新教材培训	357
新旧动能转换升级	287
新设立联勤警务站	393
新天地生态休闲农场	261
新增"品字标浙江制造"企业4家	307
新增2家"五化"市场	301
新增3家放心市场	301
新增列入省重大产业项目4个	289
新增农村家宴放心厨房16个	304
新增省三星级文明规范市场1家	301
"馨兰"娘家人参与社会治理	172
信息报送	47
信息工作	93
信义居平台	315
"信阅"平台全新升级	372
刑事侦查	183
形成"六调对接"机制	122
修订法律援助经费管理使用办法	194
徐跃进中国花鸟画展	175
续建重点排涝站提升改造工程（一期）	231
宣传创业板注册制	286
宣传工作	197
选派327名党员干部担任"第一书记"	97
学考选考	359

Y

词条	页码
严把动物检疫关	222
严格管控新增违建	43
姚家枢纽船闸"一键过闸"服务开通	336
姚家枢纽累计发电突破亿度大关	336
冶金行业	239
业务开拓	281
"一行鸿雁·九三同行"社会服务基地揭牌	159
医保经办服务全省"领跑"	388
医保长三角一体化	389
医保支付进入"扫码"新时代	389
医药行业	239
医政管理	385
移交安置工作	204

词条	页码
以文辅政	144
异地兰溪商会（乡贤会）建设	160
疫情防控	163
疫情防控	309
疫情防控	134
疫情防控	184
疫情防控工作	157
疫情防控工作	105
疫情防控精准有效	86
疫情应对	259
引导线上线下企业交流合作	258
英语等级考试	360
迎新春送万福行动	173
营商环境建设	291
营商环境优化	124
应急保供	250
应急救援演练	207
应急救治	46
拥军优属工作	205
永进路于10月1日通车	326
甬金金属入选2020浙江民营企业200强和企业研发投入100强	242
甬金入选2020浙江省民营企业100强	242
优待抚恤工作	204
优化"一窗受理"流程	120
优化服务提升用户满意度	342
优化业务结构	280
游埠古镇	261
游埠路坝结合工程	231
有序推进政府定价工作	293
预算执行审计	294
援鄂医疗团队	48
源头管控	45
越龙山公交专线开通	333
越龙山国际旅游度假区建设	418
运输组织	338

Z

词条	页码
灾情	229
再次获评金华市"十强工业强镇"	402
战役先锋英雄	49
长乐村	262
招商引资	161
招商引资集中签约	255
招商引资项目会审	255
召开351国道改建段征迁工作动员大会	330
召开第七届主席团第三次会议	177
召开扶贫开发领导小组（扩大）会议	213
召开光学膜创业园台胞迎新春茶话会	119
召开金融大讲堂培训会	272
召开女企业家座谈会	171
召开全市统计工作会议	296
召开市侨联五届二次全委会	103
召开台胞台属联谊会第七次代表大会	119
召开文艺家座谈会	174
召开银行业支持企业发展会议	272
浙江工业大学兰溪研究院成立	345
浙江锂威锂离子电池项目开工	244
浙江省商标品牌示范企业	301
浙江省万里美丽经济交通走廊工程完工	332
浙江省县级融媒体中心建设专题培训班在兰溪举行	99
浙江省县级融媒体中心建设专题培训班在兰溪开班	375
"真善美"种子工程	167
征集新冠肺炎疫情防控档案	116
征收管理	270
"证照分离"改革持续深化	301
政策跟踪审计	294

政法系统政治轮训	181
政府投资审计	294
政府重大投资项目	290
政区沿革	76
政务督查	144
政务服务	145
政协常委读书会议	151
政研及财经工作	125
政治建设全面深化	86
支持复工复产	280
支持复工复产	284
支持经济建设	282
支持兰溪企业"走出去"	278
支持企业复工复产	278
支持实体经济	277
支持实体经济	284
支持疫情防控	279
支持政府项目	279
支持中小微企业	282
支付方式改革	389
芝堰村获得"全球人居环境村落范例"称号	411
芝堰古村	261
芝堰水库除险加固工程验收	232
芝堰水库上游建德来水湿地拦截工程（一期）开工	233
芝园矿地征迁实现100%签约	428
执法监督	196
"执法司法规范化提升年"活动	181
职工疗休养	163
职工退休和劳动能力鉴定	199
职业安全健康	387
职业技能培训和鉴定	199
指导成立兰溪中小企业对外友好合作商会	104
指导召开黄大仙研究会第四次会员代表大会	106
志愿服务	166
制定"三改一拆"考核办法	43
制定干部监督"三色"提醒实施办法	97
制造业高质量发展大会	89
质量技术监督	306
智慧审批	315
中国共产党浙江兰溪历史第二卷（1949—1978）出版发行	111
中国古村落保护与发展论坛	142
中国兰溪金华山黄大仙文化创意设计大赛	267
中医药	384
终端网建稳步提升	253
重大项目"百日攻坚"	290
重大项目不断推进	247
重大项目提速落地	277
重点道路建设全面开工	330
重点建议	130
重点人员学法普法工作受表彰	194
重点隐患风险管控	206
重建中洲儿童乐园	324
朱家溪（太平桥至白露桥段）幸福河工程	231
诸葛八卦村	260
诸葛-长乐村被授予"全球人居环境村落范例"荣誉称号	408
诸葛镇"银龄"工作蓬勃发展	408
诸葛镇打好疫情防控战	407
诸葛镇获浙江十佳韵味江南小镇	407
主动融入参与社会治理	186
助力打造智慧校园	341
助力防疫，以"读"攻毒	371
助力防疫抗疫	340
助力扶贫攻坚	341
助力建设美丽乡村	341
助力经济发展	281

条目	页码
助力民生事业改善	151
助力企业复工达产	276
助力乡村振兴	280
助力新冠疫情防控	277
助力政务服务2.0建设	118
助力智慧兰溪创建	341
助力做好换届"后半篇"文章	393
助农带货	166
助推"四大战略"	269
助推高质量发展	125
住房公积金使用	318
抓好落实上级政策	318
抓好疫情防控	251
抓好疫情防控与复工复产	371
抓实"三不"一体推进	94
抓实基层政治生态建设	94
抓实纪检监察队伍建设	95
抓实纪检监察体制改革	94
抓实清廉兰溪建设	93
抓实巡察工作	94
抓实正风肃纪	94
抓实政治监督	93
抓水质提升	267
专业技术人才队伍建设	198
专业视角履行社会责任	193
转设背景下独立学院实践教育体系建设研讨会	363
壮大农业龙头企业队伍	221
自然保护地整合优化	225
综合档案馆主体工程竣工	116
综合文字工作	92
纵深推进违法建设治理	322
走访调研	161
走访慰问台胞台属	119
组建行政复议专家咨询委员会	189
组织"义新欧"班列货源	257
组织财政收入	268
组织参加第三届中国国际进口博览会	256
组织参加各类云展会	256
组织举办环球自然日活动	370
组织开展"接您回家 春风行动"	421
组织开展防汛排涝抢险演练	325
组织开展全省道路危险货物运输安全"雷霆整治"行动	333
组织领导	43
组织侨联委员学习系列精神	103
组织完成中央财政产油大县奖励资金项目建设	219
组织县级河长集中巡河活动	42
"最多跑一次"改革	204
"最多跑一次"改革	124
"最多跑一次"改革延伸扩面	124
做好"5·30全国科技工作者日"活动	350
做好监管工作	275
做好事业单位法人登记	118
做好事业单位改革"后半篇文章"	118
做好新品种引进及试验示范	214
做好疫情期间环卫消杀工作	324
做强"和合"兰调工坊	192
做强综合行政执法主业	322
做强做优国资国企	270

数　字

条目	页码
1园区列入省级现代农业园区创建	218
2020"兰溪杨梅红天下"杨梅节系列活动在马涧镇举行	215
2020兰溪最甜枇杷擂台赛	215
2020年浙江杨梅之最兰溪杨梅夺冠	215
2020年重大项目集中开工仪式	90

条目	页码
2020文明出行全省巡回宣传月大型公益活动兰溪站	99
2020迎新春精品展	173
2020中国·兰溪枇杷节在女埠穆坞村启动	215
20天完成330国道二期坟墓征迁政策处理	399
24小时"网订店送"药房建设	303
330国道二期（水亭连接线）	398
330国道兰溪永昌至建德交界段改建工程开工建设	332
351国道改扩建项目新联先行段率先实现进场施工	421
351国道兰溪横溪至马涧段改建工程全线开工建设	332
3座乡镇运输服务站主体完工	332
449台变型拖拉机退出历史舞台	221
4家单位获评"第六批金华市级统计诚信示范单位"	297
5G建设及智能制造应用	341
5家企业获政府质量奖	307
6个行政村获全省电商专业村称号	258
8890便民服务	123
9天完成虞街村桐梧岭自然村异地搬迁签约	421

表　格

表号	名称	页码
表1	2020年规模以上工业企业主要产品产量	35
表2	2020年主要出口地区情况	36
表3	2020年主要出口产品情况	36
表4	首批浙中生态邻道"廊道百景"	41
表4	2020年度兰溪市"最美家庭"名单	168
表5	2020年度金华市"最美家庭"名单	170
表6	2020年文艺作品入展、获奖（国家、省级）作品一览表	176
表7	2020年个人出版情况	176
表8	星级"残疾人之家"	178
表9	兰溪市百岁老人	203
表10	2020年美丽乡村创建村名单	208
表11	2020年各月降雨量	229
表12	2020年洪水情况	229
表13	"黑格比"台风情况	229
表14	规模以上主要工业产品产量	236
表15	全市利润总额前10位企业	237
表16	全市主营业务收入前10位企业	238
表18	行政认定驰名商标	298
表19	兰溪市有市场名称登记证且正常经营的农贸市场	299
表20	兰溪"送药上山进岛"便民服务点名单	303
表21	2018—2020年农村家宴放心厨房建设清单	304
表22	2020年普通高校招生考试兰溪市报考人数	359
表23	2020年兰溪市普通高中学业水平考试和高考选考科目考试	360
表24	2020年兰溪市参加全国成人高校招生专科考试报名情况统计表	360
表25	2020年兰溪市高中段招生考试录取情况统计表	360
表26	2020年兰溪市高等教育自学考试报名情况统计表	360
表27	2020年参加全国英语等级考试报名情况统计表	361
表28	全市公立医院一览表	379
表29	2020年兰溪市百岁老人	387

附录

| 表1 | | 452 |